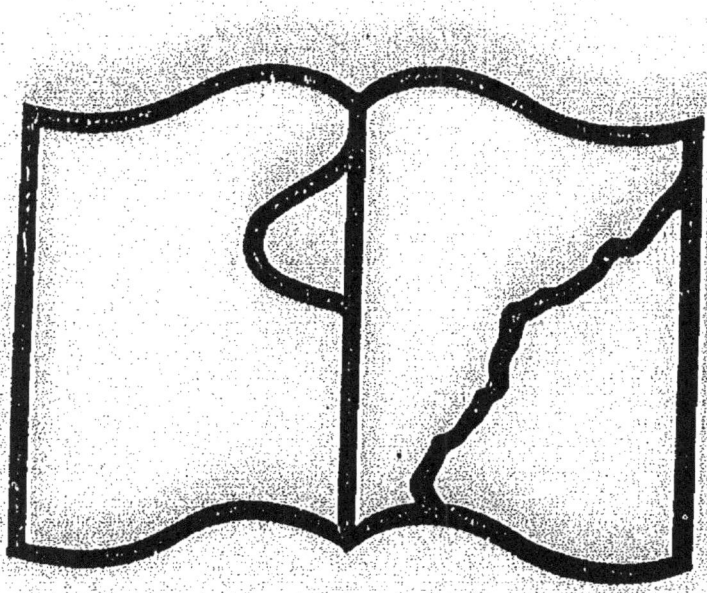

Texte détérioré — reliure défectueuse
NF Z 43-120-11

VALABLE POUR TOUT OU PARTIE DU
DOCUMENT REPRODUIT

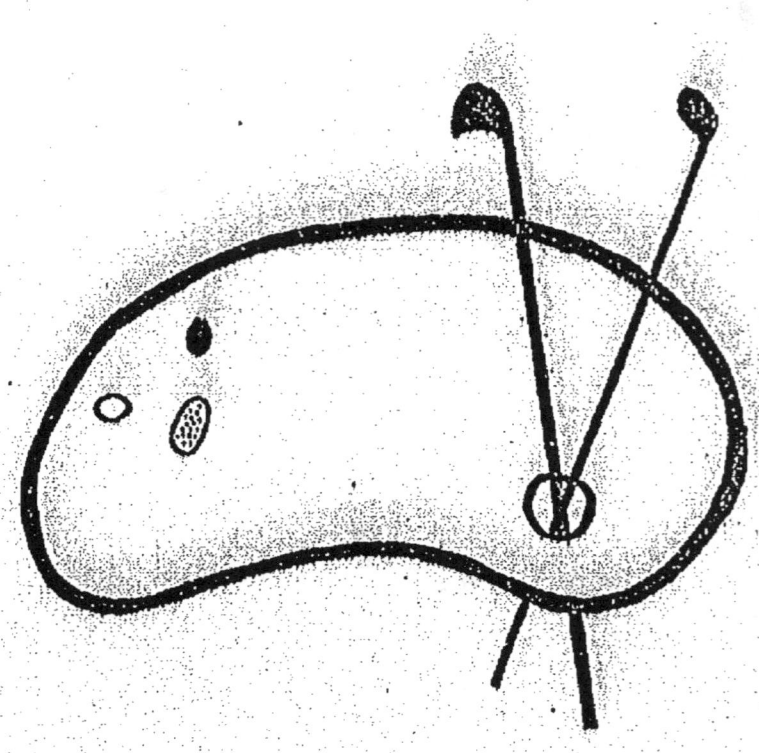

COUVERTURE SUPERIEURE ET INFERIEURE
EN COULEUR

ÉLÉMENTS

DE

PHILOSOPHIE

ÉLÉMENTS
DE
PHILOSOPHIE

PAR

TH. BERNARD

PROFESSEUR DE PHILOSOPHIE AU LYCÉE DE MONTPELLIER.

PARIS

LIBRAIRIE CLASSIQUE D'EUGÈNE BELIN

RUE DE VAUGIRARD, N° 52

—

1880

Tout exemplaire de cet ouvrage non revêtu de ma griffe sera réputé contrefait.

Eug. Belin (signature)

ERRATA

PAGE	LIGNE	AU LIEU DE	LIRE
8	30	ressort	ressortit
11	12	ressortent	ressortissent
128	3	Stuart-Mill.	Stuart Mill.
128	12	intérieur.	extérieur.

SAINT-CLOUD. — IMPRIMERIE DE Mme V^e EUG. BELIN.

PRÉFACE

Cet ouvrage n'est point un Traité de Philosophie : il n'en a ni l'étendue ni toute la solidité. Plusieurs même des qualités qui, sans constituer proprement la valeur d'un Cours, ne laissent pas d'y contribuer, lui font presque absolument défaut : la proportion des parties, l'ampleur des explications, l'intérêt des détails. Il ne pouvait guère en être autrement dans un livre comme celui-ci, où les questions se pressent, où l'on ne peut s'attarder sur un point qu'à la condition de se hâter d'autant sur d'autres, où il faut abréger sous peine d'être incomplet. Sans prétendre à surmonter des difficultés dont la trace est visible à chacune de ces pages, nous avons fait de notre mieux pour que notre travail n'eût pas trop à en souffrir. Nous avons essayé de racheter ce qui devait lui manquer à d'autres égards par une certaine précision de doctrine et par quelque rigueur de méthode. Nous nous y sommes appliqué plus particulièrement dans celles de ses parties où la philosophie, s'appropriant les points de vue et les procédés de la science, semble bien près de devenir science elle-même. Notre ambition eût été d'approcher, dans celles-là du moins, de cette solidité relative, la seule que réclame à vrai dire et que peut-être comporte une exposition élémentaire de la philosophie. Certains points ont été indiqués plutôt que traités, soit à raison de leur moindre intérêt ou de leur facilité, soit dans l'impossibilité d'arriver à un résultat satisfaisant ou encore parce qu'il eût fallu entrer dans des considérations dont la place n'était point ici. Nous nous sommes attaché néanmoins à ne rien omettre d'essentiel, et bien des questions dont l'importance ou même la difficulté sollicitaient notre intérêt, ont été l'objet d'une étude attentive, nous n'osons dire approfondie. Mais ce que l'on trouvera surtout dans cet ouvrage, et c'est par là peut-être qu'il sera plus directement utile, ce sont des exposés sommaires, des résumés dont nous avons écarté les détails et les développements faciles à suppléer, soit qu'ils se présentent d'eux-mêmes à la pensée, soit qu'ils se rencontrent aisément dans d'autres livres. Ce mode d'exposition a comme tout autre ses inconvénients sans doute; mais nous avions deux raisons, décisives l'une et l'autre, pour ne point nous l'interdire : l'impossibilité, dans les limites que nous nous étions fixées, d'appuyer également sur tous les points, et la possibilité d'en tirer un parti avantageux. En l'adoptant, nous avons eu pour but, en effet, non de substituer au travail personnel de l'élève, à l'étude des choses et des idées, un exercice de mémoire, une étude de mots, mais précisément de lui rendre ce travail indispensable tout en le lui facilitant. Là où il peut davantage par lui-même, nous faisons moins pour lui, afin qu'il fasse lui-même davantage. Nous n'entendons pas lui épargner toute peine, encore moins celle de penser. Nous le mettons à même, autant qu'il dépend de nous, d'étudier avec fruit des questions qui sont à sa portée : nous lui offrons pour cela une direction et un appui; mais nous voulons qu'il les étudie, nous voulons, non seulement qu'il comprenne, mais encore qu'il compare, qu'il juge, en un mot qu'il réfléchisse. En lui imposant le souci de la vérité, en le mettant dans la nécessité de voir par lui-même et de se consulter lui-même, nous l'obligeons, dans la mesure de ses forces, à étendre et à consolider une instruction que nous n'avons fait qu'ébaucher.

A mesure que le lecteur trouvera plus de facilité à nous suivre, que l'exposition des questions l'arrêtant moins longtemps, les questions elles-mêmes l'intéresseront davantage, il sentira mieux la nécessité de ce travail personnel, le besoin par conséquent de puiser à d'autres sources. Nous n'avons à cet égard ni conseil à donner, ni préférence à exprimer. Les livres les plus savants sont insuffisants par quelque endroit, les plus modestes ont leur valeur et leur utilité. Qu'il nous soit permis cependant d'appeler d'une manière particulière l'attention de nos lecteurs sur deux ouvrages qui répondent plus directement peut-être au but que nous avons en vue : l'un, dans lequel ils retrouveront, avec plus d'ampleur dans les explications et des détails qui ne pouvaient trouver place ici, l'esprit et la méthode de notre travail actuel (1) ; l'autre, dont l'éloge n'est plus à faire, et dont nous dirions simplement qu'il en constitue le commentaire le plus attrayant et le plus autorisé, si ce mot pouvait convenir à un livre vraiment original, et doublement précieux, par ce qu'il emprunte aux maîtres de la science, et par la critique aussi sûre que pénétrante qui ajoute à l'intérêt d'un texte déjà si riche en même temps qu'elle en double l'utilité (2).

(1) *Cours de philosophie* : PSYCHOLOGIE. 1 vol. in-8°.
(2) Émile Charles. *Lectures de philosophie.* 2 vol. in-18.

INTRODUCTION

CHAPITRE Ier

IDÉE DE LA PHILOSOPHIE, SES FORMES, SON DÉVELOPPEMENT ET SA CONSTITUTION.

Trois sens du mot. — A ne consulter que l'usage, philosophie est une appellation très vague qui sert à dénommer ou à caractériser les objets les plus différents. Cette diversité d'acceptions est pour beaucoup sans doute dans l'obscurité du mot. Trois surtout sont à signaler.

1° Dans un sens très abstrait, le mot philosophie désigne un mode de penser, caractérise certaines tendances et directions intellectuelles. 2° Appliqué à une étude quelconque, qu'elle ait pour objet l'art, les religions, à une science telle que le droit ou l'histoire, par exemple, il s'entend d'une certaine manière de concevoir et de traiter l'objet de cette science, de cette étude. 3° Il est enfin le nom d'une science spéciale, la philosophie proprement dite.

Les formes de la philosophie. — La philosophie, en effet, peut et doit être considérée à un triple point de vue : en elle-même ou dans son esprit, dans son application à la réalité par l'intermédiaire des sciences, comme science spéciale enfin.

I. **La philosophie dans son esprit.** — Alors même que, faute d'un objet qui lui fût propre, la philosophie ne saurait exister comme science, et que nulle science ne lui offrirait encore un terrain sur lequel elle pût se produire, elle n'en aurait pas moins une sorte d'existence virtuelle, et comme un droit à exister, à titre de mode de penser, de direction intellectuelle.

Son origine. — En présence des choses, l'esprit éprouve un double besoin : les connaître et se les expliquer. Les connaître, c'est-à-dire pénétrer leur nature, les voir telles qu'elles sont; les expliquer, c'est-à-dire se rendre compte de leur possibilité. De ces besoins, le premier a donné naissance à la science, le second à la philosophie. On l'a remarqué souvent, il est deux questions que la curiosité impatiente de l'enfant ne se lasse pas de poser : Qu'est-ce ? Pourquoi ? La science répond à la première, la philosophie essaie de répondre à la seconde.

Cependant, elles aspirent l'une et l'autre à comprendre, et comprendre c'est expliquer ? Expliquer est le vœu de la science, et pour la philosophie qui prétend à expliquer, connaître est une nécessité ?

Son but : l'explication scientifique et l'explication philosophique. — Qu'est-ce donc que comprendre et qu'expliquer ?

En un sens, faire comprendre, expliquer, c'est conduire l'esprit de ce qu'il sait à ce qu'il ignore, c'est lui faire voir dans ce qu'il sait la raison de ce qu'il ignore. Dans un sens plus rigoureux, et du point de vue des choses, non de l'esprit qui pourrait ignorer ce qu'il sait et savoir ce qu'il ignore, expliquer une chose, c'est d'une part mettre en lumière le principe dont elle dérive, de l'autre la rattacher à ce principe ; d'un mot, en déterminer la raison. Mais cette raison des choses peut elle-même avoir sa raison, ce principe dériver d'un autre plus éloigné. Une fois engagé dans cette voie de régression, il peut arriver que l'esprit se trouve en présence d'une série de termes dépendant chacun d'un terme antérieur. Il lui est facultatif alors soit de s'arrêter à un terme intermédiaire, qu'il juge suffisamment établi, pour l'ériger en principe de son explication, soit d'épuiser la série, toute explication qui, faute de remonter jusqu'au premier terme de celle-ci, renfermerait quelque chose d'inexpliqué n'étant à ses yeux que provisoire. Or, c'est en cela que l'explication philosophique diffère radicalement d l'explication scientifique. Celle-ci est toute positive ; elle se réduit à constater les relations naturelles des choses, à résoudre en leurs derniers éléments accessibles ces composés que nous offre la nature, finalement à ramener chaque fait à d'autres de plus en plus généraux. Mais ces relations, ces éléments, ces faits sont eux-mêmes objets de connaissance positive : ils sont pris dans la réalité, déterminés par l'expérience, de sorte que pour la science, qui se refuse à dépasser la réalité pour la comprendre, la raison dernière des choses n'est pas au-dessus d'elles, mais en elles-mêmes. Au delà, il n'y a plus rien pour elle, ni mystère, ni problèmes ; les causes premières et transcendantes que la raison entrevoit par delà la réalité, à l'action desquelles elle subordonne, à tort peut-être, et l'existence, et la forme des choses, ne comptent point à son regard.

Au regard de la philosophie, au contraire, cet au-delà mystérieux compte, et pour lui-même, et pour la réalité qui, à son sens, n'est possible, et n'est intelligible que par lui. La pleine lumière de la science n'est à ses yeux qu'une demi-clarté ; là où la science s'arrête, elle sent le besoin, la nécessité de passer outre. Elle comprend que les explications de la science réclament elles-mêmes leur explication, que ses principes se réclament d'autres principes, et que ce qui pour elle est raison dernière, par le fait ne l'est pas. Son vœu donc est d'obtenir des choses, de toutes choses, une explication qui satisfasse pleinement la raison, d'accord par conséquent avec ses principes constitutifs ; une explication à laquelle elle puisse s'arrêter, parce qu'elle s'y trouverait à l'extrême limite de l'intelligibilité, et qu'au delà il n'y aurait absolument plus ni inconnu à explorer, ni problème à poser. D'un mot, c'est la raison dernière des choses qu'elle tente de pénétrer à la lumière de la raison.

La raison dernière des choses ! c'est-à-dire, quant à elles, un premier terme subsistant par soi, absolu et indépendant, leur existence étant suspendue à la sienne et tout ce qu'il y a d'être en elles leur venant de lui. Et quant à l'esprit, pour qui comprendre et expliquer c'est dériver une vérité d'une autre, dériver ce qui est, d'une cause, ce qui se fait, d'une fin ou d'un but, et ses propres affirmations d'un principe ou d'une preuve, que peut être une raison dernière sinon le premier terme intelligible, lumineux de lui-même, d'une série de pensées dérivant les unes des autres et s'éclairant les unes les autres, et dans la régression des causes, des fins, des preuves une cause première, cause de toutes les causes, une fin suprême possédant par elle-même une valeur absolue, une preuve dernière enfin, suprême garantie de toutes les autres?

Aussi, qu'on la considère soit dans ses rapports avec les choses, soit en elle-même, la pensée philosophique tranche-t-elle par des caractères non équivoques, avec les autres formes de pensée, notamment avec la pensée scientifique.

La pensée philosophique et les choses. — La pensée philosophique, dans ses rapports avec les choses, obéit à une triple tendance.

1° Elle tend à ne point séparer ce qui est réellement uni ; à étudier intégralement chaque objet, à l'étudier dans la totalité de ses propriétés ou de ses fonctions, dans le cours entier de son développement, dans l'ensemble de ses relations ; plus généralement, à considérer les parties dans le tout et par rapport à lui, le tout de préférence aux parties, le tout universel, le monde, plus que les objets qu'il renferme, et qui en un sens sont eux aussi des touts, et par suite à voir dans la constitution du tout la raison d'être des parties, quel que soit ce tout, à plus forte raison s'il est le monde lui-même.

2° Elle tend à pénétrer la réalité dans ce qu'elle a de plus intime, dans ses derniers éléments et dans les principes qui, du point de vue de l'expérience, sont la raison dernière de son existence. Mais ce qui surtout l'intéresse dans les choses, c'est précisément ce dont la science refuse de s'enquérir : leur essence, leur origine et leur fin.

3° Elle tend enfin à chercher la raison de ce qui est, de ce qui n'a qu'une existence contingente et relative, dans ce qui est de toute nécessité, dans l'éternel et l'absolu. De même, lorsque passant de ce qui est à ce qui se fait, elle entreprend de régulariser l'exercice de l'activité humaine, activité morale ou esthétique, c'est de ce qui doit se faire, ou mérite au plus haut degré d'être fait, qu'elle se préoccupe; c'est à l'éternel et à l'absolu toujours qu'elle aspire, et que maintenant elle demande la raison de ses prescriptions comme elle leur demandait naguère le principe de ses explications.

La pensée philosophique en elle-même. — Considérée en elle-même, la pensée philosophique présente également trois caractères qui lui sont propres : elle est éminemment *critique, spéculative* et *dialectique*. Elle l'est par la force des choses ; le but même qu'elle se propose lui fait une obligation d'assurer sa marche par une enquête rigoureuse sur les sources du savoir, de dépasser la réalité pour la comprendre et la juger, de s'établir fortement enfin et de se mouvoir en pleine liberté dans la région des idées.

1° Obligation d'éprouver, de soumettre à la critique la plus sévère les idées, les principes, les procédés à l'aide desquels la réalité est saisie, et jusqu'à l'esprit lui-même avec ses facultés ; d'en mesurer la portée, d'en fixer la valeur.

2° Obligation d'en appeler à la raison, à l'imagination peut-être, en des questions que la réalité suggère, mais ne pose pas d'elle-même, et dont la solution par conséquent la dépasse. Entreprenant de déterminer dans l'absolu les conditions suprêmes de l'existence des choses, où trouverait-elle ailleurs que dans les données premières de la raison ou dans les conjectures de l'imagination un point de départ, des vues, des principes à développer, des hypothèses à vérifier? Non qu'elle ait le droit de faire abstraction des données de l'expérience, ni qu'elle les puisse négliger sans compromettre ses propres spéculations. Mais le point de vue transcendant qui lui est propre, lui interdit de s'y tenir ; autrement les constructions et les systèmes à l'aide desquels elle s'efforce de rendre compte de la réalité, ne seraient que l'expression de celle-ci, ils n'en seraient pas l'explication dernière.

3° Préalablement ou concurremment à ce double travail de vérification et de construction, au défaut de celui-ci, s'il était avéré qu'il ne pût aboutir, obligation de poursuivre dans les hautes régions de l'abstraction, dans le monde des idées pures, à la seule lumière de la raison, et avec les seules ressources de la logique la plus déliée, un travail d'analyse et de discussion portant sur les idées, les doctrines, les hypothèses émises par la spéculation, et ayant pour but de les éprouver les unes par les autres, de reconnaître le fort et le faible de chacune.

II. **La philosophie et la réalité.** — La philosophie, en s'appliquant à la réalité, n'a pas le droit de restreindre à volonté le champ de ses recherches, encore moins de s'attacher à un objet exclusif, fût-ce Dieu ou l'homme. Plus le but qu'elle se propose est élevé, plus elle a le devoir d'élargir son horizon. Le problème qu'elle pose à l'homme, si l'homme n'existait pas, elle le poserait de même à une intelligence quelconque, telle que la sienne, et dans des termes identiques, alors même qu'à cette intelligence l'idée de Dieu ferait défaut. En un sens donc, ni Dieu ni l'homme ne sont des objets nécessaires de la philosophie. Cette science première qu'elle aspire à devenir, a sa raison d'être, est possible du moment que quelque chose existe sous le regard d'une intelligence capable de le connaître et désireuse de se l'expliquer. Dès lors, rien de ce qui est ne lui est étranger; la réalité tout entière est son domaine.

Cependant il ne peut se faire que l'homme ne s'intéresse plus particulièrement à lui-même, à ce qui le concerne, aux choses à mesure que par leur nature elles se rapprochent de lui davantage, ou qu'il existe entre elles et lui des relations plus étroites. De là des préférences et des exclusions inévitables; de là, de la part de la philosophie, une prédilection marquée pour tout ce qui se rapporte à la vie, et plus encore à l'esprit, mais surtout à l'homme. Aussi au sein de la réalité dont il lui apparaît comme le point culminant, est-ce sur lui, et sur ce qui vient de lui, que tend à porter son principal effort : arts, sciences, langage, institutions sociales et politiques, en un mot les manifestations multiples de l'activité et du génie humains, voilà son terrain préféré. Elle n'en est pas moins philosophie de la nature et philosophie de l'esprit, en même temps que philosophie de l'homme et de l'humanité.

Mais elle ne peut rien sans la science; car il faut à la spéculation une base positive que la science seule lui peut donner. Elle n'a de prise sur la réalité qu'à la faveur de la science; elle ne peut la dépasser qu'à la condition de s'en être approprié les résultats, de s'être faite science elle-même. Elle ne peut donc venir qu'après la science, élever ses constructions que sur un sol exploré déjà et préparé par celle-ci. Mais quel que soit le terrain sur lequel la science travaille, la philosophie y est à sa place : l'objet de la science et la science elle-même deviennent ses objets à elle. Les choses et l'esprit, les connaissances acquises et la forme de pensée, la fonction intellectuelle dont elles sont le produit lui appartiennent au même titre : ils font également partie de la réalité.

Tâche immense, dont la difficulté semble grandir en raison des progrès de la science, chacune de ses découvertes, en même temps qu'elle dévoile un nouvel aspect de la réalité, faisant surgir des problèmes nouveaux. La philosophie ne peut se tenir en dehors du mouvement qui entraîne tout autour d'elle. Les sciences se renouvelant, et les choses elles-mêmes se transformant pour ainsi dire à leur contact, elle doit nécessairement, sous peine de rester étrangère à ce monde nouveau, qui est le monde de la réalité et de la science, l'autre, celui qu'elle avait connu d'abord sur la foi du sens commun, n'étant que le monde de l'ignorance et de l'imagination, modifier, pour les leur approprier, ses points de vue, ses directions, ses méthodes. Mais en fait, son point d'orientation seul est changé : son but ne se déplace pas. Philosophie de la nature et de l'humanité, le but qu'elle vise et auquel ses recherches les plus diverses, quelques directions divergentes qu'elles aient paru suivre, viennent finalement aboutir, c'est toujours, pour le marquer en des termes que nous voudrions plus significatifs, les raisons dernières de l'être et du devenir des choses, de toutes et de chacune ; ce sont, d'une part, les principes constitutifs de la réalité et les lois primordiales d'équilibre et de stabilité en vertu desquelles ce qui est se constitue et subsiste ; ce sont, de l'autre, les lois de développement et de progrès, mais aussi de désagrégation et de dissolution finales, par l'effet desquelles les formes de l'existence s'enchaînent, se diversifient et se perfectionnent par degrés, ou au contaire s'altèrent et se détruisent, lois dont elle peut étudier l'action à bref délai dans les processus morbides ou passionnels, ou à long terme, dans la constitution du sol de la terre, dans l'apparition et l'épanouissement de la vie à sa surface, aussi bien que dans l'évolution sociale, religieuse et politique de l'humanité. A quelque objet qu'elle s'applique, c'est toujours de l'être et du devenir des choses qu'elle essaie de rendre compte; c'est donc sur le double terrain de la science et de l'histoire qu'il lui faut se placer; ce sont aussi ces principes et ces lois, dans leur application spéciale à l'objet de sa recherche, qu'elle doit s'efforcer de mettre en lumière.

Philosophie de l'esprit, elle passe de la réalité aux sciences qui l'étudient : les principes sur lesquels elles se fondent et les méthodes à l'aide desquelles elles se constituent, voilà l'objet purement intellectuel et tout abstrait qui se propose maintenant à elle, sur le double terrain de la critique et de la spéculation.

En résumé, en se constituant comme philosophie de la réalité, c'est de la totalité des choses plutôt que du tout qu'elles composent, des choses elles-mêmes et de ce qu'elles sont plus que de leur existence et de leur possibilité, que la philosophie aspire à se rendre compte. La question capitale et transcendante de leur origine première, de l'existence et de la possibilité du tout universel, reste ajournée : elle ressort à la philosophie pure. Sa solution d'ailleurs nécessite un retour de l'homme sur lui-même : tant qu'il est sous le charme de la nature, il n'a pour l'aborder et la débattre ni l'esprit assez libre, ni une conscience assez nette de lui-même, ni une vision assez claire du monde moral.

III. **La philosophie comme science.** — La philosophie ne saurait exister comme science qu'à la double condition : 1° d'avoir un objet nettement délimité et qui lui appartienne en propre; 2° de s'attacher à le connaître non moins qu'à l'expliquer. Autrement, réduite à errer d'objet en objet, condamnée à disputer à la science le terrain sur lequel elle se serait momentanément établie et finalement à le lui céder, elle n'aurait qu'une existence éphémère qui se terminerait le jour où la science aurait définitivement pris possession de la réalité tout entière. D'autre part, quelque objet qu'elle choisisse, si elle se proposait, non de le connaître, mais de l'expliquer, du point de vue surtout qui lui est propre, elle ne serait pas science, mais philosophie; à plus forte raison si, n'étant point par elle-même en état de le connaître, elle n'y avait accès qu'à la faveur de la science.

Son triple objet. — Or, les seuls objets à l'égard desquels elle remplisse ces conditions sont précisément ceux avec lesquels, à un autre point de vue, il lui importe au plus haut degré de se mettre en rapport, à savoir l'homme et Dieu. En s'attachant à eux, elle se place sur un terrain qui lui est éminemment favorable : elle s'y trouve à l'abri des revendications de la science, qui ne saurait en dépasser les approches (physiologie, anthropologie, etc...); eux enfin, c'est l'inconnu à explorer; c'est de connaissance qu'il s'agit avant tout, d'une connaissance au défaut de laquelle cette explication suprême qu'elle prétend donner des choses, resterait nécessairement incomplète ou fautive, faute de partir d'assez bas ou de viser assez haut.

Il y a plus; la philosophie ne se fait pas elle-même; elle n'est pas l'œuvre d'une intelligence quelconque à laquelle il soit loisible de se proposer un objet quelconque. Le philosophe, c'est l'homme; l'idée de Dieu est en lui, et la cause première, terme suprême de ses aspirations, à ses yeux est Dieu même. Lui donc qui prend à tâche de tout comprendre et de tout expliquer, se peut-il qu'il passe indifférent devant ce premier et ce dernier des mystères; que dans son effort à pénétrer toutes choses, à vivre pour ainsi dire de la vie universelle, il devienne à ce point étranger à lui-même, qu'il n'éprouve le besoin ni de ramener sa pensée sur lui-même, ni de la reporter vers Dieu? Que la philosophie, œuvre de l'homme, doive commencer à lui pour aboutir à Dieu, qu'elle soit avant tout connaissance de lui-même et par dessus tout connaissance de Dieu : la place qu'il occupe au centre apparent des choses, son intérêt propre dans la philosophie dont il est l'organe et qui n'a d'être que par lui, l'intérêt même des questions qu'il doit débattre, celui de la philosophie, qui est de connaître et d'éprouver la source dont elle dérive, de s'assurer du terme auquel elle tend, tout le veut ainsi.

L'homme, voilà donc le premier objet de la philosophie; Dieu sera le second.

Mais entre Dieu et l'homme il est comme un objet intermédiaire, qui tient de l'un et de l'autre ; de l'homme, en ce qu'il est empreint au plus intime de lui-même, dans sa raison, qui n'a d'être que par lui ; de Dieu, en ce qu'il est conçu par l'homme sous les formes de la nécessité et de l'éternité, lesquelles n'ont de réalité qu'en Dieu : dernier terme de l'abstraction, monde tout idéal, où les rapports éternels et nécessaires des choses, les premiers principes de l'être et de la pensée, subsistent intelligibles d'eux-mêmes, nécessairement entendus de toute intelligence raisonnable, condition dernière de toute connaissance, de toute explication, de toute pensée. Ce monde transcendant, également présent à la pensée humaine et à la pensée divine, n'est la création ni de l'une ni de l'autre. Il est par la force des choses. Il est pour l'homme ce qu'il est pour Dieu, et l'homme qui le connaît, en un sens connaît Dieu comme il se connaît lui-même. Ces premières vérités sont donc, elles aussi, un objet nécessaire de la philosophie, où qu'elle les étudie, en elles-mêmes et pour elles-mêmes, dans la raison de l'homme qu'elles éclairent ou en Dieu dont elles le rapprochent.

Son but relativement à ce triple objet. — La philosophie n'est science que parce qu'elle cherche à connaître. Elle l'est à un degré plus ou moins élevé, selon qu'elle se tient plus près de la certitude ou de la simple probabilité : son premier but, relativement à son triple objet, doit donc être de le connaître. La connaissance de l'homme est toute positive ; sur ce point, malgré des difficultés spéciales provenant de la complexité de son objet, elle ne fait rien que n'aient à faire les sciences qui, comme elle, ont leur objet dans la réalité, et ne doit rester en deçà d'aucune autre. Il n'en est plus de même de ses deux autres objets, dont la connaissance est toute spéculative ou transcendante, partant plus ou moins conjecturale. D'un autre côté, tout ce qu'elle peut, quant à eux, c'est de les connaître : ce qui sert à tout expliquer ne saurait l'être. L'homme, au contraire, est à expliquer autant qu'à connaître : sa nature, son origine et sa fin, tout est problème en lui, matière à explication. Certaines questions comportent une solution positive, telle qu'une science la peut donner. D'autres, plus élevées, sont déjà spéculatives. Elles ressortent cependant à la science plutôt qu'à la philosophie, mais introduisent la philosophie dans la science. Posées sur le terrain des faits, qui est celui de la science, leur solution réclame le concours de la spéculation et de l'expérience, qui n'est que la constatation et l'interprétation des faits. D'autres, enfin, toutes spéculatives, sont du ressort de la philosophie : nulle science ne consentirait à les poser, encore moins à les débattre.

L'homme connu et expliqué, il reste à utiliser, dans l'intérêt de son bonheur et de sa dignité morale, ces vérités qui le révèlent à lui-même, sans qu'il puisse encore en mesurer la portée pratique, et de lui-même en faire sortir les règles et comme la discipline de sa vie morale. La tâche de la philosophie, en effet, est de le servir, non moins que de le connaître et de l'expliquer. L'aider à se rapprocher de la perfection que sa nature comporte ; lui montrer le meilleur de lui-même, les dons qui sont en lui et l'usage qu'il peut, qu'il doit en faire ; discipliner ses facultés, régler l'exercice de son activité sous les formes les plus hautes : activité intellectuelle, morale, esthétique ; faire qu'il soit vraiment homme : tel est ce rôle nouveau d'institutrice et de guide qu'elle doit prendre maintenant vis-à-vis de lui. Sans doute lorsqu'elle cède le monde à la science, mais refuse de lui abandonner l'homme, elle a le pressentiment de cette mission de relèvement et de salut à laquelle elle se doit, parce que seule elle est en mesure de la remplir.

Extension nécessaire de son domaine. — Si

vaste que soit ce premier domaine de la philosophie, elle ne saurait s'y renfermer. L'homme n'est qu'un point dans la réalité, et Dieu est en dehors d'elle. Elle ne peut faire abstraction du monde. Il est : son existence doit être expliquée. Il n'est pas un monde quelconque; il a sa nature, ses phases de développement, ses lois; des conditions et des formes d'existence déterminées s'imposent à tout ce qui est en lui. Tout cela veut être expliqué, et, pour l'être, a besoin d'être connu. De là deux ordres de recherches et de problèmes que la philosophie n'a pas le droit d'éluder, quelque répugnance qu'elle éprouve à se retrouver, des hauteurs du monde moral, en présence de la nature, au niveau et sur le terrain de la science. C'est d'abord la question toute spéculative de l'origine première et de la fin dernière des choses, entrevue sinon posée formellement, une première fois, à propos de l'homme, dont l'existence est liée et, jusqu'à un certain point, subordonnée à leur commune existence; à propos de Dieu, ensuite, toute affirmation relativement à son existence et à sa nature supposant cette question capitale résolue. Mais elle doit être posée dans toute sa généralité, avec toute la rigueur d'abstraction qu'elle comporte, et débattue avec une logique inflexible, du point de vue des choses dont la cause première est à déterminer, non d'un point de vue exclusivement religieux, et en quelque sorte tranchée par une fin de non-recevoir avant même que le débat ne soit ouvert.

La seconde question porte, non plus sur le pourquoi, mais sur le comment des choses, considérées dans leur totalité encore, mais cette fois en elles-mêmes et pour elles-mêmes. Ce sont les résultats les plus généraux de la science, ou plutôt de la philosophie des sciences, que la philosophie doit s'approprier pour rendre compte, à l'aide des principes élémentaires de la nature et de ses lois de développement, de l'être et du devenir des choses, de l'unité fondamentale du système et de ses harmonies profondes, non moins que de la diversité infinie des effets auxquels il se prête et de la variété des formes qu'il leur imprime depuis la matière jusqu'à la vie et à l'esprit.

Conclusion : développement et constitution de la philosophie. — Les formes essentielles de la philosophie étudiées séparément et pour elles-mêmes, il nous reste à déterminer l'ordre de leur succession, la loi de son développement. A son origine, elle n'a pas d'existence effective ; elle aspire à être, elle n'est point encore. Simple mode de penser, elle ne peut se réaliser qu'à la condition de s'appliquer à un objet. Cet objet, la réalité le lui propose, un et multiple, diversifié à l'infini, infini en quelque sorte. Elle se multiplie, se déploie dans les directions les plus diverses, afin de se saisir de quelque chose de lui, ne pouvant le saisir lui-même dans son unité. Elle devient philosophie de la nature, des sciences, des arts, etc... Cependant elle en est encore à se chercher elle-même. Elle n'a qu'une existence d'emprunt, vivant sur un fonds étranger, doublement tributaire et de la réalité à laquelle elle doit les objets sur lesquels elle travaille, et des sciences qui les lui rendent accessibles. Elle sent enfin le besoin d'avoir une vie propre, d'exister par elle-même. Elle est ainsi amenée à se proposer un objet qui soit tout à elle, dans l'étude duquel elle se suffise à elle-même. Elle se réalise alors sous sa forme dernière et définitive ; elle devient science à son tour. Telles sont les trois phases que la philosophie traverse nécessairement. Chacune d'elles comprend une double période : de préparation et d'organisation.

La pensée philosophique n'existe originairement qu'à l'état de germe. Il lui manque, pour se constituer, la claire notion du but vers lequel elle se dirige et des conditions auxquelles il l'astreint. Ce qu'elle entrevoit dès l'abord, c'est qu'elle a sa raison d'être à côté de la pensée scientifique, c'est que par delà la vérité scientifique il y a une vérité plus haute pour laquelle elle est faite. Mais elle ne sait encore ni où ni comment la chercher. Plus tard, avec le but à poursuivre, les moyens à mettre en œuvre s'accuseront plus distinctement et elle s'organisera d'elle-même en vue de la fonction qu'elle aspire à remplir.

De même dans son application à la réalité, la philosophie traverse une période de préparation dans laquelle ses succès sont loin de répondre à ses efforts. Par elle-même elle ne sait rien de la réalité, et la science qui ne fait que de commencer, n'a rien à lui en apprendre. Réduite à errer à la surface des choses, qui toutes la sollicitent également, elle se dépense en un jeu stérile d'abstractions, et se perd en vaines spéculations. Mais peu à peu les sciences se constituent; elles poursuivent sur tous les points de la réalité, dans le temps comme dans l'espace, un travail d'exploration au terme duquel elles se trouveront en possession de la connaissance positive la plus précise de l'être et du devenir des choses. La philosophie dès lors est en mesure de se constituer sur le terrain de la réalité, lequel n'est autre que celui de la science.

Nous n'insisterons pas sur la troisième phase. Nous devons seulement constater que l'objet de la philosophie a constamment varié, qu'il varie encore avec les écoles, ce qui laisserait à penser qu'en tant que science spéciale, elle n'a point encore réussi à se constituer sous sa forme définitive.

Ajoutons, pour achever de caractériser son développement, que si elle se produit successivement, comme mode de penser d'abord, comme philosophie de la réalité ensuite, comme philosophie proprement dite enfin, les formes nouvelles succèdent aux formes antérieures sans se substituer à elles ni les supprimer. Chacune a sa raison d'être, est également nécessaire; aussi, une fois constituées, sont-elles impérissables, parce qu'elles réalisent chacune à sa manière, à un point de vue et sur un terrain différents, l'idée même de la philosophie.

La philosophie, la raison et la liberté.—Comme la science, la philosophie est une œuvre personnelle; elles procèdent l'une et l'autre de la raison et de la liberté. La vérité est le bien suprême de la raison; raisonnable, l'homme se sent fait pour elle; libre, il veut la chercher lui-même, la devoir à lui-même. Imposée, elle ne serait pas, pour lui du moins, la vérité, et le bien qui est en elle ne se communiquerait point à lui, car elle n'aurait ni racines dans sa pensée, ni de prise sur lui. Il peut subir toutes les oppressions; mais sa liberté de penser, il la veut tout entière; il la tient pour inviolable, et de fait elle ne saurait être violentée. Il veut savoir; il croira s'il ne sait pas; mais il veut avoir des raisons de croire. Et c'est pourquoi, il est savant ou philosophe. Philosophe, savant, il n'admet qu'un intermédiaire entre la vérité et lui : le maître qui la lui fait comprendre. Mais il se refuse à voir un maître dans l'homme qui lui dirait : « La vérité est là, à ta portée; mais tu n'iras point à elle. Tu la recevras de moi; tu ne la comprendras pas; il suffit que tu la tiennes de moi. » Philosophe, il n'admet pas davantage qu'on lui dise : « La vérité accessible à l'homme a ici sa limite; cette limite, c'est moi qui te la trace, et tu ne la franchiras pas. Peut-être n'est-elle pas toute la vérité; résigne-toi à ignorer ce que tu ne peux savoir. » Il se refuse à un tel partage : là où est la vérité, il veut être; renoncer à elle, ce serait se renoncer lui-même. Il la veut tout entière, parce qu'il la veut pour elle-même, non pour lui; parce qu'elle est belle et sainte et bonne, et qu'il met sa fierté à la servir ; et qui la lui refuse ou prétend la lui imposer, attente également à sa raison et à sa liberté. Raison, liberté, passion de la vérité, libre pensée et libre recherche, voilà en germe toute la philosophie; la voilà à sa source, dans son mobile, dans son esprit et jusque dans sa méthode; dans sa grandeur et dans sa faiblesse : grande par le but qu'elle se propose et par l'effort qu'elle s'impose; faible à raison des obstacles auxquels elle va se heurter, de ses luttes intestines, de ses égarements et de ses chutes inévitables; mais se relevant toujours et se rectifiant elle-même; aujourd'hui, ouvrière d'erreur et de mensonge; hier, demain semant à pleines mains la vérité.

CHAPITRE II

OBJET ET DÉFINITION DE LA PHILOSOPHIE ; SES DIVISIONS

I. — Objet de la philosophie.

La philosophie comme science : son triple objet.
— La philosophie, en tant que philosophie, n'a pas d'objet déterminé : il suffit que des existences, des connaissances quelconques soient données, pour que, des problèmes philosophiques se posant aussitôt, la philosophie, au sens le plus large, ait sa raison d'être. Comme science spéciale, au contraire, elle n'est possible qu'à la condition d'avoir un objet qui lui soit propre, dont la connaissance soit son œuvre ; autrement, réduite à se constituer sur un fonds étranger, elle ne serait point science elle-même.

De là, ses trois principaux objets : l'homme, Dieu et les vérités éternelles.

Nous disons l'homme, l'homme moral, non l'homme physique ; l'homme lui-même, non les hommes, les sociétés humaines, les diverses manifestations de l'activité et du génie humains, objet de sciences spéciales constituées en dehors de la philosophie et se développant dans une entière indépendance vis-à-vis d'elle.

Mais pourquoi trois objets et aussi différents ?

D'abord ce sont les seuls dont les sciences ne lui disputent à aucun degré la possession ; en se les proposant, elle n'empiète sur aucune autre science, elle travaille sur son propre terrain ; elle se fait science elle-même.

Il y a plus ; ses recherches les plus diverses la ramènent constamment à eux. Là sont ces premiers problèmes qu'il faut tenir pour résolus, ces premières vérités qu'il faut tenir pour accordées avant de procéder à une recherche quelconque ; ces problèmes, elle a donc le devoir de les poser ; ces vérités, le devoir de les sonder. Quelque sujet qu'elle aborde, en effet, elle se retrouve en présence de l'homme, de Dieu et des vérités éternelles. OEuvre, comme la science, de l'intelligence humaine, elle a le devoir, ce que la science ne fait pas et n'a point à faire, de se rendre compte de cette intelligence, d'en pénétrer la nature, d'en mesurer la puissance et la portée. Entreprenant de déterminer, dans une sphère transcendante inaccessible à la science, la raison dernière des choses, elle remonte nécessairement de cause en cause jusqu'à une cause première : elle a le devoir de s'efforcer de la connaître. Restent ces vérités éternelles que toute réalité suppose, sans lesquelles il n'y a ni connaissance ni pensée possible ; elle se doit à elle-même, elle doit à la science qui s'y appuie sans les pouvoir contrôler, à l'esprit humain qui en subit sans pouvoir s'en défendre l'ascendant mystérieux, d'en fixer le sens, d'en éprouver la solidité. Elle pourrait négliger tout le reste sans que l'homme eût à en souffrir et sans trop se diminuer elle-même ; étrangère à ce triple objet, elle n'aurait ni prix pour lui ni grandeur véritable, car elle ne lui apprendrait rien de ce qu'il lui importe le plus de connaître, et elle ignorerait elle-même ce que la spéculation a de plus élevé et la critique de plus général.

Ainsi la philosophie, au sens le plus large, est inséparable de cette triple science de l'homme, de Dieu et des vérités éternelles, et, dans son sens étroit, en tant qu'elle est science elle-même, elle ne saurait être que cette même science. Autrement n'ayant pas d'objet qui lui fût propre, elle devrait renoncer à exister comme science.

Unité de la philosophie. — Mais, en assurant son existence, ne compromet-elle pas son unité ? Il y aurait lieu de le craindre, si ses trois objets étaient en réalité aussi étrangers l'un à l'autre qu'ils le sont en apparence. Mais il est aisé de reconnaître que, pour notre pensée du moins, ils sont, au contraire, étroitement unis, à ce point que l'étude de chacun d'eux commence ou s'achève nécessairement dans celle des deux autres. Quelque effort que nous fassions, en effet, pour nous élever directement à Dieu, nous ne pouvons que le concevoir d'après nous-mêmes. D'autre part, les vérités éternelles étant l'objet propre de notre raison, les étudier c'est l'étudier elle-même. La philosophie, comme science, ne peut donc se constituer en dehors de l'homme : ses deux autres objets, le plus élevé comme le plus abstrait, la ramènent nécessairement à lui. Elle est donc avant tout la science de l'homme moral. Mais ne le séparant ni de Dieu ni des vérités éternelles, elle est aussi la science et du monde moral et du monde intelligible. Elle a sa vraie place au faîte de la réalité, sur la ligne de partage du monde moral, à ce point où il émerge de la réalité avec l'homme, et où, avec Dieu, il va se rejoindre au monde de l'intelligibilité pure. De ce point central, inaccessible à la science, elle descend, d'un côté, de degré en degré jusqu'aux régions explorées par la science, à la suite de laquelle elle prend pied dans le monde sensible ; de l'autre, elle s'élève jusqu'aux sphères transcendantes de l'être et du possible que la science n'entrevoit pas.

Son but relativement à son triple objet. — Des trois objets de la philosophie, l'homme seul est à expliquer autant qu'à connaître. Tout ce qu'elle peut quant aux autres, c'est de les connaître : ce qui sert à tout expliquer, ne saurait l'être. La nature de l'homme, au contraire, son origine et sa fin, tout est problème en lui, matière à explication. Mais elle ne saurait se borner à le comprendre et à l'expliquer ; elle peut et doit faire pour lui davantage. Il faut une règle à sa vie, une direction à ses facultés, un idéal à ses œuvres : c'est à elle de les lui donner. En le servant, elle s'ennoblit elle-même, car elle le relève et le fait vraiment homme.

Extension nécessaire de son domaine. — Quel que soit l'intérêt supérieur des questions d'ordre moral, la philosophie ne peut faire abstraction du monde. Il est : son existence doit être expliquée. Question toute spéculative, mais capitale, qu'elle seule soulève et peut débattre, pour la solution de laquelle elle n'a rien à demander ni à attendre de la science. Mais l'existence du monde expliquée, le monde lui-même dans sa nature reste à expliquer. Cette tâche sans doute incombe spécialement à la science et à la philosophie des sciences, et si, pour y participer, elle devait empiéter sur l'une ou se confondre avec l'autre, elle ne serait plus la philosophie. Aussi laisse-t-elle à chacune ce qui lui appartient, à la première, son savoir positif, à la seconde ses problèmes et ses spéculations ; elle se borne à leur emprunter leurs résultats les plus généraux afin d'obtenir sur l'universalité des choses et sur le fond de la nature des notions précises que sa tâche à elle sera d'ordonner systématiquement. Une fois ses bases assurées, notamment par la connaissance des principes élémentaires de la réalité, par celle des formes essentielles de l'existence, par celle enfin des lois de développement, elle sera en mesure d'entreprendre, à un point de vue très général, le seul qui lui convienne, une explication synthétique des choses.

II. — Définition de la philosophie.

Ce que doit être la définition d'une science. — La manière la plus simple de définir une science, c'est de lui assigner un objet (arithmétique : science des nombres ; mécanique : du mouvement).

Cette sorte de définition offre plusieurs avantages : 1° elle est facile à donner et à entendre ; 2° elle suffit généralement pour faire distinguer la science définie de toute autre. Mais elle a aussi des inconvénients. D'abord il peut arriver qu'un même objet occupe plusieurs sciences : la physique et la chimie étudient également la matière ; l'anatomie et la physiologie, le corps humain. En tous cas, se bornant à signaler l'objet auquel la science s'applique, elle ne donne aucune idée de la science elle-même ; elle ne dit rien en effet de ce qu'il importe surtout d'en savoir : du but qu'elle se propose dans l'étude de cet objet, du point de vue qui lui est propre, de son esprit. Des indications précises à ce sujet sont indispensables pour donner à la définition d'une science toute la rigueur et la profondeur qu'elle comporte.

Nous savons ce que doit être la définition de la philosophie ; avant de la définir, voyons comment elle a été définie.

Définitions principales de la philosophie. — 1° Pythagore et les plus anciens philosophes grecs : la science universelle, la philosophie ayant pour but l'explication universelle des choses, mais surtout la détermination de leur origine première.

2° Socrate : science de Dieu et de l'homme.

Bossuet, s'appropriant la définition de Socrate, la justifiera en ces termes : « La philosophie est l'amour de la sagesse ; or la sagesse pour l'homme consiste à se connaître lui-même et à connaître son auteur. »

3° Aristote : science des premiers principes et des raisons dernières des choses.

4° Les stoïciens : science des choses divines et humaines, c'est-à-dire, à leur point de vue, du monde divinisé, de la nature et de l'homme.

5° Considérant l'ensemble des choses comme un tout, la philosophie se propose de déterminer les lois de ce tout, de connaître l'individuel dans ses rapports avec l'universel et de l'expliquer par elles. (Zeller et divers philosophes allemands contemporains.)

Examen de ces définitions. — De ces diverses définitions, les unes étendent outre mesure le domaine de la philosophie (Pythagore et les stoïciens), les autres le restreignent à l'excès (Bossuet) ; les unes se bornent à lui assigner un objet (Bossuet, les stoïciens), les autres lui proposent un but, qui n'est pas celui de la science, lui reconnaissent par suite une raison d'être à côté de la science (Pythagore déjà, plus expressément Aristote). Pour Zeller, au contraire, elle est bien près de se confondre avec la science (complétée, si l'on veut, par la philosophie des sciences), et semble se réduire à une sorte de synthèse scientifique, les lois les plus générales du monde étant appelées à rendre compte de ce qu'il renferme de plus particulier. Les unes enfin s'appliquent à la philosophie proprement dite, à la philosophie considérée comme science spéciale (Bossuet), les autres plutôt soit à la philosophie des sciences (Zeller), soit même à la philosophie dans son esprit, en tant qu'aspiration à la forme la plus générale du savoir (Aristote).

Au fond, aucune de ces définitions n'est positivement erronée. Toutes expriment, à divers degrés d'exactitude et de profondeur, l'idée de la philosophie ; on ne saurait dire d'aucune qu'elle la méconnaisse. Elles se compléteraient plutôt et au besoin se rectifieraient l'une l'autre, ce que l'une omet ou ne précise point assez, l'autre l'énonçant en termes formels. Celles d'Aristote et de Bossuet méritent à ce point de vue d'être rapprochées. Bossuet voit dans la philosophie une science exclusivement morale, pratique bien plus que spéculative. Il nomme simplement les objets dont elle s'occupe, et il en dit la raison ; il parle en sage et en chrétien. Aristote, plus profond, et préoccupé de la spéculation plus que de la pratique, caractérise seulement la nature de ses recherches, et sans leur proposer aucun objet déterminé, sans en préjuger le résultat, il se borne à marquer le terme auquel elles doivent aboutir, le but qu'elle doit avoir constamment en vue à quelque objet qu'elle s'applique.

Définition de la philosophie. — Le principal défaut de ces diverses définitions est de ne pas serrer d'assez près l'idée de la philosophie. Ce qu'elle a de plus essentiel, partant de plus difficile à saisir et à exprimer, son unité intime et son originalité profonde n'y est que faiblement empreint ; et, par exemple, son caractère spéculatif, sa constante préoccupation des intérêts moraux de l'homme, ces traits par lesquels elle tranche si vivement avec les autres sciences, ou manquent dans la plupart ou s'y laissent seulement entrevoir.

Une définition plus compréhensive et plus rigoureuse est donc à formuler. Sans prétendre à l'énoncer, nous dirons simplement que la philosophie est la science de l'homme et des vérités éternelles, à la lumière desquelles il aspire à s'expliquer rationnellement toutes choses et lui-même, et à régler rationnellement sa pensée et sa vie.

Mettant l'homme en présence de lui-même, mais ne le séparant ni de Dieu ni du monde, la philosophie se propose : 1° de le connaître ; 2° de déterminer par delà les principes réels des choses, tels qu'ils ressortent de l'expérience et des recherches de la science, dans l'éternel et l'absolu, à l'aide de la raison par conséquent, les principes suprêmes dont toutes choses dérivent ou dépendent, les conditions dernières de toute connaissance et de toute existence ; 3° de déduire de ces principes, à un point de vue spéculatif d'abord, une explication très générale des choses et de l'homme lui-même, plus spécialement ensuite un ensemble de directions pratiques applicables à sa vie, dans l'intérêt de sa dignité morale et de son bonheur.

Cette définition, il est vrai, fait de la philosophie une science éminemment humaine : elle part de l'homme, s'achève en lui et pour lui. Mais la philosophie fait-elle autre chose, et ce qu'elle a toujours fait, à cet égard, ne le fera-t-elle pas de plus en plus? Mettant l'homme en présence des vérités éternelles, elle ne fait pas expressément mention de Dieu ; aussi n'énonce-t-elle que ce que l'athée lui-même ne pourrait nier sans se mentir à lui-même ; mais Dieu n'est-il pas la première des vérités éternelles, celle dont il importe au plus haut degré à l'homme de s'assurer, et dont la connaissance est appelée à exercer l'influence la plus profonde sur sa vie? L'explication positive du monde en est écartée ; aussi, de quelque intérêt qu'elle soit pour la philosophie générale, la philosophie comme science peut-elle se constituer indépendamment d'elle.

III. — Division de la philosophie.

Division de la philosophie. — Considérée exclusivement comme science morale, la philosophie comprend cinq parties essentielles : trois sont relatives à l'homme : la psychologie, la logique et la morale ; une à Dieu : la théodicée. La cinquième est la métaphysique dont l'objet est difficile à déterminer ; les principes de la pensée, les idées fondamentales d'être, de cause, du bien, etc., en relèvent d'un commun accord.

Ordre à suivre. — Cet ordre a varié. On a commencé tantôt par la théodicée, tantôt par la logique, Dieu étant le premier principe de toute existence, et la logique étant l'instrument ou l'appui de toute connaissance. Cependant on s'accorde généralement à commencer par la psychologie : d'une part la connaissance de nous-mêmes est la condition de celle de Dieu ; d'autre part la logique et la morale, sciences surtout pratiques, supposent la connaissance des facultés sur lesquelles elles doivent agir, l'une en vue de la vérité, l'autre en vue du bien. L'objet de la logique étant plus général et plus abstrait que celui de la morale, mais surtout la morale, pour agir sur la volonté, réclamant le concours de l'intelligence cultivée par la logique, celle-ci précédera la morale. Le lien étroit de la morale avec la psychologie et la logique commanderait, il semble, de ne pas les séparer. Nous subordonnerons toutefois la morale à la théodicée afin de marquer la nécessité de l'appuyer sur l'idée religieuse. Nous rapprocherons enfin la métaphysique et la théodicée, les questions religieuses étant essentiellement spéculatives, c'est-à-dire métaphysiques.

CHAPITRE III

RAPPORTS DE LA PHILOSOPHIE AVEC LES AUTRES SCIENCES SON IMPORTANCE ET SA LÉGITIMITÉ

I. — La philosophie et la science.

1. Rapports de la philosophie avec les autres sciences. — La philosophie a des rapports *généraux* avec toutes les autres sciences ; *particuliers* avec quelques-unes.

Rapports généraux. — Les rapports généraux sont de *principes* et de *méthode*.

1° De principes. — Par principes nous entendons certaines données premières, idées (temps, espace, cause, etc.), ou vérités (axiomes), purement rationnelles, sans lesquelles les sciences ne sauraient se constituer. Elles les utilisent diversement d'ailleurs : tantôt à titre d'objet (idées de quantité, d'espace, de mouvement pour les mathématiques) ; tantôt comme point de départ (axiomes en mathématiques); tantôt enfin comme direction (idées d'ordre, de loi et de cause dans les sciences naturelles). Ces principes, les sciences y adhèrent comme à la raison, dont ils sont l'expression la plus immédiate. Elles ne les discutent ni ne les vérifient. Ce travail appartient à la philosophie.

2° **De méthode.** — De même pour les méthodes dont les sciences font nécessairement usage. Chacune se fait sa méthode et la justifie par les découvertes dont elle lui est redevable. Elle n'en fait ni l'analyse ni la critique ; ce travail revient à la logique ; seulement c'est dans leurs traits les plus essentiels et les plus généraux qu'elle étudie les méthodes scientifiques, non dans les détails et les applications pour lesquels les sciences sont seules compétentes.

Rapports particuliers. — Avec les sciences morales qui, comme la philosophie, étant relatives à l'homme, trouvent en elle, soit un point d'appui, soit surtout une direction, comme le droit, la politique, l'histoire même, inséparables de la psychologie et de la morale, et la rhétorique, pour laquelle il y faut ajouter la logique.

II. — **La philosophie dans les sciences.** — **Philosophie d'une science.** — Elle a en général pour objet : 1° la discussion de ses principes ; 2° la coordination de ses résultats les plus généraux ; 3° l'examen de questions relatives à son objet, mais ne comportant pas de solution positive ; 4° la critique et le perfectionnement de sa méthode.

Philosophie des sciences. — Elle comprend : 1° l'examen des principes engagés dans les sciences ; 2° la synthèse de leurs résultats les plus généraux ; et tend par conséquent à rendre compte de l'universalité des choses.

Philosophie de la nature. — Elle est bien près de se confondre avec la philosophie des sciences. Elle se propose d'obtenir une vue d'ensemble de la nature, de déterminer ses lois les plus générales, et d'expliquer par elles l'être et le devenir des choses, leur dépendance mutuelle, leur harmonie et leur diversité.

III. — **La philosophie et la science :** 1° *L'esprit philosophique et l'esprit scientifique.* — L'esprit scientifique est essentiellement analytique : rigueur, précision, méthode, telles sont ses qualités. L'esprit philosophique, plus libre et plus hardi, est éminemment généralisateur ; il tend à embrasser les choses dans leur ensemble, à systématiser la connaissance en la rattachant à ses principes les plus élevés.

2° *La méthode.* — Le savant n'a foi qu'en l'expérience et au raisonnement qui s'y appuie. Tout en utilisant l'une et l'autre, le philosophe, au besoin, fait appel aux conjectures et à la spéculation. Il supplée à la démonstration par la dialectique : il discute les hypothèses et les systèmes, démêle les idées et les principes qui s'y trouvent engagés, les suit jusque dans leurs conséquences extrêmes et en fixe la valeur.

3° *Le savoir.* — La science considère les choses séparément, et en elles-mêmes ; la philosophie les considère dans leurs relations mutuelles et en rapport avec le tout. La science étudie séparément en chacune ses diverses propriétés ; la philosophie s'efforce de saisir chacune en son unité, dans son entière complexité, de reconstituer la synthèse naturelle rompue par l'analyse scientifique. La science s'arrête aux lois, aux conditions et causes prochaines ; la philosophie s'attache aux causes premières et aux raisons dernières des choses. La science explique les faits par d'autres plus généraux ; la philosophie aspire à expliquer rationnellement toutes choses.

II. — Utilité et importance de la philosophie.

Utilité et importance d'une science. — L'utilité d'une science se mesure aux avantages matériels et moraux qu'elle nous procure ; son importance, à la dignité, à la grandeur, à l'intérêt de son objet, ou encore à sa prééminence par rapport à d'autres sciences.

Utilité de la philosophie. — 1° Elle nous fournit des directions intellectuelles et morales (logique et morale).

2° Les spéculations des philosophes ont toujours exercé une influence quelquefois fâcheuse (Aristote, jusqu'au dix-septième siècle), plus souvent heureuse, sur la marche des sciences: (Descartes: explication mécanique du monde; — Leibnitz: lois de continuité et de progrès; l'activité et la force, fond des choses).

Utilité spéciale des études philosophiques. — Elles habituent à la réflexion personnelle. Les lettres font appel à l'imagination et au goût plus qu'à la raison; dans les sciences la vérité s'impose par son évidence même; en philosophie il faut peser le pour et le contre et se décider par soi-même.

Importance de la philosophie. — L'importance de la philosophie, sans parler de ses rapports avec les sciences, résulte de la nature même des questions philosophiques.

1° Leur intérêt : elles sont relatives à nous-mêmes et à nos plus graves intérêts.

2° Leur dignité : elles sont les plus élevées de toutes. Elles proposent à la pensée humaine ses plus nobles objets : Dieu, le devoir, la destinée, l'immortalité, provoquent ses plus sublimes méditations.

3° Leur portée pratique : leur solution influe directement sur la conduite de la vie, nos actes se conformant naturellement à nos croyances.

III. — Légitimité de la philosophie.

La légitimité de la philosophie résulte de sa nécessité et de sa possibilité.

1° **Sa nécessité.** — Elle est prouvée :

1. Indirectement, par sa perpétuité : elle remonte aux premiers effort de la pensée humaine, et a toujours été cultivée avec d'autant plus de zèle que la vie intellectuelle a été plus active.

2. Directement, en ce qu'elle répond à un besoin profond, indestructible de l'esprit humain. La vérité scientifique ne saurait nous suffire; en nous-mêmes et dans le monde des mystères, des problèmes inaccessibles à la science s'imposent à notre curiosité. D'autre part, par delà ce monde périssable, les choses invisibles et éternelles nous sollici-

tent. Agiter ces questions est l'honneur de l'esprit humain ; tendre à les résoudre est la tâche de la philosophie, sa raison d'être à côté de la science.

Critique du positivisme. — Le positivisme contemporain prétend au contraire qu'il est sage et nécessaire de les écarter. Il se refuse à toute spéculation transcendante sur l'homme et le monde, pour s'en tenir à l'expérience. Mais il est en contradiction avec l'immuable tradition et la nature même de l'esprit humain. L'homme a un intérêt trop capital à s'éclairer sur ces questions pour qu'il les sacrifie.

2º Sa possibilité. — Nous la prouverons en réfutant les objections.

On oppose la philosophie à la science, prétendant qu'elle n'en remplit aucune des conditions.

Une science n'est possible qu'à la condition d'avoir :
1. Un objet déterminé et susceptible d'être connu ;
2. Un contrôle possible de ses résultats ;
3. Une méthode suffisante.

Une science n'est vraiment constituée qu'à la condition de présenter :
1º Des résultats incontestés ;
2º Un progrès soutenu.

La philosophie, il est vrai, ne remplit qu'imparfaitement ces conditions. Ses diverses parties les remplissent inégalement ; la psychologie et la logique mieux que les autres. Mais s'il faut y faire la part des théories et des conjectures, c'est-à-dire des probabilités, les sciences ont, elles aussi, leurs hypothèses et leurs théories debattues et incessamment renouvelées. Enfin dans les sciences morales, et non pas seulement en philosophie, ni les méthodes ne sont rigoureuses ni les progrès soutenus. La philosophie participe donc des imperfections de celles-ci.

La philosophie est-elle une science ? — Elle l'est, en ce sens qu'elle aspire à la connaissance ; elle l'est ensuite dans la mesure où elle en remplit les conditions. Elle est bien près d'être une science, au sens le plus rigoureux du mot, dans la logique, la morale même et la psychologie. Cependant la nature même des problèmes auxquels elle s'attache de préférence, le but supérieur qu'elle poursuit, l'étendue du domaine qu'elle embrasse, lui assignent une place à part en dehors et au-dessus des sciences, en même temps qu'ils lui impriment le double caractère par lequel elle s'en distingue le plus profondément : à savoir d'être une science à la fois *critique* et *spéculative,* soumettant toutes choses à un examen rationnel et les considérant à un point de vue transcendant, c'est-à-dire en dehors des conditions du savoir positif.

PREMIÈRE PARTIE

PSYCHOLOGIE

CHAPITRE Ier

OBJET ET MÉTHODE DE LA PSYCHOLOGIE

I. — Objet de la psychologie.

Réalité de son objet. — L'homme moral, cet être qui sent, pense et veut, n'est pas moins réel que le corps.

Physiologie et psychologie. — La physiologie étudie le corps, ses organes, ses fonctions, les phénomènes de la vie organique ; la psychologie étudie l'être moral ou l'âme, ses facultés, les phénomènes de la vie morale.

Distinction des phénomènes physiologiques et psychologiques. — 1° Par le mode de connaissance : les premiers, comme le corps lui-même, tombent sous les sens, ne sont accessibles qu'aux sens ; les seconds, inaccessibles aux sens, ne se révèlent qu'à la conscience.

2° Par leur nature : les premiers, qu'ils intéressent les organes eux-mêmes ou leurs fonctions, se produisent dans les organes, sont des modes de la substance matérielle, et relèvent de l'étendue et du mouvement ; les seconds, étrangers à l'étendue et au mouvement, sont sans analogie avec ceux-là, sans rapport apparent avec les propriétés de la matière.

3° Par leur principe : les uns ont leur siège et leur cause dans le corps, sont des modes de notre corps ; les autres dans notre âme, en nous-mêmes, sont des modes de nous-mêmes.

Objet de la psychologie. — Elle a proprement pour objet l'homme moral, la nature humaine dans ses traits constitutifs, essentiels et permanents, non les accidents qui compliquent et diversifient à l'infini ce type fondamental; l'homme même, non les hommes, objet de branches spéciales de la psychologie. L'objet de l'anatomie et de la physiologie, d'ailleurs, n'est ni moins abstrait ni moins général : c'est le type normal de l'espèce qu'elles étudient dans les individus soumis à leurs observations et expériences, laissant à des branches spéciales le soin d'étudier comparativement les races ou les individus eux-mêmes.

La psychologie étudie : 1° les phénomènes de l'âme, dits faits intérieurs ou de conscience ; 2° ses facultés ; 3° l'âme elle-même dans sa nature ; 4° ses rapports avec le corps, ou plus généralement les rapports du moral et du physique.

Le quatrième point n'est pour nous qu'accessoire ; l'étude des deux premiers doit être simultanée : nous ne connaissons nos facultés que par les faits qui nous les révèlent ; les faits à leur tour sont inséparables des facultés qui les expliquent.

II. — Méthode de la psychologie.

Procédés défectueux. — Certains procédés doivent être écartés, au moins à titre de procédé fondamental.

1° La méthode rationnelle. — Des êtres, des faits pris dans la réalité, de quelque nature qu'ils soient, ne peuvent être connus que par expérience ; ni la raison, ni aucun raisonnement *à priori* ne sauraient nous dire s'ils sont ni ce qu'ils sont.

2° L'observation physiologique. — Réduite à elle-même, elle n'a de prise que sur le corps. Or le corps ne dit rien aux sens de cette vie morale dont il est l'organe ou l'instrument. Loin donc que l'observation physiologique puisse suppléer l'observation psychologique, elle s'y appuie et la suppose ; et par conséquent la vie morale peut et doit être étudiée directement et pour elle-même. Mais, dira-t-on, tout fait psychologique ayant ses conditions organiques, toute connaissance ou explication de la vie morale qui ne tient compte de celles-ci, est incomplète et superficielle. Incomplète peut-être, mais non nécessairement superficielle. Pour connaître profondément un objet, il n'est point indispensable de remonter jusqu'à son mode de production et au mécanisme dont il est le produit ; il suffit de l'étudier lui-même (un minéral, une étoffe). Réciproquement le mécanisme n'explique qu'en partie la nature, les qualités et les défauts de l'objet ; il faut tenir compte de la matière première, des conditions de la mise en œuvre. Il est hors de doute enfin que des circonstances, des causes toutes morales interviennent dans la production des faits de conscience : le physiologiste qui croirait les expliquer en faisant abstraction de toutes données morales, ne s'abuserait donc pas moins que le psychologue qui refuserait d'y faire la part de l'organisme ; seulement les explications de ce dernier, tout incomplètes et insuffisantes qu'elles fussent à cet égard, n'en seraient pas moins susceptibles d'une précision et d'une exactitude très grandes, qualités qui feraient nécessairement défaut à celles du premier.

3º **L'observation d'autrui.** — Elle a le double inconvénient d'être indirecte et conjecturale. Nous ne pouvons saisir directement ce qui se passe dans l'âme de nos semblables, nous ne pouvons que le conjecturer d'après leur extérieur, leurs paroles et leurs démarches. Or, ces indices, ces signes apparents de leur vie intérieure, à les supposer véridiques, n'ont de valeur pour nous qu'en vertu de l'analogie qui existe entre notre nature et la leur ; c'est donc à nous-mêmes que nous devons nous reporter pour les interpréter ; et finalement c'est à la connaissance de nous-mêmes que nous devons de pouvoir les connaître. L'observation d'autrui peut et doit être utilisée ; elle ne saurait constituer la base de la méthode psychologique.

La vraie méthode. — Reste l'observation directe et personnelle, l'observation de soi-même. Les autres procédés la supposent et s'y appuient ; seule elle est possible et efficace d'elle-même. Peut-être est-elle insuffisante ; mais elle est indispensable. Quelle que soit sa portée, elle a du moins ce mérite que par elle-même elle peut donner beaucoup, tandis que rien n'est possible sans elle. Si donc elle ne peut constituer à elle seule la méthode de la psychologie, elle en est la base nécessaire et la partie essentielle.

Son procédé fondamental : la réflexion. — Le procédé fondamental de la méthode psychologique est donc la réflexion, c'est-à-dire le retour sur soi-même, l'esprit se repliant sur lui-même et fixant son attention sur ce qui se passe en lui, faisant effort pour le connaître et se l'expliquer. La réflexion ainsi entendue n'est qu'une forme spéciale de la réflexion prise au sens le plus large du mot, et qui n'est que l'application de l'esprit à ses pensées, à un travail quelconque.

Conditions de la réflexion. — 1° Essentiellement la *conscience ;* si les faits intérieurs se produisaient à notre insu, nulle étude n'en serait possible. A la conscience donc de reconnaître les faits actuels, de les étudier, s'ils peuvent être observés en même temps qu'ils se produisent.

2° La *mémoire*, d'abord pour des faits, tels que les émotions vives, qui, enlevant à l'âme la disposition d'elle-même, ne lui laissent ni la volonté ni le pouvoir de s'observer ; pour une foule de faits ensuite plus faciles à étudier dans le souvenir qui les retrace qu'en eux-mêmes.

La méthode d'observation personnelle. — L'observation, réduite à elle-même, n'est pas une méthode : elle permet, sous certaines conditions, de constater les faits ; mais ses données restent à utiliser. Elle réclame donc le concours d'un certain nombre de procédés logiques ou opérations intellectuelles ; les uns en sont les conditions, comme l'analyse, sans laquelle elle serait impossible, et l'abstraction qui sépare, isole les points à étudier ; les autres en sont le complément, comme la comparaison, la classification, le raisonnement surtout, important et même indispensable dans certaines questions spéciales, telles que la liberté et la spiritualité de l'âme.

Nécessité de la compléter : méthode de la psychologie. — L'importance et la nécessité de l'observation personnelle établies, son insuffisance doit être reconnue :

1º les données de la réflexion ont besoin d'être contrôlées ; l'observation d'autrui est pour cela indispensable ; 2º l'observateur qui n'étudie la nature humaine qu'en lui-même est dans l'impossibilité de distinguer ce qui est commun à tous les hommes de ce qui lui est propre, ce qui est essentiel à l'homme de ce qui n'est qu'accidentel ; 3º au lieu du type humain dans la perfection de sa nature et la plénitude de son développement, il n'en a sous les yeux qu'une copie amoindrie, qu'une image partielle et changeante ; il ignore ce dont sont capables, en bien comme en mal, les facultés humaines ; 4º il ne peut étudier sur lui-même leur évolution, leur progrès, leur déclin, les lois de leur développement ; 5º les conditions organiques et les antécédents historiques des faits dont il est témoin, lui échappent également ; ces faits, il est réduit à les voir tels qu'ils se montrent à lui, et faute de pouvoir les expliquer, à croire que s'ils sont tels, c'est que la nature le veut ainsi.

La méthode de la psychologie ne peut donc acquérir toute la précision et la profondeur désirables qu'à la condition de se compléter par d'autres procédés. En d'autres termes, la psychologie générale ne peut se constituer sur des bases positives, qu'à la condition de s'approprier les résultats de diverses psychologies spéciales ; ceux notamment : 1º d'une psychologie sociale, historique et ethnologique ; 2º d'une psychologie animale ; 3º d'une psychologie morbide ; 4º mais surtout d'une psychologie physiologique, de ce qu'on appelle aujourd'hui la psychophysique.

III. — Valeur de l'observation interne.

I. **L'observation sensible et l'observation interne. Avantages de l'observation externe.** — 1º L'objet sensible étant en dehors de nous, il peut être immobilisé et maintenu indéfiniment sous notre regard. Le fait de conscience, au contraire, n'a ni stabilité ni fixité ; il varie avec les circonstances ; la volonté n'a le pouvoir ni de le susciter ni de le maintenir identique à lui-même.

2º L'objet sensible a une existence propre ; quel que soit

l'état de notre âme, force nous est de le voir tel qu'il est. Le fait de conscience n'est qu'un mode de nous-mêmes; il varie selon l'état de notre âme.

3° L'objet sensible peut être observé par autrui comme par nous, et le résultat de notre propre observation constaté par tous. Le même fait de conscience se produisant en chacun dans des conditions différentes, les résultats de l'observation peuvent différer d'un observateur à l'autre.

4° Enfin, grâce aux instruments, l'observation sensible comporte un progrès presque illimité en portée, précision et rigueur.

Avantages de l'observation interne. — 1° L'observateur dispose jusqu'à un certain point de son objet qui est en lui-même; il l'a constamment à sa portée.

2° Elle est originairement plus exacte : la conscience ne trompe pas, les erreurs des sens sont au contraire fréquentes et difficiles à prévenir.

3° Plus profonde : par delà les faits, elle atteint nos facultés, notre être lui-même; tandis que les phénomènes sensibles tombant seuls sous les sens, les propriétés de la matière, sa constitution intime ne peuvent être que conjecturés.

II. Objections contre l'observation interne. — A en croire ses détracteurs, l'observation interne ne fournirait à la psychologie qu'une base ruineuse; elle ne remplirait aucune des conditions d'une observation véritable, serait impossible, sans efficacité, sans sincérité ni portée.

1° *Impossibilité*. — En principe, elle serait impossible, toute observation impliquant la distinction du sujet qui observe et de l'objet observé.

Mais, d'abord, elle se fait, donc elle est possible. Ensuite, l'esprit, par un effort d'abstraction, peut se séparer du fait intérieur qu'il observe, de son plaisir et de sa douleur, s'opposer à eux, et ainsi réaliser cette distinction du sujet et de l'objet.

2° *Défaut d'efficacité*. — En fait, elle serait sans efficacité, par suite du mode de production des phénomènes intérieurs, de leur rapidité, simultanéité (faits sans lien entre eux, coexistant dans la conscience), et complication (phénomènes simultanés ou successifs, liés entre eux et confondus dans un fait unique, par exemple, le fait volontaire).

Difficile, il est vrai, mais non impossible. Il en est de même d'ailleurs des phénomènes matériels. Ici seulement l'expérimentation supplée à l'observation, tandis que les phénomènes psychologiques ne la comportent pas. Mais on oublie la puissance de l'abstraction : l'esprit peut s'attacher à un fait, à l'exclusion d'autres simultanés, s'en pénétrer, l'étudier à force d'attention et de sagacité. Ce travail d'analyse, d'interprétation et d'explication des faits, il peut le faire aussi, plus facilement et plus sûrement, à l'aide de la mémoire.

3° *Défaut de sincérité*. — La réflexion altérerait les faits; tantôt elle les supprimerait, comme les sentiments violents incompatibles avec le sang-froid que suppose la réflexion; tantôt elle les modifierait, les conditions de leur production étant changées par le fait même que l'esprit s'observe; finalement l'illusion imaginative se substituerait sous le regard de l'observateur au phénomène de conscience absent ou inaccessible.

La réflexion peut contrarier la production de certains faits, tels que les émotions ; elle n'en change pas la nature. Ils demeurent sous notre regard ce qu'ils sont en réalité. Les surprenant en nous-mêmes, ou les retrouvant dans nos souvenirs, nous n'avons pas à les imaginer.

4° *Défaut de portée*. — L'observation interne serait sans portée; elle n'aurait qu'une valeur personnelle, et n'aboutirait qu'à une connaissance superficielle et incomplète de la nature humaine.

Le type humain subsiste en chacun de nous avec ses traits essentiels. En nous étudiant nous-mêmes, nous sommes donc assurés de le retrouver en nous. Le danger serait de prendre pour essentiel ce qui n'est qu'accidentel, pour commun à tous ce qui nous est propre; l'observation d'autrui complète et rectifie sur ce point celle de nous-mêmes. Dans tous les cas ce n'est pas l'objet de l'observation qui en fait la valeur; qu'elle porte sur autrui ou sur soi-même, elle n'a d'exactitude, de précision et de profondeur qu'autant que l'observateur sait lui en donner.

Le littérateur, le moraliste et le psychologue. — Les deux premiers s'occupent de l'homme concret, des hommes plutôt que de l'homme en général; du cœur et du caractère plutôt que de l'esprit; la connaissance est pour eux un moyen plutôt qu'un but; ils se proposent surtout, l'un d'intéresser, l'autre d'instruire et d'édifier. L'objet du psychologue est plus élevé : c'est l'homme même ; plus étendu : l'âme entière ; son but plus désintéressé : la science pour elle-même.

Utilité de la psychologie. — 1° La connaissance de nos facultés, des lois de leur exercice, peut être utilisée dans leur intérêt même (raisonnement, attention, mémoire); elle peut aussi servir à corriger des défauts, à acquérir des qualités (habitude, association).

2° Les sciences morales, fondées sur la base de la psychologie, peuvent être faussées par une connaissance incomplète ou erronée de la nature humaine. Ex. l'intérêt ou le plaisir érigés en loi morale ; la contrainte employée systématiquement dans l'éducation à l'exclusion de la persuasion et de l'émulation ; le despotisme érigé en système de gouvernement, au mépris de la raison et de la liberté; l'attraction passionnelle considérée comme le principe prédominant de l'activité humaine, au mépris encore de la raison et de la liberté, partant de la morale. (Fourier.)

La psychologie traditionnelle et la psychologie nouvelle. — La psychologie, telle que nous l'avons définie, a pour objet l'homme, non les hommes, le type de l'espèce, non les individus qui la composent. Ce point de vue est aujourd'hui vivement contesté. Il n'est cependant pas particulier à la psychologie; les sciences qui comme elle ont leur objet dans la réalité, celles par exemple qui étudient les corps, les êtres, et les considèrent comme genres et espèces, s'attachent également au type du genre, de l'espèce; elles font donc abstraction dans les individus de leurs différences pour ne s'occuper que de leurs propriétés communes. Mais ce que l'on tient pour légitime et inévitable dans les autres sciences, est jugé impossible et dangereux chez elle. On reproche notamment à la psychologie ainsi entendue l'indétermination de son objet, son défaut de portée, son peu d'utilité pratique.

1° La conception d'un type de la nature humaine n'est-elle pas plus ou moins arbitraire? Elle suppose la distinction de l'essence et de l'accident; mais celle-ci, facile lorsqu'elle s'applique à des objets tout abstraits et très simples, tels que les figures géométriques, ne devient-elle pas presque impossible lorsqu'elle doit porter sur la réalité, sur des corps, des êtres d'une nature très complexe, et qui diffèrent profondément les uns des autres à raison de la multiplicité et de la diversité extrêmes des éléments dont ils sont composés? 2° Quelque généralité que la psychologie s'efforce de donner à ce type de la nature humaine, il peut n'être pas strictement universel. Elle est réduite en effet, pour le concevoir, à juger de tous les hommes d'après quelques-uns, et l'expérience peut infirmer ses conjectures. Contestable au regard de l'espèce, il est absolument défectueux vis-à-vis des individus. Eût-il toute la généralité voulue, il est nécessairement abstrait, d'autant plus abstrait qu'il est plus général; en d'autres termes, il perd en compréhension ce qu'il gagne en étendue, et l'individu amoindri, appauvri, d'abstraction en abstraction, est bien près de s'évanouir dans l'universel. Cette portion de la réalité reléguée en dehors de type spécifique ne comprend, il est vrai, que des accidents, des particularités, des différences que la science peut négliger sans dommage en des choses d'ordre inférieur, ou même en des êtres autres que l'homme qui ne nous intéressent que par leurs propriétés communes; mais chez l'homme, et pour lui-même, leur importance et leur intérêt sont extrêmes, et la psychologie qui, en se bornant à quelques traits généraux et en simplifiant à l'excès son objet, croit être la science de la nature humaine, ne dit rien que chacun ne sache, et ne renferme qu'un enseignement banal et superficiel. 3° La connaissance des hommes est un acheminement nécessaire à la science de l'homme; elle y conduit directement; tandis que cette science de l'homme, tout abstraite, telle que la psychologie la conçoit, non seulement nous laisse dans l'ignorance de ce qu'ils sont et de ce que nous sommes nous-mêmes, mais ne nous donne aucun moyen d'en sortir. La science du cercle idéal nous révèle les propriétés communes à tous les cercles réels, en tant que nous faisons abstraction de leur grandeur; nous ne pouvons les connaître que par une expérience directe. De même, de la science tout abstraite de l'homme en général, il nous est impossible de conclure ou d'inférer quoi que ce soit concernant les hommes tels qu'ils sont; nous les savons doués d'une commune nature et la connaissons; hors cela, nous les ignorons absolument, et pour les connaître, nous sommes réduits à les étudier directement eux-mêmes.

Tout autre est le point de vue de la psychologie nouvelle. Au lieu de s'attacher à un type, imaginaire peut-être, de la nature humaine, et de rejeter en dehors de la science de l'homme tout ce qui est étranger à ce type tel qu'on est convenu de le concevoir, c'est la nature humaine elle-même, telle que la réalité nous la propose, qu'elle a dessein d'étudier, et elle élargit le cercle de la science jusqu'à y comprendre les particularités, les anomalies, organiques et morales, qui ressortent de l'observation comparative des individus, des familles, des sociétés, des races humaines. Toutes les manifestations de l'activité et du génie humains, les langues, les arts, les religions, les caractères et les mœurs, tous les faits qui à un degré quelconque expriment la nature humaine, sont de son domaine. Elle ne reconnaît pas à la spéculation le droit de prononcer dans ces questions litigieuses et vainement débattues de l'existence d'un type normal de l'espèce, de la fixité de ce type et de son origine. Elle en attend la solution de la seule expérience, ou plutôt, (car, quoiqu'elle s'en défende, elle a aussi ses partis pris, sinon ses préjugés), comme la psychologie traditionnelle et en opposition avec elle, elle a sur tous ces points des solutions que l'expérience, dont elle se réclame, pourrait ne point confirmer. Elle estime que les facultés humaines, telles que nous les possédons, ne sont point un attribut inséparable de l'être humain. Elle y voit le dernier terme d'une évolution qui remonte aux premiers âges de l'humanité, ou plutôt aux premières manifestations de la vie, et qui, jusqu'à un certain point, se reproduit dans le développement de chaque être humain. De ce double passé, de l'individu et de l'espèce, la psychologie traditionnelle fait abstraction; elle ne connaît l'homme qu'à un moment, au point culminent de son développement. La psychologie nouvelle se refuse à un tel partage : tout ce qui est de l'homme, relève de la science de l'homme, et pour que l'homme soit connu, a besoin d'être étudié, avant tout, son passé dont son état actuel dérive et sans lequel il est inexplicable. Là donc où l'une voit l'effet d'une disposition spéciale et mystérieuse de la nature, et se réduit à constater ce qui est, n'ayant d'autre raison à en donner que les vues impénétrables de la puissance créatrice, l'autre ne voit que le dernier terme atteint d'un progrès sans limites, que le résultat fatal d'une suite de transformations lentes, de modifications insensibles opérées par le temps, d'un concours de circonstances, enfin, dont la connaissance peut seule rendre compte de ce qui est. Rien donc dans les individus, comme dans les sociétés humaines, qui ne s'explique à la double lumière des sciences de l'organisation (anthropologie, physiologie surtout) et de l'histoire : instincts, affections, inclinations, croyances, idées, tendances et aptitudes de toute sorte, tout dans l'homme a ses racines dans le double milieu, organique et moral, où il prend naissance et se constitue; il est tout entier l'œuvre des deux forces qui concourent à le produire : la vie qui, secondée par l'hérédité, crée ses organes, et la pensée humaine, œuvre du temps elle-même, à laquelle ils se trouvent adaptés, et qui, grâce à eux, se transmet à lui, suscite et, à son insu, gouverne ses énergies morales.

Que dans cette conception à coup sûr neuve et hardie de l'homme, beaucoup d'illusion se mêle à des vérités fécondes, il est permis de le penser. Ce qui est hors de doute, c'est que mieux que toute autre, elle était propre à étendre et à renouveler le champ singulièrement restreint et appauvri des études psychologiques. Ce ne sont jamais les faits qui font défaut à la science; ce qui, à un moment donné, peut lui manquer, ce sont les horizons, les points de vue, les directions. Les faits sont toujours là; mais il faut les voir, il faut en connaître le prix, il faut enfin savoir les utiliser. Or des vérités telles que la double solidarité, l'une tout à la fois organique et morale, l'autre exclusivement morale, des générations successives entre elles, de l'individu et de la société dans laquelle il se forme et dont il hérite en grande partie ce qui semble inhérent à lui ou lui venir de la nature; le développement graduel des facultés intellectuelles et morales dans l'individu et dans l'humanité, la variabilité, presque illimitée dans des cas exceptionnels, considérable encore à l'état normal, du type humain, au double point de vue organique et moral, — de tels principes sont éminemment propres à susciter les recherches, à provoquer les découvertes les plus favorables à la constitution d'une psychologie positive. Mais ces principes impliquent-ils la variabilité indéfinie du type humain et justifient-ils la conception de l'homme à laquelle on les rattache? Nous ne le pensons pas. Dans tous les cas cette conception s'accorde mal avec des faits irrécusables.

Et d'abord, quoi que prétende à cet égard l'école de l'évolution, les organes constitutifs et les traits caractéristiques du corps humain présentent une fixité presque absolue. Or est-il possible sans inconséquence de reconnaître la fixité de l'organisme humain (et, la question d'origine écartée, l'expérience, aussi loin qu'elle puisse atteindre, est concluante), et tout à la fois d'affirmer la variabilité absolue de la constitution morale de l'homme, alors surtout que l'on rattache, ou plutôt que l'on subordonne si étroitement en lui le moral au physique?

Il y a plus; quiconque voit dans la raison la caractéristique de l'intelligence humaine, quelque large qu'il soit disposé à faire la part des efforts collectifs de l'humanité dans son développement, n'hésitera pas à reconnaître qu'avec elle un principe de vérité et de progrès réside en chaque individu, principe sous l'influence plus ou moins énergique, mais toujours efficace, duquel ses idées, ses sentiments, tout son être intellectuel et moral tend à se constituer sur des bases définitives. En un mot, l'homme n'est pas seulement le produit du passé; il est avant tout l'œuvre de sa propre raison, l'œuvre de la vérité opérant en lui et le façonnant à son image.

Il y a donc une nature humaine, réelle au moral au même titre qu'au physique ; et la psychologie qui borne son ambition à la connaître, ne forme pas une entreprise vaine. Ce qu'elle aspire à savoir est peu de chose peut-être auprès de ce qu'elle se résigne à ignorer ; mais cela seul a une valeur infinie pour l'homme dont le premier besoin est de se connaître dans ce qui le fait vraiment homme, et qui pourrait ignorer tout le reste sans que sa dignité morale ni son bonheur eussent à en souffrir.

CHAPITRE II

THÉORIE DES FACULTÉS DE L'AME

Choses et phénomènes. — La réalité peut être étudiée à deux points de vue : 1° du point de vue des choses, des êtres ; 2° du point de vue des phénomènes qui s'y produisent. Toute chose, tout être a ses propriétés qui le constituent, de même que tout fait a sa cause. Mais au fond causes et propriétés sont identiques, les propriétés des êtres étant les causes dernières des phénomènes.

Propriété ; fonction ; faculté. — Les faits de conscience sont rapportés à des facultés qui les expliquent, comme les faits organiques aux fonctions vitales, comme les phénomènes de la matière brute à des propriétés de celle-ci. Propriété implique donc passivité ; fonction, activité organique ; faculté, activité propre et conscience.

Facultés générales et secondaires. — Notre âme possède un grand nombre de facultés secondaires ou spéciales ; par exemple, mémoire, imagination, etc. Par facultés de l'âme on entend désigner seulement les plus générales.

Définition des facultés de l'âme. — Ce sont les pouvoirs primitifs, simples et irréductibles, que possède notre âme d'exercer son activité, ou plus brièvement les formes essentielles de son activité.

Moyens de les déterminer. — Deux méthodes ont été proposées :

1° Analyse d'un fait de conscience quelconque ; résultat constant : trois facultés. (V. Cousin.)

Ex. : Une lecture ; elle implique *attention*, c'est-à-dire *volonté* ; *intelligence* pour la comprendre ; *sensibilité* par les émotions qu'elle provoque.

Ce procédé suppose les diverses facultés de l'âme constamment et simultanément en exercice. Mais ni la raison, *a priori*, ne dit qu'il en doive être ainsi, ni l'expérience ne prouve qu'il en soit ainsi. On peut dès lors se demander si l'analyse d'un autre fait de conscience ne donnerait pas une quatrième faculté, plus ou moins de facultés que le fait choisi n'en a donné.

2° Classification et réduction successive des faits intérieurs particuliers et complexes, tels qu'ils sont donnés à la conscience, aux plus généraux et aux plus simples, chaque groupe de faits correspondant à une faculté ; les faits complexes à des facultés secondaires, les faits simples aux facultés irréductibles. (Reid et l'École écossaise.)

C'est la méthode des sciences naturelles ; mais, outre la lenteur et la difficulté du procédé, elle a l'inconvénient de paraître assimiler les facultés de l'âme aux propriétés de la matière ; or celles-ci sont conjecturales, celles-là sont directement saisies par la conscience ; en outre les premières ne sont que nominales, de simples abstractions des faits, les facultés au contraire sont des puissances, des énergies réelles de notre âme.

Théorie des facultés. — Nous admettons à titre provisoire trois facultés : *Sensibilité, intelligence et volonté;* mais nous établirons successivement : 1° qu'elles sont réelles ; 2° que toutes les facultés secondaires, et par suite les faits de conscience quelconques, se ramènent à l'une ou à l'autre de ces facultés ; 3° qu'elles sont irréductibles entre elles, et ainsi que les facultés de l'âme ne sont autres que celles-là.

1° *Elles sont réelles.* — La conscience et le sens commun en sont d'accord : l'homme sent, pense et veut ; le fait est incontesté.

2° *Toutes les autres s'y ramènent.* — Il est facile de reconnaître que la mémoire, l'imagination, par exemple, ne sont que des fonctions spéciales de l'intelligence et ainsi des autres. Dans cette revue de nos facultés secondaires, une omission n'est point à craindre : toutes sont nécessairement reconnues, désignées par le langage, et chacun les connaît pour les exercer constamment.

3° *Elles sont irréductibles.* — Ceci résulte : 1° de l'analyse de leur acte essentiel : sentir, penser, vouloir sont choses radicalement distinctes ; autre chose est, par exemple, se rappeler sa souffrance (penser), et l'éprouver (sentir) ; 2° de l'opposition de leurs caractères essentiels : la sensibilité et l'intelligence, fatales ; la volonté, libre ; la sensibilité variable ; l'intelligence constante en tant que faculté de connaître.

Leur indissolubilité. — Tout en étant radicalement distinctes, elles n'en sont pas moins étroitement unies.

Elles sont inséparables. — 1° *Dans leur existence.* — Elles ne sauraient exister isolément. L'intelligence suppose à quelque degré la sensibilité qui lui fournit ses matériaux, et la volonté suppose les deux autres. Pour vouloir, il faut une raison de vouloir, un motif, et aussi un sentiment qui stimule la volonté, un mobile.

2° *Dans leur développement.* — Elles se prêtent un concours mutuel dans leur développement : les progrès de la sensibilité, par exemple, dépendent de ceux de l'intelligence ; l'intelligence elle-même a besoin pour les siens du concours de la volonté, comme la volonté inversement de celui de l'intelligence.

3° *Dans leur exercice.* — La plupart des faits psychologiques résultent de leur coopération ; par exemple : la lecture.

Unité essentielle de l'âme. — La pluralité des facultés ne brise pas l'unité fondamentale de l'âme, de l'être conscient qui demeure un et identique à lui-même sous la diversité de ses manières d'être. Les facultés, en effet, ne sont pas des choses en soi ; elles n'ont pas une existence propre et indépendante ; elles n'existent qu'à titre de propriétés de l'âme, laquelle seule est réelle et existe à titre d'être ou de chose en soi.

Rôle des trois facultés. — La sensibilité nous incline vers les fins essentielles de la vie physique et morale ; exemple : les sentiments égoïstes, affectueux ou moraux. L'intelligence nous permet d'apprécier la valeur relative de ces fins, de choisir entre elles en connaissance de cause et de leur adapter des moyens convenables ; la volonté fait ce choix et le réalise.

Raison des facultés. — La théorie que nous venons d'exposer sommairement n'est que l'expression des faits, tels qu'ils sont donnés à la conscience. Elle constate ce qui est sans prétendre à l'expliquer. Rencontrant dans la conscience trois classes de faits irréductibles, elle se borne à les rapporter à une triple puissance de l'âme humaine. Et cette solution suffit à la conscience. Mais la raison a d'autres exigences. Pourquoi ces trois facultés ? Sont-elles donc également nécessaires ? Et la puissance créatrice qui en a doté l'âme humaine n'aurait-elle pu lui faire des conditions d'existence toutes différentes ?

Concevons un être essentiellement actif et existant pour lui-même, c'est-à-dire conscient, destiné à entrer en rapport avec les choses, c'est-à-dire à en subir l'impression et à réagir sur elles ; et essayons d'entrevoir les formes d'existence les plus propres à assurer cette solidarité qui doit exister entre lui et les choses et son indépendance vis-à-vis d'elles, les plus favorables tout ensemble à sa dignité et à son bonheur. Ces fonctions primordiales seront nécessairement au nombre de trois.

Destiné à subir l'impression des choses, il faudra que ses états propres correspondent constamment aux leurs, en tant du moins qu'il se trouvera en rapport avec elles ; il devra être et se sentir modifié selon qu'elles le seront elles-mêmes ; de là cette première faculté de sensibilité ou d'affectivité, en vertu de laquelle l'âme vibre à l'unisson du corps auquel elle est unie, et des objets qui impressionnent celui-ci. Grâce à elle, il est en harmonie avec le dehors ; mais ce dehors lui est étranger ; il pâtit par l'action des choses, elles n'existent point pour lui. Une seconde faculté lui est donc nécessaire, grâce à laquelle la forme des choses s'imprimant en lui, il se trouve pour ainsi dire identifié à elles, de sorte que, sans se communiquer substantiellement à lui, elles existent représentativement en lui. Cette faculté représentative est l'intelligence. Le voilà donc doublement dépendant des choses : s'il sent, c'est en vertu de leur action sur lui; s'il pense, c'est qu'elles se proposent à lui comme objet. Associé à ce double titre à l'existence universelle, lui-même il n'est point encore, à vrai dire; tout aboutit à lui et retentit en lui; il lui manque d'agir à son tour, d'être capable d'une action dont le principe soit en lui, soit lui-même. Avec la volonté, la faculté automotrice, il a conquis cette indépendance relative. Jusque-là il n'existait qu'à la faveur des choses, n'avait d'être que par elles; elles venant à lui manquer, il se manquait à lui-même, il n'était plus rien pour lui : maintenant le voici force automone; pour pouvoir, il lui suffit de vouloir; ayant la volonté, il a l'être dans la mesure où il veut le posséder; sagesse et vertu, il peut aspirer à tout : ses conquêtes sur lui-même et pour lui-même n'ont de limites que celles de son énergie.

Ainsi un être conscient est nécessairement un être affectif, représentatif et automoteur; s'il n'est cela, il n'est rien; l'étant, il est au plus haut degré et sous les formes les plus élevées que l'existence comporte. Ainsi encore ces facultés de sensibilité, d'intelligence et de volonté de l'âme humaine, dans lesquelles nous pouvions ne voir qu'un accident heureux, nous apparaissent maintenant comme une nécessité absolue : conditions primordiales de la vie consciente, au défaut desquelles l'être détaché de tout et de lui-même, dépourvu de toute forme d'existence qui lui fût propre, existerait comme objet peut-être, mais non comme sujet, pour d'autres, non pour soi.

Mais si ces facultés sont les seules que comporte la nature d'un être conscient, il appartenait à la puissance créatrice de les départir à chaque être dans la mesure de ses besoins.

De là en elles, d'un être à un autre, des degrés sans nombre, depuis l'aveugle instinct de la brute et du nouveau-né jusqu'à la raison et à la liberté de l'homme, depuis les sourdes sensations de la vie organique jusqu'aux sentiments sublimes que la liberté et la raison suscitent dans son cœur, mais dont le germe n'est point en elles.

CHAPITRE III

EXAMEN DE QUELQUES THÉORIES DES FACULTÉS DE L'AME.

Deux points de vue dans l'étude des facultés. — Parmi les psychologues, les uns considèrent le système des facultés comme un mécanisme inflexible, formé dès l'abord de toutes pièces ; ils se bornent à l'étudier tel qu'ils le trouvent constitué ; à décrire et à classer les facultés. Les autres le considèrent comme un organisme vivant, issu d'un germe préexistant, et se développant de lui-même par la vertu de son principe : c'est de la génération des facultés qu'ils essaient de rendre compte.

Les premiers ne font que constater les faits, les seconds s'attachent à les expliquer.

Explication des facultés. — C'est le point de vue de Laromiguière, de Condillac surtout.

Système de Condillac. — Le principe générateur des facultés est la sensation. Elles ne sont, comme nos idées, que des sensations transformées ; tout en nous part de la sensation externe et s'explique par elle. La sensation (une sensation de la vue ou de l'odorat, par exemple), en tant que *représentative*, donne naissance à l'attention, qui n'est qu'une sensation plus vive, et qui devient successivement comparaison, jugement, raisonnement, mémoire, imagination, etc. En tant qu'*affective*, c'est-à-dire agréable ou pénible, elle donne naissance au désir, puis à l'espérance, à la préférence, à la volonté, enfin, laquelle n'est au fond que le désir très vif accompagné de la conviction que son objet est à notre disposition. De là l'hypothèse d'une statue animée, capable au début d'éprouver seulement des sensations, et qui finalement se trouverait posséder toutes nos facultés.

Critique du système : I. Quant aux détails. — 1° La sensation et l'attention : l'attention n'est pas la sensation ; regarder et voir sont deux.

2° L'attention et l'intelligence : l'intelligence préexiste à l'attention ; l'attention ne saurait suppléer l'intelligence absente, susciter par exemple la mémoire ou l'imagination si celles-ci font originairement défaut ; bien plus, elle n'est possible, fructueuse elle-même que parce que nous sommes déjà intelligents, capables de comprendre, de juger.

3° La sensation et le désir : le désir est plus qu'une conséquence de la sensation ; il suppose une réaction de l'âme et implique par conséquent l'activité de celle-ci.

4° Le désir et la volonté : la volonté n'est pas le désir. Ils diffèrent :

1. Par leurs caractères : désir fatal, volonté libre.

2. Par leur objet : on désire tout ce qui agrée ; on ne veut que ce que l'on peut, les actes dont on dispose directement.

3. Par leur origine : le désir provient de notre constitution ; il s'éveille en nous, nous n'en avons pas l'initiative ; la volonté est inséparable de nous-mêmes, c'est nous-mêmes qui voulons.

4. Par leur effet sur l'âme : avec la prédominance du désir, c'est l'agitation et la faiblesse ; sous l'empire de la volonté, c'est le calme et la force.

II. Quant aux principes. — 1° L'activité de l'âme est méconnue. Condillac ne la nie pas formellement ; ses explications même la supposent ; mais elle est en opposition avec l'esprit du système, incompatible avec l'hypothèse de la statue.

2° L'innéité des facultés est méconnue. Or, non-seulement nos facultés sont innées : c'est la nature qui nous a, par exemple, doués de mémoire, d'imagination ; rendus capables de juger et de vouloir ; mais en outre nous apportons en naissant certaines prédispositions ou penchants physiques, intellectuels et moraux, les uns communs à tous, les autres qui nous sont particuliers.

Théorie de Laromiguière. — Deux facultés : l'*entendement* et la *volonté ;* la première comprenant *l'atten-*

tion, la *comparaison* et le *raisonnement;* la seconde comprenant le *désir*, la *préférence* et la *liberté*.

Ses mérites. — 1° Simplicité et symétrie du système. Dans chacune des deux facultés, il y a progrès de chacune des opérations à la suivante, de l'attention à la comparaison, par exemple. En outre correspondance entre les opérations de la volonté et celles de l'entendement, celles-là dépendant de celles-ci ; par exemple, le désir de l'attention, la préférence de la comparaison.

2° l'attention justement distinguée de la sensation.

3° L'activité restituée à l'âme.

4° La sensibilité regardée par Laromiguière, comme la source de toutes nos idées, est un principe plus général que la sensation par laquelle Condillac prétend les expliquer toutes.

Ses défauts. — 1° La volonté rattachée trop étroitement au désir dont elle est originairement distincte.

2° L'intelligence subordonnée à l'attention, et comme absorbée en elle, tandis que l'attention ne peut rien sans l'intelligence.

Division des facultés. — Les uns reconnaissent les trois facultés ; d'autres moins, d'autres plus.

Les scolastiques. — Généralement, ils admettent deux facultés : intelligence et volonté, ayant pour objet, l'une le vrai, l'autre le bien ; le vrai sensible, objet des sens ; le vrai intelligible, objet de la raison ; le bien sensible, objet de l'appétit ; le bien rationnel ou moral, objet de la liberté.

Descartes. — Il varie. Tantôt sensibilité et raison ; tantôt il suit les scolastiques. Il rapporte à tort le jugement à la volonté. Nous jugeons comme nous comprenons, selon que les choses se montrent à nous ; fatalement dès lors, non arbitrairement ni librement.

Bossuet. — Il distingue les trois facultés ; mais il rapproche la volonté de l'entendement sous le nom commun d'opérations intellectuelles, parce que la volonté a besoin pour s'exercer du concours de l'intelligence.

Reid. — Il multiplie les facultés ; il fait la part la plus large à l'innéité contre Locke et Condillac. Il énumère les penchants primitifs ou innés sous le nom de principes intellectuels et actifs, et les regarde comme irréductibles aux autres facultés.

Principes intellectuels. — Il les divise en nécessaires (principe de causalité), et contingents (croyance au monde extérieur, à l'ordre de la nature, à la véracité de nos semblables).

Principes actifs. — Il les divise en mécaniques (instinct et habitude), animaux (passion et appétit), et rationnels (intérêt et devoir).

Jouffroy. — Six facultés irréductibles. Aux trois généralement admises, il ajoute :

1° Les penchants primitifs ;
2° Une faculté motrice ;
3° Une faculté d'expression, d'émission et d'interprétation spontanée des signes naturels, et du langage.

1° Les penchants relèvent en général de la sensibilité, bien que plusieurs intéressent nos autres facultés, comme la véracité et la crédulité.

2° La subordination des mouvements des parties mobiles du corps, de la locomotion à la volonté est un fait général, une loi de la nature, et n'implique pas de faculté spéciale.

3° Enfin le langage, naturel et artificiel, s'explique, étant donnés les organes et l'intelligence de l'homme, sans qu'il y ait lieu de le rapporter à une faculté spéciale.

CHAPITRE IV

SENSIBILITÉ

Impossibilité de la définir. — Sentir est une idée simple, irréductible, qui par conséquent ne peut être suppléée par aucune autre. Il serait impossible de la communiquer à celui qui, faute de sentir, ne l'aurait pas de lui-même. La sensibilité, ou faculté de sentir, est dès lors indéfinissable.

La définition ordinaire : son insuffisance. — On la définit ordinairement : le pouvoir qu'a notre âme d'éprouver des plaisirs et des peines.

Mais d'abord tout fait sensible n'est pas nécessairement agréable ou pénible : le son, la couleur sont des sensations, et ils peuvent n'être ni agréables ni pénibles; ils sont des sensations indépendamment de la peine et du plaisir qui peuvent s'y rencontrer. De plus, la définition de la peine et du plaisir est impossible.

Dans l'impossibilité de définir la sensibilité, nous sommes réduits à faire appel à la conscience, qui distingue nettement sentir de penser et de vouloir, comme elle distingue entre eux le plaisir et la douleur; et nous dirons simplement qu'elle est cette faculté dont relèvent tous les faits étrangers à penser et à vouloir, tels que le plaisir et la douleur, les sensations et les sentiments.

Ses caractères : 1° *Fatale*. — La nature du fait sensible (plaisir, douleur, son, odeur, espérance, crainte), son degré même et sa durée sont indépendants de la volonté. Nous ne pouvons à volonté le susciter ou le prévenir, faire qu'il soit tel ou tel; tout dépend de notre constitution et des conditions dans lesquelles nous nous trouvons placés.

2° *Variable*. — Certaines circonstances, physiques ou morales, variables elles-mêmes d'une personne à une autre et dans la même, nous prédisposent à être diversement affectés dans les mêmes conditions données; les principales sont l'âge, l'état de santé, le tempérament, le caractère, l'habitude, le climat même et le régime.

3° *Subjective et personnelle*. — Penser implique un sujet pensant et un objet pensé. Sentir n'implique qu'un sujet sensible. Le fait sensible n'est qu'une modification de l'être qui l'éprouve; il n'a pas d'objet en dehors de lui. Rien au dehors qui ressemble au plaisir, à l'espérance, à la crainte. La sensation du son ne ressemble en rien au phénomène physique, aux mouvements vibratoires qui la provoquent. Ils en sont la cause, non l'objet. La sensibilité est dite, pour cette raison, subjective. Elle est dite aussi personnelle, chacun sentant à sa manière, d'après sa constitution propre.

4° *Passive*. — Penser, vouloir, c'est agir; sentir, c'est simplement être affecté, modifié de telle ou telle manière. Il peut arriver que le fait sensible implique l'action de l'âme, comme dans le désir; que le moi, la personne elle-même y participe, comme dans le désir souvent, et dans la plupart des passions; mais en principe le moi l'éprouve, le subit, il ne le produit pas.

Caractères accessoires qui la distinguent de l'intelligence : — 1° Aveugle : sans l'intelligence nous ne saurions rien des choses auxquelles se rapportent nos sensations et sentiments.

2° Son domaine est plus restreint que celui de l'intelligence : nous ne percevons directement par nos sens qu'une partie de la réalité sensible; notre connaissance ou nos conjectures dépassent leur portée, et de beaucoup. Nos sensations, par exemple, sont renfermées dans d'étroites limites en deçà ou au delà desquelles elles cessent de se produire, bien que les phénomènes auxquels elles correspondent subsistent : un son trop grave ou trop aigu n'est plus entendu.

3° L'objet sensible, s'il l'est trop, blesse les sens; exemple : une lumière trop éclatante, un son trop perçant. L'objet intelligible, plus il l'est, et plus il agrée à l'intelligence.

Sensations et sentiments. — Tous les faits sensibles rentrent dans l'une ou dans l'autre de ces deux classes. La sensation se distingue du sentiment par deux caractères :

1° La sensation a pour antécédent constant une impression organique, c'est-à-dire une certaine modification du corps, que celle-ci d'ailleurs ait son siège dans les organes des sens, dans les nerfs ou le cerveau. Le sentiment succède à une simple modification de l'âme, telle qu'une pensée, un souvenir. Si un sentiment s'éveille à la suite d'une impression, si la tristesse accompagne la maladie, c'est à cause de la souffrance ressentie, des préoccupations de l'esprit, non de l'état des organes.

2° La sensation est rapportée au corps, ressentie dans le corps; nous souffrons, par exemple, dans telle ou telle de ses parties (mal de tête, faim); le sentiment est rapporté directement à l'âme, ressenti en nous-mêmes : nous sommes tristes, joyeux en nous-mêmes, non dans notre corps.

Sensation et impression. — L'impression est tout organique; elle est cette modification du corps, de ses organes extérieurs ou internes, perceptible aux sens; la sensation, bien qu'ayant en elle sa condition, est toute morale : c'est un fait de conscience. Nos impressions n'ont de réalité que dans le corps ; nos sensations, comme nos sentiments, qu'on nous et pour nous.

Double fin de la sensibilité. — Sensibilité physique : conservation et bien-être du corps. — Sensibilité morale : développement et progrès moral.

Rôle de la sensibilité physique. — 1° Nos sens nous mettent en rapport avec le monde extérieur, nous permettent de le connaître et d'agir sur lui.

2° Le plaisir et la douleur nous avertissent de l'état de notre corps, dans l'intérêt de son bien-être et de sa santé.

3° Les besoins et les appétits, tels que la faim et la soif, inclinent la volonté jusqu'à la contraindre vers des fins utiles et indispensables au corps.

Rôle de la sensibilité morale. — Influence stimulante :

1° Sur l'intelligence : curiosité, goûts et penchants intellectuels.

2° Sur la volonté : elle triomphe de ses défaillances et assure notamment :

1. Notre bien individuel, par les penchants égoïstes ; 2. le bien social, par les instincts affectueux ; 3. l'accomplissement du devoir, par l'amour instinctif du bien.

CHAPITRE V

SENSIBILITÉ PHYSIQUE

Sensations externes et internes. — Les sensations externes sont provoquées par l'action des objets extérieurs sur les organes des sens ; les sensations internes résultent d'une modification spontanée des organes intérieurs.

La sensation externe. — Ses espèces irréductibles sont le contact, la couleur, etc. Le toucher seul sans organe spécial, sauf la main. Les sensations de résistance, pesanteur, etc., appartiennent à la sensibilité musculaire, bien qu'elles se lient à l'exercice du toucher.

Trois éléments à y distinguer. — 1° La sensation elle-même : son, odeur, etc.;

2° Le plaisir et la douleur qui s'y rencontrent presque constamment à quelque degré;

3° La connaissance ou perception de son objet.

Sensations affectives et représentatives. — En tant qu'elle nous met en rapport avec les objets, la sensation est dite *représentative ;* en tant qu'agréable ou pénible, *affective.*

Les sensations de la vue et du toucher, qui nous donnent directement connaissance des objets, sont éminemment représentatives; celles de l'ouïe, mais surtout du goût et de l'odorat, qui nous révèlent la présence des objets plutôt que leur nature, le sont faiblement; par contre le plaisir et la douleur y tiennent plus de place, elles sont surtout affectives.

En général, le caractère affectif et la valeur représentative sont, dans une sensation donnée, en rapport inverse.

Services rendus par nos divers sens. — 1° A la vie corporelle : le goût et l'odorat y sont le plus directement intéressés, comme on le voit par les animaux; mais tous lui sont utiles diversement.

2° A la vie intellectuelle : le toucher et la vue donnent seuls une connaissance directe des objets; par exemple, de leur forme, grandeur, distance, mouvement, solidité, etc. Les autres sens ne font guère que signaler leur présence; mais leurs sensations (telle odeur, tel son), rapprochées de celles du toucher et de la vue, deviennent le signe caractéristique de certaines propriétés des objets déterminées à l'aide de celles-là, le signe des objets eux-mêmes; ils nous servent, en un mot, à reconnaître ce que la vue et le toucher nous ont fait connaître; de là le rôle du goût, de l'odorat, de l'ouïe, à titre de réactifs.

3° A la vie morale : par l'odorat déjà, mais faiblement; surtout par l'ouïe qui agit plutôt sur l'âme, et par la vue, sur l'imagination.

Sensations indifférentes. — C'est-à-dire ni agréables ni pénibles. On objecte contre leur existence les effets de la distraction et de l'habitude qui peuvent nous rendre insensibles à des peines et à des plaisirs très réels ; l'imperfection de nos organes qui, plus délicats, seraient sensibles à des plaisirs et à des peines qui actuellement leur échappent.

Quoi qu'il en soit, leur réalité semble incontestable.

Sensations inconscientes.— Par là on peut entendre soit des sensations éprouvées, mais non aperçues, non remarquées sur le moment même, de sorte qu'elles ne laissent aucune trace dans le souvenir; soit des sensations supposées réelles encore, mais non ressenties, étrangères à celui qui les éprouve, positivement nulles pour la conscience.

Dans le premier sens, la réalité des sensations inconscientes est incontestable. Elles s'expliquent soit parce qu'elles sont faibles ou fugitives, soit parce qu'elles sont obscures et confuses, qu'elles se mêlent à une foule d'autres plus ou moins distinctes. Telles sont nombre de sensations externes, et la plupart des sensations internes à l'état normal.

Dans le second sens, leur réalité est contestable : sensation non sentie, semble contradictoire.

Cependant on allègue en leur faveur :

1° Le souvenir de sensations inaperçues sur le moment ; de tel bruit, par exemple, qui nous avait échappé ;

2° Les effets de la distraction et de l'habitude qui, tout en affaiblissant, jusqu'à l'annuler, la conscience des sensations, ne sauraient les supprimer ;

3° Les sensations des centres organiques, autres que le cerveau, qui intéressent ces centres eux-mêmes, probablement sans se témoigner à la conscience réfléchie de l'homme tout entier ;

4° Le fait que nombre de sensations sont des composés de sensations plus faibles, inconscientes, lesquelles cependant doivent produire leur effet pour rendre la sensation composée possible. Ex. : le bruit des vagues, le son de chaque instrument dans un concert, lequel peut être perçu par une oreille exercée, bien qu'il échappe à la plupart.

En résumé, une sensation n'est réelle qu'à la condition d'être sentie, c'est-à-dire consciente ; mais elle peut l'être faiblement, échapper à la conscience réfléchie sans être en dehors de la conscience.

Conditions physiques et organiques de la sen-

sation externe. — Des unes et des autres on sait peu de chose. Les conditions organiques sont les organes sensoriels : l'œil, l'oreille, les nerfs transmetteurs de l'impression, le cerveau ; mais les phénomènes nerveux et cérébraux, qui constituent en partie l'impression, restent mystérieux. Il en est de même, pour la plupart de nos sens, des conditions physiques ou externes de leur exercice, sauf pour l'ouïe et la vue.

Mais les unes et les autres fussent-elles pleinement connues, la sensation n'en serait pas moins sans analogie avec elles et inexplicable. Les phénomènes sensitifs sont, en somme, irréductibles aux phénomènes organiques, comme ceux-ci aux phénomènes physiques.

Question du sensorium commune ou sens commun. — 1° Au point de vue psychologique, Bossuet suppose une faculté spéciale qu'a notre âme de rapporter au même objet les sensations diverses dont il affecte à la fois plusieurs de nos sens ; il n'aurait raison que si les sens eux-mêmes, et non l'esprit, jugeaient de leur objet.

2° Au point de vue physiologique, Descartes prétend déterminer dans le cerveau un point central, siège de l'âme et centre de la sensibilité. L'existence n'en est nullement établie.

Sensations internes. Leur importance. — Éminemment affectives, elles nous signalent en général l'état favorable ou fâcheux de nos organes ; pénibles, elles nous pressent en outre de porter remède aux maux du corps ; mais elles nous laissent dans l'ignorance de la nature de ces maux, des lésions ou désordres dont elles résultent.

Elles sont périodiques ou accidentelles, et celles-ci d'ordinaire morbides.

Sensations musculaires. — Les sensations musculaires, qui par elles-mêmes ne sont ni agréables ni pénibles, forment une classe à part. Elles nous permettent mieux que les sensations affectives dont le siège est originairement difficile à déterminer, de localiser les diverses parties de notre corps, mais surtout d'adapter dans le mouvement volontaire nos efforts aux effets que nous voulons obtenir ; c'est par elles que nous jugeons du poids, la dureté des objets.

Besoin. — Le besoin se distingue toujours du désir, bien qu'il ne se produise guère sans quelque désir. On désire ce qui plaît, ce que l'on suppose susceptible d'agréer; on se le refuse sans grand effort ou préjudice. On peut sans doute éprouver le besoin de ce que l'on désire; mais originairement le besoin est antérieur au désir et plus profond; il a ses racines dans notre constitution ou dans les habitudes contractées.

L'âme a ses besoins comme le corps. En tant que physique, il provient d'un état de gêne de nos organes qui réclament exercice ou repos, ou certain exercice spécial, certaines satisfactions, au défaut desquelles le corps souffre, il semble, et nous avec lui. Il implique donc défaut, privation de quelque chose dont le corps se trouve bien, d'utile ou de nécessaire à sa santé ou à son bien-être, et il associe dans la conscience au sentiment de l'état actuel plus ou moins pénible, la prévision, le désir d'un état favorable, indispensable ou seulement utile. Le besoin, d'ailleurs, est d'ordinaire accompagné de gêne, malaise, ou même de vive souffrance.

Opinions diverses relatives au besoin. — Diverses opinions ont été émises sur le caractère du besoin qui serait originairement ou pénible, ou agréable, ou indifférent. Elles se concilient en partie.

Besoins périodiques et accidentels. — Les besoins sont périodiques, comme celui du sommeil; ou accidentels, comme celui de la joie, des larmes, du rire; ou quelquefois même continus, comme celui de la respiration.

Besoins naturels et factices. — Ils sont encore naturels ou factices; les premiers inhérents à notre constitution, les seconds résultant de l'habitude. Ceux-ci ne sont pas d'ailleurs les moins impérieux.

Appétit. — Besoin périodique d'une nature spéciale. Il diffère du simple besoin par plusieurs caractères. 1° Le besoin implique seulement gêne et privation, gêne causée par un état fâcheux, privation d'un état agréable. L'appétit renferme l'une et l'autre, mais il y ajoute une tendance marquée vers une satisfaction jugée nécessaire ou désirable, et par conséquent un vif désir de l'obtenir. 2° Le besoin naturel est purement organique; la nature d'elle-même le satisfait si la volonté n'y fait obstacle. L'appétit appelle une intervention active de la volonté : il faut des actes plus ou moins compliqués pour se procurer son objet et l'approprier à ses exigences. 3° Le besoin naturel se confondant presque avec le jeu des organes et l'exercice des fonctions, sa satisfaction passe pour ainsi dire inaperçue; celle de l'appétit est une source de jouissances des plus vives et peut donner naissance à des passions. 4° Le besoin concerne surtout la vie organique, à peu près indépendante de la volonté; l'appétit, la vie animale ou de relation, placée sous l'empire de la volonté.

Question du sens interne. — On a supposé (Maine de Biran) un ou plusieurs sens internes pour expliquer les sensations internes, par analogie avec les sens externes; mais cette analogie n'est pas fondée :

1° Les sensations externes sont nettement distinctes entre elles, le son de l'odeur, par exemple; les sensations internes ne sont guère que des modes spéciaux du plaisir ou de la douleur.

2° Les organes des sens ont une existence propre, chacun sa constitution spéciale; point d'organes correspondants aux sensations internes, autres que les nerfs.

Sens vital. — Quant au sens vital, l'hypothèse est également inutile, l'esprit étant en rapport étroit avec le corps, et éprouvant dès-lors, sous forme de sensations, le contre-coup de ce qui se passe en lui; il n'y a donc pas lieu, pour expliquer ces rapports, de recourir à une faculté spéciale, à un sens vital.

CHAPITRE VI

SENSIBILITÉ MORALE

I. — Classification des sentiments.

Caractères accessoires qui distinguent le sentiment de la sensation. — 1° La sensation est indépendante de l'intelligence ; le sentiment en est inséparable, tout sentiment se liant à une idée, se déterminant avec elle : ex. : l'honneur, le patriotisme.

2° La sensation résultant d'une impression organique implique seulement une cause, laquelle peut rester inconnue ; le sentiment implique en outre une fin ou un but à atteindre : ex. : l'ambition, l'avarice, le désir même qui poursuit l'acquisition d'un plaisir ou d'un bien, la joie, la tristesse qui en supposent la possession ou la perte.

3° La sensation est stationnaire ; les sentiments suivent le développement de l'intelligence, ils se multiplient avec nos idées, varient et s'épurent avec les appréciations portées sur leur objet. De là, par exemple, les variations et progrès du sentiment maternel avec les idées morales et religieuses.

Difficulté de classer les sentiments. — A cause de leur multiplicité et diversité extrêmes, de leurs variations suivant les circonstances individuelles ou sociales, de leur complexité, et enfin de l'incertitude du langage, qui varie d'un peuple à l'autre, d'une époque à une autre.

Classification de Descartes. — Six sentiments principaux (admiration ou étonnement, désir, joie et tristesse, amour et haine) sous le nom de passions. Tous les autres s'y ramènent ; tous se rattachent au corps et s'expliquent par lui.

Classification de Bossuet. — Onze passions principales, partagées en deux groupes, et rapportées, les unes à l'*appétit concupiscible* (joie et tristesse, désir et aversion, amour et haine), les autres à l'*appétit irascible* (courage et crainte, espérance et désespoir, colère). — Toutes les passions rattachées à l'amour ; — définition profonde de la passion.

Classification des sentiments. — On peut classer les sentiments en les considérant à trois points de vue principaux.

I. **Sentiments généraux et particuliers.** — Ils se distinguent par deux caractères :

1° Les sentiments généraux ou indéterminés n'impliquent pas d'objet spécial : joie, espérance. Les sentiments particuliers en ont un : l'ambition, le pouvoir ; l'avarice, les richesses.

2° Les premiers sont inévitables, telles circonstances étant données, et par suite sont communs à tous : joie, tristesse. Les seconds dépendent d'une disposition personnelle ; tous n'y sont pas également accessibles.

II. **Les sentiments d'après leur nature.** — A ce point de vue, on peut les ranger en quatre classes principales :

1° *Emotion*. — Etat passager de l'âme, doucement ou violemment agitée en présence ou à la pensée d'un bien ou d'un mal, ou de ce qui est jugé tel, pour soi ou pour autrui, ou absolument ; l'émotion est dès lors inévitable.

2° *Inclination*. — Disposition permanente, naturelle ou acquise, commune ou individuelle, à être ou à agir de telle ou telle manière à l'égard des choses ou des personnes. A cette classe appartiennent les goûts (science, poésie), les penchants (crédulité, ruse, vol), ainsi que les qualités et les défauts du caractère (courage, timidité, bonté, douceur).

3° *Affection*. — Attachement ou aversion persistant pour les personnes et même pour les choses. Les affections sont des degrés et des formes diverses de l'amour et de la haine. A cette classe appartiennent les sentiments de famille, le patriotisme, la philanthropie.

4° *Passion*. — Inclination ou affection excessive et concentrée sur un objet exclusif.

III. **D'après leur fin ou leur objet.** — Eu égard à leur fin spéciale ou à leur objet, on peut distinguer :

1° *Les sentiments intellectuels*, inclinations, joies et peines de l'esprit, relatives à la vérité. Tous se rattachent au besoin ou amour instinctif de la vérité.

2° *Les sentiments esthétiques*, inclinations, joies et peines du goût relatives au beau. Ils font appel à l'imagination et se rattachent à l'amour instinctif du beau.

3° *Les sentiments moraux*, inclinations, joies et peines de la conscience, relatives au bien dont elles supposent l'amour instinctif.

4° *Le sentiment religieux*, irréductible aux précédents,

mais qui se rapproche des suivants par le respect et l'amour qui en sont les éléments principaux.

5° *Les sentiments sociaux*, affections bienveillantes (ou malveillantes) pour nos semblables ; rapportés au cœur, ils ont leur point de départ dans une sympathie instinctive qui nous rapproche d'eux.

6° *Les sentiments personnels*, inclinations, joies et peines relatives à nous-mêmes, à notre bien-être et à notre bonheur propre ; ils s'appliquent au corps comme à l'âme, et proviennent de l'amour instinctif de nous-mêmes.

CHAPITRE VII

PASSION

I. Définition de la passion. — *La passion distinguée de l'émotion, de l'affection et de l'inclination.* — L'émotion, simple état de l'âme, est passagère ; la passion, tendance de l'âme, est persistante. L'affection et l'inclination comportent des degrés ; la passion est excessive. L'affection est essentiellement désintéressée ; il y a dans la passion comme un égoïsme inconscient.

Ses caractères. — Outre la durée et l'intensité, elle est aveugle (ne voit que son objet), exclusive (ne supporte ni affection ni préoccupation étrangères), absorbante (domine l'âme et la vie), impérieuse (exige une satisfaction immédiate).

Sa définition. — État violent et persistant de l'âme, qui préoccupée outre mesure du plaisir ou de la douleur ressentis ou imaginés dans un objet (personne ou chose) s'y attache avec amour ou le repousse avec horreur.

II. Sa formation. — 1° *Son milieu.* — Point de passion sans un milieu moral constitué par l'intelligence et la volonté.

2° *Son point de départ.* — Elle a son point de départ dans le plaisir ou la douleur ressentis ou imaginés ; son germe dans l'attrait ou la répugnance dont tel plaisir ou telle douleur en particulier est l'objet de préférence à d'autres.

3° *Ses racines.* — Elle a ses racines profondes, ou les conditions de sa possibilité, dans notre constitution physique et morale, dans les tendances natives et communes à tous, qui en accusent les besoins et les aptitudes essentielles. Ex. la passion du jeu qui fait appel à l'attrait pour la lutte et la supériorité, au goût des combinaisons, à l'attente de l'imprévu, au désir du gain.

4° *Ses causes prédisposantes.* — Elle a ses causes prédisposantes :

1. Dans l'ardeur de la sensibilité et de l'imagination qui prédisposent à la passion en général ;

2. Dans les tendances prédominantes résultant du caractère, des goûts, du genre de vie, de l'état de santé, etc., et qui prédisposent à telles passions en particulier.

5° *Ses causes déterminantes.* — Mais toujours elle s'explique par les effets : 1° de l'*habitude*, qui nous fait un besoin de toute satisfaction répétée ; 2° de la *réflexion* qui nous en préoccupe à l'excès ; 3° surtout de l'*imagination* qui en exagère le prix et nous représente l'objet de notre affection ou de notre inclination en son absence et sous les formes les plus propres à les exalter.

Certaines passions dépendent surtout de l'habitude (les passions sensuelles), d'autres de l'imagination. La formation des premières est par suite plus lente ; celle des secondes peut être très rapide.

III. Classification des passions. — Presque impossible à raison de leur nombre, tout objet, toute action susceptible de causer peine ou plaisir pouvant donner lieu à une passion.

1° Au point de vue moral on peut distinguer des passions *nobles* et *basses*.

2° D'après leurs effets sur l'âme : des passions *développantes*, c'est-à-dire favorables à l'exercice de nos facultés (ambition, amour de la gloire) et *déprimantes* (envie, passions sensuelles).

3° D'après leur objet : des passions intellectuelles, morales (les unes et les autres bien rares), religieuses même (prosélytisme et fanatisme); mais surtout sociales et personnelles (amour, ambition, avarice).

IV. Effets de la passion. — La passion a ses dangers comme son utilité.

Ses dangers : 1° *Pour l'intelligence.* — 1. Dans le trouble de la passion la réflexion est impossible.

2. Elle exagère l'importance de son objet, altère les rapports réels, et ainsi fausse le jugement (l'ambition).

3. Elle prévient l'esprit en faveur de son objet, et ainsi l'abuse encore (nous exagérons les qualités de ce que nous aimons, les défauts de ce que nous haïssons, nous ne voyons qu'eux et leur en attribuons de chimériques).

2° *Pour la volonté.* — 1. Dans le trouble de la passion la volonté ne s'appartient plus ;

2. Entraînée par la passion, elle en devient l'instrument aveugle. — De là l'énergie extrême développée au service de la passion.

3° *Pour le bonheur.* — Source de mécomptes, d'angoisses, de fautes cruellement expiées; elle rend par suite le caractère inquiet, ombrageux, violent.

4° *Pour la moralité.* — La passion ne voit que sa propre satisfaction ; indifférente à tout le reste, rien ne lui coûte ni ne lui répugne pour parvenir à ses fins.

Son utilité : 1° *Pour l'intelligence.* — Elle est l'un des stimulants les plus énergiques de l'activité intellectuelle; spécialement les passions propres au savant, à l'artiste, et en général les passions développantes comme l'ambition, l'amour de la gloire.

2° *Pour la volonté.* — Même action stimulante ; elle en obtient même plus que les affections et inclinations naturelles les plus vives ; et par exemple des fautes, des crimes auxquels celles-ci se refuseraient.

3° *Pour le bonheur.* — Elle est une source de jouissances des plus vives, bien qu'en partie imaginaires.

V. Les passions au point de vue moral. Doctrines des anciens. — Les épicuriens les déclaraient naturelles et bonnes; les stoïciens, contraires à la nature et funestes (des maladies de l'âme); les péripatéticiens, naturelles et bonnes en principe, mais dangereuses par leur excès.

De là ces règles de conduite : pour les premiers, s'y abandonner ; pour les seconds, les combattre et les déraciner ; pour les troisièmes, les tolérer, en user sans s'y assujettir.

Jugement sur les passions. — 1° La passion est naturelle en ce sens que la nature la comporte ou plutôt la rend inévitable comme la maladie.

2° Et en un sens elle est une maladie de l'âme, l'amour du plaisir, c'est-à-dire l'égoïsme, et l'opinion, l'estime des faux biens, c'est-à-dire l'illusion en étant les principes.

3° Aussi est-elle surtout notre œuvre, l'habitude et l'imagination y ayant la plus grande part. Elle engage donc notre responsabilité et nous sommes louables ou blâmables selon que son objet l'est lui-même.

4° On ne saurait donc ni l'approuver ni la condamner absolument ; il faut tenir compte de son objet bon ou mauvais, de ses services comme de ses dangers.

CHAPITRE VIII

FAITS PRIMITIFS DE LA SENSIBILITÉ

I. — Le plaisir et la douleur.

Double source de nos sentiments. — Nos sentiments les plus divers dérivent originairement d'une double source : le plaisir et la douleur dont procèdent pour la plus grande partie nos émotions, affections, inclinations acquises et passions ; et certaines inclinations natives qui, satisfaites ou contrariées, sont causes elles-mêmes de plaisir ou de douleur.

Le plaisir et la douleur : leur importance. — 1° Les faits sensibles sont pour la plupart agréables ou pénibles ; 2° nombre d'entre eux ne sont que des modes du plaisir ou de la douleur; 3° c'est d'eux enfin que procèdent la plupart de nos sentiments.

Leur origine. — Une théorie récente, mais dont l'idée première appartient à Aristote, veut que le plaisir soit inhérent à la force, à l'activité. De là ces formules : Le plaisir est le complément de l'acte (Aristote et Hamilton); le plaisir et la douleur résultent d'une augmentation ou diminution de force (Dumont).

Un objet ne nous plaît qu'autant qu'il donne lieu à un déploiement libre et facile, ni excessif, ni insuffisant de notre activité normale (Bouillier).

Dumont ajoute : Point d'activité sans plaisir, la plante, la matière brute même ayant ainsi leur sensibilité.

Et Bouillier : Point de plaisir passif, même ceux de l'oisiveté.

Aristote, Dumont, Hamilton ne considèrent dans l'acte que le plus ou moins d'activité qui s'y déploie; Bouillier tient compte aussi de sa qualité ; en cela il se rapproche de Platon qui plaçait le plaisir dans la conformité de l'acte à la nature, dans l'harmonie.

Le plaisir est-il inhérent à l'activité ? L'acte est-il seul agréable et l'est-il nécessairement ? A cela plusieurs objections.

1° Il y a des plaisirs passifs (repos, sommeil, cessation de la souffrance).

2° Dans bien des cas, la quantité d'activité ne varie pas, que la sensation soit agréable ou pénible, que l'on goûte par exemple une substance amère ou sucrée. (Stuart-Mill.)

3° Dans beaucoup d'autres la vivacité du plaisir ne répond nullement au degré de l'activité : l'acte peut être énergique, facile même, sans qu'il y ait plaisir (les travaux ou mouvements habituels), ou au contraire le plaisir très vif avec une activité médiocre.

4° Dans bien des cas encore le plaisir résulte moins de l'activité déployée que de la nature des objets proposés à la pensée, de leur affinité avec nos dispositions secrètes (affections bienveillantes, pitié, colère, les passions en général ; la rêverie même où il est manifeste que le plaisir provient du mouvement libre de la pensée, et surtout de la variété et de l'attrait des objets qui l'occupent tour à tour).

5° Il faudrait distinguer entre la force et l'effort. L'effort, pour un acte donné, est en général d'autant moindre que la force disponible est plus considérable. Or si la force employée est grande, et l'effort presque nul, le plaisir de même est faible ou nul. Si au contraire l'effort est énergique, le plaisir peut provenir de l'élan avec lequel on se porte à l'action plutôt que de l'effort lui-même.

Ainsi loin que le plaisir ne soit que le complément de l'acte, il peut y avoir plaisir sans activité, et activité sans plaisir.

Qu'il n'y ait de plaisir que pour une nature active, pour une activité consciente, cela est incontestable, mais n'implique pas que le plaisir procède de l'activité et d'elle seule. Qu'un être fait pour agir trouve du plaisir dans son acte, cela est naturel, mais à la condition qu'il soit déjà sensible; on conçoit à la rigueur une volonté, une intelligence s'exerçant sans plaisir, absorbées tout entières dans leur acte même, étrangères à ce qui n'est pas lui.

Le plaisir et la douleur étant des faits primitifs, ils se refusent comme tels à toute explication. Mais si leur cause première reste inaccessible, il n'en est pas ainsi de leurs causes prochaines, des conditions les plus générales de leur apparition.

Et d'abord le plaisir et la douleur semblent le privilège des êtres que leur constitution rend capables de participer à leur conservation; et la nature semble les avoir voulus moins pour eux-mêmes qu'en vue de cette fin, y trouvant le moyen le plus efficace pour obtenir les actes propres à l'assurer.

Or, au point de vue du corps, tout état, tout acte favorable à l'organisme, ou conforme à son fonctionnement normal est accompagné de plaisir.

Au point de vue moral, toute tendance, naturelle ou acquise, satisfaite donne lieu au plaisir qui n'a pas d'autre source.

En résumé le rapport, dans un être, de ses états et de ses actes avec sa constitution d'une part, de l'autre avec les fins auxquelles cette constitution est appropriée, telle semble être la raison dernière du plaisir, qui serait alors non plus une propriété inhérente à toute activité, brute ou consciente, mais, comme le pensait Platon, un effet de l'harmonie chez des êtres dont cette harmonie est le premier besoin, et qui, par le plaisir et la douleur, se trouvent directement intéressés à la maintenir.

Questions au sujet du plaisir et de la douleur.— Au sujet des rapports du plaisir et de la douleur, diverses questions sont débattues. 1° Ont-ils une valeur absolue, ou sont-ils purement relatifs? — Relatifs, ils le sont, en ce sens d'abord qu'ils ne sont tels que pour celui qui les éprouve, que seul il est apte à en juger et qu'il n'a pour cela que son sentiment à lui; en ce sens encore que les causes qui les éveillent n'agissent pas directement sur notre âme, mais sont favorisées ou contrariées par notre constitution physique et morale ; c'est-à-dire par le fait de la nature d'abord, de l'habitude ensuite, et, à un moment donné, par notre état actuel. C'est ainsi qu'il nous semble éprouver un plaisir lorsque nous ne faisons que cesser de souffrir ou même moins souffrir, qu'il nous semble souffrir quand nous ne faisons que sentir moins vivement un plaisir. Il est donc vrai que souvent nous jugeons du plaisir ou de la douleur par comparaison ; mais il l'est aussi qu'il y a des états de l'âme et du corps agréables ou pénibles par eux-mêmes, et qui, à l'état normal, sont tels pour tous. Le plaisir et la douleur sont donc inhérents à notre nature, attachés originairement pour tous aux mêmes états du corps, au même exercice, facilité ou contrarié, des fonctions organiques et des facultés : en ce sens ils ont donc une valeur absolue.

2° On demande encore si le plaisir est antérieur à la douleur, ou la douleur au plaisir. S'il s'agit des faits actuels, on les voit souvent liés l'un à l'autre, provoqués l'un par l'autre ; tantôt le plaisir précède la douleur, et tantôt la douleur le plaisir. S'il s'agit de notre état primitif, il semblerait que le plaisir dût précéder, toute organisation normale, tout jeu normal des organes tendant à l'éveiller, étant accompagné d'un vague sentiment de bien-être, si faible qu'il soit. Mais cet état de parfait équilibre ne saurait être pleinement réalisé, et il ne peut être troublé un seul instant, sur un seul point, sans douleur.

3° On demande enfin si le plaisir seul est positif; la douleur ne serait alors qu'un moindre degré ou l'absence de plaisir, le plaisir étant le mode fondamental de notre activité. A l'appui de cette opinion, on rappelle que la privation d'un plaisir accoutumé est douloureuse. Mais on peut répondre que la cessation ou l'affaiblissement même de la douleur constitue aussi un plaisir. En fait, ni la douleur n'est moins réelle pour la conscience que le plaisir, ni le trouble qui la provoque moins réel que l'harmonie dont le plaisir résulte.

II. — Inclinations natives.

Rôle des inclinations. — Le plaisir et la douleur dépendant d'inclinations natives satisfaites ou contrariées, celles-ci sont comme la racine de notre sensibilité.

Inclinations premières. Leur classification. — Trois classes selon qu'elles ont pour objet nous-mêmes, autrui ou l'idéal.

I. Inclinations relatives à la vie individuelle. — 1° La vie en général : besoin d'activité (le corps et nos facultés), attachement à la vie (instinct de conservation), attrait pour le plaisir (désir du bien-être et du bonheur).

2° La vie intellectuelle : curiosité, goût des combinaisons (rythme, chant, musique, danse, jeu, intrigues, entreprises) et des constructions.

3° La vie active : attrait pour la lutte, la supériorité et la domination; instinct de possession.

II. A la vie sociale. — 1° Inclinations transportées de la vie individuelle dans la vie sociale : attrait pour la lutte (sous les formes de l'émulation et de la rivalité); pour la supériorité, la domination (ambition); l'instinct de possession (amour de la propriété).

2° Tendances intellectuelles disposant à la vie sociale : véracité (franchise : dire sa pensée; loyauté : tenir sa parole); crédulité; tendance expressive (disposition à manifester ses sentiments par le mouvement et par la voix); instinct d'imitation.

3° Inclinations affectives déterminant la vie sociale : instinct de sociabilité (disposition à se rapprocher de ses semblables, à se trouver bien dans leur société, à souffrir de l'isolement); sympathie (disposition à partager leurs plaisirs et leurs peines); bienveillance, respect; (la sympathie rapproche les semblables; la bienveillance descend du supérieur à l'inférieur; le respect remonte de l'inférieur au supérieur, quelle que soit d'ailleurs la nature de cette supériorité, réelle ou imaginaire; cependant elle est plutôt morale pour le respect, de force ou d'autorité pour la bienveillance).

4° Inclinations ayant pour objet des jouissances d'opinion : désir d'approbation (ses formes principales : amour-propre, respect humain; accessoirement, amour de la gloire, vanité, honneur).

III. A la vie morale. — Triple attrait pour la vérité, le bien et le beau; on peut y rattacher le sentiment religieux.

Doctrines qui ont méconnu l'une ou l'autre de ces tendances. — 1° Le mysticisme qui, en imposant le détachement absolu de soi-même et en proposant comme bien unique l'amour de Dieu, sacrifie l'activité, condition de la vertu, et le bonheur inséparable de l'amour de soi et de l'amour d'autrui.

2° L'ascétisme, qui fait violence à la nature et, en vue d'affranchir l'âme, trouble l'équilibre des facultés et compromet la vie morale.

3° Le stoïcisme qui sacrifie le cœur à la volonté et les devoirs de la vie active à un perfectionnement égoïste de soi-même.

4° L'égoïsme (ou épicurisme) qui méconnaît les affections désintéressées et les aspirations supérieures de notre âme.

Théorie de Jouffroy. — Les faits primitifs de la sensibilité réduits à la joie et à la tristesse, à l'amour et à la haine, au désir et à l'aversion, chacun de ces sentiments dérivant du précédent et étant en progrès sur lui. Théorie inexacte : le désir est antérieur à l'amour, et l'amour est plus que le désir ; l'enfant désire avant d'être capable d'aimer ; dans l'ordre de génération des sentiments l'amour est le dernier, comme il est le premier en dignité. En un sens seulement, qui n'est pas celui de Jouffroy, l'amour est antérieur au désir et l'explique : on ne désire un bien pour soi ou pour autrui, un plaisir même, que parce que l'on aime autrui ou soi-même.

L'amour. — Attachement invincible à un objet, dans la contemplation ou dans la possession duquel l'âme se complaît avec délices, à la conservation duquel elle rapporte son bonheur.

L'amour implique : connaissance de son objet, une attribution de supériorité par rapport à tous les autres, préférence et prédilection pour lui, et presque toujours le concours actif ou l'assentiment de la volonté. Sous sa forme la plus élevée, l'amour est le don de soi-même à autrui, la vie et le bonheur propre n'ayant de prix que par ceux d'autrui, et ceux-ci justifiant à nos yeux, nous rendant désirable et doux le sacrifice de nos biens les plus chers. Sous cette forme, l'amour unit au plus haut degré le respect et la bienveillance à la sympathie.

CHAPITRE IX

INTELLIGENCE

Classification des fonctions intellectuelles.

En quel sens elle est indéfinissable. — On la définit : faculté de penser. Définition exacte, mais nécessairement superficielle. Penser est l'acte propre de l'intelligence, sa fonction essentielle. Mais penser, comme sentir, est une idée simple, irréductible, et par suite indéfinissable. On dit aussi faculté de comprendre, de connaître ; mais penser vaut mieux, comme plus général.

Au lieu d'intelligence on dit aussi : entendement ou raison ; intelligence est préférable comme s'appliquant seul à toutes ses fonctions. L'entendement n'est que l'intelligence en tant que faculté d'entendre la vérité, de juger et de raisonner; la raison en est une faculté spéciale, la plus haute.

Ses caractères. — 1° *Fatale :* car la vérité s'impose.

2° *Constante :* car la vérité ne changeant pas, la connaissance en doit être la même pour tous et toujours.

3° *Objective :* parce que l'intelligence a nécessairement un objet qui est la vérité; penser implique une chose pensée; qu'il n'y ait rien à connaître, et toute pensée est impossible.

4° *Impersonnelle :* quant à son objet du moins, la vérité étant la même pour tous.

5° *Progressive :* 1° quant aux connaissances acquises, puisqu'elles comportent un progrès illimité; 2° en outre, ses diverses fonctions se perfectionnent par la culture; par exemple : la mémoire, l'attention, le jugement.

Restrictions au sujet de ces caractères. — Trois de ces caractères n'appartiennent à l'intelligence qu'en tant que faculté de connaître; un seul lui est essentiel, l'objectivité; autrement, et comme faculté de penser, non de connaître, elle n'est ni absolument fatale, chacun disposant plus ou moins librement de sa pensée, ni surtout constante et impersonnelle, les facultés intellectuelles différant en degré de l'un à l'autre.

Son double rôle. — 1° Essentiellement, et avant tout, connaître; de là la science.

2° Subsidiairement, utiliser les connaissances acquises; de là l'industrie, les arts, les travaux de la vie.

Classification des fonctions intellectuelles. — Deux classifications principales.

I. La première, la plus ordinaire, du point de vue de l'idée.

1° Facultés d'acquisition des idées : perception externe, interne et raison.

2° Facultés d'élaboration : attention, comparaison, abstraction, généralisation.

3° Facultés de coordination : jugement et raisonnement.

4° Faculté de rappel : mémoire.

5° Faculté de reproduction et d'enchaînement spontané des idées : imagination.

6° Faculté d'expression : langage.

Défauts de cette classification. — 1° Importance exagérée attribuée à l'idée ; le jugement, par exemple, n'est pas moins important.

2° Cadre en partie artificiel : par exemple, la comparaison et l'attention ne sont pas moins indispensables à la formation du jugement qu'à l'acquisition des idées.

3° Mais surtout, on ne tient pas compte de la diversité des fonctions intellectuelles ; c'est leur nature et leur rôle qui doivent déterminer la classification.

II. D'après leur nature et leur rôle, ou théorie des fonctions intellectuelles. — Les diverses fonctions intellectuelles se partagent naturellement en deux groupes, sous le nom d'*opérations intellectuelles,* ou actes de l'esprit, et de *facultés intellectuelles.*

1° *Les opérations intellectuelles ou actes de l'esprit.* — Attention, — comparaison, — abstraction, — généralisation, — jugement, — raisonnement.

1. C'est par elles que l'esprit exerce son activité propre ; elles ne sont que les modes élémentaires de cette activité ; la nature n'y est originairement pour rien ; l'esprit en a l'initiative et en dispose. Aussi leur efficacité et leurs progrès sont-ils généralement en raison de ses efforts. 2. Enfin elles n'ont pas d'objet déterminé ; le jugement, l'attention, par exemple, peuvent s'appliquer à n'importe quoi.

2° *Les facultés intellectuelles.* — Ce sont les aptitudes inhérentes à notre intelligence, les pouvoirs qu'elle tient de la nature et qui la constituent : supprimez les opérations, l'intelligence est inactive, mais elle subsiste encore ; supprimez les facultés, elle est anéantie. Elles se distinguent des opérations intellectuelles : 1. par leur origine ; 2. en ce qu'elles ont chacune un objet spécial : à la mémoire, le passé ; à la perception, le monde extérieur.

Deux groupes de facultés intellectuelles. — Elles se partagent en deux groupes que nous désignerons sous les noms de *facultés spontanées* et de *facultés cognitives.*

1° *Facultés spontanées.* — *Mémoire et imagination,* auxquelles il faut rattacher *l'association des idées* : la mémoire qui fait revivre le passé ; l'imagination, qui le reproduit elle aussi, mais surtout combine et transforme les objets de nos souvenirs, et en constitue comme une réalité nouvelle qui nous saisit, nous émeut presqu'à l'égal de la réalité. Ce sont des aptitudes natives de l'esprit ; elles préexistent à leur exercice chez l'enfant à titre de virtualités et d'énergies ; leur exercice est tout spontané ; enfin elles restent en nous ce que la nature les fait.

2° *Facultés cognitives*. — Les autres, dans leur ensemble, constituent ce qu'on appelle l'*entendement*, elles ont pour objet la vérité, et par conséquent tendent à la connaissance ; de là le nom de facultés *cognitives*. Mais elles n'existent originairement qu'à titre de possibilités, et se constituent graduellement par les efforts de l'esprit en vue de prendre connaissance de son triple objet : — le monde extérieur, — soi-même, — et ce que l'on appelle le monde intelligible ou idéal, c'est-à-dire les vérités nécessaires.

De là ces trois facultés : *perception externe, interne, raison*, celle-ci au point de vue spéculatif.

Mais le bon usage de ces facultés, l'efficacité de tout travail intellectuel ont pour condition première une qualité native de l'esprit, le bon sens, ou raison, qui est le pouvoir de discerner le vrai du faux dans la pratique comme dans la spéculation. La raison telle qu'elle est entendue plus haut, n'est qu'une suite de ce bon sens naturel, qui, par de là ce qui est, détermine ce qui doit être, les conditions premières de l'existence et de la pensée. Il est donc l'appui nécessaire de toutes les facultés, et peut être considéré comme la première de toutes.

Leur usage et les qualités de l'esprit. — Essentiellement : 1° comprendre ; 2° juger ; 3° combiner et inventer. De là ces qualités premières de l'esprit, en partie natives, en partie acquises :

1° Pénétration (facilité à comprendre ; esprit net et ouvert).

2° Rectitude, ou jugement (aptitude à reconnaître la vérité ; bon sens).

3° Sagacité inventive (aptitude à combiner efficacement selon le but proposé ; elle implique : imagination vive et féconde ; jugement prompt et sûr ; esprit délié).

OPÉRATIONS INTELLECTUELLES

CHAPITRE X

ATTENTION

Ordre à suivre dans l'étude de l'intelligence. — Les opérations d'abord : 1° L'étude en est plus facile par cette raison qu'elles sont des actes de l'esprit dont il a nettement conscience, et dont il lui est aisé de se rendre compte. Les facultés, au contraire, ayant leurs racines dans notre constitution, leur étude, inséparable d'ailleurs de celle des connaissances qu'elles nous fournissent, soulève des questions obscures et difficiles.

2° Il convient de ne pas séparer l'étude des facultés de celle des idées qui en sont le produit et qui doivent être étudiées ultérieurement.

Mais il est entendu que les opérations présupposent l'exercice des facultés ; nous ne pouvons être attentifs, comparer, etc., que parce que déjà nous sommes intelligents et disposons de telle ou telle faculté intellectuelle.

I. Définition de l'attention. — L'attention est la première et la plus simple des opérations intellectuelles ; les autres n'en sont qu'une suite.

C'est l'acte par lequel l'esprit se tend vers un objet, s'y attache et s'y concentre afin de s'en mieux pénétrer, de le mieux connaître ; ou encore, l'effort que fait l'esprit pour rendre ses impressions plus nettes et plus vives.

Son but. — Mieux voir, mieux comprendre, plus généralement mieux faire ce que l'on fait, quoi que l'on fasse, que l'on pense, ou que l'on agisse, moralement ou physiquement.

Son objet. — Elle porte sur les choses quelconques qui s'offrent à nous, en dehors de nous ou au dedans de nous, sur nos états, nos actions, nos mouvements même.

Autres noms de l'attention. — Observation, pour le dehors; réflexion, quant à nous et à nos pensées; méditation, pour un travail intellectuel, sérieux et absorbant.

II. Nature de l'attention. — Elle est, on ne le conteste guère, l'effort de l'esprit s'appliquant à bien faire ce qu'il fait.

Erreur de Condillac. — De là l'erreur de Condillac la confondant avec la sensation; elle ne serait qu'une sensation vive, unique ou prédominante. Erreur manifeste :

1° L'attention peut s'appliquer à toute autre chose qu'à des sensations (à des pensées, à des souvenirs);

2° Aux sensations les plus faibles comme aux plus vives;

3° Alors même que celles-ci captivent l'esprit, l'attention s'en distingue, étant active toujours et souvent libre, tandis que la sensation est passive et fatale.

L'intelligence et la volonté dans l'attention. — Mais dans cet effort qui la constitue, faut-il voir un acte de l'intelligence, ou de la volonté, ou leur acte commun?

Exagération de Laromiguière. — Laromiguière le rapporte exclusivement à la volonté. Mais il serait infructueux, impossible même, si l'intelligence y était absolument étrangère. D'autre part, nous pouvons très bien être attentifs à un objet malgré nous. Exemple : le remords.

Nature vraie de l'attention. — Elle est essentiellement l'ardeur et l'élan de la pensée, se concentrant sur un objet exclusif. Elle intéresse à la fois l'intelligence et la volonté. Un être intelligent peut seul être attentif; et l'effort qui la constitue appartient proprement à l'intelligence. Mais il ne se produit d'ordinaire, et il n'est guère efficace qu'avec le concours de la volonté, soit qu'elle s'y prête seulement, soit qu'elle en prenne l'initiative; mais elle peut y rester étrangère.

III. Degrés de l'attention. — De là, trois degrés ou formes d'attention.

1° *Attention involontaire.* — Dans certains cas, l'esprit devient attentif sans le concours et même contre le gré de la volonté (intérêt puissant; vive émotion; chagrin). Mais alors c'est une impossibilité de détourner sa pensée plutôt qu'attention véritable.

2° *Attention spontanée*. — L'esprit vivement intéressé devient attentif sans parti pris et sans effort apparent, presque à son insu. La volonté s'y prête, plutôt qu'elle ne s'y porte d'elle-même. Elle est propre à l'enfant et lui est favorable, en ce qu'elle facilite l'acquisition de ses connaissances; tournée en habitude, elle serait plutôt dangereuse pour l'homme.

3° *Attention réfléchie*. — L'esprit, à dessein et en toute liberté, se rend et se maintient attentif, souvent non sans difficulté; mais alors il surmonte les causes de distraction qui s'imposent dans l'attention spontanée, et se rend étranger à tout ce qui est en dehors de son travail.

IV. Qualités de l'acte d'attention. — 1° *Unité d'objet*. — Impossibilité de s'occuper sérieusement de plusieurs choses à la fois, si toutes sont également difficiles, mais non si une seule l'est. S'il y en a plusieurs, il faut que l'esprit passe alternativement de l'une à l'autre. — Exemple : Dicter plusieurs lettres ; jouer plusieurs parties; suivre deux conversations. En général, l'objet peut être d'autant plus étendu qu'il est plus simple; d'autant plus complexe et difficile que l'esprit est plus prompt, plus pénétrant et plus exercé, ou qu'il lui est plus familier.

2° *Durée*. — En général, l'acte d'attention n'est efficace qu'à la condition d'être plus ou moins prolongé; il n'est jamais instantané. Erreur de Dugald-Stewart, qui voit, dans la perception d'une figure géométrique très simple, une série d'actes d'attention très rapides, comme si chacun d'eux ne portait que sur un point unique, infiniment petit.

3° *Énergie*. — On voit, on comprend d'autant mieux qu'on s'y applique plus fortement; l'énergie est plus efficace encore que la durée.

Défauts contraires à l'attention. — 1° *Distraction*. — C'est la difficulté naturelle ou acquise de fixer son esprit; de là, des idées superficielles et vagues. — Ses causes : légèreté, mobilité de l'esprit et du caractère.

2° *Préoccupation*. — Difficulté de détourner son esprit d'un objet exclusif; par suite, erreurs d'appréciation, inconséquences dans la conversation et la conduite. — Ses causes : intérêt prédominant; disposition méditative; lenteur de l'esprit.

La distraction et la préoccupation peuvent se produire accidentellement ; elles ne sont des défauts que si elles ont passé en habitude.

3° *Paresse d'esprit.* — L'acte d'attention demeure stérile faute d'énergie. — Ses causes : faiblesse de l'intelligence ou de la volonté.

V. Effets de l'attention. — 1° *Sur la sensibilité.* — 1° Elle avive la sensation et le sentiment, parce qu'elle nous rend étrangers à tout le reste.

2° Les sens se perfectionnent par l'attention habituelle (l'ouïe du musicien, le toucher de l'aveugle).

2° *Sur l'intelligence.* — 1. Elle est la condition de tout travail intellectuel.

2. Tournée en habitude, elle fortifie, développe, suscite des aptitudes intellectuelles (par exemple : à raisonner, à observer, à calculer).

CHAPITRE XI

ABSTRACTION

I. Nature et formation des idées abstraites. — **Définition de l'abstraction.** — Faire abstraction d'une chose, c'est n'en pas tenir compte. Abstraire, au contraire, dans le sens le plus général du mot, c'est séparer par la pensée une chose d'une autre dont elle est en réalité inséparable; c'est extraire d'un ensemble, d'un tout collectif ou complexe, plutôt complexe, un élément (qualité ou rapport) engagé dans ce tout et qui n'a de réalité qu'en lui, et le considérer, l'étudier ou se le représenter comme s'il avait une existence propre et indépendante de ce tout. Plus précisément et dans un sens plus restreint (celui qu'on est convenu d'attacher à l'expression : idée abstraite), c'est ne voir dans un objet que l'une de ses qualités, dans plusieurs que le rapport qui les unit, et se représenter ensuite cette qualité ou ce rapport sans penser aux objets eux-mêmes et comme s'ils pouvaient exister indépendamment d'eux.

Objet de l'abstraction. — Les qualités et les propriétés des objets (couleur, forme, pesanteur, bonté, vertu), et leurs rapports (ressemblance, égalité, grandeur).

L'idée abstraite et l'idée concrète. — L'idée *concrète* est celle de l'objet avec toutes ses qualités, telles que l'expérience nous les donne, expérience sensible ou expérience interne.

Supériorité de l'idée abstraite. — 1° L'idée concrète est nécessairement *incomplète*, toutes les parties et détails de l'objet n'ayant pu être remarqués.

2° Elle est plus ou moins *obscure* ou *confuse* en raison de sa complexité.

L'idée abstraite, au contraire, est *complète* en ce sens qu'elle ne doit renfermer que les éléments que nous y faisons entrer (triangle, circonférence); en outre, étant plus simple, elle est plus *claire*, et d'autant plus claire qu'elle est plus simple (idées de nombre, de ligne).

Abstraction spontanée et réfléchie. — L'abstraction a lieu *spontanément* si la qualité (ou le rapport) aperçue dans les objets frappe assez vivement l'esprit pour le rendre étranger à tout le reste. On a dit du corps qu'il était une machine à abstraction, et des sens qu'ils étaient des instruments d'abstraction, parce qu'ils séparent naturellement dans les objets la qualité de la substance et les qualités les unes des autres, chacun d'eux n'en percevant et ne nous en présentant qu'une seule (la vue, la couleur; l'ouïe, le son).

L'abstraction est *réfléchie* lorsque l'esprit en a l'*initiative*, qu'il s'attache *intentionnellement* à telle qualité des objets. Elle est plus efficace parce qu'elle peut s'appliquer à tous les points de vue sous lesquels l'objet peut être considéré.

Formation des idées abstraites. — Dans les cas les plus simples, l'*attention* et la *mémoire* suffisent à les expliquer : l'*attention*, qui, en se portant sur telle qualité d'un objet, nous fait perdre de vue toutes les autres et l'objet lui-même; la *mémoire*, qui renouvelle ensuite l'impression éprouvée.

Ailleurs l'abstraction implique un certain travail de l'esprit, ordinairement sous les formes de la *comparaison* (idées de rapport), de l'*analyse* et de la *synthèse*, l'analyse décomposant les touts complexes, la synthèse constituant des touts nouveaux avec des éléments simples (construction idéale d'une figure géométrique).

II. Théorie de l'abstraction : l'abstraction antérieure au langage. — On a soutenu (Hobbes, Condillac, Laromiguière, Stuart Mill) que l'abstraction dépend du *langage*, est impossible sans lui, et on a défini (Taine) l'idée abstraite un mot significatif et compris, affecté à des qualités ou rapports. Quant à l'idée, elle n'aurait, dit-on, ni objet dans la réalité ni forme dans la pensée.

Théorie erronée :

1° L'idée abstraite préexiste dans l'esprit au mot qui l'exprime, qui est créé pour elle et n'a de sens que par rapport à elle. Sans parler, l'enfant, le sourd-muet ont l'idée de telle couleur qui les a frappés.

2° Son objet, telle qualité ou rapport, pour n'avoir pas d'existence propre, n'en est pas moins réel, puisqu'il se trouve réalisé dans les choses. Et, d'autre part, l'esprit le conçoit très nettement, indépendamment des choses dans lesquelles il le trouve réalisé : je puis à la rigueur me représenter telle forme, telle couleur, sans l'appliquer à aucune chose déterminée, bien qu'en général l'association dans l'esprit de la chose à la qualité rende la représentation de celle-ci plus facile. Mais dans ce cas même, la chose n'intervient qu'à titre d'auxiliaire, de support ou d'exemple, comme l'exemple à l'appui de la règle grammaticale ; la conception abstraite, la règle, vaut par elle-même et indépendamment de lui.

Services rendus par le mot à l'idée abstraite. — Seulement le mot *fixe* l'idée abstraite dans la mémoire, il la *conserve distincte* de toute autre, chacune étant représentée par un mot spécial, et *aide à la concevoir* plus aisément indépendamment de l'objet, l'idée se détachant de celui-ci pour s'attacher au mot.

III. Importance de l'abstraction. — 1° *Quant au langage.* — Elle est la condition du langage : 1. Tous les mots, sauf les noms propres, désignent des idées abstraites.

2. Point de communication par la parole sans des idées communes à tous, s'appliquant à des qualités et à des rapports qui se rencontrent dans tous les objets indifféremment.

3. Le langage étant essentiellement analytique, ses termes s'appliquant aux éléments, aux qualités simples des objets, il implique l'abstraction.

2° *Quant à la réflexion.* — Elle est la condition de la réflexion : non de la pensée superficielle et vague qui est purement imaginative et se présente sous la forme d'un tableau ou d'une suite d'images sans lien logique, mais de la pensée réfléchie, celle dont l'esprit a l'initiative, dans laquelle il tend à la connaissance et qu'il réussit à rendre nette, précise, exacte, approfondie. Celle-ci est impossible sans l'abstraction, qui, dans la complexité confuse des objets, saisit et distingue chacun des éléments, qualités ou rapports qui y sont engagés.

3° *Quant à la science.* — Elle est la condition de la science : l'universalité des choses coexistant dans l'étendue et la durée, tel est l'objet de la science ; de là deux principaux obstacles : la *multiplicité* et la *complexité ;* — l'abstraction les surmonte.

1. Chaque objet d'une classe fait connaître tous les autres ; une cause connue explique des phénomènes sans nombre.

2. Quant à leur complexité, l'abstraction, isolant leurs diverses qualités et propriétés, en rend seule l'étude possible.

Aussi toutes les sciences sont-elles abstraites, mais à divers degrés ; les unes le sont éminemment, comme les mathématiques, dont l'objet peut être conçu et étudié en dehors de toute réalité ; les autres le sont inégalement, mais nécessairement, toutes, pour se constituer, ayant besoin de s'attacher à un certain ordre de recherches, de phénomènes, de propriétés, à l'exclusion des autres, quoique la réalité ne les sépare pas les uns des autres ; et dans leurs objets même elles étudient séparément des phénomènes et des propriétés que la réalité ne sépare pas. Exemple : la physique et ses diverses branches. En général, les sciences physiques sont plus abstraites que les sciences naturelles. L'histoire l'est elle-même, bien qu'elle ait pour objet la réalité humaine.

4° *Quant aux principes.* — L'abstraction concourt à l'acquisition des principes. Les axiomes, les vérités nécessaires ne sont le plus souvent intelligibles qu'à l'aide d'un fait particulier, d'un exemple concret, à l'occasion desquels l'esprit s'élève aux principes abstraits dont ils ne sont que l'application. De même, on saisit dans le langage les règles qui y président, et on les applique sans les avoir apprises.

5° *Quant à la démonstration.* — Elle est la condition de la démonstration, celle-ci portant sur des idées et des vérités abstraites, plus spécialement en géométrie où elle s'applique à des constructions tout idéales que l'image qui les met sous les yeux ne réalise qu'imparfaitement, et que l'esprit doit directement concevoir. Par exemple : la circonférence parfaite avec son image grossière. La démonstration dès lors convient pour toutes figures remplissant les mêmes conditions ; ce qui a été démontré d'un seul triangle rectangle vaut pour tous.

IV. Dangers de l'abstraction. — 1° Tendance de l'esprit à attribuer à chacune de ses idées un objet correspondant dans la réalité, ayant même une existence propre ; danger accru par l'imagination qui prête la réalité et la vie à ses fictions, attribue une existence indépendante à des causes, à des propriétés matérielles, et va jusqu'à personnifier et diviniser les forces de la nature.

2° Raisonner sur des idées abstraites sans se préoccuper des choses elles-mêmes, c'est s'exposer à des exagérations et à des erreurs.

CHAPITRE XII

GÉNÉRALISATION

Sa définition. — Des objets semblables étant donnés, la généralisation est l'opération intellectuelle par laquelle, faisant abstraction de leurs différences et ne tenant compte que de leurs ressemblances, nous les identifions, nous nous les représentons dans une notion unique, la forme sous laquelle nous les concevons, convenant également à chacun d'eux.

Une telle identification n'est évidemment possible que grâce à une certaine indétermination des ressemblances elles-mêmes, des caractères communs à ces objets, ces caractères comportant des différences de l'un à l'autre; deux triangles ont certains éléments identiques en tant que triangles, mais ces éléments (grandeur des côtés et des angles) peuvent différer de l'un à l'autre.

D'autre part, entre les objets semblables rapprochés dans une même idée générale, les ressemblances peuvent être nombreuses ou essentielles, ou peu nombreuses et accessoires; il suffit qu'ils présentent un trait commun.

L'idée générale. — L'idée générale est celle d'un genre, d'une classe, d'un ensemble de choses individuelles semblables, à quelque titre et à quelque degré qu'elles le soient. En un sens, son objet est double : les choses semblables elles-mêmes, et leurs ressemblances. Au premier point de vue, elle a pour objet les individus quelconques appartenant à chaque classe; au deuxième, une manière d'être qui leur est commune, un ensemble de conditions qu'ils remplissent également, bien qu'ils les remplissent chacun à sa manière, et qu'ils diffèrent déjà par là.

L'idée générale et l'idée abstraite. — L'idée générale est nécessairement abstraite, puisqu'elle a exclusivement pour objet les propriétés et caractères communs des choses, abstraction faite de leurs différences. Mais l'idée abstraite peut n'être pas générale, si la qualité qui en est l'objet n'a été encore rencontrée qu'une fois.

4.

L'idée collective. — Elle a pour objet un ensemble, une collection de choses semblables, mais en tant que collection (forêt, peuple, armée). L'idée générale, au contraire, a pour objet chacune d'elles (arbre, citoyen, soldat). L'idée collective peut d'ailleurs être individuelle et concrète, ou générale, selon qu'elle a pour objet telle collection connue en particulier, ou un ensemble de collections semblables.

Compréhension et extension. — L'idée générale ayant pour objet tout ensemble les choses semblables d'une part, leurs ressemblances de l'autre, elle peut être entendue dans l'un et l'autre sens, considérée à ce double point de vue. De là son *extension* et sa *compréhension*. Elles sont en rapport inverse : à mesure que l'idée s'étend, c'est-à-dire que le nombre des objets augmente, sa compréhension, c'est-à-dire le nombre des caractères qui leur sont communs, diminue (*parallélogramme, rectangle, carré; animal, homme, Européen, Français;* dans les deux cas, compréhension croissante, extension décroissante). Ainsi, dans l'idée générale d'*être* qui s'applique à tout ce qui est, mais qui n'implique que l'existence sans aucune détermination, l'extension est à son maximum comme la compréhension est à son minimum. C'est exactement l'inverse pour l'idée individuelle.

Trois sortes d'idées générales. — Les idées générales sont de qualité ou de rapport (exemple : *couleur, genre formé du bleu, du rouge; son; nombre; vitesse*) ou encore de choses, celles-ci étant prises en général et considérées comme genres et espèces. L'usage réserve le nom d'idées générales à ces dernières (corps, pierre, plante, homme); les autres, celles de qualités et de rapports, étant de préférence dites abstraites.

Formation des idées générales. — Elle a lieu spontanément ou avec réflexion. L'enfant, au début, identifie absolument, c'est-à-dire confond des choses qui ne sont que semblables; c'est pourquoi il leur donne le même nom. Plus tard il les distingue, les juge seulement semblables, et alors les rapproche, sans les confondre, dans une même idée. Il se sert alors de termes généraux et en comprend le sens. De même l'homme distingue, rapproche, groupe les choses semblables, plus ou moins semblables, et ainsi généralise sans confusion ni erreur.

La généralisation implique une classification préalable. — L'idée générale n'est donc pour lui que l'expression de ses classifications plus ou moins réfléchies et savantes, et à mesure que celles-ci s'améliorent, ses idées générales se rectifient, gagnent en exactitude et en précision, au double point de vue de la compréhension et de l'extension.

Procédés qui servent à former les idées générales. — La comparaison et l'abstraction pour les idées générales de choses et de rapports (homme, animal, plante; égalité, grandeur); ou encore l'induction lorsque telle qualité ou propriété reconnue appartenir à certains objets est étendue à d'autres objets semblables (lois de la nature, pesanteur).

Idées-images, idées-types. — Ce qui précède s'applique spécialement aux idées générales qui sont des images ou des copies de la réalité; d'autres sont des modèles, des types supérieurs ou même étrangers à la réalité; celles-ci sont directement conçues par l'esprit, tantôt à l'aide de la raison, comme les idées du beau et du bien, les conceptions géométriques, tantôt formées par l'imagination, comme les fictions mythologiques.

Les cinq universaux. — Cinq sortes d'idées générales, distinguées et définies par les *scolastiques*, d'après Aristote, sous le nom d'*universaux* (idées universelles): genre, espèce, différence, propre et accident.

Genre et espèce. — L'espèce subordonnée au genre quant à l'extension, renfermée en lui comme la partie dans le tout: carré, espèce du genre rectangle. Le genre et l'espèce, diversement constitués et définis: 1° par la science (sciences naturelles, spécialement zoologie et botanique; divergences dans l'idée et la définition); 2° par la logique (une seule qualité commune à plusieurs objets suffit pour en constituer une espèce, et de même une seule qualité commune à plusieurs espèces pour en constituer un genre); 3° et par la tradition scolastique (*proximum genus, infima species*).

Différence. — C'est le caractère profond, essentiel, qui détermine une espèce dans un genre, qui la distingue des autres espèces du même genre. Ainsi, dans le genre animal, la raison, caractère constitutif de l'espèce humaine, la différencie d'avec les autres espèces.

Propre (ou propriété). — Caractère universel de l'espèce, mais moins important que la différence et qui en dérive. Exemple : triangle rectangle ; — genre : triangle ; espèce : triangle rectangle ; différence : un angle droit ; propre ou propriété : carré de l'hypoténuse.

Accident. — Caractère secondaire et particulier dans l'espèce. Exemple : triangle rectangle — grand ou petit, blanc ou noir.

CHAPITRE XIII

QUESTION DES UNIVERSAUX

La question des universaux au moyen âge. — Question qui a dominé la philosophie du moyen âge, du onzième au quinzième siècle. Il s'agit de l'objet des idées générales, de celles spécialement de genre et d'espèce, de la nature et de la valeur de leur objet.

Trois théories. — *Nominalisme* (Roscelin au début, Guillaume d'Ockam au quatorzième siècle). Les idées générales ne sont que des mots; elles n'ont d'objet ni dans la pensée, ni dans la réalité.

Réalisme (Guillaume de Champeaux). Elles ont un objet réel conçu par l'esprit et indépendant des individus.

Conceptualisme (Abélard, disciple de Roscelin et de Guillaume de Champeaux). Elles sont des conceptions de l'esprit, mais rien de plus; elles ont un objet dans la pensée, mais non dans la réalité.

Intervention constante de l'Église et de l'État en faveur du réalisme. — Le nominalisme regardé comme un danger pour le dogme chrétien (les trois personnes de la Trinité étant alors purement nominales) et condamné à diverses reprises, notamment au concile de Soissons en 1092 et par Louis XI en 1473.

Examen de ces théories. — 1° *Exagération.* — A les prendre à la lettre aucune n'est admissible :

1. Contrairement au nominalisme, les idées générales sont plus que des mots, elles sont tout au moins des conceptions de l'esprit.

2. Contrairement au conceptualisme, elles sont même davantage, puisqu'elles ont un objet dans la réalité, quelle que soit d'ailleurs la nature de cet objet.

3. Contrairement au réalisme, cet objet n'existe pas en dehors des individus.

2° *Part de vérité.* — Cependant chacune renferme quelque vérité :

1. Pour le nominalisme : à des mots quelquefois l'esprit n'attache aucune idée, mais cela exceptionnellement. Plus souvent, les mots ne répondent à rien de réel, mais à de simples conceptions de l'esprit, même à des fictions. Mais surtout il a mis en lumière le rôle du langage dans la formation de la pensée, tout en exagérant sa nécessité.

2. Pour le conceptualisme : nombre d'idées générales ne sont que des conceptions de l'esprit, sans objet dans la réalité.

3. Pour le réalisme : bien que les individus aient seuls une existence propre, existent seuls par eux-mêmes, leurs ressemblances n'en sont pas moins réelles. Les types d'après lesquels ils sont conformés selon leurs genres et espèces ont, en un sens, leur réalité, bien qu'ils n'aient pas d'existence en dehors des individus dans lesquels ils sont réalisés.

Examen de la question au point de vue de la philosophie moderne. — Aujourd'hui le nominalisme et le réalisme sont à peu près seuls en présence, le conceptualisme (Dugald-Stewart, Hamilton) s'étant de plus en plus rapproché du nominalisme. La thèse nominaliste (Hobbes déjà, Stuart-Mill, Taine) est celle-ci :

1° L'idée générale n'a pas d'objet dans la pensée, les individus seuls étant représentés à celle-ci par la mémoire ou l'imagination; elle n'est donc qu'un mot (et selon l'expression scolastique — *flatus vocis* —), qu'un terme général appliqué aux individus semblables ou à leurs ressemblances;

2° Elle n'a pas non plus d'objet dans la réalité, les individus seuls étant réels (et quelques-uns ajoutent : nos classifications des êtres en genres et espèces étant toujours artificielles, c'est-à-dire arbitraires).

Nous répondons :

1° Nous concevons du moins les qualités communes aux divers individus semblables, les conditions qu'ils réalisent en commun, sans nous occuper de la manière dont ils les réalisent, laquelle diffère nécessairement de l'un à l'autre, mais ne nous importe pas. Nous concevons les conditions à remplir par une figure géométrique pour être un triangle; l'essence du triangle, telle que l'exprime sa définition, indépendamment de toute forme, grandeur, couleur déterminées, lesquelles cependant sont inséparables du triangle réalisé; mais ces choses restent et doivent rester indéterminées dans notre pensée. En un mot les individus, et par exemple, tel triangle particulier que la mémoire ou l'imagination associe à notre conception générale, n'y interviennent qu'à titre de support ou comme des échantillons, des exemples par lesquels nous en éprouvons la valeur. Leur rôle n'est qu'accessoire, et ils n'en sont pas à vrai dire l'objet. C'est ainsi que nous concevons le triangle dans ce qu'il a de spécifique (idée générale), bien que nous ne puissions nous rappeler ou imaginer que tel triangle particulier déterminé (idée concrète). La règle grammaticale, la loi naturelle peuvent de même être formulées et conçues indépendamment des exemples et faits particuliers, bien que ceux-ci aident à les faire entendre; c'est ce qui a lieu aussi pour les types génériques et spécifiques des êtres. Nous les concevons pour eux-mêmes et dans leur essence, abstraction faite des accidents sans lesquels ils ne sauraient être réalisés, et qui varient d'un individu à l'autre.

2° Sans doute l'espèce n'a de réalité que dans les individus qui la composent; elle commence et finit avec eux.

Cependant les ressemblances des choses individuelles, êtres ou phénomènes, ont leur réalité aussi ; ces conditions communes : types de genre et d'espèce quant aux premiers, lois quant aux seconds, se trouvent réalisées en eux, bien qu'elles ne puissent exister indépendamment d'eux. Les choses se passent comme si ces types et ces lois étaient antérieurs aux êtres et aux phénomènes qui les réalisent, objet, par exemple, de la pensée divine, but poursuivi par la puissance créatrice.

Enfin, les généralités sont l'objet même de la science, les réalités individuelles n'étant intelligibles et explicables que par elles, de même qu'une œuvre d'art ne peut être exécutée par son auteur, comprise et reproduite par d'autres, que lorsqu'a été saisi le modèle, le type idéal dont elle est l'expression.

CHAPITRE XIV

COMPARAISON ET JUGEMENT.

COMPARAISON.

Sa définition. — Comparer, c'est considérer alternativement deux objets, afin de saisir leurs ressemblances ou différences, d'un mot leurs rapports.

Son objet. — La comparaison, comme l'attention, porte sur les objets quelconques de nos pensées.

Sa nature. — Comme l'attention, elle est à la fois intellectuelle et volontaire ; c'est l'intelligence qui compare, mais la volonté choisit les termes et le point de vue de la comparaison. Elle est donc plus qu'une double attention comme on la définit quelquefois, puisqu'elle implique la recherche d'un rapport. Elle est, d'ailleurs, spontanée ou réfléchie.

Son importance. — 1° Nous lui devons toutes nos idées de rapports : identité et différence, ressemblance et contraste, grandeur, égalité, supériorité, etc.;

2° Elle intervient dans la plupart des opérations intellectuelles : abstraction, généralisation, jugement et raisonnement ;

3° Elle rend nos idées plus nettes, plus précises, et plus exactes, la comparaison faisant ressortir des détails, des nuances qui autrement échapperaient ;

4° L'habitude de la comparaison développe dans l'esprit des qualités correspondantes : netteté, finesse, pénétration, sagacité ;

5° Elle est en toutes choses une condition de progrès, surtout dans la pratique : arts, métiers et professions, expérience personnelle (l'agriculteur, le marin, le médecin, l'observateur).

JUGEMENT.

I. — Définition du jugement.

Deux sens du mot juger. — 1° En général, juger, c'est prononcer sur le vrai et sur le faux ; bien juger, c'est juger selon la vérité. A ce point de vue, le jugement, l'aptitude à bien juger, est un autre nom du bon sens ou de la raison ; il n'est qu'une qualité de l'esprit.

2° A un point de vue spécial, juger, c'est porter, formuler des jugements, abstraction faite de l'erreur ou de la vérité qui s'y rencontre. Le jugement est alors tout à la fois le nom d'une forme de pensée, autre que l'idée ou le raisonnement (telle pensée est un jugement, telle autre un raisonnement), laquelle doit être étudiée pour elle-même, et celui de l'opération intellectuelle correspondante (lorsqu'il juge, l'esprit agit, procède de telle manière ; lorsqu'il raisonne, de telle autre).

Définitions diverses. — Deux définitions principales : 1° Juger, c'est affirmer qu'une chose est ou n'est pas (exemple : Dieu existe), qu'elle est ou n'est pas une autre chose (exemple : les hommes sont raisonnables) ; c'est affirmer une chose d'une autre (la raison des hommes) ; 2° c'est percevoir un rapport de convenance ou de disconvenance entre deux idées (définition traditionnelle, jusqu'à Port-Royal et à Locke inclusivement). — Définitions exactes, mais partielles ; elles se complètent l'une l'autre.

Nature du jugement. — 1° *Sa matière*. — Le jugement porte tantôt sur les choses, tantôt sur nos idées ; le plus souvent sur les unes et les autres (comme lorsque nous disons : les hommes sont raisonnables) ; quelquefois même sur de simples signes sans valeur déterminée (A = B).

2° *Connaissance et affirmation*. — Il implique connaissance et affirmation ; connaissance de la vérité, qui avant d'être affirmée doit être aperçue, et affirmation de celle-ci par l'esprit.

3° *Rapport entre deux termes*. — Il implique enfin un rapport entre deux termes, de quelque nature qu'ils soient : choses, idées, mots, signes même.

Définition dernière du jugement. — Ses éléments essentiels sont donc deux termes mis en rapport, et l'affirmation de ce rapport. De là cette définition dernière : juger, c'est poser un rapport entre deux termes.

Proposition. — C'est l'énoncé, l'expression verbale du jugement ; elle comprend deux termes : sujet et attribut, liés par le verbe, qui exprime l'affirmation.

II. — Classification des jugements.

La classification des jugements est assez compliquée à cause de la multiplicité des points de vue sous lesquels ils peuvent être considérés, tout jugement, à chacun de ces points de vue, rentrant dans l'une ou l'autre de deux classes opposées.

Points de vue. — 1° **Origine**. — Jugements *a priori* et *a posteriori* : les premiers donnés directement par la raison (les axiomes, les principes de la morale) ; les seconds par l'expérience.

2° **Compréhension des termes.** — *Analytiques et synthétiques :* dans les premiers (axiomes, vérités mathématiques) l'attribut fait partie de la compréhension du sujet, ou en est une conséquence nécessaire ; dans les seconds, il ajoute au sujet une idée nouvelle que la seule considération de celui-ci n'aurait pu donner (tout corps est pesant).

Distinction peu rigoureuse dans certains cas, l'idée

d'une chose se complétant dans notre pensée par le progrès de nos connaissances, et telle qualité qui d'abord lui semblait étrangère (la pesanteur quant à la pierre, quant à tous les corps), en étant plus tard reconnue inséparable. Au fond la distinction est celle des qualités essentielles, inséparables, et celle des qualités accidentelles, accessoires.

Jugements synthétiques *a priori* et *a posteriori*. — Distinction accréditée depuis Kant entre les jugements *a priori*, c'est-à-dire étrangers à l'expérience, les uns simplement analytiques comme les axiomes, les autres irréductibles à l'analyse, il semble, comme les principes de causalité, de finalité surtout, et les principes de la morale, et reposant sur l'autorité de la raison. Question difficile et controversée. Les uns rejettent cette distinction, tout jugement *a priori* étant analytique (Vacherot); les autres la maintiennent, tout jugement *a priori* qui rapproche deux idées d'ordre différent étant synthétique. Exemple : la ligne *droite* est la plus *courte*, c'est-à-dire la plus *vite* parcourue ; les idées de direction et de durée étant d'ordre différent (Renouvier). A ce point de vue qui est le nôtre, les principes de la morale sont synthétiques.

3° **Qualité** (c'est-à-dire de l'affirmation et de la négation). Tout jugement est *affirmatif* ou *négatif*, mais seulement dans la forme, l'affirmation étant dans tous les cas l'essence même du jugement.

4° **Quantité.** — Jugements *particuliers*, *généraux*, *universels :* l'attribut étant affirmé d'une partie ou de la totalité du sujet (quelques hommes, tous les hommes). Le jugement universel se distingue du jugement général par deux caractères :

1. Il ne s'applique pas seulement à une classe déterminée de choses semblables (les hommes, les animaux), mais à toutes choses, par conséquent aux plus diverses (le tout est plus grand que sa partie ; la ligne droite est la plus courte ; jugements vrais quelle que soit la nature des objets considérés comme tout et partie, comme droits);

2. Il est donné, non comme un fait contingent, mais comme un principe nécessaire ne comportant pas d'exception, vrai par conséquent en tout temps et en tout lieu.

5° **Modalité.** — Jugements *nécessaires* et *contingents :* les premiers énonçant une vérité qui ne peut être infirmée et défie la contradiction ; qui non seulement est, mais encore ne peut pas ne pas être ; les seconds, au contraire, énonçant un fait qui peut être, mais qui pourrait aussi n'être pas.

Critique de Stuart-Mill. — Théorie erronée qui place l'origine des jugements nécessaires dans une impuissance de l'esprit à concevoir la possibilité de leur contraire ; impuissance résultant de l'ignorance, du préjugé, ou même de la constitution native de notre esprit. — Que cette théorie s'applique à certains jugements qui n'ont qu'une nécessité illusoire, à de simples préjugés, comme l'immobilité de la terre, on peut l'admettre ; mais pour la réfuter, il suffit de lui opposer les axiomes.

1. L'impossibilité absolue de leur contraire est manifeste, puisqu'il impliquerait absurdité et contradiction ; ce n'est donc point parce que notre esprit est constitué ou disposé de telle ou telle manière, que nous les formulons, mais en vertu d'une nécessité inhérente aux choses, aux idées qu'ils mettent en rapport.

2. La nécessité absolue et l'évidence immédiate des axiomes ou autres jugements *à priori* sont inexplicables par l'expérience.

6° **Relation.** — Jugements *absolus* et *relatifs*. Les premiers énonçant des vérités inconditionnelles, c'est-à-dire indépendantes de toute circonstance de temps et de lieu (les axiomes ; les principes de la morale) ; les seconds s'appliquant à des faits qui ne sont tels que sous certaines conditions données, et qui, ces conditions changeant, varieraient eux-mêmes (la plupart des lois de la nature ; les maximes de l'intérêt).

III. — Du jugement comme opération et faculté.

Au sujet du jugement, en tant qu'opération intellectuelle, plusieurs questions difficiles sont posées et diversement résolues : quelle est la marche suivie par l'esprit lorsqu'il juge ? est-elle uniforme, ou varie-t-elle selon les cas? Y a-t-il lieu de distinguer des jugements ultérieurs et abstraits, et des jugements primitifs et concrets? Si l'on rapproche enfin le jugement de l'idée, sont-ils originairement simultanés, ou l'un est-il antérieur à l'autre?

Le jugement selon qu'il porte sur les idées ou sur les choses. — Un point est hors de doute : tantôt le jugement porte sur des idées, tantôt sur les choses elles-mêmes; le procédé diffère en conséquence d'un cas à l'autre. Dans le premier, le jugement résulte évidemment d'une comparaison, d'un rapprochement d'idées abstraites préalablement acquises. Je veux savoir si l'être parfait est juste, si la vertu est utile, si l'intempérance est un vice : je n'ai qu'à rapprocher ces idées, à rechercher si elles se conviennent ou non.

Il est évident, au contraire, que lorsque nous sommes en présence, non plus de nos idées, mais de la réalité, et que le jugement doit porter sur celle-ci, il fait alors directement appel à l'expérience, et que, dans ce cas, le réduire à une simple comparaison d'idées, préexistantes dans l'esprit, ce serait lui ôter toute valeur quant à son objet.

De là donc deux sortes de jugement : le jugement comparatif et abstrait, portant sur des idées, d'ordinaire abstraites, et résultant de leur comparaison; et le jugement concret, pourrait-on dire, parce qu'il porte sur la réalité, et qu'en apparence du moins, il n'implique ni comparaison ni abstraction.

Intervention nécessaire de l'abstraction dans le jugement. — Mais une analyse plus rigoureuse établit que, sous des formes différentes, l'abstraction et la comparaison même interviennent dans cette seconde sorte de jugement. Et d'abord, quelle que soit la matière du jugement, il implique la distinction des termes qu'il rapproche, leur présence dans la pensée à titre d'idées, dont l'une au moins, celle de l'attribut, est nécessairement abstraite : que j'affirme d'un sujet son existence ou telle de ses qualités, l'idée de l'existence, celle de cette qualité sont abstraites. Il est réel sans doute que l'objet existe, qu'il est noir ou blanc, par exemple ; mais pour le penser comme existant et comme noir, j'ai besoin d'arrêter ma pensée sur ces idées d'existence et de couleur noire, de les concevoir distinctement et pour elles-mêmes, indépendamment de l'objet auquel elles conviennent, abstraitement par conséquent. Plus généralement et plus profondément, les choses nous sont données dans une synthèse confuse; et un jugement sur elles ne nous est possible qu'à la condition de détacher de cet ensemble tel de ses éléments, de le concevoir isolément et distinctement, c'est-à-dire d'abstraire. Un travail, on pourrait dire un développement analogue de l'esprit, est indispensable pour distinguer *exister* et *n'exister pas*, aussi bien que *être vivant* ou *être mort*. Quiconque est se sent être, quiconque vit se sent vivre; cela est incontestable; mais il n'a pas pour cela l'idée, je dis l'idée, non le sentiment vague, de l'existence et de la vie. Celle-ci suppose des comparaisons, une sorte de débrouillement intellectuel qui demande du temps et un certain degré d'intelligence.

Jugement spontané ou affirmation mentale. — Nous sommes amenés ainsi à reconnaître à côté, au dessous du jugement réfléchi qui est le jugement véritable, un jugement spontané ou affirmation mentale, lequel n'est qu'un acte de foi instinctif et implicite au témoignage de nos facultés, de celles spécialement qui nous mettent en rapport avec la réalité : je vois, je sens en moi, je me souviens, et je crois irrésistiblement à la réalité de ce que je vois, sens, ou me rappelle. Mais ce jugement aveugle, qui s'impose à l'animal aussi bien qu'à l'homme, et qui souvent les trompe, n'est point un acte de raison; il n'a du jugement que l'affirmation; il lui manque pour se constituer sous sa forme normale, la distinction des termes qu'il rapproche, et la conception du rapport qui les unit.

Reid en a exagéré l'importance. Il y fait rentrer ce qu'il appelle les principes du sens commun. Il y aurait à déterminer jusqu'à quel point il convient de considérer comme des jugements des formes de pensée, des lois logiques ou morales, à les supposer réelles, qui s'imposeraient à l'esprit, présideraient à ses jugements à son insu et sans qu'il possédât encore l'idée distincte des éléments qui s'y trouvent engagés, tels que le temps, l'espace, la cause, la substance, etc.

Le jugement et l'idée. — Le jugement enfin est-il antérieur à l'idée, comme Reid, Cousin le soutiennent? Oui, en tant qu'affirmation mentale; non, en tant que jugement réfléchi. L'animal, l'enfant voient, et, en vertu d'un instinct irrésistible, sinon infaillible, aussitôt ils croient, ils croient à ce qu'ils voient ou à ce qu'ils s'imaginent voir : appellerons-nous idée cette image qui se propose à leurs yeux, ou se projette dans leur souvenir, cette synthèse confuse à peine entrevue, objet de foi plutôt que de connaissance? Pour qu'elle soit idée, il faut qu'elle revête une forme intelligible, que l'analyse l'ait pénétrée, que l'abstraction ait mis en relief quelques-uns au moins des éléments qui s'y trouvaient comme perdus, et qui offrent alors à l'esprit comme autant de prises pour la saisir et la concevoir. Or de telles idées, éminemment abstraites, sont la matière même du jugement réfléchi. A cette question donc de l'antériorité du jugement ou de l'idée, la réponse n'est pas douteuse : le jugement, réfléchi du moins, implique et suit la conception de l'idée; et, en général, tant vaut l'idée, tant vaudra le jugement ; elle nette, exacte, précise, il sera juste ; vague, confuse, erronée, il sera nécessairement indécis ou fautif.

Du jugement comme faculté. — Descartes rapporte le jugement à la volonté; mais avant d'être affirmée, la vérité à dû être saisie; une fois reconnue, l'adhésion de l'esprit est inévitable. Le jugement appartient donc essentiellement à l'intelligence. Cependant à mesure que la vérité devenant moins évidente, l'indécision de l'esprit augmente, il ne peut prendre parti, s'arrêter à une affirmation, sans que la volonté entre en scène et qu'elle prenne en quelque sorte sur elle d'affirmer là où des raisons d'affirmation déterminantes font défaut, suppléant en quelque sorte à leur faiblesse, au défaut de lumières dans l'intelligence, par sa propre hardiesse.

Importance du jugement. — 1° Il est l'acte essentiel de la vie intellectuelle : penser, c'est juger; l'idée, le raisonnement aboutissent au jugement.

2° Il accuse plus que tout autre acte intellectuel l'initiative de l'esprit, qui s'affirme lui-même en affirmant les choses; avant le jugement, il est en quelque sorte sous la domination des choses; en les jugeant, il les domine.

CHAPITRE XV

RAISONNEMENT.

Sa définition. — Raisonner, c'est inférer, c'est conclure; c'est tirer une connaissance d'une autre, passer d'un jugement à un autre.

Son double rôle. — On raisonne, soit pour acquérir des connaissances nouvelles, soit pour prouver celles que l'on croit posséder. C'est ainsi que, dans le premier cas, on recherche les conséquences d'un principe posé, d'un fait constaté, la solution d'une question, d'un problème; et, dans le second, qu'on cherche à faire la preuve d'une proposition avancée, qu'on soutient une thèse, qu'on démontre un théorème.

Trois formes de raisonnement. — *Déduction, induction* et *analogie*.

Elles diffèrent à plusieurs points de vue.

1° Leur point de départ. — Une conclusion étant à porter sur un objet, l'esprit, pour l'obtenir, peut s'y prendre de trois manières :

1. Se reporter à quelque connaissance déjà acquise, à un principe qui, s'appliquant à cet objet, la lui donnera comme une conséquence de lui-même : c'est la déduction.

2. En rechercher les éléments dans l'objet lui-même : c'est l'induction.

3. Ou dans un autre objet semblable, déjà connu; et, dans ce cas, l'esprit ne fait qu'attribuer à l'un ce qu'il sait de l'autre : c'est l'analogie.

Dans certains cas, la même conclusion peut être obtenue par les trois procédés. Par exemple, on peut établir tous les hommes qu'ils sont mortels : 1° par déduction, l'aide de ce principe : tous les êtres vivants sont mortels; 2° par induction, en s'appuyant sur ce fait que, dans le passé, tous les hommes sont morts, et qu'il en meurt chaque jour, ou encore en reconnaissant dans la constitution de l'homme des causes de mort inévitables; 3° par analogie, en rapprochant l'espèce humaine d'une autre espèce d'êtres vivants, c'est-à-dire d'une autre classe d'êtres semblables, que l'on sait être mortels.

2° **Leur nature.** — La déduction ne fait que dérouler les conséquences d'un principe posé. Essentiellement abstraite, elle ne fait appel qu'à la réflexion; il suffit, en effet, de réfléchir sur le principe posé, ou de le rapprocher de l'objet auquel il s'applique, pour en reconnaître les conséquences successives. Elle conclut d'une proposition donnée à une autre qui en résulte nécessairement (exemple : $A = 10$, donc $2A = 20$); plus spécialement, du tout aux parties, de la loi au phénomène, de la cause à l'effet, et, dans ces trois cas, du général au particulier, mais toujours du principe à la conséquence.

L'induction et l'analogie impliquent, au contraire, recours à l'expérience. C'est des objets, des faits eux-mêmes, qu'elles dégagent les éléments de leur conclusion.

L'induction conclut des parties au tout, du phénomène à la loi, de l'effet à la cause; elle étend à d'autres points de l'espace et de la durée, à tous quelquefois, à d'autres objets, faits ou cas de même nature, les données fournies par l'expérience pour quelques-uns seulement. Elle conclut donc d'ordinaire du particulier au général, de l'espèce au genre.

L'analogie conclut de certaines ressemblances à d'autres; ainsi de ressemblances extérieures entre deux objets, à une ressemblance plus intime, à une conformité de nature; de la ressemblance des effets à l'identité des causes; de la ressemblance des moyens à celle des fins, et réciproquement. Elle conclut donc du particulier au particulier, et d'une espèce à une autre.

Toute conclusion inductive ou par analogie dépasse don[c] la portée logique des données; elle vaut peut-être po[ur] le bon sens, pour la science; logiquement, elle n'est p[as] valide.

3° **Leur rigueur et leur portée.** — Logiquement, la déduction seule est rigoureuse : le principe admis, la conséquence ne pourrait être rejetée sans contradiction ; en d'autres termes, il y a nécessité absolue, pour qui admet le principe, de subir la conclusion.

Les conclusions de l'induction et de l'analogie, au contraire, ne sont que probables ; en général, celles de l'induction le sont davantage, les ressemblances qui suffisent à l'analogie pouvant plus aisément n'être que fortuites.

La portée de la déduction est considérable, tel principe, pris en lui-même, comportant des conséquences nombreuses ; bien plus encore, lorsqu'il est transporté dans la réalité, appliqué à des cas particuliers, chacun d'eux entraînant une conséquence différente.

La portée de l'induction est supérieure à celle de l'analogie, les conclusions de celle-ci étant toujours particulières, celles de l'induction le plus souvent générales. On peut dire, en résumé, assez exactement que la déduction conclut du genre à l'espèce, l'induction de l'espèce au genre, et l'analogie d'une espèce à une autre.

Importance du raisonnement. — Sans le raisonnement, l'esprit serait réduit : 1° à quelques principes abstraits, stériles pour lui, incapable qu'il serait d'en tirer des conséquences, d'en faire l'application ; 2° à des données de l'expérience, relatives à des cas particuliers, sans pouvoir en tirer des conséquences relativement à d'autres. Ainsi isolé sur un point de l'espace et de la durée, l'homme serait condamné à une ignorance invincible de tout ce qui dépasse le cercle de son action ; l'avenir et le passé notamment lui seraient inaccessibles. Grâce au raisonnement, au contraire, les principes fournissent toutes leurs conséquences ; les résultats d'une expérience restreinte sont étendus à une multitude de faits et d'objets semblables, transportés dans le passé et l'avenir, dans l'espace sans limites ; toute connaissance devient féconde ; toutes les vérités reconnues sont reliées entre elles. Le raisonnement prouve donc tout à la fois, et la faiblesse de l'esprit réduit à y recourir, à chercher dans des voies détournées la vérité qu'il ne peut saisir directement, et sa puissance, puisque grâce à lui, en s'aidant de ce qu'il sait pour découvrir ce qu'il ignore, il trouve le moyen de s'élever si haut avec des ressources si restreintes.

FACULTÉS INTELLECTUELLES

FACULTÉS SPONTANÉES

CHAPITRE XVI

MÉMOIRE

Ordre à suivre dans l'étude des facultés. — Nous commencerons par la mémoire et l'imagination, bien qu'elles présupposent la perception et la conscience dont elles conservent ou transforment les données.

Mais 1° elles sont d'un ordre inférieur, comparativement aux autres facultés intellectuelles, et comme placées sur les confins de la vie sensitive et animale ;

2° Il convient de rapprocher les facultés cognitives des idées et connaissances qui en sont le produit. Or, c'est par celles-ci que doit se terminer l'étude de l'intelligence.

I. **De la mémoire en général.** — *Sa définition.* — D'après Dugald-Stewart, c'est la faculté qu'a notre esprit de mettre en dépôt et de conserver pour un usage ultérieur nos connaissances successivement acquises. Définition exacte de la mémoire volontaire ; mais la volonté n'intervient qu'accidentellement dans l'exercice de la mémoire. Plus rigoureusement, c'est le pouvoir qu'a notre âme de ressaisir, de se rendre présentes ses modifications antérieures, tout en les jugeant telles, non plus comme actes, sentiments ou sensations, mais seulement à titre de connaissances.

Son objet. — Nos modifications propres, plutôt que les choses elles-mêmes ; notre passé. Ce qui se réveille en nous, c'est l'impression faite sur nous par l'objet sensible; c'est la connaissance que nous en avons eue par la vue, le toucher, connaissance qui, en se renouvelant, est la base du souvenir. L'objet propre de la mémoire est donc le moi lui-même, le moi avec celles de ses modifications antérieures dont il a eu conscience. Aussi la définit-on quelquefois une conscience prolongée.

Analyse du souvenir. — Il implique : 1° la réalité du fait qui en est l'objet ; 2° l'antériorité de ce fait ; 3° la conformité de la représentation actuelle ou souvenir, au fait lui-même ; 4° la conviction que le fait étant réel et passé, le souvenir lui est conforme. Ainsi la mémoire nous permet tout à la fois de ressaisir nos souvenirs, et de juger en même temps de leur fidélité.

Réviviscence et reconnaissance. — Au fond, deux faits étroitement associés, mais distincts, constituent le souvenir. La *réviviscence*, ou réveil du fait de conscience antérieur, par exemple de l'image de l'objet sensible précédemment perçu, et la *reconnaissance* de cet objet : l'image est reconnue conforme à son objet absent, ou encore l'objet étant présent, il est reconnu.

Conditions de la mémoire. — 1° L'idée de durée, tout souvenir étant reporté dans le passé.

2° Le fait de l'identité personnelle ou de la permanence du moi. Nous ne pouvons nous rappeler que ce dont nous-mêmes avons eu conscience, et de même nous jugeons que c'est le même moi qui a eu conscience d'abord et qui maintenant se souvient.

En fait, ce n'est pas seulement l'idée abstraite de durée qu'implique l'exercice normal de la mémoire ; c'est aussi la notion concrète de notre propre durée, la représentation plus ou moins distincte des principaux événements dont la succession la constitue, et dans les intervalles desquels nous localisons nos souvenirs actuels.

II. **Formes de la mémoire.** — 1° *Mémoire volontaire et spontanée.* — Nos souvenirs, en effet, tantôt s'éveillent d'eux-mêmes, et tantôt répondent à l'appel de notre volonté ; mais il n'y a pas lieu pour cela de distinguer deux facultés spéciales. La mémoire est essentiellement spontanée, mais, comme nos autres facultés, elle est jusqu'à un certain point à la disposition de la volonté.

2° *Souvenir et réminiscence.* — La *réminiscence* est le souvenir incomplet, c'est-à-dire auquel il manque quelques-unes des circonstances plus ou moins importantes de son acquisition, celles notamment de temps et de lieu ; le cadre dans lequel l'objet s'est offert à nous, et qui, en partie, en fixait la signification ; circonstances dont l'absence est de nature à altérer l'exactitude du souvenir et à empêcher la reconnaissance.

3° *Mémoires spéciales.* — On distingue autant de mémoires spéciales qu'il y a d'objets principaux auxquels la mémoire s'applique, et, par suite, qu'il y a d'aptitudes correspondantes dans la mémoire. De là, mémoire des sons en général, des sons musicaux, des mots, des dates, des nombres, des couleurs, des formes, des localités, des faits, des idées. Mais, en réalité, la mémoire est unique, quelque diversité d'aptitudes naturelles ou acquises qu'elle comporte.

4° *Mémoire concrète et mémoire abstraite.* — La première a pour objet les données de l'expérience personnelle, externe ou interne ; la seconde, les connaissances séparées des circonstances de leur acquisition : vérités, idées, mots. La première est seule inséparable de l'idée de durée. Cette distinction repose sur ce fait tout accidentel que, dans certains cas, nous ne nous attachons à nous rappeler que les choses elles-mêmes, à l'exclusion des circonstances de leur acquisition, parce qu'elles ont seules du prix pour nous, tandis que, dans d'autres cas, les circonstances nous frappent et ne se séparent pas des choses.

III. **Exercice de la mémoire.** — *Qualités de la mémoire.* — 1° *facilité* à apprendre ; 2° *ténacité;* 3° *promptitude* à se rappeler.

Ces qualités correspondent aux trois actes consécutifs que comprend l'exercice de la mémoire : apprendre, retenir, se rappeler.

Ses conditions psychologiques. — 1° Apprendre : intérêt, attention, répétition, ordre et association.

2° Retenir : les mêmes, surtout l'intérêt et la répétition.

3° Se rappeler : l'association, nos pensées ou impressions actuelles ayant quelque rapport avec les souvenirs qu'elles réveillent. Le rappel d'ailleurs est, nous le savons, spontané ou volontaire.

Ses conditions physiologiques. — Les divers états du corps : veille et sommeil, santé et maladie, et les principales influences qui le modifient : régime, âge, climat, et plus directement l'état du cerveau, réagissent sur la mémoire. De là, sa puissance en général, ses qualités, ses aptitudes, son exercice facilité ou entravé. De là encore ses caprices apparents : oubli momentané, rappel inopiné, réveil puissant de la mémoire dans le délire, le rêve, le somnambulisme, dans la vieillesse pour un passé éloigné.

Variétés de la mémoire. — 1° Dans le même individu elle varie avec l'âge et les circonstances ; chez l'enfant, mémoire surtout concrète, chez l'homme plutôt abstraite ;

2° D'un homme à l'autre par ses aptitudes, ses qualités, comme par sa puissance.

IV. Origine, culture et importance de la mémoire. 1° Explication de la mémoire. — 1. *Physiologique.* — Traces imprimées dans le cerveau, et qui en se ravivant détermineraient le souvenir ; ou encore mouvements vibratoires, les mêmes qui auraient donné lieu aux faits de conscience se renouvelant. — Défaut de preuves, difficultés.

2. *Psychologique.* — Les modifications antérieures de notre âme lui demeurent toujours présentes mais sans conscience (Damiron). — Hypothèse gratuite.

3. *Par l'habitude.* — Mais le souvenir n'implique pas nécessairement la répétition, et, dans certains cas, celle-ci est impuissante à l'assurer.

Impossibilité, il semble, de rendre compte de la mémoire. Qu'elle ait ses conditions organiques, cela n'est pas douteux ; mais le mécanisme du souvenir reste mystérieux.

2° Sa culture. — 1. Naturelle ou mécanique par l'exercice.

2. Rationnelle par la méthode : choix et ordre des souvenirs.

3. **Artificielle, par l'association, ou mnémotechnie.**

Celle-ci est l'art d'aider la mémoire, en rattachant nos souvenirs aux idées quelconques (le plus souvent mots, ou signes conventionnels), les plus propres à les réveiller. — Méthode topique des anciens.

Dangers de toute mnémotechnie. — Elle complique le travail de la mémoire, ne facilite son exercice sur des points spéciaux qu'en l'affaiblissant, parce qu'elle la déshabitue de son exercice direct et normal ; enfin elle impose à l'esprit des associations artificielles, vaines ou fâcheuses, et par suite tend à fausser le jugement.

3° **Son importance.** — 1. La puissance de la mémoire est presque illimitée, le nombre des souvenirs recueillis par chacun étant énorme.

2. Elle est la condition de l'exercice de toutes les facultés et opérations intellectuelles, toutes réclamant pour s'exercer une certaine durée.

3. Certaines facultés ne seraient rien sans la mémoire, notamment l'imagination qui lui doit ses matériaux, la perception, qui n'est possible qu'à la condition de s'appuyer sur l'expérience acquise ; la conscience qui associe nécessairement notre passé à notre présent ; la raison même qui suppose la présence dans la pensée de vérités actuellement utilisées.

4. Au point de vue pratique, elle met à notre disposition un trésor de connaissances, où nous puisons à chaque instant pour penser, parler et agir.

CHAPITRE XVII

DE L'ASSOCIATION DES IDÉES ET DE L'ASSOCIATION EN GÉNÉRAL

I. **Le fait de l'association.** — L'association n'est ni une opération ni une faculté ; elle n'est pas une opération, puisque, loin que l'esprit en ait l'initiative, elle se produit d'elle-même en lui et comme à son insu, et souvent malgré lui ; ni une faculté, puisqu'elle intervient constamment dans l'exercice de nos diverses facultés pour lesquelles elle constitue un principe d'action et de mouvement, et que leur jeu spontané trouve en elle sa règle et sa loi. Elle n'est donc qu'un fait, qu'une particularité, mais exceptionnellement importante, de notre constitution intellectuelle, ou plutôt morale. Elle consiste essentiellement en ceci qu'une idée étant éveillée dans l'esprit, ou plus généralement, qu'un fait étant donné à la conscience, une autre idée, un autre fait surviennent, provoqués, suscités par les premiers, et d'autres de même à la suite.

Ses éléments. — Avant tout, et ostensiblement pour ainsi dire, les idées, les souvenirs, les mots (et c'est à quoi on l'avait réduite pendant longtemps) ; mais aussi, plus profondément et en quelque sorte sourdement, des sentiments, des volitions, des mouvements, des actes, des sensations même, soit que l'association porte directement sur eux, soit qu'elle les provoque seulement par l'intermédiaire des idées et comme conséquences de celles-ci.

II. **Historique de la question.** — Aristote a reconnu le fait à propos de la mémoire volontaire ; mais les modernes seuls l'ont étudié.

Hobbes. — L'association résulte de sensations antérieures, simultanées ou successives, qui se rappellent l'une et l'autre.

Reid. — Il reconnaît l'influence de l'habitude et des penchants sur l'association.

Hume. — Il montre qu'elle résulte des rapports qui existent entre les idées, rapports qu'il réduit à ceux de cause à effet, de ressemblance et de contiguïté.

Dugald-Stewart. — Il étudie plus profondément l'association des idées ; il divise les rapports d'association en logiques et accidentels, et s'attache à en déterminer l'influence sur l'esprit.

L'école anglaise de l'association. — Mais c'est après lui que la question en Angleterre surtout a été l'objet de l'étude la plus approfondie (Hartley au début, James Mill, Spencer et Bain).

Après les idées, on s'est occupé des pensées, des sentiments, volitions, actes et mouvements, de tous les faits psychologiques en un mot. On a essayé de montrer comment tous ces faits s'associent entre eux à la manière des idées, se combinent en plus ou moins grand nombre, selon certaines lois. On a fait jouer à l'association un rôle prépondérant dans l'explication de tous les faits de la vie intellectuelle et morale, tels que le raisonnement, le jugement, la croyance, les idées et sentiments moraux, et réduit les facultés elles-mêmes, telles que la mémoire, la perception, l'imagination, et jusqu'à l'esprit à des effets de l'association.

III. **L'association des idées.** — Une idée étant présente à l'esprit, une autre idée s'éveille, appelée en apparence par celle-là, puis d'autres à la suite, chacune répondant, il semble, à l'appel de la précédente.

Circonstances particulièrement favorables. — 1° Toutes les sensations, plus particulièrement celles de la vue et de l'ouïe (visite de lieux autrefois habités ou célèbres ; la vue d'un objet auquel s'attache un souvenir ; la voix de personnes connues ; les bruits de la nature ; des sons musicaux).

2° Les sentiments : ainsi la frayeur évoque des images terribles ; la joie, l'espérance, l'affection, éveillent des idées en rapport avec elles.

Sa loi la plus générale. — Pour qu'une idée en éveille une autre, il faut et il suffit qu'elles soient liées l'une à l'autre par un rapport quelconque, ou qu'elles aient été déjà associées.

Rapports d'association entre les idées. — Ces rapports, extrêmement nombreux, sont diversement classés. On les divise quelquefois en rapports nécessaires et contingents, naturels et factices, plus habituellement logiques et accidentels.

Rapports logiques et accidentels. — Dugald-Steward, qui se place à ce point de vue, les énumère ainsi :

1° *Rapports logiques* : principe à conséquence, cause à effet, fin et moyen ; 2° *rapports accidentels* : ressemblance et contraste, contiguïté dans l'espace, simultanéité et succession. Les premiers sont inhérents aux choses elles-mêmes, avoués par la raison, et ils font appel à la réflexion. Les seconds, étrangers aux choses elles-mêmes, résultent de circonstances fortuites, et n'intéressent que la mémoire et l'imagination.

Rapports essentiels et accidentels. — Cette énumération est incomplète. D'autre part, la division en rapports essentiels et accidentels serait plus juste, les rapports de cause à effet, de fin à moyen ne faisant pas nécessairement appel à la réflexion.

Au lieu de rapports logiques, nous dirions donc rapports essentiels, c'est-à-dire provenant de la nature des choses, par opposition aux rapports accidentels qui dépendent de circonstances toutes fortuites. Aux rapports logiques de Dugald-Stewart, il faudrait ajouter, comme très fréquents, ceux de substance à qualité, du tout à la partie ; le rapport fréquent du signe à la chose signifiée est plutôt accidentel.

IV. L'association en général : lois de l'association. — Elles concernent la formation des associations, leur direction et leur durée.

Formation des associations. — 1° Pour que deux idées s'éveillent l'une l'autre, s'associent l'une à l'autre, il faut et il suffit, ou que l'esprit les ait déjà associées, ne fût-ce qu'une fois, ou qu'il puisse saisir entre elles quelque rapport, que ce rapport soit profond ou superficiel, réel ou imaginaire.

2° Une multiplicité d'idées ou d'impressions concordantes éveillera d'autant plus sûrement une idée, une émotion, une disposition à agir en rapport avec elles, qu'elles seront plus nombreuses (église, théâtre).

3° Toute idée, tout objet favorable ou contraire à quelque sentiment, goût, inclination, affection, etc., tend à réveiller ce sentiment, et à susciter des idées, des émotions, des actes même en rapport avec lui, ceux spécialement qui s'y associent d'ordinaire dans les mêmes circonstances.

L'un des termes de l'association étant conditionné par l'autre et postérieur à lui, appelons antécédent l'idée, le

6.

fait primitif, et conséquent le fait ultérieur. Ces lois permettent de répondre à la question : l'antécédent étant tel, quel sera ou pourra être le conséquent? ou, inversement, à celle-ci : le conséquent étant tel, quel a dû ou pu être l'antécédent?

La première, la moins compréhensive des trois, puisqu'elle s'applique aux idées seulement, est aussi la plus générale : elle délimite, dans sa plus grande étendue, le champ de l'association ; elle concerne les associations possibles, mais exclut toute prévision quant à celle qui prévaudra. Les deux autres au contraire circonscrivent étroitement le cercle de l'association non plus possible, mais probable, mais certaine ; elles comportent une prévision presque infaillible du conséquent d'après l'antécédent.

Direction de l'association. — 4° Telle idée, tel objet étant donnés, la direction de l'association dépend avant tout des dispositions actuelles de l'esprit et du cœur. Le même objet éveillera en nous des idées, des sentiments différents, selon que nous serons, à ce moment, joyeux ou tristes, craintifs ou confiants, attentifs ou préoccupés. C'est pourquoi l'orateur s'efforce de disposer favorablement son auditoire.

5° Elle dépend également des inclinations, naturelles ou acquises, de l'esprit, du cœur et du caractère. Selon que nous sommes légers ou sérieux, généreux ou égoïstes, courageux ou timides, que nous aimons ou que nous sommes indifférents, que nous exerçons telle profession, que nous sommes adonnés à telle étude, nos idées, nos sentiments, nos dispositions à agir, nos mouvements même diffèrent en conséquence en présence du même objet, dans telle situation donnée.

6° Loi spéciale à la passion : tout ce qui a quelque rapport à son objet, tend à la réveiller ; d'autre part, elle rapporte tout à lui, nous fait voir toutes choses par rapport à lui : l'avare, l'ambitieux.

Cette loi n'est qu'une conséquence de la troisième et de la cinquième.

Durée des associations. — 7° Deux idées, deux états de conscience, une fois associés, tendent à ne plus se séparer; leur association fréquemment renouvelée les rend inséparables. Exemple : le mot et l'idée ; les notes qui composent un air, les mots qui composent un vers, une maxime ; les lettres qui composent un mot ; les lignes qui composent une figure géométrique.

8° L'association de deux idées, de deux états de conscience, est d'autant plus étroite et durable, qu'elle a été primitivement accompagnée d'une impression plus vive. Exemple : la faute et l'expiation ; la guerre et ses désastres ; l'orage et ses dangers.

Raison de ces lois. — Ces lois ne sont que l'expression des faits, qu'elles expliquent au sens et au degré où les lois physiques expliquent les phénomènes naturels ; et, comme celles-ci, elles ont sans doute leur raison d'être et doivent pouvoir s'expliquer elles-mêmes, soit par des lois plus générales, telles que celles de l'habitude, soit par les principes constitutifs de notre nature morale. L'unité fondamentale de notre être moral, son activité essentielle, sa faculté éminente : la raison, voilà, il semble, pour ne rien dire de l'habitude, les raisons dernières de ces lois ; c'est de là donc qu'il faudrait partir pour obtenir une explication, non plus empirique, mais rationnelle de l'association.

1° La raison fait à l'esprit un besoin de l'ordre ; car elle est elle-même ordre et harmonie, et toute pensée raisonnable est une pensée harmonique ; dès lors, quel mode d'enchaînement des idées convient mieux à l'esprit que celui qui est déterminé par leurs relations mutuelles, si surtout ces relations sont celles qui agréent à la raison ?

2° L'esprit est actif, et c'est pour lui un besoin et un plaisir d'exercer son activité. Or, en s'absorbant, en s'oubliant dans une pensée, dans une idée unique, il perd le sentiment de son activité, et il ne peut tarder à en souffrir. Il tend donc à en sortir, et, par exemple, à dépasser toujours les données de l'expérience actuelle ; il s'en servira comme de points de départ pour se proposer à lui-même des objets, des points de vue nouveaux.

3° Mais l'esprit est un comme il est actif, et quelque plaisir qu'il prenne à se répandre au dehors, à passer d'un objet à un autre, il ne peut se détacher de lui-même et il tend toujours à revenir à lui ; de là un besoin de concentration, en opposition à ce premier besoin d'expansion. Quelque pensée qui l'occupe, l'esprit aspire à se ressaisir, à se retrouver tel qu'il a été ou que peut-être il a souhaité d'être, à se sentir actuellement ce qu'il n'est plus ou ce qu'il n'est point encore ; et par conséquent il tend à rapporter à lui, à ses impressions actuelles, à ses inclinations profondes, tout ce qui s'offre à chaque instant à lui. De là aussi un besoin d'unité, en vertu duquel rien d'incomplet ne lui agrée dans sa vie comme dans ses pensées ; il aspire donc à se compléter dans chacun des modes fragmentaires de sa vie actuelle, et il tend à imposer une forme synthétique à sa pensée, à constituer ou à reconstituer des touts là où des éléments, des fragments de pensée seulement lui sont proposés.

V. Importance de l'association. — 1° *Elle détermine en partie la suite de nos pensées.* — 1. Le rêve : elle y est prédominante.

2. La rêverie, qui n'est qu'un rêve éveillé : de même.

3. La conversation : elle en explique les caprices apparents (le denier romain).

4. La réflexion : l'association fournit à l'esprit les matériaux sur lesquels il opère.

2° *Elle se lie à l'exercice des facultés intellectuelles.* — Notamment :

1. De la mémoire (acquisition et rappel).

2. De l'imagination dont elle règle le jeu.

3. De la perception externe : l'imagination, grâce à elle, nous faisant voir les objets, non tels qu'ils se montrent à nos sens, c'est-à-dire incomplets et altérés, mais tels qu'ils sont en réalité, ou que nous avons lieu de les supposer.

3° *Elle influe sur l'esprit.* — 1. L'habitude des rapports logiques développe les qualités propres à la réflexion : netteté, justesse, enchaînement rigoureux des idées. Celle des rapports accidentels donne à la pensée un tour plus vif et plus original, mais aussi moins de solidité, compromet la sûreté du jugement et rend l'esprit moins apte à un travail sérieux (Dugald-Stewart).

2. A un point de vue plus spécial, les qualités et défauts de l'esprit résultent en partie des associations habituelles. On s'est habitué à penser de telle manière : on ne pensera plus autrement. On comprendra, on jugera, par exemple, en mathématicien, en artiste, là où, pour bien penser, il faudrait faire abstraction des habitudes intellectuelles du mathématicien, de l'artiste. L'esprit sera prudent, défiant, sceptique, parce qu'on aura été mis en garde contre soi-même ou contre les autres, par ses propres erreurs ou les leurs ; indolent, craintif, superstitieux, parce qu'on aura gardé une vive impression de fatigues éprouvées, de dangers réels ou imaginaires, de récits merveilleux. On continuera de voir le beau, le bien, là où d'abord on les a sentis, et où peut-être ils n'étaient pas.

4° *Sur le cœur*. — Nos sentiments étant en partie déterminés par nos jugements, par des jugements le plus souvent irréfléchis, de fausses associations, devenues avec le temps inséparables, égareront notre sensibilité. On deviendra indifférent, dur, cruel, parce qu'on attribuera à tous l'insensibilité ou les torts de quelques-uns, ou encore qu'on se fera une fausse idée de ses droits et de ses devoirs vis-à-vis d'eux. On s'exagère son mérite : de là l'orgueil. Telle situation nous rappelle les conséquences qu'elle a eues pour nous, et par là renouvelle le sentiment éprouvé, le rend irrésistible.

5° *Sur le caractère*. — L'habitude de voir le danger et de le surmonter le fait mépriser : de là le courage et le sang-froid. Trompé, on devient méfiant ; le succès rend entreprenant ; la faiblesse des autres, impérieux ou arrogant. Une impression profonde ou répétée, certaine manière de voir, disposent à sentir, à agir de telle manière, déterminent des qualités ou des défauts.

Limites de cette influence. — Mais si étendue que soit cette influence, elle n'autorise pas, comme le veut l'école anglaise, à rapporter à l'association tous nos sentiments, ni des actes ou états intellectuels, tels que le raisonnement, le jugement, la conviction et la certitude ; ni, à plus forte raison, des facultés telles que la mémoire, la conscience, la perception et la raison, et l'esprit lui-même.

Quant à nos sentiments, la première part en revient à la nature, à l'innéité; la raison et la volonté ensuite peuvent y avoir leur part.

Quant aux faits intellectuels, les réduire à de simples associations, ce serait méconnaître la distinction radicale de la pensée humaine, abstraite et réfléchie, et de la pensée, toute de mémoire et d'imagination, de l'animal. Là tout se réduit à des consécutions d'images; de là des erreurs inévitables. Ici, les idées sont démêlées, éclaircies, liées entre elles selon leurs rapports logiques; l'erreur est évitée, corrigée; la vérité, objet de recherches expresses et méthodiques, est reconnue à des signes, à des preuves éprouvées et décisives, auxquelles l'esprit ne se rend qu'à bon escient. La réflexion par laquelle il se tient en garde contre lui-même, et défend sa liberté de jugement contre ses propres impressions, contre les apparences qui tendent également à l'enchaîner, grâce à laquelle il réussit à reconnaître les associations vicieuses et à les rompre; la réflexion est inexplicable, si tout en nous, pensées et facultés, provient de l'association.

Quant aux facultés, l'innéité de la mémoire, la puissance créatrice de l'imagination, les caractères d'évidence immédiate, de nécessité et d'universalité absolues des principes rationnels condamnent la théorie de l'école anglaise.

Enfin, si le moi lui-même n'est qu'un produit de l'association, il n'y a pour lui ni simplicité, ni identité vraie, ni liberté possible.

VI. **Ses dangers pour le jugement.** — Elle est une source d'erreurs personnelles ou communes.

1° *Erreurs personnelles.* — Deux idées, une fois associées, deviennent inséparables, alors même que leurs objets seraient étrangers l'un à l'autre. Ainsi, l'idée du bonheur se lie et bientôt se confond avec celle de fortune, de bien-être ou de plaisir; l'idée de liberté, avec celle de dignité morale ou de licence; l'idée de l'honneur, avec celle de courage ou de probité.

2° *Erreurs communes.* — On peut les diviser en préjugés et superstitions.

Les premiers, pour la plupart, se fondent sur l'autorité : celle de la tradition, de la durée ou de la personne ; et alors, la naissance, le rang, une supériorité quelconque est érigée en une sorte d'infaillibilité. De même le fait, l'institution, qui ont le temps pour eux, sont regardés comme légitimes et nécessaires (l'esclavage).

La superstition implique la croyance à une influence surnaturelle. Tantôt certains faits sont regardés comme signes d'événements futurs (phénomènes astronomiques, météores, augures, songes, etc.); tantôt ce sont des puissances mystérieuses dont l'avenir dépend, et dont il s'agit de pénétrer le secret ou d'enchaîner la volonté (divinités païennes, êtres fantastiques, tels que revenants, fées), et alors, sacrifices, conjurations, etc...; plus souvent, c'est une influence surnaturelle, un pouvoir de nuire, de servir, de guérir, par exemple, attribué à des personnes ou à des choses.

CHAPITRE XVIII

IMAGINATION

I. Idée de l'imagination. — *Sa définition.* — Faculté qu'a notre intelligence de construire, à l'aide de matériaux empruntés à la réalité et fournis par la mémoire, un objet plus ou moins conforme à la réalité, et auquel elle prête une existence objective, une réalité fictive.

Son objet. — Une combinaison, une construction plus ou moins originale, dont les matériaux sont empruntés à l'expérience, mais dont la forme lui appartient.

Forme sous laquelle elle se présente. — Elle le projette en dehors de nous, le localise dans l'espace et va jusqu'à lui prêter une réalité fictive. Nous croyons entendre, voir..., etc., des sons, des objets qui ne sont tels que pour notre imagination ou même auxquels rien ne correspond dans la réalité ; cela, constamment dans le rêve, souvent dans la veille, lorsque la réflexion ne nous ramène pas à la réalité, si surtout nous sommes fortement émus ou préoccupés.

Deux choses donc résument le travail de l'imagination : elle construit son objet et l'objective.

Manière dont elle le conçoit. — Spontanément toujours, sans le secours de la réflexion.

Sa distinction d'avec la mémoire et la perception. — L'objet de la mémoire, réel et passé, nous est donné comme tel ; celui de la perception, réel et présent, est reconnu tel ; de là l'illusion inhérente à l'imagination qui nous donne comme réel et présent un objet absent ou fictif.

II. **Formes de l'imagination : sa triple fonction.**
— 1° *Reproductrice.* — Elle nous représente comme actuelles les données de l'expérience interne et externe, conservées par la mémoire. Mais alors l'idée du passé fait défaut. C'est par là surtout que cette forme la plus élémentaire de l'imagination se distingue de la mémoire. Cependant dans la plupart des cas, elle modifie plus ou moins, sans le transformer, l'objet du souvenir.

Certains philosophes, à la suite d'Aristote, notamment Descartes et Bossuet, réduisent l'imagination à la représentation des objets sensibles en leur absence : erreur mise en lumière par le rêve, qui associe constamment les données de l'expérience interne à celles des sens, des sentiments, des états de conscience à des objets sensibles.

2° *Combinatrice.* — A ce degré, elle dispose librement des données de l'expérience et en forme des combinaisons toutes spontanées, analogues, mais non supérieures à la réalité ; souvent aussi bizarres, irréalisables. Elle semble alors se confondre avec l'association des idées : exemple : montagne d'or, cheval ailé, fictions mythologiques, châteaux en Espagne. — Dugald-Stewart la désigne sous les noms de mémoire imaginative et d'imagination spontanée.

3° *Créatrice.* — Elle forme, à l'aide toujours des données de l'expérience, des combinaisons qui se distinguent de celles de l'imagination spontanée par trois caractères : 1° invention originale, dont témoignent les œuvres artistiques et littéraires de quelque valeur ; 2° perfection relative, qui les rend supérieures à la réalité par un surcroît, par exemple, de beauté, de noblesse, de grâce, d'harmonie, d'excellence morale ; 3° expression : elle s'inspire d'une idée, exprime des pensées, des sentiments (ceci frappant en musique, peinture, littérature).

A ce degré seul, l'imagination est propre à l'homme et implique la raison.

En quel sens l'imagination est créatrice. — Non sans doute qu'elle fasse quelque chose de rien. Loin de là, elle emprunte à la réalité, non seulement les matériaux qu'elle met en œuvre, mais en grande partie les formes qu'elle reproduit. Elle imite nécessairement la nature ; ce qu'elle peint ce sont les objets et les scènes que nous offre celle-ci, les événements et les sentiments que nous rencontrons dans la vie. Mais où elle ne relève que d'elle-même, c'est dans l'usage qu'elle fait de ces matériaux et de ces formes. Et, en effet, elle transforme et vivifie ; en cela consiste son rôle créateur.

1° Ces matériaux épars, disjoints, disparates, elle les assemble, les assortit, les fond en une œuvre unique à laquelle elle prête le mouvement et la vie ; en produisant donc des œuvres harmonieuses, animées et vivantes, elle rivalise avec la nature, elle crée déjà comme elle.

2° Ces formes, elle les idéalise, de sorte que ses œuvres sont supérieures à celles de la nature ; ici encore elle n'emprunte pas, elle tire d'elle-même, elle crée.

Concours prêté à l'imagination par divers fonctions intellectuelles. — Diverses facultés et opérations intellectuelles interviennent dans le travail de l'imagination : avant tout la mémoire, qui lui fournit les matériaux sans lesquels son exercice serait impossible, et jusqu'à ses modèles ; et par conséquent la double perception, externe et interne ; l'association des idées dont elle est inséparable, et l'abstraction, les éléments qu'elle rapproche pour former des objets nouveaux étant empruntés aux objets réels.

Erreur de l'école écossaise : l'imagination, faculté spéciale. — Reid, Stewart, Cousin à leur suite, voient dans l'imagination non une faculté originelle de l'esprit à la manière de la mémoire, mais simplement un mode spécial de la pensée résultant du concours spontané des divers facultés mentionnées plus haut. Cette tendance, cette aptitude de l'esprit à construire des objets fictifs et à réaliser ses constructions, constituent au contraire une faculté originale au même titre que les autres facultés intellectuelles ; elle a comme celles-ci sa fonction spéciale : combinaison spontanée ; son objet propre : les possibles auxquels elle attribue une réalité fictive, tandis que les autres facultés sont enchaînées à la vérité ; et seule enfin elle peut donner aux œuvres artistiques et littéraires l'unité et la vie.

L'imagination et l'entendement. — Ils se distinguent à divers points de vue :

1° Par leur objet : celui de l'entendement, c'est-à-dire de l'intelligence en tant qu'elle comprend, est la vérité dont l'imagination n'a pas souci ; le sien c'est le possible, non selon la nature, mais pour la pensée.

2° La fonction de l'entendement est de comprendre, de connaître ; celle de l'imagination de produire, de créer.

3° L'entendement donne naissance à la science ; l'imagination à l'art et à la poésie.

4° L'entendement fait appel à la réflexion ; l'imagination lui est étrangère.

5° L'entendement, inséparable de l'abstraction, opère sur des idées abstraites ; l'imagination conçoit son objet sous une forme concrète.

6° L'entendement généralise ; l'imagination individualise.

7° L'œuvre de l'imagination est, en un sens, impersonnelle ; la nature y suffit, elle est le produit de l'inspiration ; le travail de l'entendement étant réfléchi, l'esprit en a l'initiative, et il l'opère à l'aide des vérités dont il dispose.

L'imagination et le goût. — 1° Le goût, nom ou forme spéciale de la raison, discerne le beau du laid, ce qui convient de ce qui ne convient pas dans l'ordre esthétique ; l'imagination produit et crée.

2° Le goût fait appel à la réflexion ; l'imagination est toute spontanée.

3° Le goût dirige et corrige ; l'imagination invente ; le

goût fait le critique ; l'imagination, le poète et l'artiste.

4° Les œuvres du goût sont par elles-mêmes froides et mortes; celles de l'imagination fécondes, vivantes et émouvantes.

Nécessité, par conséquent, de l'alliance du goût et de l'imagination dans l'art et la poésie.

L'art, la nature et la raison. — L'art n'est pas seulement l'une des formes les plus élevées de l'activité humaine ; il est de toutes la plus spontanée et la plus libre. Ailleurs la liberté trouve dans la nature et dans la raison un obstacle autant qu'un appui; ici seulement elle semble ne relever que d'elle-même; elle dispose souverainement de la matière sur laquelle elle s'exerce ; pour réaliser, elle n'a qu'à concevoir, et sa puissance de conception ne connaît ni limites ni entraves. Il n'en est pas moins vrai qu'ici même la nature et la raison gardent leurs droits, et que rien n'est possible qu'avec elles. La théorie de l'art pour l'art est le suicide de l'art. Le réalisme dégrade l'art, il ne le supprime pas ; s'il le confine dans la réalité, au mépris de la raison et de l'idéal, il ne le sèvre pas du moins de toute vérité. En rompant, au contraire, avec la raison et avec la nature, l'art se condamne à l'impuissance : n'ayant rien à exprimer, il n'a point de raison d'être ; il n'est plus qu'un raffinement, un éblouissement des sens, un jeu misérable dont s'indigne quiconque sent et pense. L'artiste véritable vit dans le commerce de la nature et de la raison : là est le secret de sa force. Il n'a pas seulement les dons qui, en un sens, sont l'art même : l'initiative, l'originalité, la fantaisie; il est riche de son propre fonds, riche de sentiments et de pensées ; il est homme autant qu'homme puisse l'être ; rien d'humain ne lui est étranger ; les choses même ont des larmes pour lui. Et c'est pourquoi son œuvre vaut par le nombre et le prix des vérités dont elle resplendit plus encore que par le prestige de la forme ; ou plutôt la forme n'y fait qu'un avec le fond : tout y est vérité, ou forte, ou exquise ; tout y charme et instruit. Il sait, il sent, il pense ; il vit d'une vie plus intense que les autres hommes; si son œuvre est vivante, c'est que la vie déborde en lui ; si elle est saine et belle, c'est qu'elle s'est faite du meilleur de lui-même. Loin de la réalité, dans les fictions mêmes de la Fable, l'art n'est pas un jeu stérile de vaines images. Sous ces dehors légers se laissent entrevoir de sérieuses et profondes pensées ; ces traits, en apparence indifférents, que le hasard semble avoir rapprochés pour le plaisir des yeux, gardent l'empreinte des croyances religieuses ou morales, des réalités de la nature et de la vie ; c'est ainsi que la fiction revêt le caractère d'un symbole et qu'elle s'élève à la hauteur d'un enseignement. Mythe, légende, apologue, drame ou roman, elle ne relève de l'art, elle n'intéresse et ne mérite de plaire que parce qu'elle parle le langage de la nature et de la raison.

La fiction et l'idéal. — Tantôt l'imagination s'abandonne à la fiction qui l'amuse ou l'enchante : elle la veut pour elle-même ; tantôt, au contraire, elle n'est à ses yeux que le voile transparent de l'idéal : elle la veut pour lui, non pour elle ; et dans la fiction qui lui agrée, c'est l'idéal qu'elle prend plaisir à contempler.

Qu'est-ce donc que la fiction et que l'idéal? Ils tiennent également, pour parler le langage de Platon, de l'être et du non-être. Ils appartiennent l'un et l'autre au monde des possibles ; cependant, conçus au sein de la réalité, ils ne sauraient la dépouiller tout à fait ; en dehors et au dessus d'elle, ils en sont encore une image, et jusque dans ce monde de lumière et d'harmonie où notre rêverie les suit, nous surprenons comme un écho lointain de la nature et de la vie.

Mais là s'arrête l'analogie. La fiction est en dehors, l'idéal au-dessus de la réalité. Vraisemblable ou non, et plus vraisemblable quelquefois que la réalité elle-même, la fiction se joue sans entraves dans le champ sans limite des possibles. Elle ne sait rien, n'a rien à savoir de ce qui est ou doit être ; elle se rit de la vérité, le caprice est sa loi.

Pas plus que la fiction, l'idéal n'est une copie de la réalité ; mais il s'en rapproche davantage. La fiction, c'est la réalité altérée, défigurée peut-être ; l'idéal, c'est elle encore, mais épurée et transfigurée ; d'un mot il est la réalité dans son essence et sa perfection. Rien de réel n'est pur ni complet ; la réalité est elle-même et elle est autre, elle est en voie d'être plutôt qu'elle n'est ; la nature, contrariée dans son action, en chacune de ses créations ébauche une œuvre qui toujours reste inachevée. Cette œuvre s'épure et s'achève dans l'idéal ; lui donc, c'est la réalité, mais dépouillée de ce qu'elle renferme d'étranger, d'accidentel et d'incomplet, la réalité dans son essence et sa perfection.

L'idéal n'est donc pas seulement plus près de la réalité que la fiction ; il est la réalité telle qu'elle tend à être, telle qu'elle serait s'il lui était donné de s'achever elle-même. Aussi est-il plus vrai que la fiction, plus vrai que la réalité même. Le cercle idéal est plus vrai que les cercles réels qui diffèrent de lui comme ils diffèrent les uns des autres ; car ils procèdent de lui et ne sont intelligibles que par lui ; car leurs propriétés se fondent sur les siennes et se déterminent d'après elles ; car la science enfin ne connaît que lui, et les seules propriétés qu'elle étudie ce sont les siennes. La justice idéale est plus vraie que la justice réelle, car elle est le degré les plus élevé de la justice ; et de même la moralité idéale, la beauté idéale sont plus vraies que toute moralité et toute beauté réelles, parce qu'elles sont la perfection de la moralité et de la beauté, le type sur lequel se modèlent toute moralité et toute beauté réelles, et d'après lequel elles sont jugées. L'homme idéal enfin est plus vrai que l'homme réel, parce qu'il exprime tout à la fois l'essence et la perfection de la nature humaine, laquelle ne peut se réaliser qu'en s'individualisant, sous des conditions de qualités et de degrés, par l'union de l'essence et de l'accident, c'est-à-dire en se compliquant d'éléments étrangers et en se limitant elle-même.

Résumant d'un mot notre pensée, nous dirons : l'idéal, au point de vue de la réalité, c'est ce qui tend à être ; et quant à l'homme qui, pour le concevoir, n'a point à prendre conseil de la réalité, c'est ce qui doit être, ce qui, au plus haut degré, mérite d'être : perfection, moralité, beauté. De là le prix de l'idéal. Ce prix, la science déjà en témoigne, lorsqu'elle s'efforce de déterminer le type normal des êtres ; et plus que la science, la pensée, l'activité humaine qui, sous ses formes les plus élevées : religion, art, moralité, n'est qu'un élan du cœur et de la volonté vers l'idéal. Que l'homme, en effet, vive tout entier de la réalité et pour elle; que ses affections, ses ambitions, ses vœux soient tout à elle; que, par delà ce qui est, il ne conçoive, ne désire rien de meilleur, de plus vrai, de plus beau: c'en est fait de tout progrès, de toute grandeur morale, de toute dignité humaine; la pensée se désenchante d'objets sans valeur véritable, le cœur se détache, les ressorts de l'action morale se détendent, et l'humanité sans foi et sans amour s'affaisse et se meurt. Si donc la fiction la récrée et la console, l'idéal est une condition de vie pour elle. Illusion! dira-t-on. Non, l'illusion plutôt, ce serait de faire fond sur la réalité seule, de croire que, hormis ce qui est, rien n'est possible ni désirable. La vérité, c'est que la réalité, telle qu'elle nous est donnée, est souvent insipide ou amère, et c'est pourquoi l'imagination se réfugie dans la fiction qui charme ou console; c'est que rien n'y est achevé ni pur, et c'est pourquoi encore l'imagination fait de la fiction l'interprète de l'idéal. Une idée, fondée ou non, de l'absolue perfection est nous; et, nous avons beau nous en défendre, nous souffrons de l'universelle imperfection. Entre la réalité que notre pensée dépasse, et la perfection qui la dépasse elle-même, l'idéal est le trait d'union; l'idéal, limite toujours fuyante de nos aspirations; car par delà ce que nous avons compris, aimé, souhaité, toujours nous entrevoyons un surcroît de lumière, de sainteté, de félicité, c'est-à-dire un idéal supérieur à celui qui nous avait ravis, terme provisoire lui aussi de nos efforts, et délaissé à son tour aussitôt que nous l'avons eu atteint, nul arrêt n'étant possible dans cette voie de progrès sans limites.

III. **Services de l'imagination.** — 1° *Pour l'intelligence.* — Elle prête son concours à l'intelligence :

1. Dans la perception externe, comme il a été dit à propos de l'association.

2. Dans le raisonnement, lorsqu'il porte sur des choses sensibles qu'elle nous rend présentes en leur absence; mais surtout lorsqu'il s'applique à des conceptions abstraites relatives à la réalité, comme en géométrie, spécialement la géométrie dans l'espace.

2° *Pour le bonheur.* — Elle contribue au bonheur en embellissant la réalité dans le passé, le présent même, mais surtout dans l'avenir, et par là elle donne plus de prix à la vie, notamment rend nos affections plus faciles et plus vives.

3° *Pour l'élévation morale.* — Elle élève notre âme dans la contemplation des œuvres artistiques et littéraires, que sans elle nous ne saurions comprendre ni goûter, la rapproche de l'idéal dont elles s'inspirent, beau idéal, ou bien idéal inséparable du premier.

Ses dangers. — 1° *Pour le jugement.* — Altérant les rapports réels des choses, les transformant au gré de nos sentiments, elle nous trompe nécessairement si la réflexion n'intervient.

2° *Pour la conduite.* — Nos fautes étant le plus souvent la conséquence de nos erreurs.

3° *Pour le bonheur.* — Nous transportant dans un monde chimérique où tout sourit à nos vœux, elle nous fait prendre la réalité en haine et en dégoût. De là des souffrances sans cause réelle, mais d'autant plus cruelles que la réalité est impuissante à les soulager.

4° *Pour le caractère.* — De là l'altération du caractère aigri par des souffrances sans justice à nos yeux.

5° *Pour la moralité.* — Parant de son prestige toutes choses, même les moins légitimes, elle conduit à justifier les passions qu'elle exalte, à excuser ou à glorifier, en les poétisant, les fautes, les crimes même auxquels celles-ci conduisent.

FACULTÉS COGNITIVES

CHAPITRE XIX

PERCEPTION EXTERNE.

Sa définition. — C'est la faculté qu'a notre intelligence d'entrer en rapport avec les objets extérieurs et d'en prendre connaissance.

Elle peut être étudiée à trois points de vue principaux :
1° Point de vue historique et critique;
2° Pratique;
3° Spéculatif.

I. — **La perception au point de vue historique et critique.**

Théories anciennes : Aristote et Épicure. — Épicure l'explique par la supposition de spectres ou d'images détachés des objets, et en contact avec les organes des sens; Aristote, par une action des objets sur les organes, les objets y imprimant leur forme comme le cachet son empreinte sur la cire. Au fond il admet que dans la perception le sens devient semblable à l'objet sensible qui lui transmet sa qualité propre. La distinction des qualités sensibles en *sensibles propres, communs* et *par accident*, est d'Aristote.

Sensibles propres : qualités sensibles perçues par un seul sens (son, odeur, etc.). — Sensibles communs : qualités perçues par plusieurs sens (étendue et forme). — Sensibles par accident : qualités suggérées à la pensée par d'autres actuellement perçues : la saveur, par l'odeur ou la couleur, la fluidité de l'eau, par son aspect.

Théorie traditionnelle jusqu'au dix-septième siècle. — Ces deux théories plus ou moins confondues furent acceptées jusqu'au dix-septième siècle. Ainsi dans la perception, l'on admettait entre l'esprit et l'objet un intermédiaire nécessaire : image matérielle (Épicure), forme de l'objet ou espèce sensible (Aristote), idée-image ou représentative (Locke). Cet intermédiaire était pour les uns matériel et de même nature que l'objet, pour les autres immatériel; dans tous les cas une communication directe de l'esprit avec l'objet était déclarée impossible.

Conséquences de cette théorie : scepticisme de Berkeley. — Partant de cette hypothèse, Berkeley conclut que le monde matériel n'existe pas, et cela pour deux raisons :

1° Parce que les objets eux-mêmes nous étant inaccessibles, rien ne nous garantit la conformité de notre connaissance à la réalité, ni même l'existence de celle-ci.

2° Parce que, contrairement à l'opinion de Descartes, les qualités premières de la matière (étendue, résistance, etc.), comme ses qualités secondes (couleur, son, etc.), étant purement subjectives, nous ne connaissons dans la perception que nos propres modifications, de simples états de notre âme qu'un instinct invincible nous fait projeter au dehors, et auxquels nous attribuons sans droit une existence objective.

Scepticisme de Hume. — Hume regardant comme illusoires les idées de substance et de cause, en vertu desquelles nous croyons à la réalité des objets comme causes de nos sensations, et substances ou supports des qualités sensibles, il en conclut que les êtres matériels et immatériels n'existent pas, des phénomènes liés entre eux, simultanés ou successifs, composant toute la réalité. L'esprit n'est qu'un groupe de sensations et de pensées, les corps que des groupes de qualités sensibles. En d'autres termes, nos sensations vues du dedans constituent le moi ; projetées au dehors, elles constituent le monde extérieur.

Réfutation de la théorie des idées représentatives par Reid. — Reid, révolté d'un scepticisme qui est la négation du sens commun, de la raison, de la foi elle-même, mais que cependant il juge inévitable dans l'hypothèse des idées représentatives, s'attaque directement à celle-ci, soutient qu'entre l'esprit et l'objet il n'y a pas d'intermédiaire, matériel ou immatériel. D'autre part, il regarde l'impression, la sensation et la perception comme trois faits consécutifs, mais irréductibles. A l'occasion de la sensation, toute subjective, il est vrai, mais en rapport avec la nature de l'objet qui la provoque, notre âme a le pouvoir inexplicable de sortir pour ainsi dire d'elle-même, afin de prendre connaissance de cet objet et de s'assurer de son existence. C'est la perception.

Critique de sa théorie. — 1° Le reproche qu'il fait à la théorie ancienne de séparer l'esprit de l'objet par un intermédiaire illusoire, n'est pas fondé, puisque celui-ci existe, et il le reconnaît lui-même expressément, sous la double forme de l'impression et de la sensation. Le tort vrai de cette théorie est de croire à une assimilation du sens à l'objet, laquelle n'a rien de réel, la saveur, la couleur, le son, par exemple, n'étant pas dans les objets ce qu'ils sont pour nous, bien qu'ils correspondent à certaines propriétés ou états de ceux-ci.

2° Entre la sensation et la perception il voit un abîme qui n'existe pas, la perception étant la conséquence nécessaire de la sensation, seule inexplicable. La sensation résulte en effet d'une réaction de l'appareil cérébral, des centres sensoriels, provoquée par l'action nerveuse. Là est le premier mystère. Mais qu'ensuite d'après nos sensations de couleur ou de pression nous déterminions dans les objets certaines formes, résistances, mouvements, il n'y a là rien que de simple et de naturel.

3° La sensation externe est essentiellement objective, implique un objet extérieur, et par là se distingue de la sensation interne et du sentiment : du sentiment qui n'intéresse que nous-mêmes, de la sensation interne toujours localisée dans le corps. D'instinct, l'animal, l'enfant qui entend, goûte, flaire, se sent, se croit en rapport avec un objet étranger. Cette objectivité de la sensation externe est le second mystère de la perception.

4° L'idée de l'extériorité, ou étendue, n'est pas une acquisition du toucher, mais semble la condition de toute sensation externe. Voir, entendre, c'est naturellement et nécessairement percevoir quelque chose d'extérieur à soi.

Définition de la perception. — Le phénomène complexe de la perception associe deux faits logiquement distincts, mais naturellement unis et inséparables : la sensation et la connaissance. La perception n'est au fond que la sensation externe elle-même toujours objective, accompagnée ou suivie de jugements, instinctifs ou réfléchis, relatifs à son objet, en même temps que d'une croyance invincible à la réalité de celui-ci. En un mot, voir, toucher, c'est-à-dire, percevoir par la vue ou le tact, ce n'est pas seulement juger et croire, connaître d'une manière tout abstraite; c'est d'abord et surtout sentir, éprouver telle sensation, de couleur, de résistance, déterminée par l'objet, laquelle aussitôt, sans doute possible, accuse la présence et jusqu'à un certain point révèle la nature de celui-ci.

II. — **La perception au point de vue pratique.**

Les jugements qui suivent la sensation portent sur la sensation elle-même ou sur son objet.

I. **Jugements consécutifs à la sensation.** — Jugement relatif à la sensation :

1° *Discriminatif.* — La sensation est jugée comme telle, distinguée, appréciée ; tel son est jugé grave, aigu, faible, intense, etc. ; telle saveur, acide, amère, etc. De tels jugements sont purement subjectifs ; ils impliquent comparaison et souvenir.

Jugements relatifs à l'objet :

2° *Applicatif.* — Il n'est qu'une application directe de la sensation à l'objet : il s'impose comme conséquence immédiate, soit d'une sensation unique (tel objet jugé chaud, froid, lourd, léger, etc.) ; soit d'une série de sensations coordonnées (la grandeur et la forme d'un objet d'après une suite de sensations tactiles).

3° *Complétif.* — Il complète, à l'aide de la mémoire et l'imagination, les données de la sensation actuelle par celles de sensations antérieures, liées d'habitude à celle-là, soit du même sens, soit des autres. Le son nous remet l'objet sous les yeux, sa forme nous rappelle sa structure. (Ce sont les sensibles par accident d'Aristote.)

4° *Rectificatif.* — La réalité étant reconnue différer de l'apparence, il corrige l'illusion inhérente à la sensation (la vue pour la grandeur et la forme des objets, le toucher pour certaines illusions de la vue).

5° *Interprétatif.* — Il fixe la valeur et détermine la signification, quant à l'objet, des sensations actuelles ; il comprend d'ordinaire les précédents, mais va au-delà et est essentiellement inductif ; c'est ainsi que par la vue, l'ouïe, l'odorat même, nous jugeons indirectement de la distance, direction, mouvement, nature et dimension de l'objet.

Le jugement complétif s'explique par une simple association d'idées; le jugement applicatif résulte directement de la sensation; le jugement interprétatif, comprenant le jugement rectificatif, est donc le seul à étudier. A ce point de vue, la perception se réduit à un travail d'interprétation des sensations actuelles.

Le problème de la perception. — Ce travail, plus ou moins compliqué et difficile selon les cas, a toujours pour but de déterminer la réalité d'après l'apparence, les qualités et rapports réels des objets d'après la manière dont ils affectent nos sens. La nature de ce travail, ses difficultés, les conditions de sa bonne exécution, ressortiront des remarques suivantes, concernant l'exercice des sens, leur éducation, et leurs erreurs.

Exercice des sens. — Il y a à tenir compte de leur spécialité, de leur portée et des conditions de leur exercice.

Leur spécialité. — Chacun d'eux permet de juger sûrement des qualités sensibles auxquelles il est affecté : l'ouïe, des sons; le toucher, des couleurs.

Leur portée. — Elle est nécessairement restreinte; au-delà, leurs perceptions sont plus ou moins obscures et confuses; de là une possibilité d'erreur, pour la vue, par exemple, quant aux objets trop éloignés ou trop rapprochés.

Conditions de leur exercice. — Elles sont physiques, organiques et psychologiques.

1° *Physiques :* pour la vue, lois de la vision, perspective, réflexion et réfraction; pour l'ouïe : affaiblissement du son avec l'éloignement, etc.

2° *Organiques :* état sain des organes, leur jeu normal (troubles de l'ouïe et de la vue, hallucinations et illusions causées par la maladie).

3° *Psychologiques :* la perception a lieu de trois manières : ou d'*instinct* (l'animal et l'enfant jugent de la réalité sur l'apparence); — ou par *habitude :* telle apparence jugée répondre à telle réalité, simplement parce qu'elle a été reconnue déjà lui correspondre; de même, telles qualités sensibles sont associées par la pensée à d'autres seules perçues, à cause de leur concomitance habituelle; — ou avec *réflexion :* la perception est alors affaire de jugement et de tact; l'esprit utilise l'expérience acquise, il tient compte des circonstances.

Education des sens. — 1° Par l'exercice intelligent de chacun (attention et comparaison), ses sensations devenant ainsi plus nettes, plus distinctes et plus vives, et les jugements qui s'y appuient plus sûrs (l'œil du marin, l'oreille du musicien, le toucher de l'aveugle).

2° Par leur concours mutuel : les informations des uns complètent et au besoin rectifient celles des autres.

Rôle prépondérant du toucher à cause de l'exactitude et de la précision de ses informations, relativement aux formes, grandeurs, distances, et à la nature des objets, toutes choses dont on jugerait mal par la vue seule, et dont on ne saurait rien, directement du moins, par les autres sens. C'est pourquoi leurs perceptions sont de bonne heure comparées et ramenées à celles du toucher, les sensations visuelles, par exemple, étant traduites en sensations tactiles, la grandeur et la forme pour la vue évaluées en éléments propres au toucher.

L'expérience ayant appris quelle réalité répond à telle apparence donnée aux divers sens, spécialement à l'ouïe et à la vue, la sensation n'est plus qu'un signe dont la valeur, c'est-à-dire la réalité elle-même, se présente aussitôt à l'esprit (à tel son nous reconnaissons la nature, la distance, la vitesse, les dimensions d'un objet)

Perceptions naturelles et acquises. — Parmi les connaissances dues à nos sens, celles qui résultent directement de la sensation sont dites perceptions naturelles; exemple : formes, grandeurs, résistances perçues par le toucher (c'est ce que nous avons appelé jugements applicatifs); celles qui, au contraire, impliquent recours à l'expérience antérieure, ou interprétation des données fournies par la sensation, sont dites perceptions acquises; telles sont la plupart des perceptions de la vue quant aux formes, grandeurs, distances et aux mouvements des objets; celles de l'ouïe, de l'odorat et du goût lorsqu'elles dépassent la sensation elle-même et s'appliquent aux objets (leur nature, leurs dimensions, distances).

Erreurs des sens. — Elles sont inévitables si le

jugement se conforme à l'apparence; si l'on tient compte, au contraire, des conditions physiques et organiques de la perception, on peut les éviter sûrement, grâce à la réflexion aidée de l'expérience personnelle et des données de la science.

Au fond, par conséquent, les erreurs dites des sens sont imputables à l'esprit lui-même qui peut et ne doit juger qu'en connaissance de cause.

Cependant les sens nous y invitent, la vue, par exemple, qui nous montre les formes et grandeurs autres qu'elles ne sont en réalité; mais en cela elle se conforme à la nature des choses, aux lois de la vision; l'image, altérée dans notre œil, le serait de même dans un instrument d'optique.

Qualités premières et secondes de la matière. — Distinction accréditée depuis Descartes, fondée, bien que moins rigoureuse qu'il ne le pensait, l'appréciation des qualités premières étant en partie relative à la manière dont elles affectent nos organes.

Qualités premières. — Forme, étendue, divisibilité, mouvement, résistance ou impénétrabilité.

Qualités secondes. — Chaleur, couleur, son, etc.

1° Les qualités premières réelles et objectives; les qualités secondes relatives à nos organes et plutôt subjectives : le son et l'odeur, par exemple, ne ressemblent en rien aux phénomènes physiques qui y donnent lieu.

2° Les qualités premières claires et intelligibles d'elles-mêmes; les qualités secondes obscures comme nos sensations dont elles ne sont que le souvenir.

3° Les qualités premières modes de l'étendue, extensives par conséquent; les qualités secondes susceptibles de degré seulement, ou intensives.

5° Les qualités premières plus abstraites, objet des mathématiques; les qualités secondes, ou plutôt les phénomènes auxquels elles correspondent, objet des sciences physiques.

6° Surtout les qualités premières objet de perception ou de jugement, connues plutôt que senties : on juge de la forme, de la grandeur, du mouvement d'un corps, on ne les sent pas, à vrai dire; les qualités secondes, au contraire, couleur, odeur, etc., ne sont que de simples sensations.

III. — Point de vue spéculatif : connaissance et affirmation du monde extérieur.

Si, comme l'on s'accorde de plus en plus à le reconnaître avec Berkeley, la sensation externe n'est qu'un fait de conscience, une modification du moi (spirituel ou non, il n'importe), quelle relation existe entre la sensation et son objet? Comment pouvons-nous passer d'elle à lui? En d'autres termes, comment pouvons-nous prendre connaissance du monde extérieur, et quelle raison avons-nous de croire à son existence?

Ces deux questions, purement spéculatives, mais d'un intérêt capital pour la philosophie, ont été très diversement résolues. Avant de les aborder nous-mêmes, nous dirons un mot des principaux systèmes auxquels elles ont donné lieu.

I. Les systèmes. — **1° Connaissance du monde extérieur.** — Les systèmes se partagent naturellement en deux groupes : systèmes *réalistes* qui affirment le monde extérieur; systèmes *idéalistes* qui le nient.

1° *Réalisme vulgaire.* — La sensation nous met directement en rapport avec l'objet extérieur dont elle est l'image pure et simple : voir, toucher, c'est sentir l'objet lui-même et le sentir tel qu'il est.

2° *Perceptionisme* (Reid, Hamilton). — La sensation nous met également en rapport direct avec l'objet; mais elle n'en est pas l'image, car elle en diffère, mais seulement le signe naturel. Voir, toucher, c'est encore sentir l'objet lui-même; mais, grâce à la perception, c'est aussi le juger, non tel qu'il paraît, mais tel qu'il est.

3° *Réalisme hypothétique.* — La sensation est toute subjective, et nous n'avons de prise que sur elle; nous ne percevons pas directement l'objet, mais nous savons qu'il existe à titre de cause de notre sensation. Voir, toucher, ce n'est donc pas entrer en relation avec l'objet lui-même ; mais c'est conclure de la sensation éprouvée à sa présence nécessaire.

4° *Semi-idéalisme* de Stuart-Mill. — Le monde est réel, mais il n'est réel qu'en tant que senti, qu'en tant qu'objet de sensations actuelles ou possibles. Les corps ne sont que des possibilités permanentes de sensations.

5° *Idéalisme simple* (Berkeley). — Le monde extérieur n'existe pas ; il n'y a de réel que la sensation et l'esprit qui l'éprouve.

6° *Idéalisme absolu* (Hume). — La sensation seule est réelle ; ni le monde ni l'esprit n'existent.

2° **Affirmation du monde intérieur.** — Quelles preuves avons-nous de l'existence du monde intérieur ? La réponse à cette question diffère selon les systèmes.

1° Les uns s'en réfèrent à des considérations religieuses. C'est ainsi que Berkeley invoque la révélation, la parole de Dieu contenue dans les livres saints, comme si cette parole ne faisait pas elle-même appel aux sens. C'est ainsi encore que Descartes, pour d'autres raisons (il tient pour suspect le témoignage des sens à cause de leurs erreurs et des illusions du sommeil), en appelle à la véracité divine, suprême garantie de la véracité de nos facultés, comme si nous étions mieux et plus directement assurés de l'existence de Dieu que de celle du monde, et comme si parmi nos facultés la raison avait seule le privilège de ne pouvoir être mise en suspicion.

2° D'autres recourent au raisonnement et invoquent le principe de causalité. Il faut une cause à nos sensations, une cause externe puisqu'elles ne viennent pas de nous-mêmes ; cette cause ne peut-être que l'objet ; donc le monde extérieur existe (réalisme hypothétique). — Mais la foi au monde extérieur est antérieure à tout raisonnement, et plus forte que tous les raisonnements qui viseraient à l'ébranler. D'ailleurs, s'il faut à nos sensations une cause qui ne soit pas en nous, Berkeley répond que Dieu en est la cause efficiente, que c'est lui qui les met dans notre âme. Le seul principe de causalité n'autorise donc pas à conclure d'elles à un objet extérieur, à une cause matérielle.

3° D'autres s'en tiennent à l'instinct : une tendance

naturelle invincible nous fait ajouter foi au témoignage de nos sens, nous fait croire à la réalité de leur objet. Or, la nature ne trompe pas. L'existence du monde est une vérité de sens commun qui ne se prouve pas, et n'a pas à être prouvée, mais s'impose irrésistiblement.

4° La réalité du monde extérieur n'est point à prouver, non plus que la nôtre propre. Elles sont l'une et l'autre objet d'expérience, l'objet, par conséquent, et au même titre, d'une certitude immédiate et infaillible (réalisme vulgaire). — Mais si la sensation n'est qu'un fait de conscience, peut-elle donner autre chose qu'elle-même ? Elle, c'est nous, et non l'objet externe.

II. Connaissance et affirmation du monde extérieur. *La vraie difficulté : passage de la sensation à son objet.* — Le nœud de la question est dans le passage de la sensation à l'objet externe : si nos sensations ne sont que des modes de notre sensibilité, n'ont de réalité qu'en nous et pour nous, comment sortir de nous-mêmes et nous saisir de leur objet ?

Au point de vue idéaliste, le passage est impossible. — Le passage semble impossible, en effet, si l'on considère la sensation comme l'état d'un être immatériel, d'un pur esprit affranchi de tous liens avec le monde des corps. Aussi l'idéalisme de Berkeley et de Descartes qui la tiennent pour telle, est-il irréfutable. Ils reconnaissent cependant eux-mêmes l'impossibilité de s'y maintenir ; mais c'est en vain qu'ils s'efforcent de se dérober aux conséquences de leur principe : en rompant avec le monde extérieur, ils se sont interdit tout retour à lui.

La science écarte le problème. — La science, en écartant le principe, supprime en apparence la difficulté. L'existence d'un pur esprit n'est, à ses yeux, qu'une hypothèse ; le fait indéniable, c'est que l'être sensible est un corps organisé vivant, et que la sensation a ses conditions organiques au défaut desquelles elle s'évanouit. S'établissant donc dès l'abord au sein du monde extérieur, la science pose comme un fait premier et indubitable l'existence de ce monde. Mais alors elle supprime le problème, loin de le résoudre. La difficulté gît en effet dans le passage de la sensation à son objet. Que l'être sensible soit corps ou esprit, la sensation n'est qu'un état de conscience : de quel droit la projetons-nous au-dehors, et attribuons-nous à un objet externe des propriétés, des rapports inséparables de nos sensations propres?

1° *La nature elle-même attribue à la sensation un objet externe.* — Mais d'abord que nous en ayons le droit ou non, nous ne sommes pas libres d'en agir autrement. Antérieurement à tout raisonnement et nonobstant tous raisonnements contraires, une impulsion naturelle irrésistible détermine notre jugement. Et en effet, tandis que le sentiment ne concerne que nous-mêmes, que la sensation interne associe invinciblement dans la conscience ces deux termes : nous-mêmes et notre propre corps, la sensation externe nous propose nécessairement son objet en corrélation avec eux. N'aurions-nous aucun moyen de distinguer ces trois termes l'un de l'autre, notre corps de nous-mêmes, et les corps étrangers de lui, ils ne nous en seraient pas moins donnés comme originairement distincts et également réels. La localisation de nos sensations, soit dans notre corps, soit en des corps étrangers, mais toujours extérieurement au moi qu'elles affectent, localisation qui nous met dans l'impossibilité de nous les attribuer à nous-mêmes, dans la nécessité de les rapporter à quelque chose d'extérieur à nous, constitue un fait primitif, une loi de la nature.

La nature en cela nous tromperait-elle?

2° *A supposer une illusion des sens, tout est inexplicable, rien n'a plus de raison d'être.* — Que répondre, si l'on fait abstraction de tout enseignement venu des sens? Que la nature nous donne l'illusion d'un dehors, d'un corps propre, d'objets sans réalité ! Que nous soyons donc seuls au monde, dans un monde qui lui-même se résout dans notre pensée ! Que dis-je seuls ? Que des êtres sans nombre, semblables à nous, vivent dans la même illusion, chacun d'eux étant réel quant à lui, n'étant qu'une fiction vis-à-vis des autres qui croient le voir, entrer en rapport avec lui, subir son action ou agir sur lui, en réalité poursuivant chacun de leur côté le même rêve ! Quelle conception étrange! et que la réalité telle que nos sens nous la montrent est plus vraisemblable !

Deux choses dans cette hypothèse sont plus particulièrement inexplicables : l'ordre qui règne dans nos perceptions, et qui n'a pas de raison d'être si elles sont purement subjectives ; l'accord qui existe entre les nôtres et celles de nos semblables, de ces êtres que nous croyons réels comme nous, si elles ne sont pas provoquées par un objet externe.

3° *A supposer le monde réel, tout s'explique et a sa raison d'être.* — Nos sensations, il est vrai, ne sont pas l'image des objets, mais seulement des signes de leurs qualités propres. Elles ne nous sont pas transmises par les objets : elles résultent d'une réaction de nos organes ; mais cette réaction doit être provoquée par l'action des objets, et nos organes sont eux-mêmes constitués de telle sorte qu'ils se prêtent à l'une et à l'autre avec une merveilleuse facilité. Il plaît de supposer une illusion naturelle ; mais que l'on suppose par contre et la réalité du monde extérieur, et l'existence d'êtres destinés à y vivre, à agir sur lui, partant à le connaître. Pour rendre cette connaissance possible, la nature pouvait-elle faire mieux ou même faire autrement, que de provoquer en eux des sensations en rapport avec la nature des objets, déterminées par l'action des objets sur eux, et de les douer pour cela des organes les plus propres à subir cette action et à réagir en conséquence ?

Raison de notre affirmation du monde extérieur. — En résumé, nous affirmons le monde extérieur : 1° parce que la nature nous en fait une loi ; 2° parce que s'il n'existait pas, notre propre existence, telle qu'elle nous est donnée, serait inconcevable ; 3° parce qu'enfin, lui réel, tout s'explique, s'enchaîne, a sa raison d'être. Nous ne disons pas, comme le réalisme vulgaire : les objets projettent au dedans de nous leur image sous forme de sensations ; ni même avec le perceptionisme : nous les saisissons immédiatement, comme si entre eux et nous la sensation ne s'interposait pas comme un médiateur nécessaire, comme si encore l'office du signe (et pour lui la sensation n'est pas autre chose) n'était pas de représenter ce qui n'est pas actuellement donné ; — encore moins disons-nous avec l'idéalisme : la sensation n'est que le fait de conscience et rien de plus ; ce rien de plus n'est rien moins que le monde lui-même, que l'objet externe, qu'une loi naturelle pose en rapport avec notre sensation, et dont elle fait la condition de celle-ci, de sorte que les propriétés et rapports qui se déterminent en elle ou avec elle s'appliquent rigoureusement à lui, nous livrent de lui tout ce qu'il nous est donné, tout ce que nous avons besoin d'en connaître. Lui pour nous, comme le dit Stuart-Mill, ce sont nos sensations ; mais, ce que Mill ne dit pas, elles absentes, il demeure ; il est derrière elles, en correspondance avec elles ; le rêve, l'hallucination (comme dit Taine, lorsqu'il définit la perception une hallucination vraie), qu'il provoque en nous, est l'expression partielle, le vivant symbole de la réalité qui est en lui, de sorte que tout le secret de l'efficacité de la perception est dans cet ajustement admirable des phénomènes d'un être qui vit en lui-même et ne peut sortir de lui-même, avec des phénomènes externes sur lesquels il n'a pas de prise et qui ne ressemblent en rien à ses propres phénomènes, mais ont en ceux-ci des équivalents, des signes, lesquels lui permettent d'en fixer rigoureusement la valeur.

CHAPITRE XX

PERCEPTION INTERNE ET CONSCIENCE.

Définitions. — *Trois sens du mot conscience.* — Connaissance intime de ce qui se passe en soi, pouvoir de prendre cette connaissance, l'être qui la possède.

Conscience, sens intime, perception interne. — Trois termes qui, à des points de vue différents, s'appliquent également à l'esprit, au moi en tant qu'il se réfléchit à lui-même, qu'il se propose à lui-même comme objet, qu'il se connaît lui-même à l'exclusion de tout objet étranger.

Ils correspondent assez exactement aux termes affectés à la connaissance des objets sensibles.

Perception interne. — C'est la faculté correspondante à la perception externe, le pouvoir qu'a l'esprit de se connaître lui-même.

Sens intime. — Par analogie avec les sens externes, ceux-ci étant comme les instruments, les moyens de la perception qui ne peut s'exercer et de faculté en puissance devenir actuelle, qu'à l'aide des sensations qu'ils nous procurent. Le sens intime remplit un rôle analogue par rapport à la perception interne : il nous donne la conscience de nous-mêmes, au défaut de laquelle celle-ci ne pourrait s'exercer ; que le sens intime s'émousse ou s'oblitère en nous, et toute connaissance de nous-même nous devient impossible.

Conscience. — Elle est, comme la sensation, le fait primitif que toute connaissance de soi suppose. On peut la définir : le sentiment intime, immédiat que l'esprit, le moi a de lui-même et de ses modifications.

Analyse du fait de conscience. — Avoir conscience, ce n'est pas seulement éprouver telle modification, sentir ou penser par exemple, c'est d'abord en prendre connaissance, en constater la réalité ; c'est ensuite la reconnaître comme sienne, la rapporter à soi ; c'est par conséquent se connaître soi-même en tant qu'on l'éprouve. Le fait de conscience rapproche donc dans la pensée ces deux termes : la modification éprouvée et reconnue, et le moi qui l'éprouve. Au fond, avoir conscience, c'est rapporter à soi ses propres modifications, les reconnaître siennes.

La conscience liée à l'exercice de nos diverses facultés. — 1° Elle est la condition de leur exercice normal. Nous ne pouvons sentir, penser ou vouloir sans en avoir le sentiment, la conscience plus ou moins distincte ; je souffre : je le sens, je le sais ; je pense, je veux : je le sens, je le sais de même.

2° Elle a en elles la condition de son existence ; car si toutes nos facultés sommeillaient, la conscience s'éteindrait fatalement. De quoi aurions-nous conscience en l'absence de toute modification de nous-mêmes ? étrangers à nous-mêmes, puisque rien ne nous révélerait à nous,

nous n'aurions même pas la conscience de notre propre existence, nous n'existerions pas pour nous.

Les formes de la conscience. — On peut distinguer trois formes ou degrés de la conscience, sous les noms de conscience improprement dite, de conscience spontanée et conscience réfléchie.

1° *Conscience improprement dite.* — A ce degré, avoir conscience, c'est simplement sentir, penser, vouloir. L'être inconscient est celui chez lequel la vie morale n'existe pas, ou qui est étranger à sa propre vie morale, tant celle-ci serait faible et obscure. En ce sens, la conscience n'est qu'un mot, le terme le plus général affecté aux modifications du moi, en tant que celles-ci sont non seulement réelles, mais qu'elles existent pour lui. La conscience n'est rien de plus pour Stuart-Mill.

2° *Conscience spontanée.* — C'est le sentiment intime, immédiat de nous-mêmes et de nos propres modifications, qui s'accusent à nous par cela même qu'elles se produisent en nous, et cela en raison de leur vivacité. Elles sont alors distinguées les unes des autres, distinguées de nous-mêmes, bien que rapportées à nous. Elle implique déjà un retour possible sur soi-même, mais à la portée de l'être le moins intelligent : l'enfant, l'aliéné, l'animal qui souffrent, se sentent, se savent souffrir.

3° *Conscience réfléchie.* — C'est, grâce à l'attention appliquée à nous-mêmes, la connaissance exacte et précise, l'appréciation saine de nous-mêmes et de nos propres modifications. C'est dans ce sens qu'on dit d'un homme qu'il n'a plus conscience de lui-même, de ses actes. Outre l'attention, elle implique comme condition de cette appréciation saine de nous-mêmes, la connaissance exacte des objets avec lesquels nous sommes en rapport, aussi bien que de notre passé propre, car l'ignorance ou l'erreur quant à eux, mais quant à lui surtout, nous mettrait hors d'état de nous ressaisir, de nous comprendre tels que nous sommes nous-mêmes, dans le moment actuel. La conscience réfléchie est donc inséparable de la mémoire et de la raison, outre qu'elle suppose un certain développement de nos diverses facultés, même de notre volonté.

Progrès et affaiblissement de la conscience. — Elle se développe de l'animal à l'homme, et avec l'âge, son progrès correspondant à celui de l'intelligence et des autres facultés. Elle s'obscurcit dans le sommeil, se trouble dans le délire et la folie. En général elle est plus nette et plus vive, lorsque nos facultés s'exercent avec une certaine énergie ; si cependant cette énergie est excessive, la conscience du moi s'affaiblit, tandis que la conscience du fait s'avive, ou plutôt il n'y a plus conscience à vrai dire : le moi s'oublie lui-même ; il est tout entier au fait qui l'absorbe, incapable à ce moment d'un retour sur lui-même.

Objet de la conscience. — Ni la réalité extérieure, objet des sens, ni la vérité en général, objet de l'entendement ; mais exclusivement le sujet pensant, le moi et ses modifications quelconques données à lui-même.

Sa portée. — 1° Les faits intérieurs.

2° Les opérations ou facultés directement saisies dans leur acte même.

3° Les attributs essentiels de notre être moral : unité, identité, activité et liberté ; mais non sa nature en tant qu'immatérielle, l'existence et la spiritualité de l'âme ne pouvant être établies que par le raisonnement.

Certitude de la conscience. — L'autorité de la conscience est absolue. Que nos autres facultés soient sujettes à l'erreur, on le conçoit : l'esprit intervient activement dans leur exercice ; il peut user mal des données sur lesquelles il opère et au moyen desquelles il se saisit de leur objet. Mais la conscience n'interprète pas ; elle réfléchit le moi à lui-même, lui transmet l'impression de la réalité qui est en lui, de ce qui est, non sans doute de ce qui n'est pas, et comment le pourrait-elle ? S'il fallait douter de la douleur que nous ressentons, de quoi, et avec plus de raison, ne devrions-nous pas douter ? Non que nous ne puissions nous méprendre sur la valeur, la nature et même la réalité des faits intérieurs. Mais de telles méprises ne sont imputables qu'à nous-mêmes, à l'imagination, non à la conscience. Persistantes, inévitables, elles sont le fait du délire, de la folie.

Limites de la conscience : l'inconscience. — Notre vie morale ne s'accuse pas tout entière à la conscience, et il y a en nous tout un ordre de faits, les uns se rattachant à la vie organique, les autres provenant de l'exercice spontané de nos facultés, notamment de l'instinct et de l'habitude, dont nous n'avons conscience à aucun degré, qui sont pour nous comme s'ils n'existaient pas, que nous ne pouvons que soupçonner d'après d'autres faits qui les impliquent ou par analogie. D'abord il est probable que tout changement dans nos organes, tout au moins dans les nerfs, les centres nerveux, le cerveau surtout, est représenté par un changement correspondant dans notre vie morale. Quelques-uns même admettent une sensibilité propre, réelle quoique absolument étrangère au moi, des organes et même des éléments organiques. Mais on peut directement faire valoir les faits suivants, les uns relatifs à nos sensations, les autres intéressant notre vie morale tout entière.

Quant à la sensation : 1° Éléments simples de nos sensations, ignorés de la conscience, s'il est vrai, ce qui est contesté, que la sensation consciente ne soit que la somme ou la résultante de sensations similaires plus faibles.

2° L'affaiblissement, dans nos sensations, du plaisir et de la peine, qui les fait juger nuls bien qu'ils soient réels.

3° Sensations trop faibles ou trop rapides pour être distinctes ; mais dans ce cas l'inconscience n'est que relative, la sensation existe sans être aperçue.

4° Sensations simultanées d'un même sens, chacune s'effaçant pour ne laisser apparaître qu'une sensation d'ensemble (sons des divers instruments d'un orchestre).

Quant à la vie morale. — 5° Élaboration du souvenir, surtout dans le sommeil ; formation des affections et passions, des préventions dans l'esprit.

6° Actes instinctifs et habituels, jugements irréfléchis dont la raison est réelle, bien qu'elle nous échappe, sympathies et antipathies soudaines ; direction des associations.

Dans tous ces faits quelque chose semble agir sur la pensée ou la volonté, dont la conscience nous fait défaut.

En résumé, il faut distinguer entre l'inconscience relative et l'inconscience absolue. Un fait est relativement inconscient, s'il est réel pour la conscience, s'il affecte le moi sans en être remarqué. Il l'est absolument, s'il n'intéresse le moi à aucun degré. La première forme d'inconscience est reconnue de tous sous le nom de conscience sourde ou obscure (les petites perceptions de Leibnitz). La seconde n'a que des présomptions en sa faveur. Stuart Mill l'explique, non sans vraisemblance, par un travail des organes, du cerveau surtout, auquel le moi ne serait point associé, mais dont le résultat s'accuserait à lui, intéresserait seul la conscience.

Idées dues à la conscience. — Toutes celles relatives à nous-mêmes, à notre vie morale; tout ce que nous savons de nous, en un sens nous le devons à la conscience; plus spécialement certaines idées d'une application très étendue, mais dont l'objet primitif est le moi lui-même avec ses manières d'être et ses modes d'activité; telles sont les idées d'unité, d'identité, d'activité, de liberté, et les suivantes.

1° *Idée de substance.* — Nous distinguons notre être propre de ses modifications, nous-mêmes de nos états passagers ou permanents. L'idée de corps se réduit au contraire pour les sens à une collection de qualités. Si nous distinguons les choses elles-mêmes de leurs qualités, c'est à la lumière de cette idée d'être ou de substance, qui nous vient primitivement de la conscience. En vain Locke réduit la substance à une collection de qualités. Si, dans les corps, la substance se distingue malaisément des qualités, elle s'en distingue de plus en plus nettement à mesure qu'on s'élève à des formes d'existence plus parfaites, de la plante à l'animal et à l'homme. Moi qui sens, pense, veux, je suis autre chose que la succession des sentiments, pensées, volitions que je réalise, que les facultés même dont ils procèdent; ces changements, ces facultés sont miens, ils ne sont pas moi.

2° *Idée de cause.* — Dans l'acte volontaire nous nous sentons cause nous-mêmes, par notre propre effort, de l'effet produit, mouvement organique ou application de l'esprit à son objet. Les sens, au contraire, nous montrent seulement des phénomènes successifs, entre lesquels, s'il y a lieu, nous posons un rapport de cause à effet, parce que déjà nous sommes en possession, grâce à la conscience, de l'idée de cause. En vain Locke réduit la causalité à la succession constante : entre une cause et son effet il y a autre chose qu'une succession de phénomènes qui pourraient être étrangers l'un à l'autre. L'acte volontaire est l'expression la plus élevée de l'action causatrice ; mais à son degré inférieur, dans les corps, la cause est toujours plus qu'un simple antécédent : c'est tout ce qui coopère, à un titre quelconque, à une action produite.

3° *Idée de force*. — Nous avons conscience de notre propre force ou énergie, qui se déploie dans nos mouvements et nos actes. Tout mouvement, toute action, implique une force ou énergie dont il est le produit. La force se distingue de la cause en ce que celle-ci peut n'être qu'instantanée et qu'elle n'est telle que par rapport à son effet ; la force, au contraire, persiste et est susceptible d'actions multiples et successives. La volition est une cause, la volonté est une force. Le choc est cause du mouvement transmis ; le mouvement lui-même ou le corps en mouvement est une force. Énergie au repos ou en travail, la force est ce quelque chose d'éminemment actif dont toute l'essence est d'agir, qui se retrouve partout où se produit un mouvement, un changement, ce sans quoi ils seraient inexplicables ; d'un mot elle est la tendance et l'aptitude à l'action.

4° *Idée de fin*. — Dans l'exercice de notre volonté et déjà de notre sensibilité, dans le désir, la passion, l'émotion même, l'idée d'un but à atteindre, d'un résultat à obtenir, en un mot d'une fin, d'un bien, par exemple, est inséparable de notre action et de notre sentiment. Notre première idée de fin nous vient donc de la conscience ; nous reconnaissons ensuite dans la nature, notamment dans le monde organique, un rapport de moyen à fin, d'organe à fonction.

LA CONNAISSANCE PREMIÈRE ET LA RAISON

CHAPITRE XXI

CLASSIFICATION DES IDÉES.

L'idée et l'image. — 1° L'idée est plus étendue que l'image : on n'imagine pas tout ce que l'on conçoit sous forme d'idée; il n'y a image que des choses sensibles; nous avons l'idée de choses immatérielles ou purement intelligibles : Dieu, l'âme, la pensée, la vérité, le bien; de rapports tels que les nombres. On conçoit le général et l'universel; on n'imagine que l'individuel : j'ai l'idée du triangle en général, je ne puis imaginer que tel triangle déterminé.

2° L'idée est plus profonde : l'image est superficielle, simple apparence donnée aux sens; nous concevons des formes et propriétés de la matière qui ne tombent pas sous les sens : atome, éther, ondulations; celles mêmes que la science détermine d'après les phénomènes sensibles : pesanteur, électricité, etc., sont conçues plutôt qu'imaginées.

L'idée et la pensée. — L'idée est l'élément dernier de la pensée. Toute pensée se compose d'idées; ainsi le jugement en comprend nécessairement deux ou plusieurs; de même la proposition comprend plusieurs mots, et chaque mot exprime une ou plusieurs idées.

En quel sens l'idée est indéfinissable. — En ce qu'étant l'élément dernier de la pensée, elle ne peut être ramenée à quelque chose de plus simple, définie par analyse.

Définition de l'idée. — Elle est la représentation à l'esprit d'une chose, quelle qu'elle soit, réelle ou fictive, substance, qualité ou rapport.

Classification des idées. — Elles sont classées très diversement suivant les points de vue sous lesquels on les considère.

1° **Par rapport à leur objet.** — D'après la réalité ou la non réalité de leur objet, elles sont dites *réelles* ou *fictives*. — Distinction peu rigoureuse : les idées du bien, du beau, de temps, d'espace n'ont pas d'objet dans la réalité ; elles n'en ont pas moins leur valeur, et ne sont point pour cela des fictions.

2° D'après la nature de leur objet : *métaphysiques* (Dieu, perfection, infini, temps, espace) ; *physiques* (objets sensibles et leurs propriétés) ; et *morales* (le moi et tout ce qui le concerne).

3° D'après leur conformité ou non conformité à leur objet : *vraies* ou *fausses*, *exactes* ou *inexactes*. Distinction juste, quoiqu'on ait soutenu (Port-Royal) qu'elle ne convenait qu'au jugement. Nos idées, en effet, ne sont pas des formes purement subjectives de notre pensée ; elles ont à nos yeux un objet dans le monde réel ou intelligible ; elles sont pour nous, à tort ou à raison, la représentation fidèle des choses elles-mêmes.

2° **Par rapport à notre esprit.** — 4° D'après la manière dont nous les concevons : *claires* ou *obscures*, *distinctes* ou *confuses*, *précises* ou *vagues*. L'idée est claire, quand l'objet est bien connu ; distincte, par rapport à ses parties ; précise, par rapport à d'autres objets avec lesquels il pourrait être confondu.

5° D'après leur origine. — La classification varie selon les écoles. Pour Descartes : adventices (idées venues des sens), factices (idées imaginaires : montagne d'or), et innées (pensée, Dieu).

3° **Considérées en elles-mêmes.** — 6° D'après leur nature : *abstraites* ou *concrètes*, *générales* ou *particulières*.

7° D'après leurs caractères métaphysiques : *contingentes* ou *nécessaires* (ce qui ne peut ne pas être : le temps et l'espace) ; *particulières* ou *universelles* (ce qui ne se rencontre pas dans certains objets seulement, mais dans tous, dans tous les temps et lieux possibles : cause, substance) ; *relatives* ou *absolues* (ce qui est indépendamment de toute condition, et par conséquent ne peut changer : le bien, le beau, la vérité mathématique).

CHAPITRE XXII

ORIGINE DES IDÉES

Empirisme et Rationalisme.

Historique de la question. — Au sujet de l'origine de nos idées, et par suite de nos connaissances, deux doctrines constamment en présence, l'une les rapportant toutes à l'expérience, l'autre en attribuant quelques-unes à l'initiative de l'esprit lui-même, à la raison.

La première, le *sensualisme* (c'est le terme presque exclusivement employé, et dans son sens étymologique, jusqu'au dix-huitième siècle), ou mieux l'*empirisme* (le mot n'exclut aucune des formes de l'expérience), représentée dans l'antiquité par Démocrite, Épicure et en partie Aristote et les Stoïciens; dans les temps modernes par Hobbes, Gassendi, Locke, Condillac et Laromiguière. Sa maxime reçue dans les écoles jusqu'à Descartes : « *Nihil est in intellectu quod non prius fuerit in sensu.* »

La seconde, le *rationalisme*, représentée par Platon, Descartes et son école, Leibnitz, qui corrige la maxime sensualiste en y ajoutant : « *Nisi ipse intellectus;* » et Kant.

La théorie de Locke. — Locke expose sa théorie dans son *Essai sur l'entendement humain :* point d'idées ni de principes innés (ceci contre Descartes); car, étant donnés par la nature : 1° ils se retrouveraient dès le premier âge; 2° chez tous les hommes, même à l'état sauvage; 3° ils seraient incontestés; 4° ils domineraient partout les esprits et les mœurs. Or, pas une seule idée, pas un seul principe qui remplisse ces conditions, aussi bien les principes spéculatifs de contradiction et de causalité inconnus de la plupart, que les principes pratiques de la morale et de la religion, lesquels sont partout niés ou dénaturés. Ainsi chacun conçoit le bien, le beau, à sa manière.

Toutes nos idées et connaissances proviennent ou des sens, ou de la *réflexion*, c'est-à-dire de l'attention de l'âme à ses propres opérations. L'intelligence au début ressemble à une table rase. Locke s'efforce (et c'est l'une des parties les plus neuves et les plus solides de son ouvrage) de ramener nos idées complexes à nos idées simples, lesquelles d'après lui proviendraient toutes de l'expérience interne ou externe. Il est ainsi amené à nier, ou à dénaturer celles qui lui semblent irréductibles à cette double source, comme les idées de cause et de substance, celles du bien et du beau qu'il ramène à l'utile et à l'agréable.

Condillac. — Toutes nos idées proviennent originairement de la sensation externe, ne sont que des sensations transformées ; comparaison de la statue.

Laromiguière. — Il distingue entre la source et la cause de nos idées. Elles ont leur source dans la sensibilité sous quatre formes : *sensation, sentiment de rapport, sentiment moral* et *sentiment de soi*. Elles ont leur cause dans l'activité de l'esprit qui, à l'aide de l'attention, de la comparaison et du raisonnement, élabore les matériaux fournis par le sentiment.

Critique de ces théories : Condillac. — La théorie de Condillac est implicitement réfutée par celles de Locke et de Laromiguière, qui reconnaissent d'autres sources d'idées que la sensation. Celles de nos idées qui sont relatives à nous-mêmes ne peuvent évidemment provenir des sens, celles par exemple qui concernent nos facultés et opérations intellectuelles, nos sentiments, besoins, et appétits.

Locke. — Locke n'explique que celles de nos idées et connaissances, relatives au monde extérieur et à nous-mêmes ; il laisse inexpliquées, dénature ou nie formellement celles qui s'appliquent au monde intelligible, les vérités métaphysiques et morales, et prouve par là l'insuffisance de son principe.

Laromiguière. — Laromiguière, tout en restituant à l'âme son initiative dans la formation de nos idées, méconnaît la portée de l'intelligence réduite à en emprunter tous les matériaux à la sensibilité. Il attribue à tort à celle-ci des connaissances, et par exemple, une perception des rapports, une distinction du bien et du mal, qui n'appartiennent qu'à l'intelligence.

Réfutation de l'empirisme. — Mais l'empirisme doit être réfuté directement dans ses principes, abstraction faite de ses formes historiques. A sa thèse que toutes nos idées et connaissances proviennent de l'expérience, opposons d'abord la thèse rationaliste.

La thèse rationaliste. — Il y a une vérité directement entendue et intelligible d'elle-même, qu'elle se formule en idées ou en jugements, vérité irréductible à l'expérience, expression, non de ce qui est, mais de ce qui doit être, des rapports nécessaires et éternels des choses, de conditions d'existence et de convenances immuables ; non image d'un monde qui pourrait être tout autre qu'il n'est, mais loi qui régit tous les mondes possibles, idéal que conçoivent également tous les êtres raisonnables possibles, et auquel ils se jugent tenus eux-mêmes de se conformer.

1° *Caractères des données de l'expérience.* — L'expérience nous donne seulement le particulier, le relatif, le contingent. Par la conscience, comme par les sens, nous constatons seulement ce qui est, ici ou là, dans telles conditions déterminées. Ces données de l'expérience marquées d'un caractère de contingence, nous pouvons les généraliser sans doute, les étendre par induction à tous les points de la durée et de l'espace ; mais les conclusions que nous obtenons ainsi, fondées sur la seule expérience, en gardent tous les caractères ; il leur manque, comme à elle, la nécessité et l'universalité absolues, l'évidence intuitive, mais plus qu'à elle la certitude, leur généralité même y laissant plus de place à la conjecture et à la probabilité.

2° *Nous concevons le nécessaire.* — Or nous concevons le nécessaire, l'universel, l'absolu, sous forme d'idées et de jugements. Telles sont parmi nos idées, celles de temps et d'espace, de cause et de substance, du bien, du beau, de perfection. Ainsi, dans l'ordre pratique nous concevons un bien moral, une obligation absolue d'agir, d'agir de telle manière, dans telle situation donnée. Quant aux jugements, mentionnons les axiomes et vérités mathématiques, les principes de substance et de causalité, les principes même, contestés il est vrai, de la morale. L'empirisme peut refuser les caractères de nécessité et d'universalité absolues à quelques-unes de ces idées et vérités. Il suffit pour le réfuter qu'ils soient incontestables de plusieurs, d'une seule.

Conséquences du sensualisme. — 1° Le matérialisme, pour le sensualisme proprement dit : si toutes nos idées viennent des sens, nous ne connaissons que la matière, la matière seule existe pour nous ; 2° plus généralement un demi-scepticisme : sans nier formellement aucune vérité, il les compromet toutes; il ébranle toute certitude qui relève des principes rationnels ; il ravit à la science sa dignité en la réduisant à une connaissance des choses changeantes et périssables ; à la morale son autorité en dépouillant ses idées fondamentales : le bien et le devoir, et ses prescriptions les plus essentielles, de toute valeur absolue.

CHAPITRE XXIII

NOTIONS ET VÉRITÉS PREMIÈRES.

La connaissance : données a priori et a posteriori. — La connaissance humaine (idées et jugements) dérive originairement d'une double source : l'expérience et la raison. Il y a des choses (tel objet avec ses propriétés ; le moi et ses modifications) que nous connaissons et ne pouvons connaître qu'à l'aide de l'expérience sensible ou interne ; il en est d'autres dont l'expérience n'a rien à nous apprendre, que nous connaissons, auxquelles nous adhérons sur la foi de la raison. De là deux ordres de connaissance : connaissance empirique ou *a posteriori*, rationnelle ou *a priori*.

Une analyse plus profonde établit que, si une connaissance rationnelle pure (mathématique) est possible, une connaissance purement empirique ne l'est pas. Il faut distinguer, en effet, entre l'expérience elle-même et ce que nous appelons de ce nom. L'expérience stricte, sous sa forme rudimentaire, nous livre seulement des matériaux à mettre en œuvre, une matière brute (sensation ou fait de conscience) que l'esprit doit élaborer, à laquelle il doit imprimer une certaine forme, pour penser l'objet qui lui est donné, pour en prendre connaissance. En d'autres termes, la connaissance empirique, l'expérience au sens large du mot, implique la présence et l'action dans la pensée, à côté de l'élément *a posteriori* seul donné par les sens ou la conscience, d'un élément *a priori* qui s'y applique. Il y a donc lieu de distinguer, outre les deux ordres de connaissance, rationnelle et empirique, deux ordres de données élémentaires correspondantes, sur la base, ou (c'est, nous venons de le voir, le cas de la connaissance empirique) par le concours desquelles se constitue la connaissance. Ce sont ces données *a priori* élémentaires que l'on est convenu d'appeler du nom de notions (idées) et de vérités (jugements) premières.

Leur rapport. — En quel sens sont-elles premières ?

1° *Chronologiquement*, il est incontestable que les premières acquisitions de l'expérience, sous une forme aussi rudimentaire qu'on le voudra, précèdent dans la pensée les conceptions de la raison. En rapport, dès les premiers instants de la vie, avec lui-même et avec le dehors, il est inévitable que le moi prenne une connaissance telle quelle de lui-même, de ses états, des objets qui lui sont donnés. Qu'au contraire, nous n'ayons rien vu, rien éprouvé, et toute idée, toute connaissance nous ferait évidemment défaut.

2° *Logiquement*, au contraire, la priorité des données rationnelles est incontestable. D'abord elles sont irréductibles aux données empiriques : leurs caractères de nécessité et d'universalité absolue, d'évidence intuitive ou rationnelle excluent la possibilité d'une telle réduction ; ce fait a été amplement établi dans la réfutation de l'empirisme. Elles sont donc premières en ce sens déjà que, ne provenant pas de l'expérience, la raison les tire de son propre fonds, qu'elle les apporte, il semble, avec elle et les trouve constamment en elle. Il y a plus. Les acquisitions de l'expérience, plus ou moins tardives, ne sont possibles qu'autant que les circonstances s'y prêtent (il faut avoir rencontré tel objet, avoir eu à constater tel fait, pour en avoir l'idée). En d'autres termes, les enseignements de l'expérience, toujours lents, partiels et successifs, ne portent que sur cette portion de la réalité avec laquelle nous nous trouvons en rapport. Ce premier enseignement de la raison, au contraire, est possible, il se produit en quelques circonstances que nous soyons placés ; il est inévitable du moment que nous sommes aptes à penser ; il est en nous, il agit sur nous dès les premiers moments de notre vie intellectuelle.

Leurs caractères. — 1° *Évidence intuitive* ou rationnelle. — Ces idées et vérités sont si claires que, pour la plupart, elles se présentent d'elles-mêmes à l'esprit, et qu'une fois entendues, elles s'imposent irrésistiblement à lui. La vérité, sans doute, quelle que soit celle de nos facultés à laquelle il incombe d'en connaître, a toujours son évidence, et cette faculté, les sens ou la conscience, comme la raison, peut toujours en recevoir l'impression. Mais autre est cette évidence sensible ou morale qui ne peut être perçue qu'à la faveur de l'expérience, et qui se réduit à la pure et simple constatation du fait tel qu'il nous est donné, et cette évidence vraiment immédiate de la raison, qui, pour apparaître, n'attend pas que l'expérience ait prononcé, qui saisit l'esprit et le maîtrise du moment qu'il se trouve en présence de la vérité la plus abstraite, et, par exemple, qu'il entend, qu'il rapproche les termes dont le rapport s'énonce sous la forme d'un axiome.

2° *Nécessité* : subjectivement, nécessité pour notre esprit de les admettre ; objectivement, nécessité que les choses soient telles qu'elles nous les montrent, que, par exemple, elles soutiennent entre elles ces rapports de cause à effet, de substance à qualité que notre raison nous fait voir en elles.

3° *Universalité* : subjectivement, en ce qu'elles sont communes à toutes les intelligences raisonnables, pour lesquelles elles constituent en partie ce qu'on appelle vérités de sens commun ; objectivement, en ce qu'elles s'appliquent à toutes choses, en tout temps et en tout lieu, sans exception possible.

Les principales. — Notions premières, quant au monde matériel : quantité, espace, temps, mouvement, substance, cause, force, fin et ordre ; quant au monde moral : outre plusieurs de celles-là, celles du bien, du devoir, du beau, de perfection, d'infini, d'être nécessaire et de cause absolue.

Vérités premières, en logique : les principes d'identité et de contradiction ; en mathématiques : les axiomes ; en métaphysique : les principes de substance, de causalité et de finalité ; en morale : le principe du bien obligatoire.

Leur importance. — Les notions premières sont comme autant de points de vue essentiels qui s'imposent à notre esprit dans la connaissance et dans l'appréciation des choses. Par exemple, nous les comprenons et les jugeons du point de vue de la quantité, du mouvement, de l'ordre, de la causalité, etc.; et à mesure que ces points de vue se multiplient, ils nous permettent de saisir, dans les choses, des aspects, des propriétés nouvelles, et d'y pénétrer plus profondément.

Les vérités premières sont comme autant de principes et de règles immuables auxquels notre esprit se réfère dans tous ses jugements. Ces règles n'ont pas le pouvoir sans doute de nous conduire d'elles-mêmes à la vérité ; mais elles nous mettent et nous maintiennent dans la voie de la vérité ; elles font qu'il n'y a pour tous qu'une même vérité. Non seulement, par exemple, les axiomes nous rendent la géométrie possible ; mais tous les esprits droits adhérant aux mêmes axiomes, ils font qu'il n'y a pour eux tous qu'une même géométrie. Ces premières vérités ne sont donc pas seulement pour notre intelligence un appui et une sauvegarde ; elles sont aussi le lien de toutes les intelligences, la raison secrète de leur accord et de leur union dans la vérité.

CHAPITRE XXIV

LA RAISON

I. — Définitions : formes de la raison.

Nulle faculté n'est plus diversement définie; la nature de la raison, son objet, sa valeur partagent aujourd'hui encore les systèmes et les écoles. Nous aurons à rechercher si une doctrine plus large et plus compréhensive qui réussirait à concilier leurs principes en apparence opposés, n'approcherait pas davantage de la vérité.

Idée de la raison. — La raison n'est originairement qu'une qualité native de l'esprit; elle n'est autre que ce sens droit, cette aptitude naturelle à comprendre et à juger, inhérente à toute intelligence saine et dont l'homme, à vrai dire, n'a pas le privilège. Mais être raisonnable, ce n'est pas seulement être capable de vérité; c'est être en pleine possession de la vérité, non sans doute de la vérité tout entière, encore moins d'un ordre quelconque de vérités, mais de ce que la vérité a de plus général et de plus élevé, d'une vérité qui met l'homme qui la possède en état de tout comprendre et de juger de tout, avant tout de se comprendre et de se juger lui-même, et par là de se posséder et de se gouverner lui-même. Voilà la raison aux deux termes extrêmes de son développement, dans son germe et dans son plein épanouissement; la voilà de faculté nue et en puissance, devenue la faculté éminente de l'intelligence humaine, le propre de l'homme, son premier titre et sa vraie marque de noblesse.

Nous sommes maintenant en mesure de comprendre et d'apprécier les définitions communément données de la raison. Quelques-unes sont banales, d'autres trop étroites; toutes ont leur vérité. Il suffira de les énoncer.

La raison, dit-on souvent, est cette faculté qui distingue l'homme de l'animal, l'homme sain d'esprit de l'idiot et de l'aliéné. Cela est vrai, mais ne la fait pas connaître. Les définitions suivantes sont plus précises et plus instructives : la raison a pour objet les notions et vérités premières ; d'autres disent : les vérités éternelles, ou encore l'absolu.

Les formes de la raison. — *La conscience, le goût, le sens commun, le bon sens, la raison* même, en un sens très particulier, ne sont que des formes spéciales de cette raison fondamentale que nous venons de définir. C'est elle qui, selon les objets auxquels elle s'applique, les milieux dans lesquels elle s'exerce, variant son action ou ses effets pour les approprier aux conditions qui lui sont faites, se prête à des fonctions si diverses.

Ces formes de la raison présentent un caractère commun : elles sont éminemment pratiques. Etrangères à la spéculation, elles ont pour but l'application des principes, non leur établissement. Ce n'est pas à la conscience ni au goût, par exemple, qu'il appartient de déterminer les fondements de la morale et de l'esthétique ; de telles questions excèdent leur compétence ; discerner, dans la pratique, le bien du mal, le beau du laid, appliquer les principes reconnus aux cas qui en relèvent, c'est à quoi ils se réduisent. Il en est de même du sens commun et du bon sens.

Ses formes abstraites : la conscience et le goût. — Mais là s'arrête l'analogie ; autrement, entre la conscience et le goût d'une part, le sens commun et le bon sens de l'autre, tout est contraste. Les premiers ont un objet propre en vue duquel ils se constituent : qu'il n'y eût ni bien ni beau, la raison n'ayant plus de fonction morale ni esthétique à remplir, c'en serait fait de la conscience et du goût. Le sens commun et le bon sens, au contraire, attachés à la vérité en général, non à un ordre spécial de vérités, la saisissent où ils la rencontrent, et s'appliquent également aux questions les plus diverses. Voilà donc entre ces deux groupes de fonctions une première différence déterminée par la spécialité ou la généralité d'objet. Mais elle n'est pas la principale. Au contraire de la conscience et du goût, le sens commun et le bon sens sont des qualités de l'esprit plutôt que des facultés intellectuelles ; ils sont de l'homme concret, de l'esprit ; tandis que la conscience et le goût sont de l'homme abstrait, de l'intelligence qui compte autant de facultés spéciales qu'il y a d'ordres distincts de vérités auxquels elle peut s'appliquer.

Ses formes concrètes : sens commun, bon sens et raison. — Le sens commun est le degré inférieur de cette aptitude native à distinguer le vrai du faux qui constitue originairement la raison. Il fait comprendre et juger comme tout le monde des choses accessibles à tous, et qu'il faut absolument connaître pour penser et vivre en homme. Quelles sont ces connaissances élémentaires, les plus humbles de toutes, mais les plus indispensables? Il serait malaisé de les énumérer. Le sens commun qui est la raison de l'humanité à son niveau inférieur, n'a pas dû rester stationnaire, non plus que la raison elle-même; il s'est lentement, mais certainement élargi et relevé : bien des vérités, primitivement ignorées et difficilement accessibles peut-être à des intelligences neuves et à peine dégrossies, y ont pris place avec le temps, de même que bien des erreurs sans doute, tardivement reconnues, ont été rejetées hors de lui.

Les vérités de sens commun, par cela même qu'elles sont les plus élémentaires et les plus générales de toutes, sont en nombre restreint, et on a pu, avec plus ou moins de succès, essayer d'en dresser la liste (Reid). Les vérités qui relèvent du bon sens, au contraire, défient toute énumération. Aussi le bon sens est-il moins une forme de la raison qu'une qualité toute personnelle, qui tient de la raison sans doute et serait impossible sans elle, mais que la connaissance la plus étendue des vérités rationnelles (et par exemple les maximes du sens commun) ne saurait suppléer. Le sens commun fait penser comme tout le monde; le bon sens fait bien penser. On a le sens commun; on a du bon sens, plus ou moins parce que l'on est plus ou moins apte à bien penser. Qui n'a pas le sens commun est fou; qui manque de bon sens est un sot.

La raison enfin, en donnant à ce mot le sens spécial dans lequel il est constamment employé (comme lorsqu'on dit : une haute raison, la raison parle par sa bouche), la raison est le degré supérieur de la même qualité. Elle voit les choses de plus haut que le bon sens, et, pour ainsi dire, sous un angle moins étroit. Il répugne à la spéculation, elle y incline. Il applique les principes reçus, elle les discute. Le bon sens est moins pénétrant que solide, plus apte à la critique que capable d'initiative et de progrès; les critiques de la raison ont plus de portée, elle a la hardiesse et la largeur de vues qui font défaut au simple bon sens. Elle est une expression plus haute et plus sûre de la vérité. La raison ainsi entendue est le privilège des esprits d'élite; elle n'est donc pas cette faculté commune, source des vérités les plus générales et les plus élevées, que nous avons à étudier; mais plus que le bon sens, elle est en rapport étroit avec elle; elle a le don de mettre ses enseignements à profit, ce que le sens commun ne saurait faire, ce à quoi le simple bon sens ne se prête ou ne réussit pas toujours.

Nous arrivons à la raison proprement dite, c'est-à-dire à la raison spéculative. Nous nous occuperons d'abord des systèmes; nous l'étudierons directement ensuite.

II. — Les systèmes.

Les problèmes de la raison. — Quel est précisément l'objet de la raison? Quelle est la valeur de cet objet? Comment la raison en prend-elle possession? Ces questions partagent ceux mêmes qui affirment la raison.

Trois doctrines. — Les théories très diverses auxquelles elles ont donné lieu, peuvent se ranger sous trois points de vue principaux, qui rappellent à quelques égards le nominalisme, le conceptualisme et le réalisme.

1° La raison est impuissante par elle-même à concevoir son objet.

2° Elle le conçoit par une sorte de nécessité intérieure, mais sans que cet objet ait une valeur objective et absolue.

3° Cet objet a une valeur objective et absolue; il est conçu par l'intelligence divine comme par l'intelligence humaine; il est tel par la force des choses.

I. Traditionalisme. — Les conceptions de la raison sont l'objet d'une révélation divine, transmise oralement de génération en génération, la raison humaine étant impuissante par elle-même à se saisir de son objet, dans l'ordre moral et dans l'ordre religieux spécialement (De Bonald, Lamennais).

Cette théorie est la négation implicite de la raison. Elle méconnaît sa droiture naturelle, sa portée, et rend inexplicables les progrès de l'intelligence humaine. Elle est en opposition avec l'histoire du développement intellectuel et moral de l'humanité. Il est juste toutefois de reconnaître qu'elle met en lumière la part considérable du langage, de l'éducation et de la civilisation dans l'éveil et le progrès de la raison individuelle.

II. **Scepticisme transcendantal de Kant.** — Les conceptions de la raison ne sont que des formes de l'intelligence humaine sans valeur objective. Nous sommes ainsi faits que nous nous représentons nécessairement toutes choses dans le temps, dans l'espace, à titre de substances et de causes, comme bonnes, belles, etc. Les conceptions de la raison sont la condition de toute connaissance, de l'expérience elle-même ; mais elles n'ont qu'une valeur subjective : le temps, l'espace, le bien, le beau, etc., n'existent que pour nous. Il y a plus : lorsque, à l'aide de ces mêmes idées, nous entreprenons de pénétrer le fond des choses, nous n'aboutissons qu'à des contradictions : ainsi, impossibilité pour nous de savoir si Dieu existe, si le monde est infini en étendue et en durée, si notre âme est immatérielle, notre liberté réelle. En résumé, le scepticisme de Kant porte sur deux points. 1° L'objet des conceptions rationnelles ; 2° le fond des choses. Les objets transcendants de notre pensée : Dieu, l'âme et les choses en soi nous sont également inaccessibles. Seulement, les vérités morales : Dieu, l'âme, la liberté, etc., ruinées par sa critique de la *raison pure* ou spéculative, il les rétablit au nom de la *raison pratique*, c'est-à-dire de la conscience morale ; mais à titre de croyances, de certitudes morales, non plus de connaissances ou d'objets de science. De là, une distinction neuve et profonde entre ce qu'il est possible de savoir et ce qu'il faut croire ou ce qui ne peut être que conjecturé. La science, rationnelle comme les mathématiques, ou positive comme les sciences de la nature, et à plus forte raison l'expérience, sont possibles ; la métaphysique ne l'est pas. Les questions transcendantes peuvent et doivent être discutées dialectiquement ; mais elles ne comportent pas de solution, ou plutôt elles se prêtent à des solutions contradictoires. Mais là où la raison se récuse, le cœur et la volonté gardent leurs droits ; la croyance est légitime, bien plus elle est obligatoire, du moment que la conscience la réclame. Ces vérités nouvelles, ce monde transcendant que la raison ne connaît pas, la conscience les affirme parce qu'ils lui sont indispensables. Et la croyance qui les pose comme objets de foi morale ou religieuse, est elle-même œuvre de moralité, et, à ce titre, libre et méritoire : elle a sa justification dans le besoin ou le désir moral dont elle est l'expression.

Une discussion approfondie du système de Kant ne saurait trouver place ici. Nous n'avons à le considérer que dans ses rapports à la théorie de la raison ; et nous nous bornerons à relever quelques-unes des objections qui à ce point de vue peuvent lui être opposées.

1° Les croyances religieuses et morales, de quelque manière que Kant les établisse, sont fondées à ses yeux ; la vérité est avec elles. Or, si Dieu existe, si la liberté est réelle (pour nous en tenir à celles de ces vérités dont la connaissance nous importe au plus haut degré), est-il concevable que toute preuve nous en fasse défaut, que rien dans les choses ou en nous-mêmes ne nous les manifeste ? Si Dieu existe, le monde sans doute est son ouvrage ; et le monde ne garderait pas la trace de son origine divine ! il pourrait s'expliquer sans Dieu ! L'homme est libre, et tout en lui se passerait comme s'il ne l'était pas ! Étrange vérité, à laquelle on commande de croire, et dont on ne permet de rien savoir ! vérité liée à tant d'autres, qui sert à les faire entendre, et se refuse elle-même à être entendue !

2° Les conceptions de la raison sont les conditions de l'expérience et de la science ; et il faut douter d'elles, alors que les vérités de la science et de l'expérience sont indubitables ! Si les fondements de l'édifice sont ruineux, comment croire à sa solidité, et s'il faut y croire, comment ne pas croire à leur propre solidité ? Ou le scepticisme qui

7.

s'attaque aux seuls principes n'est pas sincère, ou ils entraînent dans leur ruine la connaissance humaine tout entière qui s'y appuie.

3° Enfin si les conceptions de la raison, ces formes catégoriques, comme dit Kant, ces lois primordiales de la pensée, n'ont qu'une valeur relative, comment expliquer leur présence dans la raison ? Elles ne proviennent pas de l'expérience qui n'est possible que par elles ; elles n'ont qu'une nécessité mentale et toute subjective : pourquoi elles plutôt que d'autres ? D'où nous viennent-elles ? Pourquoi agréent-elles à ce point à notre raison qu'il nous soit impossible de les révoquer en doute, de juger et de raisonner en dehors d'elles ou contrairement à elles sans absurdité manifeste, ou plutôt qu'y contredire, ce serait s'interdire de penser ? Répondre que notre esprit est ainsi fait, n'est pas répondre. Ce qui rend toutes choses intelligibles, n'aurait qu'une évidence suspecte ! Ce sur quoi toute vérité se fonde, pourrait n'être que mensonge ou préjugé ! Ce qui nous explique la nature, et nous-mêmes, ce qui est en harmonie profonde avec la réalité tout entière, pourrait n'être qu'illusion ! Et il faudrait croire à tout cela, que dis-je, croire qu'on sait tout cela, lorsque le principe de ce savoir n'a de vérité que celle que le hasard de notre constitution nous force à lui attribuer, et que d'autres êtres autrement constitués, partant de principes différents ou diamétralement opposés, aboutiraient à un savoir des mêmes choses différent ou même absolument contraire au nôtre !

III. **Doctrines idéalistes.** — Les théories très-diverses qui suivent ont pour caractère commun de maintenir l'autorité absolue de la raison et d'attribuer de même une valeur absolue à son objet. Le nom de réalisme leur convient en ce sens qu'elles reconnaissent à l'objet de la raison une vérité suprême, une sorte de réalité transcendante ; mais on dit plutôt idéalisme pour marquer que cet objet est en dehors de la réalité et inaccessible à l'expérience.

Réminiscence de Platon. — Préexistence des âmes ; contemplation dans une vie antérieure des idées ou essences éternelles ; chute des âmes, oubli, puis réveil des idées, provoqué par le spectacle des choses formées à leur image et facilité par la dialectique. Au fond Platon distingue deux ordres de vérités ; le monde sensible, des réalités changeantes et périssables ; le monde intelligible, des vérités immuables et éternelles. Le premier n'offre à nos sens que des apparences ; tout y est mouvement et changement. L'être des choses s'y évanouit dans un perpétuel devenir ; elles n'ont donc qu'une ombre d'existence. D'autre part, leur essence est inaccessible aux sens. Or il n'y a de science que de ce qui est et subsiste. La connaissance des choses sensibles n'est donc que conjecture et opinion. La vraie science est celle des choses intelligibles, des idées ou essences éternelles, et des vérités qui s'y appuient. Tout ce qui existe ou est possible a, dans le monde intelligible, son type et son modèle, les qualités des êtres, comme la justice, la sainteté, aussi bien que les rapports nécessaires des choses, comme l'égalité, la grandeur, le nombre.

Vision en Dieu de Malebranche. — Notre esprit, intimement uni à l'esprit divin, contemple en lui les idées, les types éternels des choses réelles ou possibles, constamment présents à la pensée divine. C'est Dieu, suprême vérité, qui se communique à nous, comme c'est sa volonté toujours présente et agissante en nous, qui nous inspire l'amour du bien, principe de toutes nos affections et de tous nos actes.

Idées innées de Descartes et de Leibnitz. — Pour Descartes, tantôt les conceptions de la raison sont innées à notre intelligence, tantôt c'est seulement le pouvoir de les former. Leibnitz, sans aller jusqu'à l'innéité des idées, admet des virtualités, des prédispositions à les concevoir, innées dans notre âme. Sa comparaison : la figure d'Hercule dessinée par les veines du marbre, mais réalisée par le sculpteur. Ainsi les conceptions de la raison sont en germe ou virtuellement dans notre esprit ; la réflexion les dégage.

IV. **Théorie de la raison constituée d'après l'expérience.** — On peut enfin rapprocher de ces diverses théories une théorie récente, celle de Spencer, qui, tout en déniant à la raison toute initiative et toute autorité transcendante, et en refusant aux conceptions rationnelles et à la raison elle-même une innéité originelle, lui reconnaît une sorte d'innéité acquise provenant de l'hérédité et originairement de l'expérience.

Toute connaissance dérivant de l'expérience, tout l'effort, tout le progrès de l'intelligence humaine, c'est de comprendre la réalité, de s'adapter à elle, de se modeler sur elle. La pensée humaine n'est que le reflet de la réalité, de cette réalité partielle avec laquelle elle se trouve accidentellement en rapport, et la seule qu'elle connaisse, mais non la seule qui soit possible et qui peut-être existe. Telle est la thèse commune de Stuart Mill et de Spencer. Mais Stuart Mill s'arrête à l'intelligence individuelle. Spencer étudie le développement, l'organisation progressive de l'intelligence humaine dans la suite des générations. Les générations successives sont solidaires, intellectuellement aussi bien que physiquement. Elles héritent les unes des autres; les aptitudes organiques possédées par chacune se transmettent à la suivante, et ont d'autant plus de force pour prévaloir dans l'espèce qu'elles sont plus anciennes, qu'elles se sont déjà transmises à un plus grand nombre de générations. Or les phénomènes intellectuels, de même que tous les phénomènes moraux, se liant à de certains états organiques, la transmission de ceux-ci entraîne celle, sinon des connaissances elles-mêmes, du moins d'une aptitude à les acquérir, d'une disposition à penser de la même manière. Ainsi se constituerait la raison humaine, graduellement et solidairement, par le travail accumulé des générations, par une sorte de consolidation, au sein de l'espèce, des découvertes effectuées par les individus, l'intervalle qui sépare l'état initial de la pensée humaine de son état actuel ou de son état final n'étant pas moindre que celui qui sépare l'organisme animal le plus rudimentaire du plus développé. Écartant l'hypothèse évolutioniste qui fait le fond de cette théorie, nous remarquerons simplement que cette raison issue de l'expérience et modelée sur elle, toute relative à la réalité, n'est plus la raison.

III. — Théorie de la raison.

A cette question toujours posée et si diversement résolue : qu'est la raison? nous répondons : la raison est en nous l'organe de la vérité ; elle est la vérité en nous, présente et agissante, marquant nos pensées à son empreinte et modelant sur elle notre intelligence elle-même. Non cette vérité toujours autre, mobile comme le devenir des choses dont elle n'exprime que les modes fugitifs, mais cette vérité constamment identique à elle-même, expression partielle mais fidèle de leur immuable essence. C'est la vérité dans ce qu'elle a de plus général et de plus élevé, la vérité sous les formes de l'universel et de l'absolu, qui, s'empreignant dans notre intelligence et se l'assimilant insensiblement, s'organise définitivement en elle sous la forme de la raison. La raison s'organisant en nous! Qu'est-ce à dire? elle ne serait donc point originairement en nous? Il est vrai, elle n'est pas née avec nous, elle se fait en nous, et le secret de ce devenir, de cette transformation si peu vraisemblable, se laisse aisément pénétrer. L'organisation de la raison est possible, parce que la vérité rencontre en nous, et en nous seuls, un milieu qui lui agrée et un germe à vivifier. Ce milieu, l'intelligence humaine le lui offre, éminemment favorable, grâce à l'ampleur de ses facultés secondées par l'énergie d'une volonté affranchie du joug de l'instinct; et ce germe, il n'est autre que ce bon sens naturel, ce sens droit inhérent à toute intelligence saine, à celle de l'animal comme à la nôtre, qui fait voir et bien voir, qui fait voir les choses telles qu'elles sont. Voilà le germe, mystérieux si l'on veut, mais non plus mystérieux, certes, que l'intelligence elle-même, qui, fécondé par la vérité, doit avec le temps devenir la raison. Nous venons de dire ce qu'elle est; nous pouvons d'un mot caractériser sa fonction : elle est le principe régulateur de l'intelligence ; c'est elle qui constitue pièce à pièce le mécanisme de la pensée et qui en règle le jeu.

Ainsi la raison n'est pas, elle devient; elle devient, parce que, dans la réalité et en dehors d'elle, il est un ordre de vérités auxquelles notre intelligence doit nécessairement s'adapter pour acquérir toute sa valeur, parce que sa constitution même lui fait un besoin et lui donne le moyen de se les approprier, parce qu'enfin c'est leur présence en elle qui la constitue sous la forme de la raison.

Nous avons donc à étudier premièrement l'objet de la raison et la connaissance à laquelle il donne lieu, l'organisation de la raison ensuite, enfin l'action qu'une fois constituée elle doit exercer sur l'intelligence, c'est-à-dire sa fonction. Si nous nous sommes fait de la raison une idée juste, la définition que nous avons énoncée sera la conclusion naturelle de ce travail.

§ 1er. — Objet de la raison.

L'objet de la raison : ses caractères. — Nous commencerons par caractériser l'objet de la raison ; nous essaierons ensuite de le déterminer.

La raison a pour objet le nécessaire, l'universel, l'absolu : non ce qui est, mais pourrait ne pas être, mais ce dont la non-existence ou la non-vérité est de toute impossibilité ; non ce qui est tel ou tel, ici ou là, mais ce qui partout et toujours est et demeure constamment identique à soi-même ; non ce qui n'a qu'une valeur relative et conditionnelle, mais ce qui vaut par soi, possède par soi-même une valeur absolue ; d'un mot elle a pour objet, non la réalité elle-même, mais ce que toute réalité suppose, ce dont, par suite, la connaissance est indispensable pour l'entendre, la juger et pour agir sur elle.

Détermination de l'objet de la raison. — L'objet de la raison peut être considéré soit en lui-même, soit dans la forme sous laquelle il s'offre à notre pensée. Mais ce second point de vue n'est qu'accessoire : que nous le concevions comme idée, que nous le formulions en jugements, ou même que le raisonnement et la démonstration s'y appliquent, ces distinctions, quant à lui, n'ont aucune portée. Elles n'ont qu'une valeur formelle, appropriée aux convenances de notre propre pensée. Il est, il vaut par lui-même, indépendamment d'elles ; et c'est en lui-même, dans ce qu'il a d'essentiel, abstraction faite des formes et des conditions toutes relatives de notre pensée, qu'il doit être déterminé. Des trois caractères que nous lui avons attribués, l'un, la nécessité, semble inséparable des deux autres : la raison de l'universalité, en effet, ne saurait être que la nécessité; et de même l'absolu, c'est-à-dire l'inconditionnel et l'immuable, ne saurait être tel qu'en vertu d'une nécessité intrinsèque : autrement, n'ayant point en lui-même sa raison d'être, il serait conditionné, partant sujet au changement. L'universel et l'absolu, au contraire, liés sous certains rapports, peuvent, à un autre point de vue, être séparés par la pensée et rapportés à des objets différents. En d'autres termes, si, en un sens, l'universel comprend l'absolu, toute vérité universelle, telle qu'un axiome, étant non relativement et conditionnellement, mais absolument vraie, la réciproque ne serait pas également exacte : la perfection absolue, par exemple, loin d'être une forme ou condition d'existence commune à tout ce qui est et peut être, ne se conçoit et n'est réalisable que comme suprême individualité.

Pour déterminer l'objet de la raison, nous avons donc à nous demander ce que nous concevons soit comme universel, soit comme absolu.

L'Universel. — Il n'y a d'universel que les conditions nécessaires de l'existence, que les rapports, de tous les plus généraux et les plus abstraits, qui se posent nécessairement entre les choses de quelque nature qu'elles soient.

Les choses, par exemple, n'existent que dans le temps et dans l'espace ; elles occupent nécessairement dans l'espace certaines positions les unes par rapport aux autres ; de même dans le temps : elles ont nécessairement une certaine durée; elles sont les unes vis-à-vis des autres dans des rapports de simultanéité ou de succession. Elles relèvent de la quantité, de même que de la durée et de l'étendue : considérées comme groupes, elles sont en nombre déterminé ; leurs dimensions, leurs parties, leurs qualités sont susceptibles de mesure et de nombre. Étant des fonctions de l'étendue et de la durée, elles le sont du mouvement. Ces rapports leur sont pour ainsi dire extérieurs ; il en est de plus étroits : ceux de cause à effet, de fin à moyen, mais surtout de substance à qualité. Ceux-ci ne sont ni moins nécessaires, ni moins universels que les précédents : tout changement a nécessairement une cause ; toute volonté agit nécessairement pour un but ; toute qualité appartient à une substance, comme toute substance a ses qualités. Supprimez ces rapports, ces conditions ou formes d'existence, et toute existence est impossible. La possibilité des choses est à ce prix. Ils n'ont donc pas leur raison dans une certaine nature des choses, laquelle pourrait être différente ; mais dans l'essence immuable des choses qui sont telles parce que, *a priori*, elles ne sauraient être autrement.

Ces conditions d'existence, ces relations, par cela même qu'elles sont les plus générales de toutes, sont aussi les plus abstraites. Formes ou cadres qui s'appliquent nécessairement aux choses du moment qu'elles existent, mais n'ont par eux-mêmes aucune réalité : la cause et l'effet, la substance et la qualité, l'étendue et la durée, l'espace et le temps, le mouvement et le nombre, séparés des choses qui en elles-mêmes ou les unes vis-à-vis des autres, subissent ces conditions et soutiennent ces rapports, ne sont plus que de purs possibles. L'esprit peut les considérer ainsi, déterminer, par exemple, à un point de vue rationnel, les rapports et les propriétés des nombres, des formes géométriques, les lois du mouvement, etc. : les vérités qu'il met en lumière ont un caractère de nécessité absolue par rapport à leur objet, tel qu'il le conçoit et le définit ; mais cet objet lui-même : les nombres, l'étendue, le mouvement, n'est qu'une simple possibilité. Seulement, du moment que des choses quelconques existent, il est impossible qu'elles soient en dehors de l'étendue, du mouvement et du nombre, que des relations de ce genre ne s'établissent pas en elles ou entre elles.

L'Absolu. — Mais ces conditions auxquelles les choses satisfont, ces relations qu'elles soutiennent par cela seul qu'elles existent, sont tellement générales et tellement abstraites, qu'en se déterminant elles-mêmes, elles ne déterminent à aucun degré les formes de l'existence tant réelles que possibles, lesquelles, toutes, les comportent également. Or, s'il appartient à l'expérience de prononcer sur celles de ces formes qui sont réelles, et à l'imagination d'entrevoir celles qui ne sont que possibles, la raison peut davantage : par delà ce qui est, dans l'ordre des possibles, elle conçoit, elle désire ce qui doit être, ce qui au plus haut degré mérite d'être, certaines formes d'existence excellentes d'elles-mêmes, et que leur excellence rend souverainement désirables; expressions diverses et fragmentaires d'un même idéal, que notre pensée distingue parce qu'elles répondent diversement aux convenances et aux aspirations multiples de notre nature, mais que, lorsque nous essayons de faire abstraction des conditions tout humaines sous lesquelles elles s'offrent à nous, elle ne peut s'empêcher de rapprocher et de confondre dans un tout harmonique, au sein de cette unité suprême que nous appelons l'absolu. Elles ont leur nom dans toutes les langues, comme elles sont empreintes dans tous les esprits ; car, plus qu'aucune autre, la vérité qui réside en elles a le don de maîtriser et de captiver les âmes. Nous avons nommé la perfection, le bien et le beau. Le sceptique cherche en vain à s'en défendre ; comme nous, il les conçoit, il les révère et s'en enchante. Il conçoit l'être dans sa plénitude, riche de tous les dons que l'existence comporte ; il conçoit le bien, qui n'est que la parfaite moralité ; le beau, ou ce qui mérite au plus haut degré d'agréer, c'est-à-dire la perfection toujours, qui se révèle à lui comme à nous, une en son essence, multiple en ses aspects, mais demeurant sous la variété de ses formes constamment identique à elle-même. Et si cet objet transcendant de notre pensée n'est pas seulement le meilleur et le plus désirable des possibles, nous dirons qu'il est Dieu même, Dieu dans sa nature, Dieu dans sa sainteté, Dieu souverainement aimable ; et l'athée qui refuse l'existence à Dieu, ne fera pas difficulté du moins de reconnaître et d'adorer en lui, dans une sphère tout idéale, le suprême intelligible et le suprême désirable.

L'absolu n'est pas l'universel. — L'absolu est si loin de se confondre avec l'universel, qu'entre eux tout est contraste. Les formes de l'universel, marquant l'extrême limite de l'abstraction, sont éminemment simples ; celles de l'absolu, au contraire, sont essentiellement complexes : elles concernent, en effet, non des conditions d'existence ou des rapports, mais des modes d'existence susceptibles de varier à l'infini. Les premières, en raison de leur simplicité, ne sont pas seulement conçues, mais comprises ; toujours pleinement et distinctement entendues, elles sont intelligibles d'elles-mêmes, et le sont au plus haut degré, toutes choses même n'étant intelligibles que par elles. Les secondes sont conçues plutôt que comprises : nous concevons la perfection, le bien, le beau, sans pouvoir en obtenir une représentation adéquate. Le peu que nous en entrevoyons suffit pour nous faire distinguer ce qui leur convient de ce qui ne leur convient pas ; nous pouvons dire : cela est compatible ou non avec la perfection, est bien ou mal, beau ou laid ; mais tant d'actions, tant de choses, et si diverses, sont bonnes et belles, et le sont si inégalement ; tant de modes d'existence comportent une perfection relative, que ces idées de perfection, de bonté et de beauté se refusent à toute détermination dans notre pensée. A plus forte raison, si c'est sous leur forme absolue et dans leur essence que nous essayons de les concevoir, en dehors des modes de l'existence réelle, la seule que nous connaissions. Aussi pourrait-on dire qu'elles sont plutôt, quant à nous, des principes directeurs de notre pensée que des objets pour elle. Elles projettent une éclatante lumière sur les choses dont les qualités et les défauts n'ont d'être pour ainsi dire que par elles ; mais lorsque, nous détournant des choses qu'elles éclairent et qui les rendent visibles elles-mêmes en les réfléchissant, nous essayons de contempler directement cette pure lumière et la source dont elle émane, il nous semble voir la lumière s'obscurcir et le foyer s'éteindre.

§ 2. — La connaissance rationnelle.

Nous connaissons dans ses traits les plus généraux l'objet de la raison. Il appartient à la métaphysique de l'étudier pour lui-même, d'élucider par l'analyse, d'éprouver par la discussion, chacune des idées dans lesquelles il se détermine. Placés sur le terrain de la psychologie, c'est à la connaissance rationnelle, plutôt qu'à son objet, que nous devons nous attacher. Plus tard, lorsque nous nous occuperons de la raison elle-même, nous aurons à retracer succinctement l'histoire de son développement ; nous essaierons alors de la surprendre à son éveil dans les balbutiements de notre pensée naissante, et de la suivre, de progrès en progrès, jusqu'au point où elle se trouve enfin parvenue. Maintenant c'est à ce point que nous devons la prendre ; c'est la connaissance rationnelle, telle qu'elle se trouve définitivement constituée dans notre pensée, et non en voie de formation, que nous avons à étudier. Or ce qui import surtout ici, ce sont les vérités fondamentales qui en composent comme les premières assises ; celles-ci mises en lumière, leur valeur éprouvée et leur enchaînement reconnu, il ne nous restera qu'à tracer, en quelque sorte, à grands traits le plan de l'édifice qui s'élève sur ces bases.

Les principes élémentaires de la raison. — Ces vérités fondamentales se ramènent par voie d'analyse à deux principes élémentaires, absolument primitifs et irréductibles, également quoique différemment évidents, dont l'un défie la contradiction, dont l'autre la comporte logiquement, mais l'exclut métaphysiquement, lois premières de l'existence et de la pensée tout ensemble, au défaut desquelles la connaissance rationnelle fléchit, mais dont l'appui la rend inébranlable : ce sont les principes d'identité et de raison suffisante.

Le principe d'identité : principes logiques et mathématiques qui en dérivent. — Au principe d'identité se ramènent les axiomes logiques de la contradiction et de l'alternative, et les axiomes mathématiques : ils n'en sont que des conséquences plus ou moins prochaines. Si la même chose ne peut être et n'être pas, si nécessairement une chose est ou n'est pas une autre chose, c'est qu'entre ces deux alternatives : être et n'être pas, être ou n'être pas une chose, il n'y en pas une troisième possible ; elles sont la négation pure et simple l'une de l'autre : poser l'une c'est exclure l'autre ; il faut donc nécessairement opter pour l'une ou pour l'autre. Mais si l'affirmation exclut sa propre négation, si entre l'une et l'autre l'option est inévitable, antérieurement à cette exclusion et à cette option, l'affirmation (ou la négation qui n'est elle-même qu'une affirmation en sens contraire) se pose, entraînant l'obligation pour l'esprit de la maintenir sous peine de détruire sa propre pensée. Les deux principes de contradiction et d'alternative ne sont donc que des expressions différentes, mais moins immédiates, du principe de l'identité, ou, subjectivement, de l'accord nécessaire de la pensée avec elle-même. La formule objective : ce qui est, est ; $a = a$, tout insignifiante qu'elle paraisse, n'en est pas moins l'expression exacte de cette première loi de la pensée, laquelle est aussi la condition première de l'existence des choses.

Les axiomes mathématiques, qu'ils concernent la quantité pure ou l'étendue, se ramènent de même au principe d'identité ; ils n'expriment, sous des formes diverses, que des identités. Si le tout est plus grand que la partie, c'est qu'il est par définition la somme des parties ; égal à cette somme, il est donc plus grand que toute quantité inférieure à elle. Si deux quantités égales à une troisième sont égales entre elles, c'est qu'il y a entre elles trois identité de grandeur. Si la ligne droite est la plus courte, c'est que toutes les lignes étant composées d'éléments identiques, ceux-ci sont en nombre moindre dans la ligne droite que dans toute autre. Si deux figures superposables sont égales, c'est qu'il y a entre elles identité de forme et de grandeur.

Le principe de raison suffisante. — Les principes que nous venons de passer en revue, présentent une propriété commune : ils sont *analytiques*; et c'est la raison pour laquelle ils se réduisent à des identités totales ou partielles. Ceux dont il nous reste à parler sont au contraire *synthétiques*, c'est-à-dire qu'au lieu que le rapport des termes qui s'y trouvent en présence résulte de la nature même de ces termes, de leur identité totale ou partielle, c'est la raison qui le pose directement de sa propre autorité. Parmi eux, il en est un, le plus général et le plus immédiat, qui joue vis-à-vis des autres un rôle analogue à celui du principe d'identité vis-à-vis des autres principes analytiques : c'est le principe de raison suffisante. Tout a sa raison d'être ; rien n'est, ni n'est possible, qui ne doive et ne puisse s'expliquer, qui, s'il n'a en soi la raison de son existence, ne l'ait en autre chose, ne s'explique par son rapport à cette autre chose.

Le principe d'identité, et ceux qui en dérivent, ne concernent spécialement aucune forme donnée d'existence ou de pensée ; toute réalité les suppose ; ils déterminent les conditions les plus générales de toute existence et de toute pensée possibles. Le principe de raison suffisante, au contraire, s'applique directement à la réalité telle qu'elle nous est donnée, laquelle n'est intelligible pour nous qu'à la condition qu'elle se conforme à cette exigence éminemment raisonnable de notre raison. De deux choses l'une : ou le hasard règne dans le monde, et alors rien n'est à expliquer ni à connaître ; la raison n'est elle-même qu'un effet du hasard, de tous le plus inconcevable ; ou plutôt elle qui n'est que l'ordre pressenti et entendu, ne rencontrant dans les choses que le désordre, elle se détruit elle-même par son effort à les comprendre ; — ou, au contraire, le hasard est exclu du monde, tout y a sa raison, et la raison, en suivant ses propres principes, ne se trompe pas, car ces mêmes principes qui lui rendent les choses intelligibles, sont aussi ceux qui les constituent.

Le principe de raison suffisante n'est donc originairement qu'un acte de foi spontanée de la raison en elle-même, de la raison qui, aspirant invinciblement à l'ordre, à ce point qu'elle ne saurait y renoncer sans se renoncer elle-même (et ses principes analytiques ne sont qu'autant d'expressions de l'ordre, d'un ordre nécessaire autant qu'une chose puisse l'être, puisque le désordre ici est l'impossibilité même), l'affirme dans les choses avant même de les connaître, mais qui, l'y rencontrant ensuite sur des points où il se laisse plus facilement atteindre, se juge d'autant mieux fondée à penser que là même où il lui est inaccessible, il n'est pas moins réel.

Principes qui en dérivent. — Les trois principes de substance, de causalité et de finalité ne sont que des expressions diverses, formulées à des points de vue particuliers, de ce principe général de raison suffisante. La réalité nous présente des qualités, des changements : la raison affirme que ces qualités ont leur raison dans des substances constituées par de certaines propriétés, et ces changements dans des causes, c'est-à-dire dans des choses susceptibles de les provoquer. Mais ces changements se trouvent eux-mêmes coordonnés à d'autres, conditionnés par d'autres ; et cela de deux manières : le changement actuel est conditionné soit par un changement antérieur, soit par un changement ultérieur. Dans le premier cas il est déterminé par ce qui l'a précédé ; ce qui est n'est que la conséquence de ce qui a été : le changement est l'effet d'une cause. Dans le second, il est déterminé par ce qui doit le suivre ; ce qui doit être, mais n'est point encore, est la raison de ce qui est ; le changement n'est plus un effet, mais un moyen pour une fin ; dans le premier cas, la raison affirme la nécessité, la préexistence d'une cause capable de produire le changement ; dans le second, la nécessité, la préexistence dans une pensée organisatrice (ou dans une loi qui en est l'expression) d'une idée suscitant dans les choses un changement, et provoquant de la part des causes, des forces dont l'activité s'y déploie, un effort, un effet immédiat destiné à préparer et à assurer le résultat définitif auquel elle tend.

La connaissance rationnelle. — Ce qui doit nous intéresser ici, c'est moins l'œuvre de la raison que les principes à l'aide desquels elle se constitue, les bases sur lesquelles elle repose. Ces bases, nous venons de les sonder. Nous devons cependant présenter un aperçu de l'œuvre elle-même. La connaissance rationnelle est la science de l'être. Mais ce qui est n'est pas tout ce qui doit être ; à côté de ce qui est, il y a ce qui est possible. De là, deux directions entre lesquelles la raison se partage, deux domaines qu'elle explore simultanément, avec des difficultés et des chances de succès inégales ; deux ordres de vérités, également nécessaires et en partie fondées sur des principes communs, mais qui diffèrent entre elles comme le réel diffère de l'idéal, et l'existence de la simple possibilité.

De cette science des possibles, les mathématiques offrent l'exemple le plus saisissant et en même temps le monument le plus grandiose. Certaines parties de la métaphysique, de la logique plutôt, abstraites au même degré que les mathématiques, le leur disputent par la solidité et la précision ; mais les mathématiques restent hors de pair par l'enchaînement rigoureux et l'abondance inépuisable des vérités qu'il leur est donné de mettre successivement en lumière, leur œuvre recevant et comportant toujours des accroissements nouveaux, sans qu'elle puisse même péricliter jamais dans aucune de ses parties, parce que, établies à l'extrême limite de l'abstraction, elles construisent dans l'éternel et l'absolu. Ce qui dans ces autres sciences, au contraire, appartient à la connaissance rationnelle pure, se réduit à des fragments et à des ébauches. Cependant, d'un côté comme de l'autre, l'œuvre repose sur les mêmes bases : elle se constitue à la faveur des seuls principes de la raison analytique. Il en est de même des spéculations auxquelles donnent lieu les idées de quantité (et d'infini), d'étendue, de durée, de mouvement, lesquelles peuvent être conçues indépendamment de toute réalité, au contraire des idées de l'espace et du temps qui se posent dans la pensée en rapport, non avec de purs possibles, mais avec la réalité telle qu'elle nous est donnée.

Si de l'ordre des possibles nous passons à celui des existences, toutes les spéculations concernant le monde en général et l'homme en particulier relèvent de la connaissance rationnelle. Toutes se réclament des principes de la raison synthétique. Telles sont, au premier rang, celles auxquelles donnent lieu les questions de l'infinité du monde, du double point de vue de son étendue et de sa durée, de l'existence d'une cause première et de sa nature, de ses rapports avec le monde, celles de l'âme humaine, de son origine et de sa fin, et les questions spéciales du temps et de l'espace, de la perfection, du bien et du beau dont l'étude ressortit à la métaphysique. Nous ne pouvons qu'énumérer les principales. Si l'on rapproche les spéculations auxquelles elles donnent lieu de cette science des possibles que nous avons considérée plus haut, on ne peut s'empêcher d'être frappé du caractère conjectural qui les en distingue si profondément. La vérité pourtant est là, nécessaire elle aussi, et intelligible d'elle-même, autant que vérité puisse l'être; immédiatement accessible sans doute à des intelligences supérieures, orientées, si l'on peut s'exprimer ainsi, sur l'absolu comme la nôtre l'est sur la réalité. Quoi qu'il en soit, ni l'intuition, ni la démonstration n'ont de prise certaine sur ces objets transcendants, et la raison humaine emportée vers eux d'un élan irrésistible, la raison qui les affirme sans les pouvoir comprendre, aux prises avec des problèmes qui à tant d'égards la dépassent, en est réduite à essayer d'entrevoir ce dont elle ne peut se saisir, à en appeler à la conjecture au défaut de l'évidence qui lui échappe, et à suppléer à la démonstration par la dialectique.

Non seulement la raison ne s'engage dans ces hautes spéculations qu'avec des ressources restreintes et qui d'avance en compromettent le succès ; mais elle ne les peut aborder sans un point d'appui dans l'expérience : provoquées par l'étude de la réalité, elles supposent la connaissance positive, sinon nécessairement scientifique, de celle-ci. Quelle raison par exemple, d'attribuer à la cause première une perfection absolue, autre que la perfection relative des effets dont elle est appelée à rendre compte ? Quel moyen pour nous de concevoir la perfection elle-même, si, pensant en dehors de toutes les données de l'expérience, nous étions étrangers à tous les éléments de perfection qui se rencontrent en nous ou dans les choses ? Quel moyen, de même, de concevoir le bien, le beau, si toute donnée morale ou esthétique provenant de notre propre expérience de la vie et de la nature, nous faisait défaut ? A plus forte raison, lorsque les questions concernent la réalité elle-même, comme celles qui ont pour objet les idées de substance, de cause et de force, la vie, sa nature et son origine, les formes les plus générales de l'existence, le temps et l'espace, ne peuvent-elles être résolues sans le secours de la science.

§ 3. — Organisation de la raison.

La raison à l'état rudimentaire : ses éléments.— La raison n'est originairement que le bon sens, c'est-à-dire une certaine droiture et pénétration natives, au défaut desquelles l'esprit, malgré toute l'énergie de ses efforts, n'aurait point de prise sur la vérité. Là est tout le mystère de la raison, si, alors que l'existence de l'intelligence paraît chose simple et naturelle, on peut s'étonner de rencontrer en elle une aptitude ou une fonction, la plus générale et la plus essentielle de toutes celles qui la constituent, qui se réduit à voir et à bien voir, à entrer en rapport avec les choses et à les voir telles qu'elles sont ; une aptitude sans laquelle l'intelligence, impuissante à connaître, n'aurait plus de raison d'être. Ce bon sens naturel, inné à toute intelligence saine (et à celle de l'animal lui-même), est le germe qui, grâce à un concours de circonstances éminemment favorables, doit devenir dans l'intelligence humaine la raison. De ces circonstances, il en est une qui les résume toutes, et qui, bien comprise, suffit à elle seule à rendre compte d'une transformation en apparence si peu vraisemblable. L'homme, grâce à une volonté plus ferme, rendue possible elle-même par le développement supérieur de ses facultés intellectuelles, dispose de sa pensée : il l'applique à quoi il lui plaît ; il en règle les mouvements et en dirige les opérations. Il est capable d'attention et de comparaison intentionnelles ; capable de fixer son attention sur lui-même, de la ramener des objets qui la sollicitent sur ses propres pensées ; capable d'abstraire et de généraliser, non à la suggestion des choses, au gré de ses impressions et de ses souvenirs, mais de son propre mouvement et de propos délibéré ; il le peut directement, et mieux encore à la faveur du langage qui lui permet de fixer les idées qu'il s'est formées, et d'opérer sur elles plus librement et plus sûrement qu'il ne ferait sur les choses elles-mêmes. Mais avant qu'il ne parle, et fût-il condamné à ne parler jamais, dès le premier éveil de son intelligence, cette aptitude naturelle à comprendre et à juger manifeste sa puissance par la netteté, par la justesse des idées et des jugements qu'éveille et que provoque dans son esprit la vue d'abord, et presque aussitôt l'examen des objets avec lesquels il se trouve en rapport : car en vertu d'une tendance native, qui semble l'un des traits distinctifs de son intelligence, les choses ne l'intéressent pas seulement à cause du besoin qu'il a d'elles ou de l'usage qu'il peut en faire ; il est de bonne heure porté à les considérer pour elles-mêmes, à s'en enquérir ; et il prend plaisir à ces premiers efforts de sa curiosité naissante et un intérêt de plus en plus vif aux succès qu'elle lui ménage. Or ce sens droit qui s'est révélé, dès le premier exercice de ses facultés, va se développant toujours à mesure qu'elles grandissent, qu'il met plus de soin à les exercer et qu'il sait mieux et davantage.

Formation de la raison : ses premières acquisitions. — Voilà donc l'esprit apte à réfléchir, et de bonne heure déjà prenant l'habitude et le goût de la réflexion. Or, s'il est un objet qui, toujours présent à lui, doive l'intéresser et le préoccuper plus particulièrement, qui sollicite plus impérieusement son attention, sur lequel il ait plus d'occasions de ramener sa pensée, et doive l'y fixer plus volontiers, cet objet, c'est lui-même. Car prendre conscience de sa vie après avoir vécu étranger à soi-même, c'est vivre doublement. Il se sent exister, il sent dans chacun de ses plaisirs et de ses douleurs, dans chacune de ses pensées, l'existence commencer et finir : et il n'aurait pas l'idée d'être et de n'être pas ! Il se sent lui-même subsistant sous la diversité des modes d'existence qui se succèdent en lui : et il n'aurait pas l'idée de substance et de qualité ! Il se sent durer lui-même, et toutes choses en lui durer et se succéder : et il n'aurait pas l'idée de la durée et de la succession ! Il veut, il se sent cause de ses actes : et il n'aurait pas l'idée de la cause et de l'effet ! Il veut, et, voulant, il a un but en vue, il adapte ses actes au but qu'il se propose : et il n'aurait pas les idées de fin et de moyen ! Un lui-même, et si profondément un, il compte un à un les plaisirs et les peines dont le retour alternatif est comme le rhythme normal de sa vie, il compte les objets qui s'offrent à sa pensée ou à ses sens : et il n'aurait pas l'idée du nombre ! Il mesure le degré de ses plaisirs et de ses peines, leur durée, leurs intervalles : et il n'aurait pas une fois de plus, sous une autre forme, l'idée de quantité ! Toutes choses s'offrent à ses sens extérieurement à lui, dans des rapports de distance et de position, et, avant toutes les autres choses, les diverses parties de ce corps qui est à lui : et il n'aurait pas l'idée de l'extériorité et de l'étendue ! Concluons : les conceptions de la raison, les plus élémentaires du moins, ont comme leur type en nous ; il nous suffit de nous observer nous-mêmes, de nous rendre compte de ce que nous éprouvons, pour nous former ces idées, que l'on a pu dire innées, tant il nous est naturel de les concevoir, mais dont l'objet seul est inné à notre âme, inhérent à notre nature et à notre vie, comme à toute nature et à toute vie.

Développement de la raison. — Ces idées n'ont sans doute, à ce premier moment, ni précision, ni fixité dans l'esprit ; étroitement associées à des impressions sensibles et comme emportées dans le mouvement de la vie consciente, elles sont elles-mêmes senties, vécues plutôt qu'entendues ; lueurs flottantes se dégageant avec peine des ombres d'une pensée qui s'ignore et se cherche elle-même, elles n'éclairent rien encore en dehors d'elles. Il appartient à la réflexion qui les a fait apparaître, sous cette forme à demi concrète, sur la scène mouvante de la conscience, de les élever au plus haut degré d'abstraction et de généralité qu'elles comportent, de les transporter dans la région des idées pures ; elle achèvera son œuvre en transformant en vérités lumineuses, en principes intelligibles d'eux-mêmes, ces obscurs pressentiments de vérité. Ce travail, quant aux principes analytiques, est des plus simples : du moment que ces idées d'être et de n'être pas, de tout et de partie, de ligne droite et de longueur, sont nettement saisies, le rapport qui doit les unir dans la pensée s'offre de lui-même, évident, irrécusable. Le passage des principes analytiques aux principes synthétiques, en apparence plus difficile, est également inévitable. D'abord les deux termes qu'ils rapprochent : substance et qualité, cause et effet, moyen et fin, se trouvent en fait constamment associés dans la conscience, les actes ou les états du moi à l'occasion desquels la réflexion les dégage, étant précisément constitués par de tels rapports. Aussi son rôle est-il bien plutôt d'abstraire et de généraliser, que de les mettre en lumière, ces rapports qui d'eux-mêmes se posent dans la conscience. Leur nécessité même l'y conduit. Elle ne peut tarder à reconnaître dans la synthèse empirique qui s'offre constamment à elle, l'expression d'une loi universelle et nécessaire, la loi étant la raison du fait, non le fait la preuve de la loi. De là à comprendre qu'une chose quelconque doit avoir sa raison d'être, alors que les choses les plus diverses : la qualité, le changement, l'appropriation des moyens aux fins, doivent avoir, et de fait ont constamment la leur, il n'y a qu'un pas. Que dans ce passage du concret à l'abstrait, de l'individuel à l'universel, du conditionné à la condition, les principes les plus abstraits, qui sont la condition et la raison de tous les autres, soient les derniers à s'offrir à la pensée ; que dans sa marche ascendante vers la vérité, la réflexion suive un ordre régressif directement opposé à l'ordre de leur dépendance logique, cela est inévitable, et notre analyse même en fait foi.

Nous ne poursuivrons pas cette étude. Il nous serait aisé de montrer que les conceptions de la raison les plus métaphysiques, les plus étrangères en apparence à la réalité, telles que les idées de temps et d'espace, de cause première, de perfection, du bien et du beau, sont le résultat d'un travail d'abstraction et de généralisation analogue, opéré par la réflexion sur les données de l'expérience, ses premières découvertes frayant la voie à des découvertes nouvelles, et le principe de raison suffisante dominant toute cette élaboration. Que le temps et l'espace, la perfection, le bien et le beau soient réels ou qu'ils n'aient qu'une existence idéale, le fait est que nous les concevons nécessairement, et cela en vertu d'une loi dont le rapport au principe de raison suffisante est manifeste ; c'est la loi qui nous fait une nécessité de subordonner tout ce qui est ou est pensé à une condition, et dans ce passage du conditionné à la condition de ne nous arrêter qu'à un terme inconditionné, première cause réelle de ce qui est, dernière raison intelligible de ce qui est pensé. Or, réels ou non, le temps et l'espace, en tant qu'unités synthétiques de nos représentations d'étendue et de durée, sont tout au moins les conditions intelligibles de relations qui se posent nécessairement en eux ; et de même, sans un bien, sans un beau intelligible de soi, type idéal de toute bonté et de toute beauté relatives, toutes qualifications morales ou esthétiques, appliquées aux choses ou à nos propres actions, n'auraient plus de raison d'être ; de même enfin nous n'avons lieu de parler de perfection relative ou d'imperfection, à propos des choses ou de nous-mêmes, que par rapport à un type de perfection absolue présent à notre pensée. Le principe de raison suffisante est donc le principe générateur de la connaissance rationnelle la plus élevée, et c'est en grande partie sous son influence immédiate que s'opère le développement de la raison.

La raison individuelle et la raison collective ; progrès de la raison. — Le développement de la raison est une œuvre à la fois individuelle et collective. L'homme, par cela seul qu'il est homme, c'est-à-dire qu'il est doué originairement d'un sens droit, capable de réflexion et d'expérience, est un être raisonnable ; et la raison ne peut manquer de se développer en lui avec le temps. En d'autres termes, il entrera en possession de la connaissance rationnelle par la force des choses, et il y avancera d'autant plus vite et plus sûrement que ses facultés intellectuelles seront plus développées, qu'il disposera d'une puissance de réflexion plus grande et qu'il la saura mieux employer. Cependant, à supposer les conditions les plus favorables, il est évident que l'exploration des divers domaines de la raison est une tâche qui dépasse de beaucoup les forces de l'intelligence individuelle, bien loin que réduite à ses seules ressources elle puisse effectuer dans chacun d'eux des découvertes nombreuses et d'un grand prix. Or, le fait indéniable, c'est que la raison individuelle adhère par mille liens à la raison collective, qu'elle y a ses racines et qu'elle y puise pour la plus grande partie les éléments qu'elle s'assimile et dont elle compose sa propre substance, de sorte qu'à chacune des phases du développement humain elle n'est guère que l'expression dans la conscience de chacun de nous de la raison de l'humanité telle qu'elle se trouve constituée sur ce point de l'espace et de la durée. Et, à vrai dire, elle n'est rien de plus chez la plupart. La foule des intelligences suit, et de loin ; répugnant à tout effort sur elle-même et à tout changement en elle-même, elle ne se rend qu'à son insu, et de guère lasse, à des vérités qui l'offusquent ou la dépassent ; l'initiative et le progrès, la consolidation même dans les esprits des résultats obtenus, laquelle est tout autre chose qu'un enregistrement banal de formules dans la mémoire, sont le fait du petit nombre.

Le langage, l'éducation, les relations sociales, sont les moyens les plus puissants de cette initiation, qui commence au berceau pour ne finir qu'avec la vie, de la raison individuelle aux vérités (trop souvent aussi aux erreurs) dont la raison collective conserve le dépôt.

Quoi qu'il en soit, la raison humaine grandit, très inégalement d'une époque à une autre, constamment néanmoins, grâce aux efforts d'un petit nombre de races et de sociétés privilégiées, vouées au culte de l'idéal et animées de la passion du vrai, du beau et du bien. C'est ainsi que les conceptions de la raison sont éclaircies, approfondies, développées ; que les idées morales et religieuses par exemple s'épurent graduellement ; que des principes nouveaux même sont mis en lumière, mais surtout des conséquences plus ou moins éloignées de ces principes, tout particulièrement dans l'ordre moral ou scientifique.

Impersonnalité de la raison. — La raison peut être dite impersonnelle, au point de vue de son objet, les idées et vérités rationnelles, en vertu de leur nécessité, s'imposant d'elles-mêmes à toute intelligence capable de les entendre. En ce sens, la raison n'est pas seulement impersonnelle ; elle est universelle, la même pour toutes les intelligences raisonnables. Et celles-ci ne diffèrent les unes des autres que par l'étendue, la profondeur, la clarté du savoir. Mais le même savoir réside en elles ; elles communient à la même vérité, s'accordent dans les mêmes affirmations, et les paroles de vérité prononcées par l'une sont aussitôt entendues et répétées par toutes. Elle n'est donc pas seulement la lumière qui éclaire toute intelligence dans ce monde; elle est le lien de toutes les intelligences actuelles et possibles; mais surtout elle est le lien, plus étroit et en quelque sorte fraternel, qui unit entre elles toutes les intelligences humaines, participant, grâce à elle, à une même vérité et comme engendrées d'elle. Elle les fait vraiment sœurs; ce qu'elle donne à l'une, elle le donne à toutes, rachetant par là l'inégalité originelle qui pèse sur elles, et tendant à les élever toutes au même niveau. Là où la nature, ingénieuse à multiplier les diversités et les contrastes, divise, sépare et mêle fatalement le mal au bien, elle apporte l'unité et l'harmonie, le bien sans mélange. Elle est donc doublement impersonnelle : en tant qu'elle est la raison même, c'est-à-dire l'expression de la même vérité, de la vérité la plus générale et la plus haute, également empreinte dans toutes les intelligences ; en tant ensuite qu'elle est la raison humaine. Mais si j'ai le droit de dire : la raison, quand je consulte ma propre raison, il n'est pas moins vrai que je puis dire : ma raison, parce que vraiment elle est mienne. Elle réside dans mon intelligence dont la force ou la faiblesse fait en partie la sienne. Et puis elle est en grande partie mon œuvre : je ne savais rien, et le peu que je sais, et qui est elle, c'est moi qui l'ai appris, et au prix de quels efforts? Elle, je l'ai constituée pièce à pièce, allant de vérité en vérité, recueillant avec amour chacune d'elles, les rapprochant, les ajustant l'une à l'autre, et m'en composant un trésor, et dans ce trésor qui est mon bien le plus cher, parce qu'il est tout entier mon œuvre, faisant place, quelquefois, hélas! à l'erreur prise pour la vérité. Cette raison que je me suis formée, que plutôt j'ai, souvent avec angoisse, toujours avec un ardent désir de bien faire, travaillé à me former, sans toujours y réussir, elle est à moi, elle m'est personnelle.

§ 4. — Fonction de la raison.

La raison est le principe régulateur de l'intelligence. Si l'on compare celle-ci à un mécanisme dont les différentes parties comportent une extrême diversité de mouvements, mais conspirent à une fin commune : la connaissance, son rôle peut être caractérisé d'un mot : elle régularise les mouvements de ce mécanisme, elle en règle le jeu. C'est de ce point de vue qu'il nous reste à l'étudier ; nous la considérerons successivement dans ses rapports avec la pensée à la constitution de laquelle elle préside, avec l'intelligence dont elle dirige l'exercice.

La raison et la pensée. — On peut définir la raison, au point de vue qui nous occupe, l'ensemble des concepts (ou catégories) qui impriment leurs formes dans la pensée, et des principes régulateurs du jugement. Considérons premièrement la pensée dans ses éléments, dans les idées qui en sont comme la matière, abstraction faite de la forme sous laquelle elle se constitue nécessairement.

Les concepts rationnels sont comme autant de cadres dans lesquels les idées doivent se ranger, comme autant de moules dont elles doivent recevoir l'empreinte. Elles n'agréent à notre raison, elles ne sont intelligibles qu'à cette condition. Un exemple fera aisément saisir notre pensée, et peut-être paraîtra-t-il plus concluant que toute explication. J'analyse cette phrase si simple : *Pourquoi êtes-vous venu si tard ?* et je découvre qu'elle n'a de sens et de valeur pour mon esprit que par les éléments rationnels et éminemment abstraits qui s'y trouvent pour ainsi dire incorporés aux termes concrets sur lesquels se porte d'abord mon attention et qui en apparence la constituent : *Pourquoi ?* Idée de cause. — *Vous :* substance. — *Êtes-vous venu :* temps, mouvement, espace. — *Si tard :* temps encore, et quantité. Ainsi chacun des mots dont elle se compose, a comme une double valeur, éveille une double idée dans notre esprit. D'un côté, il répond aux exigences accidentelles de la pensée actuelle ; de l'autre, aux convenances immuables de notre raison. Il a d'abord un sens spécial, concret, par lequel il se prête à rendre la pensée, constitue l'un des éléments de la synthèse mentale et tout empirique que le langage n'exprime qu'à la condition de la décomposer. Il a ensuite un sens générique, plus profond, mais moins compréhensif, surtout moins apparent, par lequel il est en rapport immédiat, non plus avec notre imagination ou notre cœur, mais avec notre raison, par lequel il plonge, pour ainsi dire, par delà la réalité sensible dans le monde intelligible des idées pures. Ce n'est plus vous ou moi, telle forme spéciale de l'être : c'est l'être lui-même ; ce n'est plus tel ou tel moment de la durée, tel ou tel point de l'espace : c'est le temps, l'espace ; ce n'est plus telle quantité déterminée : c'est la quantité en elle-même. Chaque mot brille ainsi d'une double lumière, comme il renferme une double vérité ; et si l'esprit, saisi et ébloui par la lumière sensible et par la vérité accidentelle, ne distingue pas nettement dès l'abord la lumière intelligible, la vérité éternelle, il n'en reconnaît pas moins, sans qu'il s'en rende compte, leur présence et leur action. Et en se redisant cette phrase à lui-même, il n'est satisfait du sens qu'il y rencontre, que parce que la raison l'est elle-même, et que, dans les idées qui s'offrent à lui, elle retrouve ses propres idées. Ainsi la pensée n'est solide et claire que grâce à la vérité rationnelle qui réside en elle. Celle-ci sans doute, abstraite comme elle est, n'est pas la pensée elle-même, ou plutôt elle n'est pas toute la pensée ; mais elle en est la partie éminemment intelligible, et seule elle la rend possible. Au fond, la pensée est l'œuvre commune de l'esprit et de la raison : le dessin et la couleur sont de l'esprit ; mais c'est la raison qui ourdit la trame sur laquelle il travaille. Nous avons donc le droit de dire que si l'esprit, en vertu de son activité propre, est le principe générateur de la pensée, le principe constituant en est la raison.

La raison et les formes logiques de la pensée. — Passons de l'idée au jugement et au raisonnement, et considérons la pensée, non plus dans ses éléments ou dans sa matière, mais dans sa structure et dans sa forme. La raison n'y est pas moins profondément empreinte.

Le jugement n'est, dit-on, que l'attribution d'une qualité à un sujet.

Pourquoi ? parce que toute qualité est inhérente à une substance, comme toute substance a ses qualités. Le jugement est cela sans doute, mais il est davantage. Dans ce cas particulier, il est motivé, conditionné par le principe de substance; mais rien ne prouve qu'il doive l'être toujours, qu'il ne puisse être conditionné également par tout autre principe rationnel.

Quand je dis a est a, $a = b$, il n'est question ni de substance, ni de qualité. Quand je dis : Dieu existe, je suis venu, il n'est pas question davantage de qualité, mais d'existence, mais d'action. Si je dis : la justice est une vertu, le rapport des termes est celui de l'espèce au genre, de la partie au tout. L'espèce et le genre possèdent, il est vrai, une qualité commune, sans quoi ils seraient étrangers l'un à l'autre; il n'en est pas moins certain que le rapport auquel l'esprit s'attache et qui motive son jugement est tout autre. Le rapport de la partie au tout rend ceci manifeste. Au fond le jugement met deux termes en rapport; mais un rapport ne peut se poser dans la pensée, il n'est intelligible qu'à la condition de se résoudre en dernière analyse dans l'un ou l'autre des rapports élémentaires que la raison formule dans ses principes tant synthétiques qu'analytiques, et qui sont les seuls qu'elle avoue. Ils sont de tous les plus abstraits, et assez généraux pour comprendre tous les autres. Elle les connaît, les a éprouvés, et les rapports les plus particuliers que l'esprit peut être amené à poser entre deux termes quelconques, ne valent à ses yeux que par leur conformité à ces rapports fondamentaux; étant conditonnés par eux, ils ne sont intelligibles que par eux, comme ils ont en eux la raison de leur validité.

Passons au raisonnement. Il est, sous ses trois formes élémentaires, conditionné par autant de lois de la raison. L'une de ces lois est purement logique : c'est le principe de contradiction, fondement reconnu de la déduction. Pour la justifier en effet, il suffit que l'esprit reconnaisse la nécessité de rester, au cours d'un même raisonnement, constamment d'accord avec lui-même, en d'autres termes l'impossibilité rationnelle de la contradiction. C'est ce qu'on pourrait appeler la loi de l'identité mentale. Les deux autres lois règlent, en deux sens différents, l'interprétation des choses en vertu du principe de raison suffisante. L'une est la loi de l'ordre ou de l'accord de la nature avec elle-même, l'identité des conditions entraînant celle des suites. Cette loi est le fondement de l'induction appliquée à la nature. L'autre est la loi de l'unité systématique ou de la symétrie dans la nature, la nature disposant toutes choses d'après un plan harmonique, de telle sorte que les ressemblances apparentes peuvent être considérées comme des signes ou indices de ressemblances plus profondes, au fond comme la conséquence de celles-ci. Cette loi est le fondement de l'analogie, en tant qu'elle s'applique à la nature. Si l'induction et l'analogie sont au contraire considérées en elles-mêmes, et indépendamment de leur application à la réalité, d'un point de vue purement logique, c'est le principe de raison suffisante encore, mais directement cette fois, qui les justifie, dans la mesure où elles peuvent l'être, et qui les peut seul justifier. Si, étant donnés tous les termes d'une série, plusieurs, un grand nombre, pris au hasard, s'accordent sur un point, il faut une raison de cet accord, et il n'y en a qu'une qui satisfasse la raison : c'est que le hasard n'étant pour rien dans cette conformité, elle provienne de leur nature même, d'une loi générale, qui s'applique à tous les termes de la série. Voilà pour l'induction. Si deux termes coïncident, se ressemblent sur plusieurs points, sur un grand nombre, il faut une raison de cette similitude, et, comme elle ne saurait provenir du hasard, il faut qu'elle résulte d'une ressemblance plus profonde, d'une conformité de nature. Voilà pour l'analogie.

Ainsi, à mesure que nous pénétrons plus profondément dans l'organisation de la pensée, soit que nous en étudiions les éléments, soit que nous en examinions la structure logique, la même vérité brille à nos yeux d'une clarté nouvelle, se trouve appuyée de preuves nouvelles et décisives : c'est que la pensée, en nous, n'est et ne vaut que par la raison : c'est que la raison préside à son organisation et qu'elle lui doit tout ce qu'il y a en elle de clarté et de force. Non qu'en dehors des idées et des principes rationnels, une pensée différente de la nôtre, toute en images et en tableaux, ne soit possible ; mais cette pensée, issue de la mémoire et de l'imagination, n'a de la pensée que le nom : elle est sentie plutôt qu'entendue ; elle agrée à l'esprit ou dispose à l'action ; la raison ne la connaît pas ; elle n'est pas, à vrai dire, constituée ; elle n'a ni intelligibilité, ni solidité.

La raison et l'intelligence. — Nous venons de voir, d'aussi près qu'il nous a été possible, la raison présider à la constitution de la pensée. Nous ne connaissons cependant encore qu'une partie des services rendus par elle à l'intelligence. Elle ne se borne pas, en effet, à régulariser les mouvements du mécanisme intellectuel ; elle leur imprime encore une direction déterminée. En d'autres termes, elle n'est pas seulement le principe constituant de la pensée ; elle est aussi le principe directeur de l'intelligence. Si ses idées et principes élémentaires, ses principes analytiques surtout, ont pour principal usage de permettre à la pensée de se constituer sur des bases et sous une forme qui lui agréent, et par là de la rendre possible, ses idées et principes transcendants, et avec ceux-ci ses principes synthétiques élémentaires, ont une toute autre portée : ils tendent à la rendre féconde ; ils gouvernent l'esprit à son insu, ils sont la raison secrète du travail dont la pensée est l'expression, ils président à la mise en œuvre des ressources de toute sorte dont l'intelligence dispose, d'un mot ils proposent un but à son activité. A ce nouveau point de vue, la raison pourrait être définie l'ensemble des idées et maximes directrices du jugement. On saisit l'analogie qui existe entre cette définition et la manière commune d'entendre la raison. Elle n'est, en effet, au point de vue pratique, que l'ensemble des vérités évidentes d'elles-mêmes ou incontestées dont l'esprit s'inspire, des principes qu'il applique, à son insu le plus souvent, dans ses jugements ; penser raisonnablement, c'est mettre ses pensées en harmonie avec eux, c'est se maintenir dans la vérité grâce à eux. De là vient précisément que la raison peut être faussée par des principes erronés, et, de même que la raison individuelle par des erreurs personnelles, la raison collective par des préjugés. Nous n'avons à nous occuper ici de cette influence de la raison sur l'intelligence qu'au point de vue le plus général, abstraction faite des particularités dont l'importance pratique est incontestable sans doute, à plus forte raison d'erreurs et de déviations accidentelles auxquelles la raison n'a rien à voir. Ce sont les tendances fondamentales par lesquelles cette influence se révèle, que nous devons essayer de déterminer. Celles-ci semblent pouvoir se réduire à trois : tendance généralisatrice, tendance coordinatrice, tendance explicatrice. Par la première, la raison fait à l'intelligence un besoin de l'unité; par la seconde un besoin de l'ordre, par la troisième un besoin de se rendre compte des choses, d'en pénétrer la raison. Le rapport de ces diverses tendances avec l'essence de la raison est manifeste. Elle a pour objet l'universel : de là, pour l'intelligence dont le premier besoin est l'harmonie avec elle, l'obligation d'embrasser les questions, les choses, toutes choses dans leur plus grande généralité, afin de réaliser en elle-même l'unité synthétique d'aperception ou de représentation. Elle est ordre elle-même, l'ordre en puissance, et déjà en acte dans les principes qui en expriment les conditions les plus générales : de là encore, pour l'intelligence l'obligation de rechercher l'ordre en toutes choses, de déterminer l'ordre naturel là où il est accessible, et, là où il ne l'est pas, de le suppléer par un ordre artificiel, d'établir enfin en elle-même, dans tous ses actes et dans tous les objets sur lesquels elle s'exerce, un ordre quelconque. De tous les principes rationnels enfin, celui dont l'affinité avec la raison est la plus étroite, celui qui émane le plus directement d'elle et qui lui est, si l'on peut dire, plus particulièrement cher, parce qu'elle ne le reçoit pas de la force des choses, mais qu'elle se le donne à elle-même comme l'expression la plus fidèle de ses convenances propres, celui donc dans lequel elle est le plus profondément empreinte, c'est le principe de raison suffisante : de là, pour l'intelligence l'obligation absolue d'en poursuivre l'application sous toutes les formes, d'épuiser pour toutes choses les explications et de ne s'arrêter dans la série régressive des causes, des existences, des preuves qu'à un premier terme subsistant par soi ou valant par soi-même, principe suprême et condition dernière de tous les autres.

On le voit, l'intelligence, en obéissant à l'impulsion de la raison, tend fatalement à l'universel et à l'absolu, c'est-à-dire à la connaissance la plus large et la plus haute à laquelle il lui soit donné d'atteindre. Mais l'absolu, c'est l'idéal; il n'est pas seulement la vérité la plus haute mais la plus abstraite; il est l'être dans sa plénitude, il est la perfection, il est le bien, il est le beau; et l'intelligence démentirait la raison à laquelle elle doit d'entendre la vérité, et se trahirait elle-même, si elle ne mettait sa suprême ambition à prendre possession de ces objets transcendants de la pensée, et, puisque dans le monde des idées pures ils se dérobent irrévocablement à ses prises, à obtenir des choses, en tant qu'elles les expriment, une connaissance qui lui permette de se saisir du moins de tout ce qui en eux lui est accessible.

La raison et la réalité : prééminence de la raison. — A mesure que l'intelligence conduite par la raison, disons mieux, que la raison elle-même se rapproche de la réalité, qu'elle s'attache davantage à la comprendre et à l'expliquer, elle subit la nécessité, nous l'avons remarqué, de suppléer à l'insuffisance de ses propres données par une connaissance de plus en plus précise de celle-ci. Mais cette nécessité même lui est salutaire : au contact de la réalité, les germes de vérité qui sommeillaient en elle se trouvent comme vivifiés; ses aptitudes latentes se réveillent; le cercle de ses recherches et de ses démonstrations s'élargit, une vie nouvelle se fait jour en elle. Ces profondeurs et ces immensités dont la science s'épouvante, ces principes des choses partout présents et agissants quoique invisibles, ces premières lois de l'existence et de la vie, tout cet inconnu qui enserre la science et la déconcerte, sa tâche à elle est de l'explorer et par là de dépasser la science sur son propre terrain. Voilà son œuvre quant à la nature. Mais le monde moral à son tour déploie devant elle la richesse de ses créations animées du souffle de l'esprit, la majesté de ses perspectives infinies. La religion, l'art, les mœurs et les institutions, la vie morale sous toutes ses formes, vie individuelle et vie sociale, l'activité humaine à tous ses degrés, et jusqu'à la pensée qui s'élabore dans l'esprit et au langage qui en est la vivante expression, se réclament d'elle tour à tour. A elle d'expliquer, de sanctionner ou d'invalider, de redresser, de régler, d'inspirer ce qui est ou se fait. Les seuls jugements sans appel, les seuls conseils toujours sûrs, les seules explications auxquelles il faille s'arrêter, ce sont les siens ; les seules paroles de vérité que l'homme puisse prononcer sans se défier de lui-même, qu'il puisse entendre avec une foi absolue en elles, ce sont les siennes. Et lorsque, au nom de la vérité dont elle est l'interprète le plus autorisé, elle remplit en faveur de l'humanité ce rôle souverain de juge, d'initiatrice et d'institutrice universelle; lorsque tout le bien dont l'homme est capable, ses progrès, sa dignité, son bonheur, émanent si directement d'elle, elle n'aurait d'autorité que celle qu'il nous convient de lui attribuer, ou que, par le fait d'un mystère ou d'un caprice du sort, la constitution de notre intelligence nous condamnerait à lui attribuer ! Ou encore elle s'abaisserait et se diminuerait elle-même en descendant de la région des idées pures dans le monde des réalités! Elle y puise bien plutôt des forces nouvelles, grâce au surcroît d'activité qui s'impose à elle; elle s'y enrichit de toutes les vérités qu'elle met en lumière, elle y grandit de tout le bien dont elle est la source. N'en doutons pas, elle est la vérité elle-même, la vérité éternelle et absolue, se communiquant à nous, s'organisant en nous, se créant au sein de notre intelligence l'organe le plus propre à se l'assimiler, à nous pénétrer de sa substance, à nous faire vivre d'elle et à la faire vivre en nous.

Ou plutôt elle est l'œuvre de l'intelligence humaine, notre œuvre propre et celle de tous, l'œuvre, à la fois individuelle et collective, d'intelligences qui, créées pour la vérité et y aspirant invinciblement, se rendent raisonnables elles-mêmes, se constituent rationnellement, afin de se rapprocher du but pour lequel Dieu les a faites. Elle est l'intelligence elle-même dans laquelle la vérité s'est empreinte par degrés, et qui désormais marquera du sceau de la vérité chacune de ses pensées; l'intelligence qui trouve dans la vérité qui est en elle son aiguillon et son frein, la règle qui la gouverne et l'inspiration qui dirige et soutient son élan.

Qu'on se rappelle notre point de départ, et qu'on mesure le chemin parcouru. La raison n'était à son éveil qu'un sens droit, une aptitude native à voir et à bien voir par les yeux de l'esprit : voilà ce que la nature avait fait pour elle. Nous savons ce qu'elle est devenue : voilà l'œuvre de l'homme, ou plutôt de l'humanité qui, au prix d'efforts que chaque jour, chaque heure renouvelle dans la vie de chacun de nous, mais dont, grâce au langage et aux relations sociales, nous recueillons tous le bénéfice, a su féconder le germe divin déposé en elle ; de l'humanité, mille fois plus grande par cette transformation invisible opérée dans les profondeurs de sa propre pensée élevée par elle-même à la dignité de la raison, que par tous les miracles de l'art, de la science et de la vertu, parce que c'est la raison qui les a rendus possibles, et que, la raison étant perfectible, ces splendeurs visibles d'une civilisation à son aurore lui sont le sûr présage de sa grandeur future.

Retour sur les systèmes : conclusion.—La théorie que nous venons d'exposer n'est pas nouvelle. Elle est, à vrai dire, l'œuvre de la philosophie tout entière. Elle n'appartient pas à telle ou telle école ; mais toutes y retrouveraient quelque chose de leur propre enseignement. Résolument rationaliste, idéaliste même, elle n'hésite pas à faire à l'expérience la part la plus large. Avec Platon, Descartes, Leibnitz, elle maintient la valeur absolue des conceptions de la raison ; mais elle ne fait pas, avec Platon, du suprême intelligible la suprême réalité ; elle n'érige pas en entités subsistant par soi de simples rapports, de tous les plus généraux et les plus abstraits, qui se posent nécessairement dans les choses ou entre elles du moment qu'elles existent, mais qui, les choses anéanties, s'évanouiraient eux-mêmes ; elle n'attribue pas une existence propre et indépendante à des modalités, à des déterminations de l'être, qui, en dehors de l'être, ne sont que de purs possibles. Elle ne fait pas non plus, avec Bossuet, Malebranche et Fénelon, de la pensée divine le lieu nécessaire de vérités dont le propre est de se poser du moment que quelque chose existe, mais qui, pensées ou non, gardent leur valeur à titre de possibilités (les nombres et formes géométriques) ou de nécessités intelligibles (les vérités mathématiques et morales). Avec Aristote, avec la scolastique, avec Locke, elle reconnaît la part nécessaire de l'expérience, mais surtout de l'expérience intime, dans le développement de la raison; avec eux, elle avoue que l'intelligence humaine n'entre en exercice et ne devient féconde qu'au contact de la réalité ; que dans le premier essai que fait l'âme de ses facultés naissantes, dans la première expérience que l'esprit acquiert de lui-même, se trouve le germe de tous ses progrès ultérieurs. Avec eux enfin, elle reconnaît la part de la réflexion dans ces progrès, et le lien qui l'unit à la raison ; mais elle se garde de confondre la réflexion, qui n'est que la condition de l'acquisition de la connaissance rationnelle, avec la raison qui, objectivement, est cette connaissance elle-même, en acte ou en puissance, et, subjectivement, l'intelligence entrée déjà en possession d'elle ou apte à en prendre possession. Elle est donc pour l'innéité au sens de Leibnitz, non de Platon ou de Descartes. Elle rejette formellement les idées innées, et n'hésite pas à rompre sur ce point avec la tradition cartésienne ; elle ne tient pas pour innées à notre âme les idées d'existence ou de perfection, du bien et du beau, l'idée de Dieu par conséquent ; elle se contente d'y reconnaître la plus haute expression de la vérité accessible à l'homme, le plus noble effort et la plus sublime création de la pensée humaine. Elle s'approprie les vues profondes de Kant sur la constitution rationnelle de la pensée, sur la présence nécessaire d'un élément *a priori* dans chacune de nos idées, dans chacun de nos jugements en apparence les plus concrets, les plus rapprochés de l'intuition sensible ; mais elle se refuse à voir avec lui dans les conceptions de la raison, dans ses idées comme dans ses principes, des formes originairement empreintes dans notre intelligence, une sorte de mécanisme construit d'avance et de toutes pièces, un système préordonné de cadres préalablement dressés et destinés à recevoir sa pensée, auxquels il ne lui resterait qu'à l'ajuster. Elle rejette ce formalisme artificiel, mais encore plus le subjectivisme qui en est la conséquence. Elle affirme, contrairement à Kant, que si des éléments *a priori* conditionnent notre pensée, c'est qu'ils sont dominés eux-mêmes par une nécessité intrinsèque; que les conceptions de la raison sont telles, non par l'effet d'une disposition arbitraire de la puissance créatrice ou, chose inintelligible, par un pur effet du hasard, mais en vertu d'une nécessité inhérente aux choses, et parce qu'il est de toute impossibilité qu'elles fussent autrement. Elle voit enfin, avec Spencer, dans l'idée féconde de l'évolution appliquée au développement de l'intelligence humaine, le secret de l'organisation de la raison. Elle tient celle-ci pour vivante en effet, et la consolidation dans l'intelligence individuelle ou collective des vérités successivement mises en lumière, n'est, à ses yeux, que la moindre partie du travail qui s'opère dans l'esprit et a pour résultat la constitution de la raison. S'il se réduisait à un simple accroissement de connaissances, la mémoire y suffirait, et l'intelligence qui n'y participerait pas, n'en recueillerait point elle-même le fruit. Ces vérités qui se déposent successivement en elle, ne sont point une matière morte; ce sont des forces vives qui, rencontrant dans l'intelligence humaine un milieu éminemment favorable, suscitent ses énergies latentes et la travaillent sourdement; ce sont des germes vivants qui entretiennent en elle une fermentation féconde, et déterminent finalement son organisation sous la forme de la raison. Mais le principe de cette évolution est la réflexion, non l'association, comme le veut Spencer; et c'est pourquoi cette raison, issue tout entière de l'expérience et modelée sur la réalité, dont il retrace le développement, n'a de la raison que le nom.

LANGAGE

CHAPITRE XXV

DES SIGNES EN GÉNÉRAL ET DU LANGAGE NATUREL.

Des signes en général. — Deux choses quelconques (objets ou faits, idées, sons, gestes), étant liées l'une à l'autre, de quelque manière que ce soit, et l'une d'elles étant seule apparente ou donnée à la pensée, elle rappelle l'autre, elle en est le signe.

Signes naturels et artificiels. — Le signe est naturel, quand le rapport qui l'unit à la chose signifiée est donné par la nature. Ex. : l'effet et la cause, deux faits successifs ou simultanés. Il est conventionnel, ou artificiel, quand ce rapport est arbitraire. Ex. : les mots, les symboles. Le signe naturel révèle la présence ou l'action de la chose signifiée ; le signe artificiel en réveille seulement l'idée : la fumée trahit le feu, le mot feu y fait penser.

Conditions de la signification. — Elle implique : 1° un signe ; 2° une chose signifiée ; 3° un rapport qui les unisse ; 4° un esprit qui saisisse ce rapport. Les phénomènes naturels, par exemple, ne peuvent être signes les uns des autres que pour un être intelligent, qui seul peut penser aux uns à l'occasion des autres, conjecturer les uns d'après les autres.

Diversité des signes. — Toute chose quelconque liée à une autre, naturellement ou arbitrairement, peut en être le signe. De là, la multiplicité et la diversité des signes dans la nature et dans la vie : pronostics, symptômes, métaphores, symboles (la croix, le croissant, la balance), apologues (Hercule dans Xénophon), allégories (les prières dans Homère), mythes (Prométhée, Saturne). Le signe n'est pas nécessairement sensible ; un fait de conscience quelconque : sensation, sentiment, pensée, peut être le signe d'un état intellectuel, moral ou organique ; les souffrances du malade révèlent la nature et le siège de son mal ; le trouble des pensées trahit l'égarement de l'esprit ; telle émotion trahit une affection, une passion ignorée de celui qui l'éprouve.

Interprétation des signes. — Elle est plus ou moins difficile selon les cas, tantôt le même signe comportant plusieurs interprétations ; tantôt ce qui est signe, a une valeur comme tel, étant malaisé à distinguer de ce qui ne l'est pas, de ce dont il n'y a pas à tenir compte. Ex. : les symptômes, en médecine. De là, nécessité d'une certaine aptitude et expérience spéciale, par exemple pour le diagnostic médical, pour l'interprétation du jeu de la physionomie.

Langage. — C'est l'ensemble des signes qui nous servent à exprimer et à transmettre nos sentiments et nos pensées.

Langage naturel et artificiel. — Les signes étant les uns naturels, les autres conventionnels, le langage est ou naturel ou artificiel.

Langage naturel. — Il comprend toutes les modifications du corps perceptibles aux sens, qui se produisent spontanément à la suite des modifications de l'âme, des sentiments surtout, et qui les manifestent; spécialement l'attitude, le geste, le jeu de la physionomie, le regard, le rire, les larmes, les cris inarticulés et les inflexions de la voix.

Langage d'action. — Il diffère à certains égards du langage naturel bien qu'il lui emprunte ses principaux moyens d'expression : le jeu de la physionomie, l'attitude, le geste. A son premier degré, il n'est guère qu'une imitation intentionnelle des mouvements expressifs de l'émotion : c'est ainsi que l'acteur, l'orateur peuvent feindre des sentiments qu'ils n'éprouvent pas. Mais son domaine est plus étendu : le langage naturel est proprement émotionnel ; le langage d'action réussit à traduire à la vue, par une imitation directe ou symbolique, non seulement des états de l'âme ou du corps, mais des actions, la plupart de celles de la vie ordinaire, des faits par conséquent auxquels ne s'applique pas le langage naturel. Dans celui-ci tout procède de l'émotion ressentie ; dans celui-là, de l'imitation intentionnelle soit des mouvements expressifs de l'émotion, soit surtout des actions et des objets. Pour parler l'un, il suffit d'être ému ; pour parler l'autre, il faut avoir observé et savoir reproduire ce qui a été observé ; le parler, c'est simuler une action, jouer un rôle ; c'est être à quelque degré acteur, comédien.

Caractères du langage naturel. — 1º *Spontané*. — C'est la nature qui nous le fait parler. C'est elle qui nous fait rire ou pleurer, si nous sommes gais ou tristes, qui imprime à notre corps tel mouvement, donne à notre visage telle expression selon le sentiment qui nous anime.

L'expérience, l'éducation, la volonté n'y sont originairement pour rien. La preuve en est que l'enfant parle déjà ce langage à un âge où il est incapable de comprendre et d'apprendre quoi que ce soit ; que tous les hommes le parlent de même, que, chez tous, les mêmes sentiments se traduisent par les mêmes modifications du corps ; c'est encore qu'il nous est presque impossible de ne pas le parler lorsque nous sommes émus.

Cependant l'art ici même complète ou corrige la nature ; il peut donner aux mouvements expressifs du corps et du visage un surcroît de justesse et de précision, mais surtout de noblesse et de grâce. Une action sobre et contenue est souvent plus expressive que l'action la plus véhémente ; elle saisit moins les sens, mais parle davantage à l'esprit ; elle accuse dans le sentiment des degrés, des nuances, une intensité même impossibles à entrevoir dans le désordre et l'exagération de celle-là. L'une n'est que l'expression violente ou brutale d'une émotion unique ; l'autre, pour ainsi dire, varie la perspective, élargit à volonté le champ de la vision jusques à y comprendre toute une scène, une situation, et à nous initier à la nature et à la vie intime de l'âme elle-même. Mais, réduit à lui-même, le langage naturel n'est pas seulement obscur ou confus : il blesse aisément le goût. L'art ici encore vient en aide à la nature ; sans fausser ou affaiblir l'expression, il supplée ce qui lui manque pour agréer à la raison ; il l'ennoblit et la poétise ; d'une matière informe, il fait une œuvre exquise.

L'interprétation du langage naturel n'est pas spontanée, comme l'ont prétendu certains psychologues (Reid, Jouffroy) ; elle provient de l'expérience et de la réflexion. Autrement, elle ne serait ni si tardive, ni si incertaine, ni progressive, comme elle l'est incontestablement. Mais cette expérience est précoce chez l'enfant : il s'étudie de bonne heure à reproduire certains cris, plus tard certains gestes, certaines inflexions de voix, dont il s'est trouvé bien, au moyen desquels il a obtenu ce dont il éprouvait le besoin ou le désir. A mesure qu'il avance en âge, il observe, il compare, il se reporte à ce qui se passe en lui, et il découvre peu à peu la valeur de la plupart des signes du langage naturel.

2° *Expressif*. — L'émotion dont nous ne pouvons nous défendre en présence de ces modifications spontanées du corps, le prouve déjà indirectement. La puissance expressive de l'art (peinture, sculpture, musique) le prouve directement et mieux. La raison en est simple. Les mots, sans valeur par eux-mêmes, ne représentent et n'éveillent que des idées abstraites, en vertu d'une convention; ils sont chose banale, à l'usage de tous, et avec eux la parole peut mentir à la pensée. Ces états du corps, au contraire, liées étroitement à ceux de l'âme, et provoqués par eux, nous le savons, nous les manifestent directement, nous les montrent sous la forme la plus saisissante, dans les effets qu'ils déterminent, et par une sympathie irrésistible ils nous communiquent l'émotion dont ils procèdent (la joie, la tristesse, la colère d'autrui), ou provoquent en nous des sentiments en rapport avec elle (la pitié pour sa souffrance, l'indignation contre l'injustice dont il souffre).

3° *Synthétique*. — Il traduit les états de l'âme sans les analyser, la pensée sans la décomposer en ses éléments abstraits. Il accuse par exemple notre joie ou tristesse, mais ne révèle pas les circonstances, les pensées auxquelles elle est associée.

4° *Concret*. — Par la même raison, les signes naturels ne s'appliquent pas à des idées abstraites, mais simplement aux états actuels de notre âme, à des états individuels complexes et concrets. Ce n'est pas la joie, la tristesse en général qu'il exprime, mais notre joie, notre tristesse à nous, dans telles circonstances données.

Explication du langage naturel. — Que certains mouvements du corps, spécialement du visage, soient chez l'homme les signes naturels des états de son âme, le fait est incontestable. Mais quelle est l'origine de ces mouvements? Sont-ils provoqués directement par les états de l'âme, ou résultent-ils d'autres mouvements plus profonds en rapport immédiat avec ces états? La volonté y a-t-elle toujours été étrangère? Ce que nous attribuons à la nature, ne serait-il pas l'effet de l'habitude et de l'hérédité?

Autant de questions qui partagent aujourd'hui encore les savants et les psychologues.

1º Pour beaucoup le langage naturel est un fait mystérieux, inexplicable. La nature, destinant l'homme à la vie sociale, en a fait un être expressif, c'est-à-dire qu'elle l'a constitué de telle sorte que certains mouvements de son corps, perceptibles aux sens, correspondent directement et constamment aux divers états de son âme. De là chez lui l'extrême mobilité de certaines parties du corps, spécialement du visage, l'existence même d'organes (certains muscles de la face) exclusivement affectés à cet usage. La constitution de ce mécanisme et sa mise en jeu sont l'œuvre et restent le secret de la nature.

Une loi de correspondance ou d'harmonie entre les états de l'âme et les mouvements du corps qui les expriment, est donnée ; nous en saisissons les effets, mais ne pouvons remonter au delà. Cette théorie, qui a de tout temps été en faveur auprès des esprits religieux et des partisans d'une finalité naturelle (Reid, Jouffroy), n'a jamais, au contraire, satisfait les savants. Les faits qu'elle rapporte à une préordination providentielle, à une disposition spéciale et mystérieuse de la puissance créatrice, ont nécessairement, comme tous les faits naturels, leurs antécédents, des conditions organiques que la tâche de la science est de déterminer.

2º Parmi les savants, les physiologistes semblent partagés entre deux théories, appuyées l'une et l'autre de faits nombreux, mais conçues à des points de vue très différents. Beaucoup ne voient dans les mouvements expressifs du corps et du visage que des actions réflexes, et ils croient par là les expliquer mécaniquement. Mais ils n'expliquent ni la structure du mécanisme mis en jeu par les mouvements et en partie expressément construit pour eux, ni l'adaptation de tel mouvement à tel état de l'âme. Leurs explications sont donc loin de bannir, comme ils le pensent, le mystère et la finalité. Antérieurement, G. Bell, entré l'un des premiers dans cette voie de recherches expérimentales et d'explications mécaniques, avait essayé, non sans succès, de rattacher les mouvements expressifs du visage, à ceux d'organes profonds, tels que le cœur, les poumons, l'estomac, directement affectés par les émotions, les parties mobiles de la face, les lèvres, les narines, les sourcils par exemple, se trouvant amenées par les mouvements de la respiration ou de la circulation, à prendre telle position, à exécuter tel mouvement. Il n'est pas douteux qu'un très grand nombre des mouvements du visage, que la rougeur et la pâleur, le soupir et le sanglot, et dans certains cas le rire ne doivent s'expliquer ainsi.

3° Les naturalistes, à la suite de Darwin, inclinent assez généralement pour une théorie très différente. L'habitude et l'hérédité, c'est-à-dire l'évolution, rendraient compte non seulement du jeu, mais de la structure du mécanisme du langage naturel. On peut reprocher à Darwin d'avoir trop souvent, sur le second point surtout, forcé les analogies, abusé de l'induction, mis la science au service de l'imagination; on ne pourrait cependant sans injustice fermer les yeux sur les observations neuves, les vues ingénieuses, les faits solidement établis qui abondent dans son ouvrage, et sur la valeur même du principe dont il a fait un emploi trop exclusif. Il est plus que douteux, en effet, que les faits dans leur ensemble se plient à sa théorie.

4° Selon Gratiolet, ce qui avec le temps est devenu chez l'homme le langage de la vie morale, ne fut originairement que le langage de la vie animale: les signes naturels des émotions associées aux besoins du corps, à ses états de bien-être et de malaise, sont devenus peu à peu et par analogie les signes d'émotions toutes morales ; par exemple les signes du mépris et du dégoût.

5° Un dernier point de vue enfin, entrevu par Gratiolet, pourrait donner lieu à des recherches intéressantes. Nombre de mouvements du corps s'expliquent par une sorte de convenance ou d'analogie avec les sentiments auxquels correspondent, ou avec les idées que l'esprit associe à sentiments ; par exemple, l'attitude dans la prière, fierté, l'humilité. D'autres, suggérés par les circonstances dans lesquelles le sentiment a été éprouvé originairement se maintiennent par habitude chez les individus ou dans certaines sociétés, après qu'elles ont cessé ; par exemple l'attitude du respect en rapport avec la situation de l'enfant, de la soumission avec celle d'un captif, du courage ou de la crainte avec la nature des dangers habituels (le marin, le soldat, le chasseur). Dans ces cas très nombreux, il n'y a donc lieu de recourir ni à l'instinct ni à une cause organique.

CHAPITRE XXVI

LANGAGE ARTIFICIEL.

Nécessité du langage artificiel. — 1° Le langage naturel n'est pas à la disposition de la volonté ; il faut être ému pour le parler.

2° Il manque de précision.

3° Interprète puissant du cœur et de l'imagination, et jusqu'à un certain point de la volonté, il ne saurait exprimer les idées abstraites, la pensée pure ; l'esprit, la raison ont besoin d'un autre langage.

4° Il est sans influence sur la pensée ; il la suit, mais ne réagit pas sur elle ; or le langage artificiel a pour résultat, sinon pour but, non seulement de l'exprimer et de le transmettre, mais de concourir à sa formation.

Langage artificiel. — C'est l'ensemble des signes conventionnels dont nous nous servons pour exprimer et transmettre nos pensées.

Ses conditions. — Elles sont relatives à la pensée et aux signes.

1° *Quant à la pensée.* — Les signes pourraient à la rigueur être affectés directement à la pensée, chaque pensée étant exprimée par un signe particulier. Mais le nombre des signes serait alors illimité comme celui des pensées. Possible théoriquement, un tel langage ne le serait donc pas pratiquement. En outre, réduit à lui-même, il exprimerait la pensée, mais serait impuissant à la transmettre. Un autre langage, établi sur des bases toutes différentes, serait indispensable pour le faire entendre. Tels sont, par exemple, les signaux nautiques dont chacun équivaut à toute une phrase; l'emploi en est possible, parce que, dans ce cas spécial, le nombre des questions et des réponses à échanger est restreint. Quant au langage ordinaire, les signes ne pouvant être affectés directement à la pensée, ils doivent l'être aux idées qui en sont les éléments. Mais celles-ci sont de deux sortes : les idées concrètes, individuelles et complexes; les idées abstraites et générales, relativement simples. Les premières doivent être écartées pour deux raisons. D'abord les idées concrètes (représentées par les noms propres) n'interviennent qu'incidemment dans la pensée; ses vrais éléments sont les idées abstraites. Ayant pour objet les genres et les espèces, les qualités et les rapports, elles sont à la fois les plus générales et les plus simples de nos idées, et par là se prêtent aux combinaisons les plus variées. En second lieu, les seules idées communes à tous, et qui par suite puissent être échangées, sont les idées abstraites, les qualités et rapports auxquels elles s'attachent se retrouvant partout et pouvant être perçus ou conçus dans les circonstances les plus différentes. Il a partout du blanc, du noir, des arbres, des maisons. Ce lui-là seul, au contraire, aura l'idée concrète d'un objet qui l'aura vu, et il sera impuissant à la communiquer ceux qui n'en auront pas, comme lui, une connaissance personnelle; tout ce qu'il pourra, c'est de suggérer à leur esprit une représentation de cet objet en le leur décrivant, et pour cela des idées abstraites lui seront indispensables.

2° *Quant aux signes.* — Le signe doit être à la disposition de la volonté ; la perception doit en être facile et précise; il est désirable qu'elle soit possible à distance.

Les seuls signes qui remplissent ces diverses conditions sont des formes figurées à la vue, exceptionnellement au toucher, par le geste ou l'écriture, et les sons de la voix, mais les sons articulés seulement, les cris et le chant manquant de précision. Les gestes peuvent constituer un gage spécial, précieux au défaut de la parole, mais lui-même insuffisant ; il n'est complet qu'à la condition d'être une traduction de la parole ou de l'écriture. Il s'a ici non des gestes spontanés, mais de gestes volontaires, de signification convenue.

Ses caractères. 1° *Conventionnel*. — Les sons, les mots n'ont qu'une valeur de convention.

2° *Analytique*. — Et, en effet, pour exprimer la pensée, il a besoin d'énoncer une à une les idées dont elle se compose, chacune étant représentée par un signe distinct, par un mot.

3° *Abstrait*. — Puisque tous les mots d'une langue, sauf les noms propres, expriment des idées abstraites.

Deux sortes de langage artificiel. — Les signes du langage artificiel sont donnés à l'ouïe ou à la vue; de là la parole et l'écriture.

L'écriture et la parole. Avantages de la parole. — 1° L'enfant apprend à parler sans effort; l'acquisition de l'écriture est plus tardive, difficile et lente.

2° La parole seule entièrement à la disposition de la volonté, les organes y suffisent; il faut de quoi écrire.

3° La parole en rapport plus intime avec la pensée : elle en est l'expression la plus directe, la plus naturelle; l'écriture n'est guère qu'une traduction de la parole.

4° La parole plus rapide et pour ainsi dire instantanée.

5° La parole peut être entendue simultanément par beaucoup; l'écriture ne peut être lue à la fois que par quelques-uns.

6° Tout le monde parle, quelques-uns seulement savent écrire.

7° La parole s'associe au langage naturel; de là sa puissance expressive.

8° Action immédiate, presque irrésistible.

Avantages de l'écriture. — A l'écriture la fixité; action lente, mais plus sûre; à la parole la persuasion, à l'écriture la conviction réfléchie.

La parole. — Grâce à l'articulation, l'homme a le pouvoir, à l'aide d'un petit nombre de sons élémentaires, susceptibles de combinaisons infinies (les différences de timbre, tonalité, etc., étant tenues pour nulles), de représenter toutes ses idées par autant de groupes de sons ou de mots, et toutes ses pensées par la combinaison de ces mots.

Le problème de l'écriture. — Posé dans ses termes les plus généraux, le problème de l'écriture comporte des solutions très diverses. Il se réduit alors à établir un système de signes graphiques qui nous permettent d'exprimer toutes nos pensées. Mais si on le formule ainsi : exprimer toutes nos pensées à l'aide de signes graphiques les moins nombreux possible et d'une précision rigoureuse, il n'admet qu'une solution : l'écriture phonétique.

Les diverses sortes d'écriture. — 1° *Figurative*. — Reproduction figurée des objets, leur forme ou leur contour servant à les rappeler.

Ses inconvénients : multiplicité des signes ; difficulté du tracé ; incertitude de l'interprétation ; l'écriture réduite à représenter les objets matériels, et ceux-là seulement qui ont une forme.

2° *Symbolique*. — Expression symbolique des idées par la représentation d'objets ou d'actions ayant quelque analogie avec elles.

Ses inconvénients : les mêmes et plus graves, quant à la multiplicité des caractères, à la difficulté du tracé, à l'incertitude de l'interprétation surtout.

3° *Idéographique*. — Un caractère, originairement figuratif ou symbolique, plus tard franchement conventionnel, est affecté à chaque idée. Exemple : l'écriture chinoise. Cette écriture est très précise, complète, mais d'une extrême complication, le nombre des caractères étant égal à celui des idées ; elle est par suite d'une étude et d'un usage difficiles : la connaissance de la forme et de la valeur des caractères, leur tracé, constituent une science et un art accessibles seulement à quelques-uns. En outre, la langue écrite est sans rapport avec la langue parlée.

4° *Phonétique*. — Elle est une traduction aux yeux de la langue parlée. Ses caractères, nécessairement conventionnels, sont affectés à la représentation des mots, ou plutôt des sons, en usage dans celle-ci.

Deux systèmes :

1° *Système syllabique :* chaque groupe de sons élémentaires ou syllabe de la langue parlée est représenté par un caractère spécial. Exemple : l'écriture japonaise. Son inconvénient : multiplicité des caractères.

2° *Système alphabétique :* chacun des sons élémentaires de la langue parlée est représenté par un caractère spécial, par une lettre.

Ses avantages : simplicité et facilité extrême du tracé ; possibilité de traduire aux yeux avec un très petit nombre de caractères tous les mots de la langue parlée, et en partie ceux même des autres langues ; possibilité en conséquence de suivre par l'écriture tous les progrès de la pensée, auxquels correspondent directement ceux de la langue parlée, chaque idée nouvelle étant représentée par un mot nouveau ; tandis que dans l'écriture idéographique chaque idée nouvelle nécessitant l'invention et l'adoption toujours lente d'un signe nouveau, la pensée tend à s'immobiliser avec l'écriture.

Principe du langage artificiel. — Pensée, parole, écriture, procèdent d'un même principe, qui seul les rend possibles, en même temps qu'il permet la substitution de l'une à l'autre. Ce principe n'est autre que le procédé dont use la nature dans toutes ses productions et dont la science poursuit l'application à tous les ordres de phénomènes, les progrès de la mécanique, de la physique et de la chimie notamment disent avec quel succès ; c'est le procédé qui consiste à former le composé du simple, à obtenir, à l'aide d'un nombre restreint d'éléments, diversement combinés, une variété infinie de productions. La pensée, la parole, l'écriture sont de même constituées par une combinaison d'éléments simples dont l'esprit, la voix et la main disposent librement, et au moyen desquels toute pensée est possible et peut être exprimée. Ces éléments sont, quant à la pensée, les idées abstraites et générales ; quant à la parole, les sons élémentaires qui, combinés entre eux, forment les mots directement affectés à l'expression de ces idées ; et, quant à l'écriture, les caractères qui représentent ces sons élémentaires. Le secret de la pensée est donc de former ces idées simples ; celui de la parole, de produire avec précision ces sons élémentaires ; celui de l'écriture, enfin, de les reconnaître par l'analyse des sons complexes ou des mots, afin de les exprimer par des signes graphiques correspondants. Or le nombre des sons élémentaires étant extrêmement restreint, celui des caractères l'est par là même. Le nombre des idées simples est au contraire presque illimité; mais ce petit nombre de sons comportant des combinaisons infinies, la production des mots correspond sans difficulté à celle des idées; et ainsi la parole, et à la suite l'écriture, satisfont à toutes les exigences de la pensée.

CHAPITRE XXVII

LE LANGAGE ET LA PENSÉE.

Trois points de vue : Le langage transmet la pensée, il concourt à sa formation, il l'exprime.

1º Transmission de la pensée.

1º Le langage, condition du progrès individuel. — 1. La parole éveille la pensée: les mots désignant les objets, leurs qualités, leurs rapports, ils les signalent à l'attention; en outre, la parole, avec ses formes grammaticales plus ou moins compliquées, fait appel à la réflexion, tant pour la comprendre que pour la reproduire.

2. Le savoir de tous mis à la disposition de chacun; ceci capital au point de vue moral et pratique.

2º De l'existence et du progrès de la société. — 1. L'existence de la société suppose des croyances communes; or, elles seraient impossibles sans le langage.

2. Le progrès social assuré par la transmission, à l'aide de la parole et de l'écriture, des connaissances successivement acquises, lesquelles forment un dépôt constamment accru.

2º Formation de la pensée.

Le langage n'est pas seulement l'interprète de la pensée; il en est l'instrument et, comme tel, il réagit sur elle et concourt à sa formation. En empruntant ses formes et en se modelant sur lui, la pensée se produit dans des conditions éminemment artificielles; favorables ou contraires, il ne lui est pas loisible de s'en affranchir. Parmi ces conditions, il en est qui tiennent à l'essence du langage et sont fondamentales; d'autres sont particulières et accidentelles, en rapport avec la nature de tel langage donné.

I. **Le mot et l'idée.** — Entre le mot et l'idée s'établit une association inséparable, de sorte qu'il la réveille immédiatement comme elle le rappelle. Elle n'est plus désormais que la signification convenue du mot, qui à son tour en est l'équivalent ou le substitut. Penser le mot, c'est penser l'idée, c'est se représenter son objet à l'exclusion de tout autre objet, telle qualité ou rapport, tel groupe de qualités ou de choses, et rien de plus.

De là ces conséquences :

1° Le mot est comme une étiquette attachée à l'idée; il prévient la confusion des idées dans l'esprit; chacune étant représentée par un mot spécial, est par là même distinguée de toutes les autres. Avantage inappréciable pour celles de nos idées qui répondent à des nuances (sons, couleurs, qualités analogues), à des degrés, à des termes ordonnés en série (nombres), et dont, sans les mots, l'objet différant à peine de celui de beaucoup d'autres, serait presque fatalement confondu avec lui. Grâce aux mots, tout ce qui a été une fois distingué, mis en lumière, reste distinct dans la pensée et acquiert une sorte d'existence propre et d'individualité.

2° Le mot consolide l'idée; il la maintient dans la mémoire telle qu'elle y est entrée : résultat d'autant plus important qu'elle est plus complexe, les chances d'altération étant en raison du nombre des éléments qu'elle rapproche; le mot leur est comme un point de ralliement, un centre d'attraction, autour duquel le groupe primitif tend constamment à se reconstituer. En outre, l'esprit, assuré de l'idée par le mot, peut y revenir à loisir, l'élaborer à nouveau, lui donner un surcroît d'exactitude et de précision.

3° Le mot est le support au défaut duquel l'esprit, pour

concevoir l'idée, devrait se reporter aux choses elles-mêmes. Il sert à la concevoir, à se représenter la qualité ou le rapport qui en est l'objet, indépendamment des choses à l'occasion desquelles elle a été formée, des individus ou des faits dans lesquels cette qualité ou ce rapport ont été remarqués. Résultat important pour les idées simples surtout, dont l'objet par sa ténuité même offre moins de prise à la pensée (rapports de temps et de lieu). Supprimez le mot, et l'idée sera bien près de s'évanouir. A plus forte raison, le mot est-il indispensable à celles de nos idées dont l'objet n'est pas dans la réalité et se refuse à toute représentation imaginative. Nous avons l'idée précise d'un nombre quelconque ; nous sommes dans l'impuissance cependant de nous le représenter par une image. Mais, dans ce cas, le mot supplée à l'image : le nombre est représenté par un mot, par un signe, et non seulement lui, mais d'autres nombres connus en rapport avec lui, dont il est, par exemple, la somme ou le produit, et qui nous aident à le concevoir.

En résumé, le mot individualise l'idée en la distinguant de toute autre ; il la fixe et la précise, enfin il l'intellectualise en la portant au plus haut degré d'abstraction possible ; par là, il lui assure une sorte d'existence propre dans la pensée et lui communique sa propre mobilité.

II. Les mots et la pensée.—De là trois conséquences éminemment favorables à la pensée :

1° Le langage élève la pensée au plus haut degré d'abstraction possible, il la spiritualise ;

2° Il lui communique sa fixité et sa mobilité ;

3° Il lui assure toute la précision désirable.

1° **Le langage spiritualise la pensée.** — Grâce au langage, la pensée se détache de la réalité concrète et sensible, où subsistent ses matériaux et où elle a pris naissance. Transportée de la sphère des sens et de l'imagination dans celle de l'entendement, elle acquiert une existence propre tout intellectuelle ; elle est alors à l'entière disposition de l'esprit qui, désormais affranchi de la nécessité de se reporter aux choses pour la concevoir, peut s'appliquer librement à elle.

2° Il la facilite par la fixité et la mobilité qu'il donne aux idées. — La pensée étant une combinaison d'idées, la facilité du travail de la pensée, sa rapidité, son succès dépendent en grande partie de la manière dont s'offrent à l'esprit les idées sur lesquelles il opère. Qu'elles soient en voie de formation ou de décomposition, avant de les utiliser, il devra s'astreindre à une élaboration nouvelle, détourner sur elles l'effort qui devrait être réservé à leur combinaison. Que, faute d'être nettement déterminées, elles tendent à se confondre les unes avec les autres, il devra préalablement à leur mise en œuvre, s'assurer de l'identité de chacune d'elles, la distinguer expressément de celles qui, dans le même moment, en vertu de leur affinité avec elle, se présenteront d'elles-mêmes à lui. Que, pour les concevoir, il ait besoin de se reporter aux choses elles-mêmes, ou d'évoquer une image, ou de renouveler les opérations de synthèse ou d'analyse à l'aide desquelles il les a primitivement conçues, c'est encore une perte de temps, une déperdition de force, un retard ou un obstacle pour la formation de la pensée. Mais grâce au langage l'esprit dispose de ses idées comme des mots qui les expriment ; elles participent de la stabilité et de la mobilité inhérentes aux mots ; il peut, dès lors, à son gré, évoquer l'une ou l'autre, les reconnaître aussitôt, les ressaisir telles qu'elles ont été formées, et les combiner avec la même liberté qu'il combine les mots.

3° Il lui donne toute la précision désirable. — Le langage ne se borne pas à faciliter et à abréger la formation de la pensée ; il est pour celle-ci encore une condition d'exactitude et de précision. Si la pensée n'était qu'une suite d'images, l'esprit n'aurait que faire des mots ; elle serait exacte et précise, en raison de la fidélité de la mémoire et de la force de l'imagination. Mais son objet propre, ce n'est pas l'individuel, le concret, l'image ; ce sont les qualités, rapports, genres et espèces, c'est-à-dire les éléments abstraits et généraux que l'esprit a été amené à concevoir par la considération de la réalité ; ce sont ceux qui forment la trame de toutes nos pensées, trame d'autant plus fine et solide, et qui se prête à des usages d'autant plus variés, qu'ils sont eux-mêmes plus nombreux, que les progrès de l'expérience et de la réflexion les ont portés à un degré plus élevé d'abstraction et de généralité. Or c'est ici surtout que le langage est indispensable. Comment, dans le secours des mots, ne rien oublier, ne rien confondre, ne rien altérer de ce que l'esprit a eu tant de peine à distinguer, à unir, à délimiter? Sans eux, quelle valeur assigner à des notions qui, telles que les nombres, se refusent à toute représentation imaginative, ou qui, comme une foule de qualités et de rapports, n'ont été mises en lumière qu'au prix de l'observation la plus patiente, de la réflexion la plus profonde ou la plus délicate? La pensée dans ce qu'elle a de plus rigoureux, de plus fin, de plus fugitif, est donc subordonnée au langage; elle ne peut se constituer qu'avec lui et lui est redevable de ses plus précieuses qualités.

En résumé, grâce au langage, la pensée porte sur les mots, sur les signes, en même temps que sur les idées, sur eux autant et souvent plus que sur elles, et quelquefois, comme en mathématiques, presque exclusivement sur eux, je veux dire sur des signes de valeur convenue. Or les mots, les signes, communiquant aux idées leurs qualités propres, la fixité, la mobilité, la précision, la combinaison des idées s'opère dans les conditions les plus favorables, avec une facilité, une rapidité, une sûreté auxquelles l'esprit ne saurait atteindre s'il travaillait directement sur les choses elles-mêmes ou sur les idées pures. Non que, dans la formation de la pensée les signes, les idées même puissent suppléer à l'initiative de l'esprit, et tenir lieu de ses qualités propres. Mais ils lui sont un appui, une aide puissante; ils mettent à sa disposition des éléments éprouvés, une matière toute prête à être mise en œuvre et dont il lui est loisible de faire tel usage qu'il lui convient.

III. **Le mécanisme du langage et la pensée.** — Jusqu'ici nous n'avons vu dans le langage que des signes, des mots affectés chacun à une idée distincte. Mais le langage est tout autre chose : destiné à l'expression de la pensée, il a nécessairement ses procédés et ses formes plus ou moins heureusement appropriés aux convenances de celle-ci. Il constitue un mécanisme plus ou moins compliqué, plus ou moins ingénieux, dont l'usage doit aussi exercer sur elle une certaine influence.

Le langage analyse la pensée, et par suite l'élucide. — Ce mécanisme diffère d'une langue à l'autre ; mais dans toutes il présente une même propriété, qui dérive de l'essence même du langage : celle d'être analytique. Quel que soit le mode adopté pour l'expression de la pensée, cette expression est nécessairement fragmentaire et successive : elle implique la décomposition de la pensée, la distinction de ses divers éléments et l'énonciation successive de chacun d'eux. De là, pour celui qui parle, la nécessité d'analyser sa pensée, de s'en rendre compte, de fixer la valeur et les rapports des idées qu'elle rapproche dans une synthèse confuse et simultanée. Aussi écrit-on, parle-t-on, à voix basse tout au moins, sa pensée, afin de s'en mieux pénétrer, et de la mieux apprécier. Elle n'est claire et précise que lorsqu'elle a revêtu une expression convenable, et, une fois exprimée, l'esprit en est un juge plus impartial et plus sûr.

Les langues sont des instruments d'analyse plus ou moins favorables à la pensée. — D'un autre côté, chaque langue ayant son vocabulaire plus ou moins riche, son mécanisme grammatical plus ou moins heureux (par ex. : la distinction des parties du discours, celle des temps, des modes, nombres, personnes, etc., les règles de coordination et de subordination des mots et des propositions), elle offre un instrument de décomposition de la pensée plus ou moins compliqué, puissant et délicat, lequel permet de la saisir, en même temps que de l'exprimer, à divers degrés de précision et d'exactitude, et avec des nuances que le langage peut seul accuser.

Les ressources offertes à l'expression de la pensée varient, en effet, d'une langue à l'autre, et, à ce point de vue, telle langue est infiniment supérieure à telle autre. C'est qu'en rapport constant avec les besoins intellectuels du peuple qui les parle, leur degré de développement correspond nécessairement à celui des esprits dont il est l'indice le plus sûr. De là, cette conséquence que la même pensée, exprimée en différentes langues, le sera à divers degrés de précision, d'exactitude, de délicatesse. L'une serrera la pensée, en fera ressortir les moindres nuances, lorsque l'autre n'en permettra qu'une traduction approximative, incomplète, obscure ou vague. Là où les mots manquent aux idées, où les distinctions grammaticales sont à peine ébauchées, il est évidemment impossible de tout dire et de bien dire ; cela est facile, obligatoire même, là au contraire où, grâce à la richesse du vocabulaire, à la perfection du mécanisme grammatical, la langue pourvoit d'avance à tous les besoins de la pensée, multiplie ses ressources, varie ses formes et ses procédés, pour s'adapter ingénieusement à elle. De telles langues ressemblent à ces instruments de précision dont le maniement exige un art consommé. On apprend à penser en les parlant, car pour les parler correctement, il faut déjà bien penser, et pour les parler avec distinction, il faut penser supérieurement. L'esprit se façonne donc à leur usage ; il y gagne constamment en justesse, en précision, en netteté, en délicatesse, tandis qu'à parler des langues rudimentaires ou il reste stationnaire, ou il se déforme.

Justesse du mot de Condillac. — De là, la vérité profonde de ce mot de Condillac : « Les langues sont des méthodes analytiques. »

Antériorité de la pensée sur le langage. — Si utile et même indispensable que soit la parole à la pensée, l'antériorité de la pensée ne saurait être sérieusement contestée.

1° Diverses facultés intellectuelles, particulièrement la perception, la mémoire, l'imagination, même la conscience, s'exercent facilement et sûrement sans le langage ; il est à remarquer que ce sont celles qui ont pour objet la réalité et dont tout l'effort est, soit de prendre possession de celle-ci, soit de conserver, ou de transformer spontanément sans souci de la vérité, les résultats fournis relativement à elle par l'expérience.

2° Le signe suppose la chose signifiée, la préexistence de celle-ci, c'est-à-dire de l'idée dans l'esprit.

3° La parole enfin, une langue quelconque est évidemment l'œuvre de l'intelligence qui la crée et la perfectionne pour répondre à ses propres besoins, pour exprimer la pensée et les idées qu'elle possède déjà.

Cependant, il ne faudrait pas exagérer la puissance de l'intelligence privée du secours du langage. Si l'objet de la pensée n'est plus la réalité elle-même, sensible ou morale, laquelle s'impose d'elle-même à l'esprit, si la pensée est réfléchie, c'est-à-dire porte sur des idées, non des réalités, si elle fait appel au raisonnement, au calcul, à des opérations quelque peu compliquées et prolongées, les forces de l'esprit s'épuiseraient bientôt dans un travail stérile, s'il n'était secondé par le langage.

Paradoxe de Bonald : « *L'homme pense sa parole avant de parler sa pensée.* » Formule équivoque et qu'on peut interpréter diversement :

1º L'homme pense avant de parler ; 2º l'homme pense sa parole avant de la parler ; 3º l'homme a besoin de penser sa parole pour parler sa pensée ; la pensée réfléchie est impossible sans le langage ; 4º l'homme ne peut penser sans parler ; il ne pense que parce qu'il parle.

De ces quatre manières d'entendre le mot de Bonald, les trois premières sont d'une vérité incontestable, mais n'en rendent pas exactement le sens ; la quatrième en est la traduction exacte, parce qu'elle est d'accord avec l'esprit de ses théories.

Mais alors de Bonald fait doublement erreur, historiquement et psychologiquement : rien de plus contestable que l'existence d'une langue primitive, transmise par les premiers hommes à leur postérité et dont toutes les autres seraient issues ; d'autre part, l'homme qui crée la parole, pour servir d'instrument à sa pensée, possède par conséquent déjà la pensée, et a besoin d'elle pour cela.

Paradoxe de Condillac : « *Une science n'est qu'une langue bien faite.* » — Exagérant de même l'importance du langage, avec la plupart des philosophes du XVIIIᵉ siècle, notamment avec Rousseau (cette exagération remonte jusqu'à Hobbes, et est dans l'esprit du nominalisme), Condillac prétend « qu'une science n'est qu'une langue bien faite. » En général, ce qui importe essentiellement à une science, c'est d'avoir un objet nettement déterminé, et une méthode convenable. La langue ne sert guère qu'à enregistrer les découvertes déjà faites, non à en faire. En outre, peu de sciences possèdent une langue spéciale, et en ont besoin, le travail scientifique portant le plus souvent sur les choses ou sur les idées communes. Cependant, exceptionnellement, des signes spéciaux viennent en aide à la méthode (en chimie, par ex., et encore la nomenclature chimique est-elle nécessairement postérieure aux vérités sur lesquelles elle est établie), ou même lui sont indispensables, lorsque la science porte sur de pures abstractions, telles que la quantité (arithmétique, algèbre).

Dans tous les cas, une langue précise, sinon spéciale, est indispensable aux sciences, la précision et la rigueur qu'elles réclament étant incompatibles avec le vague du langage usuel (preuve : la terminologie botanique et minéralogique).

3º Du langage comme expression de la pensée.

Qualités d'une langue bien faite. — 1º Qualités logiques : *clarté, précision*.

Elles dépendent : d'une part, de la signification des mots ; de l'autre, de leur forme et de leur emploi grammatical, c'est-à-dire de l'*analogie*.

1. Signification : le nombre des mots doit être en rapport avec celui des idées ; trop de mots : la pensée reste en deçà de l'expression ; trop peu : obscurité ; leur signification doit être exactement délimitée.

2. Formation des mots : rapport entre la forme des mots et leur signification, les mêmes éléments gardant toujours la même valeur ; procédés uniformes de formation.

3. Leur emploi grammatical : règles précises déterminant les changements de position et de forme des mots ; règles générales, les cas semblables étant régis par une même règle, et la règle variant pour des cas différents.

2º Qualités esthétiques : *puissance expressive* (dépendant en partie de la construction, des figures et métaphores), et *harmonie*.

Langues analytiques et synthétiques. — Appellations toutes relatives, toute langue étant nécessairement analytique ; mais elles le sont inégalement, les unes condensant, les autres développant davantage l'expression de la pensée ; ainsi le français est analytique par rapport au latin.

Tendances propres aux langues analytiques. — Décomposition la plus complète de la pensée : chaque idée rendue par un mot spécial ; prédominance des termes abstraits affectés à des idées de rapport. De là, un degré supérieur d'abstraction et jusqu'à un certain point l'invariabilité des mots.

Procédés propres aux langues synthétiques. — Elles rapprochent plusieurs idées dans un même mot, cela, grâce à une facilité plus grande de composition et de dérivation ; mais surtout elles tendent à exprimer les idées de rapport par de simples modifications des mots affectés aux idées de qualités ou de choses. De là, prédominance des mots variables et multiplicité de formes dans ceux-ci : noms et verbes : cas, nombres, temps, modes.

Leurs avantages et inconvénients. — Aux langues synthétiques, la concision et la force, mais l'obscurité ; aux langues analytiques, la clarté et la précision, mais une moindre puissance expressive, une allure plus lente et plus uniforme. Les premières favorables à l'éloquence et à la poésie, et, pour cela, florissantes surtout aux époques où l'imagination prédomine ; les secondes, favorables à la science, et signalant la maturité de l'esprit humain.

Inversion et ordre logique. — Les langues synthétiques comportent en général l'inversion, c'est-à-dire une certaine liberté de construction, la forme des mots suffisant à indiquer leur rôle grammatical. Les langues analytiques, aux mots presque invariables, exigent, au contraire, un ordre de construction rigoureux, toujours le même dans les mêmes cas, et généralement conforme à l'enchaînement logique des idées.

CHAPITRE XXVIII

ORIGINE DU LANGAGE

Double point de vue philosophique et historique. — 1° *Point de vue philosophique.* — L'homme a-t-il pu créer le langage? La question comporte une solution affirmative.

L'institution d'un langage oral quelconque est, en effet, possible, à trois conditions :

1° Pouvoir d'abstraire; 2° articulation ; 3° aptitude à reproduire les sons entendus.

A ces conditions, l'homme possède le pouvoir de se former des idées susceptibles d'être échangées, de créer des mots pour les exprimer, de reproduire ceux qu'il entend et d'en découvrir la signification, c'est-à-dire tout ce qu'il faut pour parler.

2° *Point de vue historique.* — Comment les langues se sont-elles formées? La question est du ressort de l'histoire et de la linguistique, mais elle intéresse la philosophie [1].

1° *Le langage, caractère distinctif de l'homme.* — D'abord, deux faits sont à remarquer : c'est l'universalité du langage dans la race humaine; c'est, ensuite, qu'il appartient exclusivement à l'homme, privilège qui s'explique par la supériorité de son intelligence et de son organisation.

2° *Sa cause directe.* — Le besoin de communiquer sa pensée est la cause directe qui l'a produit. L'instinct de sociabilité qui rapproche l'homme de ses semblables, sa faiblesse qui réclame leur assistance, rendent ce besoin tellement impérieux, qu'il a dû, dès l'abord, appliquer toutes les ressources de son intelligence et toute l'énergie de sa volonté à inventer et à perfectionner des moyens de communication.

3° *Son instrument.* — L'expérience dut apprendre de bonne heure que la voix est le meilleur moyen de commu-

---

1. Les deux pages qui suivent sont presque textuellement extraites de l'ouvrage de Whitney, *la vie du Langage.*

nication. L'usage de la voix exige peu d'efforts ; il laisse aux autres parties du corps leur liberté d'action ; la voix commande l'attention ; elle répond par ses inflexions aux mouvements du cœur et de la volonté ; enfin, le langage articulé ne met en œuvre qu'une petite partie des ressources de la voix, quinze à vingt sons suffisant pour parler une langue.

4° *Son point de départ.* — Avant tout, il faut écarter l'opinion qui veut qu'il existe un lien naturel entre une partie des mots et les idées qu'ils expriment, de sorte que la nature elle-même aurait suggéré ces mots (Platon). Leur valeur, au contraire, est toute conventionnelle. La preuve en est dans la diversité profonde des racines d'une famille de langues à une autre.

Le but étant la communication, les moyens de l'établir les plus simples et les plus efficaces durent être préférés au début. Deux principaux : le langage a dû commencer par la reproduction intentionnelle des cris naturels, dans le but d'exprimer quelque chose d'analogue aux sensations et aux sentiments qui avaient produit ces cris (l'enfant); bientôt dut s'y ajouter l'onomatopée ou imitation des sons naturels. L'analogie vint ensuite développer ces premiers éléments, soit en créant des mots nouveaux appropriés aux objets à désigner, soit en variant les significations d'un même mot. En résumé, c'est sur les qualités et les rapports des choses, c'est-à-dire sur des idées abstraites et générales, non sur les individus, que dut porter le premier effort de l'expression; c'est ce dont témoignent les racines de toutes les langues parlées.

Principaux systèmes de langues : trois types fondamentaux. — 1° *Langues monosyllabiques :* mots originairement monosyllabiques, invariables ; absence de toutes formes et distinctions grammaticales, le même mot tenant lieu de nom, d'adjectif, de verbe, etc. (langue chinoise).

2° *Langues agglomérantes.* — Elles sont caractérisées par l'absence de flexion et par une faculté presque illimitée de composition, les mots qui expriment des idées secondaires se juxtaposant au mot affecté à l'idée principale, en grand nombre et presque sans modification (langues du Caucase, langues tartares, le basque, langues de l'Amérique).

3° *Langues à flexion.* — Les mots se composent d'un radical et d'une terminaison, laquelle varie selon la nature des idées accessoires, des rapports qui déterminent l'idée principale : temps, modes, nombres, cas, etc. Le mot présente alors une unité véritable, une unité organique, les divers éléments qui s'y trouvent rapprochés, étant fondus entre eux, et une seule ou quelques lettres y tenant lieu des mots secondaires affectés à l'expression de ces idées.

CHAPITRE XXIX

GRAMMAIRE GÉNÉRALE

La grammaire comparée et la grammaire générale. — La grammaire comparée rapproche et compare les langues d'une même famille, ou diverses familles de langues, au double point de vue du dictionnaire et de la grammaire. Considérant les mots, non seulement comme signes d'idées, mais comme sons, elle s'applique à déterminer la nature, l'origine et la valeur des divers éléments qui concourent à leur formation ; les procédés de dérivation et de composition en usage dans chaque langue ; les lois qui président à la transformation des mots, de leurs racines et de leurs éléments grammaticaux, lorsqu'ils passent d'une langue dans une autre, d'une langue mère dans celles qui en dérivent, lois particulières à chacune, ou communes à celles qui ont une même origine. Science analogue à certains égards à l'histoire naturelle, à d'autres à la chimie, elle met en lumière, grâce à l'observation et à la comparaison, mais surtout à une analyse délicate, des faits peu apparents, les groupe, les coordonne, les explique à la double lumière de l'histoire et de l'anthropologie et finalement les rattache à des lois.

Tout autre est le point de vue de la grammaire générale.

Partant de ce principe que les formes grammaticales du langage doivent correspondre aux formes logiques de la pensée, elle subordonne la grammaire à la logique, et essaie de rendre compte à l'aide de celle-ci des faits les plus généraux du langage, de formes et de procédés supposés communs à toutes les langues. Elle considère donc les mots, non comme sons, mais comme signes d'idées, et elle les étudie soit isolément, comme parties du discours, soit rapprochés dans la phrase, c'est-à-dire en tant qu'ils s'unissent pour former des propositions.

I. Des mots comme parties du discours. — Les mots sont ou variables, comme le nom, l'adjectif, etc., ou invariables, comme la préposition, l'adverbe, etc.

Mots variables et invariables. — Cette distinction, sans être absolument indispensable, est fondée en raison. Prenons pour types des mots variables, le nom et le verbe. Quant au nom, l'exactitude et la précision exigent un signe quelconque de l'unité et de la pluralité; la distinction des genres, nécessaire lorsqu'elle correspond à celle des sexes, se justifie difficilement ailleurs, il est vrai. Or, pour marquer le genre et le nombre, deux moyens seuls sont possibles : ou juxtaposer au nom un mot spécial affecté à chacun d'eux, ou les indiquer par une simple modification du nom. Le second procédé est d'un usage plus difficile ; mais il a pour lui la logique et le goût. Il est logique qu'un même mot représente l'idée principale et les idées accessoires qui la déterminent et font pour ainsi dire corps avec elle. En outre, la brièveté des signes affectés à ces idées est en rapport avec leur rôle secondaire. Il en est de même, quant au verbe, des temps et des modes, des nombres et des personnes : ils pourraient être représentés par autant de mots placés à côté du verbe ; mais il y a tout avantage à les lui rattacher et à les exprimer par de simples éléments phonétiques ; la phrase y gagne en rapidité et en élégance. D'autre part, l'article et l'adjectif déterminant ou qualifiant le nom, il est logique qu'ils varient avec lui.

Quant aux autres mots, exprimant soit, comme la préposition et la conjonction, de simples rapports indépendants de la nature des termes qu'ils rapprochent, soit, comme l'adverbe, des manières d'être, des déterminations, également indépendantes de la nature des termes qui en sont affectés, rien ne motive leur variation.

Rôle des diverses espèces de mots. — La préposition sert de lien entre les idées, exprime un rapport de dépendance de l'une à l'autre : le livre *de* Pierre ; aller *vers*, *à*, *dans* Rome. — La conjonction sert de lien entre les propositions, les met en rapport : *lorsque, puisque, si, et*, etc. — L'adverbe détermine l'idée exprimée par l'adjectif ou par le verbe : marcher *lentement, très sage, si sage* que, etc.

Le nom désigne proprement les individus, les genres et espèces ; par extension, les qualités et rapports, considérés en eux-mêmes, auxquels il prête une sorte d'existence propre, et dont il fait des objets pour la pensée. Ainsi la même idée pourra être exprimée par une préposition et par un nom : *avant* et *après ; antériorité* et *postériorité ; pendant : simultanéité*, selon qu'elle sera considérée comme terme de rapport entre d'autres idées, ou prise en elle-même. — L'adjectif détermine ou qualifie le nom ; il exprime une manière d'être, une propriété de l'objet désigné par celui-ci. La même idée, selon qu'un objet sera considéré comme chose en soi ou comme manière d'être d'une autre chose, sera donc exprimée par un nom ou un adjectif : *sagesse, sage.*

On le voit par ces exemples, on ne serait pas fondé à juger toujours du nombre des idées d'après celui des mots, la même idée revenant souvent sous des formes différentes : *sage, sagesse, sagement ; avant, avant que, auparavant, antériorité, antérieur*, n'expriment qu'une même idée. Mais l'idée est conçue dans chaque cas à un point de vue différent ; son rôle dans la pensée varie, et, en conséquence, la nature et la forme du mot qui l'exprime.

Le pronom ne tient pas seulement la place du nom ; à ce titre déjà son utilité est réelle, en ce qu'il évite des répétitions fastidieuses et permet de donner plus de brièveté à la phrase. Mais surtout, par la distinction des personnes, il précise et dramatise le discours ; il met en présence l'une de l'autre les personnes qui parlent ; l'action, l'état exprimés par le verbe, ne sont plus, lorsqu'ils les concernent elles-mêmes, attribués à un sujet quelconque, désigné par un nom propre ou commun, comme tous ceux dont il peut être question dans le discours ; ce sujet, c'est la personne qui parle ou celle à laquelle elle s'adresse. Le pronom appelle l'attention, concentre l'intérêt sur elles. Il les oppose l'une à l'autre, les engage dans une action, leur fait jouer un rôle. Elles sont donc des personnes au sens dramatique du mot ; et une simple distinction ou convention grammaticale devient un principe de clarté et d'intérêt dans le discours.

A la différence du nom et de l'adjectif, le pronom exprime donc exclusivement un rapport, et originairement un rapport de position : *je* ou *moi* désigne celui qui parle, ce qui lui appartient, ce qui se trouve immédiatement à sa portée, et fait en quelque sorte partie de luimême, *tu* désigne un objet différent, mais le plus rapproché, *il* ou *lui* le plus éloigné. De là, l'affinité du pronom avec l'adverbe : *hic, istic, illic*, de sorte que les formes pronominales dérivent originairement, il semble, des formes adverbiales affectées à ces mêmes rapports de position, qui ont dû être dénommés, dès l'abord, à cause de leur importance. Le pronom serait alors de formation plus récente. Et cela se conçoit ; la distinction à laquelle il correspond n'est pas de celles qui s'offrent de prime abord à la pensée ; et la preuve, c'est l'habitude, si lente à se perdre, des enfants, des sauvages, de se désigner eux-mêmes et les autres par leurs noms.

Du verbe. — Le verbe est diversement défini : mot qui signifie avec temps — *vox significans cum tempore* — (Aristote) ; mot qui sert à marquer l'affirmation ; un seul verbe essentiel, le verbe *être* (Port-Royal).

Ces définitions sont contestables. D'autres mots que le verbe marquent le temps ; des substantifs : *la veille, le lendemain ;* des adverbes : *aujourd'hui, demain ;* des conjonctions : *avant que, après que*. D'un autre côté, le verbe n'exprime pas seulement l'affirmation.

1° Logiquement, le verbe soutient un double rapport :

1° avec les termes qu'il relie dans la proposition ; 2° avec l'esprit qui porte le jugement dont elle est l'énoncé. Dans la proposition, il n'est que le lien de l'attribut au sujet, dont il n'implique pas l'existence à titre d'objet, mais seulement à titre de concept (de fiction peut-être : ex. la chimère est un être fabuleux). Du point de vue du jugement et par rapport à celui qui parle, il exprime l'affirmation qui est l'âme du jugement. En tant que lien logique, il pourrait être remplacé par un signe quelconque, par exemple par le signe mathématique d'égalité ou de rapport. En tant qu'il exprime l'affirmation, c'est-à-dire la pensée de celui qui parle, son rôle est capital dans le discours.

2° Psychologiquement et grammaticalement, le rôle du verbe est autrement complexe. Il exprime la pensée de celui qui parle, pensée dont le tour ou la mode peut n'être pas affirmatif. De là ses modes divers : infinitif, impératif, optatif, etc. Mais il exprime aussi l'action exercée ou subie par le sujet, son état, ou simplement son existence ; et ainsi il soutient un double rapport, avec le sujet lui-même et avec celui qui parle. De là, les temps.

Les autres espèces de mots n'expriment le temps qu'accidentellement. Les genres et espèces, les qualités et manières d'être, les rapports auxquels ces mots s'appliquent, sont, pour ainsi dire, en dehors de la durée. L'existence, l'état, l'action, se posent nécessairement, au contraire, dans la durée. Ceux-là appartiennent au monde des idées pures, des essences immuables et éternelles ; ceux-ci ont leur place dans la réalité, dans le monde du devenir. Une chose existe, un être agit à un moment ou à un autre, mais nécessairement à un moment déterminé. Maintenant ce moment se détermine soit par rapport au moment actuel, qui est celui où l'on parle, dans le présent, le passé ou l'avenir relativement à lui, soit par rapport à un autre objet occupant lui-même une certaine place dans la durée, comme présent, passé ou futur, relativement à lui. En un mot l'événement que représente le verbe comporte, du point de vue de la durée, une double relation, l'une essentielle, à celui qui parle, l'autre accidentelle, à un autre événement dont l'époque est déjà déterminée. La définition d'Aristote renferme donc une vérité profonde ; elle est incomplète, insuffisante, au point de vue logique particulièrement ; mais elle n'est, comme Port-Royal paraît le penser, ni inexacte, ni superficielle.

La théorie (Port-Royal) qui n'admet qu'un verbe essentiel, le verbe *être*, est plus que contestable. Exprimer l'action ou l'état n'est pas moins indispensable qu'exprimer l'existence. L'action et l'état supposent l'existence sans doute ; mais il n'est nullement nécessaire de sous-entendre celle-ci, lorsqu'on énonce ceux-là. L'esprit n'a qu'eux en vue, et qu'il affirme d'un sujet l'existence, ou l'état, ou l'action, et c'est tout ce qu'il peut en affirmer, il juge également. Or un mot est indispensable pour exprimer chacune de ces idées, et ce mot c'est le verbe. On peut remarquer tout ce que cette analyse, qui a longtemps prévalu ; je *donne*, c'est-à-dire je *suis donnant*, a d'artificiel et d'embarrassé, et combien peu elle répond au mouvement naturel de la pensée : j'affirme, avec un droit égal, d'une chose quoi que ce soit, l'action aussi bien que l'existence. A ce compte, *j'existe* devrait s'analyser : je *suis existant*, c'est-à-dire je *suis étant*, ce qui serait absurde. Ou donc il faut renoncer à cette analyse, ou il faut voir dans le verbe *être*, non l'expression de l'existence, mais un simple lien logique, le signe du rapport de l'attribut au sujet.

Tout indispensable qu'est le verbe à l'expression claire et complète de la pensée, il n'existe pas dans toutes les langues. Un procédé très simple, mais très défectueux, en tient lieu : la juxtaposition de l'attribut au sujet : *lui-donnant*. Mais alors toute distinction de temps et de mode est supprimée. Le verbe est constitué par l'adjonction à l'attribut de certains éléments pronominaux : en sanscrit, *da-mi*, *da-si*, *da-ti*, je donne, tu donnes, il donne, le premier, *mi*, se rapportant à l'objet le plus rapproché, le troisième au plus éloigné. On voit par là que la création du verbe est postérieure à celle d'autres mots dont le besoin s'est fait sentir tout d'abord, tels que le nom, l'adjectif et l'adverbe. D'où cette conséquence que l'effort du langage a dû porter primitivement sur les qualités et rapports, c'est-à-dire sur ce qu'il y a de permanent dans les choses, l'action n'ayant été exprimée qu'ultérieurement, et, dans cette première période de la formation des langues, le geste, le langage d'action suppléant sans doute à l'insuffisance de l'expression.

II. Proposition. — Ce point n'offrant aucun intérêt, nous nous bornerons à rappeler les distinctions consacrées.

On distingue diverses sortes de propositions : 1° d'après la nature de leurs éléments : propositions *simples* et *composées*, *incomplexes* et *complexes;* 2° d'après leur rôle dans la phrase : propositions *indépendantes* ou *absolues; corrélatives; incidentes; principales* et *subordonnées*.

ACTIVITÉ. — VOLONTÉ. — LIBERTÉ

CHAPITRE XXX

ACTIVITÉ ET INSTINCT.

L'activité et la volonté. — On les confond quelquefois, mais à tort. La volonté est une faculté, l'activité est davantage ; elle est essentielle à l'âme, et inséparable de ses diverses facultés, et se retrouve d'ailleurs partout à divers degrés, dans la vie et jusque dans la matière.

Définition de l'activité. — Agir, c'est être cause, c'est produire un changement en soi ou en dehors de soi. Pâtir (passivité), c'est le recevoir, le subir sans y concourir. La passivité pure est rare ; le plus souvent le changement résulte d'une réaction de l'objet qui l'éprouve sous l'action d'un autre.

Origine de l'idée de l'activité. — Le mouvement, l'activité, sont partout sous nos yeux sans doute, mais avant d'en observer les manifestations au dehors et de pouvoir nous en rendre compte, nous étions déjà le témoin de notre propre activité interne : nous en prenions conscience en l'exerçant. De plus si le mouvement, le changement impliquent activité, c'est-à-dire l'action d'une cause ou force qui les produise, ils ne sont donnés à nos sens que comme une simple succession de phénomènes. Notre première idée d'activité nous vient donc de la conscience ; mais c'est de notre activité volontaire que nous avons originairement conscience, parce que c'est celle à l'exercice de laquelle nous sommes le plus directement associés. C'est pourquoi l'activité volontaire et intentionnelle reste longtemps pour nous le type de toute activité. L'idée d'activité est ensuite développée et élucidée par l'esprit, d'après l'expérience qu'il acquiert de ses formes diverses en nous et en dehors de nous.

Espèces d'activité. — D'après la nature des objets auxquels elle s'applique, des effets par lesquels elle se manifeste, l'activité revêt diverses formes. On peut distinguer :

1° L'activité mécanique, qui n'est que la transmission du mouvement; les corps, en effet, ne se meuvent pas d'eux-mêmes; ils transmettent à d'autres le mouvement qu'une force étrangère leur a communiqué ;

2° L'activité organique : la plante ;

3° L'activité motrice : le mouvement spontané chez l'animal;

4° L'activité sensitive (désir, passion) ;

5° L'activité intellectuelle ;

6° L'activité volontaire.

Modes de l'activité. — Si l'on considère l'activité en elle-même, dans la manière dont elle s'exerce, elle est ou spontanée ou réfléchie. L'activité spontanée est celle dont l'être a le principe en lui-même, dans sa nature, mais dont il n'est pas lui-même le principe ; elle se divise en instinct et habitude. — L'activité réfléchie est la volonté.

Instinct. Sa définition. — 1° Stimulant intérieur, qui détermine dans l'être vivant des mouvements et des actes indispensables ou utiles à sa conservation ou à celle de l'espèce.

2° Plus profondément : tendance innée de l'activité, identique dans l'espèce, à poursuivre certaines fins et à les réaliser par des moyens prédéterminés, le plus souvent sans conscience des unes et des autres.

Au fond, l'instinct est une appropriation mystérieuse des actes de l'animal à sa constitution et au milieu dans lequel il est appelé à vivre.

Domaine de l'instinct. — 1° *Activité*. — A l'instinct appartiennent chez l'animal tous les mouvements et tous les actes dont il n'a pas l'initiative et qui ne proviennent pas d'une impulsion purement organique : locomotion, alimentation, constructions; moyens d'attaque et de défense; vie commune; soins donnés à ses petits; migrations des oiseaux, des poissons, des insectes; chez l'homme, la plupart des mouvements et des actes de la première enfance. Plus tard, chez lui, l'instinct s'affaiblit sans disparaître à mesure que la réflexion et la volonté avec l'habitude tiennent plus de place dans sa vie.

2° *Sensibilité*. — Chez l'animal, le caractère natif (férocité chez le tigre, ruse chez le chat, fidélité chez le chien); chez l'homme, les tendances affectives qui sont les racines des passions, moins sûrement quelques-uns des mouvements du corps et du visage qui constituent le langage naturel.

3° *Intelligence*. — Certaines tendances natives qui déterminent les principaux développements de l'intelligence : curiosité, véracité, crédulité, instinct d'imitation.

Caractères de l'instinct. — 1° *Inné :* la preuve en est dans ses premières manifestations qui devancent toute éducation et expérience, et dans sa fixité.

2° *Immuable :* sauf peut-être une appropriation des actes instinctifs, en certaines espèces, aux conditions nouvelles qui leur sont faites. Encore y faudrait-il sans doute faire la part de l'intelligence.

3° *Irréfléchi :* l'animal semble ignorer le plus souvent le but de son travail instinctif. La preuve en est qu'il le continue lorsque ce travail lui est devenu inutile ou nuisible. Il n'a pas non plus le choix des moyens par lesquels il le réalise : but et moyens, la nature les lui suggère et les lui impose. De là dès le début la perfection relative de son travail. Aussi l'intelligence de l'animal, réglée par l'instinct, diffère-t-elle singulièrement de celle de l'homme : d'abord, en ce qu'elle est stationnaire, ensuite en ce qu'elle ne s'applique guère qu'aux actes auxquels l'instinct le prédispose. L'intelligence de l'homme, au contraire, est, comme ses œuvres, éminemment progressive, et apte aux travaux les plus divers.

Origine des actes instinctifs. — Diverses explications ont été proposées de l'instinct, mais semblent insuffisantes.

1° Actions réflexes, c'est-à-dire mouvements inconscients et involontaires, déterminés par une action nerveuse ne provenant pas du cerveau : explication improbable pour les faits un peu compliqués ; d'ailleurs, les leur rapporter, c'est rétablir l'instinct sous une autre forme.

2° Stimulants organiques, c'est-à-dire exigences ou convenances des organes, besoins dont ils sont le siège. Ainsi l'animal éprouve le besoin d'exercer tel organe dont la structure ne se prête qu'à une action déterminée ou s'y prête mieux qu'à toute autre. Explication possible d'un grand nombre de faits, non de tous.

3° L'intelligence et l'initiative individuelle : explication très restreinte, vu la faiblesse intellectuelle de la plupart des espèces, et d'ailleurs peu compatible avec la fixité de l'instinct.

4° L'habitude et l'hérédité : nombre de tendances originairement acquises sont en effet fixées par l'hérédité sous forme d'instinct. Mais cette explication ne rend pas compte de la vie des premières générations et s'accorde mal aussi avec la fixité de l'instinct.

En résumé, dans l'instinct, quelque chose de mystérieux qui implique, il semble, une intervention sage et bienfaisante de la puissance créatrice ; une appropriation préétablie des actes des êtres vivants à leur organisation et au milieu où ils sont appelés à vivre, le peu d'intelligence dont ils disposent étant impuissant à assurer la conservation de l'individu et de l'espèce.

CHAPITRE XXXI

HABITUDE

Sa définition. — L'habitude est une disposition acquise, résultant de la continuité ou de la répétition, à persister dans un état, en l'absence des circonstances qui l'avaient provoqué ; à reproduire automatiquement un mouvement, un acte dépendant originairement de la volonté et nécessitant son intervention active.

Son domaine. — 1° Le monde organique d'abord : il n'y a point d'habitude pour les choses soumises aux lois purement mécaniques, c'est-à-dire pour la matière brute. Le domaine de l'habitude est celui même de la vie. Dans les plantes, c'est l'acclimatation et la culture ; chez les animaux, l'acclimatation et la domestication. De là une altération du type primitif qui peut aller jusqu'à le transformer ; des changements organiques et fonctionnels ; des variations de forme, de taille, de structure, d'aptitudes et de besoins, en partie transmissibles par l'hérédité. Chez l'homme de même, quoique les effets de l'habitude soient plus sensibles et plus importants chez lui au moral qu'au physique.

2° La vie morale ensuite : c'est, chez les animaux déjà, la domestication et l'apprivoisement ; quant à l'homme, en tant qu'être moral, il peut être renouvelé et transformé par l'habitude dont il dépend en grande partie, en bien comme en mal.

Ses caractères. — 1° *Acquise*, puisqu'elle résulte de la continuité ou répétition d'un changement apporté à l'état primitif et qui tend à se fixer avec le temps.

2° *Variable*, en conséquence ; l'habitude contractée peut être combattue, déracinée et faire place à une autre.

3° *Imputable*, chez l'homme, puisqu'elle suppose très généralement sinon l'initiative, tout au moins l'acquiescement de la volonté, qui à un moment donné eût pu intervenir et s'y opposer, et qui d'ailleurs peut toujours se refuser aux actes auxquels l'habitude incline.

4° *Irréfléchie.* — Les précédents caractères distinguent l'habitude de l'instinct ; celui-ci l'en rapproche. La réflexion et la volonté se désintéressent de plus en plus de l'acte habituel, qui dès lors s'exécute en quelque sorte automatiquement, et en général avec d'autant plus de succès qu'elles ont moins à y intervenir. Le mécanisme, les moyens de l'exécution se dérobent de plus en plus à la conscience, en même temps que la volonté dispose plus pleinement de ce mécanisme et, par suite, des effets auxquels il se prête. De là ces définitions de l'habitude : un instinct acquis, une seconde nature.

Ses lois. — Elles se résument, quant à l'habitude morale, dans les deux suivantes, mises en lumière par Maine de Biran :

1° *Habitude active.* — L'habitude d'exercer son activité, sous quelque forme que ce soit, en facilite graduellement l'exercice ; elle rend les actes de plus en plus faciles, rapides et sûrs, en même temps qu'elle en augmente presque indéfiniment la puissance, grâce à un développement correspondant des facultés. De là un besoin de plus en plus impérieux de ces actes, un affaiblissement des facultés qui n'y sont pas intéressées, une inaptitude croissante pour des actes très différents.

2° *Habitude passive.* — L'habitude de subir passivement ses impressions, de quelque nature qu'elles soient, en affaiblit la conscience ; par contre, en rend le besoin de plus en plus impérieux, en même temps qu'elle diminue la puissance de réaction que nous pouvons leur opposer. On distingue à peine les sensations habituelles à moins qu'on ne s'y applique ; on ne peut plus se passer des satisfactions fréquemment renouvelées ; on devient incapable de résister au plaisir et à la douleur, à la fatigue, à la crainte, etc.

La première de ces lois s'applique aussi à l'habitude physique ; exemple : acquisition d'aptitudes organiques ; développement des organes ; force, souplesse, agilité croissantes.

La seconde, dans ce qu'elle a d'essentiel, lui convient également : l'organisme devient de moins en moins sensible à un changement, à un état fréquemment renouvelé ou prolongé (le froid et le chaud, le régime) ; en d'autres termes, il en est de moins en moins affecté, il le tolère, s'y prête de plus en plus (usage des poisons) ; il finit par en éprouver le besoin et cesse de réagir ; la réaction que le changement provoquait d'abord (l'action de tel remède) est de plus en plus faible et finalement fait défaut.

Harmonie de ces lois. — Ces lois agissent en apparence en sens contraire : l'une fortifie, l'autre affaiblit. L'opposition n'est qu'apparente. Elles fortifient et affaiblissent également, mais sur des points différents. Si la première fortifie l'activité, organique ou morale, la seconde, en appropriant de plus en plus la constitution de l'être vivant aux changements qui s'y opèrent, produit un effet analogue ; et de même si celle-ci le rend de moins en moins sensible à ses propres états, il devient en vertu de celle-là de plus en plus étranger à ses actes propres qui finissent par s'exécuter automatiquement. Si donc, dans ces deux cas, les effets sont différents, l'action de l'habitude est constante et uniforme : elle tend à fixer le changement, quel qu'il soit, à faire entrer dans la vie normale, à consolider dans l'être vivant, et à son profit, des modes d'existence qui lui furent originairement étrangers ; de là en lui des changements fonctionnels ou organiques, conditions ou conséquences de son appropriation à ses états nouveaux.

Raison de ces lois. — Entre l'état normal et l'état nouveau auquel donne lieu l'acte ou la manière d'être qui se répète ou persiste, l'intervalle est à son maximum la première fois qu'ils viennent à se produire ; car à ce moment l'état normal n'est autre que l'état primitif auquel succède sans transition l'état nouveau. Mais à mesure que celui-ci se renouvelle ou se prolonge, cet intervalle décroît et il tend à s'évanouir ; car l'état nouveau tient une place de plus en plus considérable dans l'état normal avec lequel il tend à se confondre, tandis que celui-ci s'éloigne et diffère de l'état primitif de tout ce dont il se rapproche de l'état nouveau. En d'autres termes, l'organisme et la conscience sont de moins en moins affectés par le changement auquel ils s'accoutument, à ce point qu'il semble leur être étranger; et cependant ils s'y font, il entre dans leur vie normale, à ce point qu'ils souffrent s'il leur manque, qu'ils le réclament, si c'est une simple manière d'être qu'ils ne peuvent qu'éprouver lorsque les circonstances y donnent lieu, mais dont ils sont impuissants à amener le retour, telle qu'une sensation; et qu'ils s'y portent d'eux-mêmes, si c'est un acte ou un mouvement qu'il est en leur pouvoir de reproduire, eux ou plutôt les organes et les facultés qu'il intéresse.

La raison profonde de ce double fait dans lequel se résume l'action de l'habitude, gît dans la nature de l'être vivant et dans les conditions de la vie. L'être vivant seul ne demeure point étranger à ce qui se passe en lui; seul, il possède une activité spontanée à laquelle il doit de s'assimiler, organiquement et moralement, les éléments qu'il emprunte au dehors. A plus forte raison, doit-il tendre à s'assimiler ses propres états, les changements qui surviennent et se renouvellent en lui, à les fixer et à s'y adapter. Cette assimilation n'est que la conséquence de deux dispositions également indispensables à son existence : il tend à persévérer dans son être, à rester ce que la nature l'a fait; il est apte à varier, à s'adapter aux circonstances. Rien de semblable dans le minéral; il est, il reste ce que les circonstances le font. Une fois constitué, n'ayant, pour subsister, rien à emprunter au dehors, de quelle utilité ces dispositions lui seraient-elles? La vie, au contraire, n'étant possible que par un échange avec le milieu, elles règlent les conditions de cet échange, elles font qu'il est tout au profit de l'être vivant. La première le protège contre l'action du dehors : elle maintient sa propre individualité, assure l'intégrité de sa nature qui, autrement, serait à la merci des circonstances : si tout en lui était sujet au changement, il ne garderait rien de lui-même. La seconde lui assure le bienfait des changements qui viennent à se produire en lui, en même temps qu'elle en prévient les effets fâcheux; car, d'un côté, les circonstances et le milieu ne peuvent quelque chose pour lui que par l'action qu'ils ont sur lui; d'un autre côté, cette action ne lui est définitivement favorable, que parce qu'il a le pouvoir de s'adapter à elle, de se modifier spontanément jusqu'à ce qu'il s'y prête, et que le changement qu'elle provoque en lui lui devienne comme naturel. Grâce donc à cette double disposition, il peut, ce qui est impossible à la matière brute ou morte, fixer en lui le changement, s'approprier un germe ou un principe étranger (tel mode d'action, tel état) qui fera désormais partie de lui-même et vivra de sa vie. Car, en vertu de son aptitude à varier, ce germe, ce principe sera toujours assuré de trouver en lui, avec le temps, un milieu favorable; et, en vertu de sa tendance à persister, à rester ce qu'il est, rien de ce qui, à un moment donné, se trouve en lui ne doit être perdu pour lui ; tout en lui tend à durer, laisse une trace toujours prête à se raviver, et lorsque le changement se reproduit souvent, constamment, il est inévitable que de cette multiplicité d'impressions identiques, de cette accumulation de tendances concordantes, résulte une impression dominante, une tendance irrésistible.

Nous avons saisi le principe générateur de l'habitude dans cette propriété inhérente à la vie, de continuer et, en quelque sorte, de tendre à perpétuer ce qui, un moment, une fois, a été ; de faire participer à la vie de l'être ses propres changements en les fixant en lui et en l'adaptant à eux. Nous comprenons maintenant cette contradiction apparente, de faits, en un sens, étrangers à l'être dans lequel ils se produisent et qui, cependant, font partie de son existence normale; de faits qui, organiquement et moralement, ne laissent point de traces en lui, parce qu'en lui organes et facultés se sont adaptés à eux; mais dont, pour la même raison, le retour est, par ces mêmes organes et facultés, attendu, désiré, provoqué comme une condition de bien-être et de vie normale. Dans les lois les plus générales de l'habitude, comme dans ses effets les plus particuliers, rien donc qui ne s'explique naturellement en vertu de ce principe ; au delà, le mystère de l'habitude est celui même de la vie.

Effets de l'habitude : son influence favorable.— 1° *Sur la sensibilité.* — 1° Elle favorise la perception, en atténuant le plaisir et la douleur inhérents à la sensation.

2° Elle amoindrit la douleur, et ainsi nous aide à supporter les souffrances et les maux de la vie.

3° Elle donne naissance à des besoins, à des goûts, à des attachements, pour les choses comme pour les personnes, qui augmentent le prix de la vie, dont ils multiplient les jouissances.

2° *Sur l'intelligence.* — Elle facilite l'exercice de ses diverses opérations (observation, raisonnement), concourt au développement des facultés (mémoire, imagination, perception), détermine en partie les qualités (sérieux, profondeur, finesse), et les aptitudes spéciales de l'esprit (talent pour la peinture ou la musique, calcul), selon les objets auxquels il s'applique et les efforts qu'il s'impose.

3° *Sur la volonté et l'activité.* — 1° Elle fortifie la volonté, d'une manière générale par son exercice même, d'une manière spéciale selon la nature des efforts répétés (énergie pour le travail, résistance à la fatigue, à la souffrance, répression des sentiments et des mouvements qu'ils déterminent).

2° Les mouvements et actes habituels deviennent de plus en plus faciles, rapides et sûrs ; ils sont de plus en plus à la disposition de la volonté ; une fois voulus ou commencés, leur exécution s'opère, se poursuit, en quelque sorte, automatiquement. Ainsi maîtresse des moyens, la volonté obtient sans effort tous les effets auxquels ils se prêtent. Le retour des circonstances ordinaires de leur exécution (temps, lieu, etc.), suffit même pour déterminer celle-ci par l'effet d'une sorte d'impulsion à laquelle se prête, ou cède, ou quelquefois même se refuse en vain la volonté.

En résumé, moindre dépense de force, et moindre effort, abstention de plus en plus marquée de la réflexion et de la volonté, aptitude et tendance croissantes à l'exercer, tels sont, quant à l'activité, les principaux effets de l'habitude.

De là cette conséquence que, dans la mesure même où l'homme s'y applique, l'habitude l'affranchit de toute servitude étrangère ou intérieure (celle des passions), étend son empire sur lui-même, et assure le meilleur emploi et un développement presque illimité de ses facultés.

Ses dangers. — 1° *Pour la sensibilité.* — En multipliant les besoins, elle multiplie aussi les privations, c'est-à-dire les causes de souffrance, et les sujétions (tyrannie du plaisir, du bien-être, du luxe, de l'oisiveté).

2° *Pour l'intelligence.* — Le défaut habituel d'attention ou de réflexion en rend de plus en plus incapable; par suite l'intelligence s'obscurcit, s'affaiblit, et, faute d'initiative et d'activité, est réduite à subir les pensées que l'habitude ou les circonstances font prévaloir.

3° *Pour la volonté.* — L'habitude de ne pas l'exercer ou de la laisser dominer par des influences étrangères, l'affaiblit de plus en plus; le même résultat se produit d'une manière spéciale, selon qu'elle n'est point exercée ou se laisse dominer par rapport à tel objet, à tel mode d'activité (les passions, la fatigue).

En un mot, l'habitude, lorsque l'homme ne s'applique pas à user de son activité, à en user bien, lui enlève le gouvernement de lui-même, la disposition de ses facultés, et l'asservit de plus en plus à toutes les influences physiques et morales auxquelles il s'est momentanément soumis; il cesse alors d'être une personne, un agent moral; il devient l'instrument inconscient de forces étrangères, et si ces forces sont malfaisantes, sa dégradation intellectuelle, morale, physique même, est la conséquence de leur action.

En résumé, la nature fixe les traits constitutifs de l'être vivant, plante, animal ou homme; l'habitude le façonne et l'achève. Elle corrige ou corrompt la nature; et ce qu'on appelle caractère, esprit, cœur, n'est, sauf les accidents de la constitution individuelle, qu'une résultante de l'hérédité et de l'habitude, c'est-à-dire des instincts primordiaux, identiques dans l'espèce, et des habitudes, soit fixées dans la race ou dans la famille, soit contractées par l'individu lui-même.

CHAPITRE XXXII

VOLONTÉ.

Sa définition. — La volonté est cette faculté qu'a notre âme de se rendre sciemment et intentionnellement cause de ses propres modifications, ou, en termes moins abstraits, de se posséder et de se gouverner elle-même.

Ces mots : disposer de soi, agir de son propre mouvement, se mouvoir soi-même, expriment également bien la propriété éminente de la volonté. L'être doué de volonté tire de son propre fonds la force qu'il déploie ; son mouvement n'est pas l'effet d'une impulsion extérieure, ni même d'une impulsion interne à laquelle il serait étranger : il se l'imprime à lui-même, et la force nécessaire pour l'opérer, il la puise dans sa propre énergie. De là cette définition de la volonté : une force automotrice, c'est-à-dire qui se meut elle-même et ne relève que d'elle-même quant à la direction et à l'intensité de son effort.

La volonté et les autres facultés. — De là une différence radicale entre la volonté et les autres facultés. Celles-ci, puissances innées de notre âme, constituent comme notre organisme moral ; elles entrent en action d'elles-mêmes ; nous sommes en quelque sorte étrangers à leur existence, à leur développement et en partie à leur exercice même. La volonté, c'est nous-mêmes ; elle a son principe en nous ; elle est cette énergie intime que tout être vivant a le pouvoir de susciter en soi, et grâce à laquelle nous disposons plus ou moins librement de nos diverses facultés, et exerçons sur nous-mêmes, sur les forces que nous trouvons en nous et qui nous constituent en grande partie, un empire plus ou moins absolu. De là la variété infinie des formes et des développements que présentent nos autres facultés, l'uniformité et la stérilité apparente de celle-ci. De là encore l'exiguïté de la place qu'occupe dans la psychologie l'étude de la volonté comparativement à celle qui est faite à l'intelligence et à la sensibilité. C'est que ce qui est à étudier, c'est, d'un côté, un mécanisme prodigieusement compliqué, et de l'autre seulement, non pas même la force première qui le met en mouvement, mais une force spéciale qui s'y applique.

Degrés dans la volonté. — Tout être a, à un degré plus ou moins élevé, la disposition de lui-même, est doué par conséquent de volonté. Dans le cercle même de l'instinct et de l'habitude, il veut bien ce qu'il fait ; car il s'y porte de toute son énergie. A plus forte raison, là où l'instinct et l'habitude ne sont point en jeu, son initiative est-elle plus entière. Il veut, du moment qu'il s'abandonne à un sentiment, qu'il agit sous l'empire de ce sentiment. Mais cette volonté qui toujours cède à l'impulsion de la nature, n'est que le degré inférieur de la volonté ; c'est la volonté de l'animal et du très jeune enfant. Tout autre est la volonté de l'homme : éclairé et maître de lui-même, il délibère, choisit d'après des motifs, et a vraiment l'initiative de ses actes.

L'acte volontaire. — L'acte volontaire est ou spontané, ou délibéré ; délibéré, il est l'expression la plus élevée de la volonté.

Analyse de l'acte volontaire délibéré. — Il implique :

1° La conception ou idée d'une action à réaliser.

2° Celle d'une fin, d'un but auquel elle tend (travailler pour la fortune, pour la gloire), celle par suite d'un ou plusieurs motifs favorables à cette action, et au défaut desquels elle n'aurait pas de raison d'être, n'intéresserait pas la volonté. Mais, pour peu grave que soit l'action, à ces motifs ou raisons d'agir s'associent presque constamment dans la conscience des motifs contraires. L'action, par exemple, est jugée tout ensemble utile et illicite; utile en un sens, nuisible dans un autre; utile, mais pénible, etc. Les uns et les autres sont tirés tantôt de la valeur morale de l'action, tantôt de ses conséquences prochaines ou éloignées, tantôt enfin des conditions de son accomplissement, des moyens (c'est-à-dire d'autres actions avec leurs conséquences), dont elle nécessite la mise en œuvre. En outre des sentiments en rapport avec ces motifs s'éveillent nécessairement à leur occasion ; par exemple, je désire faire telle action à cause du plaisir ou de l'avantage que j'en attends, ou au contraire j'y répugne, parce qu'elle sera pénible ou nuisible à ceux que j'aime ou à moi-même, ou que ma conscience la réprouve.

3° Une délibération dans laquelle ces motifs sont pesés.

4° La détermination ou résolution.

5° Enfin l'exécution ; encore celle-ci est-elle un fait complexe, la volonté n'y intervenant à vrai dire que par l'effort, l'action, quelle que soit l'énergie déployée, ne pouvant être réalisée qu'autant que les circonstances s'y prêtent.

De ces éléments de l'acte volontaire, les premiers n'intéressent guère que l'intelligence et accessoirement la sensibilité ; la détermination et l'effort au contraire appartiennent en propre à la volonté.

Maintenant, la détermination prise, l'exécution peut être ajournée faute de circonstances favorables. La délibération peut aussi ne point aboutir, soit faute d'un motif prédominant, les motifs contraires se neutralisant, soit faute de décision dans l'esprit ou le caractère. D'autres fois les diverses phases de l'acte volontaire sont tellement rapprochées, et chacune si rapide, que plusieurs semblent faire défaut. Il y a néanmoins d'ordinaire examen et choix, si prompts qu'ils soient.

Caractères de la volonté. — Ils résultent de cette analyse :

1° Elle est *réfléchie :* vouloir implique chez un être intelligent un motif de vouloir, et chez un être raisonnable un motif que la raison approuve. Ce que l'on fait volontairement, on sait tout au moins qu'on le veut, et pourquoi on le veut.

2° *Libre*, puisqu'il y a examen et choix.

3° *Responsable*, en conséquence.

Mais ces caractères n'ont rien d'absolu. La puissance de réflexion peut n'être pas égale chez deux personnes, ni chez la même à deux moments différents ; soit par l'effet d'une inégalité intellectuelle (de jugement, de lumières), soit par l'effet de circonstances intellectuelles (sang-froid, trouble ou fatigue de l'esprit) ou émotionnelles (désir, crainte, affection), sous la pression desquelles l'examen se produit.

De même, le degré de liberté varie suivant les personnes et les cas, l'initiative de la volonté étant plus ou moins entière, son énergie plus ou moins considérable.

De même enfin, la responsabilité n'est engagée que dans la mesure où la réflexion et la liberté ont participé à l'action.

Volonté spontanée. — Dans certains cas, des déterminations, et des actes volontaires se produisent soudainement, soit sous la pression des circonstances (danger, menaces, violences, contrainte à laquelle on cède se sentant incapable d'y résister ; l'action déterminée par un sentiment violent qui ne laisse pas maître de soi), soit par l'effet de l'habitude (une foule d'actions familières, impossibles sans le concours de la volonté, bien qu'elle n'y joue qu'un rôle secondaire) ; dans les deux cas, la liberté, la réflexion y sont presque étrangères. D'autres fois la soudaineté des résolutions n'exclut ni l'une ni l'autre ; mais alors certaines qualités de l'esprit et du cœur, la force du sentiment prédominant les facilitent singulièrement (actes de dévouement : d'Assas).

Qualités de la volonté. — Jusqu'ici nous avons considéré la volonté en elle-même, en tant que puissance de vouloir ; à ce point de vue tout abstrait, ce qui est vrai de l'un l'est de tous. Il en est tout autrement de la manière de vouloir : elle diffère singulièrement d'un homme à l'autre. A ce point de vue plus concret, la volonté, comme toutes nos facultés, comporte des qualités et des défauts qui varient avec les individus. Ces qualités peuvent se ramener à trois : la décision, la fermeté et l'énergie. Faute de décision, on n'ose prendre sur soi de se déterminer ; on flotte de résolution en résolution sans s'arrêter à aucune. Faute de fermeté, on ne sait pas se tenir au parti que l'on a pris ; un changement de point de vue ou d'impression le fait rejeter ou oublier ; on veut alors autre chose ou précisément le contraire de ce qu'on avait voulu. Faute d'énergie enfin, l'action résolue, pour peu qu'elle coûte à accomplir, n'est jamais exécutée ; au moindre obtacle, on s'arrête ; tout paraît difficile ou impossible ; on s'effraye de ses propres démarches ; on craint d'exiger trop de soi-même et des autres ; on est moins préoccupé du but que de ses propres convenances, et, tout en ayant le succès à cœur, on échoue misérablement.

Ces qualités sont en partie naturelles, en partie acquises. Elles proviennent avant tout de la constitution individuelle, du milieu dont on a subi l'influence, de l'habitude. Deux circonstances leur sont particulièrement favorables : la décision sera plus facile à un esprit net et prompt, qu'à un esprit lent et confus ; la fermeté coûtera moins à un esprit réfléchi, posé, qui ne se prononce qu'après examen et en connaissance de cause et est capable d'une conviction personnelle, qu'à un esprit léger et flottant dont le jugement manque de poids et dont les opinions ne sont jamais arrêtées ; d'un autre côté, l'ardeur du désir facilite singulièrement l'énergie de la volonté : qui désire faiblement, voudra mollement. Notre manière de vouloir exprime donc assez exactement notre manière de penser et de sentir, et les causes organiques qui en partie déterminent directement celle-ci, influent fatalement sur celle-là.

Puissance de la volonté. — 1° *Sur l'organisme :* 1. Elle peut aller jusqu'à modifier le jeu normal d'organes qui en sont originairement indépendants ; avec l'aide de l'habitude, elle dispose de plus en plus pleinement de ceux qui lui sont soumis.

2. Elle peut réprimer la manifestation spontanée des sentiments (attitude, gestes, regard), ou au contraire les manifester en leur absence (l'acteur, l'orateur).

2° *Sur la sensibilité.* — 1. Elle peut lutter contre la souffrance et la surmonter ;

2. Combattre et déraciner les besoins, affections, passions et habitudes, et avec le temps susciter des sentiments contraires.

3° *Sur l'intelligence.* — 1. Elle intervient dans les opérations intellectuelles : attention, comparaison, jugement, etc. ; dans l'exercice par conséquent des facultés intellectuelles : perception, conscience, etc. ; dans celui même de l'imagination (les représentations imaginatives peuvent être provoquées, réprimées, réglées par la volonté), et de la mémoire (acquisition et rappel des souvenirs).

2. Elle contribue à son développement, surtout dans ses opérations d'attention, de jugement, etc., en un mot dans son exercice réfléchi; et jusque dans ses facultés (direction imprimée à l'imagination; aptitudes et qualités générales de la mémoire résultant des conditions voulues de son exercice).

En résumé, par la direction imprimée aux facultés et aux organes, par la répétition des mêmes actes, par le choix des milieux, la volonté peut, avec le temps, modifier l'homme jusqu'à le transformer, multiplier ses forces, varier à l'infini ses besoins, ses goûts, ses aptitudes.

Vérité précieuse et dont la seule conviction est déjà salutaire. Si, disposant de nos actes, nous n'avions pas d'action sur nous-mêmes, il n'y aurait pour nous ni progrès possible, ni bonheur stable, ni moralité solidement assise; devant tout attendre des circonstances, nous aurions tout à redouter d'elles. Sachant, au contraire, que nous pouvons devenir ce que nous voulons être, que le progrès est au prix de nos efforts, nous apprenons à compter sur nous-mêmes et à ne demander qu'à nous ce que ni les hommes ni la fortune ne sauraient nous donner. Nous nous sentons responsables à nos propres yeux de notre valeur morale et de notre bonheur, et ce sentiment est la meilleure sauvegarde de notre indépendance et de notre dignité.

Limites de la volonté. — Cependant cette puissance de la volonté ne doit pas être exagérée : elle a ses limites dans notre constitution d'abord, dans la nature même de cette faculté ensuite.

Ce que la volonté ne peut pas, c'est de susciter dans l'homme des tendances, des aptitudes, des états dont le germe ne serait point en lui. Elle travaille sur un fonds qui lui est donné; elle ne peut ni en changer la nature, ni lui faire porter des fruits que sa constitution ne comporterait pas. Mais surtout ce qui est de toute impossibilité, c'est, comme on l'a prétendu (Schopenhauer), qu'étant la seule faculté primitive, et comme l'essence de l'âme humaine, toute âme n'étant originairement que force ou énergie, elle ait par ses seuls efforts, secondés, si l'on veut, par un hasard heureux, fait surgir en elle une puissance de sentir et de penser. La volonté même est inconcevable dans une telle hypothèse : la volonté sans la représentation se réduit à la force; elle n'est volonté qu'à la condition de poursuivre un but, ou plutôt de se le proposer et d'y adapter des moyens, d'être consciente, par conséquent, c'est-à-dire intelligente. Loin qu'elle puisse engendrer par sa seule énergie la sensibilité et l'intelligence, il lui faut, pour se constituer, un milieu affectif et intellectuel, des mobiles et des motifs, au défaut desquels elle n'est plus qu'une puissance nue, une possibilité d'action, mais non une force agissante, une activité actuelle. Ainsi, dans ce système qui prétend tout expliquer par la volonté, la volonté s'évanouit, et la force elle-même, tout ce qui subsiste d'elle, est bien près de s'anéantir. Maintenant, par quel miracle la volonté, pure action, réussirait-elle à susciter la pensée et le sentiment? Aveugle, d'où ferait-elle jaillir la lumière qui n'est point en elle? Indifférente, comment éveillerait-elle en elle le plaisir et la peine? La volonté ne peut modifier que partiellement et à la surface, pour ainsi dire, notre constitution sensible et intellectuelle : peut-elle en être le principe? Pour se constituer elle-même, elle a besoin de s'y appuyer : a-t-elle donc pu préexister à ce sans quoi elle ne serait pas?

CHAPITRE XXIIII

LIBERTÉ.

Liberté en général. — Être libre, au sens le plus général du mot, c'est n'être pas contraint. En ce sens, l'absence de contrainte constituant la liberté, autant de sortes de contrainte sont possibles, autant il y a de manières d'être libre.

Or, une contrainte peut être extérieure ou intérieure; elle peut se produire sous la forme d'un obstacle qui rend le mouvement, l'acte impossibles, ou, au contraire, sous celle d'une pression, d'une impulsion qui les rend inévitables.

Dans une foule de cas, la liberté se réduit pour nous à l'absence d'obstacle, soit qu'en effet ils n'en comportent pas d'autre ou qu'elle soit la seule dont nous ayons intérêt à tenir compte ; ex. : la pierre qui tombe, la roue qui tourne librement.

L'obstacle d'ailleurs peut être extérieur ou intérieur. Extérieur, c'est un corps, une force qui, par sa présence ou son action, s'oppose au mouvement d'un autre corps, à l'action d'une autre force. Mais il peut aussi provenir de l'objet ou de l'être lui-même ; ex. : défaut de construction, frottement, dérangement survenu dans un appareil ; épuisement ou paralysie des organes.

Dans certains cas il y a lieu de tenir compte de la cause du mouvement ou de l'acte. Cette cause peut être en dehors du mobile, de l'agent, et alors l'acte, le mouvement sont nécessités par elle ; ils ne sont libres eux-mêmes à aucun degré. Ou encore l'acte, le mouvement peuvent avoir leur principe dans la constitution de l'être, être déterminés par sa nature ; ils sont libres alors, en ce sens qu'ils ne proviennent pas d'une cause étrangère ; ils ne le sont pas, quant à lui, en ce sens qu'il n'en est pas la cause lui-même. Ils sont libres, enfin, au sens étroit et le plus élevé du mot, s'ils proviennent directement de lui, s'il en est la cause déterminante.

Ainsi, être libre, en général, c'est n'être pas contraint ; mais comme il y a diverses sortes de contrainte, ce qui est libre en un sens ne l'est plus en un autre. De là deux formes très différentes de liberté : l'une qui consiste à n'être pas empêché, l'autre à ne pas être forcé d'agir. Celle-ci est la plus élevée, puisqu'elle est propre aux êtres vivants ; mais elle comprend elle-même deux degrés : la spontanéité pure, et la liberté proprement dite. La définition suivante donnée de la liberté : n'être ni empêché ni forcé d'agir, ne convient rigoureusement qu'à cette dernière.

Mais la liberté, réduite à l'absence de contrainte, est toute négative. Sous sa forme inférieure, l'absence d'obstacle, extérieur ou intérieur, elle suppose, pour être effective, soit dans l'être lui-même, soit en dehors de lui, un principe d'activité au défaut duquel le mouvement, l'action, possibles théoriquement en ce que rien ne s'y opposerait, ne se produiraient pas, seraient par le fait impossibles. Sous ses formes les plus élevées, elle implique de même, soit dans la nature de l'être, soit en lui-même, c'est-à-dire dans sa propre volonté, un principe d'activité au défaut duquel toute action lui serait impossible. Il n'y a donc liberté que là où il y a activité, et la seule liberté vraiment efficace est celle d'une activité propre.

A mesure donc que la liberté est d'un ordre plus élevé, elle réside de plus en plus dans l'être lui-même ; simple spontanéité déjà, elle est inhérente à sa nature ; liberté véritable, elle est inhérente à lui. Agir spontanément, c'est agir sous l'impulsion de sa propre nature ; agir librement, c'est agir de son propre mouvement, c'est se déterminer soi-même. La liberté ainsi entendue n'appartient qu'aux êtres doués de volonté ; elle est la volonté même, en tant qu'affranchie de toute contrainte.

La liberté quant à l'homme. — Les formes de la liberté, quant à l'homme, varient avec la nature des milieux dans lesquels sa volonté se déploie. Ces milieux sont au nombre de trois : le corps, la société, la conscience : de là la liberté physique, civile et morale ou libre arbitre. La liberté physique et la liberté civile sont constituées par l'absence d'obstacle à l'activité motrice et à l'activité sociale ; la liberté morale réclame davantage.

Liberté physique. — C'est le pouvoir qu'a tout être vivant de disposer de son activité motrice. Elle est donc tout organique et, par là, déjà nettement distincte de la liberté morale.

En outre, les circonstances qui la favorisent : passion, colère, etc... entravent ou enchaînent la liberté morale. Celles au contraire qui lui font obstacle n'ont pas de prise sur celle-ci. Exemple : une contrainte extérieure, telle que des chaînes ; intérieure, telle que la maladie.

Liberté civile. — C'est le droit que toute société reconnaît à ses membres de disposer d'eux-mêmes et de ce qui leur appartient dans les limites fixées par la loi. Ces limites variant d'une législation à une autre, elle est elle-même essentiellement variable, et, dans tous les cas, moins étendue que la liberté morale, pour laquelle ces limites n'existent pas. Elle la suppose d'ailleurs, de même que la liberté physique sans laquelle elle ne pourrait s'exercer. Ses formes principales sont : la liberté individuelle, la liberté de conscience, le droit de propriété, la liberté industrielle et commerciale, la liberté politique, etc.

Liberté morale. — Elle est ainsi appelée, soit par opposition à la liberté physique, soit par rapport à la moralité : au point de vue moral, elle est en effet le pouvoir de choisir entre le bien et le mal. Elle est dite aussi *libre-arbitre* (libre choix), le pouvoir de choisir étant inhérent à la liberté.

Définitions diverses de la liberté. — La liberté est diversement définie :

1° Le pouvoir de choisir entre plusieurs partis possibles, entre faire et ne faire pas telle action.

2° Le pouvoir de se déterminer soi-même, d'agir sans contrainte aucune, ni intérieure ni extérieure.

3° Le pouvoir de faire, et en partie de devenir, ce que l'on juge devoir faire, devoir être ; en un mot, de conformer ses actes à sa raison.

Nous nous bornons, pour le moment, à énoncer ces définitions ; nous aurons à les apprécier ultérieurement.

Le problème de la liberté : position de la question. — Nous avons à déterminer la nature de la liberté. La question est si diversement résolue, si diversement posée, que nous ne saurions trop nous attacher à fixer le point précis sur lequel doit porter notre recherche.

Commençons par rappeler les trois sortes de liberté possibles pour un être en général, et pour un être tel que l'homme, en particulier.

1° Un être quelconque est libre, du moment que son activité se déploie sans obstacle. En ce sens, la pierre qui tombe, tombe librement, tant que rien ne s'oppose à sa chute. Liberté tout accidentelle et extérieure qui n'intéresse pas directement l'être lui-même.

2° Un être est libre, lorsque le principe de ses mouvements et de ses actes est dans sa nature propre, non dans une cause étrangère. Dans ce sens, la pierre qui tombe n'est pas libre, puisqu'elle obéit à une impulsion étrangère; l'animal l'est, au contraire, parce qu'il se meut lui-même. Cette forme intermédiaire de la liberté est la spontanéité.

3° Un être enfin est libre, au sens étroit et le plus élevé du mot, lorsqu'il se détermine de lui-même, lorsqu'en se déterminant, il fait acte d'initiative, au lieu de subir fatalement, à son insu peut-être, l'impulsion de sa nature. Il dépend de lui d'agir ou de n'agir pas, d'opter pour un parti ou pour un autre. Il peut n'être pas indifférent au parti auquel il s'arrête; mais il n'est pas contraint de le prendre. Il peut avoir besoin, pour se déterminer, de mobiles ou de motifs, de sentiments ou d'idées : il est libre alors même, parce qu'il y adhère de son plein gré, parce qu'ils influent sur sa détermination sans la nécessiter.

Telle est, pour ne rappeler, des traits qui la caractérisent, que ceux qu'on s'attache le plus communément à mettre en lumière : l'absence de contrainte et l'indétermination de l'action, le choix, — telle est cette liberté, supérieure à la spontanéité, dont nous avons à reconnaître la nature et à établir l'existence. Ce qu'elle est essentiellement, nous l'ignorons, et par conséquent ne sommes point encore en mesure de la définir. Le seul but de ces remarques préliminaires était de montrer qu'une liberté autre que la spontanéité se conçoit, est possible. Quelle en est la nature ou l'essence, et quelles en sont les conditions? C'est la question que nous avons à résoudre. Nous dirons d'abord ce qu'elle n'est pas, ce à quoi il est impossible de la réduire sans la dénaturer, la détruire, ou tout au moins la compromettre, et en procédant ainsi, par voie d'élimination, nous réussirons peut-être à découvrir ce qu'elle est essentiellement.

Ce que la liberté n'est pas : examen de diverses théories. — Des diverses théories que nous allons examiner, on ne saurait dire qu'elles soient positivement erronées. Leur principal défaut est de tenir pour simple une question très complexe, et de voir la liberté elle-même dans ce qui n'en est qu'une condition ou un effet. Il leur arrive ainsi de la restreindre ou de l'étendre outre mesure, et de donner pour la liberté, ou moins, ou plus, ou même autre chose qu'elle-même.

1° *La liberté et la vertu* (les Stoïciens).

Mais alors la liberté étant une conquête de l'homme sur lui-même et sur la nature, le sage seul serait libre. Il l'est assurément, et, en un sens, plus que le méchant, en ce qu'il n'obéit qu'à sa raison, tandis que celui-ci est l'esclave de ses passions et de ses vices. Mais cette servitude, il ne peut l'imputer qu'à lui-même, et il ne dépend que de lui de s'en affranchir ; donc il est libre, et le sage l'était lui aussi, avant qu'il ne se fût rendu maître de ses passions : autrement, eût-il pu les vaincre ou seulement les combattre ?

2° *La liberté et la science* (Platon).

La liberté implique, en effet, connaissance, juste appréciation des choses, et c'est en partie pourquoi elle fait défaut à l'enfant et à l'animal. Mais la science peut être l'une des conditions de la liberté sans en être le principe. Autre chose est savoir ce que l'on doit, par exemple, et le pouvoir : il y a des cas où nous reconnaissons clairement le parti qu'il conviendrait de prendre, et où nous nous sentons dans l'impossibilité de le prendre, soit faute d'énergie, soit qu'une répugnance insurmontable nous en détourne. D'un autre côté, le propre de la vérité, c'est de s'imposer par son évidence même ; si donc, la volonté, comme l'intelligence, y adhère fatalement, elle est contrainte, elle n'est plus libre. Que je ne puisse me refuser à la vérité, au bien, du moment que je les reconnais, cela peut être un bonheur pour moi, mais je ne suis pas plus libre alors, que si je ne pouvais me refuser à l'erreur et au mal.

3° *La liberté et l'amour* (Ravaisson, Fouillée).

L'amour sous sa forme la plus élevée, le don de soi, est, a-t-on dit, le plus haut degré et la plus pure expression de la liberté. Partout ailleurs la volonté est plus ou moins dominée par les motifs et mobiles sous l'influence desquels elle se détermine, et la force qu'elle y puise suffit amplement à l'effort que l'action réclame. Ici, non seulement ils font presque absolument défaut, car la raison ne commande pas un tel effort, et le cœur, loin de le demander, s'y refuserait plutôt; mais le sacrifice accompli est de telle nature que, quelque force qu'on leur prête, ils ne l'obtiendraient jamais d'eux-mêmes. Une idée, un sentiment peuvent provoquer en moi un élan, un transport qui, à un moment donné, me rende facile et doux le sacrifice de mes biens les plus chers, de mon bonheur, de ma vie pour autrui; mais ce sacrifice n'ira jamais jusqu'au don de moi-même. Pour consommer ce dernier sacrifice, pour me donner à un être qui peut-être n'a d'autre titre à mon amour que sa propre misère, sa faiblesse ou sa souffrance, je ne puis compter que sur moi-même, sur l'énergie de ma volonté. Qu'est-ce en effet que me donner ainsi? C'est aliéner ma propre liberté, c'est me renoncer moi-même, pour être désormais tout à autrui; c'est cesser d'être, autant qu'il dépend de moi, afin d'accroître de tout mon être l'être d'autrui; c'est mourir à moi-même afin qu'il vive de moi et par moi : quel plus complet sacrifice, quel plus noble usage et quelle preuve plus saisissante de ma liberté? Ainsi la liberté en germe dans la bonté, grandit avec la charité et s'épanouit dans l'amour, son progrès se mesurant toujours à l'énergie de l'effort, à l'étendue du sacrifice accompli par la volonté. — Sacrifice sublime, en effet, s'il procède de la seule bonté, si la misère morale, si le dénûment de cette âme à laquelle vous vous donnez, est le seul attrait qui vous y porte; preuve suprême de la liberté, si la volonté par sa seule énergie avait le pouvoir de le consommer! Mais cette puissance, cette grâce prévenante de la bonté qui déjà, au plus intime de vous-même, vous en faites l'aveu, incline votre volonté, cet attrait que toute souffrance éveille dans un cœur accessible à la pitié, ne conspirent-ils pas, à votre insu, à vous le rendre désirable et doux? Ne l'attribuez donc pas à la seule énergie de votre volonté. C'est être libre, dites-vous, que de se donner à autrui, à une âme qui du moins comprend la vôtre, et peut-être vous sait gré de cet amour auquel elle doit une vie plus pleine et plus haute, et cette félicité, cette perfection croissantes qui sont votre œuvre et que vous possédez, dont vous jouissez en elle : est-ce l'être moins que de se donner au bien sans espoir de retour, au devoir par cela seul qu'il est le devoir, à la vérité, comme au bien, comme au beau, à tout ce qui commande ou mérite un tel sacrifice?

Les théories que nous venons d'étudier font de la liberté le privilège de quelques âmes d'élite. Elles la placent si haut que, pour y atteindre, il ne faut pas moins que des circonstances exceptionnelles, une science rare, une vertu presque surhumaine. Tout autre est le caractère des théories qu'il nous reste à examiner. Elles tendraient plutôt à abaisser outre mesure le niveau de la liberté. Avec elles, on est libre par cela seul qu'on est homme ; on l'est sans effort, par une grâce de la nature, et cette liberté commune à tous est aussi égale et toujours tout entière chez tous.

4° *La liberté et le choix.* — La liberté, dit-on communément, n'est que le pouvoir de choisir. Elle le suppose en effet ; s'il n'y a pas tout au moins deux partis possibles, choix de l'un d'eux par conséquent, il n'y a pas liberté. Mais il ne suffit pas à la constituer : l'enfant, l'animal, choisissent, même après une sorte de délibération, sans liberté véritable.

5° *La liberté et l'absence de contrainte.* — Être libre, dit-on quelquefois, c'est n'être pas contraint, c'est n'être ni empêché ni forcé d'agir. Ici encore on confond la liberté avec l'une de ses conditions, celle peut-être dont la réalité est le plus difficile à établir, ou du moins le plus vivement contestée. Or la liberté réduite à l'absence de contrainte est toute négative : cet être dont toute la liberté consiste à n'être ni empêché ni forcé d'agir, n'agira, ne se déterminera jamais, s'il n'est doué d'activité, s'il n'a pas par lui-même le pouvoir de se déterminer et d'agir. Dira-t-on que la liberté est le pouvoir d'agir sans contrainte ? Mais une pure activité qui d'elle-même ne tendrait à aucune fin ou que ne solliciterait aucun mobile, ne passera jamais de la puissance à l'acte ; si, au contraire, elle subit un attrait, une impulsion quelconque, elle ne peut qu'y céder, n'ayant nulle force de résistance à leur opposer. Donc dans ce système qui place la liberté en dehors de l'être, ou l'être est impuissant à se déterminer, et sa liberté est illusoire, ou le principe de ses déterminations est en dehors de lui, il est déterminé lui-même, il cesse d'être libre.

6° *La liberté en soi.* — Ce système a quelque analogie avec le précédent ; seulement la liberté n'est plus en dehors de l'être ; elle ne se réduit pas à l'absence de contrainte : elle est une puissance active, mise à sa disposition, et dont le propre est de se déterminer d'elle-même. La liberté est alors conçue comme une chose en soi et subsistant par elle-même, qui se communiquerait à un être pour le rendre libre. Cette première erreur conduit à une autre : on ne se borne pas à attribuer à la liberté une existence propre ; on la veut infinie ; on en fait une puissance illimitée, une quantité absolue, toujours égale à elle-même, qui ne peut ni être amoindrie ni s'évanouir.

Cette liberté pure, étrangère à l'être dans lequel elle réside, et sans racine dans sa nature, est une pure imagination ; elle est impossible et contradictoire. Cette puissance absolue de se déterminer, ne relevant que d'elle-même, sera absolument impuissante à se déterminer ; ces possibles sans nombre toujours prêts à répondre à son appel, ne se réaliseront jamais, car tout lui sera également impossible. Séparée de l'intelligence, comment les appellerait-elle à se produire, alors qu'aucun motif ne la préviendrait en leur faveur et que l'idée même lui en ferait défaut ? Séparée de la sensibilité, sans mobile qui la sollicite, comment entrerait-elle en action ? Immobilité et impuissance, voilà donc à quoi se réduit cette absolue liberté dans laquelle on se plaît à voir l'essence et le type de toute liberté.

Telle n'est pas non plus la liberté humaine. En fait, il est incontestable que parmi nos actions, je veux dire celles qui se proposent à nous, les unes sont pour nous presque impossibles, les autres presque inévitables. En d'autres termes, ce qui nous est possible théoriquement, ne l'est plus pratiquement. Notre liberté n'est donc point un infini, une quantité absolue, mais un pouvoir limité, une indépendance relative. Nous sommes libres, mais nous le sommes plus ou moins, quelquefois pas du tout, jamais au point de pouvoir nous déterminer sans que notre détermination ait un point d'appui dans notre nature.

Nature de la liberté. — Tant que l'on attribue à la liberté une existence propre, la contradiction est inévitable ; nul ne possède cette liberté absolue au défaut de laquelle toute liberté, dit-on, serait illusoire. La contradiction n'est qu'apparente, au contraire, si l'on voit dans la liberté, ce qu'elle est en réalité, une puissance limitée qui a ses racines dans nos facultés, se développe avec elles et n'a d'être que par elles. Elle disparaît du moment qu'au lieu de ne considérer qu'une liberté abstraite et en puissance, on la rapproche des conditions qui la rendent possible, des facultés au sein desquelles elle s'épanouit comme la manifestation la plus haute de l'activité de l'être appelé à les exercer.

Racines de la liberté : la raison et la volonté. — Les facultés dont la liberté procède sont la raison et la volonté. Concevoir la liberté sans la raison, c'est supposer une puissance absolue de se déterminer, à laquelle par conséquent tout est possible. Mais de deux choses l'une : ou elle ne reçoit d'impulsion que d'elle-même, et dans ce cas, nous l'avons reconnu, elle ne se déterminera jamais ; ou elle subit l'impulsion de l'intelligence et de la sensibilité avec lesquelles elle se trouve en rapport : mais alors réduite, faute de raison, à opter entre les motifs qui se proposent à elle et les mobiles qui la sollicitent, sans pouvoir les juger et dans l'ignorance de leur valeur relative, ou elle cède fatalement à l'impulsion la plus forte ou elle lui résiste sans raison aucune. Une telle liberté n'est au fond que le caprice, le hasard, la fatalité sous le nom qui en est la négation. D'un autre côté, la concevoir en dehors de la volonté, de cette énergie intime que possède tout être vivant, et grâce à laquelle il dispose à quelque degré de lui-même et de ses actes, c'est substituer à cette liberté vivante qui est la nôtre, une liberté abstraite et morte qui n'a de réalité que dans notre imagination.

En dehors donc de la raison et de la volonté, point de liberté possible. Elle est, du moment qu'elles sont, et au degré où elles sont elles-mêmes. Mais elle n'est qu'en tant qu'elles concourent à la produire. Réduites à elles-mêmes, ni l'une ni l'autre n'en saurait être le principe : la raison sans la volonté commande et n'est point obéie; la volonté sans la raison s'agite et s'égare; elle ne se possède, ne se gouverne elle-même, elle n'est libre, qu'à la condition d'être réglée par la raison, de recevoir d'elle la loi qu'elle s'applique à elle-même.

Définition de la liberté. — La liberté est le pouvoir que possède un être doué de volonté et de raison, de prendre conseil de sa raison, de conformer aux prescriptions de sa raison ses déterminations et ses actes.

Grâce à sa raison, il voit les choses dans leur vérité; il sait dans un cas donné ce qu'il convient qu'il fasse; grâce à sa volonté, il peut à son gré céder à l'entraînement de sa nature ou lui résister; rien ne s'oppose dès lors à ce qu'il fasse ce qu'il sait pouvoir ou devoir faire.

L'être libre n'est donc point une pure activité, une force dont l'essence serait de se déterminer; c'est un être d'une certaine nature, constitué par de certaines facultés, en rapport avec la vérité sans doute, puisque sa liberté est à ce prix, mais d'abord avec lui-même, je veux dire avec des organes, des besoins, des habitudes, des tendances dont il peut faire abstraction dans sa pensée lorsqu'il s'oppose lui-même à sa propre nature, mais qui, quoi qu'il fasse, sont lui-même à quelque degré, à l'influence desquels il ne peut se soustraire un seul instant. Leur force même (pourquoi le dissimuler?) fait en partie celle de sa volonté dont l'énergie est presque constamment en proportion de l'ardeur qu'ils lui communiquent. Il n'en est pas moins vrai que, sauf des cas exceptionnels, il lui est toujours possible d'obéir à sa raison; et cette liberté suffit à sauvegarder sa responsabilité et à assurer sa moralité.

Résumons-nous. En principe, être doué de raison et de volonté, c'est être libre, et, à ce point de vue tout abstrait, la liberté ne comporte pas de degrés; tous les hommes sont libres et le sont également. Mais, par le fait, la raison et la volonté différant d'un homme à l'autre, la liberté a comme elles ses degrés. Cela posé, nous sommes en mesure de répondre d'une manière précise aux questions suivantes:

La liberté est-elle un don de la nature? Oui, en ce sens

que les facultés qui la constituent se trouvent naturellement en nous. — Est-elle une conquête de l'homme sur lui-même? Oui aussi, en ce sens que leur développement est en partie son œuvre, et qu'il lui est d'autant plus facile, à un moment donné, d'obéir à sa raison, qu'il s'y est appliqué jusque-là avec plus de constance et d'énergie? — L'enfant est-il libre? Oui, selon la puissance de sa raison et de sa volonté. — Un homme peut-il cesser de l'être? Oui, si sa raison s'égare, ou si, sa raison étant saine, sa volonté affaiblie ou déréglée n'a plus le pouvoir de lui obéir. — Cependant il répugne qu'un être créé libre puisse perdre une qualité qui est comme l'un des attributs de sa nature? L'objection repose sur une équivoque : on confond la liberté en puissance ou possible avec la liberté actuelle ou effective; celle-là inhérente, en effet, à la nature d'un être doué de raison et de volonté, mais qui n'est qu'une possibilité, tant que ces facultés n'existent qu'à l'état rudimentaire; celle-ci, seule efficace et seule liberté véritable, qui en suppose le plein développement et l'exercice normal, grandit avec elles et avec elles aussi décline ou s'évanouit.

Degrés dans la liberté. — La liberté vraie, celle qui procède à la fois de la raison et de la volonté, en rapport, d'une part, avec des mobiles qui, en la sollicitant, lui font obstacle; de l'autre, avec des motifs dont elle s'inspire et dont la force, puisée dans la raison, fait en partie la sienne, la liberté a pour limites celles mêmes de la raison et de la volonté par le concours desquelles elle se trouve constituée. Elle grandit avec elles, s'amoindrit avec elles. Absolue chez un être dont la raison et la volonté le seraient elles-mêmes, c'est-à-dire qui saurait tout et dont la puissance égalerait la sagesse, elle est donc purement relative chez l'homme et se mesure au degré de volonté et de raison dont il dispose, à ses lumières et à sa puissance de réflexion, d'une part; à l'énergie de sa volonté, de l'autre; on pourrait presque dire à la netteté de son esprit et à la fermeté de son caractère. Libre déjà à quelque degré en tant que capable de vouloir, il le devient de plus en plus à mesure qu'il voit plus clair et plus juste, et qu'il prend plus d'empire sur lui-même. Cette liberté, il ne dépend que de lui de l'étendre chaque jour davantage, car il peut sous ce rapport toujours plus qu'il n'a fait, comme il ne dépend que de lui d'en user bien.

Conditions de la liberté. — Quant à l'acte libre : 1° la *spontanéité*, c'est-à-dire qu'il doit provenir de l'être lui-même, de sa nature, non d'une cause étrangère. Condition très insuffisante : que l'impulsion à laquelle je cède ait son principe dans ma constitution propre ou au dehors, du moment qu'elle est irrésistible, je n'agis pas librement.

2° Le *choix :* condition nécessaire, mais également insuffisante; il y a spontanéité et choix chez l'animal, sans liberté vraiment efficace.

Telles sont, d'après Aristote, les deux conditions de l'acte libre.

3° Leibnitz y ajoute la *contingence* de l'acte, c'est-à-dire que l'action contraire ne soit pas métaphysiquement, c'est-à-dire absolument impossible. Dans ce cas, en effet, un seul parti étant possible, il n'y aurait ni choix, ni liberté. La contingence est donc l'une des conditions de la liberté, mais pas plus que le choix elle ne suffit à la constituer.

A ces conditions nécessaires, mais non suffisantes, de l'acte libre, il faut en ajouter deux autres relatives à l'être lui-même, et dont la réunion semble bien près de constituer l'essence de la liberté :

4° La *raison*, qui permet d'apprécier sainement toutes choses, et, au moment d'agir, la *réflexion :* celui-là seul est libre qui connaît les motifs de ses actes et leur valeur, et seul agit librement qui pèse ces motifs et les estime à leur valeur vraie. Aussi la liberté croit-elle avec les lumières, et n'y a-t-il pour une intelligence imparfaite qu'une liberté relative.

5° Une *énergie suffisante de la volonté*, au défaut de laquelle l'être libre, impuissant à conformer ses actes au jugement de sa raison, n'aurait qu'une liberté nominale.

Preuves de la liberté. — 1° *Consentement universel.* — Tout ce qui se passe dans toute société fait foi de la croyance universelle en la liberté, et, par conséquent, dépose en sa faveur; car il est inadmissible que tous se trompent au sujet d'un fait vis-à-vis duquel chacun semble témoin impartial et juge compétent, et a tout intérêt à ne pas se tromper. Les principales de ces preuves indirectes de la liberté sont : les promesses, contrats, engagements de toute sorte par lesquels on se lie pour l'avenir; à un moindre degré, les conseils, prières, reproches, menaces; davantage, les prescriptions et les peines légales, surtout les jugements moraux de l'opinion relativement au caractère et à la conduite de chacun, et jusque dans la littérature les luttes du devoir et de la passion.

On objecte, il est vrai, qu'aucune de ces choses n'implique à la rigueur la liberté; qu'à supposer la liberté contrainte de céder au motif le plus fort, l'efficacité des unes (engagements, prescriptions légales, conseils), résulte de ce qu'elles suggèrent précisément de tels motifs (exemple, la crainte de ne pas tenir sa promesse, avec les conséquences qui en résultent), la justice des autres (opinion, peines légales), de ce qu'il convient de savoir gré à la volonté de l'effort ou du sacrifice qu'elle a dû s'imposer pour accéder à de tels motifs. — Nous répondons que, sans la liberté, cette efficacité n'est jamais assurée, et que cette justice n'est qu'illusoire, tel motif imprévu pouvant prévaloir, en dépit de notre bon vouloir, sur les motifs jugés propres à enchaîner notre volonté.

2° *Témoignage de la conscience.* — La liberté est prouvée directement pour chacun par le témoignage de sa propre conscience. Toutes les circonstances de l'acte volontaire en font foi : la délibération qui suppose que nous ne sommes liés d'avance à aucun parti, la détermination dans laquelle la liberté de notre choix est manifeste pour nous, et enfin les conséquences mêmes de notre action, à savoir notre satisfaction ou nos regrets, nos remords, en un mot le sentiment de notre responsabilité, inexplicable sans la liberté.

A cette preuve de sens commun que Descartes tenait pour décisive, Kant (et avant lui déjà Bayle, Spinoza et Leibnitz) objecte que de notre liberté apparente, nous n'avons pas le droit de conclure à une liberté réelle. Nous ne nous sentons pas contraints, cela est incontestable ; il ne s'ensuit pas que nous ne le soyons point. N'avoir pas conscience d'une pression exercée sur la volonté, n'équivaut pas à avoir conscience de la non-existence de cette pression. En d'autres termes, nous ne pouvons pas éprouver directement notre liberté ; l'apparence est en sa faveur, mais l'apparence peut être illusoire (de là ces comparaisons de l'aiguille aimantée, de la girouette, de la pierre qui tombe qui, si elles pouvaient penser, se croiraient libres, s'attribuant à elles-mêmes la direction et le mouvement qu'elles tiennent de leur nature ou des circonstances).

Nous répondons : 1° Qu'entre l'apparence de la liberté et sa réalité, il y a un rapport constant : là où cette apparence fait défaut, dans le vertige et la folie, la liberté est nulle ; l'état normal, au contraire, qui, s'il n'est pas la liberté, s'en rapproche du moins, se caractérise par le sentiment de plus en plus vif de celle-ci. Il semble donc que la conscience de la liberté soit en raison de sa réalité. — 2° Qu'une liberté apparente équivaut pratiquement à une liberté réelle : par cela même que je me sens, que je me juge libre, je le suis en effet dans une certaine mesure : je me propose des motifs, je les apprécie, et me décide en conséquence ; j'ai donc bien jusqu'à un certain point l'initiative de mes actes, et, si je m'en tiens pour responsable, c'est que de même je le suis en effet. — 3° Que la solution de la question est dans la distinction des mobiles et des motifs. Tant que je cède à un mobile, à un sentiment, j'obéis aveuglément à une impulsion étrangère à moi-même et puis me faire illusion sur la cause vraie de mon action. Il n'en est plus de même quand j'agis d'après un motif. Ce motif, ma raison me le propose comme valable, obligatoire, par exemple ; je puis être porté à y adhérer par des causes autres que sa valeur propre ; mais il peut arriver aussi qu'il tire toute sa force de sa seule valeur, de celle que ma raison lui prête ; et lorsque j'y adhère parce que ma raison me le commande, et que je veux lui obéir, je suis certain que la cause de mon adhésion est en moi, dans ma volonté, non dans quelque influence secrète, étrangère à moi.

3° *La loi morale.* — La loi morale, à son tour, avec ses conséquences : devoir, mérite et démérite, vertu et vice, peines et récompenses, implique la liberté. Elle n'a de raison d'être et ne peut avoir d'efficacité que vis-à-vis d'un être libre, capable de conformer ses actes aux prescriptions de sa raison, c'est-à-dire de cette loi morale que sa raison lui révèle et à laquelle elle lui enjoint d'obéir, et cela en l'absence de tout mobile ou motif autre que la sainteté de cette loi et le respect qu'elle lui commande. Un tel pouvoir de se donner au bien par cela seul qu'il est le bien, avec le désintéressement absolu qu'il suppose, est le plus haut degré de la liberté, sa forme la plus noble et la plus enviable pour l'homme. Si celle-là est possible et réelle, à plus forte raison les autres, exigeant un moindre effort, un moindre sacrifice, le sont-elles.

CHAPITRE XXXIV

LIBERTÉ D'INDIFFÉRENCE ET FATALISME

Notre thèse d'une liberté restreinte, mais réelle, influencée, mais non contrainte, rencontre deux sortes d'adversaires ; les uns qui exagèrent la liberté jusqu'à la compromettre, les autres qui la nient formellement.

1° Liberté d'indifférence.

Liberté d'indifférence. — C'est le pouvoir attribué à la volonté par certains philosophes (Bossuet, Reid), de se déterminer, de choisir, en l'absence de tous motifs, pouvoir dont elle n'userait, il est vrai, que pour des actes de peu d'importance. De là le nom de liberté d'indifférence, la volonté étant indifférente à l'égard de l'acte auquel elle se décide, n'ayant aucune raison de le préférer à tout autre.

Ils s'appuient sur des faits étrangers, pour la plupart, à la liberté, et dans lesquels la volonté n'a point à choisir. Exemple de Reid : choix d'une pièce de monnaie de la valeur fixée, dans l'aumône. Mais ce choix n'existe pas. Qui dit choix, dit comparaison, préférence, raison de préférence. Or, ici rien de tel : on veut donner une pièce de telle valeur ; la main saisit la première venue d'entre celles-là. L'enfant qui, au contraire, donnerait à dessein la pièce la moins neuve ou la moins brillante, choisirait, et il aurait ses raisons pour agir de la sorte. Quant à l'aumône, le choix est réel et motivé : on a ses raisons pour donner, pour donner plus ou moins.

Réfutation. — 1° En fait, tout acte sérieux, surtout s'il est délibéré, suppose quelque raison de le faire, a un motif : ceci est un fait d'expérience.

2° En principe, il est d'un être raisonnable, d'abord de ne pas se déterminer sans motifs, ensuite d'accéder au motif le meilleur.

3° Enfin, c'est le motif ou l'intention qui fait la valeur morale de l'action : par exemple, l'aumône est méritoire ou non, selon le motif qui l'inspire : charité, ostentation, hypocrisie. Par conséquent, la liberté d'indifférence est incompatible avec la moralité.

Quant à ceux de nos mouvements (la main, le bras levés ou baissés), et de nos actes volontaires qui n'auraient pas de motif appréciable, ils sont libres en un sens, d'autres étant également possibles, mais ne sont pas l'objet d'un choix véritable. Tantôt ils dépendent de l'habitude ou des circonstances (la fuite déterminée par la frayeur), plus que de la volonté ; et encore, dans ce dernier cas, un but est-il entrevu et suggère-t-il un motif. S'ils sont l'objet d'une volonté expresse, ils ne sont guère que des moyens adoptés, selon qu'ils s'offrent à la pensée et parce qu'il faut s'arrêter à quelque chose, en vue d'une fin, seule voulue délibérément. Deux chemins sont possibles sans raison de préférence : on prend l'un ou l'autre indifféremment, parce qu'il le faut pour arriver ; de même on dicte une phrase, un nombre parmi d'autres possibles ; on lève ou on baisse la main, — exemple de Bossuet, — parce qu'ayant résolu de faire l'un ou l'autre mouvement, mais non lequel, il faut opter pour l'un d'eux ; mais tout motif de préférence faisant défaut, il n'y a pas choix véritable, non plus que liberté raisonnable, le hasard en décidant.

2° Fatalisme.

C'est la doctrine qui nie la liberté, une contrainte, extérieure ou intérieure, enchaînant la volonté à son insu. Si cette contrainte est extérieure, c'est le *fatalisme métaphysique* ou *religieux*, le *fatalisme* proprement dit ou *prédéterminisme ;* intérieure, c'est le *fatalisme psychologique* ou *déterminisme*.

I. Fatalisme métaphysique. — Une puissance mystérieuse dispose de tout dans le monde, enchaîne la volonté humaine, la rend impuissante : c'est le destin avec ses arrêts irrévocables, plus rarement la fortune avec ses caprices ; ou encore, et plus sérieusement, une inéluctable nécessité, un mécanisme inflexible enchaîne dans le monde les effets aux causes, prédétermine les événements et les actions humaines.

Le destin. — Parmi les sectateurs du destin, les uns maintiennent la liberté humaine, capable encore de bien et de mal, moralement responsable par conséquent, mais finalement impuissante, puisque les événements, les conséquences de nos actes, sinon nos actes eux-mêmes, seraient prédéterminés (sorte de fatalisme encore très répandu, et de foi chez les Mahométans) ; les autres (quelquefois dans le paganisme grec) nient la liberté elle-même, les sentiments maîtrisant la volonté et les actes s'imposant à elle conformément aux arrêts du destin (Phèdre, OEdipe). A ceux-ci nous opposons l'existence indéniable de la liberté, à ceux-là l'influence trop manifeste, en mal comme en bien, de l'homme sur lui-même, sur sa vie, son bonheur, son avenir, aussi bien que sur la nature ; aux uns et aux autres les conséquences funestes et absurdes d'un tel dogme : l'homme ne pouvant rien pour lui-même, réduit dès lors à laisser les événements se dérouler, sans essayer d'en modifier le cours. Léibnitz objecte que l'événement pouvant n'être prédéterminé que par rapport à notre action, à supposer que celle-ci lui donne lieu de se produire, un tel abandon de nous-mêmes ne serait pas fondé en raison ; de là le *sophisme paresseux*. On peut répondre : 1° que dans ce cas toute initiative serait inutile, tout étant inévitable, nos actes comme l'événement; 2° que nous devrions nous préoccuper de ce que le destin attend de nous, bien plus que de ce que les circonstances réclament; essayer de pénétrer le secret du destin à notre égard, bien plus que prendre conseil de notre raison.

Système de la nécessité. — Quant à la nécessité, il n'y a de nécessaire dans le monde que l'application de ses lois dont l'existence n'est point incompatible avec celle de volontés libres, libres par cela même qu'elles sont raisonnables. Au contraire, l'homme peut agir sur la nature en s'aidant des forces dont elles règlent l'activité, à plus forte raison sur lui-même. Quant à cette formule : « Tout ce qui est, tout ce qui arrive résulte nécessairement de ce qui a été, de ce qui précède », elle n'est vraie que pour la nature, non pour l'homme, dont la volonté éclairée par sa raison, appuyée sur les idées et vérités qu'elle lui fournit, peut lutter victorieusement au dedans de lui-même et en dehors de lui contre la force des choses.

II. Fatalisme religieux. — La liberté humaine incompatible avec la nature divine : trois objections principales.

1° *Prescience.* — C'est la plus habituelle. Dieu connaît d'avance nos actions, donc elles sont inévitables.

L'objection est embarrassante, mais n'a qu'un intérêt spéculatif.

A supposer, en effet, la liberté humaine et la prescience divine également certaines pour nous et incompatibles, il serait déraisonnable de sacrifier à l'autre celle des deux vérités dont nous avons les preuves les plus directes et qui seule nous est d'une nécessité pratique absolue.

On répond diversement à l'objection. 1. Et d'abord elle se retourne contre la liberté divine : si la prescience a pour conséquence la prédétermination, Dieu ne peut à un moment donné vouloir que ce que de toute éternité il sait qu'il voudra.

2. On concède quelquefois que si la prescience était réelle, elle entraînerait la prédétermination. Aussi essaie-t-on de montrer que Dieu ne prévoit pas nos actes, mais qu'il les voit s'effectuant, alors que pour nous ils sont encore à venir. Dieu, dit-on, est en dehors du temps : il pense, il

agit dans un présent éternel. Le passé, l'avenir ne sont tels que pour nous, par rapport au moment actuel de notre existence, mais ils ne sont rien pour lui ; sa prévision n'anticipe pas nos actes, ils ne se succèdent pas devant lui, ils se déroulent sous son regard dans un instant indivisible.
— Il n'en est pas moins vrai qu'ils se succèdent, et qu'en partie ils ne s'expliquent que par leur succession même. Si donc Dieu ne les connaît pas dans leur dépendance mutuelle, c'est-à-dire dans leur succession, il ne les connaît qu'imparfaitement. Si, au contraire, il connaît leur succession, il en a non la science seulement, mais la prescience.

3. Le plus souvent on se borne à établir que la prescience n'entraîne pas la prédétermination. Dieu voit, constate ce qui se fait dans le monde, il ne le fait pas. Il constate de même nos actes libres, il ne les prédétermine pas. Il les voit avant qu'ils ne se réalisent, comme il nous voit nous-mêmes avant que nous ne soyons, et cette vision actuelle de ce qui n'est point encore n'est pas moins nécessaire, étant donnée la perfection de Dieu, qu'elle n'est mystérieuse. Il suffit que nous la reconnaissions, il ne nous appartient pas de l'expliquer.

2° *Toute-puissance*. — La liberté humaine ne fait pas comme on le prétend, obstacle à la toute-puissance de Dieu, du moment qu'elle vient de lui. L'objection ne serait valable que si par la toute-puissance de Dieu on entendait que Dieu fait tout.

3° *Concours divin*. — La conservation des créatures ne serait qu'une création continuée (Descartes). Dès lors l'homme, comme les autres êtres, n'aurait plus d'existence ni d'activité que celles que Dieu lui prête, Dieu agirait en lui et à sa place; par conséquent plus de liberté. — Pour éviter la conséquence, il suffit d'écarter le principe, de reconnaître à la créature l'activité, et à l'homme la liberté qui leur appartient.

III. **Fatalisme psychologique ou déterminisme.**
— D'autres objections sont tirées des conditions dans lesquelles la volonté s'exerce et qui rendraient la liberté illusoire ; ces conditions sont intellectuelles, sen-

sibles et organiques : de là trois objections principales.

1° *Prépondérance des motifs.* — La volonté assimilée à une balance, les motifs à des poids, le motif le plus fort entraînant la volonté.

Assimilation impossible : 1° la balance est inerte, la volonté active ; qu'elle se détermine librement ou non, elle possède une certaine initiative ; elle peut par exemple s'attacher à tel motif ou s'en détourner, le susciter ou l'écarter ; 2° les poids ont une valeur déterminée et invariable, les motifs n'ont que celle que nous leur attribuons, et elle varie d'une personne à l'autre, et pour la même d'un moment à un autre.

L'objection n'en est pas moins très sérieuse ; on y répond diversement :

1. Prêter au motif une force, un poids, supposer qu'il pèse, qu'il exerce une pression sur la volonté, c'est l'assimiler au mobile, au sentiment qui, en effet, l'incline et peut l'enchaîner. Le motif est une idée, une raison d'agir, plausible peut-être et décisive. Comme tel, il se recommande à la volonté et l'oblige peut-être, mais ne la contraint pas ; il s'impose à la raison, il se propose seulement à la volonté.

2. Quelle que soit la nature de l'action du motif sur la volonté, s'il avait une valeur propre, autre que celle que nous lui attribuons, peut-être exercerait-il une certaine pression sur elle ; en opposition avec une force étrangère, peut-être y céderait-elle fatalement. Mais c'est de nous-mêmes qu'il tire toute sa valeur ; s'il vaut à nos yeux, c'est notre propre constitution, ce sont nos diverses tendances, c'est notre manière de sentir et de voir, au fond c'est nous-mêmes qui le voulons ainsi ; de sorte qu'en lui obéissant, c'est à nous-mêmes que nous obéissons et que nous faisons véritablement ce que nous voulons.

Mais on peut objecter que cette explication sauvegarde la spontanéité, non la liberté ; en agissant de nous-mêmes et conformément à notre nature, non sous l'impulsion d'une cause étrangère, nous agissons spontanément sans doute. Il ne s'en suit pas que ce soit librement : que nous nous proposions le motif nous-mêmes, ou qu'il se propose à nous, qu'il tire sa valeur de nous ou d'ailleurs, s'il nous est impossible de n'y point accéder, notre liberté est illusoire.

3. Il est possible de répondre plus directement à l'objection. Soit, nous cédons au motif le plus fort, c'est-à-dire au plus grave, au meilleur. Mais c'est précisément ce que nous voulons : autrement, pourquoi délibérer? Avant toute délibération, nous sommes résolus (et en cela nous avons fait acte de liberté) à adhérer au motif le meilleur : en le faisant, cessons-nous d'être libres? ne le sommes-nous pas au contraire d'autant plus que pour le faire nous triomphons de plus d'obstacles? Nous voulons le meilleur, parce que la raison nous le commande et que nous voulons lui obéir; notre liberté ne serait illusoire que si, ce meilleur, nous ne pouvions le connaître, ou le connaissant, nous y conformer.

2° *Influence du sentiment.* — Le désir, l'affection, la passion exercent sur la volonté une pression incontestable et qui peut aller jusqu'à l'enchaîner; mais à l'état normal ils l'inclinent sans la contraindre; si vif que soit le désir et profonde l'affection, nous pouvons toujours nous y refuser, à condition, bien entendu (la raison le veut ainsi) d'avoir quelque motif de le faire.

3° *Influence du tempérament.* — On fait valoir l'influence du tempérament sur le caractère et du caractère sur la conduite, influence qu'on prétend irrésistible. Elle est réelle, mais on l'exagère. Le caractère ne dépend pas seulement du tempérament, ni la conduite du caractère. Deux personnes de caractère opposé peuvent à un moment donné tenir la même conduite, et la même personne se démentir d'un moment à un autre.

Système de la nécessité morale. — Forme atténuée du déterminisme soutenue par Leibnitz : 1° la résolution se conforme nécessairement au jugement auquel la délibération aboutit; 2° ce jugement (non toujours réfléchi) est l'expression de notre état mental au moment où la délibération a pris fin; il est la résultante des dispositions combinées, permanentes ou actuelles, du caractère, de l'esprit et du cœur. Au fond nos jugements, et par suite nos déterminations, résulteraient nécessairement des sentiments, inaperçus peut-être, sous l'empire desquels ils se produiraient. — Que le jugement soit fatal, en tant qu'expression d'une vérité évidente, cela est vrai; mais dans une foule de cas la liberté y intervient. D'ailleurs, il suffit pour que la liberté soit sauve, d'abord qu'il soit éclairé, que nous reconnaissions sûrement le parti qu'il convient de prendre et les raisons de le prendre, puis surtout que l'adhésion de la volonté à ce jugement soit libre. Or elle l'est du moment que, si puissant que soit le motif que le jugement suggère, il dépend d'elle, d'elle seule, d'y adhérer ou de s'y refuser.

Limites de la liberté. — La liberté n'est point une indépendance absolue. La volonté même de Dieu est soumise à une double nécessité : nécessité métaphysique de ne pas vouloir ce qui de soi est impossible, comme de changer le vrai en faux, le bien en mal, de donner au triangle les propriétés du carré; nécessité morale de vouloir le meilleur, de se conformer à sa sagesse et à sa bonté. Mais celle-ci n'exclut pas la liberté. A plus forte raison, la liberté humaine est-elle essentiellement limitée, restreinte, subordonnée aux conditions de son exercice.

1° D'abord le domaine de notre liberté est restreint comme celui de nos facultés; nous ne sommes pas libres de vouloir ce que nous ne savons pas ou ne pouvons pas.

2° Certaines tendances innées, telles que le désir du bonheur, l'amour de soi, l'attrait pour le bien, pour la vérité, etc., déterminent les directions ou conditions essentielles de son exercice.

3° Les penchants, habitudes, passions, rendent cet exercice plus ou moins difficile, surtout en vue du bien.

4° Enfin l'intelligence n'est pas également développée, ni la volonté également énergique chez tous; la liberté, une liberté suffisante subsiste néanmoins, du moment que tout homme à l'état normal a le pouvoir d'agir selon sa raison.

LA PERSONNE HUMAINE : L'AME ET LE CORPS

CHAPITRE XXXV

INDIVIDUALITÉ ET PERSONNALITÉ

L'étude des facultés terminées, il reste à étudier l'être qui possède ces facultés et en dispose, à déterminer sa nature. Mais quelle qu'elle soit, qu'il soit corps ou esprit, il est une personne, un individu. Qu'est-ce donc que l'individualité et la personnalité? Quelles en sont les conditions, les principes constitutifs?

Individualité. — Tout ce qui est, est être ou manière d'être. De là une première distinction : les êtres, les choses (les corps, cet animal, cette pierre) et leurs manières d'être ou qualités. Celles-ci sont essentielles ou accidentelles, permanentes ou passagères. De là, pour les désigner, divers termes correspondant à ces différents points de vue : attribut, mode, etc.

L'*attribut* est une manière d'être essentielle et permanente (l'activité dans l'âme, l'étendue dans la matière). Le *mode* est une manière d'être accidentelle et passagère. Tant qu'une chose subsiste, elle conserve ses attributs; elle ne pourrait les perdre sans être anéantie. Ils sont donc les conditions premières de son existence. Elle peut présenter tour à tour, au contraire, des modes divers ou opposés : changer de forme, de couleur par exemple. Le passage d'un mode à un autre constitue le *changement* ou *phénomène*. La *propriété* est le pouvoir de subir ou de produire un changement. On appelle *caractères* les modes distinctifs d'une chose (caractères d'un animal, d'une plante, d'un minéral). Propriété et caractère impliquent une permanence relative, mais pas au même degré. Une chose, tant qu'elle subsiste, garde généralement les propriétés qui dérivent de sa nature; elle pourrait cependant perdre l'une ou l'autre, sans cesser d'être, d'être elle-même. Elle peut plus aisément perdre tel ou tel de ses caractères, sans que son existence ou son intégrité soient compromises : les caractères physiques et moraux de l'homme changent avec l'âge ; ceux de la plante varient avec les saisons.

On appelle *individu* toute chose ayant une existence propre. Or les qualités ou phénomènes n'existent pas indépendamment de la substance dont ils sont des manières d'être ; ils ne sont donc pas des individus. Là où est la substance, là est aussi l'individu. Tout individu est donc une substance. Mais une chose peut exister substantiellement sans avoir une existence individuelle : la terre, l'eau, l'air, etc. L'individualité implique donc deux conditions : l'une inhérente à l'individu en tant que substance, l'*identité* ; l'autre qui lui est propre, l'*unité*.

L'individu est un tout, et par là il se distingue de tout le reste. Il a ses limites et sa constitution propre : ce bloc de pierre, ce tronc d'arbre, cette table, cette machine, cet animal. Il peut d'ailleurs être divisible ou non. Il possède ensuite une certaine stabilité ; il subsiste, il demeure identique à lui-même, quelque changement d'ailleurs qu'il éprouve : ce morceau de cire peut passer de l'état solide à l'état fluide, recevoir telle ou telle forme ; ce n'en est pas moins la même cire. Le corps humain se renouvelle, ce n'en est pas moins le même corps.

Mais il y a bien des degrés d'unité et d'identité. L'unité est plus ou moins intime : un bloc de pierre, une machine, la plante, un corps vivant, l'âme, etc. De même l'identité est plus ou moins profonde : celle du corps vivant, qui, se renouvelant incessamment, ne demeure identique à lui-même que dans sa forme ou sa structure, est d'un ordre inférieur à celle de l'âme qui reste substantiellement identique à elle-même.

Au degré inférieur, l'unité et l'identité suffisent pour constituer l'individualité ; à un degré plus élevé, l'activité s'y ajoute : activité organique ou morale. Et en général l'individualité est d'autant plus accusée, qu'il y a dans un être plus d'activité propre et d'un ordre plus élevé. C'est ainsi qu'en tant qu'individu un simple agrégat est bien au-dessous d'un mécanisme, celui-ci d'un organisme vivant, celui-ci enfin d'une âme, d'une force consciente et maîtresse d'elle-même ; de sorte qu'à mesure qu'on se rapproche de la forme supérieure de l'individualité, la personnalité, l'activité semble devenir de plus en plus son principe constitutif, l'unité et l'identité lui étant subordonnées, et même en partie dépendant d'elle (exemple : le cadavre et le corps vivant).

Le principe d'individualité. — De là la question, longtemps débattue, du principe de l'individuation, les uns le plaçant dans la forme ou nature de l'être, c'est-à-dire au fond dans l'unité et l'identité, considérées comme indépendantes de l'activité ; les autres dans l'activité, et chez l'animal, chez l'homme surtout, dans la volonté. Deux êtres peuvent avoir une commune nature (et c'est le cas de tous ceux qui appartiennent à une même espèce); ce que chacun a en propre, c'est son activité ; c'est par elle surtout qu'il est lui-même. La nature l'avait fait tel ou tel; mais il possède dans son activité un principe interne de changement grâce auquel il devient autre qu'il n'était primitivement et par conséquent se fait lui-même ce qu'il est. A plus forte raison, si cette activité, au lieu d'être une pure spontanéité, est une volonté libre et réfléchie. Alors il se possède, dispose de lui-même ; il est lui-même dans toute la force de l'expression, et se distingue de tout autre être aussi profondément qu'il soit possible. Mais il est alors plus qu'un individu : c'est une personne, un être moral.

Personnalité. — On définit ordinairement la *personne : vis sui conscia, sui compos*. La personne est incontestablement un *être actif*, une *force* douée de *conscience* et de *liberté*. Supprimez l'un ou l'autre de ces trois éléments, la personnalité disparaît. Un être passif, apte seulement à recevoir les changements qu'une cause étrangère lui transmet, loin d'être une personne, serait au dessous de l'animal. D'autre part, un être actif, étranger à lui-même faute de conscience, sans pouvoir sur lui-même faute de liberté, ne serait pas davantage une personne. La conscience et la liberté sont donc indispensables à la personnalité. Mais en sont-elles les principes constitutifs, et cela au même titre? ou seulement des conditions, et les seules ?

Ses conditions. — Et d'abord la *sensibilité*, la *raison*, la *mémoire*, sont autant de conditions également nécessaires de la personnalité. Ne rien sentir, ne rien désirer, ne rien aimer, par rapport au vrai, au bien, au bonheur d'autrui ou au sien propre, un tel état d'indifférence et d'impassibilité répugne à l'idée que nous nous formons d'une personne, d'un être moral. Si haut que nous placions celle-ci au-dessus des conditions de l'existence humaine, fût-ce la personne divine, nous ne saurions lui attribuer une telle insensibilité, lui refuser par exemple la bonté, l'amour, sans la sentir diminuer à nos yeux, et comme s'évanouir dans un idéal de perfection tout abstraite et sans réalité.

Mais la personne est nécessairement aussi un être raisonnable, en état de distinguer le vrai du faux, le bien du mal. La raison peut seule donner à ses actes une valeur morale, en même temps que lui permettre de se posséder pleinement elle-même. Quelle possession de soi serait possible, en effet, à un être qui, ignorant la valeur de ses actes, comme celle des fins qui s'offriraient à lui, en serait réduit à s'en remettre au hasard ou à l'instinct, c'est-à-dire à une cause aveugle, de ses choix et de sa propre conduite ?

Si maintenant nous écartons la mémoire, toute solidarité, tout lien étant rompu entre l'état actuel et les états antérieurs, que restera-t-il d'une personne à cet être qui, étranger à son propre passé, et vivant tout entier dans le moment présent, recommencerait à chaque instant une vie nouvelle aussitôt interrompue, ne se saisirait un instant de lui-même que pour se perdre aussitôt et s'anéantir à ses propres yeux ?

Son principe. — Mais si les conditions de la personnalité sont diverses, le principe qui la constitue essentiellement est unique : c'est la volonté libre. Se posséder, disposer de soi, en est bien le trait original, le caractère éminent, et il est l'œuvre de la liberté. Je ne suis moi qu'autant que je suis libre, et suis d'autant plus moi-même que je le suis davantage. Que je cesse d'être libre : ne m'appartenant plus, esclave de ma nature, ou jouet du hasard, je tombe au rang des choses. Libre, au contraire, je suis ce que je veux être, je suis par moi-même en même temps que pour moi, je suis moi.

Le moi et la personne. — Entre le moi et la personne, il n'y a guère qu'une différence de point de vue. L'être qui déjà à quelque degré est une personne peut seul dire : moi. Le moi, c'est la personne en rapport avec elle-même, en tant qu'elle est pour elle-même et par elle-même, fût-elle unique. C'est l'être revêtu des attributs de la personnalité sans doute, mais considéré en lui-même, plutôt que par rapport à ces attributs. La personne, c'est lui encore, mais en tant qu'il les possède ; le mot éveille avant tout l'idée de la qualité, de la dignité morale dont il est investi, et par laquelle il vaut. C'est moins le moi, que la personne humaine, que leur dignité morale qui nous commande le respect de nos semblables ; mais quant à eux, ce qui importe avant tout, c'est qu'ils sont eux-mêmes, et ce respect que nous leur devons à titre de personnes, ils le réclament déjà au nom de leur moi. De là résulte que si, en principe, le moi est inséparable de la personnalité, il est possible, alors même que celle-ci n'est encore qu'ébauchée. Ex. : l'enfant avant l'âge de raison.

CHAPITRE XXXVI

SPIRITUALITÉ DE L'AME.

Il s'agit de savoir si le principe de la vie morale dans l'homme est, ou non, distinct du corps ; si l'être qui sent, pense et veut, a une réalité propre, s'il existe à titre de substance immatérielle, ou s'il n'est qu'une forme du corps, un effet de l'organisation, le corps seul étant réel à titre de substance : question de toutes celles qui s'imposent à la psychologie la plus obscure, et l'une des plus graves par ses conséquences.

La question chez les anciens et chez les modernes. — Chez les anciens, l'existence de l'âme ne faisait pas doute ; le corps, à leurs yeux, loin d'expliquer la pensée, n'expliquait même pas la vie.

De là la nécessité d'un ou plusieurs principes distincts du corps, d'une ou plusieurs âmes préposées, soit aux fonctions organiques, soit aux fonctions supérieures de la vie morale. Cependant sauf de rares exceptions (Platon, Aristote et l'école néoplatonicienne), la notion de l'immatérialité absolue de l'âme semble leur avoir fait défaut.

« La scolastique, d'accord en cela avec Platon plutôt qu'avec Aristote, enseignait généralement que nous avons trois âmes : l'âme végétative, qui veille à la conservation du corps ; l'âme sensitive qui éprouve les sensations, matérielle comme l'âme végétative; et l'âme raisonnable, seule spirituelle. Dans la suite, on se borna à distinguer, dans une âme unique, trois parties ou fonctions correspondant à ces trois âmes. Bacon lui-même admettait une âme raisonnable et une âme sensitive. Enfin Descartes traça la ligne de démarcation qui sépare la pensée de la matière. A la matière il attribue l'étendue et le mouvement; à l'âme spirituelle, la pensée; c'est-à-dire la sensation, la volition, etc., d'un mot, la conscience (1). »

Depuis Descartes, l'opposition est nettement tranchée entre le corps matériel et l'âme immatérielle. Ou l'âme n'est qu'un être de raison, une entité chimérique, ou elle est nécessairement immatérielle.

Spiritualité et immatérialité. — Dans le langage de l'école, on distingue, il est vrai, la spiritualité de l'immatérialité. Être immatériel, c'est être simple, c'est-à-dire sans parties, inétendu ; être spirituel, c'est, en outre, penser, avoir conscience. Cette distinction est généralement écartée ; si l'âme doit être immatérielle, c'est précisément que sa fonction propre est de penser; l'immatérialité sans la pensée, ce serait, il semble, la substantialité sans attribut.

En résumé, ces expressions : existence, immatérialité, spiritualité de l'âme, sont aujourd'hui équivalentes : ou l'âme n'est pas, ou elle n'est pas corps, elle est esprit.

Trois preuves principales. — Les preuves ordinaires de la spiritualité de l'âme sont assez nombreuses et de valeur inégale. Nous nous bornerons aux principales : l'une à la fois morale et religieuse, qui n'a que la valeur d'une croyance, mais de la croyance la plus élevée et la plus né-

---

(1). Extrait du *Cours de philosophie* de l'abbé Roques, dont nous nous sommes approprié quelques pensées ou avons reproduit quelques lignes pages 263, 421 et 422.

cessaire à notre vie morale ; cette preuve, la seule que Kant admette, c'est la vie future ; la deuxième, tirée de la nature de nos facultés, et qui, à défaut d'une rigueur démonstrative, a pour elle une analogie puissante ; la troisième, toute abstraite et métaphysique, qui prétend à la rigueur d'une démonstration.

1° La preuve morale : la vie future. — Elle résulte de la survivance, moralement nécessaire, de la personne humaine. La loi morale réclame une vie future à titre de sanction. Mais cette vie future n'est possible qu'à la condition que la personne humaine possède une existence propre, qu'elle soit substantiellement distincte du corps, et par conséquent immatérielle.

2° La preuve psychologique : nature de nos facultés. — De même qu'il y a en nous deux êtres : l'être moral et l'être organique ; deux modes de connaissance : la conscience et les sens ; une double vie, par conséquent, l'une intime et toute subjective, l'autre extérieure et organique, de même il doit y avoir, semble-t-il, en rapport avec cette dualité d'essence, de connaissance et de vie deux natures réelles au même titre, substantiellement et formellement distinctes : ici l'esprit ou l'âme ; là, le corps ; ici l'unité indivisible de l'être qui vit en soi et pour soi ; là la multiplicité du corps étendu et divisible. La dignité des facultés humaines, leur irréductibilité apparente aux fonctions propres à la matière brute ou organisée, et finalement à l'étendue et au mouvement, rendent plus invraisemblable encore l'hypothèse d'un principe unique d'essence matérielle.

3° La preuve métaphysique. Son principe. — Des attributs contradictoires ne sauraient coexister dans une seule et même substance. Or, les attributs de l'être pensant, disons de l'âme, sont l'unité, la simplicité et l'identité, auxquelles s'opposent dans le corps la pluralité, la composition et le changement. De là la distinction tout à la fois substantielle et formelle de l'être pensant et du corps, l'existence de l'âme, par conséquent, à titre de substance immatérielle.

Les attributs de l'âme. — 1° *Unité.* — L'âme est

substantiellement une : la pluralité des fonctions de l'être pensant ne rompt pas l'unité fondamentale de celui-ci. Elles n'ont pas d'existence propre, en effet, à la manière des pièces d'une machine, des organes du corps vivant; elles ne sont rien que des propriétés du sujet conscient; elles sont lui en tant qu'il pense, qu'il sent, etc. Il y a donc en lui unité de substance.

Simplicité et identité. — Un sujet pensant ne se conçoit qu'en tant que doué de conscience et de mémoire. La conscience est le lien de ses états actuels : une multiplicité phénoménale est donnée à la conscience; en la rapportant à l'unité substantielle, qui est le moi, elle unifie cette pluralité; elle fait de ces phénomènes les modes d'un être unique. De même la mémoire est le lien de ses états successifs : elle les unifie dans la durée; elle fait qu'il est lui-même dans tout le cours de son existence, de même que la conscience fait qu'il est lui à un moment quelconque de celle-ci.

Or la conscience n'est possible que dans un être absolument indivisible, c'est-à-dire sans parties et inétendu; et de même la mémoire que chez un être substantiellement identique.

2° *Simplicité.* — On la prouve en raisonnant dans les trois hypothèses suivantes : à supposer l'âme étendue et composée de parties, il faut pour expliquer la vie morale : sensation, pensée, etc., admettre :

1° Ou que chacune de ces parties remplit intégralement ces fonctions de sentir, de penser; qu'elle éprouve, par exemple, la sensation actuelle tout entière;

2° Ou que chacune les remplit en partie seulement, qu'elle n'éprouve qu'une fraction de la sensation;

3° Ou qu'une seule partie les remplit à l'exclusion des autres, qu'elle éprouve seule la sensation.

Or ces trois hypothèses sont également inadmissibles : dans la première, l'unité de la sensation pour la conscience est inexplicable : « la sensation sera multipliée dans les mêmes proportions que les parties du sujet, et au lieu de la sensation unique, il en faudra admettre plusieurs. » — Dans la seconde, il faudra admettre autant de parties de la sensation que du sujet composé », et alors ce ne sera pas la sensation totale qui sera donnée à la conscience, mais des fragments disjoints, sans lien entre eux. — Dans la troisième, enfin, nulle raison d'attribuer à une seule de ces parties le privilège de sentir à l'exclusion des autres. D'ailleurs cette partie est-elle simple? elle est immatérielle; si elle est elle-même composée, on revient aux deux premières hypothèses.

Le même raisonnement s'applique aux faits de conscience quelconques, autres que la sensation, à l'idée, à la comparaison, etc. Mais en variant ainsi la forme de la démonstration, on n'obtient pas des preuves nouvelles de la simplicité de l'âme. Il est évident que la preuve est unique.

En résumé, il y a dans la conscience un principe d'unité qui ne s'explique que par l'indivisibilité absolue de l'être dont elle est la propriété. Cette indivisibilité est plus qu'une loi formelle de la pensée, qu'une nécessité subjective de la représentation : elle est la condition de la possibilité de la conscience.

3° *Identité*. — L'identité substantielle, la permanence de l'être pensant, est de même la condition de la mémoire : qu'étant, à la manière du corps, composé de parties, atomes ou molécules, il soit comme lui soumis à un renouvellement incessant, l'évanouissement successif de toutes celles de ces parties qui furent primitivement le siège d'une conscience actuelle, rend à un moment donné le souvenir impossible. Comment les parties introduites ultérieurement dans l'organisme par le torrent vital se saisiraient-elles d'états auxquels elles furent originairement étrangères? Et comment concevoir le réveil en elles d'impressions qui n'y furent jamais éveillées?

Les attributs du corps. — 1° Le corps, au contraire, n'a qu'une unité apparente, extérieure et artificielle, puisqu'il est constitué par un assemblage d'organes; 2° il n'a ni simplicité, puisqu'il est composé d'un nombre indéfini de parties, molécules ou atomes; 3° ni identité vraie ou substantielle, puisque ses éléments, sa substance se renouvellent constamment, sa forme seule subsistant.

Ainsi, sur tous les points, opposition absolue entre le principe pensant et le corps, d'où leur distinction essentielle, l'existence et l'immatérialité de l'âme.

Objections de Kant. — L'unité, la simplicité et l'identité du sujet pensant n'impliqueraient nullement, d'après Kant, l'existence, à titre de substance, d'un être doué des mêmes attributs, c'est-à-dire immatériel. Elles n'auraient qu'une valeur formelle, et du point de vue de la conscience, qui implique, en effet, l'unité, la simplicité et l'identité du sujet conscient. Mais conclure des conditions subjectives de la conscience à la nature de l'être conscient, c'est juger de la réalité sur l'apparence, c'est transporter sans droit dans la réalité qui nous est inaccessible, la loi formelle de nos représentations; c'est supposer gratuitement qu'il ne peut y avoir rien dans l'effet qui ne soit dans la cause.

Nous avons prévenu l'objection : rappelons qu'il ne s'agit pas des conditions subjectives de la pensée, mais des conditions absolues de son existence, de sa possibilité. Or, d'une part, l'unité de conscience est incompatible avec la composition d'un principe conscient unique, ou avec une multiplicité de principes ; la mémoire, de son côté, implique l'identité absolue du principe capable de relier entre elles ses modifications successives : je ne puis me rappeler que ce dont j'ai eu moi-même conscience ; que je ne sois plus celui qui a eu conscience, et tout souvenir m'est impossible.

Objection contre l'identité du moi. — Une objection récente fait reposer l'identité personnelle sur la mémoire : ce serait elle qui, en reliant nos états successifs, nous donnerait l'illusion d'une identité substantielle. De même qu'à un moment donné, le moi n'est, dit-on, que l'ensemble des faits de conscience actuels, de même sa prétendue identité ne serait que la série des mêmes faits reliés par le souvenir. Mais il faut distinguer entre l'identité personnelle, telle qu'elle est donnée à la conscience, impossible sans le souvenir, et l'identité profonde ou substantielle du sujet pensant, sans laquelle le souvenir lui-même est impossible.

CHAPITRE XXXVII

MATÉRIALISME

C'est la doctrine qui voit dans le corps, seul réel à titre de substance, le principe de la vie morale.

Ses principes. — 1° Il a son principe psychologique ou son origine, dans le sensualisme.

2° Son critérium logique dans ce préjugé que les sens sont seuls juges du vrai et du faux, de ce qui existe ou non.

3° Son fondement métaphysique dans cet autre préjugé, que la matière seule existe et peut exister.

Ses formes. — Deux principales : le matérialisme ancien, mécanique ou atomistique, d'Epicure ; le matérialisme moderne, dynamique ou physiologique.

I. **Matérialisme d'Epicure.** — *Ses principes.* — Explication universelle des choses, des esprits comme des corps, à l'aide du vide, des atomes en nombre infini et éternels, du mouvement et du hasard. Les atomes comportent un nombre infini de combinaisons, toutes fortuites et également possibles. Le monde actuel n'est que l'une d'elles.

Critique. — Principes hypothétiques ; explication illusoire, les faits à expliquer (entre autres les phénomènes physiques et organiques) n'étant même pas connus, ou étant (ceux du moins de la vie et de la pensée) hors de proportion avec les principes invoqués : ainsi l'intelligence et la liberté évidemment inexplicables par le jeu fortuit des atomes.

II. **Matérialisme moderne.** — *Sa supériorité sur le matérialisme ancien.* — 1° Il s'applique spécialement à l'homme, bien que sous sa forme actuelle il prétende aussi à être une explication universelle des choses.

2° Il s'appuie sur des faits, non sur des hypothèses ; prétend expliquer la vie morale par les forces de l'organisme, non par de pures entités, de simples abstractions comme le hasard, les atomes et le mouvement.

3° Établi sur le terrain des sciences, il s'en approprie tous les résultats, bénéficie de chacun de leurs progrès.

Son argumentation. — *Considérations sur lesquelles il s'appuie.* — Il fait valoir, comme autant d'arguments en faveur de sa thèse, trois faits, à l'établissement desquels conspirent toutes les recherches, toutes les découvertes de la science contemporaine, mais dont il exagère la portée :

1° Correspondance constante, à tous les degrés de l'échelle animale, entre le développement organique (celui spécialement du système nerveux et du cerveau), et le développement moral ; correspondance qui ressort de la comparaison des espèces entre elles, et, dans l'espèce humaine, des diverses races, et jusque des individus entre eux.

2° Influence du physique sur le moral : climat, race, hérédité, régime, santé, âge, tempérament, etc., toutes les circonstances, en un mot, qui, d'une manière permanente ou accidentelle, exercent une influence quelconque sur le corps, déterminent consécutivement dans le moral un changement durable ou passager. Tels sont les effets sur le caractère, le cœur ou l'esprit, de la maladie, d'un désordre organique ou d'un trouble fonctionnel (de la circulation, ou de la nutrition, par exemple, à la suite d'une émotion ou d'un écart de régime). Mais à cette influence incontestable, il convient d'opposer celle, non moins réelle et considérable, du moral sur le physique et sur lui-même.

3° Subordination de la vie morale à la vie organique, celle-là réclamant pour apparaître des organes spéciaux : nerfs, centres nerveux, cerveau, et ses diverses manifestations étant constamment en rapport avec l'état des organes qui leur sont affectés.

Conclusion qu'il en tire. — Le matérialisme en conclut que le moral est le produit du physique, que la vie morale n'est qu'une fonction supérieure de l'organisme.

Sa réfutation. — *Les faits tels que les donne l'expérience.* — Ce qui est incontestable et ce que l'expérience établit, c'est : 1° que la vie morale n'apparaît que dans un milieu organique approprié ; 2° que son développement et son exercice dépendent de la nature de ce milieu, des ressources et des obstacles qu'elle y rencontre.

Interprétation des faits. — Pratiquement, il ne résulte pas de ces deux faits qu'elle provienne du milieu lui-même : il peut lui être indispensable sans que pour cela il suffise à la produire. Ainsi un milieu physique approprié est la condition de la germination de la graine et de la formation de la plante, et cependant il ne peut rien sans la graine, et c'est de celle-ci que provient la plante ; sa nature et en partie ses qualités dérivent du germe dont elle est issue.

Faiblesse du matérialisme. — 1° *Sa faiblesse logique.* — Le matérialisme érige en principe, en cause première, ce qui peut n'être qu'une simple condition d'existence ; en raison suffisante et déterminante de la vie morale le moyen nécessaire à l'aide duquel elle se réalise.

2° *Sa faiblesse scientifique.* — Il est hypothétique : il ne voit dans l'âme qu'une hypothèse, mais il en fait une aussi lorsqu'il affirme que c'est le corps lui-même, la matière qui sent, pense et veut, car il dépasse la portée légitime des faits.

Il n'explique rien : il ne voit dans l'âme qu'un mot sous lequel le spiritualisme dissimule son ignorance, un recours au merveilleux et au mystère, faute d'une explication naturelle des choses ; mais il ignore lui-même ce qu'il prétend expliquer. Entre les faits organiques et les faits de conscience, le mouvement et la sensation, par exemple, il n'y a ni analogie, ni transition possible, de sorte que, malgré les progrès possibles de la science, les seconds restent irréductibles aux premiers.

3° *Sa faiblesse spéculative.* — Il repose sur une notion superficielle ou erronée de la matière.

La matière, telle que l'imagine un matérialisme superficiel, c'est-à-dire conforme à l'apparence sensible, n'est qu'une illusion des sens. D'autre part, à supposer la matière formée d'atomes, leurs groupements et déplacements ne s'expliquent qu'à la condition que résident en eux des forces attractives et répulsives. Mais alors l'atome n'est que le lieu de la force, et la force est le principe constitutif de la matière. Elle n'en provient donc pas, puisqu'elle la constitue, et sous quelque forme qu'elle se manifeste : motrice, vitale ou pensante, la matière n'en est que le support, non le principe.

Ses conséquences. — Les conséquences du matérialisme, répudiées par quelques-uns, acceptées et défendues par la plupart, en sont une réfutation indirecte.

1° Il conduit directement à l'athéisme : si la matière seule existe, ou Dieu n'est plus que la force qui l'anime, et alors il n'a pas d'existence propre, ou il a des organes et est imparfait.

2° Il incline au fatalisme, tout en nous, résolutions, sentiments, pensées, dépendant de l'état du corps.

Historique du matérialisme. — Dans l'antiquité, l'école épicurienne; chez les modernes, au dix-septième siècle, Hobbes : système remarquable par la rigueur des déductions, et l'application qu'il fait de ses principes à la société et au gouvernement : du sensualisme, il conclut le matérialisme, puis le fatalisme et l'athéisme; il nie la morale : l'intérêt, mobile unique des actions humaines; à l'état de nature, les hommes en guerre les uns contre les autres; la société constituée par un contrat arbitraire, dicté par l'intérêt; l'ordre, but de cette association, garanti par un gouvernement despotique.

Au dix-huitième siècle, les encyclopédistes : Diderot, Helvétius, d'Holbach, Lamettrie; tradition qui se continue dans la philosophie française, notamment par Broussais, jusqu'à notre époque où le matérialisme prend une forme plus régulière et plus savante.

Fortune du matérialisme : ses causes principales. — *Causes permanentes.* — 1° L'appui qu'offre le matérialisme au scepticisme moral et religieux; 2° l'aversion pour le mystère, le merveilleux et le surnaturel, le désir d'échapper aux superstitions qui s'y attachent, à l'inquiétude qu'ils entretiennent dans l'âme, au sentiment de faiblesse et d'impuissance qu'ils provoquent en elle; 3° la disposition à ne reconnaître d'autre source de savoir et de certitude que l'expérience, même que l'expérience sensible; 4° le besoin d'explications claires et solides, c'est-à-dire scientifiques, en toutes choses; 5° l'attrait d'une explication simple et universelle des choses.

Causes accidentelles. — Chez les anciens : l'excès de la superstition, l'abus de la spéculation, l'ambition de frayer la voie à la science, d'asseoir sur une explication positive de la nature le bonheur et la dignité de la vie humaine.

A notre époque : 1° la prédominance de l'esprit positif; 2° le développement simultané de l'esprit critique et de l'esprit scientifique; 3° le progrès des sciences de l'organisation; 4° la faveur qui s'attache à certaines théories récentes : l'unité et la corrélation des forces, le transformisme, etc.

CHAPITRE XXXVIII

RAPPORTS DE L'AME ET DU CORPS

Deux points de vue. — 1° Point de vue métaphysique : l'âme et le corps opposés d'essence et substantiellement distincts, sont étroitement unis et réagissent l'un sur l'autre. Comment expliquer cette union et ces rapports?

2° Point de vue positif : que l'on admette ou non l'existence de l'âme, la réalité de la vie morale étant hors de question, il s'agit de déterminer par l'expérience les rapports du physique et du moral, des faits organiques et psychologiques.

I. Point de vue métaphysique. — Quatre systèmes :

1° *Médiateur plastique* (Cudworth). — Substance intermédiaire entre l'âme et le corps et les mettant en rapport. Objection : s'il est à la fois spirituel et matériel, il implique contradiction; s'il n'est ni matériel ni spirituel, il est inconcevable.

2° *Influx physique* (Euler). — Action immédiate et réciproque de l'âme et du corps l'un sur l'autre. C'est la reconnaissance, mais non l'explication des faits.

3° *Causes occasionnelles* (Malebranche). — Malebranche conclut de l'ignorance où l'âme est du corps, à son impuissance d'agir sur lui, et de la distinction de l'âme et du corps à l'impossibilité de toute action de l'un sur l'autre. Dieu alors cause directe et efficiente des modifications de l'âme consécutives à celles du corps, et réciproquement, ces modifications n'étant plus que l'occasion, non la cause les unes des autres.

Objections : 1° l'action réciproque du corps et de l'âme incontestable ; 2° l'activité des substances créées méconnue ; 3° l'activité divine compromise dans un emploi indigne d'elle ; 4° la sagesse divine en défaut, son œuvre ne pouvant se suffire à elle-même.

4° *Harmonie préétablie* (Leibnitz). — Dieu en créant chaque homme choisit pour le constituer une âme et un corps dont toutes les modifications successives, déterminées d'avance, se correspondent toujours. — Objections : 1° l'activité réciproque de l'âme et du corps méconnue ; 2° la liberté de l'âme compromise.

Comparaison de Leibnitz qui rend sensible le principe de ces diverses explications : deux horloges marchent d'accord.

1° Elles se mettent elles-mêmes d'accord par une action réciproque : influx physique.

2° L'horloger les met à chaque instant d'accord : causes occasionnelles.

3° Elles sont si bien réglées que l'accord subsiste de lui-même : harmonie préétablie.

L'insuffisance de ces diverses explications n'a pas lieu de surprendre, la question étant manifestement insoluble dans les termes où elle est posée : l'action réciproque de deux substances opposées de nature est de soi inconcevable et inexplicable.

II. **Point de vue positif.** — Il s'agit simplement des rapports du physique et du moral, tels qu'ils ressortent de l'expérience. — Trois ordres de questions :

1° Influence du physique sur le moral ;

2° Du moral sur le physique ;

3° États psychologiques dans lesquels le corps est particulièrement intéressé.

1° *Influence du physique sur le moral.* — Le problème posé à la science, en dehors de tout système, consiste à déterminer les états et changements organiques qui correspondent comme conditions, sinon comme causes, aux facultés et phénomènes psychologiques. La solution scientifique en est encore très éloignée; les théories courantes s'autorisent de certains faits, mais sont infirmées par d'autres.

1° Théorie matérialiste : la sensiblité généralement rapportée aux nerfs ou à divers centres nerveux, la pensée et la volonté au cerveau, et en rapport avec son poids, son volume, sa constitution anatomique, sa composition chimique, etc.

2° Théorie de Gall ou phrénologie : localisation des facultés, divisées en facultés intellectuelles, affectives et instincts, dans des parties distinctes du cerveau, partagé alors en autant d'organes presque indépendants qu'il y a de facultés ; chaque faculté principale étant desservie par diverses facultés auxiliaires : attention, jugement, mémoire, etc., et le développement des organes, celui par conséquent des facultés, s'accusant extérieurement par les protubérances du crâne. — Le système de Gall démenti anatomiquement et psychologiquement. Cependant certains faits, récemment établis, lui sont favorables (localisation de la faculté de langage).

2° *Influence du moral sur le physique.* — 1° Mouvements inconscients, résultant du sentiment (passions, besoins, affections, émotions) : troubles superficiels ou profonds dans les organes, changements extérieurs, jeu de la physionomie, geste, etc.

2° Mouvements déterminés par l'imagination, mais sans être antérieurement représentés à la conscience : attitudes et gestes en rapport avec la pensée; phénomènes organiques, conséquence d'un état mental réel ou imaginaire (on sait ou l'on se figure qu'on court tel danger ou, au contraire, que l'on doit y échapper, que l'on a pris tel remède, tel aliment).

3° Mouvements préimaginées, qui se produisent par cela seul qu'ils sont désirés ou redoutés, sans le concours ou même contre le gré de la volonté : rire, larmes, vertige ; — vertige du crime.

3° *États spéciaux*. — États de l'âme où le corps est plus particulièrement intéressé : sommeil, rêve, hallucination, somnambulisme, folie.

Question du principe de la vie. — Il s'agit de l'origine de la vie ; trois théories :

1° L'animisme, qui la rapporte à l'âme (Aristote, Saint Thomas, Stahl, et à l'époque actuelle les principaux représentants de l'école spiritualiste, entre autres Lélut, Ravaisson, Bouillier).

2° Le vitalisme, qui la rapporte à un principe spécial, distinct de l'âme et du corps (Barthez, l'école de Montpellier : Bérard et Lordat ; Maine de Biran, Jouffroy).

3° L'organicisme, qui la rapporte aux organes eux-mêmes, et finalement à la matière susceptible, dans des conditions données, de s'organiser elle-même (Bordeu, Bichat, l'école de Paris ; le matérialisme contemporain).

Ces diverses théories sont également difficiles à défendre.

1° L'âme ne connaît pas le corps : comment pourrait-elle en être l'auteur ? On se rejette sur l'inconscience, c'est-à-dire qu'on ajoute hypothèse à hypothèse. Mais à supposer qu'elle en soit l'auteur, d'où vient qu'elle est impuissante à le conserver ? Comment expliquer les inégalités et déviations organiques ? Faut-il attribuer une âme végétative à la plante, sensitive à l'animal ?

2° De quelle nature est le principe vital ? matériel ou immatériel ? Comment ne peut-il, lui non plus, conserver le corps qu'il a produit, réparer les désordres de l'organisme, prévenir ou guérir la maladie ? La vie organique et la vie morale ne sont-elles pas étroitement unies ? Comment expliquer cette union et cette solidarité, si elles proviennent de deux principes étrangers l'un à l'autre ?

3° On attribue à la matière le pouvoir de s'organiser d'elle-même ; mais toute preuve positive fait défaut.

Le fait capital, c'est la transmission de la vie, chaque être étant issu de semblables, sauf exception pour des organismes rudimentaires, et procédant d'un germe préexistant, susceptible de se développer et de constituer un organisme dans des conditions déterminées et selon des lois inconnues. Il semble donc que la vie soit une forme d'activité inhérente à une certaine constitution de la matière, laquelle ne peut se réaliser d'ailleurs par le seul jeu des forces mécaniques, activité ayant pour résultat et pour but d'utiliser, en vue de la formation, du développement et de la conservation de l'être vivant, les forces physico-chimiques et les éléments sur lesquels elles opèrent.

DEUXIÈME PARTIE

LOGIQUE

CHAPITRE Ier

OBJET DE LA LOGIQUE; SA MÉTHODE; SON IMPORTANCE

Objet de la logique. — La logique a pour objet la pensée, soit en elle-même, soit dans ses rapports avec la vérité.

Trois points de vue. — 1° Elle étudie la pensée en elle-même ou dans sa forme, abstraction faite de sa matière, c'est-à-dire de l'objet sur lequel elle porte.

Or, les formes élémentaires de la pensée étant au nombre de trois : l'idée, le jugement et le raisonnement, la logique analyse chacune d'elles, en reconnaît les espèces régulières ou non (sophismes), détermine les conditions de leur validité, et, en conséquence, soumet à des règles les opérations intellectuelles dont elles sont le produit.

A ce point de vue, la logique détermine les conditions formelles d'une pensée nette, juste et conséquente ; en d'autres termes, de la possibilité de la pensée.

2° Elle étudie la pensée dans ses rapports avec la vérité, avec l'objet de la connaissance, la pensée en tant que connaissance de la vérité ; détermine les conditions de l'acquisition de la connaissance, analyse et vérifie les procédés de recherche et de démonstration de la vérité, et les soumet à des règles ; d'un mot, elle traite de la méthode.

3° Elle étudie enfin la question toute spéculative de la valeur et des fondements de la connaissance humaine : la connaissance est-elle possible ? Y a-t-il une certitude légitime, et à quelles conditions ?

En résumé, la logique étudie :

1° Les formes de la pensée ;

2° Les moyens de la connaissance ;

3° La possibilité et la valeur de la connaissance humaine.

Division de la logique. — De là ses trois parties principales :

1° La logique formelle ou analytique, dite encore logique subjective ou de la conséquence ;

2° La logique pratique, ou science de la méthode, dite encore logique objective ;

3° La logique spéculative ou transcendante, ou critique de la connaissance.

La logique formelle est la logique traditionnelle ; elle est restée, à peu de chose près, telle qu'Aristote l'avait constituée au début.

La logique pratique, dont Port-Royal a l'un des premiers compris l'importance, a pris depuis lors une extension croissante avec le progrès des sciences.

Quant à la logique spéculative, la question de la certitude, vivement débattue déjà dans les dernières écoles grecques, notamment par les nouveaux académiciens, les sceptiques et les stoïciens, négligée ensuite jusqu'à Kant, n'a cessé depuis lors d'être regardée comme la question capitale de la logique.

Définition de la logique. — La logique est diversement définie.

Aristote, Kant, Hamilton : science des lois formelles de la pensée.

Bossuet : science pratique qui apprend à bien raisonner.

Port-Royal : art de penser ; plus précisément, de bien conduire son esprit dans la connaissance des choses, tant pour s'en instruire soi-même, que pour en instruire les autres.

Stuart Mill : science des opérations intellectuelles qui servent à l'estimation de la preuve.

Bain : un corps de doctrines et de règles qui se rapportent à la vérité.

Les trois premières définitions sont exactes mais incomplètes.

Des trois points de vue qui s'imposent à la logique dans l'étude de son objet, Aristote s'attache exclusivement au premier; Port-Royal au second; Bossuet au premier en la restreignant au raisonnement.

Ils négligent également le troisième point de vue.

Stuart Mill, en assignant pour but à la logique l'estimation de la preuve, n'y voit guère qu'un ensemble de règles destinées à garantir la validité du raisonnement sous toutes ses formes. Sa définition tout en se rapprochant donc de celle de Bossuet, en diffère, d'abord en ce qu'il y fait rentrer les procédés d'inférence, tandis que Bossuet réduit le raisonnement à la déduction, ou plutôt au syllogisme; ensuite en ce que le but, pour lui, est moins la connaissance ou même l'usage correct du raisonnement que son application à la recherche et à la preuve de la vérité.

La justesse de la définition de Bain est incontestable : la logique a en vue la vérité; elle comprend des doctrines et des règles la concernant. Mais dans l'esprit de l'auteur, elle s'applique bien plus à la connaissance et à l'usage des procédés de recherche et de démonstration de la vérité qu'à l'étude des formes de la pensée.

Nature de la logique. — Aujourd'hui encore la question est débattue de savoir si la logique est essentiellement formelle ou pratique. Stuart Mill la veut surtout pratique, c'est-à-dire objective, Hamilton surtout formelle, c'est-à-dire subjective. Pour Stuart Mill elle est l'art de trouver la vérité et de la prouver; de là ses deux parties : logique de la découverte et logique de la preuve. Pour Hamilton elle a pour but essentiel la convenance des idées entre elles, la régularité de la pensée. Elle est pour nous formelle et pratique, subjective et objective; objective, non au sens de Hégel, dans ce sens qu'elle nous donnerait la connaissance des choses, qu'elle serait une science des réalités, mais en tant seulement qu'elle nous donne les moyens d'acquérir la connaissance.

Stuart Mill a tort de voir la logique même dans ce qui n'en est qu'une application, la plus considérable et la plus intéressante, il est vrai. Hamilton a tort de son côté d'exclure de son domaine tout un ordre de questions qui en relèvent manifestement. La vérité, c'est que la logique objective suppose la logique formelle et s'y appuie; que celle-ci, étant la logique de l'esprit, est plus immédiate et qu'il suffit du seul exercice de la pensée pour qu'elle soit possible, outre qu'elle comporte une rigueur absolue; tandis que celle-là, concernant les choses, n'est possible que lorsque la connaissance des choses est méthodiquement obtenue et que les sciences sont définitivement constituées.

Nous n'admettons pas davantage que l'objet propre de la logique objective soit l'estimation de la preuve. L'étude des procédés de recherche n'est ni moins importante ni moins utile que celle des procédés de probation; les uns comme les autres comportent des règles précises dont l'observation est également indispensable, mais rarement suffisante pour assurer le résultat voulu. Ajoutons que Stuart Mill, sceptique à l'endroit des services à attendre de la logique dans la recherche de la vérité, exagère manifestement l'efficacité des règles destinées à l'estimation de la preuve, aussi bien que la valeur logique des preuves elles-mêmes en dehors des sciences de pur raisonnement. Des preuves pratiquement suffisantes ne le sont pas rationnellement, en ce sens que la probabilité qu'elles comportent n'atteint jamais à une stricte évidence, de sorte qu'en toute affirmation qui va au delà des faits constatés, c'est du bon sens, du savoir et du tact scientifique, de la vérification expérimentale surtout, non de règles trop générales pour qu'il suffise de s'y référer dans tous les cas, que relève le dernier jugement sur le vrai et le faux, sur le probable et le possible.

La logique et la psychologie. — La psychologie étudie l'intelligence elle-même plutôt que la pensée, qui en est le produit; la logique, au contraire, étudie spécialement la pensée ou la coordination des idées. La psychologie, dans l'étude des opérations et facultés intellectuelles, n'a en vue que de les connaître; si la logique s'en occupe, c'est afin d'expliquer l'acquisition de la connaissance, mais surtout d'en régulariser l'exercice, de fournir à l'esprit la discipline intellectuelle la plus propre à le maintenir et à le faire avancer dans la vérité.

Méthode de la logique. — La logique doit à la psychologie la connaissance des formes de la pensée, des opérations intellectuelles à l'aide desquelles la pensée se constitue, et qui servent à découvrir et à prouver la vérité. Il lui appartient de déterminer les conditions et les lois des unes, de formuler les règles les plus propres à assurer la bonne exécution des autres. Ce travail est son œuvre propre ; par le but qu'elle s'y propose, par la méthode qu'elle y suit, elle tranche nettement avec la psychologie. Celle-ci a pour objet la réalité ; elle constate ce qui est, détermine les lois empiriques des faits qu'elle étudie ; elle nous apprend comment nous pensons, non comment nous devons penser ; quels sont les procédés de recherche et de démonstration dont nous nous servons, non quels ils doivent être pour être efficaces. Les formes élémentaires de la pensée qu'elle se borne à décrire, la logique les ramène à leur type normal ; en d'autres termes, elle détermine les conditions les plus générales d'une pensée nette, juste et conséquente ; et de même pour ces procédés, leur efficacité dépendant de leur rigueur, elle s'applique à les régulariser, à les adapter au but en vue duquel ils sont employés et qui est la vérité.

La logique et la métaphysique. — Ayant pour objet, non ce qui est, mais ce qui doit être, la logique se rapproche en cela déjà de la métaphysique. Indépendamment de cette communauté de point de vue, une relation plus étroite existe entre elles. Il y a dans la logique une partie toute rationnelle et d'une vérité absolue : c'est la théorie des formes de la pensée, spécialement du raisonnement déductif et de la démonstration, fondée sur le principe de contradiction. D'autres principes métaphysiques, ceux notamment de causalité, de finalité et de raison suffisante, intervenant ailleurs, comme dans la théorie de l'induction et de l'analogie, pour y remplir un rôle analogue, ils la rattachent encore, quoique moins étroitement, à la métaphysique. Quant aux questions qui sont l'objet de la logique spéculative, elles ont un caractère métaphysique assez nettement marqué pour que certains logiciens croient devoir s'abstenir de les traiter, ces questions relevant, à leurs yeux, de la métaphysique plutôt que de la logique.

La logique est-elle une science ou un art? — Question controversée aujourd'hui encore. Pour Hamilton, les applications de la logique à la vérité ne sont qu'accessoires : elle est donc une science; pour Stuart Mill, elles constituent la logique même : elle est donc surtout un art. Pour nous, qui tenons pour également nécessaires les trois points de vue que nous lui avons assignés, elle est à la fois une science et un art : au premier et au troisième, elle est une science, dogmatique d'abord, puis spéculative; au second, elle est une science pratique, comme dit Bossuet, ou un art.

Son importance. — Elle ressort de la nature de son objet, et des points de vue sous lesquels elle l'étudie. Il est intéressant et en un sens indispensable de résoudre ces questions : 1° Quelles sont les conditions d'une pensée valide ou intelligible, c'est-à-dire d'une pensée nette, juste et conséquente? 2° Quels sont les procédés essentiels de l'acquisition de la connaissance, de la découverte et de la démonstration de la vérité, et d'où provient leur efficacité? 3° La connaissance humaine est-elle possible? Cette dernière question est d'un intérêt permanent en présence du scepticisme qui, sous une forme ou sous une autre, s'obstine dans sa lutte contre la raison. La seconde s'impose plus impérieusement à une époque où la vie intellectuelle tend de plus en plus à se réduire à la culture des sciences, et où tout ce qui concerne la constitution et le développement des méthodes scientifiques préoccupe au plus haut degré les esprits. La logique formelle ne saurait avoir pour nous l'intérêt ou l'importance que lui ont attribués les Grecs d'abord, puis les scolastiques. La faveur croissante qui s'attache à la logique pratique, explique, sans le justifier, le discrédit dans lequel elle est tombée. La question de savoir comment nous pensons, et à quelles conditions il nous est possible de bien penser, ne le cède par elle-même en intérêt à aucune autre; et elle doit être étudiée pour elle-même, alors même qu'il n'y aurait aucun avantage pratique à retirer de sa solution.

Son utilité pratique. — A ce point de vue, la logique a été tour à tour surfaite et dépréciée; surfaite jusqu'au seizième siècle, dépréciée depuis lors (déjà Ramus; mais surtout Bacon et Descartes). Son utilité est restreinte, mais réelle.

1° *Logique formelle ou dialectique*. — La connaissance théorique de toutes les formes de la pensée : idée, jugement et surtout raisonnement, des plus subtiles, régulières ou non, doit permettre de mieux employer les unes, éviter ou reconnaître les autres, à la condition, bien entendu, que la pratique s'ajoute à la théorie. A ce point de vue, la logique apprend à mettre de la netteté et de la précision dans la pensée, à l'ordonner, à en former un tout régulier, à la conduire de la manière la plus efficace selon le but qu'on se propose. De là son prix pour l'exposition, pour la discussion surtout; de là la supériorité dialectique de celui qui y est versé (le théologien, l'avocat, plus aptes généralement que le médecin, que le savant à soutenir une argumentation, à saisir le fort et le faible d'un argument, d'une preuve, à déjouer les ruses d'un adversaire, à profiter de ses fautes et à avoir raison de lui de vive force ou par adresse).

2° *La méthode*. — La connaissance des procédés de la méthode et des règles qui s'y appliquent, doit en rendre l'usage plus facile et plus sûr; souvent l'on manque la vérité ou l'on tombe dans l'erreur moins par défaut d'intelligence ou de jugement, que faute de savoir ou de se rappeler à propos ce qui est à faire ou à éviter.

En un mot, la logique tournée en habitude est une discipline intellectuelle, la plus sévère et la plus efficace soit pour penser avec netteté, justesse et rigueur, soit pour avancer dans les sciences.

Objections. — 1° Le bon sens, dit-on, suffit pour bien penser. Oui, mais pour bien juger plutôt que pour bien raisonner, et encore bien des causes d'erreur, si l'on n'est en garde contre elles, peuvent-elles fausser le jugement.

2° Les sciences, dit-on encore, sont la meilleure discipline intellectuelle. Oui, pour leur fins spéciales ; mais la culture scientifique est trop exclusive pour rendre l'esprit également apte à bien penser sur tout sujet ; en tout cas, les qualités intellectuelles auxquelles font appel la recherche et la démonstration scientifique de la vérité sont tout autres que celles que réclament l'exposition et la discussion ; et la possession des unes ne garantit nullement celle des autres.

LOGIQUE SPÉCULATIVE

CHAPITRE II

VÉRITÉ, HASARD ET PROBABILITÉ

I. Vérité. — 1° Subjectivement, c'est la conformité de la connaissance à son objet.

2° Objectivement, c'est l'objet de la connaissance possible, ce qui est.

Son domaine. — 1° La réalité, matérielle et morale, y compris l'avenir comme le passé ; le monde et tout ce qu'il renferme, les êtres, les phénomènes et leurs rapports.

2° L'idéal ou l'absolu, le monde intelligible sans réalité possible, où l'on peut distinguer l'ordre mathématique, métaphysique et moral.

Possibilité et nécessité. — Les choses nous apparaissent comme possibles, probables ou nécessaires.

Trois sortes de possibilité et de nécessité :

1° Une chose est nécessaire métaphysiquement, lorsque sa non-existence, idéalement sinon réellement, est absolument impossible : les axiomes, le temps, l'espace.

2° Physiquement, lorsqu'elle résulte des lois de la nature.

3° Logiquement, lorsqu'elle est la conséquence d'un principe posé ou qu'elle résulte de la nature même des termes rapprochés dans la proposition.

Elle est possible : 1° métaphysiquement, lorsqu'elle n'est pas en opposition avec les conditions absolues de l'existence.

2° Physiquement, lorsqu'elle n'est pas en opposition avec les lois de la nature.

3° Logiquement, lorsqu'elle n'implique pas contradiction.

II. Hasard. — La notion de hasard se lie à celle de possibilité. Un fait étant possible, mais d'autres l'étant également, s'il vient à se produire, il est dit effet du hasard (la chance favorable ou contraire, la distribution des cartes entre les joueurs, la sortie de tel numéro dans une loterie, telle question posée dans un examen). Mais ces possibles égaux sont-ils réels ou seulement apparents? et s'ils sont réels comment les concevoir?

Les théories. Laplace : l'égale attente. — Pour Laplace, l'égale possibilité se réduit à une égale atttente. Les faits que nous jugeons également possibles, en réalité ne le sont pas. Si nous connaissions toutes les circonstances dont l'événement dépend, nous reconnaîtrions que celui-là seul qui se produit était possible ou plutôt nécessaire. La possibilité des autres est illusoire et n'a de fondement que dans notre ignorance. Mais les attendant également, nous attribuons au hasard celui qui vient à prévaloir, c'est-à-dire que dans notre pensée une cause que nous ignorons est une cause qui n'existe pas.

Renouvier : les possibles égaux. — Renouvier maintient contre Laplace la réalité des possibles égaux. La difficulté gît dans l'idée du possible.

En quel sens la possibilité est réelle. — Un fait, pris en lui-même, est possible, en ce sens qu'aucune loi ne s'y oppose; rapproché de certaines conditions données, il est possible encore, en ce sens qu'elles le comportent (comme le corps vivant comporte la santé et la maladie). Ainsi entendue, la possibilité est réelle sans doute, et nous avons raison d'en tenir compte. Elle est réelle, en ce sens qu'elle s'accorde avec l'ordre de la nature, avec le cours ordinaire des choses. Mais elle est par là même abstraite et théorique plutôt que pratique. L'événement que nous jugeons possible, et qui l'est en effet à ne tenir compte que de certaines conditions, devrait être réputé impossible ou nécessaire si, au lieu de quelques circonstances seulement, nous connaissions toutes celles qui se trouvent réalisées au moment où nous l'attendons. La seule considération du rapport de cause à effet, d'antécédent à conséquent, nous ramène donc avec Laplace à la négation du hasard.

Cournot : L'indépendance des causes. — Pour Cournot, le hasard n'est que l'indépendance des causes. Tout fait résultant d'un concours de circonstances originairement indépendantes, est dit justement l'effet du hasard. Dans ce cas, au lieu d'une cause unique, il en a plusieurs. Ce qui fait le caractère accidentel ou fortuit de l'événement, c'est qu'étrangères les unes aux autres, elles n'ont de lien entre elles que par le fait de leur rencontre. Partout au contraire où un lien quelconque existe entre des faits, soit en vertu d'une loi de la nature, soit par l'intervention d'une volonté intelligente agissant à dessein et pour un but, il n'y a plus à parler du hasard.

Idée la plus générale du hasard. — La théorie de Cournot est exacte, mais incomplète. Et d'abord, au sens le plus général du mot, hasard signifie défaut d'ordre ou de loi. Dire avec les épicuriens que tout dans le monde est l'effet du hasard, c'est dire que dans le monde il n'y a pas de loi. Or non seulement nous croyons à des lois de la nature, mais nous savons que rien n'arrive qu'en vertu de ces lois.

Les effets du hasard. — Ce qui ne relève d'aucune loi, c'est la relation (concomitance, ressemblance, etc.) qui vient à se poser entre deux ou plusieurs événements étrangers l'un à l'autre, par le seul fait de leur rencontre; entre un fait et telle circonstance donnée (ouvrir un livre à telle page, prononcer sans intention un nom, faire de même un mouvement, qui se trouvent être le mot, le mouvement attendus); c'est encore un fait nouveau résultant d'une telle relation et qui autrement ne se fût pas produit (un accident de voyage, un incendie, le tirage d'une loterie). C'est de même dans l'ordre de la vie morale, le résultat obtenu malgré l'insuffisance des moyens mis en œuvre (le tireur maladroit qui atteint le but sans même le viser ; l'écolier indécis entre plusieurs sens et qui tombe sur le bon).

Trois conditions de la fortuité : 1° *Indépendance des causes*. — Dans tous ces cas, la fortuité de l'événement provient, non seulement de l'indépendance des causes, mais de deux autres circonstances négligées par Cournot.

2° *Éventualité de l'événement.* — D'abord le fait lui-même est de telle nature, que, d'après le cours ordinaire des choses, il peut indifféremment se produire ou non, c'est-à-dire qu'il est possible et d'autres comme lui, au sens que nous avons dit plus haut. En d'autres termes, il n'est l'objet d'aucune cause ou loi spéciale (la pierre qui se trouve à tel endroit, pourrait être ailleurs ; sa position, sa forme pourraient être différentes : aucune loi de la nature ne s'y oppose). L'événement se produira-t-il ou non ? Cela dépend des circonstances, des faits qui surviendront.

3° *L'action de la cause ou de la loi modifiée par les circonstances.* — En second lieu, ces circonstances, ces faits antérieurs ou concomitants, dont l'intervention contribue à la production de l'événement, n'en sont pas la cause véritable. Étrangers à elle comme ils le sont les uns vis-à-vis des autres, ils modifient seulement son action, de telle sorte qu'eux faisant défaut, il ne se fût pas produit ou eût été différent (exemple : l'accident résultant de la présence, en tel endroit, de matières combustibles, d'un obstacle sur le passage d'une voiture, d'un défaut dans un appareil).

En résumé, indépendance des causes ou circonstances concourantes (Cournot), éventualité (au point de vue du cours habituel des choses) de l'événement (les possibles égaux de Renouvier, mais dans un sens moins absolu), intervention dans l'événement de circonstances étrangères à sa cause véritable ou à la loi qui le régit : telles sont les conditions les plus générales de la fortuité. Le hasard n'est donc ni un mot vide de sens, ni une notion purement subjective (Laplace). Il a sa place là où l'ordre fait défaut, là où, par le fait de circonstances originairement sans lien entre elles, quelque chose arrive, qu'aucune cause ou loi spéciale ne prédétermine. Là même, les causes et lois naturelles ont leur plein effet, car rien n'est possible sans elles. Mais elles agissent sans lien, sous l'impulsion des circonstances qui viennent à s'offrir à leur action. Elles étant données, et avec elles les circonstances, l'effet est inévitable ; mais par rapport à elles il n'est que possible, et c'est à la faveur seulement des circonstances qu'elles le réalisent.

III. Probabilité. — Nous disons une chose possible quand elle peut indifféremment, à nos yeux, être ou n'être pas, lorsque nous n'avons aucune raison de l'attendre plutôt qu'une autre. Nous disons une chose probable, plus ou moins probable, selon que nous avons des raisons, plus ou moins de raisons, pour y croire, pour y compter; selon que les chances en sa faveur l'emportent davantage sur les chances contraires. Mais la possibilité et la probabilité n'ont rien d'absolu; elles correspondent non à ce qui est, mais à ce que nous savons des choses. Étant données les circonstances dans lesquelles un fait se produit, il est inévitable, et si nous les connaissions toutes, nous le pourrions prévoir à coup sûr. Qu'au contraire, il n'y eût rien de nécessaire dans le monde, c'est-à-dire point de lois, que tout fût effet du hasard, et toute base de probabilité nous ferait défaut. La probabilité implique donc un certain ordre dans les objets auxquels elle s'applique, un cours normal des choses, mais aussi l'indétermination de quelques-uns des éléments dont le résultat dépend, notre ignorance à leur sujet, ce qu'on pourrait appeler la part du hasard.

Appréciation de la probabilité : son but. — Elle a pour but précisément de mesurer, de restreindre et, dans certains cas, d'éliminer cette part du hasard; de substituer à une indétermination absolue de l'événement, qui nous laisserait dans une attente égale de tous les possibles, intolérable pour l'esprit et incompatible avec nos intérêts pratiques, une détermination hypothétique de celui-ci qui fixe notre attente et nous permette d'asseoir sur des bases suffisamment solides nos prévisions et nos entreprises.

Ses deux modes : 1° Le calcul, 2° la réflexion.

Dans le premier cas, la probabilité est dite numérique ou mathématique; dans le second, morale ou philosophique.

Éléments sur lesquels elle porte. — Tantôt les circonstances dont l'événement dépend étant inconnues, mais plusieurs événements (la sortie de chacun des numéros dans une loterie, de chacune des boules renfermées dans une urne) étant jugés possibles, également possibles, il n'y a à tenir compte que de leur nombre : dans ce cas la probabilité est exclusivement mathématique. Tantôt les circonstances favorables ou contraires dont l'événement dépend étant connues, il s'agit d'apprécier leurs probabilités respectives afin de dégager celle de l'événement : la probabilité alors peut être mathématique ou morale ; mathématique, si elles peuvent être comptées et mesurées ; morale, dans le cas contraire.

1° **Probabilité mathématique.** — Elle n'est possible qu'à la double condition que toutes les chances (les événements possibles, ou les circonstances de nature à influer sur l'événement) puissent être comptées et mesurées. Si elles sont d'égale valeur, la probabilité est représentée par une fraction ayant pour numérateur le nombre des chances favorables (celui des billets de loterie appartenant à une personne) et pour dénominateur le total des chances (le nombre des billets). Le calcul est possible encore lorsque les chances étant de valeur inégale, elles comportent une commune mesure, que leur valeur soit constante ou variable ; à ce dernier cas s'applique le calcul des variations.

2° **Probabilité morale.** — Partout ailleurs l'appréciation de la probabilité ne peut être que morale ; et c'est habituellement le cas des questions relatives à la vie morale et sociale : caractère, conduite, événements dépendant de causes humaines. C'est qu'ici les circonstances ne sont ni mesurables ni toutes assignables. Dès lors toute évaluation numérique à leur sujet serait arbitraire ; elle s'appuierait nécessairement d'ailleurs sur une évaluation morale antérieure. Elle ne serait possible directement qu'à la condition de porter, non sur les circonstances du fait actuel, mais sur des moyennes, des données statistiques fournies par des cas similaires (la probabilité qu'un homme de tel âge, de telle condition sociale, de tel degré d'instruction, de tel état de santé, etc., se rende coupable de telle action).

Abus du calcul des probabilités. — C'est ce qu'ont méconnu certains mathématiciens, Laplace par exemple, qui ont prétendu soumettre au calcul les événements de la vie morale et sociale, et, par exemple, l'appliquer à la justice, la sentence de douze jurés offrant plus de garanties, à leurs yeux, que celle de trois juges, comme si les chances d'une sentence équitable étaient en proportion du nombre, non des lumières, de la moralité et de l'indépendance des individus appelés à la rendre.

Valeur respective des deux probabilités. — S'il s'agit de cas particuliers, et spécialement des faits complexes de la vie organique et morale, la probabilité morale, qui seule peut tenir compte des circonstances actuelles, l'emporte (prévoir l'issue d'une maladie, l'efficacité d'un traitement, la valeur d'une sentence judiciaire rendue par un tribunal ou un jury dont les membres sont personnellement connus). Mais s'il s'agit de cas semblables et généraux, c'est la probabilité mathématique dont les prévisions se réalisent d'autant plus exactement que ces cas sont plus nombreux. Ainsi en moyenne l'événement confirmera les prévisions du calcul basées sur des statistiques, relativement à l'issue de telle maladie, à la valeur de sentences rendues par des juges ou un jury, à la proportion des naufrages ou incendies, maladies, décès, suicides, etc., selon les saisons, les localités, l'âge, la profession, etc.

La probabilité et la liberté. — On a contesté l'application de la probabilité aux actes libres et aux événements qui en dépendent : tous les possibles, a-t-on dit, étant égaux devant la liberté, tous doivent être également attendus. Fondée du point de vue de la liberté d'indifférence, l'objection perd toute gravité, du moment qu'on reconnaît l'action des motifs sur la volonté. La liberté n'exclut dès lors qu'une prévision infaillible des futurs; mais elle autorise des conjectures plausibles fondées sur la valeur relative des motifs en présence, mais surtout sur la connaissance des motifs d'ordinaire prépondérants et des caractères. A ce point de vue, les actes jugés théoriquement possibles, également possibles, sont facilement reconnus pratiquement impossibles ou certains, ou probables à tel ou tel degré.

Applications du calcul des probabilités. — 1° *Calcul des moyennes*, pour mettre un résultat à l'abri des chances d'erreur, la même erreur étant improbable dans le même sens.

2° *Loi des grands nombres :* lorsqu'un événement résulte de causes constantes et de causes accidentelles (incendies, naufrages ; le gain au jeu résultant et de l'habileté et de la chance), l'influence de celles-ci, qui peut être prépondérante s'il ne se produit qu'un petit nombre de fois (la chance au jeu), tend à disparaître, s'il se reproduit un grand nombre de fois]: les causes accidentelles agissant tantôt dans un sens, tantôt dans l'autre (la chance favorisant tour à tour les joueurs) et finalement se neutralisant et s'annulant réciproquement, les choses se passent comme si les causes constantes agissaient seules (le gain dépendant finalement de la seule habileté des joueurs ; le nombre des naufrages, des difficultés et des dangers propres à telle navigation).

La loi des grands nombres a donc pour effet, de même que les statistiques, de mettre en lumière l'action des causes constantes, subordonnée dans les faits particuliers à celle des causes accidentelles (influence du genre de navigation, des saisons, du type de construction, etc., sur les naufrages ; des localités, des saisons, de l'âge, etc., sur telle maladie).

CHAPITRE III

ÉVIDENCE

Évidence. — Nier l'évidence est chose impossible : nos affirmations tirent d'elle toute leur force, chacun la recherche et s'en réclame tant vis-à-vis de lui-même que vis-à-vis des autres ; cependant peu de questions sont plus obscures et plus difficiles : sa nature, ses conditions, ses objets partagent aujourd'hui encore la philosophie.

Définition vulgaire. — On la définit vulgairement au certain éclat de la vérité qui entraîne irrésistiblement l'assentiment de l'esprit (*fulgor quidam veritatis assensum mentis rapiens*).

Définition claire et rigoureuse en apparence, mais dont il suffit de peser les termes pour en reconnaître l'insuffisance. Qu'est-ce que cet éclat de la vérité, et d'où lui vient-il ? Est-il une propriété commune à toute vérité ou le privilège de quelques-unes ? Et cet assentiment irrésistible que l'on donne comme l'effet de l'évidence, la suppose-t-il nécessairement, est-il le gage irrécusable de la vérité ?

La fausse évidence. — Nous dirons d'abord ce que l'évidence n'est pas ; nous essaierons ensuite de pénétrer sa nature.

Point d'évidence séparée de la vérité. — Et d'abord point d'évidence séparée de la vérité. On la conçoit quelquefois comme un médiateur entre l'objet et l'esprit, sorte de lumière intellectuelle, étrangère à la vérité, et qui se communiquerait et se surajouterait à elle pour la rendre intelligible. Illusion qui repose sur une fausse assimilation de l'intelligence à l'organe de la vision : dans l'acte de la connaissance il y a deux termes en présence et rien de plus : la vérité et l'esprit. Séparer l'évidence de la vérité, c'est supposer que la vérité n'est pas intelligible d'elle-même, ou que l'intelligence n'est pas par elle-même capable de l'entendre ; c'est nier implicitement la vérité et l'intelligence.

L'évidence relative à l'intelligence qui la perçoit. — Inséparable de la vérité, l'évidence ne l'est pas moins de l'intelligence : elle n'est que pour l'intelligence à laquelle elle apparaît, et en conséquence est toute relative. Point de vérité évidente d'elle-même : la vérité que vous jugez telle, parce qu'elle vous est accessible, ne le sera pas pour moi, si je suis incapable de la saisir. Si simple, si claire qu'elle soit à vos yeux, elle peut être très compliquée et très obscure pour moi : ce fait, ce principe que vous tenez pour évidents, sur la foi de vos sens, de votre raison, ma raison, mes sens, moins développés ou moins exercés, se refusent à les saisir, à les entendre. Il est évident, dites-vous, que cet objet que vous regardez ou touchez, a telle grandeur, telle forme, qu'il est à telle distance ; pour vous, non pour moi qui ne sais point encore discerner la réalité de l'apparence sensible, interpréter les données de mes sens, rectifier les premiers jugements, fautifs, je le reconnais, qui en accompagnent l'exercice. Et de même, cet axiome, cette maxime morale, ce principe métaphysique, entendus, reconnus vrais aussitôt qu'énoncés et dont l'absolue nécessité, dites-vous, ne fait doute pour aucun esprit droit, ne sont nullement évidents pour moi, qui ai peine à en entendre les termes et ne saisis que confusément le rapport qui les unit, pour moi qui peut-être suis habitué à penser d'une manière toute différente. Lors donc qu'on place l'évidence dans la vérité, comme une propriété inhérente à celle-ci et qui aurait pour effet de la rendre accessible à une intelligence quelconque, faisant abstraction de ce sans quoi il n'y a, à vrai dire, ni évidence ni vérité, je veux dire une intelligence apte à la saisir, on se fait illusion et sur la nature de l'évidence et sur l'inégalité flagrante des intelligences.

Des prétendus critères de l'évidence : l'assentiment irrésistible. — En fait, il nous arrive de nous tromper sur l'évidence, de tenir pour évident ce qui ne l'est pas. Comment distinguer l'évidence vraie de la fausse évidence ? On répond : à l'assentiment irrésistible. Reconnaissant l'évidence à l'absence ou à l'impossibilité du doute, on n'hésite pas à déclarer évident tout ce en présence de quoi l'on constate en soi cette absence ou cette impossibilité, comme si, dans une foule de cas, un tel état de l'esprit ne provenait pas bien moins de la nature ou de la connaissance de l'objet que de l'impression éprouvée en sa présence par nos facultés ou même des dispositions actuelles de celles-ci. Faut-il donc le rappeler ? qui ne sait rien, n'a des raisons de douter de rien, ne doute de rien, juge par conséquent de tout fatalement et de prime-abord sur l'apparence. Telles sont les illusions sensorielles de l'enfant et de l'ignorant qui eux aussi doivent tenir pour évidents ces objets, ces faits, disons ces apparences, qui leur sont données de telle sorte qu'il ne leur vient pas à la pensée et qu'il leur serait de toute impossibilité d'en douter. A cette prétendue évidence qui n'est que trop souvent l'illusion de l'ignorance, opposons encore l'incrédulité invincible du sens commun à l'égard de tant de vérités scientifiquement établies : jugeant sur la foi des sens et des idées reçues, il ne doute pas, il ne saurait douter de leur impossibilité.

La clarté et la distinction des idées. — Est évident, dit Descartes, ce que je conçois fort clairement et fort distinctement. Que deviennent alors l'évidence des sens et celle de la conscience? Ai-je une idée claire et distincte du plaisir et de la douleur, de tous ces faits intérieurs qu'en tant que réels en moi, je tiens cependant pour évidents, autant que vérité puisse l'être, par cela seul que je les éprouve? Et de même de tant d'objets et de faits donnés à mes sens, et dont je ne sais qu'une chose, indubitable celle-là, c'est qu'ils sont réels? Ma raison les ignore, et peut-être faute de raisons pour y croire, elle s'avisera de les révoquer en doute; mais s'il plaît à ma raison de s'égarer, la nature ne m'en laisse pas le pouvoir, et ce scepticisme artificiel ne tiendra pas contre la conviction intime et l'assentiment irrésistible qu'elle détermine en moi. Le critère de Descartes ne saurait donc convenir qu'à l'évidence intellectuelle ou rationnelle. Est-il suffisant? Ce que je conçois ou comprends clairement et distinctement, dit-il, est évident : règle trop étroite ou trop large selon les cas. Trop étroite : Descartes eût-il pu l'appliquer à tant de concepts métaphysiques qu'il tient pour évidents sur la foi de sa raison et dont l'obscurité déjoue tous les efforts de la raison? Trop large : ce que je conçois ou crois concevoir clairement et distinctement, que de fois ne m'arrive-t-il pas d'être seul à le concevoir? Et dans la philosopie même de Descartes, combien de principes et de démonstrations, taxés par d'autres philosophes ou par la science de paradoxes ou de sophismes, qu'il donne cependant comme évidents et indubitables? Qui tracera la limite entre le clair et l'obscur, le distinct et l'indistinct? Qui, si ce n'est l'esprit lui-même, qui n'aura, pour en juger, que ses propres lumières et qui, selon le degré de pénétration, de sagacité et de savoir dont il dispose, tantôt niera l'évidence et tantôt la verra où d'autres ne la verront pas et où peut-être la vérité n'est pas?

Nature de l'évidence. — Concluons : point d'évidence en soi, séparée de la vérité et de l'intelligence qui s'y applique; ni la clarté de la connaissance ou de la pensée, ni l'impossibilité du doute ne sont d'une manière absolue incompatibles avec l'erreur. Faut-il donc nier l'évidence? non, mais seulement reconnaître : d'abord qu'elle n'a rien d'absolu, que ce qui est évident pour l'un, peut ne pas l'être pour l'autre; et que chacun par conséquent est juge, pour son propre compte, de ce qui l'est ou non; ensuite, qu'elle n'est rien de plus que la vérité se présentant à l'esprit dans des conditions telles que non seulement il n'ait pas de raison d'en douter, mais qu'il soit assuré qu'il n'en existe point. A l'assentiment irrésistible, à l'impossibilité actuelle du doute qui à la rigueur ne prouve rien, nous substituons, ce qui est tout autre chose, le droit de ne pas douter, la certitude que le doute est absolument impossible. Celui-là seul qui s'est assuré un tel droit, qui possède une telle certitude, est fondé à se prévaloir de l'évidence. C'est dire qu'il n'y a d'évidence, comme de certitude, que pour une intelligence réfléchie, déjà exercée à penser, assez éclairée pour apercevoir les motifs possibles d'un doute raisonnable, assez ferme pour mesurer son adhésion à la valeur des motifs auxquels elle accède. Pour une telle intelligence l'évidence équivaudra selon les cas, soit à la clarté de la connaissance, soit à l'impossibilité du doute, car elle ne sera point exposée à trouver clair ce qui ne l'est pas, ni à confondre l'absence actuelle du doute avec son impossibilité absolue.

Qu'est-ce que cette clarté de la vérité qui, à son degré le plus élevé, constitue l'évidence?

Clarté et obscurité de la vérité. — En principe les choses ne sont par elles-mêmes ni claires ni obscures; elles ne sont telles que pour nous, que pour des intelligences appelées à les connaître. Considérées par rapport à nous, leur clarté dépend et d'elles et de nous. On peut dire d'une manière générale qu'elles sont par elles-mêmes d'autant plus claires qu'elles sont plus simples, que la connaissance en est plus facile et plus sûre. Mais par le fait elles sont d'autant plus claires pour nous que nous sommes plus capables d'en connaître, plus aptes à les comprendre et à les juger, c'est-à-dire que nous avons l'esprit naturellement plus pénétrant et plus judicieux, et que nous possédons à un plus haut degré les connaissances sans lesquelles elles nous seraient inaccessibles.

Clarté et évidence. — Mais alors il en est de l'évidence comme de la clarté. On ne peut dire d'une manière absolue d'une chose qu'elle est évidente ou non; elle peut l'être pour l'un, ne pas l'être pour l'autre. Cela dépend de leur aptitude à en connaître, du degré de lumières et de savoir dont ils disposent, et qui leur rend l'acquisition de la connaissance en question plus ou moins aisée, plus ou moins sûre. Cependant les choses les plus accessibles par elles-mêmes, étant généralement les plus claires pour nous, on peut dire à un point de vue purement humain et eu égard à la partie moyenne des facultés humaines, qu'elles possèdent l'évidence et que seules elles la possèdent.

Conditions de l'évidence. — Deux choses caractérisent les vérités évidentes : elles sont les plus accessibles de toutes; en leur présence le doute est impossible, n'a point de raison d'être. Or les seules vérités présentant ce double caractère sont celles qui comportent une connaissance personnelle et immédiate. Ce que je sais par autrui n'est pas évident, pour moi du moins ; l'avenir pas plus que le passé n'est évident. Rien n'est évident que ce qui tombe actuellement sous les prises de nos diverses facultés : sens, conscience, raison, ou les conséquences nécessaires de leurs données actuelles ; que les vérités qu'elles saisissent directement, non celles qu'elles n'atteignent que médiatement au moyen d'autres vérités, qui seules leur seraient actuellement données : une telle inférence, sauf le cas du raisonnement déductif et démonstratif, ne comporte qu'une haute probabilité.

II. Des diverses sortes d'évidence. — D'après la manière dont elle est perçue, l'évidence est dite *immédiate* (fait donné aux sens ou à la conscience, principes rationnels évidents d'eux-mêmes) ou *médiate* (raisonnement), selon que la vérité se présente d'elle-même à l'esprit, ou que l'esprit a besoin, pour la saisir, de s'appuyer sur d'autres vérités. Ainsi, quant à l'exercice des sens, les perceptions du toucher comportent généralement une évidence immédiate, celles de la vue, au contraire, ne comportent guère qu'une évidence médiate, les données de la sensation actuelle devant être interprétées à l'aide de la réflexion et de l'expérience acquise.

L'évidence médiate est elle-même *hypothétique* ou *démonstrative :* hypothétique par rapport à un principe posé, quelle que soit d'ailleurs la valeur de celui-ci; démonstrative, si ce principe est évident de lui-même. Lorsqu'il s'agit des vérités de la raison, l'évidence immédiate est dite *intuitive;* médiate, elle est *démonstrative.*

2° D'après l'ordre ou le domaine de vérités auquel appartient son objet, l'évidence est *métaphysique* (principes rationnels), *physique* (monde sensible), ou *morale* (domaine de la conscience). L'évidence physique et morale est dite de fait, parce qu'elle porte sur des faits; l'évidence métaphysique est dite de principe et de raison, parce qu'elle porte sur des principes et relève de la raison.

3° D'après les facultés qui la perçoivent, on distingue une évidence *des sens, de la conscience, de la raison* et *du raisonnement.* Il n'y a pas d'évidence proprement dite, mais une certitude légitime, de la mémoire et du témoignage, non plus que de l'induction et de l'analogie : de celles-ci, puisque leurs conclusions ne sont jamais que probables; du témoignage, parce qu'il exclut la connaissance personnelle de son objet; de la mémoire, parce que l'objet du souvenir ne comporte pas une connaissance actuelle.

III. **Des choses évidentes** (1). — 1° Pour les sens, on peut dire évidente la réalité des phénomènes et des objets donnés actuellement à nos divers sens, mais non la nature des êtres, et en général les causes et lois des phénomènes, la généralité de ces lois n'étant que présumée, et leurs causes le plus souvent objet de conjectures savantes.

2° Pour la conscience, est évidente la réalité du fait intérieur, de l'être pensant, de ses facultés, en tant que simples capacités de produire ou d'éprouver ces faits, mais non l'existence ou la nature de l'âme, ni la nature des facultés et leurs rapports.

3° Pour la raison, un petit nombre de principes méta-

---

(1) V. le *deuxième essai de critique générale* de M. Renouvier, dont nous nous sommes inspiré ici et au chapitre suivant, pages 297 et 298.

physiques, logiques et mathématiques, pour la plupart analytiques, sont évidents; mais les principes de la morale et de la religion, comme de l'art, n'ont qu'une évidence contestable, puisqu'ils sont constamment contredits.

L'évidence selon Descartes. — Descartes a posé au sujet de l'évidence certains principes contestables :

1° On peut affirmer d'une chose tout ce qui est contenu dans son idée claire (l'existence comprise dans la perfection).

2° Des choses dont les idées sont nettement distinctes, sont distinctes elles-mêmes (la distinction de l'âme et du corps d'après celle des idées de pensée et d'étendue).

3° L'évidence de la raison et de la conscience seule irrécusable ; celle des sens toujours suspecte.

Au fond Descartes prétend juger d'une manière absolue du fond des choses et de leurs rapports d'après nos conceptions tout humaines, identifiant la réalité absolue à la forme nécessairement relative qu'elle revêt dans notre pensée, l'être des choses aux symboles abstraits par lesquels nous essayons de nous les représenter.

CHAPITRE IV

CERTITUDE

La vérité se présente à nous comme *possible*, *probable* ou *évidente;* de là trois états de l'esprit mesurant son adhésion au degré de la connaissance, aux raisons de l'affirmation : *doute, opinion, certitude.*

Doute et opinion. — Le doute est la suspension du jugement, l'opinion une disposition à adhérer, la certitude une adhésion sans réserve.

La croyance, état intermédiaire entre l'opinion et la certitude, est une adhésion plus ou moins ferme.

Mais ces distinctions, justes en théorie, n'ont pas une égale valeur dans la pratique. Soit que l'esprit juge possible, probable, plus ou moins probable, ou évident, ce qui n'est pas tel en réalité; soit qu'il ne mesure pas le degré de son assentiment à celui de sa connaissance, il arrive que l'opinion corresponde à une simple possibilité, de même que la croyance ou la certitude à une probabilité médiocre. C'est ainsi que la croyance la plus obstinée est souvent la plus aveugle et la moins justifiable.

Croyance : croyance aveugle et réfléchie. — La croyance est *aveugle* ou *réfléchie*. La première devance l'examen et se fonde d'ordinaire : 1° sur l'apparence (l'enfant, l'ignorant, quant aux choses sensibles) ; 2° sur l'habitude (on croit depuis longtemps une chose, cela suffit pour qu'on ne puisse cesser d'y croire) ; 3° sur l'autorité : dans ce dernier cas la croyance est dite *foi*.

La croyance réfléchie suit l'examen ; on sait pourquoi l'on croit, et le degré de la croyance dépend de la valeur des motifs.

Le sentiment et la volonté dans la croyance. — L'intervention du sentiment dans la croyance est presque inévitable du moment que le cœur y est intéressé ; c'est ce qui arrive particulièrement en matière religieuse, morale et politique. La volonté en outre y a sa part, soit qu'elle fixe les conditions de l'examen qui prépare la croyance, soit qu'elle intervienne dans le jugement auquel il aboutit. Dans une foule de cas, qu'on s'en rende compte ou non, l'affirmation est volontaire et excède la connaissance.

Certitude morale. — C'est le nom vulgaire de la croyance très ferme, lorsqu'une preuve décisive, irréfragable fait défaut.

Conviction et persuasion. — La croyance très ferme est aussi dite *conviction* lorsqu'elle est réfléchie ; ferme encore, mais à un moindre degré peut-être, elle est dite *persuasion*, lorsqu'elle dépend du sentiment plus que de la réflexion.

La persuasion et la conviction sont inférieures à la certitude et n'ont jamais pour objet que des probabilités. La certitude répond au savoir, clair et indubitable. En matière de science on doit savoir, et alors on est certain ; ou bien l'on doute, l'on conjecture ; mais la persuasion et la conviction sont incompatibles avec la science.

Certitude. — *Ses conditions*. — 1° Quant à l'esprit, l'entière disposition de lui-même et de ses facultés réfléchies, et par conséquent le pouvoir et la volonté de douter, s'il y a lieu; s'il n'a pas ce pouvoir et cette volonté, il ne dispose pas de lui-même et est incapable d'une certitude véritable.

2° Quant aux motifs d'affirmer, ils doivent être décisifs, sans motifs contraires sérieux, et par conséquent sans possibilité sérieuse de douter.

Sa définition. — L'adhésion ferme et inébranlable de l'esprit, en pleine possession de lui-même, à la vérité, ou à ce qui, après examen, est jugé tel, adhésion accompagnée d'une entière sécurité.

La certitude non infaillible. — Ceci résulte de ses conditions; elle est nécessairement en rapport avec l'intelligence et le savoir de chacun. S'ils sont insuffisants l'un ou l'autre, elle peut être erronée.

La certitude est-elle absolue? — Elle est dite absolue, en ce sens qu'elle ne comporte pas de degrés; on est certain ou non. Elle ne l'est pas en cet autre sens, qu'il y a des certitudes de valeur inégale en principe, parce qu'elles comportent, plus ou moins, des risques d'erreur : ainsi, celle de la conscience est supérieure à celle des sens, celle de la mémoire à celle du témoignage, et dans le raisonnement celle de la déduction à celle de l'induction et de l'analogie.

Diverses sortes de certitude. — 1° D'après la nature des questions : *métaphysique, physique* ou *morale*.

2° D'après son mode d'acquisition : *immédiate* ou *médiate*.

3° D'après les facultés ou moyens de l'acquérir : certitude de la *conscience*, des *sens*, de la *raison*, du *raisonnement*, de la *mémoire* et du *témoignage*.

La certitude et l'évidence. — Une certitude légitime est possible en dehors de l'évidence stricte.

C'est celle dont nous ne connaissons l'objet qu'indirectement ou partiellement, l'affirmation d'un tel objet impliquant une décision plus ou moins réfléchie et motivée, mais aussi plus ou moins arbitraire de l'esprit. Elle a ses raisons, sans doute, plus ou moins distinctement reconnues et mûrement pesées, qui la justifient à nos yeux, et par là s'appuie sur une sorte d'évidence, mais qui n'est pas l'évidence stricte, celle qui exclut toute possibilité de doute et s'imposerait à tous comme à nous. Son vrai fondement est une haute probabilité qui, pratiquement, équivaut à vidence. Tel est le cas de la plupart de nos certitudes relatives à l'avenir, au passé, aux lieux, aux temps, aux faits dont nous n'avons pas une connaissance personnelle, à la nature des objets, à celle de nos semblables, à la conduite et au caractère des personnes, au cours des événements humains.

Critérium de certitude. Les principaux. — C'est le moyen (s'il existe), une règle qui permette de discerner sûrement le vrai du faux.

1° *Le principe de contradiction.* — Critérium purement logique, formel ou subjectif; il permet de reconnaître l'erreur, non la vérité, dans certains cas où la pensée est contradictoire (idée, jugement, raisonnement); mais non ailleurs, dans le rapport de la pensée aux choses.

2° *L'évidence.* — C'est le critérium de Descartes. Il est excellent, sauf la difficulté de distinguer, pratiquement et spéculativement, ce qui est évident de ce qui ne l'est pas. Mais il est insuffisant, une certitude légitime encore étant possible en dehors de l'évidence.

3° *Le sens commun.* — Critérium très vague de l'école écossaise; car par là on peut entendre soit l'opinion commune, telle qu'elle se trouve constituée dans l'immense majorité des hommes, ignorants ou cultivés, sauvages ou civilisés; ou bien une sorte d'instinct intellectuel, d'impulsion naturelle à croire et à penser d'une certaine manière. Que la nature nous porte d'elle-même à croire à certaines vérités fondamentales tellement simples, qu'elles se présentent et s'imposent d'elles-mêmes à tout esprit droit; que le sens commun ou l'opinion commune, ignorante et irréfléchie, soit par suite bon juge de vérités très simples et toutes pratiques, on peut l'admettre; mais la nature nous porte trop souvent à juger sur l'apparence, et combien de vérités dépassent la portée du sens commun ou même sont en contradiction apparente avec lui!

4° *Le consentement universel.* — Il est présenté tantôt comme critérium spécial, tantôt comme critérium unique.

Du consentement universel comme critérium spécial. — Cicéron a dit : « Omni in re consensio gentium lex naturæ putanda est; » et Aristote : « Potentissima probatio est si omnes consentiant. »

1° *Sa réalité.*— Un consentement absolument universel de tous les individus ou seulement de tous les peuples, est impossible à constater. Un consentement moralement universel, c'est-à-dire simplement général, se présume lui-même, plus qu'il ne se constate, faute de données historiques suffisantes ; encore celles-ci ne sont-elles à la portée que d'un petit nombre. Cependant sa réalité sur certains points n'est guère contestable.

2° *Sa valeur.* — En dehors des vérités dites de sens commun, c'est-à-dire accessibles à tous, en matière scientifique et historique, par exemple, il ne prouverait rien, parce que la vérité ici n'étant à la portée que du petit nombre, la croyance des autres, fatalement aveugle et irréfléchie, n'aurait d'autre fondement que l'autorité, de sorte que, dans ce cas, il se réduirait finalement à l'opinion de quelques-uns. Dans le domaine du sens commun, au contraire, il a une haute valeur : d'abord une erreur permanente et universelle dans l'humanité, en des questions réellement accessibles à tous, est absolument improbable ; car, ou il faut supposer tous les hommes aveuglés par les mêmes préjugés et nier tout progrès de la raison individuelle et collective, ou il faut accorder à la vérité le pouvoir de se faire jour et de se substituer à l'erreur jusque-là universellement admise. Ensuite la permanence d'une croyance universelle ne peut s'expliquer que par l'accord de la réflexion avec l'instinct, de la réflexion qui ne la maintient qu'à cause de sa valeur propre avec l'instinct qui la suggère.

La valeur du consentement universel établie théoriquement, des difficultés subsistent, cela est incontestable, quant à l'usage d'un tel critérium. Quelles vérités, parmi celles dites de sens commun, sont réellement à la portée de tous, de telle sorte que le jugement de chacun à leur égard mérite d'être pris en considération? Le nombre en est assurément très restreint : combien de superstitions, de préjugés en morale pourraient, au contraire, se prévaloir d'un consentement universel, sinon permanent dans l'humanité ! Quelle durée d'ailleurs exiger de ce même consentement universel pour qu'il soit possible d'avoir foi en lui ? Quelle valeur pouvait-il avoir dans les premiers âges de l'humanité ? D'un autre côté, quelle n'est pas la puissance du temps pour consacrer, pour perpétuer les institutions, les croyances, les idées, pour modeler sur elles les mœurs, les esprits, et finalement les générations et les sociétés humaines ?

Du consentement universel comme critérium unique. — On le donne alors comme seul infaillible en matière philosophique, morale et religieuse (Lamennais).

Il est absolument inadmissible :

1° Il y a des choses que nous ne pouvons connaître que par autrui (faits historiques) ; d'autres, que nous pouvons également connaître par nous-mêmes et par autrui ; d'autres enfin seulement par nous-mêmes (conscience).

2° Quel que soit l'objet de notre certitude, elle est notre œuvre propre, se fonde sur un examen personnel et possède à nos yeux une valeur absolue, qu'elle se trouve confirmée ou infirmée par celle d'autrui.

3° La condamnation portée contre la raison individuelle retombe sur la raison collective : l'infaillibilité de celle-ci est incompatible avec l'impuissance de celle-là.

4° La valeur d'un consentement général ou universel dépend non seulement du nombre, mais de la compétence des intelligences consentantes : elle augmente avec celle-ci, est bien faible, pour ne pas dire nulle, si celle-ci est nulle elle-même.

5° Il y a contradiction à dénier à la raison individuelle en matière philosophique l'autorité qu'on lui reconnaît en matière scientifique : des deux côtés, il y a des vérités dont la découverte dépasse la portée moyenne des intelligences ; mais ce que le génie peut dans un cas, pourquoi ne le pourrait-il dans l'autre ?

6° Enfin le critérium de Lamennais rendrait tout progrès philosophique et moral impossible.

5° *L'expérience.* — Critérium restreint qui ne s'applique

pas aux vérités de l'ordre idéal. De là la fausseté des doctrines (positivisme) qui voient dans l'expérience, ou même dans la seule expérience sensible, la pierre de touche de la vérité.

En résumé tous ces critériums ont leur valeur et leur utilité; le plus général toutefois et le plus immédiat est celui de l'évidence; les critériums de la contradiction et de l'expérience, celui même du sens commun, s'y appuient manifestement ou virtuellement. C'est toujours d'après ce que nous voyons distinctement ou entrevoyons confusément que nous sommes portés et que nous nous décidons à croire; alors même que nos affirmations dépassent le plus les données de notre connaissance. Dès lors nous sommes d'autant plus fondés à croire que nous nous rapprochons davantage de celles-ci, en d'autres termes que nous avons une connaissance plus claire et plus distincte de l'objet de notre croyance.

CHAPITRE V

ERREURS AU SUJET DE LA CERTITUDE

Dogmatisme, probabilisme et scepticisme.

D'accord avec le sens commun, nous croyons que la vérité existe, qu'elle nous est donnée, selon les cas, comme possible, probable ou évidente, et nous reconnaissons par conséquent la nécessité ou la légitimité égale de chacun des états de l'esprit correspondants : doute, opinion et certitude. Cette doctrine est le *dogmatisme* tempéré, ou dogmatisme proprement dit. Trois doctrines également exclusives et erronées prétendent, au contraire, que toute vérité peut devenir évidente, ou n'est que probable, ou même simplement possible, et en concluent que la certitude absolue, ou l'opinion, ou le doute est seul légitime : ce sont le *dogmatisme absolu*, le *probabilisme* et le *scepticisme*.

Dogmatisme absolu. — L'homme peut tout savoir

avec certitude ; il connaît les choses, non telles qu'elles sont pour lui, mais telles qu'elles sont en elles-mêmes, dans leur fond comme dans leur forme ; sa connaissance est l'expression adéquate de l'être des choses. — Doctrine évidemment fausse ; part nécessaire du doute et de la conjecture.

Probabilisme. — C'est la doctrine de la moyenne et de la nouvelle académie, d'Arcésilas et de Carnéade : point d'évidence, rien que des probabilités. En conséquence, pas de certitude possible, l'opinion seule légitime. — Doctrine erronée ; il y a des cas de certitude légitime, comme de doute nécessaire.

Scepticisme. — C'est la doctrine qui, tenant la vérité pour inaccessible, si elle existe, exclut toute affirmation à son sujet, et se renferme dans le doute ou la négation de toute connaissance.

Ses différentes espèces. — Il est *universel* (embrasse alors tout le domaine de la connaissance) ou *partiel* (par exemple : historique, scientifique ou moral) ; *spéculatif* (les principes, la connaissance rationnelle) ou *pratique* (la réalité, objet de l'expérience, les apparences, les phénomènes, la vie) : il est rare sous cette forme ; *objectif* (tout, hormis le moi, le sujet pensant) ou *subjectif* (le moi lui-même, le fait de conscience) ; *transcendantal* (la véracité de l'intelligence mise en doute, les choses en soi déclarées inaccessibles) ou *ordinaire*.

Indifférence. — L'indifférence est une sorte de scepticisme qui, sans nier formellement la vérité, s'en désintéresse faute de zèle pour elle, plutôt que de foi en elle. On est indifférent en matière philosophique, religieuse, morale, politique, scientifique même.

Historique du scepticisme. — Les sophistes : Gorgias et Protagoras ; Pyrrhon ; Ænésidème, Sextus Empiricus : d'accord avec les nouveaux académiciens, ils excluaient toute affirmation spéculative ; mais ils s'en distinguaient, d'abord en ce que, dans la sphère de la spéculation, contrairement à la nouvelle Académie, ils ne niaient pas plus qu'ils n'affirmaient ; ensuite en ce que, dans la sphère des phénomènes internes, là où elle doutait ou niait, ils affirmaient.

Montaigne, Charron, Lamothe Levayer, Pascal (scepticisme spéculatif), Huet, Bayle, Berkeley (quant au monde extérieur), Hume (scepticisme spéculatif : principes de substance et de causalité ; toute réalité réduite aux phénomènes) ; Kant (scepticisme transcendantal).

Formule du scepticisme. — Tantôt le scepticisme s'affirme comme la négation formelle de la vérité : il revêt alors une forme dogmatique et tranchante qui répugne à l'incertitude absolue dont il fait d'ordinaire profession, et qu'on lui a souvent reprochée, non sans quelque subtilité, comme un démenti qu'il s'infligerait à lui-même. Tantôt il s'enferme dans un doute absolu, se résout dans une impuissance d'affirmer ou de nier quoi que ce soit (Montaigne) qui ne laisse aucune prise à ses adversaires ; en leur opposant, sous cette forme flottante et insaisissable, son : « que sais-je ? » « peut-être », il déjoue toutes leurs attaques et reste conséquent avec lui-même.

Possibilité d'une réfutation du scepticisme. — Si le sceptique se renferme dans son doute absolu, il occupe une position inexpugnable ; mais un tel doute est mensonge ou folie. S'il consent à discuter, et il ne peut s'y refuser s'il est de bonne foi, il peut être convaincu d'erreur. A plus forte raison une réfutation du scepticisme est-elle possible, si elle s'adresse non plus au sceptique lui-même, mais à tout homme de bonne foi, exempt de parti pris. Cette réfutation porte sur deux points :

1° C'est d'abord une fin de non-recevoir opposée au scepticisme à cause de son impossibilité ; 2° c'est ensuite la discussion de ses objections.

Impossibilité du scepticisme. — 1° Il est contraire à la nature : d'instinct nous avons foi à la vérité ; nous ne pouvons ni lui refuser notre adhésion lorsque nous croyons la rencontrer, ni renoncer absolument à elle.

2° Il est la négation de l'intelligence : qui ne sait rien, est impuissant à penser ; car sur quoi penserait-il ? Supposer des êtres intelligents incapables de rien connaître, est une conception contradictoire.

3° Il est impossible dans la pratique : on peut se poser, mais non penser ni vivre en sceptique.

Ses objections. — Elles sont nombreuses, très diverses, de valeur inégale, mais peuvent se ranger sous trois chefs principaux. Elles portent nécessairement, en effet, soit sur la connaissance, soit sur son objet, soit sur l'intelligence elle-même.

1° La connaissance humaine est erronée et contradictoire ; donc l'intelligence défectueuse.

2° L'objet de la connaissance est inaccessible ; donc la connaissance impossible et l'intelligence impuissante.

3° L'intelligence, instrument de la connaissance, doit être tenue pour suspecte. Dès lors la connaissance fût-elle possible, exempte d'erreurs et de contradictions, elle serait toujours incertaine.

Ainsi l'intelligence est tout à la fois défectueuse, impuissante et suspecte.

I. La connaissance erronée et contradictoire. — Pour établir cette thèse, le scepticisme pose deux objections.

1° *Contradiction des opinions humaines.* — C'est l'argument des sceptiques de tous les temps, notamment de Montaigne et de Pascal.

Elle n'est que partielle, non universelle ; accidentelle, non nécessaire, et diminue avec le progrès des connaissance qui entraîne celui de la raison. Le nombre des points de science ou de morale, par exemple, sur lesquels tous les esprits éclairés sont d'accord, va sans cesse en augmentant.

2° *Erreurs et contradictions de nos facultés.* — Les sceptiques sur ce point font valoir les erreurs auxquelles sont sujettes toutes nos facultés, leurs contradictions : l'expérience en opposition avec la raison, les sens entre eux.

Les erreurs sont réelles, mais particles et accidentelles ; imputables non à nos facultés, mais à nous-mêmes qui pouvons les éviter ou les corriger. D'ailleurs le sceptique n'est en droit d'affirmer l'erreur qu'à la condition de s'appuyer sur certaines vérités qui la mettent en lumière ; donc, en l'affirmant, il se contredit. Quant aux contradictions de nos facultés, elles sont plus apparentes que réelles : la contradiction provient d'une appréciation erronée de leur témoignage plutôt qu'elle n'est inhérente à lui ; quand les sens paraissent se contredire (la vue et le toucher), c'est que nous leur demandons plus qu'ils ne peuvent donner, ou que nous ne tenons pas compte des conditions de leur exercice.

II. L'objet de la connaissance inaccessible. — Trois objections.

1° L'objet de la connaissance étant l'universalité des choses, il nous échappe en grande partie.

Ce que nous en pouvons connaître n'en a pas moins sa valeur.

2° Nous ne pouvons connaître le tout de rien, chaque chose étant liée aux autres par des rapports sans nombre.

Ce que connaissons n'en est pas moins réel.

3° Nous n'apercevons que la surface, et non le fond des choses.

Pour être superficielle peut-être, restreinte en profondeur assurément, la connaissance ne perd pas sa valeur.

III. L'intelligence suspecte. — Vaincu sur le double terrain de la connaissance et de son objet ; forcé de reconnaître qu'une intelligence faillible et bornée n'est pas pour cela condamnée fatalement à l'ignorance et à l'erreur, il reste au scepticisme une dernière ressource : c'est de se retourner contre l'intelligence elle-même et de mettre en doute sa véracité. Doute purement spéculatif, mais qui, une fois reçu, n'en ruinerait pas moins toute connaissance humaine. Aussi est-ce à établir la possibilité, la légitimité d'un tel doute, que le scepticisme a de tout temps appliqué son principal effort.

Trois objections.

1° *Impossibilité d'une démonstration de la véracité de l'intelligence.* — L'intelligence humaine est impuissante à démontrer sa propre véracité ; donc elle doit être tenue pour suspecte. Telle est la thèse de Pyrrhon et des anciens sceptiques, de Montaigne, de Pascal et de Bayle.

Pour établir l'impossibilité d'une telle démonstration, les sceptiques anciens recouraient à deux arguments : le *diallèle* (δι' ἀλλήλων) et le *progrès à l'infini*.

Pour distinguer le vrai du faux, la raison a besoin d'un

critérium, de l'évidence par exemple. Or ce critérium, ou elle l'accepte sans le vérifier, ou elle le démontre. Dans le premier cas, le cercle est inévitable : la raison s'appuie sur le critérium, et le critérium suppose l'autorité de la raison qui en reconnaît la valeur. C'est le diallèle. (Montaigne, modifiant seulement la forme de l'argument, dira : pour juger, il faut un instrument judicatoire ; mais pour le vérifier, un instrument : nous sommes au *rouet*). Dans le second cas, ce premier critérium en suppose un second, celui-ci un troisième etc. C'est le progrès à l'infini.

Que la raison ait ou non besoin d'un critérium, elle ne saurait, il est vrai, démontrer la vérité de celui-ci non plus que sa propre véracité. Toute démonstration suppose quelque chose d'indémontrable, une première vérité qu'il faut tenir pour accordée. Or, pour se porter garant d'une telle vérité, la raison devrait pouvoir compter sur elle-même, c'est-à-dire qu'elle en appellerait à sa propre autorité au moment même où celle-ci est mise en question.

Mais cette démonstration que le scepticisme réclame, et que la raison ne peut donner, est-elle donc nécessaire?

Remarquons-le d'abord, que la raison le veuille ou non, il lui est impossible de douter d'elle-même, de douter par exemple en présence de l'évidence. De plus elle n'a aucun motif pour le faire ; tout, au contraire, et l'expérience et la science, la confirme dans la foi qu'elle a d'instinct en sa propre véracité.

Au fond que veut le scepticisme? Une chose impossible et contradictoire, à savoir que toute vérité soit démontrée, car si toute vérité doit être démontrée, rien ne peut l'être. La démonstration est tout à la fois nécessaire et impossible, faute d'une première vérité dont elle puisse partir. Si le scepticisme niait toute vérité et toute certitude, celle de la démonstration comme celle de l'évidence, il ne serait que conséquent. Mais lorsqu'il n'exclut que l'une d'elles, celle-là même sans laquelle l'autre est impossible, se refusant à croire quoi que ce soit au moment même où il se déclare prêt à tout croire, il se contredit manifestement.

2° *Relativité de la connaissance humaine.* — Cette thèse

est sérieuse parce qu'indépendamment de sa valeur propre, elle comporte une entière bonne foi de la part des sceptiques. Connaissons-nous les choses telles qu'elles sont, ou seulement telles qu'elles nous apparaissent? En d'autres termes, l'intelligence humaine est-elle identique à l'intelligence absolue, et l'être en soi à l'être pour nous? Si la connaissance humaine n'a rien d'absolu, si elle dépend essentiellement de la constitution de notre intelligence, il s'en suit que ce qui est vrai pour l'homme, pourrait être faux pour des intelligences autrement constituées.

Du point de vue de l'empirisme, toute vérité étant dans la réalité, et toute connaissance provenant de l'expérience, tout l'effort, tout le progrès de l'intelligence humaine, c'est de pénétrer la réalité, de s'adapter à elle, de se modeler sur elle. La pensée humaine n'est que le reflet de la réalité, de cette réalité partielle avec laquelle nous nous trouvons en rapport et la seule que nous connaissions, mais non la seule qui soit possible, et qui peut-être existe. Par suite les idées, les jugements, les principes qui constituent notre raison, n'ont de valeur que vis-à-vis de la réalité qui nous est donnée : si la réalité était autre, ils seraient autres aussi. C'est la thèse de l'empirisme anglais contemporain, de Spencer, de Stuart Mill surtout.

Du point de vue du rationalisme sceptique, l'intelligence humaine a par elle-même, préalablement à toute expérience et indépendamment de celle-ci, sa constitution, ses lois, ses principes qui s'imposent à elle, comme elle les impose à la réalité pour en prendre connaissance; dès lors les choses sont pour nous, non telles qu'elles sont en elles-mêmes, mais telles que notre propre constitution nous les fait voir, de sorte que la même réalité connue par des intelligences autrement constituées, serait pour elles tout autre que pour nous. C'est la thèse de Kant.

Ainsi du point de vue du rationalisme sceptique, la connaissance humaine n'a qu'une valeur subjective; du point de vue de l'empirisme sceptique, elle a une valeur objective, mais seulement vis-à-vis d'une réalité spéciale. Le rationalisme dogmatique, tel que nous l'avons exposé à propos de la raison, est la réfutation de ce double scepticisme. D'une part, les principes constitutifs de la raison, (axiomes, idées et vérités nécessaires), sont irréductibles à l'expérience ; ceci suffit contre l'empirisme sceptique. De l'autre, ils ne sont pas seulement l'apport de la raison dans la connaissance, comme Kant le prétend ; ils ont une valeur propre, objective et subjective à la fois. Ce n'est pas parce que notre intelligence se trouve constituée d'une certaine manière qu'ils s'imposent à elle ; c'est parce qu'ils sont vrais d'eux-mêmes, parce qu'ils répondent aux nécessités absolues et éternelles de l'existence et de la pensée, qu'elle les conçoit et les subit. Il y a plus ; ils ne se surajoutent pas comme des formes vides, comme des cadres préexistants, aux impressions de la réalité pour constituer l'expérience ; leur liaison avec l'expérience et la réalité est autrement étroite. D'abord c'est elle, l'expérience interne surtout, qui nous les suggère pour la plupart : cause, substance, force, fin, etc. Ensuite, loin qu'ils soient des formes purement subjectives de notre intelligence, la réalité nous en offre l'application constante, et s'y conforme aussi bien que notre pensée. La raison en est simple, c'est qu'ils expriment les conditions nécessaires et éternelles de sa possibilité.

Quant à ce doute spéculatif : l'intelligence humaine est-elle identique à l'intelligence absolue, et l'être en soi à l'être pour nous ? on peut répondre que le principe de contradiction et les vérités qui s'y appuient, comme les vérités mathématiques, seraient pour l'intelligence absolue, ce qu'ils sont pour nous ; mais que notre savoir spéculatif ou positif, en tant qu'il porte sur la réalité, n'est qu'approximatif, nécessairement conjectural, à mesure que nos conclusions dépassent nos expériences, nécessairement partielles et superficielles.

Mais si, comme le veut Kant, nous sommes réduits à des conjectures sur le fond des choses ; si la matière, la vie, l'âme et Dieu ont leurs mystères impénétrables à notre intelligence, nous n'admettons pas, d'accord sur ce point surtout avec lui, que nos affirmations pratiques relatives au bien et au devoir participent de l'incertitude de nos affirmations spéculatives.

3° *Contradictions de la raison*. — Nous ne saurions traiter ce point sans entrer dans la discussion des antinomies de Kant, qui a soutenu avec le plus de force dialectique cette thèse des contradictions de la raison. La question d'ailleurs est métaphysique bien plus que logique. Indiquons-les sommairement. La raison, du moment qu'elle prétend dogmatiser sur le fond des choses, sur le monde, sur Dieu, sur l'âme, serait condamnée à se contredire, toute affirmation étant détruite par des raisons contraires d'égale force. Ainsi du monde infini ou limité, du double point de vue de l'étendue et de la durée; de la matière divisible ou non à l'infini. Le monde a-t-il une cause première et libre, ou bien tout s'y déroule-t-il par une aveugle nécessité? comprend-il toute existence ou y a-t-il en dehors de lui un premier être nécessaire? L'âme est-elle simple et identique? existe-t-elle à titre de substance? est-elle libre? — Bornons-nous à remarquer que, dans l'école même de Kant (Renouvier), ses antinomies n'ont pas été jugées insolubles, et qu'une logique rigoureuse a eu raison sur bien des points de sa dialectique puissante, mais subtile.

LOGIQUE FORMELLE ET PRATIQUE

CHAPITRE VI

MÉTHODE

Ordre suivi. — Nous rapprocherons la logique formelle de la logique pratique. Une méthode sévère commanderait sans doute de les séparer, mais avec plus d'inconvénients que d'avantages. Telle question, par exemple celle du raisonnement et de la démonstration, appartient à la fois à la logique formelle et à la logique pratique; d'autre part, nous aurions peu de chose à ajouter à ce qui a été dit en psychologie de l'idée et du jugement. En étudiant donc séparément, et pour elles-mêmes, les formes de la pensée, qui sont l'objet de la logique formelle, nous nous condamnerions à des répétitions que nous tenons à éviter. Ajoutons que cette étude, au point de vue où il nous serait possible de l'aborder, présenterait peu d'intérêt et d'utilité.

I. Méthode : *Sens général du mot.* — Etymologiquement, méthode signifie *route vers* (μετά, ὁδός ; νήφσδε μετῆλθε. Homère), route à suivre pour arriver à un but. Au sens le plus général du mot, méthode est synonyme d'ordre, soit en tant que coordination des parties dans le tout, soit en tant qu'appropriation des moyens au but. Dans ce sens, méthode se dit : 1° des œuvres de l'esprit (discours, tableau, édifice) ; 2° du travail de l'esprit ; 3° de l'esprit lui-même. Dans les trois cas, il est synonyme d'ordre ; mais plus spécialement, dans le premier, d'unité et de proportion ; dans le second, d'appropriation des moyens au but ; dans le troisième, de netteté et de rigueur. Travailler avec méthode, c'est savoir exactement ce que l'on veut, ce que l'on a à faire, et régler ses démarches en conséquence ; c'est les arrêter et les combiner de la manière la plus propre à assurer le succès. Un esprit méthodique est un esprit ordonné : ses idées sont nettes, ses vues arrêtées ; ses pensées ne se suivent pas au gré des circonstances ; elles s'enchaînent logiquement, et, quel que soit le but qu'il ait en vue, elles tendent d'elles-mêmes à s'y adapter, à se produire sous la forme et dans l'ordre le plus favorables.

Importance de la méthode. — 1° Pour tout travail de l'esprit : la méthode en prépare et assure le succès ; elle s'appelle alors plan, ébauche, etc.

2° Dans les sciences surtout : ici trois points sont essentiels : objet et but nettement déterminés, méthode appropriée à l'un et à l'autre.

3° En philosophie même, les systèmes n'étant souvent que le résultat et l'expression de la méthode suivie, laquelle est bien près de se confondre avec la tendance prédominante de l'esprit ; exemple : sensualisme, matérialisme, idéalisme, scepticisme, mysticisme, déterminés par l'usage exclusif des sens, de la raison, du doute ou du sentiment.

II. Diversité des méthodes. — Que la méthode ait pour but la découverte ou la démonstration de la vérité, elle peut être considérée en elle-même, dans les procédés qui la constituent, indépendamment du but qu'elle poursuit et des objets auxquels elle s'applique. A ce point de vue, deux méthodes principales, essentiellement différentes : méthode rationnelle et méthode expérimentale.

Méthode rationnelle et expérimentale. — La méthode rationnelle prend son point de départ dans les données premières de la raison, en des principes tout abstraits, en dehors de toute expérience, et les développe par le raisonnement ou le calcul (mathématiques).

La méthode expérimentale prend le sien dans les données de l'expérience, s'y renferme ou les développe par le raisonnement, aidé, au besoin, du calcul.

Toutefois la méthode rationnelle n'est pas absolument étrangère à l'expérience qui suggère à la raison ses idées et principes, bien qu'ils lui soient irréductibles (idée des formes géométriques suggérée par les formes sensibles; idées de mouvement, de vitesse, de durée et de force, suggérées de même par l'expérience sensible ou interne) ; ni surtout la méthode expérimentale n'est indépendante de la raison qui préside à son emploi (idées de cause, de force, de loi, de temps, d'espace, etc.).

III. **Méthodes erronées.** 1° *Empirisme.* — C'est la méthode expérimentale réduite à une simple constatation des faits, tout au plus à la détermination des lois les plus apparentes, c'est-à-dire à une simple généralisation des faits observés, toute explication profonde et vraiment scientifique des faits, toute recherche concernant les principes, les causes, les fins, les forces naturelles et le mécanisme de leur action, toute intervention de la raison et quelquefois même du raisonnement, étant systématiquement écartée.

Méthode étroite, superficielle et stérile (l'empirisme en médecine ne connaît des maladies que leurs symptômes, des remèdes que leurs effets apparents ; étranger à toute science de l'organisation, à toute connaissance et explication des faits, il n'est qu'un art mensonger de guérir fondé sur la routine et de trompeuses analogies).

2° *Idéalisme.* — Méthode qui prend son point de départ

dans les données de la raison ou plutôt dans des hypothèses tout abstraites, et prétend expliquer la réalité sans recourir à l'expérience. — Méthode toute spéculative et conjecturale, radicalement impuissante. Ex. : idéalisme atomistique d'Epicure, idéalisme mathématique de Pythagore (propriétés des nombres) et de Descartes (étendue, tourbillons, et lois du mouvement) ; idéalisme métaphysique de Platon dans le *Timée ;* d'Aristote et de la Scolastique (causes finales, forces occultes) ; mais surtout de Hegel, expliquant toute réalité par de prétendues lois absolues de la pensée, par le développement logique et nécessaire de l'être, en vertu de son principe de l'identité de la réalité et de la pensée.

3º *Méthode ontologique.* — Méthode qui prend son point de départ en Dieu, par exemple dans l'idée de sa perfection, de sa sagesse ou de sa justice, la connaissance de Dieu fournissant les principes d'explication en tout ordre de recherches (Descartes, pour ses lois du mouvement en partie ; Leibnitz, avec son principe de la raison suffisante). — Méthode impuissante, des conjectures, des hypothèses étant appelées à expliquer des choses infiniment plus faciles à connaître que la nature de Dieu.

4º *Méthode d'autorité.* — C'est celle qui reçoit d'autorité les preuves et les principes d'explication ; par exemple, la méthode scolastique les demandant à l'Église ou à Aristote.

Critique de Cousin. — Il admet en philosophie quatre méthodes essentielles : empirisme, idéalisme, mysticisme, et scepticisme. Le scepticisme et le mysticisme ne sont pas des méthodes, mais des systèmes ; l'empirisme et l'idéalisme ne sont qu'une exagération de la méthode expérimentale et rationnelle.

IV. **Méthode de découverte.** — Il y a des règles à suivre dans la recherche de la vérité ; règles générales, comme celles de Descartes ; mais surtout spéciales, suivant l'objet de la recherche : celles-ci se confondent avec la méthode même de la science. L'observation des unes et des autres est indispensable, mais insuffisante. Sans elles, l'esprit erre à l'aventure ; mais, outre ces règles, la découverte de la vérité suppose, et peut-être ceci surtout, certaines qualités naturelles ou acquises : l'expérience du travail scientifique spécial, la pénétration et la sagacité natives accrues par l'exercice, une sorte de tact divinatoire à saisir les analogies et à en tirer parti ; en un mot, le talent, et quelquefois, s'il s'agit des grandes découvertes, le génie.

Ses règles. — On peut les formuler ainsi, en partie d'après Descartes :

1° Doute méthodique et évidence (Descartes).
2° Analyse (Bacon, Galilée, Descartes).
3° Aller du connu à l'inconnu.
4° Rattacher les vérités découvertes à leurs principes immédiats, à leurs causes et lois prochaines (Bacon).
5° Les enchaîner entre elles, de manière qu'elles se soutiennent et s'expliquent les unes les autres.

CHAPITRE VII

ANALYSE ET SYNTHÈSE

L'analyse et la synthèse étant les plus généraux des procédés de la méthode et, à cause de leur généralité même, intervenant dans tous les autres, il convient de commencer par elles l'étude de la méthode.

Analyse : *trois sens du mot.* — Etymologiquement, analyser c'est décomposer, dénouer, résoudre.

De là dans l'usage, d'accord avec l'étymologie, trois sens principaux du mot : 1° le sens ordinaire de *décomposition;* 2° le sens spécial, plus rare, de *régression;* 3° le sens de *résolution* (résoudre un problème, une question).

On distingue, en rapport avec cette triple signification, trois procédés très différents, auxquels le nom d'analyse est donné et convient également. Ils ont ceci de commun, qu'ils sont des procédés de recherche et d'investigation, qu'ils ont pour but de déterminer l'inconnu d'après le connu, une chose en question d'après une autre donnée. Ils diffèrent par le point de départ et le but spécial de la recherche. Un tout étant donné, et ses parties ou éléments constitutifs étant à déterminer, l'analyse est de décomposition. Une chose quelconque, fait, pensée, étant donnée, et son principe (cause, loi, etc.) étant à déterminer, l'analyse est de régression. Dans ce second cas, il ne s'agit plus seulement de constater ce qui est, de découvrir dans ce qui est donné ce qui s'y trouve sans être apparent; il s'agit de déterminer d'après la chose donnée une autre chose qui n'est point en elle, mais dont elle procède, et qui est la raison de son existence ou de sa vérité. Cependant, tout en étant théoriquement très différents, les deux procédés se rapprochent dans la pratique, au point que dans certains cas il est difficile de dire si l'analyse est de décomposition ou de régression ; c'est que quelquefois la première conduit directement aux principes (analyse chimique), et que d'autres fois elle est la condition de la seconde : pour déterminer la cause d'un fait complexe, il faut préalablement reconnaître toutes les circonstances qui concourent à le produire, toutes les influences qui compliquent et modifient l'action de la cause à découvrir.

Le troisième procédé est en un sens plus général : une question quelconque étant posée, il s'agit d'en obtenir la solution d'après l'étude des données. Ce dernier procédé se ramène dans certains cas au second ; c'est lorsqu'il s'agit de déterminer un principe, une cause. Il a ceci de commun avec le premier, qu'il implique une décomposition des données, un travail préalable destiné à distinguer et à mettre en lumière dans celles-ci chacun des points à examiner.

I. **L'analyse en tant que décomposition : sa définition.** — C'est la décomposition d'un ensemble, d'un tout en ses parties, d'un tout individuel et complexe, matériel ou moral, objet ou fait. La synthèse en est la reconstitution.

Dans certains cas, les parties d'un tout en sont aussi les éléments, les principes constitutifs. De là cette définition de Condillac : l'analyse détermine l'origine et la génération des faits ou des idées.

L'analyse et la synthèse dans les opérations

intellectuelles. — L'analyse intervient, ainsi que la synthèse, dans toutes les opérations intellectuelles. Point d'attention, pour peu complexe que soit son objet, sans analyse ; les parties, détails successivement étudiés et leurs rapports reconnus, la synthèse, grâce à la mémoire, s'opère généralement d'elle-même et sans que l'esprit ait d'effort à faire pour cela ; elle n'en est pas moins indispensable. Il en est de même de la comparaison qui suppose une double attention. L'abstraction implique l'analyse, spontanée ou intentionnelle. La généralisation également, les ressemblances devant être distinguées des différences dans les objets qu'elle rapproche : ce premier travail fournit la matière de l'idée générale ; celui qui lui succède et dont elle est le résultat, s'opère par une double synthèse, l'une portant sur la compréhension, l'autre sur l'extension de l'idée. Le jugement, synthétique en ce sens qu'il pose deux termes en rapport, est en outre analytique ou synthétique selon la nature de ce rapport. Le raisonnement enfin, selon ses formes, fait diversement appel à l'analyse et à la synthèse : la déduction est éminemment analytique ; l'induction et l'analogie tiennent à la fois de l'un et de l'autre procédé : de l'analyse, par la manière dont elles déterminent les données qui leur servent de point de départ, de la synthèse par le plus ou moins de généralité de leurs conclusions.

Les divers procédés de la méthode, tant expérimentale que rationnelle, n'étant qu'une suite de ces mêmes opérations intellectuelles, ils font nécessairement appel à l'analyse et à la synthèse.

Variétés de l'analyse. — 1° L'analyse est *mentale* ou *réelle ;* dans le premier cas, l'objet n'est décomposé que par l'esprit et dans la pensée ; dans le second, il l'est matériellement. Ex. : une machine que l'on démonte ; analyse chimique ou anatomique.

2° Elle varie pour le même objet selon le point de vue. Ex. : une phrase analysée grammaticalement, logiquement ou littérairement ; une pierre analysée diversement, par le géomètre, quant à sa forme et à ses dimensions ; par le chimiste, quant à sa composition ; par le géologue, quant à ses caractères en tant que minéral.

Ses principaux points de vue. — L'analyse détermine quant aux choses :

1° Les parties, distinctes de position et données aux sens, d'un ensemble. Ex. : les rouages d'une machine, les organes du corps, les fibres d'un tissu, les détails d'un tableau, d'un paysage (exemple de Condillac).

2° Les parties *intégrantes* ou éléments constitutifs d'un composé, que ces éléments subsistent dans le composé avec leur nature propre (mélange), ou qu'ils se transforment pour le produire (combinaison chimique). Ex. : son musical produit par divers instruments dont chacun peut être entendu, son de la voix formé de divers éléments inappréciables à l'oreille; saveurs, odeurs, etc.; analyse qualitative en chimie.

3° Les quantités, poids, grandeurs, etc., de ces éléments. Ex. : l'analyse quantitative en chimie.

4° Les qualités ou caractères des objets. Ex. : couleur, son etc.; l'analyse descriptive en histoire naturelle.

5° Leurs propriétés, c'est-à-dire les changements produits ou subis par rapport à d'autres objets. Ex. : en chimie et en physique.

Quant aux faits :

1° Les circonstances diverses qui y concourent. Ex. : la chute d'un corps modifiée par la résistance et le mouvement de l'air, par la nature du corps, son volume, sa forme, etc.

2° D'autres faits, plus généraux et plus simples, dont ils résultent. Ex. : la chute de la pierre résultant de la pesanteur.

3° Leurs causes et lois.

L'analyse et la synthèse, procédés distincts. — Condillac méconnaît la valeur de la synthèse qu'il ramène à l'analyse ou déclare inutile. Dans la plupart des cas, il est vrai, si l'analyse a été bien faite, la synthèse (mentale, bien entendu), s'opère pour ainsi dire d'elle-même. Ex. : analyse et synthèse d'un discours, d'un paysage. — Elles n'en sont pas moins distinctes, bien que le plus souvent indispensables l'une à l'autre, la synthèse supposant l'analyse et l'analyse préparant la synthèse. Néanmoins il y a des cas où l'analyse seule est possible (analyse chimique des corps organisés); et d'autres où la synthèse n'est pas simplement l'inverse de l'analyse, mais un procédé original, comme en chimie, lorsqu'elle a pour but la constitution des composés organiques.

Leur distinction ressort de l'influence qu'elles exercent sur les œuvres de l'esprit et sur l'esprit lui-même : langues analytiques et synthétiques; de même, il y a des esprits analytiques et synthétiques : les premiers préoccupés des différences, les seconds des rapports et des ressemblances; les premiers distinguent, précisent, coordonnent; les seconds généralisent et systématisent.

Le particulier et le général dans l'analyse. — L'analyse va *du composé au simple*, et par suite *du particulier au général*, le particulier (l'eau) étant nécessairement composé, et le général (hydrogène, oxygène) étant simple. Ainsi les mots sont tout à la fois composés et particuliers par rapport aux lettres ou aux sons qu'elles représentent, éléments généraux et simples du langage; et de même les divers nombres par rapport aux dix premiers. C'est donc à tort que Condillac donne son système de la génération des facultés comme un exemple d'analyse. Il suppose, il est vrai, une analyse antérieure, mais il est synthétique.

Règles de l'analyse et de la synthèse. — 1° L'analyse doit précéder, pénétrer jusqu'aux éléments irréductibles, déterminer leur nature, leurs quantités et rapports.

2° La synthèse doit reconstituer l'objet, d'après les données de l'analyse, sans y rien ajouter ni retrancher.

II. L'analyse en tant que régression. — A ce point de vue, analyser a le sens, que comporte l'étymologie, de *dénouer en remontant;* par exemple, défaire un nœud, en partant de l'extrémité libre, dans un ordre inverse à celui qui a été suivi pour le faire; étudier un mécanisme en remontant, de proche en proche, du dernier des rouages ou des mouvements à celui qui donne l'impulsion à tous les autres.

Plus généralement, étant donnée une suite de termes,

d, *c*, *b*, dépendant chacun du terme antérieur et tous d'un premier terme *a*, principe ou cause génératrice de la série, l'analyse remonte du dernier au premier, détermine celui-ci d'après ceux-là, et les explique par lui.

Tandis que l'analyse ordinaire, proprement descriptive, se propose simplement de distinguer, d'isoler des termes rapprochés et comme confondus dans une synthèse donnée, de résoudre un tout dans ses parties, ici un rapport, non plus de coexistence ou de juxtaposition, mais de dépendance existant entre les termes, soit qu'ils se succèdent en série régulière, soit qu'ils se distribuent irrégulièrement, comme un groupe de faits de même nature, autour d'un terme unique dont ils dépendent également, le but de l'analyse est de déterminer ce premier terme, principe générateur de la série ou du système, et son procédé consiste à s'élever d'eux à lui, à s'en rapprocher graduellement en partant des plus éloignés.

Deux choses alors caractérisent l'analyse :

1° Dans le raisonnement, elle remonte de la conséquence au principe; et de même, dans la réalité, de l'effet à la cause, du phénomène à la loi, de la fin au moyen, et en général du *conditionné* à la *condition*. Le principe est, en effet, la condition de la conséquence, la cause et la loi celles de l'effet, du phénomène. Pour le rapport de fin à moyen, la question est moins simple; quelques-uns (Duhamel) le regardent comme analytique, d'autres comme synthétique. Il comporte, en effet, une double interprétation : la fin est la condition du moyen en ce sens qu'il ne peut être déterminé qu'après et d'après elle; mais réciproquement le moyen est la condition de la fin en ce sens qu'il la précède dans le temps, sinon dans la pensée, et qu'elle ne peut être réalisée qu'après lui et grâce à lui.

2° Elle va généralement de l'*inconnu* au *connu*, tandis que la synthèse va du connu à l'inconnu; par exemple, d'un principe évident de lui-même ou d'une proposition déjà démontrée à une proposition nouvelle dont la vérité est encore inconnue.

Ces expressions, le *connu* et l'*inconnu*, sont ici justes en deux sens :

1° En fait, le principe peut être et est le plus souvent connu vrai sans que la conséquence le soit encore. Exemple : tel théorème démontré dans l'ignorance des conséquences et applications qu'il comporte. 2° Théoriquement, le principe, et de même la cause, la loi, vaut par lui-même, tandis que la conséquence ne vaut que par lui, et par conséquent ne peut être connue vraie qu'après et d'après lui.

En résumé, on pourrait dire que le principe est plus directement connaissable, et par le fait plus tôt et plus aisément connu que la conséquence.

Rapport des deux analyses. — L'analyse régressive va aussi du particulier au général, et du composé au simple, la conséquence, l'effet, le phénomène, étant plus particuliers et plus complexes que le principe, la cause et la loi.

Ayant pour but de déterminer le principe logique ou réel, et pour résultat d'établir ou d'expliquer par lui la vérité ou le fait auquel elle s'applique, elle répond exactement à la définition de Condillac, définition qui ne convient qu'accidentellement à l'analyse en tant que décomposition.

L'analyse et la synthèse dans la démonstration. — Démontrer synthétiquement, c'est partir d'une ou plusieurs propositions évidentes ou démontrées, et en déduire comme conséquence la proposition à démontrer : c'est la marche habituelle de la géométrie élémentaire.

Démontrer analytiquement, c'est partir de la proposition à démontrer, et la rattacher à une proposition évidente ou déjà démontrée, celle-ci servant de preuve à celle-là. Mais quelle relation doit exister entre deux propositions pour que la vérité de l'une implique celle de l'autre? La vérité du principe implique celle de la conséquence, mais non nécessairement la vérité de la conséquence celle du principe. Il peut arriver, en effet, que d'un principe faux on déduise justement une conséquence exacte en elle-même. (Remarque d'Aristote, reproduite par Duhamel; exemple : tous les hommes sont justes; donc Socrate était juste.)

De là deux modes, mais inégalement rigoureux, d'analyse : l'un qui consiste, partant de la proposition à démontrer, à descendre de conséquence en conséquence jusqu'à une vérité connue; l'autre qui consiste, partant d'elle encore, à remonter de condition en condition jusqu'à une vérité connue, à un principe dont la vérité à démontrer soit la conséquence dernière. Dugald-Stewart ne connaît que le premier procédé, Duhamel (d'accord avec la plupart des logiciens) tient le second pour seul légitime. Le premier est évidemment plus simple; aussi le préfère-t-on généralement en mathématiques; seulement la vérité de la proposition à démontrer n'est regardée comme établie que si l'on peut, en renversant le raisonnement, redescendre de la proposition connue, prise comme principe, à cette même proposition qui en devient alors la conséquence.

Ce retour, jugé nécessaire pour établir la validité de la démonstration, n'est cependant pas indispensable en mathématiques, à cause de la nature des rapports sur lesquels porte le raisonnement. Comme on y opère sur des rapports d'égalité ou d'équivalence, non de contenance, la vérité de la conséquence y est presque toujours une garantie de celle du principe.

Ce que nous venons de dire de la démonstration s'applique également à la question de savoir si une proposition donnée est vraie ou fausse. Une telle recherche est évidemment analytique ou régressive : elle l'est d'abord, en ce que la proposition elle-même sera le point de départ du raisonnement; ensuite, en ce que sa vérité ou sa fausseté résultera plus directement et plus sûrement de l'examen de ses conditions que de celui de ses conséquences. C'est ce que montre Port-Royal en prenant pour exemple la question de l'immortalité de l'âme.

L'analyse et la synthèse dans la résolution des problèmes. — Pour résoudre analytiquement un problème, il faut d'abord le supposer résolu; la solution supposée devient alors un point de départ pour le calcul ou le raisonnement.

Le plus souvent, pour déterminer l'inconnue, il suffit d'un artifice de calcul, de l'introduction de celle-ci dans l'énoncé d'un problème nouveau ; le problème donné est ainsi ramené à un autre plus simple, ou successivement à d'autres jusqu'à un dernier susceptible d'être résolu directement et dont la solution fournit celle du problème proposé. La solution obtenue peut ensuite être démontrée synthétiquement, comme en géométrie, en descendant des théorèmes dont elle résulte jusqu'à elle.

Avantages et inconvénients de l'analyse et de la synthèse. — Comme méthode d'enseignement, la synthèse est préférable, en ce qu'elle conduit l'esprit du connu à l'inconnu, des principes aux conséquences. S'il s'agit, au contraire, de découvrir une vérité inconnue, et par exemple la démonstration d'une proposition nouvelle, fût-on d'avance convaincu de sa vérité, ou la solution d'un problème, il y a tout avantage à employer l'analyse : non seulement en fixant le point de départ, elle restreint le cercle des recherches, mais de quelque côté que celles-ci soient dirigées, le succès peut en être espéré, divers théorèmes pouvant également, dans la plupart des cas, conduire au résultat désiré, et la déduction ayant la chance d'aboutir à l'un d'eux. En procédant synthétiquement au contraire, divers points de départ pourraient être essayés sans succès, aucune des voies dans lesquelles on se serait successivement engagé n'aboutissent à la proposition ou à la solution en question.

III. **L'analyse comme procédé de recherche.** — Une question étant posée, lorsqu'il existe entre l'inconnue et les données une relation telle que celle-là puisse être déterminée d'après celles-ci, le procédé à suivre pour la résoudre est dit analyse ou méthode de résolution. En quoi consiste ce procédé? On peut dire d'une manière très générale qu'il suppose une étude attentive des données, de la chose demandée et des conditions auxquelles elle doit satisfaire; cette étude, grâce au savoir acquis et à la sagacité de l'esprit, suggère une ou plusieurs hypothèses ou explications dont il reste à apprécier la valeur ; il s'agit alors de rapprocher chacune d'elles des conditions proposées et de s'assurer si elle y répond, ou non, exactement. On réussit ainsi à déterminer un mot, une date, un fait, une cause, une grandeur, etc., en un mot une chose quelconque inconnue liée à une autre chose connue, de telle sorte que la connaissance de celle-ci puisse conduire à celle de l'autre. La relation qui les unit peut être plus ou moins étroite, plus ou moins rigoureuse. Quelquefois la solution est la conséquence directe et nécessaire des données, que la question ne comporte qu'une solution unique ou qu'elle en comporte également plusieurs. D'autres fois la relation du connu à l'inconnu est plus large, et la question ne comporte qu'une solution probable. La question d'ailleurs peut être très simple ou très complexe; cela dépend du nombre des données, et des conditions, et de leur nature.

Ajoutons que, si dans certains cas la solution résulte directement de la seule interprétation des données, des connaissances relatives au sujet à traiter sont le plus souvent indispensables pour l'obtenir; dans tous les cas la sagacité de l'esprit et l'habitude des recherches du même genre sont, avec le savoir acquis, les plus sûres garanties du succès.

Le procédé régressif intervient dans les questions à traiter par l'analyse. C'est lorsque, la question faisant appel au raisonnement, l'examen des conditions ou conséquences de la solution supposée, rapprochées de ce que l'on sait, suggère l'idée d'un principe dont elle peut dépendre : si le principe est connu, il s'agit d'en déduire la solution; s'il ne l'est pas encore, il reste à l'établir.

Historique. — Port-Royal, suivant la tradition scolastique, oppose l'analyse, méthode de découverte ou de *résolution*, à la synthèse, méthode d'enseignement et de démonstration. Celle-ci déduit la vérité à établir de vérités connues, du principe dont elle dérive. Mais il s'explique en termes assez vagues sur l'analyse. Les questions à résoudre par l'analyse sont, dit-il, de mots ou de choses; celles-ci se ramènent à quatre : déterminer les causes par les effets, les effets par les causes, le tout par ses parties, l'une des parties par le tout et d'autres parties, *parties* désignant des qualités aussi bien que des quantités. Dans tous les cas la solution résulte des données de la question. Tout cela est emprunté à Descartes. Dans le raisonnement mathématique, l'analyse consiste à supposer la question résolue, à raisonner dans cette hypothèse, et à en conclure quelque vérité connue dont elle puisse être déduite comme conséquence. Port-Royal confond évidemment sous le nom d'analyse deux procédés très différents : l'un qui consiste à décomposer, à démêler les données complexes d'une question pour en poursuivre la solution à l'aide de la réflexion et du raisonnement, l'autre, l'analyse de raisonnement, seule régressive et conçue comme telle. Il n'a donc ni distingué les diverses sortes d'analyse, ni nettement aperçu la nature et la portée du procédé régressif. C'est ce point que récemment Duhamel a l'un des premiers clairement établi : l'analyse, quelle que soit la nature des questions, faits ou raisonnements, remonte du conditionné à la condition.

Antérieurement, Dugald-Stewart, étudiant spécialement l'analyse dans le raisonnement mathématique d'après les géomètres alexandrins, admettait qu'elle suppose la question résolue, déduit les conséquences de cette hypothèse, conséquences dont la vérité reconnue garantit la vérité de celle-là.

Duhamel a relevé la faute logique qui compromet ce procédé. Dugald-Stewart n'avait donc qu'approché de la vérité, et sur le terrain restreint du raisonnement mathématique.

MÉTHODE DÉDUCTIVE

CHAPITRE VIII

AXIOMES ET DÉFINITIONS

La méthode rationnelle et la méthode déductive. — La méthode rationnelle est dite aussi déductive par opposition à la méthode expérimentale, dite alors inductive. Elle est toute de déduction, en effet, tandis qu'elle exclut l'induction, indispensable dans la méthode expérimentale, où elle est appelée souvent à un rôle prépondérant. — D'un autre côté, la déduction, comme le calcul, peut intervenir dans la méthode expérimentale. — Non seulement la méthode rationnelle est déductive, mais en un sens elle n'est qu'une forme spéciale, une application de la méthode déductive. Celle-ci emprunte indifféremment, en effet, ses principes à la raison ou à l'expérience; par exemple, une loi de la nature; la méthode rationnelle, au contraire, emprunte nécessairement les siens à la raison sous forme d'axiomes ou de définitions; par suite, elle comporte seule un emploi rigoureux de la démonstration. Dans l'une et l'autre, la définition est de mots ou d'idées plutôt que de choses; la définition de choses appartient proprement à la méthode expérimentale.

Les procédés que nous étudierons sous le nom de méthode déductive sont donc, les uns, définition et déduction, communs aux deux méthodes rationnelle et déductive; d'autres, axiomes et démonstration, propres à la méthode rationnelle. A ces divers procédés, nous joindrons le syllogisme, à cause de son rapport étroit avec la déduction, bien que l'étude en intéresse la logique pure ou formelle plutôt que la méthode; nous ne séparerons pas non plus la définition des mots de celle des choses.

Axiomes. — Etymologiquement (ἀξίωμα, *dignitas*), vérité digne de foi par elle-même, qui s'impose d'elle-même à l'esprit, mais sur laquelle il peut s'appuyer en toute sécurité.

Les axiomes dans les sciences. — En un sens, toutes les sciences ont leurs axiomes; toutes supposent certains principes incontestables, reçus, pour ainsi dire, d'autorité, sur la foi de la raison, à titre, soit d'idées directrices (finalité dans les sciences naturelles, causalité en physique), soit de maximes régulatrices (axiomes en géométrie) du travail scientifique, dont ils sont dès lors la condition, non l'objet.

Axiomes en logique. — Cependant le sens logique du mot axiome est plus restreint; on peut le définir : vérité évidente d'elle-même, qui ne peut être prouvée par d'autres, mais dont on a besoin pour en prouver d'autres.

L'axiome est donc une vérité tout abstraite et très générale, de principe, non de fait, évidente pour la raison, non pour les sens ou la conscience.

Axiomes mathématiques. — Ainsi entendus, les axiomes ont surtout leur place dans la méthode rationnelle et les sciences démonstratives, où ils sont les conditions, explicitement énoncées ou sous-entendues, du raisonnement, les raisons dernières de sa validité ; mais spécialement en mathématiques, où ils ont pour caractère distinctif de concerner la quantité.

Leurs caractères. — *Évidence* (pour la raison); *nécessité* et *universalité* absolues, l'une et l'autre subjective et objective.

Leur origine. — On les a, récemment surtout, attribués, mais à tort, à l'induction (Herschell et Stuart Mill, contredits par Whewell).

1° Leurs caractères s'y refusent : les données de l'expérience, généralisées par l'induction, ne sont ni évidentes d'elles-mêmes, c'est-à-dire pour la raison, ni universelles, ni nécessaires. Si la théorie de Stuart Mill était fondée, la certitude des axiomes serait en proportion du nombre et de la rigueur des expériences ; or, cette certitude est telle dans notre pensée qu'elle ne saurait être augmentée ni affaiblie par aucune expérience. Loin que nous jugions d'eux d'après l'expérience, ce sont eux qui nous servent à la juger, et nous n'hésitons pas à affirmer l'inexactitude de celle-ci lorsque ses résultats apparents sont en opposition avec eux.

2° Leur vérité peut être reconnue indépendamment de toute expérience. Leur origine est purement rationnelle : ils énoncent entre deux termes, deux grandeurs : tout et partie, ligne droite et ligne la plus courte, parallélisme et équidistance, un rapport résultant de la nature de celles-ci. Ils ne sont, par conséquent, que des jugements analytiques, et ainsi leur origine n'a rien d'obscur.

Leurs règles. — 1° ne demander en axiomes que des vérités évidentes d'elles-mêmes et présentant tous les caractères des axiomes ; 2° ne pas les multiplier sans nécessité.

Définition. — Étymologiquement, définir, c'est délimiter, circonscrire; c'est, par suite, faire connaître une chose de manière à la distinguer de toute autre.

Son but. — Transmettre ou fixer la connaissance acquise; rendre intelligible et clair ce qui est obscur.

Ses moyens. — Définir, c'est expliquer, traduire; c'est substituer à des idées, à des termes obscurs et malaisés à entendre, des idées, des termes clairs et intelligibles d'eux-mêmes, c'est-à-dire plus généraux et plus simples. La définition implique donc la réduction du concret à l'abstrait; elle est éminemment analytique.

Trois sortes de définition. — La définition est de mots, de choses ou d'idées.

I. Définition de mots. — Définir un mot, c'est en fixer le sens, ou, selon Pascal, c'est imposer un nom à une chose clairement désignée.

Expressions équivalentes d'une même idée : dans les deux cas, l'on convient d'un mot pour dénommer telle idée, tel objet clairement désigné.

Son importance. — En fixant le sens des mots, elle prévient les équivoques et les ambiguïtés d'où résultent la confusion et l'incohérence des pensées; par suite, elle prévient ou termine les discussions qui proviennent d'un malentendu.

Ses règles. — *Courte, claire* et *précise*. La clarté résulte de l'emploi dans la définition de mots clairs d'eux-mêmes ou connus; la précision d'une délimitation exacte du sens des mots.

Ses caractères d'après Port-Royal. — 1° Arbitraire (un mot n'ayant par lui-même aucune signification); 2° elle peut être invoquée comme principe, c'est-à-dire qu'on peut toujours s'appuyer dans une discussion sur la définition donnée et reçue d'un mot.

Du moment, au contraire, que le sens du mot est fixé, qu'il désigne un objet déterminé, sa définition cesse d'être arbitraire; il est impossible alors de définir le mot sans définir la chose elle-même.

L'usage des définitions de mots. — 1° Il convient de se conformer autant que possible à l'usage; autrement chacun se ferait une langue à soi, intelligible seulement à ceux qui y seraient initiés. 2° Il serait impossible et inutile de définir tous les mots : les uns sont clairs d'eux-mêmes et n'ont pas besoin d'être définis ; d'autres expriment des idées si abstraites et si simples, que toute définition en serait impossible ; tels sont les mots : être, sentir, plaisir, douleur, son, couleur, le bleu, le rouge, le sucré, l'amer, etc. La seule ressource, dans ce cas, est de montrer, pour en expliquer la signification, l'objet dont ils sont le nom, ou si cet objet ne tombe pas sous les sens, de placer les autres dans les mêmes circonstances où il s'est offert à nous, où, par exemple, nous avons éprouvé tel sentiment, exécuté telle action. C'est ainsi que la géométrie emploie, sans les définir, les mots de la langue commune, et encore pour ses termes les plus abstraits (étendue, point, ligne droite), compte-t-elle sur le bon sens, sur l'intuition, plutôt que sur des définitions formelles, difficiles ou impossibles.

II. **Définition de choses.** — Elle a pour but de faire connaître exactement et profondément, mais brièvement, la nature des choses.

Ses principales espèces. — 1° *Définition logique par le genre prochain et la différence spécifique.* — L'homme : animal raisonnable ; le carré : rectangle à côtés égaux : la circonférence : courbe d'une courbure uniforme. — Animal, rectangle, courbe : genres prochains, par rapport aux objets définis ; raisonnable, à côtés égaux, uniformité de courbure : différences spécifiques. Le genre prochain, c'est-à-dire le plus rapproché, détermine l'idée de l'objet, de l'espèce à définir ; la différence spécifique la précise en distinguant l'espèce définie de toutes les autres espèces placées dans le même genre.

La définition n'est rigoureuse qu'à cette double condition : autrement, elle serait ou vague, et elle pourrait ne pas convenir au seul défini (l'homme : être raisonnable), ou superficielle, et elle ne le ferait pas connaître dans ce qu'il a de plus intime.

La définition par le genre et la différence, regardée comme seule rigoureuse jusqu'à Condillac, est loin d'avoir aux yeux des savants la valeur que lui attribuent les logiciens. Elle est, il est vrai, la plus brève, étant complète en deux mots, et sa brièveté n'exclut pas la profondeur. Mais elle n'est claire que pour celui qui connaît déjà les faits ou les idées que ces mots rappellent; elle n'est rigoureuse que si la classification sur laquelle elle s'appuie l'est elle-même : or, les classifications variant avec le point de vue qui préside à leur établissement, et étant par suite plus ou moins arbitraires, le même objet pourrait être très diversement défini. Mais son défaut capital aux yeux des savants est de se fonder sur la détermination de l'essence qu'ils tiennent pour inaccessible. Que dans des choses tout abstraites, telles que les nombres et les figures géométriques, certaines propriétés soient justement regardées comme constitutives et essentielles, toutes les autres dérivant ou se déduisant de celles-là, il n'en saurait être de même des choses réelles, des êtres, dont la nature est compliquée à l'infini et se dérobe à nos recherches dans ce qu'elle a de plus intime ; telle propriété, si importante qu'elle soit, n'en exprime donc pas plus l'essence que beaucoup d'autres qui lui sont irréductibles; et, par conséquent, la définition qui repose sur elle est nécessairement étroite, arbitraire et superficielle.

2° Par les *propriétés essentielles*. — Définition rigoureuse, si la propriété énoncée appartient exclusivement à l'objet défini, et doublement utile, par la connaissance actuelle qu'elle en donne et par l'extension de connaissance qu'elle comporte relativement à lui, si, comme en géométrie, ses autres propriétés, quelques-unes du moins, peuvent être déduites de celle-là. C'est la définition ordinaire des figures géométriques (la circonférence définie par l'égalité de courbure ou par celle des rayons); mais, comme la définition par le genre et la différence dont elle se rapproche, elle n'est guère possible que pour des choses abstraites, des conceptions de l'esprit.

3° Par *analyse*, c'est-à-dire par les parties intégrantes ou éléments constitutifs de l'objet (un composé en chimie; un son par le nombre et l'amplitude des vibrations auxquelles il correspond).

4° Par la *cause génératrice*. — (La circonférence engendrée par la révolution d'une droite autour de l'un de ses points.) Définition de toutes la plus profonde, mais la plus difficile, et presque impossible pour les choses réelles, dont la science ne peut guère que déterminer le mode de génération, mais non le principe générateur. D'autre part, pour peu complexe que soit une chose, connaître la cause ou le principe dont elle procède n'équivaut pas à la connaître elle-même, de sorte que, dans bien des cas, cette première définition aurait besoin d'être complétée par une autre. C'est ce dont Condillac ne s'est pas rendu compte, lorsqu'il en a fait la définition scientifique par excellence ; comme les logiciens dont il combat la doctrine relativement à la définition par le genre et la différence, il s'est fait illusion, mais dans un sens différent, sur le pouvoir de la science.

5° Par la *fin*, la destination, l'usage : une machine définie par l'effet qu'elle doit produire, un instrument par le service qu'il doit rendre : le thermomètre, le baromètre. Définition généralement facile, lorsqu'elle s'applique aux œuvres de l'homme, trop facile même en ce qu'elle laisse dans l'ignorance de la nature de la chose définie, des causes de l'effet signalé ; mais en dehors de là nécessairement superficielle et conjecturale, et par conséquent sans valeur.

6° Par *description*, c'est-à-dire par l'énumération des principaux caractères ou des propriétés distinctives (mais non essentielles) de l'objet. Ex. : une plante, en histoire naturelle ; un corps simple, en chimie.

Comme procédé logique, la description est inférieure aux autres modes de définition. Sauf la définition par analyse qui, selon les cas, est plus ou moins développée, deux idées, deux mots quelquefois, suffisent généralement pour constituer une définition précise et rigoureuse. La description ne comporte ni cette brièveté, ni cette profondeur ; elle se tient pour ainsi dire à la surface des choses et se borne à les caractériser par leurs traits les plus significatifs. Elle est tenue de multiplier ceux-ci sous peine d'être vague ; la même manière d'être peut, en effet, se rencontrer également dans divers objets ; ce qui distinguera l'objet défini de tous les autres, ce sera un ensemble de caractères qui ne se trouveront réunis qu'en lui.

Si maintenant nous rapprochons ces diverses sortes de définition nous remarquerons qu'elles comprennent toutes également deux éléments : l'un générique, l'autre spécifique. L'objet, l'espèce à définir est d'abord rangée dans une classe, dans un genre ; elle est ensuite distinguée des autres espèces du même genre. Les diverses définitions ne diffèrent que par le procédé employé pour déterminer l'élément spécifique ; mais toutes commencent par énoncer l'élément générique. A quelque point de vue qu'on se place pour définir l'objet, que ce soit par description, par analyse, etc., il faudra dire d'abord par ex. : l'eau est un liquide, l'air un gaz, la circonférence une courbe, etc.

De là résulte que l'universel, comme tel, est indéfinissable. Aussi n'a-t-il pas besoin d'être défini : l'extrême généralité étant aussi l'extrême simplicité, il est intelligible de lui-même. Telles sont l'étendue et la durée, la succession. L'individuel à son tour ne peut être défini que par analyse ou description. La définition s'applique donc surtout au général, aux genres et espèces.

Règles de la définition de choses. — 1° *universelle*, c'est-à-dire convenant à tout le défini ; 2° *propre*, c'est-à-dire à lui seul ; par suite, *réciproque*, la définition et le défini équivalant l'un à l'autre et pouvant se substituer l'un à l'autre.

Divergences au sujet de la définition. — 1° Pascal rejette les définitions de choses comme vaines. Il faut distinguer. Il est difficile et peut-être impossible de définir certaines conceptions très abstraites de l'esprit : les essences métaphysiques, le temps, l'espace, le bien, le beau. Il est difficile encore, mais possible, et c'est l'affaire des sciences spéciales, de définir les réalités ; de telles définitions, progressives comme la science elle-même, dont elles résument les découvertes, ont une valeur incontestable ; elles sont vraies et instructives, bien que nécessairement incomplètes.

2° Certains logiciens confondent les définitions de mots et de choses, toute définition suivant eux étant de mot et de chose. En principe elles sont parfaitement distinctes, le mot, tant qu'il ne s'applique à aucun objet déterminé, n'ayant d'autre valeur que celle qui lui est attribuée arbitrairement et par convention. Seulement, lorsqu'il a été une fois appliqué à une chose déterminée, il est évident qu'on ne peut le définir sans définir en même temps la chose. Mais une telle définition (et les dictionnaires s'en tiennent à celles-là) se borne à signaler, à désigner, de manière à ce qu'il ne puisse être confondu avec d'autres, mais superficiellement, l'objet dénommé par le mot (tel animal défini par son cri); elle n'en fait pas connaître la nature et n'a aucune valeur scientifique, et pour cela est justement dite définition de mot.

III. **Définitions d'idées.** — Au fond, il y aurait lieu de distinguer les définitions de mots, presque toujours faciles, arbitraires quand elles n'ont pas d'objet déterminé; celles de choses, de choses réelles, toujours difficiles et fruit tardif du progrès de la science; celles enfin d'idées, pouvant pour la plupart être immédiatement données, l'esprit d'ordinaire exprimant aisément par des mots ce qu'il conçoit clairement.

Définir une idée, c'est en développer le contenu, c'est la déterminer au double point de vue de son extension et de sa compréhension.

La plupart des logiciens se refusent à distinguer les définitions d'idées de celles de choses. Il est un cas, en effet, où elles se confondent : c'est lorsque l'idée a son objet dans la réalité; dans ce cas, définir l'idée c'est définir la chose, et réciproquement. Cependant alors même la distinction est possible à la rigueur : ici, il s'agit de ce que l'esprit conçoit; là, de ce qui est. Mais l'idée peut n'avoir pas son objet dans la réalité, qu'elle soit une conception rationnelle ou une fiction imaginative. Dans ce cas, la distinction est nettement tranchée; l'idée peut et doit être définie, et les choses ne sont point en question.

Une dernière remarque rendra cette distinction plus sensible. La définition de choses est toujours contestable et doit être prouvée; j'affirme que telle est la nature d'une chose : à moi d'en faire la preuve. Or les définitions géométriques qui sont d'idées, non de choses, de choses réelles, puisqu'il n'y a pas dans la réalité de figure géométrique absolument régulière, ne sont ni contestées ni contestables. C'est que précisément elles ont pour objet non des réalités, mais de purs possibles que chacun peut concevoir, et d'autant plus aisément qu'ils sont plus simples, et que tous conçoivent nécessairement de même : il n'y a pas deux manières d'entendre la ligne droite, la perpendiculaire, l'oblique ; comment la définition qui énonce les conditions qu'une ligne doit remplir pour être droite, perpendiculaire, oblique, pourrait-elle dès lors être mise en question ?

Définitions géométriques. — Elles ne sont donc pas seulement de mots, comme le veut Pascal ; elles sont, à vrai dire, d'idées, non de choses, s'appliquant à des constructions mentales dont la possibilité théorique est incontestable, à des figures idéalement possibles, mais qui ne sont et ne peuvent être réalisées qu'approximativement. Leur clarté résulte de ce que leurs objets, figures ou quantités, sont constamment formés d'éléments simples, intelligibles d'eux-mêmes : unité, point, ligne ; identiques, et combinés suivant une certaine loi ; par exemple, ligne droite, circonférence.

Rôle des axiomes et des définitions en mathématiques. — Les définitions, énonçant certaines données premières et purement hypothétiques relatives à leurs objets, servent de points de départ au raisonnement, dont les axiomes formulent les conditions logiques et nécessaires, et par suite sont les points d'appui. En d'autres termes, on conclut des définitions d'après les axiomes.

CHAPITRE IX

DÉDUCTION ET DÉMONSTRATION.

Déduction. — La déduction est la seule forme du raisonnement logiquement rigoureuse. Elle est le raisonnement même dans ce qu'il a de plus essentiel et de plus concluant. Elle conclut du général au particulier. La conclusion du général au particulier est en effet éminemment déductive, comme celle du particulier au général inductive. Mais toute conclusion déductive n'est pas nécessairement du général au particulier : $a = 10$, $2a = 20$. Ce qui la caractérise dans tous les cas, c'est d'être logiquement nécessaire, une fois donné le principe, la proposition dont elle résulte.

Sa définition. — Une ou plusieurs propositions étant posées, la déduction consiste à en tirer une proposition nouvelle qui en résulte nécessairement.

Le procédé déductif. — I. *Déduire d'un principe posé.* — Une seule proposition étant posée, la déduction a lieu :

1° Par une simple *transposition* des termes, à la condition bien entendu de tenir compte de leurs quantité et qualité données.

A ce mode de déduction appartiennent divers procédés logiques : *Conversion simple :* nul a n'est b, donc nul b n'est a. Chaque terme garde sa quantité.

Conversion par accident : tout a est b : donc quelque b est a ; l'attribut b, pour devenir sujet, doit être pris particulièrement.

Contraposition : tout homme est raisonnable ; donc nul non raisonnable n'est homme (tout non raisonnable est non homme). Quelques hommes ne sont pas justes : donc quelques non justes sont hommes. Les termes convertis sont pris l'un et l'autre négativement.

2° Par la *transformation simultanée* de deux termes posés en équation, leur rapport restant constant : $a = 10$, donc $2a = 20$ (calcul mathématique).

3° Par la *substitution* aux termes donnés de termes égaux ou équivalents (ex. : libre et responsable ; — raisonnement géométrique).

4° Par *analyse* des termes donnés, l'analyse s'appliquant soit à l'extension du sujet (tous les hommes... donc Pierre) ; soit à la compréhension de l'attribut, (parfait... donc juste ou bon).

II. *Application d'un principe.* — Un principe ou une règle étant posés, et un cas particulier qui en relève étant donné (tous les hommes mortels, Pierre homme), la déduction détermine le cas d'après la règle (Pierre mortel); par exemple, le phénomène résultant, dans telles conditions données, de telle loi de la nature (étant donnée la durée de la chute d'un corps, déterminer l'espace parcouru d'après la loi de la chute des corps).

Essence de la déduction. — L'induction et l'analogie rapprochent des faits et les interprètent. La déduction est étrangère à la réalité et ne demande rien à l'expérience. Matière et forme, point de départ et procédé, tout en elle relève de la réflexion, fait appel à la seule certitude de l'esprit : déduire, c'est raisonner juste. Tout l'effort de l'esprit est de rester fidèle au principe posé, de lui subordonner toutes ses conclusions, de n'en émettre aucune qu'il ne comporte ou n'impose. Si longue que soit la chaîne de celles-ci, c'est donc sur lui qu'elle repose tout entière; elles n'ont de force que par lui; mais elles sont inséparables de lui, et ce qu'il vaut, elles le valent elles-mêmes.

Fondement de la déduction. — C'est le *principe de contradiction*, la conclusion ne pouvant être niée, une fois le principe admis, sans une contradiction formelle (admettre Dieu parfait et nier sa justice, la justice étant implicitement affirmée dans sa perfection).

Les principes dans la déduction. — La déduction fait appel à deux sortes de principes, les uns réels, les autres purement formels ou logiques. Les premiers ne sont autres que les conditions expressément énoncées qui servent de base ou de point de départ au raisonnement : je suppose a et b respectivement égaux à c; je pose en principe que tous les hommes sont mortels, que Dieu est juste. Maintenant, pour déterminer la conséquence qui en résulte, je dois m'appuyer sur certaines règles logiques qui m'autorisent à conclure de telle proposition donnée à telle autre. Tels sont les axiomes mathématiques et logiques que l'on pourrait appeler axiomes de la raison analytique, parce qu'ils n'énoncent rien qui ne ressorte rigoureusement de la nature des termes rapprochés. Cette distinction de conditions réelles ou hypothétiques, formelles ou logiques, est capitale dans la déduction ; elle n'avait pas échappé à Aristote qui reconnaît des principes desquels (*ex quo*) et selon lesquels (*secundum quod*) l'on déduit.

Valeur logique de la déduction. — La valeur logique de la déduction est indépendante de la vérité ou de l'erreur renfermée dans son principe. Ce principe une fois posé ou supposé, elle vaut par elle-même et sa conclusion s'impose à qui a accepté ce principe. Il n'est quant à elle qu'une hypothèse qu'elle n'a point à discuter ni à établir. Elle n'a à répondre que de la conséquence qu'elle en tire.

Règle de la déduction. — N'affirmer rien dans la conclusion qui ne résulte des principes posés.

Usage du procédé déductif. — 1° Dans l'ordre abstrait ou le raisonnement pur, d'une proposition posée la déduction en conclut une autre qui en résulte nécessairement ; elle tire d'un principe toutes les conséquences qu'il comporte.

2° Dans l'ordre réel, c'est-à-dire dans la nature ou dans la société, une loi étant énoncée, une cause et son mode d'action étant connus, elle détermine les phénomènes qui s'en suivront dans telles conditions données ; par ex. : l'effet relativement aux mœurs ou aux intérêts, au commerce, à l'industrie, aux finances, etc..., d'un principe nouveau introduit dans la législation.

Démonstration. — Démontrer, c'est prouver, c'est mettre hors de doute ce qui est en question ; plus précisément, c'est prouver, à l'aide de principes évidents d'eux-mêmes, une proposition qui en dérive. La démonstration n'est rigoureuse qu'à cette condition, et le raisonnement qui ne la remplit pas, soit qu'il s'appuie sur des principes reçus d'autorité ou admis par convention, ou même sur de simples faits, n'a de la démonstration que le nom. Dans ce dernier cas, celui où il s'appuie sur des faits, il est dit souvent démonstration *a posteriori*.

Déduction et démonstration. — La démonstration est la forme la plus élevée de la déduction ; elle en diffère en ce que : 1° on déduit le faux comme le vrai, on ne démontre que le vrai ; 2° on peut accidentellement déduire le vrai du faux, mais on ne démontre le vrai qu'à l'aide du vrai.

En un mot les principes à l'aide desquels une proposition se démontre doivent être des vérités incontestables, ou mieux évidentes d'elles-mêmes et nécessaires, c'est-à-dire des axiomes.

Caractère des vérités démontrées. — Elles participent de la nécessité absolue des principes qui servent à les établir; elles sont donc immuables et éternelles.

Diverses sortes de démonstration. — La démonstration est directe ou indirecte.

Démonstration directe. — La démonstration directe est tantôt *descendante, synthétique* ou *progressive* (expressions équivalentes), tantôt *ascendante, analytique* ou *régressive;* la première va du principe à la conséquence, la seconde de la conséquence au principe.

Démonstration indirecte. — La démonstration indirecte ou *réduction à l'absurde* consiste à supposer fausse la proposition à établir, à supposer vraie par conséquent une seconde proposition incompatible avec elle et dont la fausseté implique sa vérité à elle, c'est-à-dire *contradictoire*, et à tirer de celle-ci des conséquences qui en prouvent la fausseté, d'où résulte la vérité de la proposition à démontrer.

Des propositions opposées l'une à l'autre de telle sorte qu'elles soient nécessairement l'une vraie et l'autre fausse sont dites *contradictoires;* elles diffèrent à la fois par la quantité et la qualité. Ex. : tous les hommes mortels, quelques hommes non mortels. Cependant en mathématiques il suffit que l'une des propositions soit affirmative et l'autre négative pour qu'elles soient contradictoires. Ceci vient de ce qu'en mathématiques, il n'y a pas à tenir compte de la quantité du sujet ($a = b$; a non égal à b).

Leur valeur. — Les trois sortes de démonstration sont également rigoureuses, seulement la démonstration directe a l'avantage de donner tout à la fois la preuve et la raison, ou explication de la vérité. La démonstration indirecte ne donne que la preuve : je sais que telle chose est vraie, puisqu'elle ne peut être fausse; j'ignore pourquoi.

A son tour celle-ci est souvent plus facile et plus courte.

Règles de la démonstration. — Prouver toute proposition à l'aide des seuls axiomes et définitions énoncés, ou d'autres propositions prouvées directement par ceux-ci.

La démonstration mathématique. — Les mathématiques sont la science démonstrative par excellence. Seules, entre toutes les sciences, elles comportent un emploi rigoureux de la démonstration. Elles doivent ce privilège aux conditions spéciales dans lesquelles elle s'y produit. Quelles sont ces conditions? Pour nous en rendre compte, nous avons à considérer : 1° le but que la démonstration s'y propose; 2° la nature des données sur lesquelles elle opère; 3° le rapport des vérités démontrées à ces données; 4° les moyens qu'elle emploie pour relier celles-ci à celles-là.

1° *Son but.* — L'objet des mathématiques étant en dehors de la réalité, ni l'existence ni la nature des choses n'y sont en question. Ce dont la démonstration doit y faire la preuve, c'est non qu'une chose est, qu'elle est telle ou telle, mais que, à supposer qu'une chose soit, telle autre chose s'ensuit nécessairement. En d'autres termes, certaines conditions étant admises par hypothèse, certains rapports étant supposés (une figure remplissant telles conditions, tels rapports entre des nombres), elle détermine les conséquences d'une telle hypothèse, elle établit que tel autre rapport est inséparable de ceux-là.

2° *Ses données.* — Or, de ces conditions et de ces rapports posés par hypothèse, les plus simples, les plus élémentaires sont l'objet des définitions : ligne droite, circonférence, égalité, ressemblance, etc. En prenant pour points de départ ou en invoquant les définitions qui les énoncent, la démonstration n'affirme rien qui puisse être contesté, car elles reviennent à ceci : à supposer un nombre, une figure remplissant telles conditions, ce nombre sera tel ou tel, cette figure sera un rectangle ou un carré; elles ne font donc que fixer le sens des mots, qu'attacher un nom à une chose clairement désignée. Peu importe que cette chose soit réalisable ou non; l'esprit la conçoit (et il ne peut s'y refuser du moment que la synthèse que la définition propose à la pensée est idéalement possible, ne renferme rien de contradictoire), la suppose, et il part de là pour déterminer les conséquences d'une telle hypothèse.

3° *Rapport des vérités démontrées aux données.* — Maintenant, conditions ou rapports supposés et rapports à établir sont de telle nature que les seconds sont la conséquence nécessaire des premiers. Ainsi les diverses propriétés de la circonférence dérivent directement de sa propriété essentielle : l'égale distance de tous ses points au centre, et de même celles du triangle rectangle de ce que l'un de ses angles est droit.

4° *Ses moyens.* — Il en résulte que, dans les cas les plus simples, pour passer des rapports posés à titre d'hypothèse à ceux qui en dérivent, il suffit de se référer aux seuls axiomes ou aux définitions convenues. Dans les cas plus compliqués, ce passage est plus ou moins difficile, et, pour l'obtenir, des intermédiaires plus ou moins nombreux sont indispensables; ils sont alors fournis par des propositions établies relativement à des cas plus simples; mais finalement tout repose sur des propositions prouvées à l'aide des seuls axiomes et définitions, et par conséquent sur ceux-ci.

En résumé, c'est ce concours d'hypothèses posées comme telles et dès lors incontestables, et d'axiomes ou de maximes évidentes d'elles-mêmes, les premières servant de point de départ au raisonnement, les seconds en exprimant les conditions formelles ou logiques, qui constitue le caractère original de la démonstration mathématique. En principe, elle n'affirme rien, elle suppose; elle ne s'appuie pas sur une affirmation qui pourrait être contredite, ne déduit pas d'une première proposition tenue pour indubitable, mais dont la valeur resterait à vérifier, d'autres propositions dès lors suspectes : elle part d'une idée, d'une construction, d'une hypothèse, que l'esprit est libre de recevoir ou de rejeter (de bonne foi, le pourrait-il?); seulement, celle-ci admise, elle établit qu'aussitôt telle conséquence s'impose. A ce premier moment, elle ne fait donc point appel à l'autorité de la raison non plus qu'à une autorité quelconque; elle ne prétend enchaîner l'esprit à aucune vérité; elle lui laisse son entière liberté; elle lui demande seulement, au nom de cette même liberté, de se transporter dans la région des possibles et de concevoir l'un d'eux, telle combinaison d'éléments simples et intelligibles d'eux-mêmes, tel ensemble de conditions, son affaire à elle étant de déterminer les conséquences de l'hypothèse à laquelle il se sera prêté. Telle est la raison profonde de son efficacité, et c'est ce qui explique qu'en dehors des mathématiques elle n'ait plus qu'une rigueur apparente et une valeur conventionnelle. Que si maintenant l'on demande pourquoi les mathématiques, et elles seules, offrent à la démonstration ces conditions si exceptionnellement favorables, la réponse est aisée : c'est que celles-ci ayant pour objet la quantité, la quantité pure, elle n'a à opérer que sur des rapports de grandeur, lesquels dérivent les uns des autres, de telle sorte que les uns étant posés formellement, les autres le sont par là même virtuellement.

La démonstration en dehors des mathématiques. — Partout ailleurs, en effet, c'est l'existence, la qualité ou la nature des choses, non leur quantité, encore moins la quantité pure, qui est en question. Or, d'une part, autant les questions de quantité sont relativement simples, autant celles qui concernent la qualité sont complexes et diverses : dès lors où trouver des principes susceptibles de s'appliquer à toutes, et desquels toutes les propositions à établir puissent êtres déduites? D'autre part, à supposer de tels principes déterminables et déterminés, quelle en sera l'autorité? Premières vérités de la raison, lois probables de la nature, maximes conventionnelles du droit écrit, transmettront-ils à leurs conséquences cette évidence et cette nécessité absolue qu'ils ne possèdent point eux-mêmes? Cependant de tels principes sont indispensables; étant donné le but à atteindre, la démonstration n'est possible qu'à la condition de s'y appuyer; il ne s'agit plus, en effet, comme en mathématiques, d'établir que si une chose est, telle autre chose est par là même, mais que telle chose est, qu'elle est telle ou telle. Les premières données de la démonstration ne sauraient donc être ici des idées, des constructions, des hypothèses, mais des affirmations tenues pour indubitables; or, nous savons ce qu'il est permis d'en penser. Que des sciences très abstraites, telles que la morale et le droit, qui se constituent par l'application à un ordre spécial de réalités, de certaines thèses premières dont elles poursuivent le développement par voie de déduction jusqu'à leurs extrêmes conséquences, que des sciences éminemment déductives comportent un emploi tel quel de la démonstration; elle n'y a jamais qu'une rigueur formelle, vu le caractère hypothétique des principes sur lesquels elle se fonde, et le doute, toujours possible relativement à eux, infirme d'avance toutes ses conclusions.

L'objet de la démonstration géométrique. — On admet généralement que l'objet que l'esprit a en vue dans la démonstration géométrique, est, non la figure tracée pour le besoin de la démonstration, mais une construction idéale, remplissant les conditions supposées, indéterminée pour tout le reste. Dès lors, la démonstration s'appliquant à ces conditions, c'est-à-dire à des concepts abstraits et généraux, est générale elle-même, et vaut pour toute figure qui remplirait les mêmes conditions. Dugald-Stewart soutient, au contraire, qu'elle porte directement sur la figure tracée, qu'elle est donc particulière, mais qu'elle est ensuite généralisée : l'esprit reconnaît de bonne heure, mais non sans difficulté au début, que la rigueur du raisonnement et l'exactitude du résultat, sont indépendantes des particularités de la figure, qu'il peut donc sans inconvénient faire abstraction de celles-ci pour ne s'attacher qu'aux conditions qu'elle est supposée remplir; dès lors, il n'hésite pas à affirmer de toute figure quelconque de même nature ce qu'il ne sait positivement que de celle-là. La démonstration comprendrait donc deux moments ou opérations distincts : un raisonnement particulier, une généralisation ultérieure. — Nous accordons à Dugald-Stewart qu'une figure quelconque est indispensable à la démonstration ; mais cette figure ne vaut que comme image ou symbole des conditions qu'elle est supposée remplir, et que, par le fait, elle ne remplit qu'imparfaitement. Ce sont donc ces conditions que l'esprit doit avoir constamment en vue, tandis que les yeux sont fixés sur la figure; il sait, à chaque pas du raisonnement, que c'est non à la figure tracée qu'il a affaire, mais à la construction idéale qu'elle symbolise. Il est donc assuré que chacune des conclusions successivement obtenues, vraie de cette construction comme de la figure, le serait aussi de toutes les figures possibles, susceptibles de la représenter.

A plus forte raison, n'accorderons-nous pas à Stuart Mill que la démonstration géométrique, concluant de la figure tracée à toutes les autres possibles, soit inductive. Ces figures, en tant qu'elles rempliraient les conditions données, ne seraient pas semblables, mais identiques. Dès lors, ce qui vaut pour l'une vaut nécessairement pour toutes. A supposer une généralisation de la conclusion possible, mais non indispensable, elle serait de la nature de celle à laquelle donnent lieu les vérités particulières à l'occasion desquelles l'esprit conçoit les axiomes : il ne voit que le tout et la partie, il ne regarde pas s'ils sont tels ou tels.

L'identité dans le raisonnement. — D'après Condillac, le jugement n'est qu'une équation, et tout jugement énonçant une identité totale ou partielle, le raisonnement n'est qu'une série d'identités. En d'autres termes, raisonner, c'est traduire, c'est substituer à une première expression obscure, d'autres expressions équivalentes de la même idée, de plus en plus claires et explicites. Le raisonnement n'ajoute donc rien à l'idée primitive ; il l'éclaircit, met son contenu en pleine lumière. Hobbes déjà, considérant la proposition comme formée de termes synonymes, avait assimilé le raisonnement à un calcul, addition ou soustraction. Dugald-Stewart a, l'un des premiers, fait justice de ces paradoxes. Cependant, même après ses explications, la question est loin d'être élucidée.

Et d'abord, si les deux termes d'une proposition peuvent être identiques en tout ou en partie, ils peuvent aussi ne pas l'être. Ils le sont totalement dans les définitions, mais là seulement ; partiellement dans les axiomes et les jugements analytiques, rarement ailleurs. L'état ou l'action attribués à un sujet ne lui sont pas identiques; deux idées, liées par un rapport de convenance, ne se confondent pas pour cela en une même idée. Quand je dis : Pierre lit, l'être raisonnable est libre, les idées de Pierre et de lecture, de raison et de liberté, sont nettement distinctes ; elles peuvent convenir entre elles ou au même sujet, s'impliquer l'une l'autre : elles n'ont de commun que la relation qui les unit. Plus généralement, qu'une espèce soit rangée dans un genre ou une qualité affirmée d'un objet, il y a entre le sujet et l'attribut de la proposition identité en ce sens que l'espèce fait partie du genre, comme la qualité fait partie des attributs de l'objet ; mais il ne s'ensuit pas que les idées, par exemple, d'homme et d'animal, d'homme et de blanc ou noir soient identiques, soient, dans le langage de Hobbes, des termes synonymes, chacune d'elles pouvant être conçue indépendamment de l'autre et ayant dans la réalité un objet qui n'est pas nécessairement celui de l'autre. Il en est de même de l'identité dans les définitions : elle est réelle en ce sens que les deux termes de la proposition s'appliquent aux mêmes objets ; mais ils ne sont pas pour cela identiques l'un à l'autre, l'un se bornant à les nommer, l'autre les faisant connaître par telle de leurs propriétés qui pourrait être ignorée à la rigueur, d'autres pouvant également les faire connaître.

Arrivons au raisonnement. Dugald-Stewart nie que le raisonnement déductif soit d'identité, et il affirme, qu'alors même qu'en mathématiques les deux termes de la proposition à démontrer seraient égaux ou équivalents, il serait absurde de ne voir dans la démonstration qu'une suite d'identités. La question doit être serrée de plus près. Nous tenons pour indubitable, avec Leibnitz et Condillac, que l'identité est le fond du raisonnement déductif ; mais nous nous proposons de montrer que, dans ce cas même, il comporte une extension effective de savoir.

1.° Raisonner déductivement, c'est conclure du même au même : la déduction n'est rigoureuse qu'à cette condition. Qu'elle conclue un rapport d'un autre, qu'elle descende du principe à la conséquence, qu'elle applique une règle au cas qui en relève, sa valeur logique et sa force probante résident tout entières dans ce fait que le même fond, sous des formes différentes, se retrouve dans son principe et dans sa conclusion. Le rapport conclu ($2a = 20$) est identique au rapport posé ($a = 10$) ; le principe (tous les hommes sont mortels) reparaît partiellement dans la conséquence (Pierre est mortel) ; la règle enfin est tout entière, compréhensivement, non extensivement sans doute, dans le cas qu'elle informe.

2° Déduire, alors, est-ce autre chose que traduire, qu'exprimer diversement une même idée, une même vérité? Nous le pensons, contrairement à Condillac; et contrairement à Dugald-Stewart, qui juge incompatible avec la doctrine de l'identité, toute extension effective de savoir, nous croyons pouvoir rendre compte, sur cette base de l'identité, du passage d'une idée, d'une vérité à une autre.

Considérons d'abord la déduction quantitative. Sous sa forme la plus simple, elle conclut un rapport d'un autre. Or, je puis ignorer et avoir intérêt à savoir que $2a = 20$; tout élémentaire que soit le procédé qui consiste à conclure un tel rapport d'un premier rapport posé : $a = 10$, il peut donc être utile et instructif. A plus forte raison, si le rapport conclu résulte du rapprochement de deux rapports qui, posés séparément, n'auraient pu, ni l'un ni l'autre, y conduire; ex. : l'égalité de a à c, résultant de cette double égalité : $a = b, b = c$. Dans les deux cas, ce qui rend possible le passage des rapports posés aux rapports conclus, c'est leur identité : s'ensuit-il qu'ils ne soient les uns et les autres que des expressions différentes d'une même formule? Non, en un sens, car dans le premier cas la valeur des termes diffère d'une égalité à l'autre, et dans le second une égalité qu'autrement rien n'autoriserait, se trouve résulter du rapprochement des deux autres. Dans tous les deux, il y a donc extension de savoir ; des rapports nouveaux, du moins quant aux termes entre lesquels ils se posent, sont mis en lumière, acquis à la connaissance, et l'esprit, loin de rester stationnaire, avance de vérité en vérité.

Mais, dans ces conditions, l'esprit n'est-il pas condamné à tourner dans le même cercle, et des résultats tels que l'établissement d'une science tout entière, comme la géométrie, ne sont-ils pas hors de proportion avec la faiblesse des moyens mis en œuvre? Que l'on veuille bien, dans la déduction géométrique, faire la part des moyens eux-mêmes et celle de la mise en œuvre, la part du procédé et celle de l'esprit, et ce qui, à ne tenir compte que de l'opération logique, paraissait inexplicable et impossible, sera aisément reconnu possible et facile.

Cette part de l'esprit, il faut bien la faire, dans un travail quelconque ; en fait d'art, d'industrie, de métier, que sont, réduits à eux-mêmes, le procédé, l'instrument, l'outil? et que ne peuvent-ils pas entre des mains habiles, lorsqu'un esprit ingénieux et sagace s'applique à combiner leurs effets, leurs mouvements, en vue d'un résultat voulu? De même de la déduction géométrique : pris en lui-même, le procédé est simple, et semble ne comporter que des applications restreintes ; mais en réalité, grâce aux ressources infinies de la combinaison, il suffit à tout. Elle est donc avant tout un art de combinaison, et là est le secret de son efficacité. Procédé logique, elle va du même au même, conclut d'une égalité à une autre ; instrument mathématique, elle choisit, rapproche, combine ces éléments identiques, de telle sorte que, de rapport en rapport, l'esprit avance dans une voie qu'il s'est tracée d'avance, et se rapproche graduellement du but qu'il se proposait d'atteindre.

La déduction qualitative appelle des remarques analogues. Elle est, elle aussi, un art de combinaison. Qui n'y voit que le procédé logique, ignore le secret de sa puissance. Ce n'est point assez de pousser un principe à ses dernières conséquences ; rarement une argumentation affecte cette forme rigide. C'est un réseau aux mailles plus ou moins fortement serrées, qui vaut par la souplesse non moins que par la solidité. Elle ne se soutient, n'a de force logique que par la connexion des idées ; mais c'est l'heureux choix de celles-ci et leur agencement ingénieux qui fait sa valeur dialectique. Mais ici encore, si l'œuvre se réclame de l'ouvrier, à son tour elle répond de l'instrument. Que la déduction développe abstraitement le contenu logique d'un principe, ou qu'elle en poursuive l'application à des cas déterminés, son rôle est bien différent de celui que lui attribuc Condillac. Entre un texte et une traduction il n'y a qu'une différence d'expression; la pensée exprimée peut être mieux saisie et mieux rendue dans l'un que dans l'autre ; c'est toujours la même pensée. Au contraire, c'est vraiment un texte nouveau que, dans chacune de ses conclusions, la déduction fait passer sous nos yeux. Une vérité nous conduit à une autre, et insensiblement, une science telle que le droit ou la morale se constitue, dont nous n'eussions même pu soupçonner la possibilité alors qu'on nous en exposait les principes. Qu'importe que ceux-ci se retrouvent jusque dans leurs dernières conséquences, si ces conséquences, nous ne les voyions pas, nous ne pouvions les voir en eux? Le germe renferme virtuellement, lui aussi, l'être qui doit naître de lui, et cependant qu'il y a loin de l'un à l'autre ! L'être, aux différentes phases de son développement, n'est-il donc qu'une expression de plus en plus explicite du germe dont il est issu? Est-ce un rôle de traducteur que remplit la nature elle-même, lorsqu'elle préside à cette évolution?

Or, entre une science telle que la morale ou la géométrie et les principes qui la renferment virtuellement, l'intervalle n'est pas moindre ; et le développement qui le remplit ne serait qu'une traduction ! Et ce monde de vérités variées à l'infini ne réfléchirait qu'une même vérité, qu'elles se répéteraient l'une à l'autre, et nous qui, en les entendant, croyions apprendre, nous ne ferions que la mieux comprendre !

CHAPITRE X

SYLLOGISME

Sa définition. — Le syllogisme est un enchaînement de trois propositions liées entre elles de telle sorte que les deux premières étant posées, la troisième en résulte nécessairement ($a=b$, $b=c$, donc $a=c$).

Son but. — Une proposition étant à prouver, c'est-à-dire la convenance de ses termes n'étant pas manifeste, elle est rendue évidente à l'aide d'un terme intermédiaire (j'ignore $a=c$, mais je sais $a=b$, $b=c$; le rapprochement suffit).

Deux rapports seulement possibles entre les termes. — Le syllogisme n'est possible qu'à la condition qu'entre les termes pris deux à deux existe, soit un rapport d'identité ou d'équivalence, les termes étant d'étendue égale et substituables l'un à l'autre (a, b, c, termes égaux; raisonnable, libre, responsable, termes équivalents), soit un rapport de contenance, les termes étant d'étendue inégale et renfermés l'un dans l'autre, comme la partie dans le tout, l'espèce dans le genre, car ce qui est vrai du genre l'est nécessairement de l'espèce; autrement pas de conclusion possible.

Ses éléments. — Trois termes liés deux à deux, deux *extrêmes* (Pierre, mortel) et un *moyen* (homme). Trois propositions : deux *prémisses* et une *conclusion*.

Termes. — Si les termes sont d'étendue égale, substituables les uns aux autres, le syllogisme est d'identité, d'égalité ou d'équivalence. Dans ce cas, il n'y a ni grand, ni petit terme.

Si les termes sont d'étendue inégale : Pierre, homme, mortel, le plus général (mortel) est dit *grand terme;* le plus particulier (Pierre) *petit terme;* c'est le syllogisme de contenance ou ordinaire.

Propositions. — Celle des prémisses qui rapproche le grand terme du moyen est dite *majeure*, celle qui rapproche le petit du moyen, *mineure*.

Figures. — Selon la place occupée par le moyen terme dans les prémisses, le syllogisme est dit de telle ou telle figure. Les figures sont donc les diverses sortes ou espèces de syllogisme résultant de la place du moyen terme dans les prémisses. Quatre places sont possibles ; par suite quatre figures :

1° Moyen sujet de la majeure, attribut de la mineure.
2° Moyen attribut dans les deux.
3° Moyen sujet dans les deux.

4° Moyen attribut de la majeure, et sujet de la mineure.

Le vers suivant indique la place du moyen terme dans les quatre figures :

> Subpræ, tum præpræ, tum subsub, denique præsub.

Subpræ signifie que le moyen terme est sujet de la majeure et attribut de la mineure ; *præpræ*, qu'il est attribut dans les deux prémisses, etc.

Modes. — Ils dépendent de la nature des propositions qui sont affirmatives ou négatives ; c'est leur *qualité ;* universelles ou particulières, c'est leur *quantité*. De là quatre sortes de propositions. Ex. : A, universelle affirmative : tous les hommes sont mortels ; E, universelle négative : nul homme n'est mortel ; I, particulière affirmative : quelques hommes sont mortels ; O, particulière négative : quelques hommes ne sont pas mortels.

Distinction formulée dans ces deux vers :

> Asserit A, negat E, verum generaliter ambo ;
> Asserit I, negat O, sed particulariter ambo.

Ces quatre sortes de propositions combinées trois à trois comportent soixante-quatre combinaisons ou modes, mathématiquement possibles pour chaque figure, et par conséquent deux cent cinquante-six pour les quatre. Mais ces modes pour la plupart sont logiquement impossibles ; la combinaison par exemple de deux prémisses particulières ou négatives ne comporte pas de conclusion (quelques hommes sont païens, or quelques hommes sont chrétiens ; ou encore : nul homme n'est immortel, or nul ange n'est homme).

Divers procédés d'élimination ont été employés pour déterminer les modes concluants. Voici celui de Port-Royal :

Une première élimination par application à chacun des soixante-quatre modes mathématiquement possibles, des règles générales du syllogisme, ne laisse subsister que dix modes concluants, c'est-à-dire quarante pour les quatre figures.

Une seconde élimination par application des règles spéciales à chaque figure réduit ce nombre à dix-neuf, chiffre trop faible.

On admet communément six modes pour la première figure, quatre pour la seconde, quatre pour la troisième, et cinq pour la quatrième.

Les vers techniques. — Ils sont indiqués dans ces quatre vers :

1º Barbara, celarent, darii, ferio. — 4º Daralipton,
4º Calentes, dibatis, fespamo, fresisomoron.
2º Cesare, camestres, festino, baroco. — 3º Darapti,
3º Felapton, disamis, datisi, bocardo, ferison.

Le sujet de la conclusion doit toujours être pris dans la mineure.

A la quatrième figure deux autres modes sont possibles : *fapesmo et frisesomoron.*

Chaque mode commence par l'une des quatre premières consonnes ; la consonne initiale de chaque mode à la seconde, la troisième et la quatrième figure indique le mode de la première auquel il peut être ramené. Mais pour opérer cette réduction, divers changements sont nécessaires ; ils sont indiqués par la consonne qui suit la voyelle ou proposition à modifier. L'*m* indique une transposition des prémisses ou *métathèse;* l's une *conversion simple,* c'est-à-dire la transposition du sujet et de l'attribut (nul homme n'est immortel; nul immortel n'est homme); le *p* une *conversion par accident,* c'est-à-dire avec changement de quantité (tous les hommes sont mortels, quelques mortels sont hommes); le *c* une réduction à l'absurde.

Caractères des quatre figures. — La première seule comporte toutes les conclusions possibles ; celles de la seconde sont toutes négatives : autrement le moyen terme comme attribut serait pris deux fois particulièrement; celles de la troisième toutes particulières, les deux extrêmes, comme attributs, étant pris particulièrement; celles de la quatrième, toutes particulières ou négatives.

Les modes de la quatrième figure, donnés comme tels d'abord par Galien, sont quelquefois regardés comme modes indirects de la première, et alors ne constituent pas une figure à part ; c'est ainsi qu'Aristote les considère. Dans ce cas les notations sont différentes : *celantes, dabitis,* etc. Mais alors le sujet de la conclusion doit être pris dans la majeure (syllogisme en *celantes :* nul homme n'est immortel ; or les Français sont hommes ; donc nul immortel n'est français. Le même syllogisme en *calentes* se construirait ainsi: les Français sont hommes ; nul homme n'est immortel ; donc nul immortel n'est français).

Règles du syllogisme. — Ordinairement huit ; quatre pour les termes, autant pour les propositions. La plupart sont inutiles, leur nécessité étant manifeste. Deux sont à retenir : 1° le moyen terme doit être pris au moins une fois universellement (quelques hommes sont français; quelques hommes sont anglais : pas de conclusion possible) ; 2° la conclusion suit toujours la plus faible prémisse, c'est-à-dire que si l'une des prémisses est particulière ou négative, la conclusion le sera aussi. Port-Royal dit : la conclusion doit être renfermée dans la majeure, et la mineure doit le faire voir.

Trois classes de syllogismes. — 1° *Catégorique*, c'est le syllogisme ordinaire dont les propositions sont dites ainsi, un attribut étant affirmé d'un sujet.

2° *Hypothétique*, si a est, b est ;
Mode positif : or a est, donc b est.
(Conclusion irrégulière : or b est, donc a est).
Mode négatif : or b n'est pas, donc a n'est pas.
(Conclusion irrégulière : or a n'est pas, donc b n'est pas ; le conséquent b pourrait en effet résulter d'un autre antécédent).

3° *Disjonctif.* — a est b, ou c, ou d;
or il est b, donc ni c, ni d.
ou bien : or il n'est ni b, ni c, donc d.

Arguments réductibles au syllogisme. 1° *Enthymème* (ἐν θυμῷ), syllogisme sans majeure ou sans mineure : Les hommes sont mortels, donc Pierre est homme.

2° *Epichérème* (ἐπιχειρέω), syllogisme dont les prémisses sont accompagnées de preuves.

3° *Prosyllogisme* (syllogisme prolongé), double syllogisme formé de cinq propositions, la conclusion du premier servant de majeure au second :

$a=b$, $b=c$, donc $a=c$; or $c=d$, donc $a=d$.

4° *Sorite* (σωρός), série de propositions ayant chacune pour sujet l'attribut de la précédente, sauf la dernière, qui a même sujet que la première et même attribut que l'avant-dernière : $a=b$, $b=c$... $y=z$, donc $a=z$.

5° *Dilemme* (δισ-λαμβάνω), double alternative, imposant même conclusion et condamnant également l'adversaire forcé de choisir entre elles.

Fondement du syllogisme. — 1° On s'accorde généralement à le voir dans le *Dictum de omni et nullo :* ce qui est vrai ou faux, affirmé ou nié du tout, l'est par là même de chacune des parties. Mais il ne convient qu'au syllogisme de contenance, et encore dans celui-ci ne s'applique-t-il guère qu'à la première figure, la seconde et la troisième ne comportant à vrai dire ni petit ni grand terme, les extrêmes pouvant être d'étendue égale. Ce principe, incontestable en lui-même, n'est donc pas le fondement du syllogisme.

2° Stuart Mill se plaçant au point de vue, non de l'esprit, mais de la réalité, le formule ainsi : les choses qui coexistent avec une autre coexistent entre elles.

Il accepte également la formule scolastique à laquelle il donne un sens équivalent :

Nota notæ est nota rei ipsius (le signe du signe est signe de la chose signifiée) : les attributs de Socrate sont une marque des attributs de l'homme et ceux-ci de l'attribut mortalité.

A la première formule, on peut objecter que le lien des termes dans le syllogisme est purement subjectif, et, selon le mot de Bacon, que le syllogisme lie l'esprit, non les choses.

A la seconde, qu'elle ne donne nullement l'idée d'une opération logique rigoureuse, comme le syllogisme.

3° On peut le formuler ainsi :

Étant donnés deux termes b et c qui s'impliquent ou s'excluent l'un l'autre, le terme c se trouvera impliqué ou exclu relativement à un terme a qui implique b. S'il est admis, en effet, que c est inséparable de b et a de b, c l'est nécessairement de a; si c, au contraire, est incompatible avec b, il le sera avec a.

Valeur du syllogisme. — 1° *Il comporte extension de connaissance*. — Le syllogisme, a-t-on dit, entraîne l'assentiment de l'esprit, mais il n'instruit pas : la conclusion étant renfermée dans la majeure, elle est connue du moment que celle-ci est énoncée. Fondée au point de vue du syllogisme de contenance, cette critique ne s'applique pas à celui d'équivalence : ici les deux prémisses peuvent être connues séparément et la conclusion résulter de leur rapprochement. Exemple : la somme des angles du triangle : on peut savoir qu'ils sont respectivement égaux aux trois angles formés d'un même côté de la ligne droite et ceux-ci égaux à deux droits, et plus généralement connaître deux vérités sans qu'elles se présentent simultanément à la pensée. Dans le syllogisme de contenance même, il y aurait acquisition de connaissance pour qui ignorerait que le cas sur lequel porte la conclusion relève de la règle ou majeure.

2° *Il n'implique pas pétition de principe*. — On a soutenu, Stuart Mill notamment, que le syllogisme renferme une pétition de principe, la majeure présupposant la conclusion. Pour avoir le droit d'affirmer tous les hommes mortels, il faudrait savoir que Socrate l'est, ce qu'on prétend prouver par la majeure. — L'objection comporte une double réponse.

1° Si l'on considère le syllogisme en lui-même, ou dans sa forme, abstraction faite de sa matière, l'objection est sans valeur. La question n'est pas de savoir, en effet, comment la majeure a été obtenue (elle est posée à titre d'hypothèse), mais si la conclusion en résulte rigoureusement. Admettez-vous, oui ou non, la majeure ? Si oui, vous devez subir la conclusion.

Cette objection, d'ailleurs, n'irait à rien moins qu'à rendre la déduction impossible, puisque le rapport de la conséquence au principe dans la déduction est identique à celui de la conclusion à la majeure dans le syllogisme. Dans l'un et l'autre, en effet, on conclut également de tous à quelques-uns, de tous les hommes à l'un d'eux.

2° Si l'on tient compte de la matière du syllogisme, l'objection est sérieuse, mais peut être réfutée.

D'abord la majeure peut valoir par elle-même et être connue indépendamment de la conclusion ; c'est ce qui a lieu si cette majeure est évidente d'elle-même, ou déjà démontrée, ou simplement conventionnelle, comme un texte de loi. — L'objection n'est embarrassante que pour le cas où la majeure est inductive ; mais dans ce cas il y a à distinguer entre l'induction analytique et celle par énumération. Dans la première, la conclusion inductive n'implique nullement la connaissance du cas particulier, et dans la seconde, elle ne l'implique pas nécessairement. Ainsi, cette conclusion inductive : tous les hommes sont mortels, qu'elle résulte, par analyse, de la connaissance de la nature humaine, ou simplement de ce fait que tous les hommes sont morts dans le passé, vaut par elle-même sans que l'on sache quels hommes existent ou ont existé, ou qu'on ait eu à se poser pour chacun d'eux la question de savoir s'il était mortel.

Au fond, ce n'est pas parce que Pierre, Paul... sont morts que nous croyons que Socrate doit mourir ; c'est parce que nous savons (quelle qu'en soit la raison) que tous les hommes doivent mourir, que nous l'affirmons de l'un d'entre eux. La majeure ne s'appuie donc pas sur la conclusion, mais bien la conclusion sur la majeure, et, par conséquent, celle-ci prouve justement celle-là.

Selon Stuart Mill, au contraire, la majeure n'est pas le principe réel de raisonnement ; elle n'est qu'un mémorandum ; elle résume une foule d'expériences et d'inductions antérieures et les fixe dans la mémoire sous une forme abréviative. C'est sur celles-ci que s'appuie directement la conclusion, et ce sont elles qui en font toute la valeur. Entre elles et la conclusion, la majeure s'interpose, non comme une partie intégrante du raisonnement, mais comme un lieu de halte pour l'esprit qui, avant de conclure, se recueille, mesure en quelque sorte le terrain parcouru et s'assure de la portée des faits qui l'y autorisent. Stuart Mill voit à cette manière d'entendre le rôle de la majeure un double avantage : la pétition de principe, flagrante tant que la majeure sert de preuve à la conclusion, est évitée ; le syllogisme cesse d'être une anomalie ; comme le raisonnement, dont il n'est qu'une forme spéciale, il conclut du particulier au particulier.

Nous tenons pour indubitable que des propositions générales sont possibles. Nous avons montré comment d'autres propositions, générales elles-mêmes ou particulières, peuvent en être conclues ou déductivement ou syllogistiquement. On voit dès lors à quoi se réduisent les prétendus avantages dont Stuart Mill fait honneur à sa théorie. Ajoutons seulement qu'il peut y avoir inférence, mais jamais conclusion logique, du particulier au particulier. Toute conclusion suppose une vérité générale, un principe *duquel* ou *conformément auquel* elle est obtenue ; la conclusion : Pierre est homme, donc il est mortel, n'a de valeur logiquement que parce qu'elle s'appuie sur cette majeure sous-entendue : tout homme est mortel. En d'autres termes, pour avoir le droit de la tirer, il faut avoir reconnu que l'attribut *mortel* fait partie des attributs constitutifs de la nature humaine ; or un tel rapport est une vérité générale.

Abus du syllogisme. — 1° Le syllogisme n'est qu'une forme de la déduction ; il serait donc absurde d'imposer cette forme à l'induction ou à l'analogie.

2° Il n'est pas, comme on l'a prétendu, la forme nécessaire de la déduction : il implique deux prémisses ; la déduction est possible avec un principe unique. Dans tous les cas, elle vaut par elle-même, qu'elle revête ou non la forme syllogistique.

3° Quand la déduction comporte la forme syllogistique, il y a plus d'inconvénients que d'avantages à la lui imposer, parce qu'elle embarrasse le raisonnement de prositions faciles à suppléer : en géométrie, pas de syllogismes.

4° La méthode syllogistique avec sa complication extrême de figures, modes, règles, est une entrave pour la pensée, qu'elle détourne des choses sur lesquelles porte le raisonnement, pour l'attacher exclusivement à la forme de celui-ci. L'essentiel, c'est d'assurer ses bases, ou principes ; le bon sens suffit ensuite pour reconnaître si telle conclusion est rigoureuse.

Rôle vrai du syllogisme. — Il est l'argument de la preuve formelle : en donnant son consentement aux prémisses, on se met dans l'impossibilité de contester la conclusion, sans une contradiction formelle. Au fond, le syllogisme sert donc à prouver, à imposer une conclusion à autrui, non à s'instruire soi-même, à avancer dans la connaissance de la vérité; c'est le reproche que lui faisaient Bacon et Descartes.

Son utilité pratique. — Dans la discussion, il peut y avoir avantage à traduire en syllogisme l'argumentation de l'adversaire ou la sienne propre, les prémisses entraînant évidemment la conclusion, si elles sont admises; l'excluant dans le cas contraire; c'est ce qui a lieu notamment dans les discussions de théologie et de droit.

MÉTHODE EXPÉRIMENTALE

CHAPITRE XI

OBSERVATION ET EXPÉRIMENTATION

Procédés que comprend la méthode expérimentale. — Observation, expérimentation, division, classification, induction, analogie, hypothèse (accidentellement la déduction).

Sa nécessité. — Nous ne pouvons connaître les lois de la nature, les êtres et les phénomènes réels qu'à la condition de les étudier directement par l'expérience. A supposer nécessaires les lois premières de l'existence et de la vie, et à les supposer connues, elles et les conditions dans lesquelles elles ont primitivement opéré, nous serions encore hors d'état de déterminer, dans le nombre infini des combinaisons possibles résultant de ces lois, celles qui s'appliquent à la réalité. Aucun principe ne peut donc nous permettre de déterminer *a priori* les lois de la nature, la constitution des êtres, leur répartition dans le temps et dans l'espace.

I. Observation. — Observer, c'est considérer attentivement un objet ou un fait pour le connaître. Le rôle propre de l'observation, c'est de constater les faits, ce qui, à vrai dire, est presque tout dans les sciences de la nature, les lois, les propriétés n'étant que des faits généralisés, et les causes des faits étant elles-mêmes des faits.

Ses moyens : 1° *Les sens*. — Les sens nécessairement, surtout le toucher et la vue, celle-ci de plus en plus, grâce aux instruments.

2° *Les instruments*. — Triple service :

1° Ils suppriment les causes d'erreur inhérentes à l'exercice des sens. Les données des sens sont aisément divergentes d'un observateur à l'autre et erronées ; les données des instruments sont tout autrement sûres et ont une valeur impersonnelle dépendant exclusivement des objets, nullement de la sensibilité variable de l'observateur (température, poids, son).

2° Ils étendent indéfiniment leur portée (la vue), au besoin les suppléent (température, son, résistance), quelquefois même rendent sensibles par leurs effets des phénomènes ou des propriétés qui ne tombent pas directement sous les sens (électricité, magnétisme, vibrations sonores).

3° Enfin ils rendent possibles des mesures rigoureuses, indispensables dans les sciences physiques, en astronomie par exemple, où les données de l'observation servent de base au raisonnement et au calcul.

Ses règles. — 1° Quant à l'observateur : certaines qualités intellectuelles, morales même, sont indispensables : bon sens, compétence, sang-froid, patience. En outre, l'impartialité étant la condition d'une observation exacte, l'observateur doit être exempt de préjugés et de préventions systématiques (on voit les choses comme on les désire ou comme on s'attend à les voir). Cependant la claire notion du résultat attendu, une certaine confiance même dans sa propre théorie, sont souvent utiles, si elles s'allient à l'amour de la vérité et à une loyauté scrupuleuse.

2° Pour l'observation : constater les faits avec toutes leurs circonstances, celles, notamment, de temps et de lieu, sans y rien ajouter ni retrancher. Il est presque toujours utile, et souvent indispensable, d'obtenir, dans tous les cas qui les comportent, des nombres précis, des me-

OBSERVATION ET EXPÉRIMENTATION.

sures rigoureuses, qu'il s'agisse d'une évaluation de temps, d'espace ou de toute autre quantité.

Insuffisance de l'observation. — 1° Les phénomènes sont quelquefois trop rapides pour être directement observés (chute des corps).

2° Ils sont le plus souvent compliqués par l'intervention de causes ou de circonstances étrangères, sans qu'il soit possible à l'observateur de faire la part des unes et des autres (chute d'un corps modifiée par sa densité, son volume, sa forme, la résistance et le mouvement de l'air).

3° La nature ne nous livre guère que des résultats et des composés. Les éléments et les modes simples, leurs combinaisons, la cause des effets apparents restent inaccessibles à l'observation (composés chimiques).

4° Elle ne laisse apparaître qu'une faible partie des phénomènes qui s'y produisent, les autres échappent à l'observation (électricité et magnétisme).

II. Expérimentation. — Dans ces divers cas, l'expérimentation supplée à l'observation :

1° Elle ralentit les phénomènes sans les altérer.

2° Elle élimine ou neutralise les influences étrangères (corps tombant dans le vide).

3° Elle décompose, isole, ce que la nature rapproche et confond.

4° Elle fouille la nature en tous sens et met en lumière ses phénomènes, ses forces les plus cachées.

Sa définition. — On la dit quelquefois une observation active (Herschell) ; mais l'observateur est actif, de l'esprit toujours et quelquefois de la main (anatomie).

Mieux, une observation artificielle.

L'observateur constate les faits là où il les rencontre, et tels qu'ils s'offrent à lui. L'expérimentateur en provoque la production dans des conditions connues de lui, différentes, s'il lui convient, de celles où ils se produisent naturellement et les plus favorables à son étude.

Règles de Bacon. — *Étendre* les expériences (loi de Mariotte pour des pressions de plus en plus fortes); les *varier*, en en modifiant les conditions ; les *renverser* (analyse, puis synthèse d'un composé chimique).

L'observation et l'expérimentation comparées :
Avantages de l'observation. — 1° L'observation suffit en général à l'étude des corps et des êtres.

2° L'observation est seule possible lorsque les faits se passent en dehors de notre sphère d'action (astronomie), ou que nous ne pouvons agir sur la cause qui les produit (faits psychologiques), ou encore que nous ne pourrions agir sur elle sans l'altérer ou la détruire (c'est souvent le cas des phénomènes physiologiques), lorsqu'enfin leur cause étant inconnue et ne pouvant être conjecturée, nous sommes réduits, pour les étudier, à en attendre le retour.

Avantages de l'expérimentation. — 1° Elle est indispensable pour l'étude des phénomènes, pour la détermination de leurs causes et lois, par suite pour une connaissance approfondie des corps et des êtres eux-mêmes.

2° Par suite l'observation suffit en histoire naturelle, où l'on n'a en vue que la description et la classification des objets ; mais l'expérimentation est indispensable dans les sciences physiques où il s'agit d'expliquer les faits. Les sciences d'observation sont même en partie redevables de leurs progrès aux sciences d'expérimentation : ainsi l'astronomie à la mécanique et à l'optique.

3° L'observation se borne à constater ce que la nature nous montre ; l'expérimentation découvre ce qu'elle nous cache : une foule de phénomènes et de propriétés, certains agents physiques même, tels que l'électricité et le magnétisme, n'ont été découverts et ne peuvent être étudiés que par des expériences.

4° L'observation s'arrête à la prévision ; l'expérimentation y ajoute un pouvoir sur la nature.

CHAPITRE XII

DIVISION. — CLASSIFICATION.

I. **Division.** — La division est la distribution d'un tout en ses parties.

DIVISION ET CLASSIFICATION.

Deux sortes de tout : le *totum*, tout individuel et complexe, l'idée dans sa compréhension, et l'*omne*, tout collectif, l'idée dans son extension. De là deux sortes de division, celle du *totum* ou *partition*, qui n'est que l'analyse, et celle de l'*omne* ou *division* proprement dite, qui se confond avec la classification.

Ses règles. — 1° *Entière*, c'est-à-dire que les parties ou membres de la division doivent épuiser l'objet.

2° *Distincte*, c'est-à-dire qu'elles ne rentrent pas les unes dans les autres (nombres pairs, impairs et ternaires, tout nombre étant pair ou impair).

3° *Graduée* (un pays divisé successivement en provinces, en départements, etc.).

4° *Limitée;* autrement la division se perdrait en détails insignifiants, et à cause de sa complication serait une gêne plutôt qu'une aide pour l'esprit.

II. **Classification.** — En général, classer, c'est ranger des objets dans un ordre méthodique, ou encore c'est ramener la multiplicité à l'unité, coordonner nos connaissances entre elles et en former un ensemble systématique.

Trois types de classification. — 1° **L'ordre successif.** — Les objets rangés les uns à la suite des autres (les mots du dictionnaire).

Ses conditions. — Un même caractère commun à tous les objets, mais chacun le présentant à un degré différent : pour des mots, l'ordre alphabétique.

Son utilité. — Catalogue commode pour les recherches (les dictionnaires).

Son inconvénient. — Éparpillement des objets; pas d'unité ni de vue d'ensemble.

2° **Groupes juxtaposés.** — Les objets rangés dans l'un ou l'autre de ces groupes, d'après leurs ressemblances et différences.

Ex. des livres d'après leur format; des mots rangés par famille (anciens dictionnaires); les constellations.

Vue d'ensemble plus facile. — Pas d'unité encore.

3° **Cadre logique de la classification.** — La classification vraie se présente sous forme d'*étages* ou *degrés* *superposés*, chacun d'eux comprenant un certain nombre de groupes de moins en moins nombreux, à mesure que l'on s'élève plus haut. Extensivement, chaque groupe embrasse aux étages inférieurs des groupes subordonnés de plus en plus nombreux ; compréhensivement, il implique certains caractères qui se retrouvent dans tous les groupes subordonnés, et sont d'autant moins nombreux qu'il est lui-même plus élevé.

Procédés de classification. — Pour établir la classification, divers procédés sont en usage ; de là autant de sortes de classifications.

1° *Dichotomique* (δίχα, τέμνω). — Les objets présentant tel caractère rangés dans un même groupe, les autres en étant exclus, et le même procédé de division bipartite servant à déterminer successivement dans ce premier groupe des groupes subordonnés aussi nombreux qu'il est utile. Un tel procédé est nécessairement artificiel, le choix des caractères étant arbitraire. Il est encore défectueux en ce que les objets présentant le même caractère doivent être infiniment moins nombreux que ceux qui l'excluent. Mais il a l'avantage de conduire à une énumération complète, par suite d'épuisement, des objets, ou des parties de l'objet divisé. C'est le procédé suivi au fond par de Candolle dans sa classification analytique de la flore française et par Lamarck. Linné en avait également reconnu l'utilité comme méthode provisoire dans sa classification artificielle des plantes. La chimie l'emploie aussi pour déterminer la nature d'une substance.

2° *Synthétique et analytique.* — Deux procédés opposés pour former la classification : constituer d'abord les groupes les plus généraux et les plus élevés, et descendre graduellement ensuite jusqu'aux plus particuliers : c'est la synthèse ; ou inversement : c'est l'analyse.

3° *Artificielle et naturelle.* — La classification artificielle rapproche les objets, dans chaque groupe, d'après un ou quelques caractères choisis arbitrairement (pour des livres : le format, la date, l'ordre alphabétique du titre).

La classification naturelle les rapproche d'après l'ensemble de leurs caractères et en tenant compte de l'importance relative de ceux-ci. La classification artificielle peut être synthétique; la classification naturelle est nécessairement analytique et suppose la connaissance approfondie des objets.

La classification dans les sciences naturelles. — Elle y est : 1° indispensable, à cause de la multiplicité des objets; 2° possible, à cause de leurs ressemblances plus ou moins considérables en chaque règne, et de la fixité des types qu'ils reproduisent à divers degrés. De là résulte qu'ils peuvent être répartis dans un nombre relativement restreint de cadres permanents, plus ou moins généraux, correspondant à ces mêmes types. Au fond, le but de la classification, ici, est de déterminer les types et groupes naturels des objets, à titre d'espèces, de genres, etc.

Ces groupes naturels, Linné les réduisait à six : variété, espèce, genre, famille, ordre, classe. Depuis Linné, en botanique surtout, ce nombre a été augmenté; il varie selon les auteurs.

La classification a son expression dans la nomenclature.

Classification artificielle : *ses avantages*. — 1° Elle est seule possible au début.

2° Elle est plus simple, plus claire et plus systématique que la classification naturelle, la caractéristique de chaque groupe étant très simple (un seul caractère ou quelques-uns seulement), et le même point de vue pouvant prévaloir dans toute la classification.

3° Par suite, elle est aisée à saisir et à retenir, et facilite l'étude des objets dont elle présente un catalogue qui peut toujours être complété, et où chacun d'eux est facile à retrouver. Ainsi, connaissant les principes d'une classification botanique, on déterminera aisément la famille, le genre, l'espèce auxquels une plante appartient, et on retrouvera par suite sa place et son nom dans la classification.

Ses règles. — 1° S'attacher à des caractères aussi *importants* que possible, parce qu'ils en entraînent d'autres subordonnés ; en général, un caractère est d'autant plus important qu'il est plus commun et constant.

2° *Saillants*, c'est à dire faciles à reconnaître.

3° *Stables.*

Ses inconvénients. — Groupes formés arbitrairement d'objets qui tout en présentant certains caractères communs, et se ressemblant par là même, peuvent à d'autres égards différer infiniment plus qu'ils ne se ressemblent; par suite, nulle idée des rapports réels des êtres, de l'ordre même de la nature.

Classification naturelle. — *Ses règles.* — 1° Essentiellement, pour constituer chaque groupe, tenir compte de l'ensemble des caractères et de leur importance relative.

2° Accessoirement, rapprocher les groupes qui se ressemblent le plus.

3° Ranger les espèces d'après leur perfection croissante.

Ses difficultés. — Chacun de ces trois buts est par lui-même difficile à atteindre; il est plus difficile encore de les concilier. Quant au premier, le plus important, la difficulté résulte : 1° de l'extrême multiplicité des caractères d'après lesquels les objets peuvent être rapprochés, deux objets presque identiques d'après l'un, pouvant n'avoir aucun rapport quant à l'autre; 2° de la difficulté de déterminer l'importance relative de tant de caractères si différents (ainsi, quant aux organes, il y a à tenir compte de leur importance relative en tant que : 1° systèmes d'organes ou appareils (système nerveux, appareil digestif); 2° organes essentiels, à la nutrition par exemple; 3° organes protecteurs; 4° organes accessoires); celle ensuite des divers points de vue sous lesquels on peut les considérer : présence, absence, position, nombre, forme, grandeur des organes, etc.

Sa supériorité. — Elle présente en abrégé, d'une manière approximative, le plan même de la nature, rend sensibles l'ordre et les rapports des êtres.

Historique. — Classification botanique artificielle : Tournefort; Linné (1734) : classification basée sur les organes de la fécondation; dichotomie; réforme de la nomenclature; un substantif désignant le genre; un adjectif ajouté au substantif, l'espèce. — La classification de

Linné appelée *système*, comme les autres classifications artificielles.

Classification botanique naturelle : Linné : description de soixante-sept familles naturelles de plantes (1737), mais simple catalogue, sans explications sur les principes de la classification. — Bernard de Jussieu : catalogue plus complet. Adanson détermine les familles d'après l'*ensemble des caractères ;* Laurent de Jussieu, d'après l'*importance ou la subordination des caractères* ; avant tout la contexture de la graine ; de là plantes acotylédones, monocotylédones et dicotylédones. — La classification naturelle appelée *méthode*.

Classification zoologique naturelle : Cuvier : classification incomplètement naturelle, à cause en partie de l'importance excessive attribuée à ses deux principes de la *subordination* et de la *corrélation* des caractères. Cuvier prétend déterminer pour chaque groupe naturel un caractère *dominateur* apparent, signe naturel du groupe. D'autre part, il ne tient compte que de certains caractères, les autres, d'après lui, étant en rapport étroit avec ceux-là (chez les herbivores : forme spéciale de l'estomac, des dents, des pieds, etc.). En outre, les caractères pris pour base de la classification varient d'un étage à l'autre : ici le système nerveux, là l'appareil circulatoire, etc.

CHAPITRE XIII

INDUCTION

La déduction subordonne un cas particulier à une règle, à un principe, détermine le cas d'après la règle ; l'analogie conclut d'un cas particulier à un autre qui lui ressemble ; l'induction demande à l'étude du cas lui-même et de toutes les circonstances qui s'y rapportent les éléments de sa conclusion. Soit cette conclusion : les hommes sont mortels. Je puis, pour l'établir, me référer soit à ce principe : tous les êtres vivants sont mortels (déduction) ; soit à ce fait que telle espèce d'animaux semblables aux hommes est mortelle (analogie); ou la tirer directement de l'étude des hommes eux-mêmes : c'est l'induction.

I. Logique de l'induction. — *Induction, appellation vague.* — Induction (ἐπαγωγή) signifie littéralement extension, extension des connaissances acquises à des cas nouveaux. Sous ce nom sont compris des procédés très divers, et difficiles à réunir sous une même formule ; deux choses les caractérisent :

1° Les données sur lesquelles s'appuie la conclusion, sont fournies par les objets eux-mêmes auxquels elle s'applique (ceci est propre à l'induction); 2° cette conclusion dépasse la portée logique des données (ceci commun à l'induction et à l'analogie).

Deux sortes d'induction. — 1° L'induction vulgaire à conclusion particulière ; 2° l'induction logique à conclusion générale.

Induction vulgaire. — A l'aide des données de l'expérience, elle détermine par conjecture des faits sur lesquels l'expérience actuelle n'a pas de prise, mais liés à ceux qui en sont l'objet ; par ex. : un événement futur ou passé, un fait actuel, mais qui ne peut être observé, la cause ou la conséquence probable d'un fait, d'une situation, la conduite ou le caractère des personnes, les motifs de leurs actions et leurs suites probables, la date d'un événement, la valeur d'un signe, le sens d'un texte, la réalité cachée sous une apparence, en un mot une circonstance liée à d'autres, seules directement connues, toutes choses enfin qui, ne pouvant être observées, comportent, d'après ce que l'on observe et ce que l'on sait, une certaine probabilité et peuvent être l'objet de conjectures plus ou moins plausibles. En général elle implique : 1° la connaissance et l'appréciation de circonstances plus ou moins nombreuses et souvent de nature très diverse relatives au point en question; 2° une conjecture à son sujet, suggérée par cet examen (interprétation d'un son entendu). L'induction sous cette forme est d'un usage incessant dans la vie ordinaire. Elle se confond avec l'exercice des sens, de la pensée, pourrait-on dire, toutes les fois que le jugement va au delà des faits constatés, à moins qu'on ne s'en tienne à une simple analogie.

Induction logique. — C'est le procédé beaucoup plus simple qui conclut des parties au tout, de quelques espèces au genre tout entier, qui étend à tous les termes d'une série (objets, faits, etc.), une donnée ou propriété commune à plusieurs.

Induction complète et incomplète. — L'induction est complète, lorsque la propriété qu'elle affirme du tout, du genre, a été reconnue appartenir à toutes les parties, a toutes les espèces qui le composent; elle est incomplète dans le cas contraire. Logiquement l'induction complète est seule rigoureuse; mais elle mérite à peine ce nom : elle résume les données de l'expérience sans y rien ajouter, exclut par conséquent toute extension de connaissance. Elle n'est qu'un procédé de sommation, une sorte d'addition, avec cette différence que l'addition numérique est instructive et utile, là le résultat qui est le but de l'opération étant inconnu d'avance et nécessitant l'emploi d'un procédé spécial de calcul, tandis qu'ici il n'y a ni inconnu à déterminer ni procédé particulier mis en œuvre.

L'induction et le syllogisme. — Rapport étroit : le syllogisme affirme un attribut (mortel) d'un sujet (homme) à l'aide d'un terme moyen (animal), qui renferme ce sujet et auquel l'attribut s'applique. L'induction affirme ce même attribut (mortel) du moyen (animal), parce que celui-ci renferme ce sujet (homme) et d'autres semblables auxquels l'attribut appartient.

Syllogisme : l'homme étant animal est mortel.

Induction : l'homme et d'autres animaux étant mortels, tous les animaux le sont.

L'induction irréductible à la déduction. — On a prétendu ramener l'induction à la déduction ou même au syllogisme, en introduisant dans le raisonnement à titre de majeure sous-entendue le principe quelconque sur lequel s'appuie l'induction. Cette prétendue déduction repose sur la confusion des deux sortes de principes que nous avons distingués à propos de la déduction : les principes *desquels* et ceux *selon lesquels* on déduit. Or le principe invoqué ici (ordre de la nature, axiome de causalité, etc.) ne saurait être le point de départ, la source du raisonnement; il n'en est que la raison ou la règle. L'esprit s'y appuie nécessairement pour induire, de même que pour déduire il s'appuie sur des axiomes logiques ou mathématiques; mais, comme eux, il est étranger au raisonnement; il n'en est qu'une condition formelle ou subjective, et, par conséquent, pas plus qu'eux il n'en constitue la majeure. Soit cette induction : les chiens, chevaux, etc. (certaines espèces d'animaux) sont mortels, donc tous les animaux sont mortels. Il est évident que le principe réel du raisonnement (logiquement défectueux) est la donnée empirique, non un principe abstrait, tel que celui-ci : ce qui est vrai de la partie, l'est du tout, principe duquel il n'y a rien à conclure, mais dont, ce qui est bien différent, on a besoin pour conclure, de même que dans le syllogisme on s'appuie sur le principe inverse, à savoir que ce qui est vrai du tout l'est de la partie.

Le problème inductif. — L'induction logique qui conclut des espèces au genre, du particulier au général, n'est qu'une partie, et la moins importante, du procédé inductif; elle suppose, en effet, déjà connu l'élément général qui est l'objet principal de la recherche inductive. Quel est cet élément général? Où se rencontre-t-il, jusqu'où s'étend-il? Telles sont les deux questions que comprend le problème inductif. Il a pour objet, dit-on, de déterminer le général dans le particulier; mais le général doit être déterminé en lui-même ou dans sa compréhension d'abord, puis dans son extension. De là deux opérations consécutives également indispensables, mais très distinctes : 1° la recherche du général, de la propriété, ou forme, supposée commune à tous les cas particuliers, à tous les termes de la série, mais qui ne pouvant être constatée dans tous, parce que tous ne peuvent être observés, doit être recherchée dans quelques-uns seulement; 2° l'extension de cette même propriété, une fois découverte, à tous les autres.

Le procédé inductif. — L'élément général, la propriété commune, peut être obtenu, par deux procédés principaux : par simple observation et par analyse. Dans le premier cas, sa présence étant directement constatée dans un certain nombre d'objets, il ne reste qu'à l'étendre aux autres (la couleur noire des corbeaux, la chute des corps). Dans le second, au contraire, qu'il soit apparent ou non (la mortalité chez les animaux), il est l'objet d'une recherche approfondie, portant d'une part sur sa présence et sur la forme qu'il revêt dans les objets observés, de l'autre sur les conditions de son existence. Dans ce cas l'analyse, aidée au besoin de l'expérimentation, est indispensable. De là deux sortes d'induction : empirique et analytique.

Induction empirique. — Elle a lieu dans des cas très simples où l'élément général est connu d'avance ou facile à déterminer. Elle se fait par simple énumération des objets ou cas semblables, et se borne à étendre à tous les cas de même nature la forme ou propriété commune reconnue appartenir à un plus ou moins grand nombre d'entre eux. Ses conclusions méritent en général d'autant plus de confiance que le nombre des cas observés est plus considérable sans exception constatée. Elle est, dès lors, conjecturale et précaire, un cas nouveau pouvant à la rigueur infirmer la conclusion. Mais pratiquement, pour le bon sens et pour la science, sinon logiquement, elle a une valeur réelle, une coïncidence fortuite étant la plupart du temps ou absolument improbable ou impossible, les ressemblances constatées, au contraire, ne se concevant guère que comme l'effet d'une loi ou comme une conséquence de la nature des objets. Ex. : le lever et le coucher du soleil, le flux et le reflux de l'Océan, la mortalité chez les êtres vivants. Cependant tant que l'existence de la loi, que la réalité d'une connexion naturelle entre la propriété commune et la nature des objets, ne sont que présumées, ou que la cause du fait reste inconnue, le doute est possible et l'événement peut à la rigueur démentir la prévision. Ex. : localités réputées à l'abri de certains fléaux : orages, inondations, tremblements de terre, épidémies, etc., mais que l'on n'a pas le droit de tenir pour telles, tant qu'on ignore la cause de ceux-ci, ou qu'on ne peut établir scientifiquement qu'elles se trouvent dans des conditions telles qu'ils soient absolument impossibles.

L'induction sous cette forme tient de l'analogie sans se confondre avec elle ; aussi l'appelle-t-on quelquefois induction par analogie. L'analogie conclut d'un seul cas à un autre, en vertu d'une ressemblance partielle, fussent-ils de nature différente ; l'induction conclut de plusieurs à beaucoup d'autres, mais pour des cas de même nature.

Induction analytique. — Elle a pour but de déterminer le général dans le particulier, de dégager de la multiplicité et de la complication des faits les causes, les lois, les propriétés, et, selon le langage de Bacon, les formes naturelles, relativement simples, qui s'y trouvent engagées mais que la seule observation serait impuissante à découvrir.

Elle y réussit par une analyse comparative et approfondie des faits, aidée de l'expérimentation partout où elle est possible.

En raison même du but qu'elle se propose et des conditions dans lesquelles elle se produit, elle est un procédé très complexe. Sous sa forme la plus complète, elle comprend trois opérations principales, ayant pour objet : 1° de déterminer l'élément général, la propriété commune ; 2° de s'assurer qu'elle est inhérente aux corps, aux êtres ou aux faits dans lesquels elle est constatée, et dérive de leur nature même ; 3° de découvrir la circonstance à laquelle ils doivent de la présenter, telle particularité de leur nature, telle autre propriété dont elle est la conséquence.

De ces trois opérations, les deux premières sont indispensables ; elles suffisent pour assurer la validité de l'induction ; la troisième est désirable, mais n'est pas toujours possible.

La première est elle-même assez complexe. Elle comprend généralement trois moments ou opérations subsidiaires consécutives : 1° étude préalable des faits ; 2° hypothèse relative à l'élément général à déterminer, s'il ne ressort pas directement de cette étude ; 3° vérification de l'hypothèse. Cette première opération constitue la part de l'invention ou de la découverte dans le travail de l'induction. Ex. : la détermination de l'orbite de la planète Mars par Képler d'après quelques-unes des positions successivement occupées par la planète : les recherches de Képler n'aboutirent que lorsque l'idée de l'ellipse se fut présentée à son esprit ; il reconnut alors que les données du problème s'accordaient rigoureusement avec cette hypothèse, et avec elle seule.

La seconde opération a pour but de fonder scientifiquement l'induction. La propriété constatée pourrait provenir de circonstances accidentelles, soit des conditions dans lesquelles se seraient faites les observations et expériences (température, altitude, climat, instruments, etc.), soit d'un état spécial des objets sur lesquels elles auraient porté (caractères de races ou de variétés, substances altérées par quelque mélange, complications dans les maladies, etc.). Il s'agit donc de s'assurer que les circonstances n'entrent pour rien dans le résultat obtenu, que s'il est tel, c'est que la nature le veut ainsi, en d'autres termes qu'il est l'expression d'une loi.

La troisième opération a pour but, non de fixer la certitude, la seconde y suffit, mais d'ajouter à la connaissance, en déterminant la raison ou la condition de la propriété établie. Par delà la loi, elle pénètre jusqu'à la cause, laquelle d'ailleurs peut être une loi plus générale. En général elle s'attache à établir un rapport constant entre deux faits, en d'autres termes, que dans telles conditions données (toutes circonstances de temps, de lieu ou autres étant indifférentes), telle suite se produit invariablement. Une telle relation entre la cause et l'effet est elle-même une loi.

L'induction ainsi conduite, réussissant à mettre en lumière et la propriété commune et la circonstance dont elle dépend, le fait général et son explication, elle est tout autrement précise, sûre, féconde que l'induction empirique. Elle ne se borne pas, comme celle-ci, à soupçonner qu'il y a une loi, la concordance des faits connus étant inexplicable autrement ; elle saisit directement la loi, constate sa réalité et détermine sa formule. Et alors un petit nombre de faits convenablement étudiés comportent une conclusion précise et certaine, tandis que l'induction empirique suppose la connaissance d'un grand nombre de cas sans exclure la possibilité d'une erreur. Ex. : induction analytique : expériences sur la température de fusion de divers métaux, sur la chute des corps dans l'air et dans le vide ; analyse chimique (eau distillée quelconque) ; — induction empirique : couleur des cygnes, corbeaux, etc. ; dans ce cas, conclusion précaire, la couleur pouvant résulter du climat, de la race, etc., c'est-à-dire d'une circonstance accidentelle, non de la nature des objets.

En résumé, dans l'induction empirique le résultat peut dépendre des conditions inconnues de l'observation ; avec l'induction analytique, il est presque toujours possible, sinon facile, de s'assurer qu'il est indépendant des conditions de l'expérience, et que, par conséquent, il a sa cause dans la nature des objets ou des faits étudiés.

Règles de l'induction. — On les formule ainsi, d'après Bacon : dresser des *tables de présence, d'absence* et de *comparaison ;* c'est-à-dire noter les circonstances dans lesquelles le phénomène se produit, celles en l'absence desquelles il cesse de se produire, et les rapports d'accroissement et de diminution entre les circonstances et le phénomène.

Ces règles conviennent spécialement à la détermination des causes, leur application devant avoir pour effet de restreindre le cercle des recherches et d'en fixer la direction. Cependant le succès de celles-ci dépend surtout de la sagacité de l'expérimentateur, c'est-à-dire de la justesse des vues dont il s'inspire, de l'art avec lequel il conduit ses observations et expériences et coordonne leurs résultats, de son habileté à en tirer parti. La simple observation de ces règles pourrait amener, au contraire, à regarder comme cause d'un fait une circonstance simplement concomitante, dépendant peut-être de la même cause, mais sans action sur lui. (Exemple de Macaulay : influence des noms sur les opinions politiques, pendant la révolution d'Angleterre, en tant que formés d'un seul mot ou de plusieurs.)

Il faut donc s'assurer par des expériences ou observations convenables, et en s'aidant des connaissances acquises, que la circonstance mise en lumière est susceptible d'exercer une influence sur le fait en question, que cette influence est réelle et prépondérante, toute autre étant nulle ou secondaire.

L'induction dans les sciences de la nature : sa nécessité. — Elle y est indispensable pour deux raisons :

1° Parce que les données de l'expérience sont nécessairement particulières, relatives à tel point de l'espace et du temps, à telles circonstances spéciales, tandis que les conclusions de ces sciences affectent toujours un caractère de généralité : elles sont générales, sinon universelles (l'attraction), mais à divers degrés, du triple point de vue de l'espace, de la durée et de leur objet (les corps, les minéraux, les cristaux).

2° Parce que, dans une foule de cas, l'objet de la recherche, par exemple la cause de tel phénomène (de la rosée, des marées), ne peut être directement constaté, mais doit être inféré comme conclusion d'une série d'observations ou d'expériences concordantes quoique souvent de nature très diverse.

Formes qu'elle y revêt. — Elle s'y présente sous trois formes principales : 1° simple extension dans le temps et dans l'espace, des données de l'expérience actuelle, lorsqu'elles ont été reconnues indépendantes des circonstances de temps, de lieu et autres, dans lesquelles elles sont obtenues ; en d'autres termes, les conditions nécessaires et suffisantes d'un fait étant sûrement déterminées, l'induction affirme que, dans les mêmes conditions, il se reproduit partout et toujours invariablement. Exemples : effets de forces mécaniques, propriétés physiques et chimiques, loi de Mariotte pour les pressions observées, température de fusion des divers métaux, etc.

2° Extension des données de l'expérience à des cas nouveaux supposés semblables, à d'autres degrés en deçà et au delà des limites de l'expérience (loi de Mariotte pour des pressions supérieures), à d'autres corps ou faits de même nature (chute de tous les corps dans le vide).

3° Détermination des causes ou lois spéciales à tels faits ou groupes de faits. Dans ce cas, le procédé inductif est d'ordinaire beaucoup plus compliqué, les données dont il faut tenir compte étant souvent nombreuses et très diverses, et d'une appréciation difficile. Ex. : le calcul de l'orbite de Mars, par Képler, d'après l'observation de quelques-unes des positions successivement occupées par la planète ; la théorie de la rosée de Wells ; la théorie des marées.

L'induction et la raison. — L'induction scientifique fait appel à la raison : 1° par le fondement sur lequel elle s'appuie ; 2° par les idées et principes rationnels qui la dirigent (idées d'ordre et de loi, de fin, principe de causalité) ; 3° par les données mathématiques, géométriques ou mécaniques, auxquelles elle se relie, notamment en astronomie et en physique.

III. Historique de l'induction. — Aristote, sous le nom d'induction (ἐπαγωγή) distingue deux procédés très différents ; l'un, très vague, servant à la formation des idées et vérités générales ; l'autre, procédé logique défectueux, qui est l'énumération imparfaite.

Quant à l'étude de la nature, trois mots accusent les défauts de sa méthode : observation superficielle ; généralisation prématurée et systématique ; abus des causes finales. Il explique les phénomènes par des propriétés, celles-ci par des formes substantielles ou essences des corps, destinées précisément à produire ces phénomènes ; propriétés et essences également hypothétiques ; de là, explication illusoire. En un mot, nulle idée d'un mécanisme universel, de lois générales, les mêmes pour tous les corps, règles et causes de leurs mouvements et changements.

La philosophie, jusqu'à Bacon, s'en tient à l'enseignement d'Aristote.

Bacon. Ses mérites éminents. — Il renouvelle les conditions de la science, lui restitue son autorité, sa base, son but, sa méthode et jusqu'à ses espérances ignorées jusqu'à lui.

1° Autorité de la science : il proclame l'indépendance de la raison vis-à-vis de l'autorité religieuse ou philosophique, de la science vis-à-vis de la tradition et de la métaphysique.

2° Sa base : il se fait l'apôtre enthousiaste de l'idée nouvelle d'un ordre universel dans la nature, c'est-à-dire de lois générales et constantes desquelles tout dépend dans le monde.

3° Son but : il bannit les formes substantielles de la scolastique, condamne la recherche des essences, des causes premières, efficientes ou finales, inaccessibles, à les supposer réelles, et assigne pour but à la science la détermination des lois et causes prochaines, les dernières causes accessibles n'étant autres que les plus générales et les plus simples de ces lois.

4° Sa méthode : il lui assigne pour procédé fondamental l'expérimentation aidée de l'induction.

5° Ses espérances : nul terme assignable au progrès de la connaissance humaine ; l'homme maître de la nature dans la mesure où il la connaîtra.

En résumé, la science de la nature avant Bacon était toute conjecturale et métaphysique, et, par suite, stérile ; avec lui, elle devient expérimentale et positive ; elle est, dès lors, solide et féconde, jusqu'à ce qu'une réforme nouvelle la constitue sur des bases plus larges, lui apporte un surcroît de rigueur et de profondeur par l'application des mathématiques à l'étude de la nature (Descartes, Newton, d'Alembert, Laplace).

Sa méthode. — 1° Au point de départ, des expériences aussi multipliées, variées, étendues que possible. Vues remarquables à ce sujet ; Bacon fait ressortir l'importance de diverses sortes de faits : faits *cruciaux*, ceux qui, bien analysés, sont de nature à fixer la valeur de deux théories antagonistes ; ex. : les phénomènes de diffraction pour les théories de l'émanation de Newton et des ondulations de Huyghens en optique) ; faits *prérogatifs*, phénomènes caractéristiques ; faits *éclatants* où la cause est mise à nu, isolée ; faits *fugitifs*, ceux dans lesquels la propriété qu'on étudie est passagère, ou varie en degré, et, ainsi, fournit une indication de cause (le papier blanc quand il est sec, moins quand on l'humecte), etc.

2° Grouper les faits semblables pour leur chercher une explication commune.

3° S'attacher, pour les expliquer, à leurs lois et causes prochaines, la recherche des essences, des causes premières efficientes et finales, étant illusoire (but de la science pour Aristote et la scolastique).

4° S'élever lentement et graduellement (*semelles de plomb* à l'entendement) à des lois et à des causes de plus en plus générales, au lieu de remonter brusquement et par conjecture (Aristote et la scolastique) des faits particuliers aux lois les plus générales; redescendre ensuite des lois et causes générales, comme d'axiomes naturels, aux faits qu'elles expliquent.

Défauts de sa méthode. — 1° Pas de théorie précise de l'induction; 2° le rapport de l'induction à la raison méconnu; 3° la subordination des lois naturelles aux mathématiques ignorée (Bacon demande toute vérité à l'expérience et au raisonnement).

IV. Fondement de l'induction. — L'induction concluant du présent au passé et à l'avenir, de quelques points de l'espace à d'autres ou à tous, plus généralement de quelques-uns des termes d'une série à la série tout entière, ses conclusions, par conséquent, dépassant toujours les données de l'expérience actuelle, il importe de savoir quelles raisons nous avons de compter sur de telles conclusions, logiquement injustifiables, et ce que valent ces raisons. La question est difficile et diversement résolue.

1° *Association des idées et habitude.* — Selon Hume, toutes nos inductions résultent d'une simple association d'idées, fortifiée par l'habitude ou répétition fréquente (feu et brûlure). — Cela est vrai d'inductions irréfléchies seulement, à la portée de l'enfant et de l'animal, parce qu'elles ne font appel qu'à la mémoire et à l'imagination, mais non de l'induction réfléchie. C'est un fait que l'habitude nous porte à attendre le retour des événements en des circonstances identiques, ou seulement semblables; c'est un fait aussi qu'une telle attente est souvent trompée. Hume constate cette attente; il l'explique jusqu'à un certain point, mais ne la justifie pas.

2° *Répétition constante.* — Laplace réduit l'induction à

un calcul de probabilité fondé sur la répétition des cas semblables. Si cette répétition n'est que fréquente, la probabilité n'est que médiocre ; si elle est constante, la probabilité est extrême. — C'est un fait que notre confiance dans le retour des mêmes effets est en proportion du nombre des épreuves effectuées (les hommes mortels). Mais ce principe ne s'applique pas à l'induction analytique, dans laquelle un petit nombre d'expériences peut être suffisant. De plus une exception, tout improbable qu'elle soit, n'est pas impossible (localités à l'abri pendant des siècles de certains désordres de la nature). Nous la savons impossible, au contraire, pour la mortalité des êtres vivants, pour la chute des corps, parce que nous savons ces faits effets d'une loi ; loi dont nous ignorons ou nions l'existence pour d'autres faits constamment répétés. Enfin, le principe de Laplace aurait besoin lui-même d'une raison qui le justifie.

3° *Principes de causalité et de finalité.* — Certains métaphysiciens ont prétendu fonder l'induction sur le principe de causalité (Rémusat) : tout fait implique une cause ; des effets identiques supposent des causes identiques. — Le premier énoncé est incontestable, mais insuffisant. Il justifie d'une manière générale l'induction de causalité ; mais il laisse indéterminé le point sur lequel nous avons besoin surtout d'être fixés : où est la cause, pourquoi tel fait est cause plutôt que tel autre. Le second énoncé est plus explicite et a une portée pratique incontestable ; mais, suffisant lorsque l'induction est du même au même, il cesse d'être applicable dans tous les autres cas ; or, pour ne parler que de ceux où la détermination de la cause est le but de la recherche inductive, il n'est pas rare, et c'est précisément ce qui la rend si difficile, que les effets à expliquer diffèrent de ceux dont la cause est connue. Spéculativement, il soulève une objection très sérieuse : il semble être une conséquence du premier ; mais encore, pour être en droit de l'appliquer à la nature, faudrait-il avoir reconnu qu'elle s'y conforme. Que les lois de notre raison soient aussi les lois des choses qu'elles nous rendent intelligibles, il y a lieu de le penser sans doute ; cependant, tant que nous ignorons l'ordre et les procédés de la nature, toute affirmation à leur sujet est prématurée. L'induction réclame un fondement objectif; s'en tenir à un principe exclusivement rationnel, c'est la fonder sur une base ruineuse. Car à cette affirmation de la raison : les choses doivent se passer de telle manière, le bon sens et la science objecteraient justement : se passent-elles ainsi en effet?

A cette objection élevée au nom de la réalité, il semble donc qu'il appartienne à la réalité de répondre, entre l'affirmation subjective de la raison et le doute également subjectif qui s'y attache, elle seule ayant autorité pour prononcer. Tout autre est la doctrine de quelques métaphysiciens contemporains, Ravaisson, Lachelier. Ils en appellent de la raison à elle-même et, subordonnant le principe de causalité au principe de finalité, ils croient, après Kant, Leibnitz, Aristote, trouver dans celui-ci la suprême garantie tout à la fois de l'ordre dans les choses et de la validité de l'induction. Le principe de causalité, dit Lachelier, nous autorise à affirmer que dans des conditions absolument identiques les mêmes suites se reproduisent invariablement; mais non que de telles conditions se trouvent effectivement réalisées. La réalité du mécanisme ne fait pas doute ; mais la nature des conditions dans lesquelles il opère et, par suite, la possibilité de l'induction restent en question, si l'on n'admet l'existence d'un principe d'ordre qui assure l'unité du système et la permanence des résultats. Cette solution compromet, à nos yeux, plus qu'elle ne les sert, les vérités que l'on a à cœur de mettre hors de doute. Juger *a priori* de ce que doit être l'ordre de la nature, sans autre raison de le concevoir et sans autre preuve de sa réalité que la sagesse des vues de la Puissance créatrice, n'est-ce pas simplement affirmer que les choses sont telles qu'il nous semble désirable qu'elles soient? Est-il donc impossible qu'elle en juge autrement que nous, et qu'au lieu de ce concert et de cette harmonie unique qui enchante notre raison, une pluralité de principes, de systèmes et de plans réponde mieux à ses convenances? Répétons-le, c'est un fondement objectif qu'il faut à l'induction, et, quelle que soit la cause de l'ordre de la nature, il suffit pour qu'elle soit possible que cet ordre soit réel et que nous en ayons l'assurance. — Mais si aux extrêmes limites de l'espace et de la durée, où atteignent les plus générales de nos inductions, des conditions d'existence différentes comportaient un ordre différent, ne devrions-nous pas craindre d'en exagérer la portée? Nullement, si nous savons distinguer le certain du probable, ou même du simple possible; et, lorsqu'il s'agit de la nature, l'expérience, qui est ici le vrai et le seul criterium, ne nous permet pas de nous égarer longtemps en dehors de la vérité. Nous le savons par l'expérience elle-même : si en principe le champ de l'induction est sans limites comme la réalité, la portée de chacune de nos inductions est en raison inverse du nombre des conditions qu'elle suppose réalisées, de la complexité des cas auxquels elle s'applique. Qu'elles se réclament donc du principe de finalité, de la sagesse créatrice, ou simplement de la connaissance positive de l'ordre réel, elles ont exactement la même ampleur; mais, dans le second cas, elles reposent sur une base solide, tandis que dans le premier elles n'ont pour garantie qu'une hypothèse.

4° *Principe objectif de l'ordre de la nature, ou fondement de l'induction.* — Il est diversement formulé : stabilité des lois de la nature (école écossaise); en outre, leur généralité (Royer-Collard). On pourrait dire : accord ou constance de la nature avec elle-même. Ce principe est bien le fondement, la condition objective de toute induction relative au monde, à la réalité. Si la nature n'était constante avec elle-même, en d'autres termes si, en des conditions absolument identiques, des suites différentes étaient possibles, toute extension des données de l'expérience pourrait être démentie par l'événement. L'induction, au contraire, sera d'autant plus sûre que dans la nature l'identité des suites correspond plus exactement à celle des conditions, les suites étant les mêmes dans la mesure même où le sont les conditions.

Mais que savons-nous de cette constance de la nature? Est-elle objet de connaissance ou de croyance, et, dans ce cas, quelles raisons avons-nous d'y croire? Ce principe est-il, comme le prétend l'école écossaise, une loi de la raison, une de ces données premières du sens commun, qui s'imposent sans qu'il soit possible d'en rendre compte? Il a été trop longtemps ignoré ou contesté pour qu'il soit permis de le penser. Mais alors serait-il une donnée de l'expérience? L'expérience, il est vrai, le suggère et le vérifie, mais partiellement et sur des points isolés, de plus en plus nombreux seulement. N'étant donc évident ni pour la raison, ni selon l'expérience, mais seulement probable, il est un objet de croyance, non de connaissance. Dès lors, il ne peut être que la conclusion d'une induction la plus large de toutes et la condition de toutes les autres. Mais alors notre croyance à l'ordre de la nature doit avoir une raison qui la justifie à nos yeux; c'est-à-dire que l'induction fondamentale, comme toute induction spéciale, suppose un principe subjectif, lequel reste à déterminer.

5° *Principe subjectif de la nécessité de l'ordre, ou de l'exclusion du hasard.* — Tout fait implique une cause, et une cause en rapport avec lui, en un mot doit avoir sa raison d'être. Or, il y a des faits inexplicables par une cause ou coïncidence fortuite, par le hasard. Ce sont ceux dans lesquels se rencontrent des éléments d'ordre : régularité, périodicité, constance, convenance, finalité. Ceux-là ne se conçoivent que comme résultant d'une loi, comme expression d'un ordre réel inhérent aux choses. Que plusieurs points, et de plus en plus nombreux, se trouvent disposés de telle sorte qu'ils puissent être reliés par une courbe régulière, une loi (ou une volonté intelligente obéissant à une loi) a dû présider à leur arrangement (1). De même toutes nos expériences sur la nature nous montrent dans celle-ci des éléments d'ordre ; or, cet ordre apparent est inexplicable s'il ne correspond à un ordre réel; et de même cet ordre partiel, que nous constatons, sans qu'il se démente jamais, sans un ordre universel.

Nécessité de l'ordre dans la nature par l'impossibilité que les faits, tels que nous les constatons, proviennent du hasard, tel est donc le principe subjectif de l'induction fondamentale, de notre croyance à la constance de la nature avec elle-même.

---

(1) V. Cournot, *Essai sur les fondements de nos connaissances.*

Celui aussi de nos inductions les plus spéciales : tel fait, tel ensemble de circonstances concordantes n'est possible pratiquement, c'est-à-dire pour le bon sens éclairé de l'expérience, le hasard étant inadmissible, qu'à la condition que tel autre fait soit réel ; donc il l'est. Tel témoin (je le pense du moins) ne peut être ni trompé ni trompeur ; il faut une raison de son affirmation, et il n'y en a qu'une de raisonnable, c'est que le fait dont il dépose soit réel. A plus forte raison, si plusieurs témoins dignes de foi s'accordent, si ces témoins sont innombrables, comme en matière historique. A ce bruit que j'entends il faut une cause ; il n'y en a qu'une de vraisemblable, en tenant compte de tout ; donc elle est réelle. Tel texte présente un sens que tout confirme ; il n'y a qu'une raison de cet accord de tout ce que l'on sait avec cette interprétation, c'est qu'elle soit fondée.

En résumé, il faut une raison des choses, quelles qu'elles soient ; et lorsque la raison que nous en supposons, en rend bien compte et que tout la confirme, le bon sens commande de s'y tenir ; telle est la raison dernière de toutes nos inductions. Ce principe satisfait le premier besoin de notre raison, celui de l'ordre, en vertu duquel elle se refuse à concevoir la possibilité de choses qui n'auraient pas une raison suffisante de leur existence, une cause qui les explique ; mais il trouve sa justification dans la connaissance des choses, chaque progrès de l'expérience et de la science témoignant à sa manière de l'ordre qui y règne, donnant, une fois de plus, raison à ce pressentiment de l'ordre qui est une loi de notre pensée, et avivant en nous, s'il est possible, le désir et l'espérance de l'atteindre là où il nous échappe encore.

Induction et déduction. — Elles diffèrent : 1° par *leur domaine :* celui de la déduction, c'est la pensée abstraite ; celui de l'induction, la réalité.

2° Par *leur point de départ :* la déduction prend le sien dans un principe en dehors et au-dessus de l'objet ; l'induction dans l'objet lui-même.

3° Par *la rigueur de leurs conclusions :* celles de la déduction nécessaires logiquement ; celles de l'induction n'ayant qu'une possibilité logique, mais une probabilité réelle.

4° Par *leur fondement :* déduction : principe de contradiction ; induction : nécessité et réalité de l'ordre.

5° Sous *leur forme la plus abstraite*, la déduction conclut du tout aux parties, du même au même ; l'induction, des parties au tout, du même à ce qui est supposé, mais non connu, tel.

6° Enfin et surtout la déduction pose une thèse ou un rapport fondamental, lequel *s'impose impérieusement*, pénètre et marque à son empreinte chacune des conséquences qui s'en dégagent, de telle sorte qu'elles n'ont de vérité que par lui, qu'elles valent exactement ce qu'il vaut lui-même ; l'induction *s'autorise* simplement de certains faits de même nature ou de nature différente pour conjecturer un fait nouveau, en rapport plus ou moins étroit avec eux, mais qui, à la rigueur, pourrait n'être pas, sans qu'ils cessassent d'être eux-mêmes.

CHAPITRE XIV

ANALOGIE

Divers sens du mot analogie. — Analogie signifie proprement ressemblance ; raisonner par analogie, c'est raisonner d'après les ressemblances ; de là le nom donné à cette forme de raisonnement.

Mais il y a bien des degrés de ressemblance. Deux choses qui ne sont pas absolument identiques, ne sont que semblables ; mais elles peuvent l'être à tel point que leur ressemblance équivaille pratiquement à l'identité : c'est le cas des objets entre lesquels il y a une conformité de nature, des individus d'une même espèce, des espèces d'un même genre ; les différences entre eux sont réelles, importantes quant à eux ; mais elles ne sont que secondaires, eu égard aux ressemblances qui sont profondes et essentielles. Inversement, deux objets de nature différente peuvent se ressembler à certains égards ; ils sont semblables en tant qu'ils présentent une propriété commune, mais ils diffèrent infiniment plus qu'ils ne se ressemblent :

dans ce cas, ils sont dits analogues plutôt que semblables. L'analogie est donc une ressemblance partielle et imparfaite.

Dans les sciences naturelles le sens du mot analogie est un peu différent. La ressemblance qui existe entre deux objets peut n'être qu'accidentelle; mais elle peut aussi provenir soit d'une conformité de nature, ou même simplement d'une propriété commune, soit d'une cause ou loi naturelle à laquelle ils soient soumis l'un et l'autre; la ressemblance est dite analogie dans ce second cas seulement, et la détermination des analogies tient une place considérable dans les sciences de la nature, dans celles spécialement qui étudient les êtres organisés.

De là, sous le nom d'analogie, deux procédés très différents, quoique souvent confondus : l'un qui consiste à juger d'après les ressemblances, à conclure une ressemblance d'une autre : c'est le raisonnement par analogie; l'autre ayant pour but de rechercher et d'établir les analogies : dans celui-ci l'esprit juge des ressemblances, plutôt que d'après elles; il affirme plutôt qu'il ne conclut. Dans bien des cas, les deux procédés se trouvent associés l'un à l'autre, le second étant la condition du premier, et celui-ci la conséquence de celui-là. C'est ce qui arrive notamment lorsque les ressemblances n'étant pas apparentes, il faut, préalablement à toute conclusion, les découvrir et apprécier leur valeur. Mais souvent aussi les deux procédés sont employés séparément. C'est ainsi que dans les sciences où la détermination des analogies a une extrême importance, tant au point de vue des rapports et de la nature des objets qu'à celui de la classification, les analogies sont recherchées pour elles-mêmes, indépendamment des conclusions qu'elles comportent.

Du raisonnement par analogie : sa forme logique. — Considérée à un point de vue purement formel, l'analogie est, de tous les modes de raisonnement, le plus simple et le plus aisé. Deux objets se ressemblent à certains égards : j'en conclus qu'ils se ressemblent aussi à d'autres, j'attribue à l'un ce que je sais de l'autre.

En quoi il diffère de l'induction. — L'induction

s'applique à des cas de même nature, ou supposés tels ; elle conclut de quelques-uns à d'autres ou à tous, étend aux cas inconnus, c'est-à-dire dont on ignore s'ils la possèdent ou non, une propriété reconnue appartenir aux cas observés.

L'analogie rapproche deux cas simplement semblables ; elle conclut de l'un à l'autre, attribue au cas inconnu une propriété du cas connu.

Son utilité. — Je veux savoir si tel objet possède telle propriété. Les voies de l'expérience, de la déduction et de l'induction me sont, je le suppose, également fermées : je ne puis m'assurer directement du fait, soit que le temps ou les moyens me manquent pour le constater ; je ne saurais non plus traiter la question déductivement, faute d'un principe applicable à l'objet et duquel je puisse conclure qu'il possède ou non cette propriété ; ni inductivement, le peu que j'en sais ne comportant point d'inférence à cet égard. Reste la voie de l'analogie : elle m'est ouverte, s'il existe à ma connaissance un autre objet semblable à quelque égard à l'objet proposé et qui précisément possède cette même propriété.

Conclusions qu'il comporte. — Le raisonnement par analogie comporte les conclusions les plus diverses : toute propriété quelconque reconnue appartenir à un objet peut être attribuée par analogie à un autre objet semblable. Trois sont plus particulièrement importantes, et au fond toutes s'y ramènent :

1° L'analogie conclut de la ressemblance des effets à l'identité des causes (Franklin : l'électricité atmosphérique et l'électricité des machines).

2° Elle conclut d'une ressemblance extérieure entre deux objets à une conformité de nature (fleurs naturelles et fleurs artificielles ; Cuvier : les fossiles).

3° Elle conclut de la ressemblance des moyens à celle des fins, et réciproquement (par ex. : des organes aux fonctions et des fonctions aux organes).

Comment il s'opère. — Selon les cas, nul autre mode de raisonnement n'est plus simple ni plus aisé, ou plus compliqué et plus difficile ; nul n'est moins régulier, plus personnel et conjectural.

1° *Analogie spontanée.* — Sous sa forme élémentaire, l'analogie est à la portée de l'enfant et de l'animal, la mémoire et l'imagination y étant alors seules intéressées. L'esprit, vivement frappé de la ressemblance des objets, les tient pour identiques (au début même il les confond). Dans l'objet actuel il revoit l'objet absent ; il le revoit tel qu'il l'avait vu, se rappelle tout ce qu'il en sait ; et cela même, il s'attend à le retrouver dans l'objet nouveau, il n'hésite pas à le lui attribuer. Il juge donc de mémoire, pour ainsi dire, et sur l'apparence.

2° *Analogie réfléchie.* — Mais il ne tarde pas à reconnaître que des choses qui se ressemblent à certains égards, peuvent différer singulièrement entre elles. Il apprend donc à se défier de l'apparence, à compter avec les différences, à tenir compte du nombre et de la valeur des ressemblances. Bientôt il ne s'en tient plus aux ressemblances apparentes : il sait en soupçonner, en découvrir de cachées, mais profondes peut-être et décisives. Les ressemblances connues lui suggèrent des conjectures qu'il s'applique à vérifier : il cherche si l'objet nouveau comporte réellement les propriétés liées dans l'objet connu à celles qui sont communes à l'un et à l'autre (telle planète peut-elle être habitée?). Mais il se garde d'identifier des choses différentes ; il demande à l'analogie des indices, des vues pour étudier l'objet nouveau, ou du moins des conjectures à son sujet, mais il ne les prend pas pour des certitudes, ni ces indices pour des preuves.

Deux services rendus par l'analogie. — 1° Elle permet d'entrevoir ce que peut être un objet qui ne peut être directement étudié ; 2° ou, s'il peut l'être, elle fournit des aperçus, motive des recherches, et par là contribue à en rendre l'étude plus fructueuse, la connaissance plus précise et plus profonde. Dans ce second cas, elle facilite l'accès de la vérité en provoquant des recherches qui y conduisent ; dans le premier, elle en rapproche encore, les conjectures qu'elle suggère pouvant, en raison de leur vraisemblance, être tenues pour une anticipation de la vérité.

Insuffisance des règles. — L'emploi judicieux de

l'analogie est affaire de tact, réclame des qualités personnelles auxquelles aucune règle ne saurait suppléer. Ne voir que ce qu'il faut, mais tout ce qu'il faut; distinguer dès l'abord ce qui est accidentel ou accessoire, ce dont il y aurait danger même à tenir compte, et ce à quoi il importe de s'attacher; estimer toutes choses à leur prix; pressentir ce qui ne se voit pas, le chercher, le découvrir; tantôt juger sûrement d'un coup d'œil, tantôt, en présence d'un état mystérieux, soupçonner ce que rien ne trahit, s'assurer par un examen lent et minutieux de la présence et de la valeur d'un indice, d'un symptôme, et, grâce à lui, comprendre, expliquer une situation qu'autrement rien n'explique; et lorsqu'il faut sur l'heure prendre parti et agir, entrevoir tout ce qui est possible, mesurer les dangers, les obstacles, les chances favorables, savoir ce qui peut ou doit être tenté; unir l'extrême prudence à l'extrême hardiesse : tout cela constitue un art complexe et délicat dont le secret est, non dans des règles impossibles à formuler non moins qu'à appliquer, mais dans des qualités essentiellement heureuses de l'esprit, les unes, don de la nature ; les autres, fruit de l'expérience et de l'étude : avant tout, un esprit observateur et sagace, la réflexion et le savoir.

Usage de l'analogie. — Dans la vie ordinaire, c'est l'analogie qui nous fournit la plupart de nos conclusions. Nous nous bornons alors à juger des cas nouveaux d'après les cas semblables, en tenant compte du nombre et de la valeur des ressemblances aussi bien que des différences. La sagacité de l'esprit, le tact du savant, de l'artiste, de l'homme d'affaires et de l'homme du monde, réside en grande partie dans un emploi judicieux de l'analogie. Une nuance, un rapport, un contraste, leur sont un indice sûr de ce qu'il faut penser, dire ou taire, faire ou éviter. L'ignorant, l'enfant qui ne jugent guère que sur l'apparence, sont plus souvent trompés que servis par elle. L'homme mûr, l'ouvrier, l'artiste, l'utilisent constamment, et lui sont en grande partie redevables des améliorations introduites dans leur travail, du succès de leurs entreprises, de leurs créations les plus heureuses.

Mais c'est dans les sciences, dans celles surtout qui ont pour objet l'étude de la nature, que son intervention est particulièrement utile et ses résultats considérables. Elle est l'âme de la recherche scientifique; elle suggère à l'esprit ses vues les plus heureuses, ses idées les plus fécondes, donne au génie le pressentiment de la vérité, et, aidée de l'analyse, lui vaut ses plus précieuses découvertes. En apparence, étrangère à la plupart des méthodes scientifiques, elle n'interviendrait qu'accidentellement en des sciences, telles que certaines branches de l'histoire naturelle, la géologie, la médecine, auxquelles la nature spéciale de leur objet et le caractère des questions qu'elles s'attachent à résoudre interdisent l'emploi des procédés plus rigoureux de la méthode inductive. En réalité, elle est l'auxiliaire indispensable de toutes les méthodes, et pour toutes les sciences une condition d'existence et de progrès. Seulement pour la voir à l'œuvre, ce qu'il faut considérer, ce n'est pas la science elle-même, je veux dire l'ensemble des vérités qui la constituent avec les procédés à l'aide desquelles elles se trouvent établies, mais le travail dont elle est le résultat, les procédés mis en œuvre dans ce travail, et qui parfois diffèrent singulièrement de ceux-là. Or de ces procédés d'investigation l'analogie est le plus constant et le plus fécond. Qu'il s'agisse d'étudier un objet inconnu, de découvrir une explication, une preuve, d'entrevoir le principe d'une théorie nouvelle, de rapprocher, de relier entre eux des faits, des propriétés, des lois en apparence indépendants, le point de départ de la recherche, l'idée qui la provoque, qui en détermine le but et la portée, et, si elle est heureuse, qui en assure le succès, est presque toujours fournie par l'analogie. Un souvenir, une remarque faite en passant, un rapprochement ingénieux sont souvent plus instructifs que les expériences les mieux conduites, les raisonnements les plus rigoureux, les calculs les plus laborieux. L'expérience, le raisonnement, le calcul sont des instruments d'une puissance et d'une précision admirables; mais ce ne sont que des instruments; l'analogie préside à leur emploi, elle fixe le point précis, le but, les conditions de la recherche, rend facile et sûr un travail qui sans elle fût demeuré stérile. Elle ne fait pas les découvertes, elle les prépare; initiatrice par excellence, elle s'écarte des chemins battus, soulève les problèmes, sème les idées : il appartient au génie de les recueillir et de les élaborer, de changer en découvertes éclatantes d'obscurs pressentiments de vérité. C'est ce dont témoigne à chacune de ses pages l'histoire des sciences modernes : la circonstance la plus insignifiante (la lampe de Pise; la girouette au mât d'un vaisseau), un fait tantôt banal et mille fois observé, tantôt rare, exceptionnel, mis en lumière par un hasard heureux, voilà le point de départ des plus grandes découvertes; mathématiciens, physiciens, naturalistes, tous ont suivi la même route, doivent à l'analogie l'idée première et en partie le succès de leurs travaux : Galilée, Bradley (aberration de la lumière), Newton, Volta, Lavoisier, comme Linné, Cuvier, Geoffroy Saint-Hilaire.

Détermination des analogies.—Nous avons signalé, à un point de vue purement pratique, l'importance de cette question pour le raisonnement : là où les ressemblances apparentes sont jugées insuffisantes pour autoriser la conclusion, il est indispensable de demander à un examen attentif des objets que le raisonnement rapproche, des ressemblances nouvelles aussi nombreuses et importantes que possible. Des ressemblances, disons-nous, plutôt que des analogies au sens scientifique du mot. La recherche et l'établissement des analogies pour elles-mêmes, indépendamment des conclusions qu'elles comportent, s'imposent, en effet, et de plus en plus, aux sciences de la nature. Une méthode dont, il n'y a pas un grand nombre d'années, la hardiesse et les dangers frappaient seuls les savants, ne le cède aujourd'hui en rigueur et en précision à aucune autre, et les résultats dont ces sciences lui sont redevables, elle seule les pouvait donner. Aussi les voyons-nous l'une après l'autre lui demander un surcroît de puissance et comme le secret d'une vie nouvelle, depuis l'anatomie générale jusqu'à la physique et à la chimie, jusqu'à la linguistique et à la grammaire comparée.

Marquons donc rapidement le but et la portée de cette

méthode. Il y a deux manières de concevoir l'ordre dans la nature. Du point de vue de la durée, l'ordre c'est la stabilité, c'est la constance des lois, la permanence des types ; du point de vue des choses qui coexistent ou se succèdent dans l'espace, l'ordre c'est l'unité et l'harmonie. Il en est des lois naturelles comme des lois humaines ; quelles qu'elles soient, elles assurent l'ordre par leur seule durée. Mais ces lois peuvent n'avoir aucun lien entre elles, et une telle législation n'est guère que le désordre organisé (que l'on songe à l'ancien droit coutumier, à la grammaire de certaines langues, surchargée de règles et d'exceptions), ou, au contraire, dériver d'un petit nombre de principes simples, essentiels, qui impriment à la législation la forme et l'unité d'un système. Tel est l'ordre de la nature. Des causes, des lois, des types originairement peu nombreux qui se compliquent et se diversifient de plus en plus, à mesure que les combinaisons d'éléments simples auxquels ils s'appliquent sont elles-mêmes plus complexes, que les milieux dans lesquels ils opèrent, que les circonstances à la faveur desquelles ils se réalisent diffèrent davantage d'un point à un autre de l'espace et de la durée : tel est le fond uniforme et la marche constante de la nature. En apparence, c'est le caprice et le désordre, chacune de ses créations s'inspirant, il semble, d'une idée aussitôt abandonnée. En réalité, tout s'enchaîne et se soutient dans son œuvre ; tout y est harmonie et y tend à l'unité. Les mêmes lois, les mêmes causes, les mêmes types reparaissent, mais voilés, sous les lois, les causes, les types les plus particuliers et les plus différents : tantôt apparents à ce point que chacun en est frappé, tantôt indistincts et méconnaissables, à ce point qu'il faut toute la sagacité du génie pour les entrevoir. Les rechercher et les découvrir, c'est donc étudier la nature de plus près et comme entrer plus directement dans ses vues. La science qui néglige ces harmonies profondes des choses, à quelque précision de savoir qu'elle atteigne, ne comprend pas la nature : elle ignore les rapports des choses entre elles et avec le tout, ce qu'il y a en elles de plus général et de plus intime ; elle s'en tient au fait, sans essayer d'en pénétrer la raison. De là la part de plus en plus considérable faite à la détermination des analogies dans toutes les sciences qui étudient la réalité. La physique et la chimie elles-mêmes, engagées plus récemment dans cette voie, y ont marché de découvertes en découvertes (électro-magnétisme d'Ampère, ondulations, corrélation des forces; analyse spectrale). La physiologie animale y tend la main à la physiologie végétale. L'anatomie comparée, depuis Cuvier, Geoffroy Saint-Hilaire surtout, a été constamment redevable à cette méthode de ses principaux résultats : les lois de l'unité de type et de l'unité de composition, la loi des inégalités de développement, celles de symétrie et de répétition, etc. Les langues sont, elles aussi, des productions naturelles : l'analogie préside donc à la formation des mots dans chacune, et d'une langue à une autre dans une même famille. Les étudier comme des organismes vivants, les distribuer en espèces, genres et familles, déterminer les types de plus en plus généraux dont ces groupes sont l'expression, et leurs rapports, tel est en partie le but de la grammaire comparée.

Fondement de l'analogie. — Si chaque fait, chaque groupe de faits avait sa cause et sa loi sans rapport avec celles d'autres faits ou groupes de faits, et de même chaque genre, chaque espèce d'êtres, sa constitution propre sans rapport avec celle d'autres genres et espèces, aucune conclusion d'un fait, d'un individu, d'un groupe de faits ou d'êtres à un autre ne serait possible. Les ressemblances qu'ils pourraient présenter n'étant qu'accidentelles, il serait impossible de conclure d'elles à d'autres. L'analogie implique donc, comme condition objective ou fondement, une certaine conformité des choses entre elles, sinon de chacune avec toutes, du moins avec d'autres, beaucoup d'autres, conformité plus ou moins profonde et complète selon les cas, un certain accord de la nature avec elle-même, alors même qu'en apparence elle varie et diffère le plus d'elle-même. C'est ce principe très réel qu'on désigne sous le nom d'unité de plan et de généralité des lois de la nature. Il y a dans la nature, sans doute, comme un principe de diversité, de changement et de progrès, en vertu duquel les formes de l'existence se compliquent et varient à l'infini, leur variabilité augmentant avec leur complication. Mais, sous cette irrégularité apparente, l'uniformité fondamentale subsiste, mais voilée, affaiblie, de sorte que souvent c'est le triomphe de la science de la découvrir. C'est ainsi que les lois spéciales se confondent dans l'unité de lois générales, que, par exemple, de récentes découvertes nous montrent la substance des autres astres identique en partie à celle de la terre. De même les formes si diverses de l'existence se ramènent à un petit nombre de types fondamentaux, dont il est possible de suivre en chaque règne, à tous les degrés de la classification naturelle, les ramifications et les dégradations infinies. Ainsi la nature, alors même qu'elle se transforme, ne se dément point : les diversités ne sont que secondaires et superficielles, les uniformités sont profondes et essentielles; elles constituent comme le fond permanent, le tissu indestructible, dont la nature, mais toujours en s'imitant elle-même, varie à l'infini le dessin et les couleurs.

On voit dès lors en quoi le fondement de l'analogie se rapproche et diffère de celui de l'induction. L'induction implique la constance et l'accord absolu de la nature avec elle-même : l'identité des conditions entraîne celle des suites, le cours des choses est uniforme, la nature se répète, autant d'expressions équivalentes de la même vérité. Au fond, des lois très générales et très simples, dont les phénomènes élémentaires de la mécanique céleste, de la physique et de la chimie sont l'expression : voilà pour l'induction. Sur ce fond primitif, au sein de ce mécanisme inflexible, dans un ordre de phénomènes plus compliqués et par suite plus variables, auquel appartient la constitution des mondes, des corps, des êtres terrestres en chaque règne, apparaissent et se jouent pour ainsi dire des lois plus spéciales et plus compliquées, des irrégularités apparentes, des anomalies. Mais là même, avec moins de rigidité seulement, la nature reste uniforme, s'accorde avec elle-même, use des mêmes moyens toujours pour réaliser les fins les plus diverses, modifiant seulement ces moyens, ces procédés pour les adapter aux effets qu'elle réalise : voilà le fondement de l'analogie.

L'induction et l'analogie dans l'interprétation de la nature. — En résumé, dans des conditions identiques la nature agit de même : voilà le fondement ou postulat nécessaire de l'induction. Là même où l'identité n'est que partielle, c'est-à-dire où elle fait place à la ressemblance, la nature agit encore avec une certaine uniformité. Voilà celui de l'analogie. On pourrait dire : l'induction est possible là où la nature se répète ; l'analogie seule là où la nature, sans se répéter, s'imite elle-même, s'inspire des mêmes principes sans les appliquer d'une manière identique. Mais cette diversité n'est qu'apparente ; au fond, la nature ne se dément pas : la diversité des effets et des lois spéciales qui les régissent provient de la différence des milieux, c'est-à-dire des conditions dans lesquelles elle opère. Si nous les connaissions toutes, nous reconnaîtrions sans doute la constance absolue de la nature avec elle-même. Là du moins où nous pouvons déterminer les conditions nécessaires et suffisantes des faits, l'induction est possible ; là, au contraire, où elles nous échappent, l'analogie est notre seul guide.

L'induction et l'analogie sont donc des moyens également efficaces, mais inégalement sûrs, d'interpréter les faits proposés à notre observation, d'anticiper sur l'expérience en inférant ce qui, à divers degrés de probabilité, doit ou peut être, du peu que nous savons pour l'avoir constaté. L'expérience nous livre des fragments d'un texte à déchiffrer ; leur tâche à elles est de découvrir le sens de ces mots, la grammaire de cette langue, en termes plus exacts les lois auxquelles la nature obéit, lois selon les cas, ou très générales et très simples, ou très particulières et très complexes. Là où l'identité est manifeste, il appartient à l'induction de les formuler ; là où elle n'est qu'entrevue sous la ressemblance, l'analogie les pressent, les conjecture, et attend leur confirmation des progrès de l'expérience et de l'induction.

Induction et analogie. — 1° L'induction prend son point de départ dans l'objet, l'analogie dans un autre objet semblable,

2° L'induction conclut des parties au tout, l'analogie d'un individu, ou d'un tout à un autre.

3° Les cas sur lesquels opère l'induction sont de même nature : par exemple, les espèces d'un même genre ; ceux que l'analogie rapproche ne présentent qu'une ressemblance partielle ; ils peuvent différer plus qu'ils ne se ressemblent.

4° Entre les espèces du même genre, l'induction détermine une propriété générique inhérente à leur commune nature ; l'analogie suppose entre deux espèces une propriété commune, laquelle peut n'être que spéciale à l'une d'elles, et provenir de ce qu'elle a en propre, non de ce qui lui est commun avec l'autre.

5° L'induction réussit à mettre en lumière la circonstance (telle autre propriété) dont dépend cette propriété commune, et le rapport constant qui les unit l'une à l'autre ; l'analogie ignore cette relation : elle ne connaît que la propriété elle-même, et de l'un seulement des objets, et, pour l'attribuer à l'objet inconnu, il lui suffit qu'il paraisse la comporter.

6° De là un degré inférieur de probabilité dans les conclusions de l'analogie, l'induction opérant sur des cas presque identiques, elle sur des cas semblables seulement.

7° Elles diffèrent enfin par leur principe : là, la constance du cours des choses, le mécanisme inflexible de la nature ; ici, l'uniformité de la nature, sa tendance à l'unité, l'universelle harmonie.

CHAPITRE XV

HYPOTHÈSE

Sa définition. — C'est une supposition faite en vue d'expliquer un fait dont la cause est inconnue.

Hypothèse et théorie. — L'hypothèse peut servir de point de départ ou de principe à une théorie, si, par le calcul ou un raisonnement rigoureux, elle rend compte de faits importants (théorie des ondulations en optique, théorie des marées).

L'hypothèse chez les anciens. — Elle y était reçue à l'état de dogme, s'y inspirant toujours de la religion ou de la métaphysique ; de là des principes d'explication arbitraires et illusoires qui dominaient la science et la faussaient.

Dangers de l'hypothèse. — Reçue à titre définitif, elle tend : 1° à fausser l'observation par la prévention et l'esprit de système ; 2° à immobiliser la science : la vérité étant connue, toute recherche devient inutile.

Son caractère dans la science moderne. — Elle n'y intervient qu'à titre provisoire, comme explication purement conjecturale des faits, et elle est écartée dès que l'insuffisance en est reconnue.

Son utilité. — 1° Elle relie les faits par une explication commune, et ainsi en facilite l'étude, leurs ressemblances et différences, et finalement leur nature et leurs lois ou causes, ressortant d'une étude comparative (la gravitation, cause commune du mouvement des planètes, au lieu de forces spéciales différentes pour chacune ; l'électro-magnétisme d'Ampère).

2° Elle est indispensable à l'institution des expériences nouvelles et aux découvertes systématiques, les unes et les autres supposant une idée préconçue, un pressentiment de la vérité cherchée (l'*idée directrice* de Cl. Bernard).

3° Elle peut dès l'abord rencontrer la vérité (Huyghens : l'anneau de Saturne), ou elle s'en rapproche, les hypothèses défectueuses faisant place à de meilleures (en astronomie, les sphères concentriques des anciens, les tourbillons de Descartes, enfin la gravitation).

Ses règles. — Elles s'appliquent à l'invention et à la vérification de l'hypothèse.

1° S'assurer de la réalité du fait à expliquer ; s'inspirer de faits connus, par conséquent s'aider de l'analogie ; s'interdire toute hypothèse incompatible avec des faits établis, ou qui devrait s'appuyer sur d'autres hypothèses ; en général, préférer les hypothèses les plus simples.

2° Elle doit rendre compte naturellement et simplement

de tous les faits connus de l'ordre donné, même des faits ultérieurement reconnus (supériorité de l'hypothèse des ondulations sur celle de l'émission, en optique, celle-ci s'étant trouvée impuissante à rendre compte des phénomènes de diffraction et de polarisation de la lumière). Enfin ses conséquences doivent être confirmées par l'expérience : telle supposition (maladie) rend compte de tels symptômes ; si elle est fondée, tels autres doivent aussi exister ; s'en assurer, examiner leur réalité et conformité. Si l'hypothèse, anticipant sur l'expérience, conduit à découvrir des faits qui en sont la conséquence, il y a là une haute garantie de sa vérité (planète Leverrier, pour l'attraction).

C'est ainsi que l'hypothèse, confirmée de plus en plus par l'expérience, peut prendre rang dans la science à titre de vérité démontrée expérimentalement (le double mouvement de la terre).

Sa valeur. — Tant que l'hypothèse n'explique que les faits pour lesquels elle a été formée, elle peut en général être mise en doute. Rien ne prouve que d'autres hypothèses n'en rendraient pas compte également : elle signale une cause possible de ces faits, mais qui peut n'être pas la cause réelle. A mesure, au contraire, qu'elle s'applique à des faits nouveaux plus nombreux, plus inattendus, elle devient plus vraisemblable, la possibilité d'un hasard heureux qui ferait concorder ces faits avec un principe d'explication erroné étant de moins en moins admissible. De même, telle clef (dictionnaire, grammaire), permet de déchiffrer un texte : elle est déjà très probablement juste ; mais si elle s'applique également à des textes nouveaux, à tous ceux de même nature, elle l'est infailliblement.

MÉTHODE DANS LES DIVERS ORDRES DE SCIENCES

CHAPITRE XVI

LA SCIENCE; SCIENCES COSMOLOGIQUES.

La science. — Subjectivement, c'est le savoir certain, mais non nécessairement démonstratif, comme l'a dit Bossuet. Objectivement, une science est un ensemble de vérités systématiquement ordonnées et reliées entre elles, grâce à l'unité d'objet, de point de vue et accessoirement de méthode.

Conditions d'une science. — 1° Un objet accessible; 2° un point de vue spécial dans l'étude de cet objet; 3° une méthode appropriée; 4° des résultats susceptibles de contrôle, mais non nécessairement d'une vérification expérimentale, celle-ci n'étant possible que dans les sciences relatives à la réalité.

Sciences spéculatives et pratiques. — Distinction diversement entendue. En principe les sciences spéculatives ont pour but la connaissance, les sciences pratiques, l'action, la production; mais alors celles-ci se rapprochent de l'art, de l'industrie. Cependant entre l'art et la science pratique on peut établir ces distinctions : 1° que l'art vise uniquement au résultat obtenu, quelque rigoureux, d'ailleurs, et quelque scientifiques que soient ses procédés; tandis que la science pratique se propose surtout d'éclairer et de justifier par la théorie les procédés qu'elle fournit; 2° et encore que dans l'art l'initiative individuelle tient plus de place que dans la science pratique : l'art implique invention, création et fait appel au talent personnel; la science pratique est une application, mise à la portée de tous, de la science théorique.

Quant à n'admettre, avec Bossuet, de sciences pratiques que celles qui règlent l'exercice de nos facultés, la logique et la morale, c'est là une vue arbitraire.

Classification des sciences : 1° *Bacon*. — Bacon (et d'Alembert à la suite) distingue trois ordres de connaissances qu'il rapporte aux trois principales facultés de l'intelligence :

1. Mémoire : l'histoire naturelle et civile ;
2. Raison : la philosophie subdivisée en philosophie naturelle et morale ;
3. Imagination : la poésie.

Défauts de sa classification : point de vue purement subjectif, contestable même, les diverses facultés intellectuelles concourant au travail scientifique ; en outre, les sciences les plus diverses rapprochées et confondues.

2° *Aug. Comte.* — Six sciences fondamentales :
Mathématiques, astronomie, physique, chimie, biologie, sociologie.

Ces sciences soutiennent entre elles un triple rapport : 1° d'ordre logique, étant rangées dans un ordre de généralité décroissante ; 2° de dépendance, les sciences subordonnées s'appuyant nécessairement sur celles qui les précèdent, l'astronomie, par exemple, sur les mathématiques, et celles-ci en étant indépendantes ; 3° d'ordre historique, ces sciences s'étant développées successivement dans l'ordre qu'elles occupent. Mais cette classification a le défaut capital de ne tenir nul compte de la diversité des objets et des méthodes, celui encore de sacrifier les sciences morales à celles de la matière. En outre, la dépendance des unes aux autres est plus que douteuse sur quelques points, par exemple de la physique à l'astronomie, des sciences morales (logique) à la biologie.

3° *Ampère.* — Classification des sciences, la plus profonde et la plus complète qui existe. Les sciences divisées en deux règnes : sciences cosmologiques et noologiques (morales); les unes et les autres en deux sous-règnes et la division, dichotomique toujours, étant poursuivie jusqu'aux sciences les plus spéciales dites sciences du troisième ordre et assimilées par Ampère aux familles naturelles des plantes, au nombre de cent vingt-huit. — Classification essentiellement arbitraire et artificielle, ses cadres très compliqués étant tracés d'avance, mais qui suppose la connaissance la plus étendue du domaine des sciences et, sur certains points, a devancé la constitution de quelques-unes (la mécanique des atomes, en chimie).

Conditions d'une classification rationnelle. —

Y tenir compte, avant tout, de la nature de l'objet, du point de vue de son étude et accessoirement des méthodes ; de là, les sciences *cosmologiques*, relatives au monde matériel, et les sciences *morales* ou *noologiques*.

Sciences cosmologiques. — Deux groupes principaux : sciences *abstraites* ou *mathématiques*, et *sciences de la réalité*.

Mathémathiques. — *Leur définition*. — Elles ont pour objet la quantité, pour but la mesure des grandeurs. Leur problème constant, c'est de déterminer les grandeurs les unes par les autres, à l'aide des relations précises qui existent entre elles (Aug. Comte). Cette mesure est presque toujours indirecte, une mesure directe étant la plupart du temps impossible ; exemples : le diamètre de la terre, la distance de la terre au soleil.

Leurs caractères. — 1° *Abstraites*, leur objet étant purement intelligible ou possible, mais sans réalité ; cet objet, ce n'est ni les choses, ni leurs qualités, mais de simples rapports de grandeur.

2° *Exactes*, à cause de la rigueur de leurs procédés, rigueur que rend possible la nature tout abstraite de leur objet. En outre, les résultats obtenus par le calcul ou le raisonnement, susceptibles de contrôle et d'une vérification expérimentale dans la mesure où les données réelles se rapprochant des données idéales.

Leur division. — Elles étudient la quantité à trois points de vue principaux : en elle-même d'abord : c'est le plus abstrait ; puis dans l'étendue et dans le mouvement ; de là, en rapport avec ce triple objet, autant de branches, ou groupes de sciences spéciales. 1° Le nombre ou la quantité pure ; de là le calcul sous diverses formes : arithmétique, algèbre, calcul infinitésimal, etc.

2° L'étendue (la forme et la position) : géométrie élémentaire, analytique, descriptive, etc.

3° Le mouvement : mécanique.

Leur unité. — Elle résulte de la subordination du mouvement à l'étendue, et de l'étendue à la quantité, toute question de mouvement pouvant se ramener à une question de position ou de géométrie, et toute question d'étendue à une question de quantité ou de calcul, la science de la quantité pure, ou le calcul, devenant alors l'instrument des deux autres.

Caractère des vérités mathématiques : nécessité absolue. — Le rapport qu'elles énoncent entre les deux termes de la proposition résultant de la nature même de ces termes (triangle : ses trois angles égaux à deux droits). Certaines conditions, certains rapports étant posés (2×2, 2 lignes droites parallèles, un triangle rectangle), certaines conséquences, des rapports nouveaux (les diverses propriétés du triangle rectangle) en résultent, lesquels dépendent exclusivement des premiers et ne pourraient être autres que si ceux-ci étaient eux-mêmes différents.

Mais ces conditions n'ont qu'une valeur hypothétique. L'esprit les suppose, il en a le droit parce qu'elles sont logiquement possibles (exemples : telle disposition de points ou de lignes, telle relation entre des nombres). Elles pourraient donc à la rigueur être réalisées, bien que peut-être elles ne le soient pas, que les objets naturels n'affectent jamais par exemple des formes géométriques parfaites. Elles ne répondent dès lors qu'à de pures possibilités. De là le caractère hypothétique attribué par Dugald Stewart aux vérités mathématiques. Mais ce caractère appartient aux données auxquelles elles s'appliquent, non aux vérités elles-mêmes.

Méthode des mathématiques. — Le raisonnement sous les formes de la démonstration souvent, de la déduction toujours, et le calcul. Mais tous les procédés de calcul sont eux-mêmes l'objet d'une démonstration qui en établit l'efficacité; de sorte que tout, au fond, repose sur la démonstration. D'autre part, les seuls axiomes et définitions sont les conditions de celle-ci. Telle est bien la méthode de l'arithmétique et de la géométrie; quant à la mécanique, ses principes fondamentaux, loi de l'inertie (Kepler), indépendance des mouvements (Galilée), etc., qu'on les admette à titre de données de l'expérience ou de la raison, n'ont pas l'évidence immédiate des axiomes. Mais, abstraction faite de ces postulats indispensables, la mécanique est une science rationnelle comme l'arithmétique et la géométrie. Diverses branches des mathématiques, comme le calcul infinitésimal, ont, d'ailleurs, elles-mêmes leurs postulats dont l'admission ne compromet ni leur caractère rationnel, puisqu'elles ne demandent rien à l'expérience, ni leur solidité, puisque leurs résultats sont constamment vérifiables.

Application des mathématiques aux sciences de la nature. — 1° Les vérités mathémathiques étant nécessaires et éternelles s'imposent à la nature.

2° Les mathématiques interviennent dans les sciences de la nature lorsque l'expérience permet d'y formuler certaines lois de quantité (théorie de la chaleur de Fourrier), ou encore géométriques ou mécaniques (pesanteur, optique, acoustique ; astronomie).

Sciences de la réalité : sciences physiques et naturelles. — Deux groupes principaux : sciences physiques et naturelles.

Elles sont diversement définies : 1° on dit quelquefois sciences physiques, celles qui étudient la matière brute; naturelles, celles qui ont pour objet la matière organisée.

Distinction peu rigoureuse, la minéralogie et la géologie étant de l'avis de tous des sciences naturelles.

2° Les sciences physiques ont pour objet les phénomènes de la nature ; pour but d'en déterminer les lois ou causes prochaines, les conditions constantes. Les sciences naturelles ont pour objet les corps, les êtres ; pour but de les décrire et de les classer.

Sciences physiques. — Trois sciences fondamentales : physique, chimie et physiologie. On peut y rattacher l'astronomie qui tient comme le milieu entre les mathématiques et la physique. Elle se rapproche de la physique par l'hypothèse de l'attraction, des mathématiques par le calcul (grandeurs, positions, mouvements des corps célestes, abstraction faite des forces qui s'y appliquent : géométrie céleste; mouvements et forces : mécanique céleste).

Leur méthode. — Essentiellement l'expérimentation avec le concours des divers procédés de la méthode inductive; l'induction avant tout, l'analogie et l'hypothèse ensuite, en y ajoutant la déduction et le calcul dont le rôle y est de plus en plus considérable (tel est le cas de l'astronomie et de diverses branches de la physique, telles que la pesanteur, l'acoustique et l'optique; elles doivent leur supériorité à cet égard à cette circonstance, que la cause ou loi des faits étant déterminée expérimentalement, ou posée à titre d'hypothèse, il est possible d'en déduire par le calcul l'explication des faits les plus particuliers, lesquels ne sont plus que des conséquences des principes reconnus ou supposés).

Sciences naturelles. — Trois sciences fondamentales : minéralogie, botanique et zoologie, auxquelles s'en rattachent une foule d'autres, les unes historiques, comme la géologie, la paléontologie et l'ethnologie; d'autres très diverses d'objet et de point de vue, telles que les sciences médicales, la géographie des plantes, etc.

Leur méthode. — Essentiellement l'observation, avec la classification et l'analogie.

CHAPITRE XVII

MÉTHODE DES SCIENCES MORALES

Sciences morales. — On distingue sous ce nom un ensemble de sciences très nombreuses, très diverses et inégalement avancées, qui n'ont guère entre elles d'autre lien que d'être étrangères au monde matériel. Il convient d'en distraire, comme formant un ordre à part, les sciences historiques exclusivement relatives au passé et qui réclament une méthode spéciale.

Leur distinction d'avec les sciences cosmologiques. — Elles se distinguent sous plusieurs rapports des sciences cosmologiques :

1° *Par leur objet.* — C'est le monde moral, le monde des esprits, par opposition au monde des corps; à ce monde appartiennent les êtres conscients et existant pour eux-mêmes, les faits et les relations qui les concernent comme tels.

Cependant, étant données les conditions d'existence, de développement et d'activité de ces êtres, de ceux du moins qu'il nous est permis de connaître directement, les liens qui, en nous et autour de nous, rattachent la vie morale à la vie organique, on ne saurait dire que les sciences morales soient absolument étrangères au monde matériel. La plupart, au contraire, ont à tenir compte, quant à l'homme, de son corps et de choses d'ordre matériel, notamment la morale, l'esthétique et l'économie politique. Mais leur point de vue alors est proprement moral : elles n'ont point à connaître ces choses pour elles-mêmes et en tant que matérielles (ce qui est le point de vue des sciences cosmologiques), mais seulement dans leur rapport à l'homme, et en raison de la valeur que leur communiquent les fins d'utilité, de moralité ou de convenance esthétique qu'il se propose à leur égard. Ainsi la distinction des deux ordres de sciences est réelle et profonde là même où leur rapprochement semblerait l'exclure.

2° *Par leurs conceptions fondamentales.* — Dans les sciences cosmologiques dominent les idées de quantité, d'étendue et de mouvement, de force mécanique ou vitale ; dans les sciences morales, ce sont celles d'infini et de perfection, du bien, du devoir, du beau et de l'utile. — Les sciences cosmologiques n'ont point à compter avec la liberté, soit divine, soit humaine : toutes les vérités qu'elles établissent sont empreintes d'un caractère de nécessité ou logique ou physique. Qu'elles déterminent des connexions logiques de principes et de conséquences, ou des connexions réelles de causes et d'effets, l'universelle nécessité leur est un postulat qu'elles sont tenues d'admettre sous peine de discréditer elles-mêmes leurs recherches et leurs démonstrations. Au lieu de ce déterminisme inflexible, qui est la première loi du monde matériel, et dont les diverses sciences cosmologiques sont comme autant d'expressions fragmentaires, le monde moral tout entier se réclame de la liberté, et la plus noble tâche des sciences qui l'étudient est de réaliser le système de garanties le plus propre à assurer son plein épanouissement, comme leur devoir strict est de lui faire sa part dans tous les faits auxquels elles s'appliquent. — Tandis enfin que celles des sciences cosmologiques qui ont leur objet dans la réalité, s'attachent à expliquer mécaniquement les choses sur la foi du seul principe de causalité, c'est du principe de finalité que s'inspirent avant tout les sciences morales, qu'elles aient pour but l'explication de la réalité ou la constitution d'un ordre idéal supérieur à l'ordre réel. Ici encore le contraste entre les deux ordres de sciences est donc nettement accusé.

3° *Par leur point de départ*, qui est l'observation de soi-même, tandis que celui des sciences cosmologiques, même les plus abstraites, comme les mathématiques, est l'observation sensible.

4° Enfin *par leur méthode*.

Leur classification. — Elle est difficile et diversement présentée : on peut les ranger en trois groupes, sous les noms de :

1° *Sciences philosophiques :* théodicée et métaphysique, psychologie, logique et morale ; accessoirement esthétique et grammaire générale.

2° *Sciences sociales :* droit, politique et économie sociale.

3° *Sciences critiques*, ayant pour objet les principales manifestations de l'activité et du génie de l'homme dans le passé (religions, législations, arts, langues, etc.), et pour but de déterminer les phases diverses, la loi de leur développement et de leur progrès.

Il est à remarquer que, sauf la métaphysique et la théodicée, toutes sont relatives à l'homme ; mais elles le considèrent à des points de vue très différents. Les sciences philosophiques étudient l'homme à un point de vue général et abstrait, le type humain plutôt que l'humanité concrète et vivante, l'homme selon la nature et selon la raison, indépendamment des accidents historiques qui le modifient selon les temps et les lieux. Les sciences sociales l'étudient à un point de vue moins abstrait, non plus isolément, mais dans la société dont elles ont pour but de fixer l'organisation la meilleure du point de vue des principales relations qu'elle comporte. Les sciences critiques, enfin, ont pour objet le passé de l'humanité, et pour tâche de l'expliquer. En résumé, les sciences philosophiques se placent en dehors du temps ; les sciences sociales ont en vue l'avenir, les sciences critiques le passé.

Leur méthode. — 1° *Elle varie selon les cas.* — Elles comportent une application qui varie, selon les cas, d'une science à l'autre et quelquefois dans la même selon les questions, des divers procédés de la méthode expérimentale et rationnelle, à l'exception, toutefois, de l'expérimentation à peu près impossible. — Les unes sont donc surtout d'observation, de classification et d'analyse, comme la psychologie, bien que celle-ci même fasse appel au raisonnement. D'autres, d'observation encore, mais surtout d'analyse, comme la logique. D'autres, de raisonnement, tout en s'appuyant sur les données de l'observation, comme la morale. Celle-ci, en outre, fait nécessairement appel à la raison spéculative qui, dans quelques-unes, comme la théodicée et la métaphysique, est prépondérante.

2° *Observation de soi-même.* — Toutes impliquent l'observation de soi-même comme procédé principal ou point de départ.

Cela est évident des sciences philosophiques, de la logique et de la morale, par exemple, qui supposent la connaissance des phénomènes intellectuels ou moraux qu'elles ont pour but d'analyser ou de régir ; cela est vrai encore des sciences sociales, la connaissance de la nature humaine dans ses traits essentiels, telle que chacun la trouve en soi, étant la seule base solide de toute théorie d'organisation sociale (systèmes chimériques ou utopies de Platon, Saint-Simon, Fourier) ; vrai même des sciences critiques, cette connaissance seule pouvant faire comprendre et apprécier à leur valeur les diverses manifestations de la vie morale dans l'humanité ; par exemple, pour la religion et pour l'art.

3° *Observation d'autrui.* — L'observation personnelle a besoin, surtout dans les sciences sociales, d'être contrôlée et complétée par l'observation d'autrui la plus large et la plus approfondie. C'est ainsi que les sciences sociales, et jusqu'à un certain point la morale elle-même, ont à tenir compte, non seulement des éléments constitutifs de la nature humaine, mais de l'état moral actuel de la société pour laquelle elles travaillent.

4° *Intervention de la raison.* — Enfin il appartient à

la raison d'y poser certaines thèses premières, certains principes dont elles s'inspirent dans leurs recherches ou dont elles appuient leurs démonstrations, comme de concevoir cet idéal, cette perfection relative que quelques-unes, telles que la morale, l'esthétique ou même les sciences sociales, s'efforcent d'introduire dans la réalité humaine.

Leur difficulté. — Le peu d'avancement des sciences morales s'explique : 1° par la complexité et la délicatesse des faits auxquels elles s'appliquent ; 2° par suite, par la difficulté d'assigner à chaque science un objet, un point de vue et un domaine convenables ; 3° par l'incertitude des méthodes qui ont constamment varié de l'empirisme à l'idéalisme le plus absolu, et par la difficulté, les méthodes convenables une fois reconnues, de faire toujours à l'expérience et à la raison leur juste part.

CHAPITRE XVIII

AUTORITÉ DU TÉMOIGNAGE

Témoignage. — Deux sens du mot : au sens le plus général, témoigner, c'est se porter garant d'une chose, c'est affirmer comme vrai ce que l'on sait ou croit savoir ; dans un sens plus restreint, c'est affirmer comme vrai un fait dont on a une connaissance personnelle.

Témoin. — Lorsqu'il s'agit d'un fait, deux sortes de témoins : oculaire et auriculaire. Le premier rapporte ce qu'il a vu, plus généralement ce dont il a été témoin ; le second ce qu'il a entendu, ce qui lui a été dit ; il certifie l'exactitude des paroles qu'il rapporte, non la réalité du fait qu'elles concernent et qu'il ne connaît pas personnellement.

Importance du témoignage. — 1° Progrès individuel. — La première éducation, morale et religieuse surtout, repose tout entière sur le témoignage. En outre, et pendant tout le cours de la vie, celles de nos connaissances que nous devons à autrui sont de beaucoup les plus nombreuses. Le savant lui-même ne peut tout vérifier, même dans sa spécialité.

2° Dans la vie sociale, entretiens, engagements, relations de toute sorte reposent sur la foi mutuelle.

3° Administration de la justice.

4° Critique historique.

Critique du témoignage : sa nécessité. — Elle a pour but de distinguer le vrai du faux en matière de témoignage. Le témoin peut être trompé ou trompeur ; il faut donc s'assurer qu'il n'est ni l'un ni l'autre, rechercher et apprécier les raisons que l'on peut avoir de croire ou non à son témoignage. De là la nécessité d'une critique du témoignage, l'utilité des règles qui y président.

Points sur lesquels elle porte. — Elle s'applique à l'*objet* du témoignage, aux *témoins,* et accessoirement à la *forme* du témoignage.

I. **Objet.** — C'est une *doctrine* ou un *fait*.

1° *Doctrine*. — Elle est *scientifique* ou *morale*. Scientifique, n'y adhérer qu'avec réserve : œuvre de réflexion personnelle, elle peut être erronée, et il appartient à chacun d'en juger. Morale, si elle n'est que particulière ou individuelle, elle n'est que douteuse ; universelle et constante, elle est tout au moins respectable comme expression des tendances communes et indestructibles de la nature humaine, si elle n'est pas nécessairement vraie.

2° *Fait*.— 1. Il doit être *possible :* impossible, il n'y a pas lieu à examen ; mais il faut s'assurer que le fait est réellement impossible. 2. Tenir compte de sa *vraisemblance*, les garanties à exiger des témoins croissant en raison de l'invraisemblance du fait ; mais ne pas regarder comme impossible ce qui n'est qu'invraisemblable.

II. **Témoins.** — Ils doivent n'être ni trompés ni trompeurs, c'est-à-dire être *éclairés* et *sincères*.

1° Eclairés : compétence générale, c'est-à-dire bon sens et intelligence et, selon les cas, en matière scientifique notamment, compétence spéciale. En outre, sérieux et gravité, la légèreté et la précipitation étant causes d'erreur ; et impartialité, la prévention, le parti pris faussant l'observation. 2° Sincères : caractère, antécédents, probité, désintéressement quant au fait, car alors nul intérêt à tromper.

III. **Forme du témoignage.** — Il convient d'en tenir compte; clair ou embarrassé, réticences, contradictions, mensonges, partialité manifeste, ou au contraire accent de sincérité, etc.

Discussion du témoignage. — 1° Un seul témoin en général récusable. 2° Le seul accord des témoins, même nombreux, ne prouve rien, car ils peuvent être tous trompés ou trompeurs. Cependant en certains cas l'erreur est improbable, si, par exemple, ils ne se connaissent pas, s'ils sont divisés d'intérêts et d'opinions; elle l'est au plus haut degré, ou plutôt doit être réputée impossible, si surtout ils sont honnêtes, éclairés, compétents. 3° En cas de divergence, *peser* les témoignages, non les *compter*, ni les lumières ni la bonne foi n'étant nécessairement du côté du nombre.

Fondement de l'autorité du témoignage. — 1° La nature même par l'instinct de crédulité, étroitement lié à celui de véracité, nous dispose avant toute réflexion à ajouter foi au témoignage de nos semblables. 2° La raison nous le commande : d'autres peuvent savoir ce que nous ignorons, ce que les circonstances ne nous ont pas mis à même d'apprendre; comme nous ils sont intelligents, peuvent être honnêtes; dès lors est-il sage, est-il juste de douter de leur parole? 3° Mais surtout il faut une raison à l'affirmation d'un témoin; or, s'il remplit les conditions exigées, de telle sorte que nous ne puissions le croire ni trompé ni trompeur, il n'y en a qu'une, la réalité du fait dont il dépose; et cette conclusion s'impose avec d'autant plus de force que les témoins présentant ces garanties sont plus nombreux, si surtout nul ne les contredit; car, autrement, et l'affirmation de chacun et leur accord sont inexplicables.

Valeur du témoignage. — Il comporte donc une certitude légitime, certitude toute pratique, de probabilité et d'induction, mais à laquelle on ne saurait raisonnablement se refuser en principe, et dont chacun est juge compétent dans les cas particuliers; certitude dont la valeur dépend de celle des motifs sur lesquels elle se fonde et de la puissance critique de l'esprit qui les reçoit.

CHAPITRE XIX

CRITIQUE HISTORIQUE

La science et l'histoire. — L'histoire a exclusivement pour objet le passé, ce qui n'est plus. Cela déjà la distingue de la science. Elle s'en distingue encore plus profondément en ce qu'elle a proprement pour objet, non les êtres ou les choses, mais les changements qui s'y produisent, les événements successifs qui les concernent. A la science, l'*être* des choses, identique à lui-même dans le temps et dans l'espace; à l'histoire, leur *devenir* mobile, leurs phases successives, les accidents par lesquels elles diffèrent d'elles-mêmes aux divers moments de leur durée. En un mot, il n'y a d'histoire que de ce qui change, de l'accidentel, du particulier, du variable; ni de science que de l'essentiel, du général et du permanent. Le même objet peut donc dans certains cas être étudié scientifiquement et historiquement : historiquement, dans ses changements successifs; scientifiquement, dans sa nature immuable; ainsi un monument, une ville, les races humaines, les espèces vivantes, la terre, le système planétaire.

Objet de l'histoire. — Tel est dans sa plus grande généralité l'objet de l'histoire; mais elle est proprement une science morale. A ce point de vue, elle a pour objet le passé de l'humanité, les manifestations successives de l'activité et du génie de l'homme; et, à un point de vue plus spécial, le passé politique des peuples.

Son but. — Essentiellement l'exposition précise, exacte, méthodique des faits, laquelle n'exclut pas l'art de les peindre. Une exactitude rigoureuse qui n'omet rien de ce qui mérite d'être rapporté, qui n'avance rien qui ne puisse être vérifié, qui laisse aux choses et aux personnes leur physionomie réelle, tel est le premier besoin de l'histoire : à ce prix seulement elle acquiert une valeur scientifique. A ce premier but il faut ajouter l'explication et l'appréciation des faits ; à mesure que celles-ci tiennent plus de place dans l'histoire, elle revêt un caractère philosophique plus prononcé. D'autre part, son domaine s'est graduellement élargi jusqu'à comprendre, à côté des événements politiques et militaires, les seuls qui pendant longtemps l'aient occupée, comme l'expression la plus directe et la plus précise de la vie nationale, tous les faits qui caractérisent la vie sociale et morale des peuples, qui intéressent la civilisation.

Les écrits historiques. — *Chroniques :* récits anciens d'événements dont l'auteur a été témoin, écrits avec plus d'imagination que de critique (Villehardouin, Froissard).

Monographie : histoire dont l'objet est très restreint : province, ville, monument, personnage célèbre, etc.

Histoire nationale : celle d'un peuple.

Histoire générale : celle d'un groupe de peuples, plus ou moins nombreux, rapprochés par leur situation géographique (peuples du nord, du midi de l'Europe, de l'Europe entière) ou par les événements de leur histoire.

Histoire universelle : celle de tous les peuples depuis leur origine.

Mémoires : récits familiers d'événements contemporains dont l'auteur a été témoin et où souvent il a joué un rôle.

Sources de l'histoire. — Ayant pour objet le passé, un passé dont la connaissance personnelle manque dans la plupart des cas à l'historien, elle repose nécessairement sur le témoignage. Il y intervient sous trois formes : il est oral, figuré ou écrit ; de là les traditions, les monuments et les écrits.

Critique historique. — C'est l'art de discerner le vrai du faux en matière historique. Il comprend un ensemble de règles concernant l'usage de ces sources.

1º Tradition. — Transmission orale d'un fait de bouche en bouche, de génération en génération.

Son peu de valeur. — Altération inévitable des faits : il

est difficile de compter sur une fidélité absolue de la mémoire pour des faits souvent très anciens et connus seulement par ouï-dire de ceux qui les racontent ; en outre, l'imagination ne peut tarder à s'emparer de faits qui le plus souvent ne se fixent dans le souvenir qu'à la faveur des sentiments qu'ils éveillent, et, pour peu qu'ils prêtent au merveilleux, à transformer la tradition en légende.

Son utilité. — La tradition n'offre donc à l'histoire qu'une base peu solide, là surtout où elle ne peut être contrôlée à l'aide des monuments et des écrits. Cependant les indications qu'elle fournit ne sont point à négliger : elle provoque des recherches, et, au défaut des monuments et des écrits, autorise des conjectures préférables à une ignorance absolue ; fondée ou non, elle est un indice assez sûr de l'état moral des populations chez lesquelles elle est accréditée.

Règles. — Elle a, en général, d'autant moins de valeur qu'elle est plus ancienne, que les faits rapportés sont plus invraisemblables, que le nombre des personnes qui ont pu les constater a dû être plus restreint, qu'à l'époque où ils se seraient produits les esprits étaient moins éclairés.

2° **Monuments.** — Sous ce nom sont compris des objets de nature très diverse : édifices, inscriptions, médailles, œuvres d'art, et même certains écrits : chartes, traités, correspondances diplomatiques, etc.

L'étude des monuments est l'objet de sciences spéciales, telles que l'archéologie (édifices et œuvres d'art), l'épigraphie (inscriptions), la numismatique (médailles), la paléographie (anciennes écritures), auxquelles il appartient d'en établir l'*authencité* et d'en fixer le sens. Mais c'est à l'historien de s'assurer de leur *véracité :* le seul fait qu'ils sont relatifs à des événements publics et importants et qu'ils ont une origine officielle constitue à cet égard une présomption favorable.

Leur importance. — Des trois sources de l'histoire, les monuments sont sans contredit la plus sûre, sinon la plus abondante. Contemporains des événements, auxquels les traditions et les écrits sont souvent très postérieurs, ils en sont comme des témoins plus directs et vraisemblablement mieux informés. Ou plutôt ce sont les événements qui témoignent par leur intermédiaire. Dans ces édifices, ces inscriptions, ces médailles, il est permis jusqu'à un certain point de faire abstraction de l'œuvre et de l'artiste pour recueillir l'impression des faits qui y parlent eux-mêmes. Ce caractère impersonnel manque absolument aux écrits; il y faut toujours compter avec la personne de l'auteur, y faire la part de son esprit et de son caractère. Ajoutons que si l'étude des monuments offre, au point de vue de l'histoire, de moins en moins d'intérêt à mesure que les événements se rapprochent de l'époque actuelle, elle gagne, au contraire, en intérêt et en importance à mesure que, les événements étant plus anciens, la tradition et l'histoire écrite présentent plus de lacunes et d'incertitude. C'est alors que l'historien peut en tirer des informations précieuses qui complètent ou confirment ou rectifient les relations écrites, ou même, au défaut de celles-ci, de véritables révélations concernant des peuples et des civilisations inconnus.

3° **Écrits.** — L'historien utilise non seulement les écrits proprement historiques, mais tous ceux susceptibles de lui fournir des indications quant aux faits. Avant de les utiliser, il doit établir leur *authenticité, intégrité* et *véracité*.

Authenticité. — Un texte est authentique, lorsqu'il appartient à l'auteur, ou, à défaut d'auteur connu, à l'époque à laquelle il est attribué (le *Dialogue des orateurs*, attribué par conjecture à Tacite, mais qui certainement est de son époque). Deux sortes de preuves : *extrinsèques* et *intrinsèques*.

Preuves extrinsèques : mentions et citations fournies par des ouvrages contemporains ou de peu postérieurs; documents et preuves concernant le texte en question, permettant de reconstituer son histoire, d'établir par quelle suite de circonstances il s'est conservé et se trouve à notre disposition.

Preuves intrinsèques, résultant du style, des idées ou de l'esprit de l'auteur, et des faits rapportés. Chaque écrivain, chaque époque a son style, sa langue, son esprit, ses idées ou préjugés; l'historien a pu ou non connaître tels faits rapportés dans l'ouvrage.

Intégrité. — Un texte est dit *intègre,* lorsqu'il est exempt d'altérations ou *interpolations :* on en juge d'après le style, les idées ou les faits.

Véracité. — L'auteur dit-il la vérité ? On peut le présumer d'après son intelligence, son savoir, sa compétence, les sources qu'il a utilisées, le soin même qu'il a pris de les mentionner; enfin d'après son caractère et son impartialité.

Mais ce n'est là qu'un travail préliminaire : l'historien est tenu de discuter chaque fait en rapprochant les versions diverses qu'il en possède et tous les témoignages qui s'y rapportent, après avoir établi la valeur relative de ceux-ci, ce qui est avant tout une œuvre de sagacité personnelle appuyée sur les connaissances acquises. En un mot les indications fournies par la tradition, les monuments et les écrits, sont comme des témoignages de valeur inégale, et presque toujours divergents, de la confusion et de la contradiction desquels il doit dégager la vérité relativement au fait en question.

Certitude de l'histoire. — L'histoire comporte une certitude légitime qui n'est qu'une forme de celle du témoignage, et a, par conséquent, même fondement. Ce fondement, c'est que là où des témoignages nombreux, dignes de foi, étrangers les uns aux autres, concordent sans contradiction sérieuse aucune, à propos surtout d'un fait public et important, leur existence et leur accord ne peuvent raisonnablement s'expliquer que par la réalité du fait. Il faut une raison de l'une et de l'autre, et celle-là seule est vraisemblable, et elle l'est au plus haut degré.

Scepticisme historique. — 1° *Origines.* — Les origines des peuples étant obscures, car l'histoire écrite fait alors presque toujours défaut, des légendes (récits fictifs plus ou moins empreints de merveilleux), ou des mythes (récits allégoriques ayant une signification morale ou religieuse) y tiendraient la place des faits (Beaufort et Niebuhr pour l'histoire romaine).

2° La certitude des événements historiques décroîtrait

avec le temps : c'est le calcul des probabilités appliqué à l'histoire. — Théorie erronée : le temps ne change rien à la valeur des preuves sur lesquelles repose notre croyance à un fait. Si elles sont valables par elles-mêmes, il ne saurait les invalider. Il est vrai qu'en général une connaissance certaine des faits est d'autant plus difficile qu'ils sont plus anciens. Par contre les témoignages historiques concernant les faits anciens se multiplient par suite des découvertes (monuments relatifs à l'histoire des Grecs, des Romains, des peuples de l'Orient, etc.), en même temps que la critique historique devient plus rigoureuse.

3° Dans le récit historique, le fond seul aurait quelque valeur, les détails seraient arbitraires et fictifs. — C'est l'exagération d'une vérité incontestable : il est difficile, mais non impossible, de déterminer sûrement les circonstances des faits, et c'est précisément la tâche de la critique de distinguer dans l'histoire traditionnelle le réel du convenu, d'évaluer la probabilité des faits rapportés, en remontant aux sources et en discutant les témoignages.

CHAPITRE XX

CAUSES ET REMÈDES DE NOS ERREURS

L'ignorance et l'erreur. — Errer, c'est affirmer, croire ce qui n'est pas ; ignorer, c'est ne pas savoir.

L'erreur plus grave que l'ignorance :

1° Elle implique l'ignorance.

2° L'ignorance se connaît, l'erreur se méconnaît.

3° L'ignorance aspire à la vérité, ou du moins lui est docile ; l'erreur se détourne de la vérité, lui est rebelle.

4° L'erreur enfin féconde en erreurs nouvelles.

Causes de l'erreur : I. *D'après Bacon.* — Bacon distingue quatre classes d'erreurs sous le nom d'*idoles* (fantômes, fausses apparences).

1° *Idola tribus :* erreurs communes, provenant de la nature humaine (sens, imagination ; disposition à trouver dans les choses plus de simplicité et de régularité que l'observation n'en découvre).

2° *Idola specus :* erreurs personnelles, provenant de la constitution individuelle (âge, tempérament, caractère).

3° *Idola fori :* erreurs provenant de la société (préjugés), et du langage.

4° *Idola theatri :* systèmes erronés.

Classification arbitraire, les deux premières classes résument toutes les causes d'erreurs possibles, et par conséquent comprenant les deux autres : celles-ci très particulières parmi beaucoup d'autres.

II. *D'après Descartes :* la volonté, cause unique et responsable de l'erreur. C'est la volonté qui prononce sur le vrai et le faux ; elle se trompe parce qu'étant infinie, et l'entendement borné, elle affirme là où il n'est pas éclairé, où manque l'évidence.

Théorie contestable : c'est en principe l'esprit, l'intelligence qui se trompe, comme c'est elle qui juge ; avant d'affirmer, elle a compris ou s'est méprise, et là est la cause première de l'erreur ; en outre, l'erreur est un malheur, non une faute. Seulement l'esprit l'éviterait habituellement (la volonté le peut) en se refusant à tout jugement non justifié.

Cause générale de l'erreur. — On la place ordinairement dans la faiblesse et l'imperfection de l'esprit humain, condamné par sa nature même à ignorer et à se tromper souvent ; mais cette cause est trop générale pour être instructive.

Classification des causes d'erreurs. — On peut les diviser en causes personnelles et causes étrangères à la personne.

I. **Causes personnelles.** — Elles proviennent de l'abus de nos facultés ; elles sont morales ou intellectuelles.

Causes morales. — Elles tiennent de la sensibilité et de la volonté ; elles résident dans certaines dispositions natives ou acquises, permanentes ou accidentelles, du cœur ou du caractère.

Les principales : 1° quant à la volonté, légèreté, précipitation, distraction.

2° Quant à la sensibilité, amour-propre (on veut paraître savoir, avoir raison, être à l'abri de l'erreur), orgueil et présomption (confiance absolue en ses propres lumières, défiance ou mépris pour celles d'autrui); intérêt (attachement aveugle à notre personne, à nos avantages propres); partialité et prévention; opiniâtreté, jalousie et malignité (esprit de dispute et de dénigrement); affections, passions, émotions même (crainte, espérance, pitié, colère); disposition à juger des choses d'une manière absolue, d'après la connaissance partielle que nous en avons, à juger de chacune sans tenir compte des autres, à juger d'après les apparences et nos impressions : de là des jugements irréfléchis, erronés, favorables ou contraires selon que les choses ou les personnes nous agréent ou nous déplaisent, que quelque chose en elles éveille en nous confiance ou défiance, et, par exemple, chez les personnes le ton (timidité, assurance), les manières (douceur, rudesse), l'âge, le caractère, la position, le talent, etc.

Causes intellectuelles. — Les erreurs scientifiques proviennent ordinairement d'un défaut de méthode; les erreurs ordinaires, d'un défaut d'attention à observer les conditions d'exercice de nos facultés intellectuelles : questions insolubles, recours à telle faculté au lieu d'une autre; mauvais usage d'une faculté, des sens par exemple, ou du raisonnement.

Remèdes de l'erreur. — Ils résultent en partie de l'indication de ces causes. On peut y ajouter : 1° l'amour de la vérité qui rend plus attentif et plus scrupuleux; 2° dans certains cas, le soin de se demander ce que d'autres, désintéressés dans les questions où nous sommes engagés par nos sentiments ou nos opinions, ceux surtout dont nous estimons le plus le caractère et les lumières penseraient à notre place (Kant).

II. **Causes étrangères.** — Elles résident dans certaines circonstances étrangères à nous-mêmes et à l'exercice de nos facultés, et dont nous subissons à notre insu l'influence. Elles sont physiques ou morales.

Causes physiques. — Age, tempérament, santé, climat, etc. Pour en prévenir les effets, il faut d'abord les reconnaître et, par un effort possible, en faire abstraction : considérer les choses en elles-mêmes, et les voir telles qu'elles apparaîtraient à tout autre qui ne subirait pas comme nous ces influences.

Causes morales. — Elles se résument dans le préjugé, dans les opinions erronées qui ont cours autour de nous, et s'imposent fatalement à nous : préjugés d'éducation, de famille, de secte, de profession, de nationalité, etc. Le remède, c'est de penser par soi-même, de chercher la vérité dans les choses elles-mêmes, sans se préoccuper ou mieux en se défiant de l'opinion.

Sophisme. — On appelle ainsi (*sophisma* ou *fallacia*) tout faux raisonnement ; on le distingue quelquefois du *paralogisme* qui comporte la bonne foi que le sophisme exclut alors.

Division des sophismes. — Sophismes de mots ou de grammaire, de pensée ou de logique.

Sophismes de mots. — C'est prendre dans un raisonnement le même mot dans des sens différents. Il est difficile de le faire de bonne foi, et de ne pas l'apercevoir. Les principaux sophismes de mots consistent :

1° A *abuser de l'ambiguïté* des mots, en passant par exemple, du sens propre au sens figuré. (Le chien aboie, or le chien est une constellation, donc...)

2° A passer du *sens divisé* au *sens composé*, et réciproquement. Sens divisé : les aveugles voient, c'est-à-dire verront. Sens composé : les pécheurs seront damnés, c'est-à-dire à supposer qu'ils ne se convertissent pas, mais non, s'ils se convertissent.

Ces distinctions de sens divisé et composé ne conviennent qu'aux termes corrélatifs de la proposition, au sujet et à l'attribut, considérés l'un par rapport à l'autre. Il y a sens composé lorsque la convenance des termes est absolue, que la vérité de la proposition résulte de leur accord ; sens divisé, lorsqu'au contraire leur convenance n'est que relative, que la vérité de la proposition implique restriction ou sous-entendu. La cécité exclut la vision ; la proposition : Les aveugles verront, ne peut donc être vraie que dans le sens divisé. — Le péché entraîne la damnation ; la proposition : Les pécheurs seront damnés, n'est vraie que dans le sens composé ; les pécheurs seront damnés s'ils restent pécheurs, s'ils ne se convertissent pas.

Il y a sophisme de *division* à passer du sens composé au sens divisé, en concluant, par exemple, que tout pécheur serait damné quand même il se convertirait.

Sophismes de pensée. — I. *De déduction.* — 1° *L'ignorance du sujet* (*ignoratio elenchi*) : c'est prouver ce qui n'est pas en question, prouver, par exemple, une thèse que l'adversaire ne conteste pas ou en réfuter une qu'il ne soutient pas.

2° *Pétition de principe :* c'est tenir pour accordé ce qui est en question, prouver une proposition par une autre qui la suppose (l'opium fait dormir : la preuve (ou la raison), sa vertu dormitive).

3° *Cercle vicieux :* c'est prouver deux propositions l'une par l'autre (l'homme est responsable puisqu'il est libre; libre, puisqu'il est responsable).

II. *D'induction.* — 4° *Énumération imparfaite :* c'est attribuer à toute une classe ce qui ne lui convient qu'en partie, conclure à tort de quelques-uns à tous.

5° *Prendre pour cause ce qui ne l'est pas* (*non causa pro causâ*).

6° On y rattache le sophisme : *Post hoc, ergo propter hoc* (*A* antérieur à *B*, donc *A* cause de *B*).

7° *Sophisme de l'accident* (*fallacia accidentis*) : c'est attribuer comme essentiel à une chose ce qui ne lui convient qu'accidentellement (ériger un tort passager, une faute, en défaut ou en vice).

8° *Sophisme du relatif.* — C'est passer de ce qui est exact à quelques égards à ce qui est exact absolument. Les épicuriens attribuaient aux dieux la forme humaine parce qu'elle est la plus belle, regardant comme beauté absolue ce qui n'est que beauté relative.

On rattache quelquefois aux sophismes les arguments suivants qui sans être proprement sophistiques ne laissent pas d'être défectueux :

1° L'argument *ad hominem :* mettre l'adversaire en contradiction avec lui-même : vous avez dit, fait le contraire de ce vous dites maintenant; donc vous vous êtes d'avance réfuté vous-même.

2° L'argument *ad verecundiam :* au lieu de réfuter l'adversaire, lui opposer l'autorité des sages, des savants, l'opinion publique.

3° L'argument *ad ignorantiam :* prétendre obliger l'adversaire à recevoir nos preuves parce qu'il n'en a pas de meilleures à nous opposer.

TROISIÈME PARTIE
MÉTAPHYSIQUE ET THÉODICÉE

MÉTAPHYSIQUE

CHAPITRE Ier

PRINCIPES ET NOTIONS MÉTAPHYSIQUES

Objet de la métaphysique. — Elle est diversement définie :

1° Quelquefois, par opposition à la physique ou science de la nature : science des esprits, du monde immatériel (Descartes a dit dans ce sens : Raisons qui prouvent l'existence de Dieu et de l'âme humaine, ou fondements de la métaphysique) ; mais alors elle serait bien près de se confondre avec la philosophie.

2° D'ordinaire on distingue une métaphysique générale et une métaphysique spéciale.

1° *Métaphysique générale.* — Elle a pour objet l'être, abstraction faite de toute détermination particulière, les conditions les plus générales et les plus abstraites de l'existence, les rapports nécessaires et éternels des choses, de quelque nature qu'elles soient, les premiers principes de l'être et de la pensée : substance, cause, fin, quantité, étendue, durée, etc. Son objet est donc essentiellement abstrait.

2° *Métaphysique spéciale.* — Elle s'applique aux êtres réels et a pour objet les formes essentielles de l'existence, telles que l'expérience les détermine chez les êtres spirituels et matériels, et pour but de les expliquer, de déterminer la cause première et la raison dernière des choses. Toute question transcendante concernant le monde, l'ordre actuel du monde, son origine, les êtres qui le composent et avant tout les êtres spirituels, et faisant appel à la spéculation, est de son domaine. Ainsi les problèmes relatifs à l'existence et à la nature de Dieu et de l'âme, à l'origine et à la destinée de celle-ci, aux rapports de l'âme avec le corps, aux rapports de Dieu avec le monde, à la conciliation des attributs divins avec la liberté humaine, à la légitimité et à la portée des facultés humaines, aux fondements de la connaissance, sont du ressort de la métaphysique; et de même les questions relatives à la destinée humaine, aux fondements de la morale et généralement aux principes des sciences. De là dans celles-ci une partie spéculative ou métaphysique.

I. — PRINCIPES MÉTAPHYSIQUES

I. Principe de contradiction. — Son énoncé complet : La même chose ne peut tout ensemble être et n'être pas dans *un même sujet* et sous *un même rapport* (formule d'Aristote) ; car une même chose (telle propriété) peut fort bien être et n'être pas successivement dans un même sujet, ou simultanément dans un même sujet sous des rapports différents (un corps froid dans l'une de ses parties, chaud dans une autre).

Le principe de contradiction ne peut être démontré, puisque toute démonstration le suppose; mais il n'a pas besoin de l'être, puisqu'il résulte immédiatement des idées d'être et de n'être pas : il énonce le rapport le plus général et le plus simple qui puisse être assigné entre elles, la nécessité pour la pensée de rester d'accord avec elle-même.

Deux questions : est-il premier dans l'ordre chronologique de la connaissance ou seulement dans l'ordre logique? Est-il subjectif ou objectif?

1° Il est premier dans l'ordre chronologique, puisque les idées d'être et de n'être pas sont les plus générales et primitives de toutes. Il l'est dans l'ordre logique, puisqu'il ne dépend d'aucun autre et que tous les autres au contraire l'impliquent; il est le fond des axiomes et de tous les jugements analytiques. Quant aux jugements synthétiques *a priori*, en général, ils ne sont possibles qu'à la condition de n'être pas contradictoires.

2° D'après Leibnitz et Kant, il serait purement subjectif.

D'après Leibnitz, il ne s'appliquerait qu'aux vérités nécessaires, et, d'après Kant, il ne serait qu'une loi de la pensée. Mais une contradition absolue est aussi impossible à réaliser qu'à concevoir.

II. **Principe de raison suffisante.** — Tout a sa raison d'être, une raison suffisante de son existence. Il serait sans raison, sans cause, que telle chose fût, par exemple que la résultante dans le parallélogramme des forces composées passât de l'un ou de l'autre côté de la bissectrice : donc elle la suit, donc cette chose est impossible. Ainsi entendu, le principe de raison suffisante est à la fois une loi de la pensée et une loi des choses, le fondement dernier de nos affirmations inductives. Leibnitz le prend dans un autre sens. Il l'oppose au principe de contradition, celui-ci s'appliquant aux vérités nécessaires, celui-là aux vérités contingentes. La raison suffisante est plus que la cause : elle est ce qui détermine l'agent à faire ce qu'il fait, à le faire de telle ou telle manière, le motif valable de l'action. Rien dans la nature n'existe sans quelque motif qui en détermine l'existence et tout ensemble la rende intelligible ; il y a une raison suffisante de l'existence du monde et de tout ce qu'il renferme ; ce motif, le seul qui convienne à la sagesse divine, ne peut être que le bien, le plus grand bien possible ; de là l'harmonie et l'excellence de la nature. Dès lors les choses comportent une double explication : l'une mécanique, l'autre téléologique par l'intelligence et la liberté agissant en vue du bien. L'une nous donne les moyens, l'autre le but, le dessein. Celle-là suffit à la science ; celle-ci relève de la métaphysique. Ainsi entendu, le principe de raison suffisante a une grandeur incontestable, mais il soulève les mêmes difficultés que le système qu'il est destiné à soutenir.

III. **Principe de causalité.** — Énoncé défectueux : Tout effet a une cause, l'idée d'effet impliquant celle de cause. Son énoncé rigoureux : Tout fait, tout changement, tout commencement doit avoir une cause. Contrairement à l'école empirique (Stuart Mill), nous tenons le principe de causalité pour une donnée première de la raison ; nous le regardons, en effet, comme évident de soi, nécessaire et universel, caractères que nous devrions lui refuser s'il provenait de l'expérience. Il est donc *a priori;* mais est-il analytique ou synthétique? Est-il absolument primitif, ou peut-il se déduire de quelque autre principe plus immédiat? On incline généralement pour cette dernière alternative, et selon qu'on le considère comme analytique ou synthétique, on essaie de le démontrer par le principe de contradiction ou par celui de raison suffisante. Dans le premier cas, l'on s'appuie sur l'adage *ex nihilo nihil;* il serait contradictoire, en effet, que quelque chose vînt de rien. Tout changement, tout commencement implique donc quelque chose d'antérieur. Mais, avec cette analyse, nous ne sortons pas de la catégorie d'existence; l'idée de cause est hétérogène à celle de substance, et ne peut être introduite que subrepticement dans la conclusion. Dans le second cas, le principe de raison suffisante, une fois admis, fournit une base solide à la démonstration : tout commencement, tout changement doit avoir sa raison d'être; il suppose donc non seulement quelque chose d'antérieur, mais l'existence d'une chose susceptible de produire une action causatrice, au défaut de laquelle, n'ayant pas de raison d'être, il serait inexplicable et impossible.

IV. **Principe de finalité.** — Il comporte un double énoncé, selon qu'il s'applique à l'ordre en général, ou à cet ordre spécial qu'on appelle la finalité.

1° Du point de vue de l'ordre en général, il peut se formuler ainsi : Tout ordre suppose une raison ordonnatrice; raison étant simplement ici synonyme de cause. En effet l'ordre ne peut s'expliquer que par le hasard, ou une nécessité aveugle, ou une action intelligente; mais l'ordre exclut manifestement le hasard; d'autre part, il n'implique pas nécessairement une action intelligente, un ordre abstrait (mathématique) ou réel (lois de la nature) pouvant provenir d'une nécessité aveugle. Il y a des cas cependant où l'ordre est de telle nature qu'il répugne à la raison de l'attribuer à une telle cause, un ordre, par exemple, que nous jugeons beau ou utile.

2° Du point de vue de finalité, il peut se formuler ainsi : Toute appropriation de moyens à une fin (organes et fonctions), toute coordination des parties par rapport au tout (définition de Kant; exemple : les corps vivants) est œuvre d'intelligence.

En effet, le hasard ici est évidemment impossible plus encore que pour l'ordre en général ; d'autre part, une nécessité aveugle a contre elle l'expérience humaine d'abord ; ensuite la raison qui réclame pour tout concert, pour toute coopération à une œuvre commune, une direction, un but sciemment poursuivi, et cela en raison même de la multiplicité et de la diversité des moyens mis en œuvre.

II. — NOTIONS MÉTAPHYSIQUES.

I. Substance. — La substance est diversement définie.

La définition de Locke, reproduite par Hume, en est la négation ; elle ne serait que la réunion des qualités que nous percevons par les sens, la raison de cette réunion nous étant inconnue.

Définition contradictoire : point de qualités possibles, réunies ou séparées, sans un sujet dans lequel elles subsistent. En outre le lien des qualités réunies n'étant point en elles, ne peut être que la substance.

Descartes, après l'avoir définie : ce qui n'a besoin que de soi pour exister, frayant ainsi la voie au panthéisme de Spinoza (la substance est ce qui existe par soi), ajoute que la substance est ce qu'il y a de permanent et d'identique dans les choses, par opposition aux accidents qui sont ce qui varie en elles, qu'elle est le sujet des accidents. La substance n'est pas seulement le sujet des accidents, elle est ce qui existe en soi et non en autre chose.

II. Cause. — *Origine de l'idée de cause.* — L'âme, le moi, a le sentiment de son action (effort d'attention, volition) et du changement opéré par cette action (direction de la pensée, mouvement organique). C'est ce changement, considéré par rapport à l'action qui l'a opéré, que nous appelons originairement effet, et cause cette action. L'idée de cause est ensuite étendue à toute force ou action qui produit un fait quelconque ; plus tard même à toute condition quelconque de la production d'un fait. Mais cause implique proprement activité, dépense de force.

Valeur de l'idée de cause. — Les adversaires de l'idée de cause n'ont guère fait que reproduire les arguments d'Ænésidème et de Hume. D'après Ænésidème, cette idée est contradictoire, en ce que la cause devrait être tout à la fois antérieure et simultanée à son effet ; subjective, en ce qu'elle répond à une relation logique sans objet dans la réalité. La contradiction n'est qu'apparente : ce qui est antérieur à l'effet, c'est la force, c'est la substance active qui devient cause au moment où elle détermine le changement ; mais la cause, comme telle, ne précède pas son effet, elle lui est simultanée. Quant au second point, le mystère qui enveloppe l'action causatrice n'est point une raison de la nier : la cause ne serait-elle rien de plus que la condition déterminante, entre elle et son effet il y aurait toujours plus qu'une simple succession. A plus forte raison, si elle est la force en action, si elle implique effort, énergie, dépense de force : le lien qui rattache le mouvement organique à l'effort musculaire, le mouvement d'un mobile à l'action d'une force attractive ou répulsive, n'existe pas seulement dans notre pensée ; il est réel, nous en avons pour garantie la résistance éprouvée et l'énergie qu'il nous faut déployer pour la surmonter. L'objection que nous venons de discuter, est reproduite par Hume ; l'expérience en nous, comme au dehors, ne nous donne, dit-il, que des successions, non des connexions ou dépendances de faits. Il y ajoute que l'âme n'a pas conscience de son activité causatrice ; nous ne reviendrons pas sur cette objection déjà examinée à propos de la conscience.

L'idée de cause selon la science. — Claire pour la conscience, qui voit dans l'effort, dans la tension ou énergie de cette force qui est le moi, l'essence même de l'action causatrice, l'idée de cause est, au contraire, pleine d'obscurité quand on essaie de se rendre compte de cette action au point de vue des choses entre lesquelles elle s'exerce. Comment une chose peut-elle agir sur une autre ? Produit-elle d'elle-même le changement qui s'y opère ? ou ne fait-elle que le provoquer, le principe de ce changement étant dans la chose qui l'éprouve ? La science écarte ces difficultés en ne voyant dans la cause physique que la condition nécessaire et suffisante, disons mieux : déterminante du changement.

Mais cette définition fait abstraction de l'activité sans laquelle il n'y a pas de causalité véritable. Elle peut convenir à la science qui s'en tient à une explication positive des faits, c'est-à-dire purement mécanique, et se borne par conséquent à déterminer leurs relations d'antécédent à conséquent. Mais ce dont la science, avec raison à son point de vue, fait abstraction, n'en est pas moins réel, et dans une explication plus profonde des choses doit être rétabli. Quelque obscures que soient les idées de force, de tension, d'énergie, c'est d'elles qu'il faut partir si l'on veut voir dans la cause ce qu'elle est en réalité, plus que l'antécédent constant, que la condition nécessaire et suffisante du changement.

Diverses sortes de causes. — Aristote en reconnaît quatre. 1° *Cause efficiente :* c'est tout ce qui, en vertu de son activité propre, détermine une chose à être, l'action qui opère un changement, qui produit un fait. C'est la seule cause proprement dite.

2° *Cause matérielle :* la matière au sens d'Aristote est le sujet de l'action, la chose indéterminée, indifférente d'elle-même à telle ou telle forme, sur laquelle opère la cause efficiente ; elle est donc distincte de la substance qui, dans la théorie d'Aristote, résulte de l'union de la matière et de la forme.

3° *Cause formelle :* la forme est ce qui détermine la matière, fait la chose telle ou telle.

4° *Cause finale :* le but poursuivi.

On y ajoute quelquefois :

5° *Cause exemplaire :* le modèle, le type d'une œuvre d'art (les idées de Platon).

6° *Cause instrumentale :* le moyen mis en œuvre, l'arme, l'outil, l'agent.

7° *Cause occasionnelle :* un fait qui donne à la cause efficiente le moyen ou l'occasion de produire son effet.

Mais la cause efficiente est la seule cause véritable, les

autres ne sont pas causes, à vrai dire; elles ne sont que des conditions de l'action.

Cause efficiente. — Elle est *prochaine* ou *éloignée*, selon qu'elle produit son effet immédiatement ou par l'intermédiaire de quelque agent; *transitive* ou *immanente :* transitive, si l'objet sur lequel elle opère est en dehors d'elle; immanente, s'il ne se distingue pas substantiellement d'elle, si l'être qui agit est à la fois le principe et le terme de son action : telle est l'action de Dieu sur le monde, selon le panthéisme.

La cause est *créatrice* lorsqu'elle donne l'existence à un être, à une substance.

Cause première et cause seconde. — La cause *seconde* est celle qui n'est cause que par rapport à son effet, mais qui est elle-même effet par rapport à d'autres. La cause *première* est cause par elle-même, elle n'est précédée ni ne dépend d'aucune autre. L'expression : cause première se prend d'ailleurs dans un sens relatif ou absolu. Dans un sens relatif, c'est le premier terme d'une série d'agents qui opèrent les uns sur les autres; dans un sens absolu, c'est la cause primitive, unique, dont tout dans le monde dépend. La science ne connaît que des causes secondes; tout son effort est de les déterminer, elles et leur enchaînement; encore s'en tient-elle souvent aux conditions. La philosophie, au contraire, par delà toutes les causes secondes, affirme une cause première, raison dernière de leur existence à toutes, et son effort est de déterminer la nature de celle-ci : n'est-elle que matière? est-elle esprit?

Cause et principe. — Ces deux idées sont souvent confondues; elles sont très distinctes. Le principe est ce dont une chose dérive, ce dont elle tire son origine. La graine est le principe de la plante, elle n'en est pas la cause. Il y a des principes réels et des principes abstraits ou purement logiques. Les premiers, seuls, comportent activité; la cause, au contraire, est nécessairement active; elle est la force en action. Le principe renferme ses conséquences et il se retrouve modifié dans celles-ci; entre elles et lui, il y a communauté de nature. Mais la cause ne contient pas l'effet, et ils peuvent être de nature différente. Enfin, la force qui produit un fait doit être antérieure à son effet. Le principe et ses conséquences peuvent coexister; par exemple les propriétés qui dépendent de la nature d'un être.

« Les scolastiques distinguaient trois manières dont une chose peut en contenir une autre : *formellement*, lorsqu'elle la contient dans sa nature ou dans sa forme, comme un bloc de marbre en contient des fragments ; *éminemment*, lorsqu'elle la contient d'une manière supérieure, comme une pièce d'or contient une pièce d'argent de moindre valeur ; *virtuellement*, quand elle a la force ou la vertu de la produire. Ces distinctions conviennent mieux au principe qu'à la cause (1). »

III. **Infini.** 1° *Les termes.* — Nous disons fini, ce qui est borné, limité ; indéfini, ce qui tend vers une limite et s'en rapproche constamment sans pouvoir l'atteindre ; par exemple : une progression numérique décroissante qui se rapproche de 0, mais dont chaque terme assignable est supérieur à 0 ; infini, ce qui n'a pas de limite et qui ne peut en avoir.

2° *Les idées, leur origine, leur rapport.* — Tout dans la réalité tend à éveiller en nous l'idée de borne et de limite : les objets se limitent les uns les autres ; quelque part qu'ils s'offrent à nous, ils sont en nombre limité ; qualités, grandeurs, distances, mouvements, tout en eux a ses degrés, ses limites. Partout des bornes, une possibilité d'accroissement ou de diminution, partout le fini.

Mais l'idée du fini nous conduit à celle de l'infini. Ces bornes, nous pouvons les reculer par la pensée, puis les supprimer. Nous concevons la possibilité d'abord, plus tard la nécessité de choses sans limites : l'espace absolu, la durée absolue, la perfection absolue. Nous avons donc l'idée de l'infini, et nous l'appliquons soit à des conditions d'existence, comme l'étendue et la durée, soit à des modes de l'être, à des qualités comme celles dont se compose

---

(1) L'abbé Roques, *Cours de philosophie*. — La distinction de la cause et du principe à laquelle ce passage fait suite, appartient en substance à cet ouvrage; quelques-unes des définitions qui précèdent lui sont également empruntées.

pour nous la perfection, à la nature même d'un être que nous concevons comme absolument infini.

Descartes prétend, sans pouvoir le prouver, que l'idée de l'infini est innée. On admet plus généralement qu'elle est antérieure à celle du fini. Si l'on entend par là que nous concevons l'être infini avant de connaître l'être fini, de le connaître comme tel, on se trompe manifestement. S'il s'agit seulement du rapport logique de ces idées, elles sont simultanées, étant corrélatives et s'impliquant l'une l'autre. Cependant, dit-on, l'idée du fini est négative, puisqu'elle implique limite, privation ; elle suppose donc celle de l'infini, seule positive. Mais l'idée des êtres finis n'est pas moins positive que celle de l'être infini.

3° *Les choses.* — L'infini est dit *actuel*, s'il s'applique à une chose réelle ; *en puissance*, si c'est à de purs possibles. C'est dans ce deuxième sens qu'on peut admettre des progressions, une division infinie des nombres, la divisibilité à l'infini de l'espace, de la durée, du mouvement. Au contraire, l'idée d'un nombre infiniment grand ou infiniment petit est contradictoire, car il est de l'essence d'un nombre d'être déterminé, d'être tel ou tel, c'est-à-dire limité, fini ; quant à un nombre infiniment petit, il faudrait le concevoir comme égal à 0 ou plus grand : dans le premier cas, ce ne serait plus un nombre, et dans le second, quelle que soit la valeur qu'on lui assignât, il y en aurait toujours de plus petits possibles. De même un mouvement infiniment lent, une étendue infiniment petite, ou sont un néant de mouvement, d'étendue, ou sont des quantités appréciables encore, c'est-à-dire finies. Mais le vrai nom de l'infini en puissance est l'indéfini : il répond à une loi de la pensée, il exprime la nécessité pour celle-ci de poursuivre sans jamais s'arrêter une opération dont la nature même est de ne pouvoir se terminer.

Quant à l'infini actuel, quelque part et sous quelque forme que nous le concevions, en Dieu ou dans le monde, nous nous engageons dans des difficultés ou contradictions insolubles. La matière, par exemple, est-elle divisible à l'infini? Oui, répondent Descartes qui identifie la matière à l'étendue, et Leibnitz, qui la compose d'une infinité de monades inétendues; non, dit Condillac, qui la distingue de l'étendue *imaginaire*, objet de la géométrie.

IV. Absolu. — Absolu répond à relatif. Est dite relative toute chose qui n'a de valeur que par rapport à d'autres, qui n'existe ou ne se conçoit que dans un rapport de dépendance, de subordination vis-à-vis d'autres ; est dite absolue toute chose qui, au contraire, vaut par elle-même, existe ou se conçoit en vertu de sa nature propre indépendamment de toute autre chose. Le bien, le devoir sont absolus ; l'utilité n'est que relative, chacun étant libre d'en juger selon ses convenances. Un commencement absolu est celui qui n'est précédé de rien, ou du moins qui est indépendant de tout ce qui l'a précédé. En ce sens, l'acte libre est un commencement absolu. Un commencement relatif est celui d'une chose, d'un fait qui précédemment n'était pas, mais que d'autres ont précédé et vis-à-vis duquel ils sont dans le rapport de la cause à l'effet. Une fin absolue est celle qui vaut par elle-même, en vertu de son excellence propre, non par rapport à des fins ultérieures, et comme moyen vis-à-vis d'elles : on travaille pour la fortune, on veut la fortune pour le bien-être, le bien-être pour le bonheur. Tel est, au contraire, le bien. L'être absolu est celui que rien ne précède et qui ne dépend de rien. C'est la cause première, c'est Dieu. L'absolu exclut le changement aussi bien que la contingence : il est à la fois immuable et nécessaire. C'est pourquoi on dit absolues des vérités qui valent par elles-mêmes, qui s'appliquent et s'imposent à toutes les existences possibles ; telles sont les vérités mathématiques et morales.

V. Perfection. — Parfait, étymologiquement, veut dire accompli. La perfection est relative ou absolue. On conçoit une perfection relative de telle qualité, de telle forme de l'existence, pour tel type d'être. La perfection absolue implique la plénitude de l'être, la réunion de toutes les qualités qui par elles-mêmes ont du prix, portées chacune à leur degré le plus élevé.

VI. Beauté. — **Le vrai, le bien et le beau.** — Nous pouvons considérer les choses soit par rapport à nous, du point de vue de notre bien-être (par exemple l'utile), soit en elles-mêmes et pour elles-mêmes. Si c'est en elles-mêmes, c'est pour déterminer ou leur nature, ce qu'elles sont, c'est-à-dire les connaître (le vrai, la science) ou leur valeur, c'est-à-dire les juger. Nous les jugeons soit par rapport à une règle, à une fin (le bien), soit pour elles-mêmes et selon leur valeur propre (le beau). Au sens le plus général, nous disons bien, bon, ce qui est conforme à une règle, satisfait à certaines convenances, répond à une destination, en un mot ce qui doit être ; beau, ce qui va au-delà de nos exigences, de notre attente (bon discours, bonne action ; beau discours, belle action). La raison réclame un certain degré de perfection, d'excellence dans les choses, comme dans nos actions : voilà le bien ; mais l'imagination conçoit et souhaite davantage : voilà le beau. Mais il n'y a ni beau, ni bien en soi, réels et subsistants par eux-mêmes, il n'y a que des choses belles, des actions bonnes.

Le bien. — Le bien, c'est ce qui convient à la raison. Au fond, c'est l'ordre, mais l'ordre réalisé, appliqué à une matière quelconque, l'ordre dans les idées ou dans les choses, l'ordre tel que la nature le manifeste, tel que la science le formule, tel que l'art l'exprime, tel que la moralité le réclame : tantôt un ordre mathématique ou de grandeur, tantôt un ordre moral, réalisé ou qui doit l'être par des êtres raisonnables, et dont les éléments constitutifs sont la plus grande somme de bonheur pour soi et pour autrui et la plus haute dignité morale.

Le beau. Insuffisance des théories. — On a vainement essayé de déterminer dans les choses une propriété spéciale dont elles tiendraient leur beauté ; ordre, puissance, et expression de la vie morale, manifestation de l'idée : autant de formules dans lesquelles l'idée du beau s'évanouit, autant de théories étroites et exclusives auxquelles il suffit d'opposer la diversité infinie des choses que nous jugeons belles et des qualités qui nous les font juger telles. Défaut plus grave : en cherchant uniquement le beau dans les choses, elles négligent l'un des termes du problème, l'homme qui conçoit le beau, le crée peut-être et dans la beauté qu'il croit voir dans les choses, ne contemple que le reflet de sa propre pensée.

Origine de nos jugements et sentiments esthétiques. — Quand nous considérons les choses en elles-mêmes et pour elles-mêmes, abstraction faite de toute fin d'utilité ou de convenance, attentifs seulement à en recevoir l'impression, il arrive qu'elles nous plaisent et qu'elles nous enchantent, ou au contraire nous déplaisent et nous répugnent, ou nous laissent indifférents. Nos idées, nos jugements de beauté et de laideur n'ont pas d'autre origine. Originairement pour nous, le beau, c'est ce qui nous agrée, le laid ce qui nous offusque : nous, c'est-à-dire celles de nos facultés auxquelles il est donné d'entrer en rapport avec les choses, d'en recevoir et de nous en transmettre l'impression. Il y a des choses belles pour les sens : sons, formes, couleurs ; pour l'imagination ; pour le cœur : des sentiments nobles et délicats ; pour la raison : des vérités grandes, neuves et fécondes, l'ordre en toutes choses ; pour la conscience : sainteté et héroïsme.

Raisons du plaisir et de l'approbation esthétiques. — Mais d'où vient que ces choses nous agréent, comme d'autres nous répugnent ? D'un rapport de convenance ou d'harmonie entre elles et nos facultés.

1° *Certaines qualités des choses.* — D'une part, elles présentent à un degré plus ou moins élevé des qualités qui par elles-mêmes ont du prix à nos yeux, soit que la raison nous en fasse un besoin (ordre, proportion, convenance), soit simplement parce qu'elles sont une source de jouissances pour nous (sons, couleurs, certaines combinaisons de lignes, de sons, de couleurs), et auxquelles nous tenons généralement d'autant plus qu'il nous arrive plus rarement de les rencontrer (objets jugés beaux à cause de leur grandeur ou régularité), que nous avons davantage égard à la difficulté vaincue (héroïsme). Enfin ces choses ont sous ce rapport une certaine supériorité sur d'autres du même genre ou de nature différente. De là la surprise et l'admiration qui se mêlent au plaisir qu'elles nous font éprouver ; de là aussi notre estime pour elles, le jugement favorable qui s'impose à nous en leur présence.

2° *Tendances de nos facultés.* — D'autre part, elles répondent par ces qualités et avantages à certaines tendances naturelles ou acquises de nos facultés; naturelles, quand celles-ci s'y portent d'elles-mêmes, comme pour certains sons, certaines couleurs, mieux appropriés, il semble, à la disposition de nos organes; mais le plus souvent acquises; quant à celles-ci, l'éducation, le milieu, l'expérience habituelle, les idées dominantes déterminent en grande partie nos préférences.

En quel sens le beau est relatif. — Le beau est donc relatif, en ce sens qu'il est pour nous ce qui répond aux aspirations de nos facultés, c'est-à-dire à des convenances tout humaines, sinon toutes personnelles; en ce sens que les qualités dans lesquelles il réside pour nous, ou n'existent que dans notre pensée, comme la grandeur, rien n'étant absolument grand ou petit; ou, comme la proportion, la symétrie, l'héroïsme, la sainteté, auraient, au degré où nous les trouvons réalisées dans les choses, une bien moindre valeur, si intellectuellement ou moralement, physiquement même, nous étions plus parfaits nous-mêmes, nos exigences à leur égard croissant avec nos moyens de les satisfaire. Il l'est encore, en ce sens que nous supposons que les choses que nous jugeons telles, sont en effet telles que nous les voyons; mais dans bien des cas la régularité, la symétrie, l'harmonie des sons, des lignes ou des couleurs, l'excellence de la pensée et de l'expression, s'évanouiraient, si nous avions pour en juger des sens plus délicats, une intelligence plus pénétrante, un goût plus sûr.

Fondement solide de notre idée du beau. — Est-ce à dire que l'estime que nous faisons de certaines qualités des choses n'ait pas sa raison d'être, et que par suite notre idée du beau soit sans valeur et sans objet? Loin de là, il est impossible qu'un être raisonnable et sensible soit indifférent à ce qui fait la grâce, la noblesse, la majesté des choses, à ce qu'il y a d'excellent en elles, à ce par quoi elles valent véritablement et méritent surtout d'exister. C'est l'honneur de l'homme, au contraire, de se complaire dans la contemplation de ce qu'il y a de meilleur dans les choses, de chercher en elles et, à leur défaut, dans ses œuvres une image de plus en plus fidèle de cette perfection qu'il entrevoit comme le terme suprême de toute pensée, de toute action et de toute existence, et à laquelle il aspire invinciblement par tout son être.

Définition du beau. — En un mot, si le beau n'est originairement pour nous que ce qui nous agrée, et s'il ne peut cesser absolument d'être cela pour nous, nous devons nous efforcer de le voir de plus en plus dans ce qui mérite au plus haut degré de nous agréer, dans la splendeur du vrai et du bien.

VII. Le temps et l'espace. — Le temps et l'espace ne sont ni des choses en soi, des substances (quelles seraient leurs propriétés?), ni même des propriétés ou attributs (de quoi?), ni de pures conceptions de notre esprit sans valeur objective. C'est un fait que dans le monde les choses, d'une part, durent, coexistent ou se succèdent; de l'autre, qu'elles sont extérieures les unes aux autres, liées entre elles par des rapports de position, et de même leurs parties entre elles. En outre, c'est une nécessité que des choses quelconques, venant à exister, présentent entre elles de tels rapport de position et de distance, comme de durée et de succession. Voilà le fondement solide, à la fois subjectif et objectif de nos idées de temps et d'espace.

Mais la durée et l'étendue sont, par abstraction, séparées, comme le nombre et le mouvement, des choses qui les posent à titre de rapports en se posant elles-mêmes; elles sont alors conçues comme continues, uniformes, composées de parties homogènes constamment identiques à elles-mêmes, soumises dès lors à la double loi de l'accroissement sans limites et de la divisibilité à l'infini. Mais que la durée et l'étendue ainsi conçues n'aient rien de réel, c'est ce qui ressort de la contradiction inhérente à l'idée d'un continu formé de parties discrètes, de portions d'étendue et de durée d'une grandeur quelconque, de l'impossibilité cependant de constituer l'étendue et la durée avec des zéros d'étendue et de durée; car le point et l'instant, leurs derniers éléments, sont des limites, non des grandeurs. — Néanmoins c'est à cette durée et à cette étendue idéales que nous devons nous reporter pour évaluer les durées et étendues réelles, de même que les formes régulières et tout abstraites de la géométrie nous sont indispensables pour apprécier les formes réelles, toute mesure impliquant dans les choses mesurées, comme condition de l'unité de mesure, la similitude des parties, des éléments auxquels s'applique la mesure, ici des instants, des points égaux composant par leur réunion en plus ou moins grand nombre les étendues et durées réelles.

Si maintenant, au lieu de considérer l'étendue et la durée en elles-mêmes, abstraction faite des choses qui durent et sont étendues, nous les considérons par rapport au monde, nous concevons le temps et l'espace : le temps n'est que la durée successive du monde, l'espace n'en est que l'étendue. Ce sont là le temps et l'espace réels, ceux auxquels nous croyons tous ; non réels sans doute à titre de substances, de choses en soi et subsistant par elles-mêmes alors même que le monde ne serait pas : réels seulement l'un et l'autre comme synthèse ou unité logique, comme lien idéal des rapports de durée et d'étendue qui, comme ceux des nombres, s'établissent nécessairement entre les existences simultanées ou successives, dont le concours et l'action réciproque constituent le monde. Mais attribuer à cette synthèse de relations une existence propre et indépendante est tout aussi impossible que de concevoir les nombres et le mouvement comme des choses en soi, existant par elles-mêmes, indépendamment de toute chose nombrable ou mobile.

Maintenant, par delà les limites en extension et en durée du monde nous concevons la possibilité que d'autres choses soient, durent, se succèdent, et cela indéfiniment, sujets à leur tour d'une durée et d'une étendue possibles sans limites. Celles-ci on peut les appeler temps absolu, espace absolu. Mais ce n'est qu'en prolongeant à l'infini la durée et l'étendue réelles que nous les obtenons ; elles ne répondent donc à rien de réel, se réduisent à de purs possibles et n'ont d'objet que dans notre pensée.

THÉODICÉE

CHAPITRE II

EXISTENCE DE DIEU.

Théodicée. — Littéralement, justice de Dieu ou providence ; employé dans ce sens par Leibnitz. Au sens usuel, c'est le nom donné à la science de Dieu, à l'étude des questions religieuses par les seules lumières de la raison ; synonyme alors de théologie rationnelle ou naturelle, par opposition à la théologie révélée ou positive.

La théodicée fait donc abstraction de toute donnée historique relativement aux questions religieuses. Elle ne méconnaît pas pour cela la nécessité de la vie religieuse dans l'humanité, la haute valeur de quelques-unes des formes dans lesquelles elle s'est successivement réalisée ; elle n'empiète pas sur le terrain de la foi : elle laisse à la foi ce qui lui appartient et essaie simplement de dégager et d'établir par le seul effort de la raison personnelle, d'assurer à une conviction réfléchie les vérités fondamentales accessibles à la raison humaine dans cet ordre de recherches qui par tant de côtés la dépassent, et que toute religion suppose.

Points principaux à étudier. — Existence de Dieu ; nature et attributs de Dieu ; ses rapports avec le monde, ou la Providence.

Athéisme. — Qu'il y ait des athées sincères et convaincus, on ne peut guère le contester.

Ses principales formes. — 1° Athéisme dogmatique : conviction raisonnée.

2° Athéisme d'indifférence : toute connaissance relative à Dieu déclarée impossible, toute recherche à son sujet systématiquement écartée (positivisme).

Ces deux premières formes de l'athéisme sont systématiques, ou spéculatives, sérieuses par conséquent ; les deux suivantes purement pratiques et sans valeur philosophique :

3° Athéisme d'ostentation : faire parade d'athéisme, sans examen, ni conviction propre.

4° Athéisme pratique : ne pas penser à Dieu, vivre comme s'il n'existait pas.

Ses causes. — 1° Morales : orgueil (l'orgueilleux voit une humiliation pour sa raison dans l'aveu d'un mystère; pour lui-même dans l'aveu de sa dépendance); aveuglement des passions et obscurcissement du sens moral (la pensée de Dieu importune, elle est écartée).

2° Intellectuelles : demi-savoir (on juge de tout, même de ce que l'on ne comprend pas, d'après le peu que l'on sait); culture exclusive des sciences abstraites et de la matière (tout autre objet de recherches, tout autre procédé de démonstration est écarté comme sans valeur).

De la possibilité d'une démonstration de l'existence de Dieu. — 1° *En quel sens cette possibilité est contestable.* — Si l'on entend par démonstration cette forme de raisonnement tout abstraite dont les mathématiques offrent le type parfait, il est douteux qu'elle puisse s'appliquer à l'existence de Dieu. 1. Les axiomes mathématiques ne concernant que la quantité, les seuls sur lesquels elle puisse s'appuyer sont des principes métaphysiques, tels que ceux de raison suffisante, de causalité et de finalité ; mais, outre qu'il est douteux qu'ils puissent suffire à justifier toutes les propositions énoncées au cours d'une telle démonstration, ils sont contestés et peuvent l'être sans contradiction, spéculativement sinon pratiquement. — 2. Il est douteux qu'une démonstration tout abstraite comporte une conclusion relativement à l'existence d'un être réel, de cette réalité suprême qui est Dieu, aussi bien que de toute autre; la démonstration détermine les propriétés d'essences posées par définition et hypothèse, dont l'existence par conséquent n'est pas en question.

2° *En quel sens elle doit être admise.* — En ce qu'on peut se convaincre de l'existence de Dieu, comme condition nécessaire de toute réalité : si Dieu n'existe pas, tout est inexplicable.

Classification des preuves de l'existence de Dieu. — On les divise ordinairement en : 1° preuves *a priori* ou rationnelles, ou *métaphysiques*, c'est-à-dire fondées, on le prétend du moins, sur les seules données de la raison ; et 2° preuves *a posteriori* ou empiriques, fondées sur l'expérience ; celles-ci se subdivisent en preuves *morales*, données par la conscience et le sentiment, et *physiques*, données par les sens.

Nécessité de ne les point séparer. — La multiplicité et la diversité de ces preuves n'autorisent point à les séparer, et ainsi à faire dépendre de la solidité de l'une ou de l'autre le sort d'une démonstration dont la force réside aussi bien dans le nombre que dans la valeur des raisons sur lesquelles elle s'appuie. Trouvant Dieu dans la nature, dans notre raison, en nous-mêmes, en un mot dans toutes les voies de notre pensée, nous aurions tort de le chercher exclusivement dans l'une d'elles, si surtout, comme il est vrai, elles ne sont pas également accessibles à tous les esprits et que les aspects sous lesquels l'idée de Dieu s'offre à nous diffèrent de l'une à l'autre.

I. Preuves morales. — 1° *Consentement universel.* — La croyance en Dieu est universelle et constante dans l'humanité ; à ce titre, elle est doublement respectable : 1. Elle doit répondre à un besoin profond et indestructible de l'âme humaine ; 2. L'universalité et la perpétuité d'une telle croyance constituent en sa faveur la présomption la plus forte, une erreur sur un point aussi capital qui résisterait au progrès des lumières étant absolument improbable.

Objections. — 1° Les athées : objection tout individuelle et dont il n'y a pas dès lors à tenir compte.

2° Divergences sur la nature de Dieu : accord du moins quant à son existence.

3° La croyance en Dieu peut n'être qu'une superstition plus fortement enracinée, mais destinée à disparaître comme les autres : supposition incompatible avec les progrès de la raison humaine.

2° *Ordre moral.* — La vie future, réclamée à titre de sanction de la loi morale, implique Dieu comme juge et rémunérateur (seule preuve que Kant ait maintenue).

II. **Preuves physiques.** — 1° *Contingence de la matière* (*Clarke*). — Clarke dit : l'idée de la matière n'est pas celle d'une chose dont la non-existence implique contradiction ; donc elle n'est pas nécessaire, et par suite n'existe pas par elle-même. Kant objecte que d'une contingence purement logique on n'a pas le droit de conclure à une contingence réelle. Mais l'argument peut être modifié de manière à échapper à la critique de Kant. La matière est imparfaite ; donc elle n'a pas en elle-même la raison de son existence, n'est pas par elle-même, et par conséquent doit avoir été créée.

II. *Nécessité d'un premier moteur* (*Aristote, Saint Thomas*). — La matière étant inerte, indifférente d'elle-même au repos et au mouvement, elle doit avoir reçu le mouvement.

Preuve contestée : la force étant inséparable de la matière qui sans elle ne serait pas, le mouvement semble dès lors essentiel à la matière.

III. *Ordre du monde et causes finales* (*Socrate, Bossuet, Fénelon*). — La considération du monde, non plus dans la matière dont il est fait, ni dans le mouvement qui l'anime, mais dans sa forme, dans l'ordre qui s'y trouve réalisé, donne lieu à deux preuves distinctes, bien qu'étroitement liées et habituellement confondues.

1° *Ordre du monde.* — Considérons d'abord les phénomènes de la nature : il y a de l'ordre dans le monde ; tout y est réglé et ordonné. La première de ces deux propositions est une vérité de sens commun ; la seconde est une vérité pour la science qui n'admet pas de dérogation aux lois de la nature. En un mot, du point de vue des phénomènes, en tant que causes et effets, antécédents et conséquents, le mécanisme est le fond de la nature, comme il est le postulat nécessaire de la science.

2° *Finalité.* — Considérons maintenant les choses, les êtres, dont ces lois règlent les conditions d'existence, et le monde dans toutes ses parties nous apparaîtra comme une œuvre d'une sagesse et d'une perfection incomparables. Tout dans la nature semble conspirer à un même but : assurer l'existence des choses, des êtres et leur perfection croissante, en utilisant au profit des formes supérieures les ressources fournies par les formes inférieures, de la plante à l'homme et de la matière brute aux êtres organisés, les causes, les forces, les lois devenant des moyens et les effets des fins : fins doublement excellentes, et pour elles-mêmes et pour les fins plus élevées à l'égard desquelles elles sont elles-mêmes des moyens. En un mot le monde semble former un système unique dont toutes les parties se correspondent et se soutiennent mutuellement, où tout tend vers le plus grand bien possible, bénéficiant de ce qui est, tout en concourant au bien commun, de sorte que la suppression d'un seul être, d'une seule force, d'une seule loi diminuerait la beauté de l'ensemble et en compromettrait l'existence ou l'harmonie.

De cet ordre excellent du monde trois explications sont seules possibles : il est un effet du hasard, le résultat d'une nécessité aveugle, l'œuvre d'un être infiniment sage et bon.

L'ordre seul, abstraction faite de la finalité, exclut le hasard, mais n'est pas incompatible à la rigueur avec une nécessité aveugle, soit mathématique (Descartes : tourbillons et lois du mouvement), soit physique, l'ordre alors provenant fatalement des propriétés constitutives de la matière.

Mais à l'ordre si l'on joint la finalité, si l'on considère le monde non seulement dans la stabilité de ses lois, mais dans leur correspondance et leurs effets, l'excellence de l'œuvre implique une cause intelligente, révèle la sagesse et la bonté de son auteur.

Objections. — On objecte : 1° la recherche des causes finales est stérile (Bacon, Descartes). — Pour la science peut-être, mais cela ne prouve pas qu'elles n'aient leur réalité et qu'il n'y ait à en tenir compte dans une explication philosophique des choses.

2° Les causes efficientes suffisent à tout expliquer (Spinoza). — Oui, en un sens, toute chose appartenant au monde est nécessairement en rapport avec sa constitution, y a nécessairement ses antécédents et ses conditions en dehors desquels son existence serait inconcevable; en d'autres termes, les causes efficientes sont les moyens dont la nature se sert pour produire son œuvre. Mais cette œuvre implique une pensée directrice, un but poursuivi, au défaut desquels elle ne serait pas. De même toute œuvre humaine a dans la nature ses conditions ou moyens sans lesquels elle serait irréalisable; cependant elle a besoin, pour se produire, de la volonté intelligente de l'homme; la nature livrée à elle-même ne la réaliserait jamais.

3° Une finalité inconsciente présiderait à l'évolution des choses. — Cette conception d'une pensée qui s'ignore, d'une intelligence qui, dans une sorte de rêve, poursuit et atteint un but à son insu, difficile à admettre déjà lorsqu'elle est restreinte à l'homme ou à l'animal, devient absolument inadmissible lorsqu'on l'applique à l'explication du monde. Une intelligence qui n'est pas celle d'un esprit, une pensée diffuse, partout présente et agissante, sans unité propre et cependant principe d'unité dans les choses, sans connaissance et cependant procédant avec un art infaillible, sans désir et sans volonté (seraient-ils possibles sans personnalité?) et cependant poursuivant et réalisant des fins, une telle conception n'est qu'une hypothèse qui ne s'appuie sur rien et méconnaît toutes les conditions de la pensée et de l'activité causatrice.

4° Kant objecte que la preuve donne un ordonnateur, non un créateur du monde; une intelligence très grande et très sage, non une intelligence parfaite. — A supposer la critique fondée, il en résulterait simplement que la preuve a besoin d'être complétée sur le premier point par celle de la contingence de la matière, sur le second par l'une des preuves métaphysiques. Cependant on peut répondre à Kant qu'il n'appartient qu'à un être absolument parfait de trouver en lui-même, alors que rien n'existerait que le chaos, la pensée, la volonté, le pouvoir de tirer d'une matière informe un monde excellent.

III. **Preuves métaphysiques.** — 1° *L'être nécessaire* (*Fénelon*). — Un être nécessaire, c'est-à-dire tel que sa non-existence soit de toute impossibilité, a nécessairement en lui-même la raison de son existence; il est donc par soi et éternel. Mais un tel être existe-t-il? S'il n'existe pas, tous les êtres ont commencé d'exister; mais il faut une raison de leur existence; or, cette raison ne peut être en dehors d'eux, puisque en dehors d'eux il n'y a que le néant qui ne peut rien produire, ni en eux, puisque s'ils l'avaient en eux-mêmes, ils existeraient éternellement. Leur existence n'a donc pas de raison d'être, elle est impossible; donc il y a nécessairement un premier être éternel, et par soi.

Kant objecte que les attributs de cet être restent indéterminés, et que, si on ne prouve pas qu'il est parfait, l'existence de Dieu demeure en question. Mais cette preuve résulte d'autres arguments.

2° *Impossibilité d'une série infinie de causes secondes* (*Saint Thomas, Clarke*). — Une série infinie, c'est-à-dire sans commencement ni fin, de causes secondes, chacune étant tout à la fois cause par rapport à celle qui la suit et effet par rapport à celle qui la précède, est impossible. La preuve de cette impossibilité est difficile à donner sans doute, mais la raison n'hésite pas à l'affirmer. Des causes qui, par le fait, ne seraient toutes que des effets, des effets sans cause par conséquent, sont la négation du principe de causalité. Et encore : une série de termes dont aucun ne peut se soutenir par lui-même et qui cependant se soutiendrait toute seule, autre contradiction, semble-t-il. Telle, une chaîne qui resterait d'elle-même suspendue, sans être fixée à un point de suspension par aucun de ses anneaux. Enfin, la raison avant et au-dessus de tout ce qui n'a qu'une existence imparfaite et contingente, réclame quelque chose de premier, de nécessaire, de parfait, dont tout le reste procède.

Imperfection de l'homme (*Descartes*). — La même preuve est présentée aussi du point de vue des substances contingentes et encore des êtres imparfaits. C'est ainsi que Descartes l'applique à l'homme : je suis imparfait, donc je ne tiens pas mon existence de moi-même ni de mes ancêtres imparfaits comme moi, incapables par conséquent d'exister par eux-mêmes, mais seulement d'un être parfait.

3° *Éternité et immensité de Dieu* (*Clarke*). — L'éternité et l'immensité sont des propriétés, elles sont infinies, donc elles impliquent l'existence d'un être infini dont elles sont les attributs.

Cette preuve soulève diverses objections :

1° Si la durée est éternelle, c'est, dit Clarke, qu'éternellement quelque chose dure. Mais il faudrait prouver la réalité de cette durée éternelle. Il est, dit-il, de l'essence de la durée de n'avoir ni commencement, ni fin ; oui, mais de la durée possible, idéale ; non peut-être de la durée réelle.

2° Clarke assimile à la durée successive, qui est celle du monde, l'éternité, attribut divin. Or la nature de Dieu, son immutabilité excluent toute succession.

Mêmes objections pour l'immensité.

4° *L'idée de l'être parfait implique son existence.* (*Point de vue ontologique : Saint Anselme, Descartes.*) — Nous avons l'idée d'un être souverainement parfait ; or l'existence est un élément de perfection, un avantage dont la privation constitue un défaut ; donc l'idée d'un être souverainement parfait qui n'existerait pas est contradictoire, donc cet être existe.

Leibnitz accepte la preuve, à la condition que la possibilité d'un être parfait soit préalablement établie, parce que, dit-il, il est de l'essence d'un être parfait, et de lui seul, d'exister, s'il est possible ; or l'idée de l'être parfait n'implique pas contradiction : donc il est possible, donc il est.

Kant y voit un paralogisme : on prétend prouver que l'être parfait existe, et l'on se borne à dire que son essence est d'exister ; c'est justement ce qu'il faudrait établir. — Cette preuve, il est vrai, fait défaut ; mais la raison réclame l'existence de l'être parfait, parce que seul il a en lui-même la raison de son existence.

5° *Les idées d'infini et de perfection impliquent la réalité de leur objet.* (*Point de vue psychologique : Descartes, Fénelon*). — La démonstration de Descartes (3° méditation) est une application du principe de causalité à la question de l'origine des idées d'infini et de perfection : j'ai l'idée d'un être infini et parfait ; or cette idée ne peut me venir que de lui : donc, il existe. Descartes s'appuie sur ce principe, qu'il doit y avoir dans la cause au moins autant de réalité que dans l'effet ; de réalité *formelle* et *éminente* que de réalité *actuelle* dans celui-ci. Considérant l'idée comme un effet, et l'objet de l'idée comme la cause de celle-ci, lorsqu'elle est claire et distincte, et qu'elle s'impose nécessairement à l'esprit, il en conclut, quant à l'idée d'un être infini et parfait, que l'objet de cette idée doit avoir au moins autant de réalité formelle et éminente, qu'il y a en elle de réalité *objective*, c'est-à-dire représentative, en d'autres termes qu'il doit être absolument parfait ou infini, puisqu'il est conçu comme tel.

Cette preuve soulève également des difficultés. L'objet d'une idée n'en est pas la cause ; cette cause n'est autre que l'activité de l'esprit qui la conçoit ; dès lors, il n'est nullement nécessaire qu'il y ait dans la cause de l'idée autant que dans son objet. Il ne l'est donc pas que l'infini et le parfait soient réels, pour qu'ils soient conçus par un être fini et imparfait. Une idée peut être claire et distincte, et s'imposer nécessairement à l'esprit sans que, pour cela, son objet soit réel ; telles sont pour la plupart les conceptions de la raison qui, au contraire, excluent la réalité de leur objet : vérités mathématiques, idées de temps et d'espace, du bien et du beau.

6° *La raison humaine reflet de la raison divine* (*Platon, Bossuet, Fénelon, Malebranche*). — Les idées et vérités éternelles, objet de notre raison, supposent une intelligence parfaite et éternelle dans laquelle elles subsistent, éternellement présentes et entendues ; car il n'y a d'idée, de vérité que pour un esprit, et elles n'ont d'existence que dans la pensée qui les connaît.

Cette preuve soulève deux objections. 1. Elle repose sur une confusion des deux sens du mot vérité : subjectivement, la vérité implique connaissance, intelligence par conséquent ; mais objectivement, elle est et vaut par elle-même, objet d'une connaissance possible, mais non nécessairement actuelle. Les vérités mathématiques ne laisseraient pas d'être nécessaires et éternelles, quand nulle

intelligence ne les connaîtrait; elles subsisteraient comme des nécessités inhérentes à la nature des choses, et s'imposant à toute réalité comme à toute intelligence possible.
2. Elle semble attribuer aux conceptions de la raison une réalité qui n'appartient qu'à Dieu. Par cela même qu'elles sont ce qu'il y a de plus général et de plus abstrait dans notre pensée, elles excluent toute réalité de leur objet; expressions de rapports nécessaires entre les choses et entre les idées, et de convenances immuables comme le bien, elles ne subsistent ni en Dieu, ni dans les choses. Elles ne sont pas Dieu, comme le dit Fénelon, non plus qu'elles n'ont besoin d'être pensées par lui.

Critique de Kant. — Kant ramène toutes les preuves de l'existence de Dieu, sauf les preuves morales, à trois :

1° Cosmologique, ou de la contingence de la matière;
2° Physico-théologique, ou des causes finales;
3° Ontologique (celle de Saint-Anselme).

Il les discute et les déclare également insuffisantes, d'où il conclut à l'impossibilité d'une démonstration de l'existence de Dieu. Nous avons répondu à ses critiques pour les deux premières; les explications suivantes achèveront d'éclaircir les difficultés de la question.

Appréciation de ces preuves. — Faut-il conclure des critiques qu'encourent justement plusieurs de ces preuves, qu'une démonstration métaphysique de l'existence de Dieu est impossible? Non, mais il faut s'entendre sur les conditions d'une telle démonstration.

1° D'abord elle ne saurait prétendre à la rigueur formelle d'une démonstration mathématique.

2° A côté de la raison, elle doit faire une place à l'expérience. Elle a besoin de s'appuyer sur la réalité; son efficacité est à ce prix.

Aussi les plus solides de ces preuves font-elles implicitement appel aux données de l'expérience. Ce n'est pas seulement parce que nous concevons une cause première, qu'elle doit exister, c'est parce qu'il existe réellement des causes secondes : des causes, l'expérience l'atteste; des causes secondes, la raison les juge telles; reconnaissant alors l'impossibilité que de telles causes se suffisent à elles-mêmes, nous en concluons la nécessité d'une cause première.

De même, c'est de la durée réelle, de notre propre durée ou de celle du monde, que nous concluons à l'existence d'une durée éternelle, je veux dire d'un être sans commencement ni fin, comme condition nécessaire de toute durée limitée, de toute existence transitoire. De même, enfin, de notre propre imperfection, de celle du monde, nous concluons à l'existence d'un être absolument parfait, ayant en lui-même la raison de son existence, et par suite raison lui-même de toute autre existence.

En un mot la réalité, telle qu'elle nous est donnée, c'est-à-dire limitée, sous quelque aspect que nous la considérions, à titre de cause, de substance, de durée, la réalité n'a pas en elle-même la raison de son existence ; elle la tient donc d'un être supérieur, à la fois nécessaire et éternel.

Telle est la base uniforme de toute démonstration solide de l'existence de Dieu. Or, c'est l'expérience qui nous donne la réalité avec ses limites ; la raison y ajoute l'impuissance d'une telle réalité à s'expliquer elle-même ; c'est de cette impuissance que nous devons maintenant essayer de nous rendre compte.

Deux questions sont à résoudre. 1° A quelle condition quelque chose est-il possible ?

2° A quelle condition, non plus une chose quelconque, mais une chose bonne d'elle-même, quoique imparfaite et limitée, telle que le monde, est-elle possible ?

A la première question, la réponse est à peu près unanime : qu'un seul instant, rien n'ait existé, et toute existence est impossible. Il y a donc éternellement quelque chose. Seulement pour l'athéisme cette chose éternelle n'est que la matière.

A la seconde question, l'athéisme répond : les choses, telles qu'elles sont, sont simplement une suite, un développement ou un amoindrissement, il n'importe, des choses antérieures. Les existences actuelles continuent celles qui les ont précédées, comme d'autres suivront, sans commencement ni fin. La matière éternelle, qui revêt indifféremment et successivement toutes les formes, suffit à tout :

grâce aux seules forces qu'elle recèle, les formes de l'existence vont se développant et se perfectionnant jusqu'à ce que peut-être elles reviennent, par une rétrogradation possible, à leur point de départ.

Le monde, issu du chaos primitif, semble s'acheminer vers une perfection croissante, sans qu'une perfection absolue puisse être réalisée. Ainsi la réalité imparfaite et limitée se suffit à elle-même; le plus procède du moins, la matière engendre la vie, la pensée; et la perfection absolue, primitive et éternelle, n'est qu'une illusion.

L'athéisme affirme; il ne discute pas. Demandons-nous à notre tour quelle raison peut avoir de son existence une chose telle que le monde, bonne d'elle-même, mais limitée et imparfaite.

Elle existe. 1° Ce n'est pas en vertu d'une nécessité métaphysique ou intrinsèque, car sa non-existence n'implique pas contradiction.

2° Ce n'est pas en vertu de sa puissance propre : une chose imparfaite n'a pas le pouvoir de sortir du néant par sa seule force, de s'imposer à l'existence, alors que rien n'existerait.

3° Ce n'est pas en vertu de son excellence propre, qui rendrait son existence désirable. Cette excellence ne serait point pour elle une raison suffisante d'exister, si nous supposons un néant absolu. Un être sage peut seul trouver dans l'excellence d'une chose possible une raison déterminante de la réaliser. Mais qu'il n'y ait rien, ou rien que le hasard, elle ne se réalisera jamais.

4° Enfin, à supposer la matière éternelle, la matière seule, non la pensée unie à la matière, car telle est la thèse de l'athéisme, par quel miracle expliquer ces harmonies, cette excellence des choses, et leur perfectionnement graduel; cette vie de la nature, toute pénétrée d'intelligence, et l'apparition de l'intelligence elle-même au sein de la pure matière?

Supposons, au contraire, la perfection absolue réelle, tout s'explique. 1° Son excellence même rend son existence désirable au plus haut degré.

2° La toute-puissance qui lui appartient se manifeste

au plus haut degré dans sa seule existence déjà, et encore, à un degré moindre, dans celle d'un monde moins parfait qui est son œuvre.

3° Sa perfection absolue explique la perfection relative de son œuvre ; elle est sagesse et amour, et c'est pourquoi l'existence et l'excellence relative de la création sont possibles.

4° Enfin, on serait tenté de dire avec Leibnitz : son essence enveloppe son existence ; car elle est ce quelque chose de premier et d'éternel, d'absolu, sans quoi rien ne s'explique, auquel toute réalité est suspendue ; et le propre d'une telle chose est d'exister, non seulement dans la pensée, à titre de concept, mais dans la réalité, à titre de réalité suprême.

CHAPITRE III

NATURE ET ATTRIBUTS DE DIEU.

Attributs de Dieu. — Propriétés ou qualités constitutives de la nature divine.

Attributs métaphysiques et moraux. — Les premiers conviennent à Dieu, en tant qu'être infini ; les seconds en tant qu'être parfait. Les attributs métaphysiques excluent de la nature divine toute limite quelconque, incompatible avec son infinité. Les attributs moraux en affirment toute qualité compatible avec sa perfection. Les attributs métaphysiques, purement négatifs, répondent aux conditions les plus abstraites d'existence de l'être infini ; les attributs moraux, essentiellement positifs, constituent la personnalité divine, appartiennent à Dieu, en tant qu'être moral. La détermination des uns et des autres présuppose une certaine connaissance des êtres finis, des limites comme des qualités que l'expérience constate en eux ; connaissance au défaut de laquelle nous n'aurions pas même une idée des attributs correspondants à ces limites et à ces qualités. Mais ces limites, nous les rencontrons chez tous les êtres finis; ces qualités toutes morales, au contraire, en nous-mêmes seulement. En déterminant les attributs moraux, nous procédons par induction : nous jugeons Dieu d'après nous-mêmes, à la lumière de la raison; la détermination des attributs métaphysiques est plutôt déductive, l'idée de l'infini étant ici le point de départ, bien que l'idée de chacun d'eux soit encore une suggestion de l'expérience.

Attributs métaphysiques. — Unité, simplicité, immutabilité, éternité et immensité.

Attributs moraux. — Intelligence et sagesse, omniscience, liberté, toute-puissance, justice, bonté, sainteté et félicité.

Objections. — 1° *Ces attributs déterminent la nature divine sans la limiter.* — On a prétendu, à propos des attributs moraux, que toute détermination de la nature divine en est une limitation. Loin de là, attribuer à Dieu des qualités qui, par elles-mêmes, sont excellentes, et dont la privation constituerait un défaut, une infériorité, des éléments réels de perfection, c'est ajouter à l'idée de Dieu plutôt que la diminuer, surtout si ces qualités sont reconnues lui appartenir à leur degré le plus élevé; elles étendent et enrichissent sa nature, loin de la restreindre et de l'appauvrir. Que serait au contraire la perfection divine, qu'en resterait-il si toutes ces qualités excellentes pouvaient lui faire défaut? Qu'elles n'épuisent pas l'idée de perfection absolue, d'autres aussi étant possibles que nous n'entrevoyons pas, et encore que nous concevions bien imparfaitement chacune d'elles, et que nous ayons peine à les concilier, tout cela est incontestable. Il n'en est pas moins vrai que nous devons attribuer à Dieu ces qualités ou renoncer à nous faire une idée de lui, ou plutôt cesser de croire en lui.

2° *Le danger d'anthropomorphisme n'existe pas.* — On ajoute qu'attribuer à Dieu des qualités qui sont en nous, qui ne sont telles que pour nous, c'est transporter notre propre nature en lui, que c'est lui prêter une forme tout humaine. Non, du moment que nous excluons de ces qualités les limites et les défauts qui les altèrent et les restreignent en nous, que nous n'attribuons à Dieu que ce qu'il y a en elles d'excellent et de vraiment digne de sa perfection, et au degré même que sa perfection réclame.

Doctrines incompatibles avec ces attributs. — Trois principales : polythéisme, dualisme et panthéisme.

I. Polythéisme. — Le polythéisme est la doctrine, religieuse plutôt que philosophique, de la pluralité des dieux. Il est insoutenable : 1° il méconnaît le dogme fondamental de l'unité divine ; 2° il méconnaît la perfection divine, plusieurs dieux ne pouvant se distinguer les uns des autres qu'à la condition d'être imparfaits, de posséder seulement chacun l'une ou l'autre des qualités dont se compose la perfection, d'unir à celle-là des qualités limitées ou même des défauts ; 3° il tend à diviniser l'homme, ne voyant dans les dieux que des hommes meilleurs, ou même leur prêtant les faiblesses et les passions de l'homme ; 4° il est, par suite, dangereux pour la morale, proposant à la vertu l'imitation de dieux imparfaits.

II. Dualisme. — C'est la doctrine qui pose en présence de Dieu un second principe coéternel à lui.

Dualisme religieux. — Ce second principe, pour les uns, c'est le mal identifié à la matière (manichéisme). Mais alors Dieu n'est pas infini, une autre substance infinie, en durée du moins, coexistant à lui ; ni tout-puissant, le mal subsistant malgré lui.

Dualisme philosophique. — Pour les autres, c'est la matière, qui est coéternelle à Dieu. Pour Platon, Dieu est l'ordonnateur du monde ; pour Aristote, il n'en est que la cause finale, et n'a aucune action sur lui. — Mêmes objections : Dieu, ni infini, ni tout-puissant ; la matière, qui existe par elle-même, étant fatalement indépendante de lui, il doit lui être impossible, dès lors, d'agir sur elle.

III. Panthéisme : idée du panthéisme. — Que Dieu ait fait le monde de rien, que le monde ait commencé et qu'il puisse finir, qu'il subsiste en dehors de Dieu, que l'infinité et l'immensité divines aient une réalité possible en dehors de lui, que cet univers qui est tout soit comme rien vis-à-vis de Dieu, tout cela au regard d'une dernière doctrine, de toutes la plus profonde, mais la plus subtile et la plus obscure, est impossibilité, vue mesquine et superficielle des choses. Le panthéisme est cette doctrine qui ne sépare pas Dieu du monde, qui sans nier ni l'un ni l'autre, les rapproche jusqu'à les confondre au sein d'une même substance, dans une commune existence. Tandis que, selon le théisme, la Cause première créatrice suscite par un acte libre de sa volonté toute-puissante et sage un monde distinct d'elle-même, reflet vivant de sa propre pensée, mais qui ne participe à aucun degré de la substance divine, le monde, lon le panthéisme, n'est qu'une émanation, un rayonnement éternel de la substance divine elle-même, qui le produit par une sorte d'expansion et d'épanouissement, en vertu d'une nécessité intrinsèque, de telle sorte que c'est Dieu, seul réel et seul possible, qui existe, qui se meut, qui vit et pense en lui; en un mot tout vient de Dieu, est en Dieu, est Dieu même.

Ses formes principales. — Telle est l'idée dominante dont s'inspirent généralement les divers systèmes panthéistes; cependant entre eux les divergences sont nombreuses et profondes. On peut, en se bornant aux traits les plus saillants, distinguer trois formes principales de panthéisme.

1° **Naturalisme.** — La plus simple, la plus solide en apparence, est le naturalisme, c'est-à-dire la doctrine de la nature divinisée. Elle tient à la fois du dualisme et de l'athéisme. Le principe divin, étroitement uni à la matière, éternelle comme lui mais qui ne provient pas de lui, la pénètre et l'enveloppe. Il l'anime et l'informe; source inépuisable d'activité et d'énergie créatrices, de vie et de pensée, il se mêle à tout, est partout présent et agissant. Dans ce système le monde est divin, en ce sens qu'une force divine, la Nature, comme on l'appelle souvent, le pénètre et l'anime, que tout en lui, sauf la matière première dont il est formé, émane de cette force divine. Mais Dieu y est force plutôt que substance : la vraie substance est cette matière première; quant au principe divin, épars et perdu dans les choses, sans individualité véritable, il n'a d'un Dieu que l'activité créatrice, il lui manque le plus essentiel attribut de la divinité, la personnalité parfaite.

Les deux autres formes, œuvre de la métaphysique la

plus subtile, sont plus compliquées et plus obscures; elles procèdent l'une et l'autre de ce principe que rien ne pouvant exister en dehors de l'être infini et éternel qui est Dieu, le monde doit être en Dieu, qu'il est Dieu, totalement ou partiellement. Dieu ne pouvant sortir de lui-même, puisqu'il est tout l'être, c'est dans son propre sein qu'il déroule ces formes d'existence qui, à nos yeux, constituent le monde, ce monde auquel nous prêtons une individualité et une réalité propres, comme s'il pouvait se détacher de la substance divine qui est sa propre substance, comme si elle pouvait elle-même résider autre part qu'en lui. Non seulement donc le monde émane de Dieu, mais il est tout en Dieu. Dieu est la cause *immanente* des choses; il n'est plus seulement force créatrice, il est à la fois substance et force; il est substance, l'être en soi, l'être infini, et les êtres finis n'existent qu'en lui, font partie de lui-même, ne sont que des manifestations et des modes de la substance infinie.

2° **Panthéisme réaliste.** — Mais ici, nouveau partage; pour les uns, le monde est réel comme Dieu : la substance unique, infinie, éternelle, est Dieu en tant que pensée, elle est le monde en tant qu'étendue. Tel est le panthéisme de Spinoza : Dieu seul existe à titre de substance, les êtres, les esprits et les corps, ne sont que des modes de la substance divine.

3° **Panthéisme idéaliste.** — Pour les autres, le monde n'a qu'une réalité apparente. A en juger du dehors et sur le témoignage des sens, il est réel, il est même toute la réalité. Mais pour qui sait voir et juger d'après la seule raison, il n'est qu'une ombre de la vraie réalité, et, par rapport à elle, n'est qu'un pur néant. L'infini, l'absolu, l'être immuable et dans sa plénitude, seul est; le fini, le relatif, l'être fugitif et changeant qui n'apparaît que pour s'évanouir, dont la loi est le renouvellement incessant, c'est-à-dire l'anéantissement à court délai, ce perpétuel devenir des choses qui aspirent à l'être sans pouvoir s'y fixer, c'est le non-être, c'est l'illusion.

Le panthéisme réfuté : I. dans ses principes. — 1° L'*unité de substance*, principe fondamental du panthéisme, est illusoire. Non seulement Dieu et le monde existent substantiellement distincts, mais de même dans le monde les êtres et les choses.

Cette erreur a sa source dans une autre erreur plus subtile. On part de l'idée indéterminée de l'*être* ou de l'*être infini*, et l'être comprenant tout ce qui est, et de même l'infini en un sens excluant quoi que ce soit en dehors de lui, on érige l'être, l'infini en substance unique et universelle. Mais l'être est multiple, et la substance comme lui ; et l'infini, tel qu'il faut le concevoir, n'est pas tout l'être, mais cet être qui, de lui-même, possède toutes les qualités que l'être comporte, dont la nature exclut toute limite intérieure, mais non toutes existences en dehors de la sienne, du moment qu'elles ne sont pas indépendantes de lui. Spinoza, à son tour, part d'une définition erronée de la substance, qui est, dit-il, ce qui existe en soi et par soi : en soi, oui, mais non nécessairement par soi. C'est ainsi qu'il supprime d'un mot les substances contingentes, et les réduit à de simples modes de la substance divine.

2° *Distinction radicale de Dieu et du monde.* — Dieu infini, immuable et parfait ; le monde fini, changeant et imparfait. Il faut nier Dieu, ou lui reconnaître ces attributs ; sinon, il ne se distingue plus des êtres contingents ; et de même nier le monde, ou lui assigner ces attributs, sans lesquels il n'est plus le monde réel, mais un monde imaginaire. Le panthéisme, il est vrai, affirme l'infinité du monde ; mais entre le monde et Dieu, au point de vue du moins de la perfection et de l'immutabilité, il y a incompatibilité absolue. Or, quoique le panthéisme incline presque fatalement vers l'une ou l'autre négation, que tantôt il divinise la nature, et que tantôt il nous montre le monde à ce degré inférieur de l'être où il se distingue à peine du non-être, sa prétention avouée, sa raison d'être à côté de l'athéisme et du théisme qu'il condamne également, c'est de maintenir, en les conciliant dans une synthèse supérieure, à la faveur de l'unité de substance, la double réalité de Dieu et du monde. Mais pour opérer cette conciliation impossible, suffit-il d'affirmer dans la substance unique la coexistence d'attributs contradictoires, de la déclarer tout ensemble finie et infinie, changeante et immuable, imparfaite et parfaite? Qu'est-elle alors, sinon une impossibilité absolue? Entre le mystère insondable de l'acte créateur par lequel le fini procède de l'infini, le temps de l'éternité et ce monde imparfait de la divine perfection, et la contradiction poussée jusqu'à l'absurde que renferme l'identification, au sein d'une substance chimérique, de ces termes incompatibles, la raison n'a pas le droit d'hésiter : la vérité peut avoir ses obscurités impénétrables, mais l'impossibilité avérée ne saurait être la vérité.

II. **Dans ses conséquences.** — 1° *Négation de la liberté*, si Dieu seul existe et agit dans le monde.

2° *Négation de la moralité*. — Tout venant de Dieu, tout est bien ; les passions de l'homme, à quelque excès qu'elles se portent, sont en lui l'inspiration de la divinité ; elles sont légitimes, elles sont saintes, et si, par impossible, toute liberté ne lui était pas retirée, non seulement il pourrait leur céder sans crime, mais il ne pourrait leur résister sans impiété.

3° *Danger pour l'activité humaine*. — L'homme, doué d'une volonté sans efficacité et d'une raison inutile, n'a qu'à se laisser vivre, qu'à s'en remettre à la nature de son sort comme de sa moralité, qu'à s'effacer devant elle, impuissant qu'il est à la dominer.

Conclusions sur la nature de Dieu. — Deux vérités fondamentales au sujet de la nature de Dieu : personnalité divine et création.

Personnalité divine. — Dieu n'est ni un pur idéal sans réalité actuelle ni possible, digne de vénération et d'amour à cause de l'excellence qui lui est attribuée, mais enfin simple conception de notre esprit, à la manière du bien et du beau ; ni, comme on l'a dit quelquefois, la synthèse des lois du monde, lois sans réalité propre, synthèse tout abstraite ; il est la suprême réalité, être par soi et possédant éminemment toutes les qualités de l'être, et avant tout celles qui constituent la personne ou l'être moral, c'est-à-dire la conscience et la liberté ; non seulement il est, mais il est pour lui-même.

Création. — Tout vient de Dieu, tout l'être des choses, substances et propriétés, la matière du monde et ses lois.

CHAPITRE IV

PROVIDENCE

Providence. — (*Providere*, prévoir ou mieux pourvoir). — La Providence est le nom donné à Dieu en tant qu'il conserve et gouverne le monde, qu'il s'y propose et réalise une œuvre de sagesse et de bonté.

Preuves. — On les divise en preuves *a priori* ou rationnelles, et *a posteriori* ou d'expérience.

Preuve a priori. — *Attributs moraux de Dieu.* — La toute-puissance de Dieu est incompatible avec cette indépendance relative qui résulterait pour le monde de la suspension ou de la suppression de l'action divine par rapport à lui ; sa justice et sa bonté s'opposent à ce qu'il se désintéresse de son œuvre, à ce qu'il demeure indifférent en présence des désordres, des souffrances imméritées, des fautes impunies, en un mot, des maux de toutes sortes qu'il a le pouvoir de prévenir ou de réparer.

Preuves a posteriori. — 1° *Consentement général.* — La preuve vaut pour la Providence comme pour l'existence de Dieu.

2° *Sanction de la loi morale.* — Un Dieu juge et rémunérateur exerce une action providentielle.

3° *Ordre du monde.* — Considérons le monde du dehors, pour ainsi dire, tel qu'il s'offre au regard de la science, dans son histoire comme dans son état actuel.

Voyons, d'une part, la matière première se constituer, l'espace se peupler de mondes sans nombre, la terre réaliser les conditions les plus favorables à la vie, et la vie s'y produire sous des formes de plus en plus excellentes ; les créations successives rendues possibles par celles qui les ont précédées, et préparer celles qui les suivront, toutes choses, enfin, entraînées dans une voie de progrès sans limite.

Après ce qui a été, considérons ce qui est : l'unité du tout et la correspondance des parties, l'équilibre du système, la corrélation des forces, la simplicité des lois, le concours mutuel que les choses se prêtent, chacune empruntant et restituant tour à tour, de sorte que les autres semblent n'exister que pour elle, et que cependant elles-mêmes ne seraient pas sans elle ; la diversité infinie des formes de l'existence et de la vie, l'harmonie universelle et la beauté incomparable de l'ensemble et des moindres détails. Tout dans le monde, à ce double point de vue, témoigne d'une puissance infinie, industrieuse autant que sage, amie de l'ordre et de la beauté.

Mais considérons les choses de plus près ; essayons de pénétrer dans leur intimité. Sachons nous intéresser à tout ce qui est, à tout ce qui vit surtout ; mesurons l'abîme qui sépare du néant la plus humble des créatures. Nous sentirons alors de quel prix leur est la vie, quels trésors elle recèle : pour tous, trésors d'activité délicate et féconde ; pour la plupart, de sensations exquises ; pour les mieux partagés, trésors de sentiment, de pensée, de volonté libre. Et à l'excellence, à la difficulté de l'œuvre, nous jugerons de la sagesse et de la bonté de son auteur, de l'art bienfaisant qui a rendu ces biens possibles, et, avec une prévision infaillible et une sollicitude infinie, a tout préparé et pourvu à tout. Tout à l'heure nous admirions ; maintenant, nous bénirons.

Difficultés. — L'action providentielle s'exerce-t-elle par des voies générales, et dans le sens des lois établies, ou par des voies spéciales, exceptionnelles, par des moyens surnaturels ?

Dans la première hypothèse, les lois ne suffisent-elles pas, et l'intervention de la Providence a-t-elle une raison d'être ?

Dans la deuxième, comment la concevoir sans une atteinte portée à ces lois, dès lors sans un trouble profond dans l'équilibre du monde ?

Comment encore concilier la part de Dieu dans l'activité

des êtres avec leur propre initiative, et dans l'homme avec sa liberté?

En outre, cette intervention surnaturelle de Dieu ne trahit-elle pas l'imperfection de son œuvre, un défaut de conception ou d'exécution dans le plan divin?

Nous ne saurions entrer dans l'examen de ces difficultés. Nous nous bornerons à rappeler que des esprits religieux, Leibnitz, Malebranche, n'ont pas hésité à adopter la première hypothèse, la tenant pour la plus vraisemblable et plus favorable à la sagesse divine, et qu'en faveur de la seconde, d'autres ont allégué qu'en utilisant dans des vues spéciales les lois de la nature, comme l'homme le fait lui-même, Dieu ne porterait pas davantage atteinte à ces lois tout en obtenant d'elles des effets qui, sans son intervention, ne se seraient pas produits.

Objections : le mal. — Les principales objections contre la Providence sont tirées de l'existence du mal. Il y a du mal dans le monde; c'est, dit-on, que Dieu n'a pas pu ou n'a pas voulu l'empêcher; mais alors sa puissance ou sa bonté sont en défaut.

Avant de nous expliquer sur l'origine et la nature du mal, et d'en essayer la justification, il est indispensable de distinguer les principales formes qu'il revêt dans le monde. De même qu'il y a un bien en soi, ou d'excellence, qui est la perfection, un bien sensible, qui est le bonheur, et un bien moral, qui est la vertu, de même le mal est ou métaphysique, c'est-à-dire d'imperfection, ou physique : c'est la souffrance, ou moral : c'est le péché.

I. Mal métaphysique. — La justification en est facile : un monde absolument parfait serait égal à Dieu, serait Dieu même. Donc de toute nécessité le monde devait être imparfait. Il y a plus; l'imperfection n'est pas un mal; une création imparfaite n'est mauvaise que relativement à d'autres moins imparfaites, par ce qui lui manque pour valoir davantage; en elle-même, elle est bonne, elle l'est en tant qu'il y a en elle de l'être et du bien, et elle est d'autant meilleure qu'il y a en elle plus d'être, partant plus de bien; et comparativement au néant, au chaos, elle n'est pas seulement bonne, elle est excellente, tant il y a loin d'eux à elle. Ainsi le mal métaphysique n'étant qu'un moindre degré d'être et de bien, qu'une limitation, n'est rien de soi ; il est purement négatif, et en ce sens Leibnitz a eu raison de dire avec les scolastiques que Dieu n'est pas la cause *efficiente*, mais *déficiente* du mal ; le mal n'étant que l'absence, le défaut d'un plus grand bien, Dieu n'y a d'autre part que d'avoir limité la quantité d'être et de bien réalisés dans son œuvre.

A l'imperfection on ajoute l'inégalité des créatures. Mais que serait le monde sans cette variété et cette hiérarchie des êtres qui est la condition de sa beauté, comme celle de leur existence ?

II. **Mal physique : 1° désordres de la nature.** — La justification en est facile. Ils ne sont tels que pour nous, qui en souffrons, en effet, et les autres êtres comme nous, ou encore qui ne voyons l'ordre que dans une certaine régularité, que nous sommes habitués à rencontrer et que nos convenances nous font désirer de rencontrer toujours. Mais ces désordres apparents cachent un ordre réel, ou plutôt ils sont l'ordre même, puisqu'ils résultent des lois de la nature dont leur suppression entraînerait la suspension ou le changement. L'ordre est réel, du moment qu'elles ont toujours leur plein effet, que rien n'arrive dans le monde en opposition avec elles. C'est donc cet ordre lui-même qu'il faudrait incriminer, cet ensemble de forces et de lois dont l'équilibre ne se maintient qu'au prix de troubles partiels et de souffrances individuelles. Mais que l'on compare les biens et les maux qui en dérivent, que l'on essaie de concevoir un ordre meilleur, et l'on reconnaîtra sans peine que, loin de s'élever contre la providence, il la proclame et la glorifie. Et par exemple, le besoin, la maladie, la mort, sont des maux sans doute ; mais de quelles jouissances le besoin n'est-il pas la source ? quel n'est pas le prix de la santé et de la vie ? et que sont ces maux accidentels et passagers auprès des biens permanents que nous possédons en elles ?

2° **La souffrance.** — Quant à la souffrance, la justification en est moins aisée. D'abord il est difficile de n'y voir qu'une limitation ; elle semble bien plus positive que négative : elle n'est pas seulement la privation d'un plaisir ; elle en est précisément l'opposé. Qu'elle soit causée par la privation d'un plaisir, d'un bien, c'est possible ; mais elle est autre chose qu'un moindre bien ; elle est un mal réel.

La souffrance dans le plan divin. — Pourquoi donc Dieu l'a-t-il permise ? D'abord, parce que dans une foule de cas, elle est la conséquence soit des désordres apparents de la nature, soit même du cours normal de ses lois, lesquelles sont excellentes puisqu'elles sont la condition de l'existence et de tous les biens qui en découlent. — Mais Dieu ne pouvait-il faire un monde différent, également excellent, mais duquel la souffrance fût absente ? Qu'en savons-nous ? Si Dieu a préféré le monde actuel à d'autres également possibles, c'est sans doute qu'il valait mieux. Il n'a pas voulu la souffrance pour elle-même, mais, selon Leibnitz, parce que sans elle le monde le plus digne d'être réalisé eût été impossible.

La souffrance par rapport à nous. — A ces considérations générales, on peut ajouter les suivantes. La souffrance pour nous est un mal sans doute, et un grand mal ; cependant, eu égard à ses causes, elle a sa raison d'être ; eu égard à ses résultats, elle est souvent un bien, parce qu'elle doit tourner à notre bien.

1° *Dans ses causes.* — 1. Elle est inévitable, étant donnée notre sensibilité, qui est l'une de nos plus précieuses facultés. Physiquement et moralement, nous ne pouvons être accessibles au plaisir, sans l'être à la souffrance, et précisément au même degré.

2. Elle est quelquefois la conséquence de nos fautes, de nos imprudences, affections, passions, etc., et alors n'est imputable qu'à nous-mêmes.

2° *Dans ses effets.* — 1. Elle se justifie, jusqu'à un certain point, à titre d'expiation : la peine est la juste rançon de la faute.

2. Elle est le stimulant le plus énergique de notre activité physique et morale, de nos efforts pour améliorer les conditions de notre existence, pour échapper à la maladie, à la misère, et par suite contribue efficacement au progrès individuel et social.

3° Elle est une épreuve qu'il dépend de nous de faire tourner à notre profit moral ; elle nous détache des biens périssables et nous rapproche de Dieu.

III. **Mal moral.** — C'est l'abus de la liberté, le péché, ensuite ses conséquences, causes de souffrance dans la société. Dieu, dit-on, en nous donnant la liberté, nous a fait un don funeste ; il le savait, sa sagesse et sa bonté auraient dû nous l'épargner. — Non, du moment que la liberté est par elle-même un bien précieux, condition de dignité, de moralité et d'indépendance, de bonheur mérité, le seul qu'un être raisonnable puisse envier.

Mais pourquoi les désordres de la société ? ici l'oppression, là la corruption ? — Ces choses sont l'œuvre de l'homme et ne sont pas imputables à Dieu.

Loi de solidarité dans le monde moral. — N'imputons pas à Dieu les conséquences fâcheuses qui résultent de l'abus de la liberté, le désordre moral qui, sous mille formes, règne dans l'humanité, et dont tout être humain, dès lors, est fatalement la victime. Cruelle à bien des égards est cette loi de solidarité qui fait dépendre le sort de chacun du sort de tous, qui transmet à chacun des membres de la société les erreurs, les penchants et les vices d'autrui ; mais elle est inévitable, elle a sa justice aussi et s'étend au bien comme au mal ; si par elle l'humanité souffre, c'est à elle aussi qu'elle est redevable de tous ses progrès.

Conclusion. — En résumé, le mal est inévitable, étant données les conditions de la vie ; il a sa raison d'être, et même son utilité. Cependant, si au lieu de considérer les choses d'un point de vue général, on se préoccupe du sort fait à chaque individu, il faut convenir que la répartition des biens et des maux est loin d'être équitable. Mais le but pour l'homme est le bien, non le plaisir. Son devoir est de supporter les épreuves de la vie, de mériter par l'effort et le sacrifice. Ces épreuves sans doute appellent un dédommagement, ces mérites une récompense. Ils lui sont dus et lui sont assurés : que cette œuvre providentielle de la réparation ne s'accomplisse que dans une autre vie, étant impossible dans celle-ci, il n'importe ; du moment qu'elle est certaine, la justice de Dieu n'est point en question. Au lieu de dire que le mal prouve contre la Providence, il faudrait seulement dire qu'il la rend indispensable.

Optimisme. « Tout est pour le mieux dans le meilleur des mondes possibles, » a dit Leibnitz, Dieu devant nécessairement, quoique librement, préférer le meilleur. Oui, à la condition que l'on voie les choses dans leur ensemble et leurs rapports, non isolément, et que l'on y fasse la part du progrès, améliorant graduellement dans le monde les conditions et les formes de l'existence et de la vie.

QUATRIÈME PARTIE

MORALE

CHAPITRE Ier

OBJET DE LA MORALE, SON IMPORTANCE, SA MÉTHODE.

Objet de la morale. — La morale est étymologiquement la science des mœurs, des mœurs telles qu'elles doivent être, non sans doute telles qu'elles sont, des bonnes mœurs.

On la définit également : science du bien et du mal, des devoirs, de la destinée humaine et des moyens de l'accomplir ; expressions équivalentes d'une même idée, à savoir que la vie humaine réclame un but, une règle, et qu'il appartient à la morale de les lui assigner.

Ses divisions. — 1° Morale spéculative ou générale ;
2° Morale pratique ou particulière.

La première détermine le but et la règle de la vie, pose les principes ; la seconde en fait l'application, détermine les divers devoirs qui en dérivent.

La morale et la logique. — La morale a pour objet en un sens le bien, comme la logique la vérité, et pour but de conduire l'homme au bien, comme la logique à la vérité. Elles assurent les fondements et fixent les conditions, l'une de la moralité et de la vertu, l'autre de la connaissance et de la science. Ce que celle-ci fait pour l'homme intelligent, celle-là le fait pour l'homme actif et sensible. Elles formulent l'une et l'autre des règles de conduite, et ont surtout en vue la pratique. Mais elles ont également une partie spéculative, au défaut de laquelle leurs prescriptions manqueraient de base et d'autorité. Elles ont enfin ceci de commun qu'elles s'appuient nécessairement sur la psychologie et font appel à la raison.

Intérêt que présente l'étude de la morale. — 1° Nulle science ne nous touche de plus près, ne nous est plus indispensable, n'est appelée à exercer une influence plus décisive sur la vie, partant sur le bonheur, car les questions qu'elle doit résoudre sont pour nous d'un intérêt immédiat, d'une importance capitale.

2° D'autre part, rien de plus instructif que l'étude des doctrines si diverses dans lesquelles la raison humaine aux prises avec ces graves et difficiles problèmes, a cru tour à tour rencontrer la vérité ; rien de plus consolant et de plus encourageant que le succès qui a récompensé la persévérance de ses efforts et dont témoignent les progrès de la moralité humaine étroitement liés à ceux de la civilisation.

Son importance. — L'importance et la nécessité d'une morale scientifique ou rationnelle résultent : 1° de la contradiction des doctrines morales issues des dogmes religieux et des systèmes philosophiques, comme de la contradiction des opinions et des mœurs selon les époques et les sociétés.

2° De l'impossibilité pour l'individu de régler sûrement sa conduite, s'il est réduit à ne compter que sur lui-même. En appellera-t-il à sa propre expérience? elle est contradictoire. A sa raison? elle est sujette à erreur, s'il est abandonné à lui-même, à ses seules lumières, si surtout l'on fait abstraction des idées et des sentiments que chacun tient de l'éducation et de la société. Quant au sentiment dont il pourrait s'inspirer, il est aveugle, excessif, indifférent au mal et au bien et y porte également : s'il est des sentiments affectueux et nobles, il en est de malveillants, de haineux et de vils.

Or, d'une part, chacun a besoin d'une règle de conduite en laquelle il puisse avoir une confiance absolue; de l'autre, il est désirable au plus haut degré que cette règle soit la même pour tous, qu'il n'y ait pour l'humanité tout entière qu'une même foi morale, même bien, mêmes devoirs, mêmes vertus. Ce double résultat ne peut être atteint que par l'établissement d'une morale scientifique et rationnelle, dégagée de tout préjugé, étrangère à tout esprit de système, assez solide pour satisfaire pleinement la raison, assez précise pour que ses prescriptions soient toujours efficaces.

Développement de la morale. — La morale, envisagée dans sa forme comme dans son fond, dans sa constitution systématique comme dans l'ensemble des principes et des vérités qui y ont pris place avec le temps, est une œuvre collective, l'œuvre des générations successives. D'une part, sauf un petit nombre de notions fondamentales qui semblent inhérentes à l'esprit humain, tant la raison est prompte à les concevoir et tant elles se trouvent en harmonie avec nos sentiments les plus intimes et les plus vivaces, tout le reste, idées et sentiments, est le fruit des efforts faits par l'humanité pour pénétrer plus avant dans la vérité morale et s'y conformer elle-même; l'œuvre plus spécialement de la philosophie grecque, du christianisme ensuite quant à l'individu et à l'humanité en général, de la philosophie moderne, enfin, quant à la société civile et politique. D'un autre côté, si la constitution systématique de la morale comporte une rigueur croissante, c'est aux efforts dirigés dans ce sens par les diverses écoles philosophiques que ce progrès est dû.

Sa méthode. — L'objet de la morale, sans être absolument en dehors de la réalité, est, en un sens, tout idéal. La nature humaine, la vie, les mœurs, les actions humaines, non telles qu'elles ont été dans le passé ou qu'elles sont encore, mais telles qu'elles doivent être, voilà proprement son objet. Elle n'a pas à rechercher ce qui est, ce qui se fait en tel lieu, en tel temps, mais à reconnaître ce que l'homme doit être et doit faire partout et toujours. La méthode expérimentale, préconisée cependant par certaines écoles (positivisme), est donc absolument impropre pour le but qu'elle se propose : ce ne sont pas les vices et les fautes des hommes qui nous enseigneront nos devoirs, ni leurs vertus imparfaites qui nous révéleront cet idéal de la moralité humaine que tout homme doit prendre à tâche de réaliser en lui. A supposer ce qui n'est pas, que le bien dans le monde prévalût sur le mal, une telle méthode condamnerait l'humanité à rester stationnaire dans le bien, tandis qu'elle y avance et doit sans cesse y avancer.

La vérité, c'est que dans la vie le mal se mêle au bien, plus ou moins. Que conclure donc de faits contradictoires? Est-ce au nombre des cas de décider du bien et du mal? Suffit-il qu'une action soit fréquente pour être de droit, pour constituer un devoir? L'expérience nous dira peut-être si elle est utile ou nuisible, non si elle est noble ou abjecte, légitime ou criminelle.

La morale et la psychologie. — La méthode de la morale est donc surtout rationnelle : la raison seule a autorité pour concevoir un idéal de la moralité humaine, pour imposer un but et une règle à la vie, pour affirmer la distinction fondamentale du bien et du mal, et déterminer ce qui est bien ou mal. Mais elle s'appuie aussi sur l'expérience. D'abord il y a dans la nature humaine des germes de moralité sous forme d'instincts, de sentiments, d'idées même, qui devancent et préparent l'œuvre de la raison réfléchie, au défaut desquels la moralité serait impossible faute de racines dans notre constitution. En outre, lorsque passant de la spéculation à la pratique, la morale en vient à déterminer les divers devoirs de l'homme, force lui est de tenir compte encore de la réalité : d'abord de la nature même de l'homme, de sa constitution physique et morale, de ses aptitudes, de ses besoins, des nécessités de son existence; puis, bien qu'accessoirement, des conditions que fait à sa vie la constitution du milieu social où il se trouve placé, à titre, par exemple, de parent ou de citoyen.

Ainsi, analytique et d'observation intime, c'est-à-dire toute psychologique, au début; d'observation plus tard encore, lorsqu'il s'agit de déterminer ce qui est bien pour l'homme, étant donnée sa nature ; ailleurs intuitive et démonstrative, c'est-à-dire toute rationnelle, lorsqu'elle pose les fondements de la moralité, la méthode de la morale prend enfin un caractère déductif lorsque, finalement, elle détermine d'après ces principes les devoirs qui en dérivent.

La morale et la religion. — 1° *Distinction de l'ordre moral et de l'ordre religieux.* — Il y a dans la nature humaine des germes de moralité, dont le développement est possible, à la rigueur, en dehors de toute culture religieuse. D'autre part, la morale vaut par elle-même, a une autorité absolue comme expression des convenances et exigences pratiques de la raison : nier celles-ci équivaudrait pour la raison à se nier elle-même ; la morale s'impose dès lors à l'athée comme au croyant, et sa constitution sur les seules bases de la nature et de la raison n'en fait que mieux ressortir la nécessité.

2° *Union de la morale et de la religion.* — A un autre point de vue, la morale ne doit pas être séparée de la religion :

1° D'abord elle y a sa sanction nécessaire.

2° La vie religieuse et la vie morale, sans avoir ni même objet ni même principe, sont étroitement unies et également favorables l'une à l'autre.

D'un côté, cette seule pensée que la loi morale émane de Dieu, nous dispose à la respecter ; les espérances et les craintes religieuses, en outre, sont l'un des principes les plus efficaces de la moralité ; l'amour de Dieu, enfin, en est un principe nouveau plus pur et non moins puissant. D'un autre côté, la vie religieuse, séparée de la vie morale, ne donnerait qu'une satisfaction incomplète à nos tendances les plus nobles, serait stérile en œuvres, n'exercerait qu'une action insuffisante sur l'individu et la société.

3° L'ordre moral trouve sa consécration suprême dans les vérités fondamentales de la religion : perfection de Dieu, création et Providence. Il ne répond plus seulement à des convenances de notre nature et de notre raison : il est institué par Dieu, il est en harmonie avec l'ordre général des choses, tel que Dieu l'a établi ; il répond à une fin providentielle, la plus haute de toutes. Rattaché ainsi à l'ordre universel, et considéré comme une partie du plan divin, il reçoit un surcroît de grandeur et d'autorité.

MORALE SPÉCULATIVE

LES FAITS, OU LES MANIFESTATIONS DE LA VIE MORALE

CHAPITRE II

I. — MOTIFS ET FINS DE NOS ACTIONS

Ordre des questions; difficulté de le fixer. — L'ordre à suivre dans l'étude des questions qui font l'objet de la morale spéculative, est malaisé à déterminer. Une première difficulté provient de leur connexité, chacune étant liée à d'autres, à plusieurs, et ne pouvant guère en être séparée. A cela s'ajoute l'inconvénient d'interrompre et d'embarrasser l'exposition par la critique indispensable des théories erronées. Cet ordre enfin dépend nécessairement du point de vue qui préside à l'établissement des principes de la morale, soit qu'on les demande à l'observation de la nature humaine, ou qu'on demande à la raison de les poser *a priori*.

Ordre suivi. — L'ordre suivant, sans être pleinement satisfaisant, se recommande par la netteté et par l'enchaînement méthodique des idées.

1° *Les faits*, ou les manifestations de la vie morale dans la nature humaine :

1. La moralité dans les actes : *motifs de nos actions;* —
2. dans les pensées et les sentiments : *jugements et sentiments moraux.*

2° *La raison des faits*, ou les premiers principes de la vie morale, tels qu'ils résultent de l'étude des faits, justifiés par la raison et fondés sur l'essence des choses.

1. *La loi, ou l'obligation morale;* 2. *le but, ou le bien.*

3° Examen des doctrines qui méconnaissent ou altèrent ces principes. — Morale de l'*intérêt* et du *sentiment.*

4° *Déduction abstraite des principes* de la morale, ou des fondements de la moralité : *Bien absolu* et *bien moral;* le *bien et le devoir; mérite, peines et récompenses, sanction; droit et devoir.*

5° *Leur application* à l'agent moral: l'interprétation de la loi (*conflit des devoirs; fin et moyens*); ses effets sur l'agent moral (*vertu*); ses conséquences pour lui (*sanctions terrestres*).

Le problème moral. — 1° L'obligation morale: toutes actions sont-elles licites, facultatives, ou y a-t-il, selon les cas, devoir d'agir ou de n'agir pas?

2° Le bien: toutes fins d'actions sont-elles également licites, indifférentes, n'ayant d'autre valeur que celle qu'il nous convient de leur attribuer? Ou y a-t-il une fin suprême, valant seule par elle-même, et qui s'impose par son excellence propre? Cette question est implicitement contenue dans la première.

3° Reste à déterminer d'une manière générale ce qui est bien, et par suite ce qui est obligatoire, quel est le bien pour l'homme et le devoir général qui en résulte, devoir dont tous les devoirs particuliers à déterminer ultérieurement ne seront que la conséquence.

Comment il se trouve résolu en fait dans la nature humaine. — Les deux premières questions sont fondamentales; de la solution qu'elles comportent dépend l'existence de la morale; c'est donc à elles que nous devons nous attacher tout d'abord, l'entente étant facile ensuite sur la troisième.

Avant d'en demander à la raison la solution *a priori*, nous rechercherons de quelle manière elles se trouvent résolues en fait dans la nature humaine. Pour cela nous essaierons de dégager les éléments de moralité qui lui sont inhérents, en étudiant l'homme tour à tour comme actif, intelligent et sensible.

Les actions humaines. — Considérées en elles-mêmes, elles présentent une diversité infinie; leur étude est donc presque impossible. D'un autre côté, envisagées à ce point de vue, du dehors pour ainsi dire, elles nous laissent dans l'ignorance de ce qu'il nous importe surtout d'en connaître, à savoir de ce qui se passe dans la conscience de leur auteur et en fait proprement la valeur morale; car, selon les cas, une même action peut correspondre à des états de conscience très différents, être inspirée par exemple par l'amour ou la haine, l'intérêt ou le dévouement; et réciproquement des actions très différentes provenir d'un même état de conscience.

Principes de nos actions. — Toute action en un sens procède bien d'un principe unique : la volonté ; mais celle-ci ne se détermine qu'à une double condition : c'est d'abord qu'elle soit poussée à agir, qu'elle subisse une impulsion quelconque qui la tire de son repos ; par exemple un sentiment tel que la pitié, la colère, un désir ; une pensée telle que celle-ci : il y va de mon intérêt, de mon honneur ; je le dois. C'est ensuite qu'elle entrevoie par delà l'action elle-même un certain résultat qui la justifie à ses yeux. En un mot, toute action implique un motif qui la détermine, un but, une fin vers laquelle elle se dirige.

Ainsi la question : pourquoi telle action? comporte une double réponse : parce que... et pour... J'ai agi par pitié, par crainte, par intérêt ; ... pour mon plaisir, pour mon bonheur.

Dans certains cas, la corrélation des deux points de vue est nettement marquée ; en d'autres, l'un d'eux est prédominant et seul apparent. Si j'agis par désir, par crainte, j'ai manifestement en vue de me procurer une satisfaction, de fuir un danger. Tantôt, au contraire, le but est à peine entrevu, la volonté cède presque aveuglément à l'impulsion du sentiment : colère, indignation, affection ; ou bien c'est le but qui est tout et le motif n'apparaît qu'ultérieurement, suggéré par lui : menacé d'une souffrance, d'un danger, d'un malheur, je n'ai qu'une pensée : y échapper. Mais, au fond, but et motif ne vont pas l'un sans l'autre : dans la colère, la vengeance, ma volonté, à son insu peut-être, poursuit un but : la satisfaction du sentiment qui la maîtrise.

Aussi entre le but et le motif y a-t-il un rapport constant : tel but, tel motif. N'ai-je en vue que le plaisir? je cède à la passion, au désir ; est-ce mon bien propre, ma santé qui me préoccupe? j'agis par intérêt.

MOTIFS ET FINS DE NOS ACTIONS. 467

Or, si nos actions varient à l'infini, si leurs motifs et leurs fins secondaires sont eux-mêmes très divers, leurs motifs et fins essentiels sont au contraire peu nombreux et faciles à déterminer.

Ces fins les plus générales de nos actions peuvent se ramener à trois : c'est le plaisir, quels qu'en soient le siège et la valeur : une satisfaction des sens, du cœur, de l'esprit, d'un mot le bien sensible ; c'est un avantage quelconque : l'utile, le bien-être, le bonheur, d'un mot le bien personnel ; c'est enfin le bien proprement dit.

A ces fins correspondent trois motifs principaux : le désir ou le sentiment, l'intérêt ou calcul égoïste, et le devoir.

Leur ordre d'apparition dans la conscience. — Au début, le désir est seul possible ; la jouissance du plaisir, la fuite de la douleur sont les seules fins que puisse se proposer un être dont l'intelligence est à peine éveillée et la volonté à peine ébauchée. Plus tard, avec le progrès de l'expérience et de la réflexion, l'intérêt devient possible ; l'idée du bien propre, du bien-être, du bonheur s'éveille et se précise de plus en plus. Apparaît enfin le devoir, lorsque la raison déjà mûre est capable d'attribuer aux actions une valeur absolue, indépendante de celle que leur prêtent le plaisir ou l'intérêt.

Désir. — Sous ce nom il faut comprendre à côté du désir tout sentiment susceptible d'influer sur la volonté : appétit, besoin, émotion, affection et passion.

Mobiles et motifs. — Le désir, ou sentiment, est appelé *mobile* d'action parce qu'il est étranger à la réflexion. Au fond c'est la nature même, l'instinct qui ici nous pousse à agir. Aussi est-il le principe habituel ou exclusif des actes de l'animal et de l'enfant. L'intérêt et le devoir sont dits *motifs*, au contraire, parce qu'ils font appel à la réflexion.

Motifs empiriques et rationnels. — De même l'intérêt est dit motif *empirique*, parce que l'expérience seule nous apprend qu'il y a des choses utiles ou nuisibles, et quelles elles sont ; le devoir, motif *rationnel*, parce que la raison seule conçoit le devoir et peut le déterminer.

Caractères du désir. — 1° *Exclusif :* l'âme dominée

par le désir ne voit que l'objet qu'il lui propose, oublie pour lui tout autre objet.

2° *Aveugle :* elle ne voit que la satisfaction attachée à la possession de l'objet désiré ; les autres choses ne l'intéressent qu'en tant que moyens ou obstacles par rapport à lui ; tout le reste : dangers, conséquences fâcheuses..... lui échappe.

3° *Impatient :* elle ne sait pas différer ; pour elle, l'attendre c'est le perdre.

4° *Inconstant :* la possession obtenue, la satiété, le dégoût surviennent ; un autre désir s'éveille pour finir de même, et l'âme, sollicitée toujours par de nouveaux désirs, ne connaît ni repos ni contentement durable.

Intérêt. — L'intérêt, ou calcul égoïste, procède de l'amour de soi et a en vue le bien personnel : bien-être, ou bonheur. Il a proprement pour objet tout ce qui, à un titre quelconque, a quelque valeur par rapport à cette fin, d'un mot l'utile.

En quoi il diffère du désir. — Le désir peut être désintéressé (curiosité scientifique, sentiments affectueux), l'intérêt est foncièrement égoïste ; le désir est tout spontané : nous désirons en vertu d'une impulsion naturelle, irréfléchie ; qui dit intérêt, au contraire, dit calcul, préoccupation prédominante de soi, recherche réfléchie et préméditée de son bien propre.

Comment l'intérêt succède au désir. — Une expérience précoce ne tarde pas à mettre l'enfant en garde contre ses désirs ; il s'aperçoit que souvent il lui en coûte plus pour les satisfaire ou de les avoir satisfaits que ne valait le plaisir qu'il en a retiré ; d'où il conclut que dans certains cas il a avantage à les réprimer, comme, en d'autres, à accepter une peine momentanée dont il se trouvera bien ensuite. Il apprend ainsi à distinguer d'avec les plaisirs et les peines fugitifs qui résultent du désir satisfait ou contrarié, des états de bien-être ou de souffrance, physique ou morale, prolongés et bien autrement importants ; à reconnaître que certaines circonstances, les choses extérieures aussi bien que ses propres actions, y contribuent pour une large part. Il est alors amené à regarder comme des biens et des maux, non seulement les jouissances et souffrances elles-mêmes, mais encore tout ce dont elles dépendent, et au premier rang la santé, la fortune, etc. Il a dès lors l'idée de l'utile et du nuisible, l'idée de son bien propre et il peut agir par intérêt. Plus tard, il acquerra l'idée du bonheur, où qu'il le place, et pourra être égoïste.

Caractères de l'intérêt. — Il n'est pas exclusif; il sait concilier les avantages et les plaisirs entre lesquels le désir choisirait; il est clairvoyant, sachant tenir compte des moyens et des conséquences; enfin, il est patient et persévérant.

Extension du désir et de l'intérêt. — Le désir, le sentiment, désintéressés en principe, peuvent être dans certains cas nobles et généreux. De même, à côté de l'intérêt propre, il faut faire la part de l'intérêt d'autrui, qui souvent, lui aussi, est un puissant motif d'action. Cependant ces motifs ainsi ennoblis et généralisés gardent leur caractère essentiel; ils disposent à la moralité : ils ne la constituent pas. Autre chose est faire une action pour être agréable ou utile à autrui, et la faire parce qu'on sait devoir la faire, pour remplir un devoir.

Devoir. — Agir par devoir, c'est faire une action uniquement parce qu'elle doit être faite, à cause de sa valeur morale, de son excellence propre, sans tenir compte du plaisir ou de la souffrance, des avantages ou désavantages qui peuvent en résulter. En un mot, c'est agir en vue du bien.

Le devoir et l'intérêt. — 1° L'intérêt *conseille*, engage; le devoir *commande*.

2° L'intérêt est *relatif* : il est de mon intérêt de faire telle action, parce que j'en attends des avantages qui ont du prix à mes yeux : santé, fortune; mais ces choses pourraient m'être indifférentes, et l'action qui ne vaut que par rapport à elles serait dès lors sans valeur. Le devoir est *absolu* : dans l'action que je dois faire, je n'ai pas à regarder mes convenances propres; cela est indifférent. Elle vaut par elle-même, et c'est pour cela que je dois la faire.

3° L'intérêt *varie* selon les temps et les lieux; ce caractère est la conséquence du précédent. Le devoir est *universel;* ce qu'il commande à l'un, il le commande à tous.

Conclusion. — Le devoir n'est pas seulement l'un des motifs possibles de nos actions ; il en est un motif très réel et de tous le plus puissant, si l'on en juge par les sacrifices qu'il détermine et la résistance qu'il rencontre dans les motifs contraires et que parfois il surmonte chez tous les hommes sans exception.

CHAPITRE III

II. — CONSCIENCE ET SENTIMENT MORAL

I. — La conscience et le sentiment moral : les faits. — La conscience morale. — C'est le nom donné à la raison en tant qu'elle a pour objet la moralité, qu'elle discerne le bien du mal. Le mot *conscience* marque que c'est au plus intime de nous-mêmes que cette distinction s'établit, et qu'elle s'impose à notre esprit avec une force irrésistible. Toutes celles de nos idées et tous ceux de nos jugements qui concernent la moralité relèvent de la conscience. Au premier rang les idées du *bien* et du *mal,* celles de *droit* et de *devoir,* de *responsabilité,* de *mérite* et de *démérite,* et les jugements dans lesquels elles interviennent pour qualifier l'agent moral et ses actions : telle action est jugée bonne ou mauvaise, obligatoire ou défendue, son auteur méritant ou déméritant. Les jugements par lesquels l'agent moral est déclaré digne d'éloge ou de blâme, d'estime ou de mépris, de récompense ou de châtiment, ne sont qu'une conséquence de ceux-là.

Ces idées et ces jugements ne sont pas particuliers à certains individus ou à certaines sociétés ; ils font partie intégrante de la raison humaine, qui, à tous les degrés de son développement, les conçoit et les formule sans hésitation aucune et avec une absolue confiance en ses propres lumières. La justice et l'injustice, le droit et l'usurpation, l'honneur et l'infamie ont leurs noms dans toutes les langues, et ces mots sont l'écho d'une pensée universelle : Vous me frappez : de quel droit? Vous me châtiez : quelle faute ai-je commise? Le coupable est puni; l'honnête homme est récompensé : c'est justice !

Le sentiment moral. — C'est le nom donné à la sensibilité en tant que source ou principe d'une classe spéciale de sentiments dont le caractère distinctif est de correspondre aux déterminations de la conscience morale. On les dit pour cette raison sentiments moraux. Elle se compose d'inclinations et d'émotions, d'affections même, de joies et de peines; tous supposent la distinction fondamentale du bien et du mal, et l'obligation irrésistiblement sentie d'y conformer la conduite. Invincible attrait pour le bien, aversion insurmontable pour le mal, respect religieux du devoir, inclination secrète à lui obéir, sorte de trouble et d'effroi dont l'âme ne peut se défendre à la pensée de le violer ; approbation et blâme qui s'attachent à l'action morale, quel qu'en soit l'auteur, estime et mépris pour celui-ci ; satisfaction intime, joie pure, délicieuse, le devoir accompli; remords, honte, vague effroi, reproches douloureux à soi-même, le devoir enfreint : tels sont, à divers degrés et sous des formes variées, les principaux des sentiments moraux. Nul homme qui leur soit étranger, qui par eux n'ait joui ou souffert, ne se soit senti profondément heureux ou malheureux.

Rapport des sentiments aux jugements moraux. — En apparence, sentiments et jugements moraux sont simultanés, indépendants les uns des autres, et ne font que traduire sous des formes différentes, les uns dans l'ordre intellectuel, les autres dans l'ordre sensible, l'impression que le bien et le mal éveillent dans notre âme. Une analyse plus exacte établit que les sentiments sont postérieurs et se subordonnent aux jugements. — 1° Les sentiments n'apparaissent jamais que lorsque la raison éveillée, soit spontanément, soit par l'effet de l'éducation, est déjà capable d'attribuer une valeur morale aux actions. C'est ainsi que l'enfant est inaccessible à la honte, au remords, à l'indignation, souvent même à tout respect et à toute pitié, tant que les idées du bien et du mal, de devoir, de dignité morale, de justice, lui font défaut.

2° Le sentiment se conforme toujours au jugement moral qui le précède, et se modifie constamment avec lui. L'influence sur l'esprit d'abord, sur le cœur ensuite, des principes transmis par l'éducation, des croyances religieuses, des opinions et des doctrines qui touchent à la moralité, chez les individus et chez des peuples entiers, en est une preuve irrécusable. De là vient que la même action jugée successivement bonne, puis mauvaise, donnera lieu à la satisfaction de conscience d'abord, au remords ensuite ; qu'elle inspirera autant de répugnance alors que d'attrait auparavant.

II. — Les idées et les sentiments moraux ont leur origine dans notre nature même. — De ce qui précède, nous n'hésitons pas à conclure : 1° que la vie morale est universelle dans l'humanité; 2° qu'elle est naturelle à l'homme; en d'autres termes, que les idées et sentiments moraux ont leur origine dans notre constitution même, non dans des circonstances accidentelles en l'absence desquelles ils pourraient faire défaut. — Ces conclusions, généralement admises comme des vérités de sens commun, ont été cependant contestées ; on a soutenu qu'ils n'avaient en nous qu'une existence artificielle, des causes tout accidentelles : éducation, convention sociale ou même superstition religieuse, suffisant à les expliquer.

1° *L'éducation.* — Une telle origine est absolument invraisemblable, sinon impossible. 1° Et d'abord, pourquoi l'éducation aurait-elle cherché partout également à éveiller et à développer des idées et des sentiments que l'on déclare sans racines dans la nature humaine? A moins de supposer une entente préalable impossible entre les premiers éducateurs de l'humanité, une telle uniformité d'enseignement demeure inexplicable. — 2° D'autre part, le succès constant qu'on est forcé de lui reconnaître ne l'est pas moins. La puissance de l'éducation, comme celle de l'habitude, est immense, mais à la condition qu'elle rencontre dans le milieu sur lequel elle opère des germes préexistants, susceptibles de développement, que la direction qu'elle essaie d'imprimer aux facultés ne soit pas diamétralement opposée à leur direction native. Si la nature humaine n'aspire pas d'elle-même à la moralité, il est inconcevable qu'elle cède si aisément à l'impulsion moralisatrice qui lui est transmise, qu'elle soit hors d'état d'y résister. — 3° Enfin, l'homme n'est pas exclusivement l'œuvre de l'éducation; il sait au besoin rompre avec son passé, avec ses habitudes de penser et de sentir les plus invétérées, les plus chères, lorsque sa raison les condamne; mais ici rien de semblable; la réflexion ne fait que nous affermir davantage dans ces habitudes que l'on déclare artificielles, tellement notre nature a d'affinité pour elles, et d'elle-même les réclame.

2° *Convention arbitraire.* — Le propre d'une convention est de pouvoir être rompue avec la même facilité qu'elle a été conclue. Nous est-il loisible de déclarer non avenues, lettre morte, les prescriptions de la justice, du devoir, de l'honneur? Il y a en elles quelque chose de sacré, d'inviolable, qu'il n'est pas en notre pouvoir de supprimer, qui est antérieur à tous nos engagements, qu'ils reconnaissent implicitement et dont ils tirent toute leur force.

3° *Superstition.* — Toute religion, en effet, enseigne la morale, et en appuie les prescriptions d'espérances et de craintes surnaturelles. Mais il arrive que la foi religieuse succombe sans que l'enseignement moral en soit ébranlé. N'est-ce pas qu'il a dans la raison son inébranlable appui, qu'il répond à des besoins de l'esprit et du cœur que le scepticisme religieux lui-même ne peut supprimer.

LA RAISON DES FAITS

CHAPITRE IV

I. — LA LOI, OU L'OBLIGATION MORALE

Passage des faits à la spéculation. — Nous avons constaté la réalité d'une vie morale dans l'humanité, non comme fait accidentel et sujet à exception, mais comme principe constitutif de la nature humaine. Nous avons maintenant à en reconnaître la valeur absolue, à établir que cette vie morale n'est pas l'effet de convenances purement humaines, de telle sorte que l'homme aurait le droit, s'il en avait le pouvoir, de la répudier, mais qu'elle a sa raison d'être dans la nature immuable des choses, et, qu'en s'attachant à elle, il ne fait que se conformer à des convenances supérieures, à un ordre nécessaire et éternel qui s'impose à lui parce qu'il s'imposerait de même à tout être raisonnable et libre. Parmi les divers phénomènes par lesquels cette vie morale s'est manifestée à nous, il en est deux d'une importance capitale, parce que, eux étant donnés, tous les autres sont inévitables : ce sont les idées fondamentales d'*obligation,* ou de devoir, et du *bien.* C'est donc elles qu'il nous faut d'abord étudier. Qui dit obligation, dit lien moral, lien pour l'esprit et le cœur, surtout pour la volonté ; or un lien moral est une loi; ces expressions : obligation morale, loi morale, sont donc équivalentes.

Loi en général. — Qu'est-ce qu'une loi en général et quelles sont les diverses sortes de lois ? — Une loi, en général, est une règle qui détermine, sans admettre d'exception, soit la manière d'être des choses, soit la manière d'agir des êtres. — Montesquieu a dit : Les lois sont les rapports nécessaires qui dérivent de la nature des choses. Mais cette nature des choses elle-même est l'expression de lois qui la constituent. — Toute loi implique à quelque degré constance et généralité.

Lois naturelles. — Elles déterminent les conditions de l'existence et de l'activité dans le monde. En vertu de ces lois, les choses, les êtres et les faits se produisent comme par l'effet d'une nécessité subie, mais ignorée, et sans qu'ils puissent s'y soustraire ou en être affranchis.

Leurs caractères. — 1° Elles sont donc *nécessitantes :* une nécessité relative ou de fait enchaîne le phénomène à sa loi.

2° Originairement *contingentes,* autant du moins que nous puissions les connaître; elles ne seraient nécessaires que si elles dérivaient d'une nécessité mathématique ou métaphysique, ce que nous ignorons.

3° *Constance* et *généralité :* limitées plus ou moins, l'universalité et la perpétuité de quelques-unes seulement entrevues plutôt qu'établies.

Lois naturelles et lois morales. — Les lois naturelles sont pour ainsi dire intérieures aux choses ; elles se confondent avec les conditions de leur existence et de leur activité. Le propre des lois morales est de leur être extérieures, de ne s'exécuter qu'avec le concours et grâce à l'adhésion des êtres qu'elles régissent. Leur exécution implique une double condition : qu'elles soient *connues* et *consenties.* Elles s'adressent donc à des êtres doués d'intelligence et de volonté, capables de comprendre et d'interpréter la loi, et de s'y conformer, c'est-à-dire raisonnables et libres. — Deux sortes de lois morales : lois humaines ou positives ; loi morale proprement dite.

Lois humaines : *leurs caractères.* — 1° *conventionnelles ;* 2° par conséquent *variables* et *particulières,* étant restreintes à tel pays, à telle époque, et correspondant à des convenances passagères ; 3° *conditionnellement obligatoires :* étant conventionnelles, elles n'obligent que ceux sur lesquels elles ont autorité ; mais leurs prescriptions en elles-mêmes n'ont rien d'obligatoire ; ce qu'elles me commandent, ma raison, ma conscience, peuvent ne pas me le commander, le désapprouver même.

Loi morale. — *La loi morale et la conscience.* — Elle est la loi souveraine des êtres raisonnables et libres, la règle inviolable de nos actions. Tout ce qu'elle me commande, ma raison, ma conscience me le commandent aussi et directement. Au fond, elle, ma conscience, ma raison, ne font qu'un. C'est par une véritable illusion que je lui attribue une sorte d'existence objective, de réalité propre ; elle n'existe qu'en moi, dans ma pensée raisonnable et sage, et dans toute autre pensée raisonnable et sage, mais avant tout dans la pensée de Dieu. Ces arrêts imprescriptibles, ces commandements sacrés que je crois émaner d'elle, c'est cette pensée qui les formule, elle seule, la pensée divine, ou la mienne, parce qu'elles sont l'une et l'autre fondées en raison, et que, par delà ce qui est, elles conçoivent ce qui doit être, les conditions certaines d'une vie conforme à la raison, d'une vie sage, honnête et sainte. Quant à elle, elle n'a d'autre autorité que celle de la vérité qui est en elle, et dont ma raison m'est témoin et garant. Mais cette autorité là, je ne saurais la méconnaître sans renier ma propre raison, la nier dans mes pensées sans me mentir à moi-même, la nier par mes actions sans me dégrader à mes propres yeux.

Ses caractères. — 1° *Inconditionnellement obligatoire.* — Comme les lois positives, elle lie la volonté sans la contraindre ; elle est *obligatoire,* non nécessitante ; mais elle l'est *inconditionnellement ;* elle ne dit pas comme celles-ci : Ne trompe pas, supposé que j'aie un droit sur toi ; ni comme les maximes de l'intérêt : supposé que tu aies avantage à ne pas tromper ; elle dit simplement : Ne trompe pas, tu ne le dois pas. — De là la distinction de Kant entre les *impératifs hypothétiques,* qui prescrivent une action pour quelque autre chose, pour un but qui n'est pas objet de commandement et reste arbitraire (travaille, si tu veux t'enrichir), et les *impératifs catégoriques,* qui commandent immédiatement une certaine conduite.

2° *Absolue.* — C'est que les prescriptions de la loi morale ont une valeur absolue ; elles ne valent pas seulement par rapport à une loi qui pourrait être abrogée, à un résultat qui pourrait être négligé, elles ne valent pas à titre de moyens pour une fin dont elles tireraient toute leur force, quelle que fût d'ailleurs la valeur de celle-ci ; elles valent par elles-mêmes, à cause de leur excellence propre, parce qu'elles sont fondées en raison et dans le bien. De là la forme absolue du commandement moral : Tu ne tromperas pas ; de là son *invariabilité,* l'accord constant du devoir avec lui-même, tandis que les prescriptions de l'impératif hypothétique varient nécessairement avec le but qu'on se propose.

3° *Universelle.* — La loi du devoir s'impose à tout être humain, à toute créature raisonnable et libre. Ses prescriptions sont valables pour tous, les mêmes pour tous, autant du moins que leur nature les comporte. Lorsque ma conscience me dit : Fais cela, tu le dois ! ce cri de ma conscience n'est que l'écho de la conscience universelle du genre humain; que dis-je, de tous les êtres raisonnables, laquelle, j'en ai la ferme assurance, dans la situation où je me trouve placé, tiendrait à tous le même langage.

Existence de la loi morale. — Elle est prouvée par le consentement général, la conscience et la raison.

1° Consentement universel. — Elle est prouvée indirectement par la foi constante de l'humanité. C'est un fait que toute société impose des devoirs à ses membres, et que ceux-ci, au lieu de protester contre une violence qui leur serait faite, de se soulever contre une oppression dont ils seraient victimes, les reconnaissent et se les imposent à eux-mêmes. En présence de ce fait, soutenir que la loi morale n'est qu'une illusion, c'est supposer une aberration universelle dont chacun serait à la fois dupe et complice, c'est dénier à l'humanité toute droiture et toute lumière.

2° Conscience. — Directement et pratiquement, par sa conformité avec notre constitution morale, par l'impossibilité, étant donnés nos idées, jugements et sentiments moraux, de la révoquer en doute. Si elle n'existe pas, ces idées, jugements et sentiments n'ont plus de raison d'être. Rien n'est permis, commandé, défendu ; tout est indifférent ; plus de bien ni de mal, de mérite ni de démérite. Et cependant nous ne pouvons éteindre ces lumières de notre raison, étouffer dans notre cœur ces sentiments qui l'ennoblissent, renoncer à penser et à vivre en honnête homme, sans nous mentir à nous-mêmes, sans nous faire horreur à nous-mêmes. Ou donc il nous faut dépouiller notre propre nature, ou nous devons confesser cette loi du devoir qui la justifie et qui est la sauvegarde de notre vie.

3° Raison. — Directement et spéculativement, par l'impossibilité où est la raison de concevoir pour un être raisonnable et libre un droit absolu sur lui-même et sur toutes choses, une indifférence absolue de ses actes.

1° *Le premier devoir d'un être raisonnable est d'agir conformément à sa raison.* — Fût-il seul au monde, il n'aurait pas un droit absolu sur lui-même ; il aurait tout au moins ce premier devoir d'user de sa liberté conformément à sa raison. A plus forte raison l'a-t-il, s'il n'est pas seul, vis-à-vis des autres êtres. Or ce premier devoir en implique immédiatement un autre qui dérive de l'essence même de la raison.

2° *Une conduite raisonnable est une conduite ordonnée.* — La raison répugne invinciblement au désordre, dans les actions comme dans les choses. Dans les choses elle est réduite à le déplorer ; mais dans les actions elle le réprouve absolument, parce qu'une volonté libre est une volonté maîtresse d'elle-même et de ses actes. Et combien misérable ne serait pas la condition d'un être qui, sollicité par les tendances les plus diverses, y céderait tour à tour ; dont à chaque instant les actes, le sort, la dignité seraient à la merci d'un aveugle caprice, surtout si cet être avait, avec la raison, le sentiment de sa misère, et avec la liberté le pouvoir d'y mettre un terme !

3° *Une conduite ordonnée est une conduite conforme à une règle et à un but.* — Ainsi, la première condition d'une conduite raisonnable est d'être ordonnée, c'est-à-dire conforme à une *règle*, c'est-à-dire encore conforme à un *but*, une règle morale n'ayant de raison d'être et ne pouvant être déterminée que par rapport à un but.

4° *Cette règle et ce but, la raison les veut absolus.* — Or cette règle et ce but d'une conduite raisonnable, la raison les affirme expressément lorsqu'elle nous dit : Fais le bien, tu le dois. La raison ne serait plus la raison, elle serait l'expérience, si elle n'avait d'autre objet, d'autre horizon, d'autre point d'orientation que la réalité. Elle n'est la raison que parce que par delà les faits elle cherche et jusqu'à un certain point réussit à déterminer les principes dont ils procèdent, que par delà ce qui est elle affirme ce qui doit être, ce qui est de toute nécessité, ou ce qui mérite au plus haut degré d'être : vérité absolue, beauté absolue, bien absolu. C'est à l'absolu donc qu'elle aspire invinciblement, dans les actions comme dans les choses. L'absolu dans les choses n'est jamais qu'un idéal sans réalité possible, car il n'est pas au pouvoir de la raison d'en changer la nature. Mais l'absolu dans les actions peut et doit devenir une réalité, grâce à la liberté.

5° *Il n'en est de tels que le devoir et le bien.* — Or de règle absolue, il n'en est qu'une : le devoir, sans condition ; de but absolu, il n'en est qu'un : le bien, le souverain bien ; non pas tel bien partiel ou relatif, celui d'une faculté, ou celui d'un être, mais le bien en soi, supérieur à tout autre bien, le seul qui mérite au plus haut point d'être réalisé, dont la non-réalisation, si pouvant être réalisé il ne l'était pas, constituerait l'extrême désordre, le souverain mal, serait chez un être raisonnable l'aliénation de sa propre raison.

CHAPITRE V

II. — LE BUT, OU LE BIEN

Divergences au sujet du bien. — Les moralistes qui fondent la morale sur l'idée du bien sont loin de s'accorder sur la nature du bien.

Platon. — Le bien c'est la *perfection*, l'idée suprême dont toutes les autres participent, toutes les qualités excellentes : sagesse, bonté, etc., ayant en elle leur réalité.

Épicuriens et Stoïciens. — C'est la *conformité à la nature :* formule équivoque et sur le sens de laquelle ils n'étaient pas d'accord, les tendances naturelles étant chez l'homme diverses et opposées ; de là ce correctif : conformité à la nature *interprétée par la droite raison.*

Certains théologiens. — Le bien, comme le vrai, n'est rien de soi ; ils ne sont tels que par la volonté de Dieu : de même qu'elle constitue les essences intelligibles, que par exemple elle donne au cercle sa nature et ses propriétés, de même elle prononce souverainement sur le bien et le mal : le bien, c'est ce qu'elle commande, le mal ce qu'elle défend.—Doctrine équivoque et dangereuse. La volonté de Dieu prend-elle conseil de sa sagesse ? Mais alors le vrai et le bien sont tels par eux-mêmes, Dieu ne les veut que parce qu'il les connaît. Si, au contraire, la toute-puissance en lui n'est pas unie à la sagesse, s'il peut vouloir au mépris de toute raison, que devient sa perfection? Si donc il pouvait convenir à Dieu de commander et de défendre tour à tour les mêmes actions, elles seraient tout à la fois licites et criminelles, ce qui serait vertu dans un cas serait vice dans l'autre! Injurieuse pour Dieu, cette doctrine ne l'est pas moins pour l'homme : que devient sa dignité, s'il n'y a pour lui d'obéissance méritoire qu'une obéissance aveugle et servile, si son premier devoir, pour obéir à Dieu, est de renoncer à penser et à vivre en être raisonnable? Que dire, si dans ce Dieu dont la volonté lui tient lieu de sa raison à lui, il retrouve ses propres imperfections, si même cette volonté a pour interprètes auprès de lui d'autres hommes faillibles comme lui et intéressés peut-être à le tromper?

Malebranche. — Le bien absolu réside dans l'absolue perfection qui est Dieu, et le bien moral, c'est-à-dire le devoir, consiste à aimer chaque être dans la mesure de sa perfection, Dieu par conséquent plus que tout autre être et d'un amour infini. — Morale tout abstraite et contemplative, qui ne tient compte ni des relations qui existent entre les êtres ni des devoirs qui en dérivent. 1° Nous devons aimer les autres êtres, non seulement en raison de leur perfection relative, mais selon les relations qui nous unissent à eux, par exemple : le père à ses enfants, l'ami à son ami, le citoyen à sa patrie, l'homme à l'humanité. 2° Accordons à Malebranche, ce qu'il suppose sans pouvoir l'établir, que la puissance d'aimer est constante dans chaque âme et égale dans toutes, et toujours à la discrétion de la raison, que l'amour est non seulement le mobile suprême, mais le régulateur infaillible de l'activité : l'insuffisance et les dangers de sa morale n'en seront que plus sensibles. Que la raison se méprenne dans son évaluation de la perfection relative des êtres, et qu'en conséquence l'amour ne soit pas tel qu'il devrait être, la conduite, dont il est le principe et la règle, dévie fatalement sans que la raison la puisse rectifier. Que de devoirs, au contraire, tels que ceux de stricte justice, dans l'accomplissement desquels il faut faire abstraction des qualités et des défauts des personnes, de même que des sentiments qu'elles inspirent, bien loin qu'ils dérivent de la perfection et de l'amour!

Clarke. — Le bien c'est l'*ordre*. La raison conçoit nécessairement, à côté de l'ordre mathématique des grandeurs, un ordre moral des êtres, c'est-à-dire telles relations qui dérivent de leurs natures respectives et les unissent entre eux. De là pour tout être raisonnable et libre l'obligation de régler sa conduite conformément à ces relations.

— Vérité partielle encore, mais incomplète. Les relations morales des êtres, leurs devoirs mutuels dépendent non seulement de leur nature, par exemple : les hommes, les anges, Dieu, mais des rapports qui de fait existent entre eux : parents et enfants, débiteur et créancier, etc.

Wollaston. — Le bien c'est la *vérité*. Le premier devoir d'un être raisonnable est de la respecter, de l'affirmer dans ses actes comme dans ses paroles. Celui qui fait le mal la nie ; il la supprime autant qu'il dépend de lui, il commet un mensonge en action. — 1° Mais autre chose est le bien qui doit être réalisé par l'être libre et la vérité qui n'est qu'un objet de connaissance pour l'intelligence ; le bien, objet de l'amour et de la volonté, qui a par lui-même une valeur absolue, et à ce titre est souverainement désirable et obligatoire, et la vérité qui n'intéresse ni le cœur ni la volonté et pourrait être ignorée sans dommage. 2° D'après cette théorie, la gravité des fautes se mesurerait à l'altération de la vérité ; mais en quoi sous ce rapport un crime diffère-t-il d'un simple délit, et le meurtre du vol? La vérité aurait-elle donc plus de prix dans un cas que dans l'autre? En convenir, ce serait avouer que dans le jugement moral la vérité n'est pas le seul élément d'appréciation dont la raison ait à tenir compte. Si, au contraire, la vérité seule importe, porquoi blâmer la médisance? pourquoi ne pas flétrir le mensonge à l'égal de la calomnie, le mensonge qui sans nuire à personne sauve un malade ou un innocent, alors que la vérité les perdrait?

Jouffroy. — Le bien absolu, c'est la fin du monde, laquelle n'est qu'une résultante des fins particulières de tous les êtres qui composent l'univers ; le bien d'un être, celui de l'homme, réside dans l'accomplissement de sa fin.

— 1° Le bien absolu, tel que le conçoit Jouffroy, n'est qu'un idéal irréalisable, les fins des êtres étant dans bien des cas incompatibles entre elles, exclusives les unes des autres, 2° L'accomplissement de sa fin est une condition de bonheur pour un être, non de moralité, à moins qu'il ne conçoive cette fin comme obligatoire, qu'il n'ait en vue, en l'accomplissant, non son bien à lui, mais le bien lui-même. 3° La détermination de la fin d'un être est toujours incertaine ; c'est donc compromettre la détermination des devoirs que de la subordonner à celle des fins. 4° Quelle que soit la fin de l'homme, une fois la distinction du bien et du mal établie, et la nature du bien reconnue, la détermination de ses principaux devoirs, de ceux notamment de justice et de charité, est facile.

Le bien, l'ordre et la perfection. — Entre l'idée du bien et celles d'ordre et de perfection, il y a harmonie plutôt qu'identité. L'ordre est un bien partiel, il n'est pas tout le bien. Il peut être une condition du bien, il ne le constitue pas. Quand je dis : tel ordre est meilleur, vaut mieux qu'un autre, un tel jugement implique la distinction de l'ordre et du bien. L'ordre mathématique en tant qu'ordre vaut un ordre réel quelconque, l'ordre de la nature par exemple. Celui-ci cependant vaut mieux : c'est que l'univers, telle de ses parties, la terre, le moindre des êtres, nécessairement œuvre de sagesse et de bonté, a plus de prix, renferme plus de bien que le monde abstrait des mathématiques. Le bien est donc irréductible à l'ordre. En un sens, il est identique à la perfection ; cependant, si par perfection on entend la perfection absolue qui est Dieu, le bien étant possible en dehors de lui, l'idée du bien garde sa valeur propre et doit pouvoir être déterminée.

Détermination du bien. — On pourrait dire avec Aristote que le bien c'est le *suprême désirable,* ce qui mérite au plus haut degré d'exister, d'être réalisé. Or, deux choses sont par elles-mêmes souverainement désirables : la parfaite félicité et la parfaite moralité. Elles constituent le bien suprême, celle-là des êtres sensibles, celle-ci des êtres raisonnables et libres, car il n'est de bien pour les premiers que le plaisir, le bien-être, le bonheur, comme pour les seconds que la dignité morale, la vertu, la sainteté. Réunies, elles constituent la souverain bien d'un être à la fois raisonnable et sensible, tel que l'homme, car si le bonheur donne du prix à sa vie, il ne vaut, lui, que par la moralité, et celle-ci n'est pas moins indispensable à sa raison que celle-là à sa sensibilité. A quelque degré donc qu'elles se trouvent réalisées et qu'elles puissent l'être, non seulement elles sont pour l'être qui les possède des biens inestimables au défaut desquels son existence n'aurait plus de raison d'être, mais elles sont encore telles au regard de tous les êtres raisonnables, et rendent à leurs yeux son existence d'autant plus désirable qu'il les possède ou les peut posséder à un degré plus élevé.

Ce point établi, la raison est en mesure de poser d'une manière absolue le principe de l'obligation morale et d'en formuler toutes les prescriptions essentielles : obligation absolue pour l'être raisonnable de réaliser en lui-même tout le bien que sa nature comporte ; obligation absolue de respecter chez les autres êtres ces deux fins suprêmes également excellentes et indissolublement unies : leur valeur morale et leur bonheur, de les servir dans la mesure de ses forces. Dès lors, étant donnés un être, sa nature, ses rapports avec d'autres êtres d'une certaine nature, des êtres, par exemple, sensibles et intelligents, la raison détermine aisément ce qu'il doit être lui-même, ce qu'il se doit à lui-même, et ce qu'il doit faire relativement à eux, ce qu'il leur doit. Devoirs personnels, de la famille, de la société, etc., s'expliquent et se justifient sans difficulté. Et par exemple, il est bien, il est conforme à l'essence immuable des choses, qu'un père se dévoue à ses enfants, qu'il assure quant à eux, dans la mesure de ses forces, la réalisation de ces deux fins suprêmes de l'individu, la moralité et le bonheur. Il est bien de même que l'obligé contribue, dans la mesure de la dette qu'il a contractée, et au delà, au bonheur de son bienfaiteur. Il est bien qu'un homme respecte et tienne pour inviolables la dignité morale et le bonheur de son semblable, et par conséquent chacune des qualités, chacun des avantages qui constituent l'une et l'autre, dans la mesure même du prix que sa raison leur attribue, et par exemple la vie étant en un sens le premier bien, comme condition de tous les autres, son premier devoir est de la respecter, et l'infraction à ce devoir constituerait pour lui le plus grand des crimes.

SYSTÈMES ERRONÉS

CHAPITRE VI

MORALE DE L'INTÉRÊT

Historique. — *Aristippe et Épicure; Hobbes :* La morale n'est qu'une convention fondée sur l'intérêt, mobile unique des actions humaines ; organisation sociale et politique déduite de ce principe et aboutissant au despotisme comme garantie la plus sûre de l'ordre social.

La Rochefaucauld. — L'homme foncièrement égoïste : l'amour-propre, sous la double forme de l'intérêt et de la vanité, principe unique de nos sentiments et de nos actes ; la vertu n'est qu'un calcul intéressé.

Les encyclopédistes : d'Holbach, La Mettrie, Helvétius, etc. — En général, leur doctrine est un compromis entre l'intérêt personnel et l'intérêt général ; ils reconnaissent et honorent les sentiments bienveillants et généreux, ne séparent pas le bonheur individuel du bonheur général, affirment la solidarité humaine, et ont foi au progrès ; mais ils rejettent tout dogmatisme philosophique et religieux, et sont franchement matérialistes et athées.

Helvétius. — Il n'y a d'autre bien que le plaisir, et l'homme y aspire invinciblement. De là l'empire des passions, qui toutes tendent au plaisir. Mais elles dépendent aussi de l'éducation, qui est toute-puissante, et le législateur qui dispose de celle-ci, peut à son gré les exalter ou les affaiblir, et par là les faire servir au bonheur social.

Bentham. — Il subordonne, sans le lui sacrifier, l'intérêt personnel à l'intérêt général. En fait, tous les hommes recherchent le plaisir et fuient la douleur. Tout plaisir est un bien, et doit être recherché; toute peine est un mal, et doit être évitée. Une action est utile, lorsqu'elle est susceptible de procurer un plaisir ou d'éviter une peine, et sa moralité se mesure à son utilité. Mais en vertu de la solidarité inhérente à la vie sociale, une certaine réciprocité des plaisirs et des peines entre tous les membres de la société est inévitable. Chacun a donc intérêt à ce que les autres soient heureux; de là cette loi de la *maximisation* du bonheur: Agis en sorte que ta conduite produise la plus grande somme possible de bien-être, et la moindre somme de mal-être, non seulement pour toi, mais pour les autres, ou le plus grand nombre possible des autres hommes. L'idée la plus originale de la morale de Bentham est son calcul des plaisirs et des peines. Les éléments de ce calcul concernent le plaisir lui-même, la personne et la société. 1° Quant au plaisir, les circonstances dont il y a à tenir compte, sont les suivantes : intensité, durée, certitude, proximité, fécondité (en d'autres plaisirs) et pureté (plaisirs exempts de peines). 2° Quant à la personne, ce sont le sexe, l'âge, l'éducation, la profession, le climat, la race, la nature du gouvernement et l'opinion religieuse. 3° Quant à la société enfin, les conséquences favorables ou fâcheuses de l'action pouvant, par delà l'agent qui en subit les premiers effets, atteindre un plus ou moins grand nombre de ses membres, il y a à tenir compte de celles-ci. C'est seulement au terme de cette évaluation, que l'action pourra être qualifiée de bonne ou de mauvaise, de meilleure ou de pire qu'une autre.

Stuart Mill. — Les actions sont bonnes en raison de leur tendance à augmenter le bonheur, et par bonheur il faut entendre le plaisir ou l'absence de peine. Mais tous les plaisirs n'ont pas même valeur, et ils ne diffèrent pas moins par la qualité que par le degré; il en est de nobles et de désirables, de grossiers et de répugnants, et si ceux-ci procurent un certain contentement, c'est dans ceux-là surtout que réside le bonheur. On peut définir la morale l'ensemble des règles de conduite dont l'observation doit assurer au genre humain, dans la plus large extension possible, une existence heureuse. Le but des actes doit donc être, non le bonheur individuel, mais le bonheur général. La force obligatoire du principe de l'utile, comme de celui du bien ou de tout autre, réside dans une foule de sentiments auxquels il faut faire violence pour agir contrairement au principe de la morale (amour, crainte, souvenirs de l'enfance, etc.). La morale utilitaire ne proscrit pas la vertu ; loin de là, elle en commande le respect et l'amour ; elle ne méconnaît pas davantage son caractère désintéressé ; mais elle l'estime à son vrai prix lorsqu'elle voit en elle la plus sûre garantie du bonheur individuel et social.

Réfutation de la morale utilitaire. — I. Morale de l'intérêt personnel. — Elle peut se résumer en ces deux propositions : 1° en fait, la nature humaine est foncièrement égoïste ; l'intérêt est le mobile unique de nos sentiments et de nos actes ; 2° en principe, la raison est d'accord avec la nature : il n'y a ni bien moral ni devoir ; le bonheur est le souverain bien de l'homme, et l'intérêt la règle légitime de ses actes.

1° Le fait : les preuves. — Nombre de sentiments et d'actions sont manifestement intéressés ; les autres, contrairement à l'apparence, ne le sont pas moins, de sorte qu'un égoïsme grossier le plus souvent, raffiné quelquefois au point de se faire illusion à lui-même, est le fond uniforme de la nature humaine. A l'appui de cette théorie on allègue :

1° L'intérêt proprement dit : santé, bien-être, fortune, plaisir.

2° Un intérêt d'opinion ou de vanité : amour-propre, respect humain, honneur, tous les sentiments, en un mot, qui nous poussent à rechercher l'approbation ou l'estime d'autrui ou les nôtres propres à cause des satisfactions qui y sont attachées. Une foule d'actions, désintéressées en apparence, difficiles, périlleuses, héroïques, généreuses, n'ont pas d'autre mobile.

3° La jouissance attachée aux sentiments et aux affections qui passent pour désintéressés et aux sacrifices qu'ils inspirent, jouissance qui en serait le secret mobile. Ainsi, c'est notre propre plaisir et notre bonheur que nous chercherions dans ceux des autres; c'est pour nous éviter une souffrance à nous-mêmes, fût-ce celle de les voir souffrir, que nous soulageons et que nous nous efforçons de prévenir les leurs. Au fond, c'est nous-mêmes que nous aimons en eux : ils contribuent à notre plaisir; c'est pour cela que nous tenons à eux.

4° L'intime satisfaction du devoir accompli, satisfaction imaginaire comme le devoir lui-même, assez vive néanmoins pour en déterminer l'accomplissement.

Discussion. — L'égoïsme n'est point à nier; mais le désintéressement n'est pas moins réel, et on ne le nie qu'en dénaturant les faits qu'on prétend expliquer. Que ceux de nos sentiments et de nos actes que nous tenons pour le plus désintéressés, nous causent une satisfaction personnelle qui n'est pas sans influence sur notre cœur lorsque nous nous abandonnons aux uns, sur notre volonté quand nous accomplissons les autres, cela n'autorise pas à les taxer d'égoïsme. Le propre de l'égoïsme est de n'aimer que soi, de rapporter tout à soi. Quiconque sans arrière-pensée personnelle se préoccupe du bonheur, de l'intérêt d'autrui, ou aime autrui à quelque degré, en cela déjà fait preuve de désintéressement. A plus forte raison si mettant en balance son propre intérêt, son propre bonheur et celui d'autrui, il préfère celui-ci au sien propre. C'est ce qui a lieu dans la plupart des actes de dévouement. Celui qui expose ou donne sa fortune, son bonheur, sa vie, pour un autre, souvent pour un inconnu, quelque satisfaction qu'il y trouve, et elle est grande assurément, tient une conduite opposée à celle de l'égoïste. Il en est de même de celui qui fait un sacrifice quelconque à ce que, à tort ou à raison, il croit être son devoir, lorsqu'il n'en attend aucun avantage. Le soldat qui meurt pour son drapeau; le citoyen qui, pour obéir à la loi ou même, la loi ne réclamant rien de lui, à sa conscience, abandonne tout ce qu'il a de plus cher pour servir son pays; quiconque, pour rester fidèle au devoir de sa fonction (médecin, magistrat...), à sa conviction, à l'honneur, s'impose une souffrance, un sacrifice.

Soit, dira-t-on, certaines actions semblent étrangères à tout calcul intéressé; mais l'égoïsme se retrouve dans les sentiments qui les déterminent, ou dans le plaisir qui accompagne ces sentiments. Mais n'est-ce pas dénaturer des sentiments tels que le respect, l'estime, la loyauté, le repentir, la bonté, la pitié, etc., que de les expliquer ainsi? Celui qui les éprouve, songe-t-il à lui, à son bien-être, à son bonheur? Que gagne-t-il à reconnaître et à honorer chez les autres une supériorité, des qualités qu'il ne possède pas lui-même, à rester fidèle à la vérité, à la parole donnée, à se reprocher des fautes dont la seule pensée l'humilie, à s'attrister et à souffrir des maux d'autrui? Égoïste, il se complairait bien plutôt dans le sentiment de ses propres mérites, de sa sécurité; il s'attacherait à pallier ses torts, à les justifier par ceux d'autrui.

On accordera peut-être que ces sentiments sont désintéressés, même qu'ils sont naturels; mais comme il y a plaisir à y céder, qu'il faudrait se faire violence pour leur résister, on en conclura que c'est le plaisir qui nous attache à eux, et que c'est pour nous-mêmes, pour notre propre satisfaction, que nous les recherchons. Je le veux bien : ils témoignent tout au moins de la générosité native du cœur humain, capable de s'éprendre de la vérité, du bien, du bonheur d'autrui, de tout ce qui est noble et beau. Mais ils m'agréent et contribuent à mon bonheur? Le désintéressement exige-t-il que je souffre du bien que je fais, et pour n'être point égoïste est-il indispensable de sentir en soi et d'avoir à étouffer la révolte de l'égoïsme? Égoïste, je le suis d'autant moins que je suis plus disposé à m'oublier moi-même, que les sentiments désintéressés m'agréent davantage et que j'attache plus de prix aux objets qu'ils me proposent. Est-ce à dire que la satisfaction qu'ils procurent invite seule à s'y livrer? La vérité, la vertu, le bonheur d'autrui, n'ont-ils point par eux-mêmes assez d'attrait, le devoir assez d'autorité pour toucher le cœur et entraîner la volonté? Que chacune de nos facultés se dirige d'elle-même vers son objet, l'intelligence vers la vérité, la raison vers le bien; qu'étant hommes, rien d'humain ne nous soit étranger, il n'y a rien là que de naturel. Que ce premier mouvement soit peu méritoire précisément parce qu'il est tout spontané : là n'est pas la question. Ce qui est hors de doute, c'est la réalité des sentiments désintéressés et leur influence sur l'âme : or, ce que l'on désire spontanément, rien ne s'oppose à ce qu'on le veuille librement ensuite, lorsque surtout la raison, d'accord avec l'instinct, recommande ou proscrit les actes auxquels celui-ci incline.

2° Le principe. — A quelque point de vue qu'on la considère : dans ses rapports avec la nature humaine, en elle-même et comme loi morale, dans ses conséquences enfin pour l'individu et pour la société, la morale de l'intérêt personnel est également insoutenable.

1° Elle répugne invinciblement à la nature humaine, révolte à la fois le cœur, la conscience et la raison.

2° Ses prescriptions, si, pour les formuler, elle s'inspire de l'intérêt bien entendu, de l'utilité réelle, non de l'utilité apparente qui n'est guère que le plaisir actuel, constituent tout au plus un art d'être heureux, mais elles ne remplissent aucune des conditions d'une morale véritable. 1° Posant en principe que le bonheur est la seule fin de la vie et que la moralité des actions se mesure à leur utilité, elle n'a point à se faire juge des moyens employés pour obtenir ce résultat : tous sont légitimes du moment qu'ils contribuent au bonheur, et, comme chacun a le droit de fixer lui-même les conditions de son bonheur, elle n'a rien à commander ni à défendre. Impuissante à obliger à quoi que ce soit, elle n'a d'autorité que celle que l'on veut bien lui reconnaître. Ses prescriptions ne sont que des conseils qu'il est sage de suivre tant que l'on s'en trouve bien, mais que l'on est toujours en droit de rejeter. 2° Elles n'ont d'ailleurs rien d'absolu : elles varient nécessairement avec l'idée que celui qui les édicte se fait du bonheur, selon, par exemple, qu'il attache plus de prix aux biens du corps ou à ceux de l'âme, qu'il se préoccupe davantage de la jouissance actuelle ou des satisfactions ultérieures, de la jouissance elle-même ou de l'absence de douleur. A vrai dire, il n'y a pas une morale de l'intérêt, mais autant de systèmes, de disciplines morales, qu'il y a d'opinions possibles sur le bonheur. 3° Réussit-elle à donner à ses prescriptions cette fixité qu'elles ne comportent pas, la morale de l'intérêt, faute d'un critérium qui permette de distinguer nettement ce qui est utile de ce qui ne l'est pas, manquerait toujours de précision et de certitude. J'ai besoin de savoir ce qui m'est utile, ce dont je me trouverai bien dans tel cas donné; mais l'événement, le résultat qui seul importe, dépendant des circonstances non moins que de mes propres déterminations, toute ma prudence peut être impuissante à l'assurer. A plus forte raison des règles de conduite tout abstraites, inflexibles en raison de leur généralité, y échoueront-elles. Qu'attendre donc à cet égard de la morale de l'intérêt? L'indication des principales fins à poursuivre, quelques règles très générales jugées propres à les sauvegarder, mais qui par le fait seront dans la plupart des cas insuffisantes, et dont il sera toujours sage de se défier.

En résumé, la morale de l'intérêt personnel, qui se donne comme la morale du bonheur, ment doublement à son nom : elle n'a rien d'une morale véritable, et le bonheur misérable qu'elle promet à ses sectateurs au prix de leur moralité n'est qu'un leurre.

3° Elle rend l'homme haïssable et vil : c'est ne garder rien d'humain que de ne vivre que pour soi, indifférent ou malveillant pour tous, que de rapporter tout à soi comme si l'on était seul au monde ; c'est se dégrader que de mettre tout son bonheur dans le bien-être, dans la satisfaction de ses passions, dans les plaisirs les plus misérables peut-être, car la morale de l'intérêt n'a le droit d'en interdire aucun, de lier la volonté par un devoir quelconque.

4° Elle est incompatible avec la vie sociale : d'une part, en corrompant les sentiments et les mœurs, elle prépare la dissolution de la société ; de l'autre, en supprimant la justice et le dévouement, elle s'attaque à ses bases mêmes; ses membres indifférents, hostiles les uns aux autres, chacun ne voyant autour de lui que des dupes à exploiter ou des adversaires à supplanter, au lieu de s'entr'aider mutuellement et de la servir, travaillent tous à sa perte.

II. — **Morale de l'intérêt général.** — Autant la morale de l'intérêt personnel est basse et répugne au cœur, à la raison, à la conscience, autant la morale de l'intérêt général est noble et semble faite pour les séduire. Elle affirme la solidarité humaine, propose à la vie un but tout à la fois élevé et pratique, généreux entre tous ; elle flétrit l'égoïsme et honore la vertu; elle fait plus que de conseiller, elle prescrit et elle oblige, et ses prescriptions sont précises autant qu'impératives. Avec elle le bien et le devoir recouvrent leur autorité, les idées et les sentiments moraux leur place dans la conscience. A tous ces titres, on s'explique sa fortune croissante ; indépendamment des interprètes les plus récents et les plus autorisés de la morale utilitaire, elle a pour elle les esprits positifs que leur défiance de la spéculation éloigne de la morale rationnelle, et les âmes généreuses qui ne peuvent se résigner à séparer le bien et le devoir du bonheur social, du bonheur humain. Mais plus elle est séduisante, moins par conséquent son insuffisance et ses dangers sont apparents, plus il importe de les mettre en lumière. Est-elle aussi large, aussi solide, aussi bienfaisante que le prétendent ses partisans? C'est ce que nous allons rechercher.

1° Elle n'est qu'une morale sociale. N'assignant à l'individu d'autre fin que le bonheur des autres, d'autre devoir que de respecter leur intérêt et de le servir, de subordonner et au besoin de sacrifier au bien général le bien propre, elle lui attribue quant au reste un droit absolu sur lui-même et sur toutes choses qui est la négation de la moralité. En d'autres termes, l'individu ne compte à ses yeux qu'à titre de membre de la société ou de l'humanité, et tous ses devoirs dérivent de cette double relation. Elle fait donc abstraction en lui du fondement même de la moralité, de sa nature d'homme, c'est-à-dire d'être raisonnable et libre, laquelle, fût-il seul au monde, ne lui ferait pas moins un devoir d'user de sa liberté selon sa raison. Stuart Mill soutient, il est vrai, que toute action, tout sentiment bas ou égoïste est préjudiciable au bonheur social, et partant condamné par la morale de l'intérêt général. Mais il l'est d'abord par la conscience, qui le réprouve indépendamment de ses conséquences sociales, tandis que Stuart Mill devrait l'autoriser si autrui n'avait point à en souffrir.

Comme morale sociale même, la doctrine utilitaire soulève les objections les plus graves.

2° Et d'abord son principe manque de précision. Cette formule en apparence si claire : l'intérêt général, le bonheur social, le bonheur humain, est par le fait doublement équivoque. L'intérêt général, celui du plus grand nombre sans doute, est-ce l'intérêt d'une classe, d'un peuple, d'une société, des peuples civilisés par exemple, ou celui de l'humanité tout entière ? Car ces intérêts sont très différents, et dans bien des cas incompatibles. Ainsi l'intérêt des pauvres n'est que trop souvent diamétralement opposé à celui des riches, l'intérêt des classes agricoles à celui des classes industrielles, l'intérêt d'un peuple, d'une race à celui de plusieurs, l'intérêt des nations civilisées à celui des populations barbares ou sauvages. Dans tous ces cas, le nombre est-il la mesure de l'utilité, et tout ce qui est utile à beaucoup, à l'extrême majorité, est-il pour cela légitime ? Que deviennent alors les droits des individus, des minorités ? La justice ne serait-elle qu'un vain mot ?

Seconde équivoque : l'idée du bonheur est par elle-même indéterminée. Si la morale de l'intérêt général ne se prononce pas sur ce point capital, si elle se refuse à fixer les conditions du bonheur, ses prescriptions seront manifestement insuffisantes. Elle doit donc prendre parti, et alors elle sera ou pour la quantité ou pour la qualité des plaisirs. Mais dans le premier cas, elle sacrifie la moralité au bonheur ; dans le second, elle s'approprie les principes de la morale rationnelle, se place sur un terrain qu'elle s'est elle-même interdit.

3° Qu'elle mesure le bonheur à la quantité ou à la qualité des plaisirs, son principe même du bonheur est dangereux pour la société. Des deux fins dans l'harmonie desquelles réside le souverain bien : le bonheur et la moralité, en ne reconnaissant que la première, elle tend fatalement à abaisser le niveau de la moralité. A l'égoïsme individuel, qu'elle le veuille ou non, elle substitue un égoïsme collectif, chacun travaillant à accroître au profit de tous la somme disponible de bien-être et de jouissances, mais nul n'ayant souci de la moralité d'autrui non plus que pe la sienne propre. De là une démoralisation croissante, et, par une conséquence inévitable qui se retourne contre son principe, un débordement d'égoïsme devant entraîner finalement le sacrifice de l'intérêt général à l'intérêt individuel. Le danger que nous signalons n'est pas particulier au système de la quantité des plaisirs; il est inhérent au principe utilitaire, et pour le prévenir la règle du choix des plaisirs serait d'une faible ressource.

4° Cette règle même du choix des plaisirs, quelle qu'en soit la valeur intrinsèque, est fort contestable au point de vue utilitaire. Ces plaisirs nobles et généreux, dont vous composez le bonheur du sage, vous bornez-vous à me les recommander? Vous me laissez le droit de leur préférer ceux que vous condamnez. Affirmez-vous qu'ils doivent avoir pour moi, pour tous, le prix que vous leur attribuez? Vous reconnaissez que l'honnête, que le bien ne sont pas de vains mots. Soyez sincères ! si vous les estimez, ce n'est pas tant à cause de leurs avantages que de leur valeur propre, car s'il vous était démontré que le contraire fût plus avantageux, vous ne les en estimeriez pas moins. Vous avez donc une mesure de la qualité des plaisirs que le principe utilitaire ne comporte pas ; de l'expérience vous en appelez à la raison, et vous jugez non de la moralité d'après le bonheur, comme vous le pensez, mais du bonheur d'après la moralité, ce qui est le principe même de vos adversaires.

5° Maintenant, quelle peut être l'autorité d'une morale qui, faisant profession de subordonner la moralité au bonheur, prétend ériger en devoir pour l'individu le sacrifice de son propre intérêt à l'intérêt général? Dites que ce sacrifice est beau, qu'il est désirable : vous seul n'avez pas le droit de le tenir pour obligatoire. Si rien n'est bien de soi, si l'honnêteté, la justice n'ont point une valeur absolue, les prescriptions absolues de la raison n'ont plus de raison d'être, le devoir n'existe pas. Vous tenez l'égoïsme pour avilissant et funeste: j'en juge autrement; mais s'il me plaît de m'avilir, vous n'avez point à y voir ; car j'use d'un droit que ne limite aucun devoir.

CHAPITRE VII

MORALE DU SENTIMENT.

Caractères de cette morale. — L'originalité des systèmes compris sous ce nom réside dans la subordination de la raison à la nature, de la réflexion à l'instinct. Le sentiment y est considéré comme le principe de la moralité; non seulement il y dispose, l'impose même d'une manière générale, mais c'est à lui qu'il appartient de discerner le bien du mal : pour bien faire, la volonté n'a qu'à répondre à l'impulsion qu'il lui imprime, qu'à s'y abandonner.

Ces systèmes procèdent d'une réaction contre le froid dogmatisme de l'école cartésienne, et surtout contre les doctrines avilissantes fondées sur l'intérêt. Ils croient peu à l'efficacité, en matière de conduite, des théories et des règles abstraites ; mais ils ont une foi absolue dans la bonté, la générosité native du cœur humain, et c'est sur cette base qu'ils prétendent édifier la morale.

Trois systèmes : bienveillance, sympathie, sens moral.

I. Bienveillance (*Hutcheson*). — La vraie fin de nos actions est le bonheur de nos semblables; or la bienveillance est de tous nos sentiments le plus propre à l'assurer; c'est donc d'elle, d'elle seule, que nous devons toujours nous inspirer, et nos actes seront d'autant meilleurs qu'elle y aura plus de part.

Critique. — 1° Exclusion de la morale personnelle et religieuse.

2° Règle trop étroite, même pour la morale sociale : toutes les relations de la vie sociale ne comportent pas la bienveillance. Celle-ci suppose plus que le désir, le pouvoir de faire du bien à autrui, et l'enfant n'a pas ce pouvoir vis-à-vis de ses parents, ni l'inférieur en général vis-à-vis de son supérieur. D'autre part, un ennemi ne peut guère l'éprouver pour son ennemi; il lui doit cependant la justice et même la charité.

3° Règle sans précision ni fixité : pour bien faire, nous

avons besoin de savoir exactement ce qui nous est permis, prescrit, ou défendu; et par exemple quelle conduite nous devons tenir dans tel cas donné. Une bienveillance banale, qui nous porte à vouloir et à faire du bien à autrui, nous expose à faire pour les uns plus, pour les autres moins que nous ne devons; par exemple à pardonner au coupable dont la justice réclame le châtiment, à traiter de même des individus inégalement méritants, et par conséquent à faire tort à quelques-uns. Ajoutons que le sentiment de la bienveillance ne peut avoir même vivacité chez tous ni constamment en chacun, d'où résulterait une inégalité de conduite que réprouve la vraie morale.

II. Sympathie (*Adam Smith*). — 1° La sympathie, ce sentiment tout spontané qui nous fait vivre de la vie de nos semblables, partager leurs émotions, jouir de leurs plaisirs et souffrir de leurs peines, est, selon Smith, le sentiment fondamental dont la plupart procèdent, tout spécialement les sentiments bienveillants, et il est le lien social par excellence. 2° La sympathie explique les sentiments et jugements moraux, qui tous procèdent de la sympathie ressentie ou du besoin de sympathie. La sympathie que nous éprouvons pour l'auteur d'une action, nous la fait juger bonne, et de même inversement la sympathie d'autrui à l'égard de la nôtre. De même à la vue d'une action bienfaisante ou malfaisante, nous partageons à l'égard de son auteur la gratitude ou le ressentiment de celui qui en est l'objet, avec lui nous désirons qu'il en soit récompensé ou puni : de là nos jugements de mérite et de démérite. Enfin le besoin que nous éprouvons de la sympathie de nos semblables fait à nos yeux le prix du bien, nous le fait considérer comme désirable et obligatoire. La souffrance que nous ressentons lorsqu'elle vient à nous manquer, ou que nous nous en rendons indigne, explique le remords.

De là *la règle du spectateur impartial :* pour reconnaître la valeur morale d'une action, il suffit de se demander si un spectateur impartial éprouverait pour son auteur sympathie ou antipathie.

Critique. — 1° Le système suppose que les jugements

et sentiments moraux sont éveillés par la vie sociale, qu'ils n'ont de raison d'être qu'en elle, l'homme isolé étant condamné à rester étranger à toute moralité, comme il le serait à toute sympathie. Assertion erronée : il est inévitable qu'un être raisonnable se reconnaisse des devoirs vis-à-vis de lui-même, et la raison d'elle-même les lui assigne.

2° Il suppose que l'appréciation morale succède à la sympathie et à l'antipathie éprouvées. Au contraire, c'est elle qui les autorise et les justifie ; c'est parce que nous jugeons telle action bonne ou mauvaise que nous sympathisons ou non avec son auteur.

3° La règle du spectateur impartial n'est qu'un appel déguisé à la raison, à la raison du spectateur et à celle de l'agent moral qui le consulte. S'il est impartial, c'est qu'il prend conseil de sa seule raison. D'autre part, son impartialité lui défend, à l'égard de l'auteur de l'action, tout mouvement de sympathie ou d'antipathie provoqué par une cause autre que l'action elle-même ; si donc il éprouve sympathie ou antipathie pour lui, c'est qu'il aura préalablement jugé celle-ci. Mais le spectateur impartial n'est qu'une fiction : le jugement qui doit décider de sa sympathie ou de son antipathie, c'est nous qui le lui prêtons ; or, si nous ne nous pouvons nous y fier lorsque nous le portons nous-mêmes, méritera-t-il plus de confiance parce que nous l'aurons porté en son nom ? Ou donc il faut reconnaître à la raison le droit de prononcer sur le bien et le mal, ou il faut renoncer à distinguer entre eux.

III. **Sens moral** (*Schaftesbury, Rousseau, Jacobi*). — Sens ou instinct moral, sentiment inné du bien et du mal, qui nous révélerait immédiatement la valeur morale de toute action par l'attrait ou la répugnance qu'elle éveillerait en nous, par la satisfaction intérieure ou le remords qui en serait la conséquence.

1° Le système suppose l'antériorité du sentiment sur l'appréciation morale. On veut que la nature elle-même, un instinct infaillible, prononce au dedans de nous et avant toute réflexion sur le bien et le mal. Il n'en est rien, puisque le sentiment moral succède et se conforme toujours au jugement moral, et que lorsque celui-ci fait défaut, il manque aussi. Ajoutons que dans ce système la diversité des appréciations morales, trop réelle d'un individu, d'un peuple à un autre, est inexplicable; car si c'est la nature qui nous les dicte, elle ne peut manquer de tenir à tous le même langage.

2° Le sentiment moral, comme la bienveillance ou tout autre sentiment, ne fournit qu'une règle sans précision ni fixité. Juger d'après lui de ce qui est bien ou mal, c'est en réalité en juger, non sur la foi de la nature, mais d'après les opinions et les préjugés sous l'empire desquels il s'est éveillé et développé, ou encore d'après des impressions toutes personnelles. Au fond la raison seule en nous, la raison réfléchie, peut donner à nos appréciations morales aussi bien qu'esthétiques, ce caractère impersonnel, cette valeur absolue, au défaut desquels elles perdraient toute autorité, se réduiraient à des manières de penser toutes relatives, expression de convenances personnelles variables, et n'auraient de valeur que pour l'esprit dans lequel elles se formuleraient.

DES PRINCIPES DE LA MORALITÉ

CHAPITRE VIII

LE BIEN ET LE DEVOIR; MÉRITE; LE DROIT ET LE DEVOIR

I. Bien absolu et bien moral. — Toute action, du point de vue de la moralité, comporte une double appréciation. Elle peut être jugée : 1° en elle-même, abstraction faite du motif et de la fin d'après lesquels elle a été faite, de l'intention de son auteur, en tant seulement que conforme ou non aux prescriptions de la loi morale; 2° par rapport à l'agent moral, eu égard à l'intention dans laquelle il l'a faite. Telle action peut être conforme aux prescriptions de la loi morale, et le motif en être sans valeur morale (l'acte de charité, de probité, accompli par ostentation ou dans un intérêt de réputation, de crédit), ou même être absolument immoral (la même action faite par hypocrisie ou dans une intention mauvaise). D'autre part, on peut se tromper sur son devoir (commettre un meurtre pour servir son pays, la cause à laquelle on s'est dévoué). Il y aurait erreur et danger égal à juger une action à l'un ou l'autre point de vue exclusivement. La seule préoccupation des prescriptions de la loi morale conduirait à une sorte de formalisme moral, dans lequel le résultat serait tout et l'intention serait tenue pour rien ; à ne tenir compte, au contraire, que de l'intention, on s'exposerait à sacrifier la vérité morale au bon vouloir de la conscience individuelle, ignorante ou égarée, et à compromettre gravement les intérêts de la moralité. C'est l'intention sans doute qui surtout fait la valeur morale de l'action. Il importe cependant que nos actions soient ce qu'elles doivent être, et que nous ne fassions pas le mal tout en voulant faire le bien. De là cette distinction nécessaire du bien absolu et du bien moral, le premier résidant dans la conformité de l'action à la loi, le second dans la droiture de l'intention. Agir bien moralement, c'est faire ce que l'on croit être son devoir ; agir bien absolument, c'est faire ce que la loi prescrit effectivement.

II. **Bien et devoir. — Conditions du devoir.** — En principe, il n'y a devoir que vis-à-vis d'une loi qui oblige ; supprimez la loi, et l'individu, affranchi de toute obligation, est moralement indépendant. Il possède un droit absolu sur lui-même et sur toutes choses, tout lui est permis.

Tel est le devoir vis-à-vis des lois humaines qui n'obligent que ceux sur lesquels elles ont autorité. De même il n'y a devoir moral que vis-à-vis de la loi morale, absolue et universelle. Outre cette condition objective : *la loi*, le devoir implique deux conditions subjectives : *la raison* et *la liberté*, c'est-à-dire la connaissance de la loi, de ce qu'elle commande et défend, et le pouvoir de s'y conformer.

Le devoir subordonné au bien absolu : erreur de Kant. — Du point de vue de la loi morale, le devoir est subordonné au bien, au bien absolu. La loi morale n'a de raison d'être, ses prescriptions n'ont d'autorité, ne sont obligatoires que parce qu'elles sont fondées en raison et qu'elles possèdent une valeur absolue. Ce qu'elle commande, c'est ce qui est bien de soi ; ce qu'elle défend, c'est ce qui est mal de soi. Kant donc, en subordonnant le bien au devoir, a confondu le bien moral qui résulte de la conformité de la volonté à la loi, de l'intention de bien faire, avec le bien absolu qui est antérieur à la loi et en est le fondement. Si les actions étaient indifférentes d'elles-mêmes, si elles ne devenaient bonnes ou mauvaises que vis-à-vis de la loi qui les commande ou les défend, l'existence de la loi, ses prescriptions n'auraient plus de raison d'être, rien ne les justifierait.

III. **Responsabilité.** — En principe, l'agent libre est responsable : il est intelligent puisqu'il est libre ; c'est donc à lui de calculer d'avance, de prévoir les conséquences possibles de ses actes. Quelles qu'elles soient, il ne peut les imputer qu'à lui-même. Si elles lui sont préjudiciables, il est, qu'il le sache ou non, l'auteur du préjudice qu'il en éprouve, il n'a à s'en prendre qu'à lui-même du tort qu'il s'est causé. Telle est la responsabilité, conséquence immédiate et nécessaire de la liberté. Mais il est une responsabilité spéciale, celle de l'agent libre qui, placé en présence d'une loi ayant autorité sur lui, a à répondre vis-à-vis d'elle de ses actes, en tant qu'ils sont ou non conformes à ses prescriptions. Telle est la responsabilité de chacun vis-à-vis de la loi morale. Si le législateur juge convenable d'attacher une sanction aux prescriptions de la loi, l'agent libre encourt justement la peine de l'infraction commise : il est puni et l'est justement.

Mérite et démérite. — Le mérite et le démérite sont autre chose. Mériter, démériter, c'est, dit-on ordinairement, se rendre digne de récompense ou de châtiment ; c'est, a-t-on dit aussi, simplement bien faire ou mal faire. Il y a dans ces deux opinions une part de vérité seulement.

1° **Leurs conséquences : la récompense et la peine.** — Mérite et récompense, démérite et peine, la raison rapproche et ne peut séparer ces idées. Quiconque fait le bien mérite, a droit à une récompense; qui fait le mal démérite, doit être puni. Que cette récompense vienne à manquer à celui qui fait le bien, nous nous indignons pour lui, nous accusons l'injustice du sort ou des hommes, qui ne lui ont pas rendu ce qui lui était dû. De même s'il ne nous appartient pas d'infliger une peine à celui qui a fait le mal, nous reconnaissons du moins qu'il est dans l'ordre qu'il la subisse, qu'il y aurait désordre à ce qu'il y échappât. Ainsi la raison, la justice veulent que l'être libre, en retour du bien ou du mal qu'il a fait, jouisse ou souffre, soit heureux ou malheureux dans la mesure même où il a mérité ou démérité.

Du point de vue de l'agent moral méritant ou démérítant, et en tant que conséquences moralement nécessaires du bien ou du mal qu'il a fait, le plaisir et la douleur, le bonheur et le malheur acquièrent une valeur morale, ils deviennent des *récompenses* et des *peines*. Mais n'y eût-il ni récompenses ni peines, le mérite et le démérite n'en subsisteraient pas moins. Ce n'est pas le droit à la récompense qui constitue le mérite : ce droit n'en est que la conséquence.

2° Leur nature. — Dirons-nous avec quelques-uns que mériter c'est simplement bien faire ? Non, les deux idées sont aussi très distinctes, et celle-là n'est elle-même que la conséquence de celle-ci. Mériter, c'est *valoir moralement*, parce qu'on a bien agi. Quiconque a bien fait vaut moralement davantage, a acquis par cela même un surcroît de valeur morale. Quiconque a mal fait, vaut moins, *a déchu moralement*.

3° Leur origine. — Ce qui fait le mérite, c'est l'effort à bien faire, le sacrifice au devoir ; ce qui fait le démérite, c'est la négligence à bien faire, c'est le mépris du devoir, c'est le sacrifice égoïste fait à soi-même de la loi et des biens qu'elle sauvegarde, au lieu du sacrifice généreux qu'elle commande de soi-même à ces biens.

Degrés dans le mérite. — Le mérite provenant de l'effort et du sacrifice au prix desquels le bien a été accompli, il est nécessairement en rapport avec eux ; d'autant plus grand que, pour accomplir le bien, il a fallu faire un effort plus pénible et plus soutenu, remporter sur soi-même une victoire plus difficile, que le sacrifice a été plus douloureux et qu'on y a porté plus de bonne volonté, d'abnégation, d'ardeur généreuse et d'énergie au bien. Aussi l'accomplissement des devoirs de charité est-il d'ordinaire plus méritoire que celui des devoirs de justice. Mais celui-ci peut le devenir au plus haut degré si, pour les remplir, fût-ce pour s'acquitter d'une dette, il a fallu s'imposer un sacrifice pénible, douloureux.

IV. Droit et devoir. Le droit en général : ses conditions. — En principe, il n'y a de droit que vis-à-vis d'une loi qui commande ou défend certaines actions, et par là même autorise à faire celles qu'elle ne défend pas, à ne pas faire celles qu'elle ne commande pas. Celles-ci sont licites ou facultatives, et quant à elles l'agent libre a la pleine disposition de lui-même ; rien ne restreint l'exercice de sa liberté. Ces actions facultatives, la loi peut les mentionner en termes exprès, si elle le juge utile ; mais son silence équivaut à un acquiescement. Outre cette condition objective : *une loi*, loi humaine ou loi morale, le droit implique, comme le devoir, deux conditions subjectives : *la raison* et *la liberté*, c'est-à-dire le pouvoir de connaître ce que la loi permet et celui d'agir en conséquence.

Le droit dans la société. — Tel est essentiellement le droit sous sa forme la plus abstraite, le droit pour l'individu isolé en présence d'une loi à laquelle il doit obéissance. Transporté dans la société, c'est-à-dire pour les individus liés par des devoirs et des droits réciproques, le droit est autre chose. C'est toujours ce qui est permis, facultatif, par rapport à ce qui est défendu, mais permis non plus vis-à-vis de la loi elle-même, mais vis-à-vis d'autres êtres régis par la même loi. A ce point de vue, on peut distinguer trois formes principales du droit.

1° *Droit de libre action vis-à-vis d'autrui*. — C'est d'abord un droit de libre action, c'est-à-dire la faculté de se mouvoir dans sa propre sphère d'activité, sans contrainte ni obstacle de la part d'autrui. Exemple : liberté individuelle, industrielle et commerciale.

2° *Droit sur autrui*. — C'est ensuite le droit d'agir sur autrui, d'intervenir dans la sphère d'activité d'autrui, soit pour restreindre sa propre liberté, soit pour exiger de lui quelque action. Exemple : les droits politiques ; intervention de l'individu dans les affaires de l'État, ou encore le droit du supérieur sur son subordonné, du père sur son enfant.

3° *Droit à une action favorable de la part d'autrui*. — Droit enfin à l'action d'autrui, à une intervention de sa part en notre faveur. Exemple : droit de l'enfant à la sollicitude de ses parents, du subordonné à la bienveillance de ses supérieurs, du citoyen à la protection de l'État.

Le droit, sous cette forme, est plutôt l'affirmation d'un devoir corrélatif qu'un droit proprement dit : un tel devoir est réel, sérieux ; de son accomplissement dépendent en partie le sort, le bonheur de ceux en faveur desquels il doit être rempli. Il est inhérent à certaines fonctions (paternité, magistrature) ; l'enfreindre, c'est méconnaître la nature de celles-ci, c'est se rendre coupable vis-à-vis de ceux sur lesquels elles donnent autorité et encourir une responsabilité qui peut être effective (responsabilité légale). Mais le droit n'est rien de plus ici que l'affirmation d'un tel devoir, avec les conséquences qu'elle comporte.

Corrélation du droit et du devoir. — Leurs conditions sont les mêmes ; objectivement : la loi ; subjectivement : raison et liberté ; aussi y a-t-il corrélation entre eux.

I. **Le droit et le devoir par rapport à la loi.** — 1° *Le droit inséparable du devoir*. — Il y a droit du moment qu'il y a devoir, et réciproquement, car s'il est de l'essence de la loi d'obliger, de prescrire, elle ne peut tout prescrire, non plus que tout permettre. Tout permettre, ce serait ne rien prescrire, la loi n'aurait plus de raison d'être. Tout prescrire, ce serait substituer l'arbitraire à la règle, changer une tutelle bienfaisante en une intolérable tyrannie, réduire l'être libre au rôle d'automate intelligent.

2° *Antériorité du devoir*. — En un sens, le devoir est antérieur au droit et le détermine. Le droit est conféré par une loi ; or, une loi n'a de raison d'être que par ses prescriptions. Supprimez celles-ci, plus de loi, partant plus de droit. Ce qu'il reste, c'est une indépendance absolue, qui est tout autre chose que le droit.

3° *Le droit déterminé par le devoir*. — Donc le devoir est antérieur au droit. En outre, il sert à le déterminer : pour savoir ce qui est permis, il faut savoir au préalable ce qui est défendu. Le droit s'adapte donc aux prescriptions de la loi ; il les suit, et grâce à lui la liberté reçoit en usage légitime d'elle-même l'équivalent de ce que le devoir lui enlève, et comme la récompense du sacrifice qu'il lui impose.

II. Le droit dans la société. — Le droit dans la société se lie au devoir de diverses manières. D'abord c'est un devoir moral d'user en conscience de notre droit, quelle que soit la loi qui nous le confère, loi morale ou positive. Il n'y a pas de droit dont on ne puisse abuser. Or, non seulement la raison réprouve un tel abus indigne d'un être raisonnable ; mais la conscience, en tant que les conséquences en peuvent être funestes à soi-même ou à autrui. En outre, c'est un devoir de respecter les droits quelconques d'autrui, comme pour autrui de respecter les nôtres.

Réciprocité des droits et des devoirs. — Enfin chaque devoir dans la vie sociale appelle un droit correspondant chez celui qui en est l'objet, et réciproquement. Au devoir d'obéissance chez l'enfant, correspond, chez les parents, le droit au commandement, l'autorité ; au droit de l'État de faire prévaloir sa volonté sur la volonté individuelle, correspond pour celle-ci un devoir d'obéissance et de respect envers l'autorité et la loi. En un mot, ce que l'un doit à l'autre, celui-ci y a droit ; ce à quoi l'un a droit vis-à-vis d'un autre, celui-ci le lui doit ; la réciprocité est rigoureuse.

Ainsi le droit est inséparable du devoir. Mais se fonde-t-il sur le devoir, ou au contraire le devoir sur lui? ou ont-ils pour commune origine la loi morale? C'est la question difficile de l'origine et du fondement du droit qu'il nous reste à traiter.

Fondement du droit. — Écartons d'abord deux solutions également erronées.

Remontez à l'origine de tout droit, vous ne trouverez, a-t-on dit, qu'une convention ou un fait consacré par le temps, par l'adhésion générale, c'est-à-dire la volonté humaine ou la force.

Le droit et la convention. — Qu'il y ait dans la société des droits comme des devoirs purement conventionnels, cela est incontestable. Droits et devoirs conditionnels, sans valeur par eux-mêmes, valables cependant pour ceux qui ont conclu cette convention comme règle de leurs relations mutuelles, ou qui y ont adhéré ultérieurement, ou même sont censés y adhérer par cela seul qu'ils vivent dans la société dont elle est la loi.

Le droit et la force. — De même, qu'il y ait lieu dans la vie sociale de compter avec la force, le succès, le fait qui s'impose (la victoire, par exemple, l'avènement d'un pouvoir révolutionnaire), et devient la base de conventions nouvelles entre les individus ou les peuples, cela est vrai encore, inévitable, quoique regrettable à bien des égards.

Mais qu'il n'y ait d'autres droits et d'autres devoirs que ceux-là ; que la volonté, le caprice individuel ou collectif, décide de ce qui est permis ou défendu, que le fait, par cela seul qu'il se produit ou s'impose, soit légitime, c'est ce qu'on ne saurait soutenir sans ruiner les fondements de la moralité, sans méconnaître la distinction absolue du bien et du mal, du juste et de l'injuste, sans rejeter toute loi morale supérieure à la volonté humaine. Si le droit a sa source uniquement dans la volonté humaine ou dans la force, tout est permis, peut à un moment donné se trouver permis et légitime, même le vol, le meurtre, tous les excès et tous les crimes, toutes les oppressions auxquelles les individus et les sociétés opposent, au contraire, le droit comme le seul rempart inexpugnable et l'inviolable asile de leurs légitimes intérêts et de cette dignité morale qui leur est sacrée.

Il faut donc ou nier le droit, ou lui reconnaître un autre fondement.

Le droit et le devoir. — 1° *Le devoir ne procède pas du droit.* — Est-ce le devoir ? Et d'abord le devoir n'a pas sa source dans le droit. Ils impliquent l'un et l'autre une loi ; or, il est de l'essence de la loi d'obliger, d'imposer des devoirs, de restreindre le droit par conséquent, à supposer qu'il préexistât.

2° *Le droit ne procède pas du devoir.* — On peut soutenir de même que le droit ne procède pas du devoir. Le devoir ne confère directement qu'un droit, celui de l'accomplir. Mais le droit est autre chose, puisqu'il a pour objet les actes que le devoir ne commande pas, ceux au sujet desquels la loi s'abstient de prescrire quoi que ce soit.

Leur commune origine : la loi morale. — Une seule solution dès lors est possible, c'est qu'ils aient une commune origine : la loi, qui tout à la fois commande et permet; la loi positive, s'il s'agit de droits et de devoirs conventionnels; s'il s'agit, au contraire, de droits et de devoirs primitifs, antérieurs et supérieurs à toute convention, c'est la loi morale, règle absolue de ce qui est permis et défendu, expression elle-même d'un ordre immuable des choses, non de ce qui est, mais de ce qui doit être selon la nature et la raison.

Leur même fondement. — Il est bien, absolument bien, qu'un être libre dispose de sa liberté, qu'un être capable de bonheur et de moralité jouisse de ce bonheur et réalise cette moralité. Là est la raison dernière de tous nos devoirs comme de tous nos droits, et de celui-ci qui comprend tous les autres : le droit de posséder ces biens suprêmes de la vie morale au plus haut degré que notre nature comporte, de les préserver de toute atteinte de la part des autres êtres libres comme nous, d'être tenus par eux pour inviolables, parce nous le sommes en effet selon la raison, et que nous-mêmes devons les tenir pour tels; la raison, en un mot, de notre indépendance et de notre inviolabilité vis-à-vis d'eux, lesquelles constituent le droit par excellence. Le fondement du droit n'est donc ni la *liberté* ni la *dignité de la personne humaine*. Si la seule liberté constituait le droit, elle devrait être respectée dans son abus comme dans son usage; car si elle a par elle-même et à titre de fin une valeur infinie, toute restriction apportée à son exercice en serait la violation. D'autre part, à supposer que le déterminisme fût la vérité, le droit n'aurait plus de raison d'être. Or, les adversaires du libre arbitre sont pour la plupart des défenseurs résolus du droit. Quant à la dignité de la personne humaine, elle n'est pas, en nos semblables comme en nous, le seul bien inviolable à nos yeux et que le droit ait mission de sauvegarder; fonder le droit sur elle, ce serait subordonner, sacrifier à la moralité la liberté et le bonheur, déclarer qu'ils ne valent qu'à titre de conditions ou de conséquences de la moralité, qu'ils seraient de nul prix, elle absente, tandis qu'ils sont des fins respectables et bonnes d'elles-mêmes.

Pour fonder le droit sur une base suffisamment large et solide, il ne faut donc pas séparer dans l'homme les principes que la nature rapproche en lui et dont la raison reconnaît l'excellence et réclame l'harmonie. C'est parce que la liberté, le bonheur, la moralité sont par eux-mêmes, et plus encore par leur accord, des biens inestimables, que l'être qui est appelé à les posséder a le droit de les posséder dans leur plénitude, le droit par suite de les préserver de toute atteinte dans sa personne.

APPLICATION DE LA LOI MORALE

CHAPITRE IX

CONFLIT DES DEVOIRS; VERTU; SANCTION

I. L'interprétation de la loi. — La loi morale nous dit : Fais le bien, tu le dois. Mais alors se pose la question de savoir, à propos de telle action, dans tel cas donné, quel est le bien, où est le devoir. En général, nous ne nous y trompons pas : la conscience individuelle, dépositaire des vérités morales, des principes pratiques que la conscience universelle de l'humanité s'est successivement appropriés, est généralement en mesure de répondre avec rigueur et précision à toute question concernant le devoir. Il est des cas cependant où son jugement, d'ordinaire si prompt et si sûr, hésite, et où nous nous retrouvons, au terme de la délibération la plus consciencieuse, aussi perplexes qu'à son début. — Ce pénible état moral résulte parfois du conflit du devoir et de l'intérêt, mais surtout du conflit des devoirs.

1º Le conflit des devoirs. — En principe, tout devoir est inviolable; mais il est des cas où l'accomplissement d'un devoir est incompatible avec celui d'un autre. Par exemple, le devoir du père de famille et du citoyen : comme père, je me dois à mes enfants, comme citoyen à ma patrie. La multiplicité et la complication extrêmes des relations que comporte la vie sociale avec les devoirs qui en dérivent, celles des intérêts que nous avons le droit ou le devoir de sauvegarder, soit en nous-mêmes, soit autour de nous, expliquent ce conflit et le rendent inévitable. Or, il ne peut être tranché que par le sacrifice de l'un des devoirs en présence ou par celui de tous deux. Mais ce dernier est rarement possible : la conscience qui les tient également pour sacrés s'y refuse (ne pouvant sauver à la fois deux personnes également chères, renoncer à les sauver l'une et l'autre). Il faut donc choisir. Sans poser à cet égard de règle absolue (il n'en est pas d'applicable à tous les cas), on peut recommander de tenir compte : 1º de l'importance relative des devoirs en présence : il en est d'essentiels, de secondaires ; les uns sont le fond même de la moralité, les autres répondent à de simples convenances. 2º De la gravité de l'infraction, d'ordinaire en rapport avec l'importance du devoir; manquer à tel devoir est un crime, à tel autre n'est qu'une faute. La faute peut être grave, légère, exister à peine. Le crime de même a ses degrés : telle action est d'elle-même odieuse, infâme (assassinat, vol, faux, calomnie) : un honnête homme n'y consentira jamais. 3º Des intérêts lésés ou sauvegardés par l'accomplissement de l'un des devoirs opposés et la violation de l'autre; tel mensonge peut avoir des conséquences fâcheuses, funestes pour autrui, ou, au contraire, sans nuire à personne, lui être utile, être une condition de salut pour lui (le médecin n'hésitera pas à tromper son malade s'il peut le sauver à ce prix). Le préjudice causé peut être léger, le service rendu considérable, qu'il s'agisse d'un seul individu ou de plusieurs opposés d'intérêt. En nuisant à un seul, à un petit nombre, on peut être utile à plusieurs, à beaucoup (le général qui, pour sauver son armée, en sacrifie une partie). 4° Des conséquences de l'infraction, si d'autres, si tous agissaient de même : si chacun préférait sa famille à sa patrie, c'en serait fait de celle-ci, et avec elle périrait la famille.

En résumé l'intérêt de la moralité prime celui du bonheur, pour l'individu surtout; l'intérêt d'autrui, l'intérêt propre; l'intérêt général, celui des individus.

2° **De la justification des moyens par la fin.** — En principe, la fin ne justifie pas les moyens; la moralité des moyens n'est pas moins indispensable que celle du but en vue duquel ils sont employés. Autrement toute action deviendrait légitime du moment qu'elle ne serait pas faite pour elle-même, mais pour un résultat légitime en lui-même. Une telle doctrine autoriserait tous les crimes, elle serait la négation même du devoir et de la moralité. Cependant, pour l'apprécier équitablement, il y a lieu de distinguer entre une fin simplement légitime, ou honnête, ou obligatoire.

1° Si la fin n'est que légitime (intérêt propre, santé, fortune), les moyens doivent être irréprochables.

2° Si la fin est honnête, louable d'elle-même, sans être absolument obligatoire, ou obligatoire seulement en tant que but à se proposer, son accomplissement restant subordonné aux circonstances et en rapport avec les ressources dont on dispose, les moyens doivent être également irréprochables. Un père de famille n'a pas le droit dans l'intérêt des siens de commettre des actes coupables quelconques; je n'ai pas le droit de prendre aux uns pour donner aux autres.

Ces deux règles cependant comportent certaines restrictions. Il est de l'essence d'un droit d'autoriser tous les actes que comporte son exercice (droit de légitime défense; droit de punir). Des moyens répréhensibles en eux-mêmes peuvent devenir légitimes, lorsqu'ils sont employés dans l'intérêt de ceux qui ont à en souffrir (correction infligée à l'enfant; traitement du malade).

3° Si la fin est d'obligation étroite, directement et inconditionnellement exigible (sauver son pays, un malheu reux qui va périr), et c'est le cas du conflit des devoirs, elle peut sous certaines conditions justifier, rendre obligatoires même, non des crimes sans doute, mais des actes auxquels autrement la conscience se refuserait. Il n'y a pas de raison d'État ou de salut public qui autorise des proscriptions, des massacres de citoyens, des persécutions contre des innocents.

II. Vertu : principales théories. — *Platon :* La vertu est le fruit de la science. A tout progrès dans la dialectique, c'est-à-dire dans la connaissance du vrai, du bien, correspond un progrès dans la moralité et par suite dans le bonheur.

Aristote : La vertu est une habitude, l'habitude de la modération. Toute vertu est un juste milieu entre deux excès contraires qui sont des vices (l'économie entre l'avarice et la prodigalité).

Stoïciens : La vertu a pour condition l'énergie morale ; elle réside dans la liberté développée par l'effort, dans l'affranchissement absolu de la volonté attachée au bien seul, indifférente à tout le reste.

Les mystiques : C'est l'amour de Dieu, plus pur et plus puissant que tout autre amour, indispensable et suffisant à l'accomplissement du bien.

Examen de ces théories. — Chacune de ces théories est incomplète et exclusive ; elles mettent en lumière certains éléments ou conditions de la vertu, mais n'en expriment pas l'idée totale.

1° La connaissance du bien est indispensable à son accomplissement ; elle dispose à l'aimer et, par suite, à le faire, mais ne suffit pas pour en assurer l'amour et, à plus forte raison, l'accomplissement.

2° La modération convient au sage, au sage heureux, mais ne constitue pas la vertu. L'extrême vertu est tout l'opposé du vice ; on ne cesse pas d'être juste, loyal, pour l'être avec excès ; l'être modérément serait une qualité plutôt qu'une vertu. Peu de vertus enfin tiennent le milieu entre excès ou vices opposés. L'économie est une qualité plutôt qu'une vertu. Seulement tout excès est préjudiciable : il l'est à soi-même, aux autres surtout ; l'excès d'une qualité enfin peut être incompatible avec telle autre qualité : celui de la bonté avec la justice, de la franchise avec la prudence, et réciproquement.

3° L'amour du bien ne suffit pas à en assurer l'accomplissement sans le concours et l'énergie de la volonté. L'amour de Dieu y contribue puissamment sans le garantir, sans même y être indispensable.

En résumé, la vertu a le bien pour objet; pour condition la connaissance et l'amour du bien. Mais elle a son principe dans la volonté droite et bonne, dans cette énergie morale qui lutte et souffre avec une inébranlable constance pour le bien. Elle n'est donc pas un don de la nature; mais, en devenant une habitude, elle ne cesse pas d'être effort et sacrifice. Autrement elle serait la sainteté, cet état presque surnaturel où l'âme détachée d'elle-même et des choses périssables, insensible à tout sauf à l'attrait du bien, atteint déjà à la perfection et y trouve la plénitude de son bonheur.

Questions sur la vertu. — Est-elle une et indivisible? Ou y a-t-il plusieurs vertus? La vertu parfaite est une sans doute, comme le bien, dont elle implique l'accomplissement intégral. Cependant, de fait, on peut ne faire le bien que partiellement, être ou probe, ou charitable, ou tempérant, et de telles qualités sont des vertus.

Erreur stoïcienne qui n'admet pas de degré plus que de division dans la vertu, le sage, par cela seul qu'il est vertueux, étant parfait comme Dieu.

Division des vertus. — La division ancienne de Socrate, Platon et Cicéron, quoique incomplète, est encore l'une des plus satisfaisantes : elle renferme les vertus les plus indispensables, en complétant la justice par la bienfaisance ou charité.

III. Sanction de la loi morale. Sanction d'une loi. — C'est un ensemble de récompenses et de peines attachées à l'observation et à la violation de la loi.

Sanction des lois humaines. — Elle est indispensable dans leur propre intérêt : privées de sanction, elles n'auraient pas d'autorité effective; leur violation restant impunie, on aurait tout à perdre, rien à gagner à leur observation.

Sanction de la loi morale. *Sa nécessité.* — Elle a pour fondement le mérite et le démérite qui appellent la récompense et la peine. Après le désordre moral, le plus odieux de tous parce qu'il est volontaire, le plus regrettable et le plus désolant serait celui qui résulterait du défaut de celles-là. Il est incompatible avec l'existence d'un Dieu juste et bon ; inévitable si Dieu n'existait pas, il est impossible avec lui.

Ses caractères. — 1° *Certaine,* c'est-à-dire ne pouvant faire défaut.

2° *Proportionnée,* c'est-à-dire en rapport avec le mérite de l'agent moral.

Les sanctions terrestres. — Elles sont au nombre de quatre.

1° *Sanction naturelle.* — Elle comprend tous les biens et tous les maux, les événements favorables ou fâcheux que le cours des choses amène et qui peuvent être regardés comme une conséquence naturelle de nos bonnes et mauvaises actions. Ex. : Le criminel se perdant par l'audace que donne l'impunité ; l'intempérant, l'ingrat... etc. — Sanction insuffisante : le méchant prospère ; l'honnête homme est malheureux.

2° *Sanction civile.* — Peines et récompenses édictées par les lois humaines. — Leur insuffisance : 1° les récompenses sont exceptionnelles ; 2° la loi n'intervient que dans un intérêt social, laisse par conséquent impunies une foule de mauvaises actions, non les moins criminelles : le vice, l'égoïsme, l'ingratitude, etc. ; 3° les peines rarement proportionnées à la culpabilité vraie ; 4° fausse application des peines : l'innocent puni pour le coupable.

3° *Sanction sociale.* — Jugements de l'opinion publique, dont l'éloge et le blâme, l'estime et le mépris constituent une sanction très réelle. — Son insuffisance : 1° erreurs de l'opinion ; 2° le méchant peu sensible au blâme d'autrui ; 3° l'estime des honnêtes gens, quelque prix qu'il y attache, n'est pour l'homme de bien malheureux qu'un faible dédommagement.

4° *Sanction morale.* — Joies et peines de la conscience. — Sanction plus sûre, plus efficace, mais insuffisante encore : le méchant inaccessible au remords ; les joies de la conscience ne rachètent pas, pour l'honnête homme, l'insuffisance des autres sanctions.

MORALE PRATIQUE

I. — MORALE INDIVIDUELLE

CHAPITRE X

DEVOIRS ENVERS SOI-MÊME

Triple division des devoirs. — Considérés *dans leur forme*, les devoirs se divisent :

1° En devoirs *positifs*, ou d'action (faire du bien à autrui) et *négatifs*, ou d'abstention (ne pas mentir).

2° En devoirs d'*obligation stricte* et d'*obligation large*.

En principe tout devoir est obligatoire ; mais tous n'engagent pas au même degré la conscience : c'est un devoir strict ou étroit de ne pas nuire à autrui, de rendre ce que l'on doit, de ne point attenter à sa vie ; c'est un devoir large de faire du bien à autrui, de se résigner dans l'infortune, de cultiver son intelligence.

1° Les devoirs étroits correspondent aux conditions élémentaires et les plus indispensables d'une vie morale. Ils marquent le niveau inférieur de la moralité, la limite au dessus de laquelle il faut absolument se tenir, sous peine de tomber dans l'extrême désordre moral. Les devoirs larges visent un but plus élevé : avec eux nous passons de ce qui est moralement indispensable à ce qui est moralement désirable. Il est bien, il est beau de les remplir, plutôt que cela n'est exigible. On fait preuve en cela de bonne volonté plutôt qu'on n'obéit à une prescription rigoureuse. Les devoirs étroits sont de l'honnête homme, les devoirs larges de l'homme de bien, de l'homme de cœur. L'accomplissement des premiers est peu méritoire, mais on démérite gravement à les enfreindre. C'est le contraire pour les seconds : moins ils engagent la conscience, et plus on s'honore par leur accomplissement.

2° Les devoirs stricts n'admettent pas de degrés : on n'est pas juste à demi ; c'est le contraire pour les devoirs larges : on est plus ou moins charitable.

3° Enfin les devoirs larges ne se prêtent pas à une législation formelle ; les maximes qui s'y appliquent doivent être interprétées dans leur esprit, non prises à la lettre. Les devoirs étroits, au contraire, sont objet de législation, de formules précises qui ne comportent ni interprétation, ni atténuation. Nulle prescription ne peut fixer la mesure dans laquelle il faut être charitable ; à la conscience seule il appartient de juger de ce qui à cet égard est rigoureusement obligatoire ou simplement désirable, et cela en tenant compte des circonstances comme des possibilités. La justice dit précisément, au contraire, ce qui est permis et défendu.

Cette distinction, quoique malaisée à appliquer dans certains cas, renferme donc un fond de vérité, et c'est à tort qu'elle a été critiquée.

3° *Les devoirs d'après leur objet.* — La division des devoirs, du point de vue de leur objet, est, au contraire, précise et rigoureuse : devoirs de l'homme *envers lui-même, envers ses semblables* et *envers Dieu.* Quant aux devoirs à l'égard des autres êtres, des choses, ils peuvent être regardés comme une extension des devoirs envers soi-même.

Devoirs envers soi-même.—*Justesse de l'expression.* — Sans nier la réalité de ces devoirs, on a contesté la justesse de l'expression. Il ne peut y avoir de devoir, a-t-on dit, que vis-à-vis d'un autre être : on ne se doit rien à soi-même. L'expression est au contraire d'une justesse rigoureuse. On se doit à soi-même de sauvegarder en soi ces biens suprêmes de la vie individuelle : le bonheur et la moralité. Ce serait se faire tort, se causer un préjudice véritable et des plus graves, encourir vis-à-vis de soi-même une lourde responsabilité, que de les compromettre, de leur porter une atteinte peut-être irréparable.

Leur nécessité. — L'homme ne peut avoir un droit

absolu sur lui-même : l'obligation de conformer ses actes à sa raison, fût-il seul au monde, serait déjà la négation d'un tel droit. Le bonheur et la moralité, ces biens suprêmes de l'être raisonnable et libre, qu'il ne peut s'empêcher de tenir pour inviolables et sacrés chez les autres êtres, valent en lui comme en eux, ont droit de sa part au même respect, lui commandent les mêmes efforts et les mêmes sacrifices vis-à-vis de lui-même et vis-à-vis d'eux. Si dans certains cas le devoir lui prescrit, lui donne le droit, par conséquent, de sacrifier jusqu'à son bonheur et à sa vie, jamais il n'a le droit de sacrifier sa propre moralité, et nul devoir n'a le pouvoir de l'y obliger.

Leur importance. — 1° *Pour soi-même :* De leur accomplissement dépend avant tout notre dignité morale. Qu'importe, quant à elle, que nous soyons sans reproche vis-à-vis de nos semblables, si, pour ce qui nous concerne nous-mêmes, nos sentiments et nos actions, notre personne et notre vie sont pour eux et pour nous un objet d'opprobre et de mépris, si des travers misérables, des vices hideux sont la rançon de nos qualités et vertus sociales ? Le bien fait à autrui nous dispense-t-il de nous respecter nous-mêmes ? Notre dévouement et notre héroïsme nous empêcheront-ils d'être vils, abjects, infâmes ?

2° *Pour autrui :* Qui se croit tout permis vis-à-vis de soi-même, s'affranchira bientôt de toute obligation vis-à-vis d'autrui. Le sens moral oblitéré, perverti, ne sera plus un aiguillon pour le bien, un frein pour le mal. Les sources de la moralité une fois empoisonnées, la corruption envahira la vie morale tout entière, et l'égoïsme, accepté au plus intime de nous-mêmes, finira par prévaloir dans toutes les sphères de l'activité.

Je ne fais tort qu'à moi-même. — On voit par là combien fausse est cette maxime :

1° Vous n'en avez pas le droit ; 2° vous vous avilissez à vos propres yeux ; 3° vous vous préparez à sacrifier à vos vices, à vos passions, à votre égoïsme, le bonheur et la moralité d'autrui comme déjà vous leur avez sacrifié les vôtres propres.

Détermination des devoirs envers soi-même :

deux principes exclusifs. — Généralement d'accord pour reconnaître des devoirs envers soi-même, les moralistes ne le sont plus lorsqu'il s'agit d'assigner le principe qui doit présider à leur détermination. Entre les deux fins suprêmes dans l'harmonie desquelles réside le souverain bien, les uns donnent la préférence au bonheur, les autres à la moralité. Les premiers, ne considérant que l'homme de la nature, voient le souverain bien pour lui dans la libre expansion et le développement harmonieux de ses forces et facultés, dans le plein épanouissement de son être physique et moral, dans la plus large satisfaction de ses tendances naturelles quelconques. Les seconds, ne considérant que l'homme de la raison et de la moralité, le voient au contraire dans la subordination la plus rigoureuse et le sacrifice définitif de la nature à la raison, des instincts, des besoins, des plaisirs du corps, de l'esprit et du cœur, à l'intérêt suprême de la moralité : la sainteté est le seul bien véritable, le renoncement et la mortification en sont les conditions, et tout ce qui y fait obstacle doit être rejeté sans pitié pour soi-même : c'est l'ascétisme. La première doctrine compromet gravement la moralité; l'idéal de la seconde n'est ni réalisable, ni pleinement désirable. Elle sacrifie des biens légitimes et précieux (les satisfactions de l'esprit et du cœur). Elle exige de l'homme plus qu'il ne peut donner; elle lui refuse ce qui lui est indispensable et ce qui est louable de soi.

Leur principe véritable. — Donner à la personne humaine toute la valeur que sa nature comporte : pour cela subordonner, sans les leur sacrifier, le bonheur à la moralité, le corps à l'âme; respecter ce qui dans l'économie de la nature ne pourrait être sacrifié sans dommage, faire à chacun des biens qui ont une valeur par eux-mêmes, comme éléments de bonheur et de moralité, une part d'autant plus large qu'ils contribuent davantage ou sont plus indispensables à notre dignité morale, qui est l'intérêt suprême de la moralité.

Leur division. — Devoirs envers le corps et envers l'âme.

Devoirs envers le corps. — Tout le prix du corps est dans son union avec l'âme, dans les services qu'il est appelé à rendre à la vie morale. C'est à ce point de vue qu'ils se déterminent.

1° Devoir essentiel d'assurer la conservation et autant que possible la santé du corps. 2° Devoir accessoire des soins extérieurs : la dignité morale elle-même les réclame ; double excès à éviter : la négligence et la recherche, injurieuses l'une et l'autre pour l'âme.

Devoirs envers l'âme. — 1° Trois devoirs essentiels, auxquels correspondent autant de vertus : sagesse ou prudence, courage et tempérance. La raison en effet nous commande l'ordre et la vérité dans nos pensées, la constance et la fermeté dans l'exercice de notre volonté, la modération dans la satisfaction des besoins du corps, c'est-à-dire l'ordre toujours, un ordre approprié à la nature de nos diverses facultés et à leur emploi.

2° Devoir moins étroit, mais dont l'accomplissement est d'autant plus noble et plus méritoire, de cultiver et de développer nos diverses facultés : l'intelligence, par l'étude et la science ; la sensibilité, par l'habitude des sentiments élevés et délicats; la volonté, par un effort persévérant à acquérir cette fermeté, cette patience, ce calme intérieur, indispensables à une saine moralité.

Respect de soi-même. — Le respect en général est un sentiment noble et bienfaisant. Ayant pour objet la supériorité, spécialement la supériorité morale, celle des lumières et des vertus, toutes les qualités louables d'elles-mêmes, il est la sauvegarde de celui qui l'éprouve et de celui qui l'inspire : on veut être irréprochable devant celui que l'on respecte, et on a besoin qu'il le soit lui-même. Se respecter soi-même, c'est avoir conscience de sa valeur, de sa dignité morale, l'estimer à son vrai prix, c'est-à-dire la considérer comme le plus précieux des biens, voir en elle un bien dont la possession honore, dont la perte avilit, et que par conséquent on a le devoir de conserver intact au prix des plus rigoureux sacrifices. Qui se respecte lui-même tient par dessus tout à sa propre estime; il craint plus que tout au monde d'avoir à rougir de lui-même, et repousse avec horreur la pensée de toute action qui le condamnerait à se mépriser lui-même.

Travail. — L'obligation du travail résulte des conditions d'existence et de développement imposées par la nature et la raison à l'individu et à la société.

Quant à l'individu : 1° le travail est la condition de son existence normale, la loi de la vie. L'homme doit acheter par le travail sa subsistance, son bien-être, le développement de ses facultés. L'état social peut l'en dispenser exceptionnellement pour la subsistance et le bien-être, mais non pour le développement de ses facultés, notamment de son intelligence.

2° La nature, qui lui commande l'exercice de ses forces et de ses facultés, l'en récompense par le plaisir, le punit de son inaction par la souffrance : ennui, dégoût, mécontentement de soi-même, impuissance à bien faire, telles sont déjà les conséquences de l'oisiveté.

Quant à la société : 1° le travail est la condition de son existence et de sa prospérité; donc chacun de ses membres doit participer à la tâche commune ; 2° étant redevable à la société, c'est-à-dire au travail de tous, de tous les biens dont elle lui assure la jouissance, et au premier rang les biens moraux : les vérités qui enrichissent son intelligence, les sentiments qui ennoblissent son cœur, les qualités et les vertus qui honorent sa vie, il est juste qu'il la serve en retour dans la mesure de ses forces et de ses aptitudes.

Défauts contraires à ces devoirs. — Les plus graves : intempérance, avarice, bassesse et servilité, orgueil, mensonge.

Mensonge. — 1° Tort fait à autrui ; 2° tort fait à soi-même : il dispose à la dissimulation, à la fraude, à l'hypocrisie ; 3° il est incompatible avec la moralité : il est d'un lâche, s'il est inspiré par la crainte ; d'un malhonnête homme, s'il l'est par l'intérêt ; d'un méchant ou sot esprit, s'il l'est par le désir de se jouer d'autrui ou de briller à ses yeux.

Devoirs à l'égard des animaux. — Ils peuvent être considérés comme une extension des devoirs envers soi-même : c'est se faire tort à soi-même, déchoir à ses propres yeux, que de céder à l'égard des animaux à des penchants cruels ou grossiers, que de se départir vis-à-vis d'eux des sentiments de modération, de douceur et de bonté qui doivent nous guider dans nos relations avec tous les êtres.

1° Droit de l'homme sur les animaux et les choses. — Droit primordial pour l'homme d'assurer son existence, de protéger sa personne et ses biens, d'user de ce que la nature met à sa disposition. C'est le droit commun de tous les êtres, le sien par conséquent, droit qui, par suite des conditions d'existence déterminées par leur organisation, et par le fait inévitable de la concurrence vitale, aboutit fatalement à un état de guerre où les plus faibles sont sacrifiés aux plus forts. Mais l'intervention de l'homme dans cette lutte universelle pour la vie n'aggrave pas sensiblement la situation faite originairement aux autres êtres. D'un autre côté, sa vie est l'intérêt suprême de la nature, dont l'œuvre vaut surtout par sa présence et son action. La prééminence qu'il s'attribue sur eux, l'empire qu'il exerce sur les choses, sont doublement justifiés et par sa supériorité morale et par l'usage qu'il en fait, par l'excellence de ses fins propres et par le surcroît de valeur qu'elles communiquent aux choses en se les adaptant.

2° Devoir corrélatif. — Mais devoir corrélatif de ne pas abuser de ce droit, de ne pas détruire ou faire souffrir les animaux sans nécessité, devoir d'autant plus étroit qu'ils se rapprochent davantage de lui par leur organisation, qu'ils sont plus inoffensifs ou lui rendent plus de services. Devoir encore de ne pas détruire sans nécessité, de respecter l'œuvre de la nature, les ouvrages de l'industrie et du génie humain, dans la mesure de leur excellence propre, de leur beauté et utilité.

CHAPITRE XI

SUICIDE ET DUEL

Suicide. — C'est le sacrifice volontaire de la vie, en vue d'échapper à la vie elle-même. Il est légitime, il est beau d'exposer, de donner sa vie pour autrui, pour le devoir ; attenter à sa vie est une faute ou un crime.

A quelque point de vue qu'on le considère, en lui-même ou dans ses causes, la justification du suicide est impossible.

Le suicide en lui-même. — La nature, la loi morale, l'intérêt social le condamnent également.

1° La nature nous attache à la vie par un instinct impérieux (amour de la vie, instinct de conservation). Le suicide est donc une violation de l'ordre de la nature.

2° Si le plaisir et le bonheur étaient la fin unique, le bien suprême de la vie, nous aurions le droit de disposer de celle-ci. Malheureux, nous n'aurions rien à en attendre, point de raison de vivre par conséquent. Mais si le devoir est la règle de la vie, si la moralité en est la première fin, et la vertu le bien suprême, vivre est un devoir et la vie garde son prix, quoi qu'il advienne. Aussi longtemps que la raison et la volonté demeurent maîtresses de nos pensées et de nos actes, il y a en nous une place où le malheur ne peut atteindre, et pour nous un bien possible qu'il ne peut nous ravir.

3° La société ne subsiste que par la solidarité de ses membres, par un échange de services qui fait de chacun l'obligé et le bienfaiteur de tous ; son premier intérêt est donc de les conserver, et elle ne peut que déplorer l'égarement ou flétrir l'égoïsme de ceux qui, en se détachant d'elle par une mort volontaire, méconnaissent cette obligation de la servir.

Argument en faveur du suicide. — La nature, la loi morale, la société ont donc des droits sur nous. Ces droits, les défenseurs du suicide ne les nient pas tous formellement, mais ils leur opposent le droit supérieur de l'individu sur lui-même : ma vie m'appartient, elle est mon bien propre ; j'ai donc le droit d'en disposer. Ce droit absolu, nous le contestons, au nom encore de la nature, de la loi morale et de la société.

1° Vous reconnaissez que toute existence a son prix, que toute vie humaine doit être respectée et que tout homme la doit tenir pour sacrée ; et cette vie humaine, vous la traitez en vous comme chose vénale et vile ! Vaut-elle donc moins en vous que dans chacun de vos semblables ? De même que vous la respectez en eux, ils la respectent et sont tout prêts à la servir en vous : pour que vous viviez, ils sauraient mourir ; et vous, vous n'avez que mépris pour elle !

2° Vous croyez au devoir, au bien, à la vertu ; vous y croyez, car vous êtes honnête homme et homme de cœur, et pour eux hier encore vous saviez lutter contre la fortune et contre vous-même, triompher de vos faiblesses et grandir par l'épreuve. Aujourd'hui que le malheur s'appesantit sur vous, le devoir est-il moins impérieux, le bien moins désirable ? la vertu n'est-elle plus à votre portée ?

3° Êtes-vous donc seul au monde, que vous n'ayez à penser qu'à vous ? Ne devez-vous rien à autrui, ne pouvez-vous rien pour lui ? La société, la patrie, la famille, l'amitié n'ont-ils pas des droits sur vous ? Leur avez-vous rendu tout ce que vous en avez reçu ? Ce que vous êtes et ce que vous valez, les joies et les biens de la vie, tout ce passé qui vous la fit aimer, vous leur en êtes redevable plus qu'à vous-même : cette dette de reconnaissance, qui l'acquittera pour vous ? Et ceux dont vous étiez, dont vous pouviez devenir l'appui et la joie, ceux auxquels vous vous deviez plus particulièrement et qui avaient davantage besoin de vous, qui les soutiendra, qui réparera le mal que vous allez leur faire ?

Le suicide dans ses causes. — A ce nouveau point de vue, le suicide n'est pas plus défendable ; on peut alléguer des excuses ; il est impossible de le justifier.

Ses causes les plus ordinaires sont : 1° L'excès de souffrances jugées sans remède ; c'est le cas où il semble le plus excusable : le devoir de vivre n'en subsiste pas moins. 2° Le désespoir causé par la ruine des affections, des intérêts, des espérances : quelle que soit notre détresse, elle ne saurait prévaloir contre le devoir. 3° La crainte de la honte, à la suite d'une faute, d'un crime : cette honte n'est qu'un juste châtiment ; la fuir est une lâcheté. L'honneur, c'est de se réhabiliter par le repentir et la vertu. 4° L'horreur de sa propre faute et l'intention louable de l'expier ;

on se tue parce qu'on se juge indigne de vivre : mieux vaudrait vivre pour réparer sa faute, plutôt que de l'aggraver par une faute nouvelle. 5° Le dégoût de la vie amené par la satiété des plaisirs, par l'oisiveté : cause de toutes la plus basse et qui flétrit le suicide ; las de plaisirs, fatigué du repos, que l'on vive pour le devoir et pour autrui ! 6° L'impossibilité d'être utile à autrui : on le peut, ne fût-ce que par son exemple, par la pratique du devoir, par la résignation : à défaut de services rendus, on offre à autrui un spectacle édifiant. 7° Le mépris de la vie et des hommes : sentiment peu sincère ! On se flatte de mépriser des biens dont on ignore le prix, des vertus dont on se sent incapable ; cette supériorité dont on se targue n'est qu'un aveu d'impuissance, une illusion de l'orgueil et de l'égoïsme qui cherchent à se tromper eux-mêmes.

Causes profondes du suicide. — Au fond, les vraies causes du suicide, sauf une illusion généreuse qui montre le devoir où il ne saurait être (Caton, Brutus), sont : 1° la bassesse des sentiments qui ne fait rechercher dans la vie que des satisfactions personnelles et exclut l'esprit de sacrifice et de dévouement ; 2° le défaut d'énergie morale qui fait qu'avec les sentiments les plus nobles et les intentions les plus pures on se trouve sans force pour résister au malheur.

Fausse grandeur du suicide. — On glorifie le suicide comme le suprême effort d'une âme généreuse, et on taxe de lâcheté et d'égoïsme ceux qui s'obstinent à vivre alors que la vie semble se retirer d'eux. Qui vit parce qu'il le doit ou parce qu'il le faut, pour autrui ou pour le devoir, n'est point un lâche, encore moins un égoïste. Lâche et égoïste, au contraire, en dépit de l'apparence, à son insu et contre son gré peut-être, est celui qui fléchit sous le poids de la vie, et qui, tout entier à sa souffrance, c'est-à-dire à lui-même, oublie pour elle affections et devoirs, et brise sans remords les liens les plus chers et les plus sacrés. Mourir pour ne plus souffrir n'est pas le fait d'un héros, mais un expédient de joueur aux abois : la mort est son dernier enjeu. L'héroïsme n'est que là où est le sacrifice : dans la mort, pour qui perd tout avec la vie ; dans la vie, pour qui n'espère plus que dans la mort.

Remèdes pour le prévenir. — Relever les sentiments et fortifier la volonté, mais aussi affermir cette conviction que nul n'a le droit de disposer de sa vie.

II. **Duel.** — Il n'est pas, comme le suicide, un fait permanent et presque inévitable, certaines circonstances étant données; mais un fait exceptionnel et particulier à certaines sociétés, l'effet d'un préjugé: le duel peut et doit disparaître.

1° **Le duel en lui-même.** — 1° Il est condamné par la morale, comme impliquant un consentement à l'homicide et au suicide. Nous n'avons pas le droit de disposer de la vie d'autrui, même s'il nous l'abandonne, non plus que de mettre la nôtre à sa disposition. Le suicide et l'homicide sous cette forme sont moins odieux, moins criminels, mais n'en sont pas plus légitimes.

2° Il est incompatible avec l'ordre social: nul n'a le droit de se faire justice à lui-même.

2° **Le duel eu égard à son but.** — Le duel a pour but ou la vengeance, ou l'expiation, ou la réparation. La vengeance est interdite; l'expiation des fautes n'appartient qu'à Dieu, assez désintéressé pour être équitable. Quant à la réparation d'un préjudice causé, le duel est impuissant à l'assurer. Si le tort est léger, la peine peut être hors de proportion avec lui; s'il est grave, irréparable, nulle peine ne saurait l'atténuer ou l'effacer.

3° **Le duel dans ses effets.** — Le duel est donc injuste, la mort pouvant être la peine du tort le plus léger, et même s'il est grave, une telle peine étant toujours hors de proportion avec la faute. Il est absurde, la victime pouvant succomber.

4° **Dans ses causes.** — C'est le plus ordinairement l'honneur outragé ou l'amour-propre blessé. Mais le véritable honneur est à l'abri des entreprises d'autrui, et l'amour-propre ne saurait justifier une lutte meurtrière. On invoque enfin la nécessité de se protéger soi-même quand la société et la loi nous laissent sans défense: il reste encore le recours à l'opinion, l'appui moral des honnêtes gens; dans tous les cas, rien n'autorise à commettre une faute, un crime peut-être.

II. — MORALE SOCIALE

I. — LA SOCIÉTÉ EN GÉNÉRAL, OU LE DROIT NATUREL

CHAPITRE XII

JUSTICE ET CHARITÉ

I. La morale sociale.

Problème de la morale sociale. — La morale sociale a pour objet les relations des hommes entre eux, les droits et les devoirs qui dérivent de la vie sociale. Si, pour déterminer ces droits et ces devoirs, elle n'avait à tenir compte que de la nature humaine, des principes immuables qui la constituent, sa tâche serait relativement simple et facile. Mais elle ne peut faire abstraction du milieu social, des institutions et des usages qui y ont force de lois, des conditions de la vie sociale enfin, telles qu'elles se trouvent réalisées soit dans l'humanité tout entière, soit dans telle société particulière. Doit-elle tenir *a priori* pour légitimes ces institutions et ces usages (famille, propriété, esclavage, duel, guerre) et les prendre pour base de ses prescriptions, ou doit-elle prononcer sur eux, les condamner et en poursuivre le redressement si elle les juge défectueux ?

La morale règle le jeu du mécanisme social. — Dans le premier cas, elle se borne à régulariser les relations qui dérivent des faits établis, quelle que soit la valeur morale de ceux-ci. Elle ne fait que régler le jeu du mécanisme social, tel qu'elle le trouve constitué.

Elle le constitue en partie et pose les bases normales de la moralité sociale. — Dans le second, elle doit fixer elle-même les bases de la vie sociale, constituer le mécanisme social de toutes pièces.

De ces deux tâches la première est insuffisante : en s'y réduisant, la morale sacrifierait ce qui doit être à ce qui est, et se ruinerait elle-même pour concéder trop à la réalité. Mais si la seconde est nécessaire, elle n'est pas moins périlleuse. La morale y risque de sacrifier le possible au désirable, et de se perdre encore pour demander à la nature humaine plus que celle-ci ne peut donner.

Caractère nécessairement relatif de quelques-unes de ses prescriptions. — De là, dans ses prescriptions, des compromis regrettables, des anomalies, des contradictions peut-être, injustifiables du point de vue du pur idéal, mais inévitables.

Fondement de la morale sociale : la solidarité humaine. — Le principe de la dignité personnelle, fondement de la morale individuelle, s'impose à la morale sociale, mais ne saurait lui suffire. Du point de vue de ce principe, la personne morale étant, selon le langage de Kant, sa propre fin à elle-même, sa moralité propre étant dès lors l'intérêt suprême, sinon unique, de sa vie, les personnes humaines se trouvent isolées, étrangères les unes aux autres, indifférentes peut-être au bonheur et à la moralité les unes des autres. La morale sociale a besoin pour se constituer d'un principe duquel dérive l'obligation pour chacun de subordonner son bien propre à celui d'autrui, de ne pas se désintéresser du bonheur et de la moralité d'autrui plus que des siens propres. Ce principe est celui de la solidarité humaine. Les hommes ne sont pas seulement des personnes morales, ayant à ce titre un droit égal à exister, à se développer librement, et par conséquent à être respectées les unes par les autres ; ils sont encore des êtres sensibles, capables d'affections, de joies et de peines ; mais surtout ils sont des semblables et comme les membres d'une même famille, appelés à vivre d'une vie commune. De là une solidarité réelle aux effets de laquelle nul ne saurait se soustraire. En vertu de la réciprocité inhérente à toute vie commune, chacun participe à quelque degré aux biens et aux maux dont jouit ou souffre autrui. Mais au-dessus de cette première solidarité qui n'est qu'un fait inévitable, il en est une autre, plus noble parce qu'elle doit être volontaire, plus efficace parce qu'elle doit être la première loi de la vie sociale, que la nature et la raison réclament également. Il est nécessaire, il est bien, il est beau que des personnes morales qui sont à ce point semblables et de fait solidaires, se tiennent pour moralement solidaires, qu'elles considèrent comme leurs les biens et les maux d'autrui, qu'elles se reconnaissent elles-mêmes dans chacun de leurs semblables. Le lien réel qui unit chaque homme à l'humanité tout entière et à chacun de ses membres doit devenir un lien moral obligatoire et sacré. Dès lors, chaque personne humaine, inviolable déjà en tant que dépositaire de biens qui doivent être respectés en elle : le bonheur et la moralité, la raison et la liberté, le sera plus justement encore et plus efficacement vis-à-vis des autres en vertu de ce lien étroit, et celles-ci n'auront pas plus le droit de se désintéresser de son bonheur et de sa moralité à elle, que celui d'y porter atteinte dans l'intérêt égoïste de leur bonheur propre, ou même, s'il était possible, de leur propre moralité.

Division de la morale sociale. — 1° La société en général, ou le *droit naturel*.

2° La société régulièrement constituée, ou le *droit civil et politique*.

3° La société des États, ou le *droit international*.

II. La société en général : justice et charité.

Destination sociale de l'homme. — La société ne résulte pas, comme l'ont prétendu entre autres Hobbes et Rousseau, d'une convention arbitraire dictée par l'intérêt, d'un contrat librement consenti, qui pourrait être rompu comme il a été formé ; elle n'est pas une institution artificielle ; elle a son fondement, sa raison d'être dans la nature et dans la raison.

1° *La nature*. — La nature de l'homme révèle sa destination sociale. 1° Sa faiblesse physique et intellectuelle, dans l'enfance surtout et dans la vieillesse, lui rend la vie impossible à l'état d'isolement.

2° Ses tendances natives le prédisposent à la vie sociale et la lui rendent indispensable : instincts affectueux : sociabilité, sympathie, bonté ; — émulation, besoin d'approbation, respect ; — instinct d'imitation, tendance expressive et langage naturel ; — instincts de véracité et de crédulité.

Ces diverses tendances n'ont de raison d'être que si l'homme doit vivre en société.

2° *La raison.* — La destination morale de l'homme lui fait une loi de la vie sociale : progressif intellectuellement et moralement, il ne peut acquérir toute sa valeur que par elle ; donc il est fait pour la société, tout progrès étant impossible à l'individu isolé.

Devoirs généraux d'homme à homme. — Quelles que soient les relations qui existent entre deux hommes, par cela seul qu'ils sont hommes, ils sont liés l'un à l'autre par une réciprocité de droits et de devoirs résultant de leur nature même. Ces devoirs primitifs et fondamentaux, les plus généraux de tous et qui comprennent tous les autres, sont ceux de justice et de charité.

Justice et charité. *Leurs diverses formules.* — 1° « Ne fais pas à autrui ce que tu ne voudrais pas qu'on te fît à toi-même. » — « Fais à autrui ce que tu voudrais qu'on te fît à toi-même. » Formule expressive, mais peu précise, qui a le défaut de subordonner à des convenances personnelles, à une appréciation variable d'individu à individu, la détermination de devoirs qui doivent être entendus et accomplis par tous de la même manière.

2° Formule plus rigoureuse : « Ne fais point de mal à autrui ; fais-lui du bien, tout le bien possible. »

Devoirs de justice. — Le devoir général de ne pas faire de mal à autrui comprend deux devoirs plus particuliers, l'un négatif : ne nuire à personne (*neminem lædere*) ; l'autre positif : rendre à chacun ce qui lui est dû (*suum cuique*). Je puis, en effet, faire du mal à autrui de deux manières : soit par une action dont il ait immédiatement à souffrir, soit en ne faisant pas pour lui ce à quoi il a droit. Dans le premier cas, je m'attaque à lui, j'entreprends sur sa personne ou sur ses biens, je lui fais directement du mal ; dans le second, je ne fais pas ce sur quoi il avait le droit de compter, je le prive d'un bien, d'un avantage qui n'étaient point en sa possession, mais auxquels il avait le droit de prétendre ; je lui fais du mal encore, mais indirectement.

1° *Ne nuire à personne.* — Avant tout, la justice nous défend de faire aucun tort à autrui. Sa personne, ses biens, tout ce qu'il possède légitimement et qui a un juste prix à ses yeux, doit nous être sacré : sa vie, sa propriété, sa santé, sa liberté, sa moralité, son bonheur, son honneur et sa réputation. De là la condamnation du meurtre, du vol, de l'esclavage, de la calomnie, de la médisance, du mensonge, etc., chacune de ces infractions étant d'autant plus grave que le bien qui en est l'objet a par lui-même plus d'importance et de prix, et que la réparation du préjudice causé serait plus difficile ou même impossible. C'est ce qui fait de l'homicide le plus grand des crimes.

2° *Rendre à chacun ce qui lui est dû.* — Cette seconde maxime peut s'entendre en deux sens. 1° Rendre à chacun ce qui lui est dû, sans tenir compte de la qualité des personnes : payer ses dettes, exécuter un contrat. Telle relation existe entre deux personnes : débiteur et créancier, serviteur et maître, enfants et parents ; le devoir de l'une vis-à-vis de l'autre dérive directement de cette relation, est déterminé par elle et doit être accompli à cause d'elle. C'est la *justice commutative*. 2° Rendre à chacun ce qui lui est dû, en tenant compte, au contraire, de la qualité des personnes, de leur valeur morale, des circonstances qui aggravent ou atténuent leur faute, qui donnent plus ou moins de prix à leur bonne action, de leurs intentions et de leurs sentiments à notre égard. C'est la *justice distributive*. — Débiteur, je n'ai pas à considérer la situation de fortune ou la moralité de mon créancier ; obligé, j'ai le devoir, au contraire, de mesurer ma reconnaissance, non seulement au prix du service rendu, mais au sentiment dont il témoigne à mon égard, à l'effort, au sacrifice qu'il a coûté.

Devoirs de charité. — Partout où un besoin, une souffrance s'offrent à nous, la charité nous commande d'apporter un secours matériel ou moral. Donner, lorsqu'ils partent du cœur, des consolations, des encouragements, des conseils, travailler au bonheur et à l'amélioration d'autrui, c'est pratiquer la charité dans les conditions qui la rendent au plus haut degré méritoire et bienfaisante.

Les formes de la charité. — La charité s'exerce proprement dans la vie privée, d'individu à individu. Elle devient, en se généralisant, l'*humanité,* quand elle s'applique à prévenir, à soulager, dans une sphère plus large, les souffrances de nos semblables. Elle s'élève jusqu'au *dévouement,* lorsqu'elle fait davantage appel à l'esprit d'abnégation et de sacrifice, que, pour faire du bien à autrui, il faut s'imposer à soi-même un effort pénible, un préjudice grave, souffrir ou s'exposer à souffrir. Sous cette forme, elle s'exerce dans la vie privée comme dans la vie publique, dans la famille comme dans l'Etat.

Distinction de la justice et de la charité. — 1° Les devoirs de justice en général négatifs, ceux de charité positifs.

2° Les devoirs de justice d'obligation stricte, ceux de charité d'obligation large : ne pas faire tort à autrui est un devoir étroit pour l'honnête homme ; lui faire du bien est le devoir de l'homme de cœur.

3° Aux devoirs de justice correspondent des droits : le droit d'en exiger l'accomplissement, de s'opposer à leur violation ou, le devoir violé, le droit de poursuivre la réparation du préjudice causé. — Rien de tel pour la charité : tout en étant obligatoire, elle est essentiellement facultative. Forcée, elle ne serait plus méritoire et cesserait d'être la charité, c'est-à-dire un don gratuit fait à autrui. D'autre part, elle constituerait une oppression intolérable, les exigences de tous vis-à-vis de chacun pouvant être sans limites : je n'ai plus rien à moi, je ne dispose plus de moi-même, si tous à chaque instant ont le droit de disposer de moi et de ce qui est à moi.

4° A la raison seule il appartient de déterminer ce qui est juste ; au cœur seul d'inspirer les pensées et les actes de la charité : le cœur seul comprend la souffrance d'autrui, suggère les moyens de la soulager, en donne le désir et en fait un besoin.

5° Quoique la justice et la charité aient pour fondement commun la solidarité humaine, on peut dire que le fondement spécial des devoirs de justice est l'*inviolabilité de la personne humaine*, et celui des devoirs de charité la *fraternité humaine*, forme plus touchante de la solidarité. La personne humaine, raisonnable et libre, capable de bonheur et de moralité, est inviolable d'elle-même; tout être raisonnable et libre la doit tenir pour sacrée, elle et en elle ces biens qui lui donnent son vrai prix : sa raison et sa liberté, son bonheur et sa moralité. D'autre part, la conformité d'origine, de nature et de destinée, de faiblesse et de besoins, de souffrances et de misères morales même, établit entre les hommes un lien fraternel ; en conséquence, il est bien, il est juste qu'ils se regardent comme frères et se traitent en frères.

Justice et charité dans la société. — La société repose avant tout sur la justice, c'est-à-dire sur le respect mutuel des personnes, des droits et des biens de chacun. L'ordre, la sécurité, la liberté, ces premiers biens de la vie sociale, trouvent en elle seule leur pleine garantie. Mais l'action de la justice est toute négative : elle assure à chacun ce à quoi il a droit, rien de plus. Il appartient à la charité de compléter l'œuvre de la justice, et d'obtenir pour chacun, de la sympathie, de la pitié et du dévouement de tous, le secours qu'il lui faut dans ses besoins, ses souffrances et ses maux de toute sorte. Mais tout indispensable qu'est la charité, elle ne saurait tenir lieu de la justice : le premier besoin d'une société, c'est la sécurité pour elle-même et pour ses membres, c'est que ceux-ci n'aient rien à craindre de personne et avant tout les uns des autres ; le bien qu'ils pourraient se faire au nom de la charité ne préviendrait ni ne rachèterait le mal qu'ils se seraient fait, au défaut de la justice.

Devoirs plus particuliers. — Les devoirs de justice et de charité énoncés en ces termes généraux : Ne fais pas de mal à autrui, rends à autrui ce qui lui est dû, fais à ton prochain tout le bien possible, concernent la personne humaine considérée en elle-même, abstraction faite de toutes situations spéciales dans lesquelles elle peut se trouver placée. Ces situations à leur tour donnent lieu à des devoirs particuliers qui dérivent tous des devoirs généraux de justice et de charité. L'agent moral remplit telle fonction : il est père, citoyen, maître ou serviteur, magistrat, soldat; c'est l'État, c'est la société. Ou bien une relation existe entre lui et un autre : frère, ami, ennemi, débiteur et créancier, obligé et bienfaiteur. Dans certains cas, ces deux points de vue ne peuvent guère être séparés. Ainsi en un certain sens la fonction comprend la relation : le père, le maître, le magistrat se trouvent, en vertu même de leur fonction, en relation l'un avec ses enfants, l'autre avec ses serviteurs, le troisième avec ses justiciables. Mais la relation subsiste en l'absence de la fonction : les amis, le débiteur et le créancier. De là des devoirs moins abstraits, d'un énoncé plus précis, mais qui toujours relèvent de la justice et de la charité. Celles-ci, selon la nature de la fonction ou de la relation, sont d'une obligation plus ou moins étroite, et leurs prescriptions portent sur tel point spécial : le débiteur doit acquitter sa dette, l'obligé doit se montrer reconnaissant, l'amitié réclame un dévouement mutuel : voilà pour les relations; zèle éclairé, dévouement chez l'avocat et le médecin; intégrité chez le magistrat, courage et obéissance chez le soldat, probité chez le commerçant : voilà pour la fonction.

II. **Droits naturels**. — Ils sont inhérents à la personne humaine, les biens dont ils lui assurent la possession et la jouissance étant de ceux qu'elle ne saurait aliéner et dont elle ne pourrait se laisser déposséder sans une diminution d'elle-même, sans un amoindrissement de sa personnalité libre et de sa dignité morale. Toute atteinte à ces droits, fût-elle légale, serait donc incompatible avec les conditions normales de la vie humaine; ils sont dits pour cela inaliénables et imprescriptibles. Transportés dans la société civile et consacrés par la loi positive, qui règle les conditions de leur exercice, ils précèdent et justifient les divers droits civils, plus ou moins conventionnels, qui pour la plupart n'en sont qu'une extension.

Les plus essentiels sont la liberté individuelle, le droit de légitime défense, et le droit de propriété.

II. — LA SOCIÉTÉ RÉGULIÈREMENT CONSTITUÉE, OU LE DROIT CIVIL ET POLITIQUE.

CHAPITRE XIII

LES INSTITUTIONS : LA FAMILLE.

La société civile.

La société civile et le contrat social. — La société est naturelle, en ce sens que la nature prépare l'homme à la vie sociale et lui en fait une nécessité, en ce sens encore qu'elle a ses bases nécessaires qu'il n'a ni le droit ni le pouvoir de changer : elles s'imposent d'elles-mêmes, étant donnés sa constitution et le milieu dans lequel il doit vivre. La société est conventionnelle, au contraire, en ce sens que toute société régulière n'est et ne demeure constituée que par l'accord formel ou tacite de ses membres, la même volonté générale qui fonde l'association en réglant aussi les conditions. L'établissement de toute société régulière implique donc, théoriquement du moins, un pacte primitif, non écrit ou verbal assurément, réel cependant quoique tacite, maintenu et virtuellement renouvelé tant que la société subsiste. En ce sens, le contrat social de Hobbes et de Rousseau n'est pas une fiction. Historiquement, au contraire, leur théorie est insoutenable. L'état naturel de l'homme n'est pas cet état de nature affirmé et préconisé par Rousseau, mais l'état de société. L'homme ne passe pas du premier au second ; il n'entre pas dans une société à laquelle il serait originairement étranger ; il appartient de fait à une certaine société, quelque rudimentaire qu'elle soit ; il y naît, il y vit, il y meurt, à moins qu'il n'en sorte (il le peut) pour fonder en dehors d'elle une société nouvelle.

But et fondement de la société civile. — La société civile a pour but de réaliser les conditions les plus favorables à la vie humaine, de procurer à ses membres la plus grande somme possible d'avantages matériels et moraux; avant tout, de leur garantir la sécurité, la libre disposition de leurs personnes et de leurs biens, le respect de leurs droits naturels. Elle est donc une association dans laquelle chacun est appelé à recevoir et à rendre des services ; et elle a, en conséquence, pour fondement la *mutualité* ou échange des services : services reçus et rendus, de la société à ses membres, et entre ceux-ci, des uns aux autres. Autorité de la communauté sur les individus, sacrifices et charges imposés à ceux-ci en faveur de celle-là, droits et devoirs mutuels, quoi que la loi civile permette, prescrive ou défende, c'est de ce principe qu'elle s'autorise, et c'est à son application la plus équitable qu'elle doit tendre.

Le droit civil. — En principe, chaque société dispose d'elle-même et pose elle-même les bases de son organisation ; mais son droit ni son pouvoir à cet égard ne sauraient être absolus ; la nature et la raison les restreignent également. En un mot, les sociétés humaines ont leurs conditions primordiales, leurs bases normales ; la loi positive peut les méconnaître ; il appartient au droit civil, non écrit, de les affirmer.

Ces bases comprennent les institutions fondamentales, les droits de la communauté vis-à-vis de ses membres, et les droits de ceux-ci vis-à-vis d'elle et vis-à-vis les uns des autres.

LA FAMILLE.

§ 1er. — Nécessité de la famille.

Origine de la famille : sa nécessité. — La constitution de la famille est l'œuvre de l'homme ; mais c'est la nature, ou plutôt la force des choses, qui en pose le principe et préside à son établissement. Elle dérive, en effet, de la nécessité d'assurer, au sein des espèces vivantes, l'existence et le développement des générations nouvelles. Dans les cas les plus simples, ce développement n'est l'objet d'aucunes dispositions spéciales ; il ne demande qu'un milieu favorable, et la nature se borne à le leur ménager. Mais à mesure qu'elle a affaire à des organisations plus parfaites, dont le développement plus lent et plus difficile exige des soins plus multipliés et plus délicats, plus personnels pourrait-on dire, à l'action toute mécanique du milieu elle substitue des moyens qui se rapprochent insensiblement de ceux qu'elle met en œuvre chez l'homme, c'est-à-dire qu'aux fonctions paternelle et maternelle, exclusivement affectées à la génération chez les espèces inférieures, incombe, pour une part de plus en plus considérable, le soin de former l'être nouveau.

La nature préside à l'établissement de la famille. **1° La famille animale.** — C'est ainsi qu'à côté, au-dessous de l'homme, reparaissent chez la plupart des espèces sociables, autant du moins que leur faiblesse intellectuelle et affective s'y prête, les mêmes relations, les mêmes liens qui pour lui constituent la vie de famille, groupant là aussi les enfants autour de la mère, et leur assurant ainsi qu'à elle (dès l'incubation chez la plupart des oiseaux) la protection, les soins et le dévouement du père. Seulement l'instinct qui préside à cette organisation rudimentaire de la famille en limite généralement (non toujours) la durée à celle de la fonction essentiellement transitoire en vue de laquelle elle s'opère.

2° La famille humaine : son premier établissement. — La même nécessité éveille le même instinct dans l'humanité ; il y tend à la même fin avec un redoublement d'énergie, parce que des besoins plus pressants, plus prolongés, d'ordre plus élevé, exigent plus impérieusement, veulent plus étroite et plus durable cette union des parents et de l'enfant. La vie de celui-ci n'est, et longtemps ne sera possible qu'appuyée à celle de la mère ; et de même sa vie à elle, doublement compromise, et par sa propre faiblesse, et par les soins qu'elle lui doit prodiguer, qu'appuyée à celle du père. Aussi, pour mieux garantir ces soins, et avec eux l'union qui en est le gage, la nature a-t-elle voulu qu'ils fussent aussi doux à donner qu'à recevoir, que la mère et l'enfant fussent également indispensables l'un à l'autre, du bien de celui-ci dépendant le bonheur de celle-là. A la mère donc de préparer, d'assurer, autant qu'il est en elle, le double développement, physique et moral, de son enfant. Sa raison sans doute le lui commande; mais, plus impérieux que le devoir même, son instinct maternel l'enchaîne à cette tâche douce et sainte. Comme si son âme animait le corps de son enfant, ne souffre-t-elle pas en lui plus que lui-même? Cependant, qu'il ne vécût que de la vie du corps, il lui serait comme étranger : d'elle-même, il ne saurait, il n'aurait rien, et, incapable de répondre à son amour, il ne pourrait rien non plus pour son bonheur. En éveillant en lui le sentiment et la pensée, en lui transmettant le meilleur d'elle-même, en le formant à son image, non seulement elle assure entre elle et lui cette vie commune, cette union des âmes, qui est le vœu le plus cher de son amour, mais elle réalise sous sa forme la plus haute et dans sa plénitude ce don de soi à autrui, qui est la suprême ambition, la plus douce et la plus pure joie de toute âme humaine.

3° **Extension et consolidation de la famille.** — La famille humaine, à ce premier moment, ne diffère pas essentiellement de la famille animale. Limitée dans son développement et sa durée par les principes mêmes qui déterminent son établissement : le besoin de l'enfant et l'instinct de la mère, il lui manque, pour se constituer sous sa forme normale et véritablement humaine, une base plus large et une destination plus haute. Cette transformation ne peut être que l'œuvre de l'homme; mais, pour la vouloir, il n'a qu'à prendre conseil de sa raison : il reconnaîtra sans peine que l'intérêt de l'enfant n'est pas seul en jeu dans la constitution de la famille, qu'elle peut et doit devenir pour tous ses membres une condition de bonheur et de moralité, et que par conséquent sa durée et son développement régulier importent également à chacun d'eux. Il sentira dès lors la nécessité de rendre stable et définitif l'établissement sous l'abri duquel il doit vivre, celle par suite de le fixer, de l'asseoir à un foyer, et de tenir pour indissolubles et sacrés les liens et les obligations qui en font la force et la dignité. Cependant, à ce moment encore, la nature ne laissera pas de travailler pour lui, car elle aussi poursuit le même but et l'y fait tendre à son insu par l'union des âmes, par la puissance de l'affection. Elle n'attache pas seulement la mère à l'enfant : à mesure que dans le cercle agrandi de la famille se nouent des relations nouvelles, elle éveille dans les âmes des sentiments en rapport avec elles. La spontanéité et la profondeur des affections domestiques témoignent assez de leur origine. Mais la nature les veut durables autant que fortes : n'est-ce pas elle qui renouvelle dans le cœur desséché du vieillard, pour les enfants de ses enfants, les tendresses de la paternité, comme elle semble préluder dans celui de la jeune fille aux joies et aux espérances de la maternité? elle encore qui perpétue le souvenir, enracine la douleur dans celui des parents, des enfants se survivant les uns aux autres? Enfin, en faisant de la solidarité la base des relations dans la famille, ne travaille-t-elle pas pour l'avenir encore, lorsque par les services reçus et rendus, par le besoin et la reconnaissance, par la conformité des sentiments et des intérêts, elle resserre d'année en année le lien formé dès l'abord entre ses membres par l'affection?

Pourraient-ils dès lors, sans faire violence à la nature, rompre, à la supposer maintenant sans utilité, l'union qui leur fut si longtemps chère et bienfaisante, vivre à jamais étrangers les uns aux autres, tout entiers désormais à d'autres engagements, à d'autres devoirs, à un autre bonheur? Vainement ils le tenteraient : à la révolte de tout leur être, ils reconnaîtraient et l'indissolubilité de ce lien tissu des fibres les plus tendres de leur cœur, et leur impuissance à s'en dégager.

II. **Nécessité sociale de la famille.** — Ainsi, étant données la constitution de l'homme et les conditions de son existence, l'établissement de la famille est un fait inévitable qui devance et domine toute organisation sociale. La nécessité de la famille, comme institution sociale, ressort de considérations d'un ordre différent, avant tout de l'intérêt de l'enfant et de celui des mœurs dont elle est la sauvegarde, et que la société ne saurait trahir sans manquer à son premier devoir et compromettre sa propre sécurité.

1° **L'intérêt de l'enfant.** — La société peut, au mépris des droits les plus sacrés, s'approprier l'enfant dès sa naissance, rompre tout lien, supprimer toute relation entre ses parents et lui, faire qu'il vive sans les connaître et inconnu d'eux ; et, en se chargeant elle-même du soin de l'élever, changer en une fonction vénale, ingrate et stérile la tâche féconde et sainte où se serait complu leur amour et qui est leur vraie mission : l'intérêt de l'enfant, la nature, des droits antérieurs et supérieurs à toute convention humaine réprouvent une telle entreprise. 1° Il faut, pour le bien de l'enfant, qu'il soit élevé là où il est le plus aimé. Sa place est donc au foyer domestique où, par une grâce unique de la nature, tous les cœurs lui sont ouverts, toutes les volontés sont prêtes à le servir ; au foyer où l'attendent le dévouement absolu, l'intérêt passionné, la tendresse sans bornes d'un père et d'une mère, et tant de sentiments exquis, de salutaires impressions qui ne s'éveillent que là ; non dans la société où, perdu dans la foule et objet d'une sollicitude banale, ces premiers biens de l'âme et de la vie manqueraient à son bonheur. 2° La société peut arracher l'enfant à ses parents, non lui ravir leur amour ; elle peut opprimer et torturer les âmes, non supprimer ni étouffer en elles des besoins, des sentiments qui sont une condition de vie pour elles. 3° En franchissant le seuil de la famille, elle se heurte à deux droits également sacrés, qui limitent et, à ce moment, priment absolument le sien : le droit des parents et celui de l'enfant. Avant de lui appartenir, l'enfant appartient à ses parents ; ils lui ont donné la vie : d'elle il n'a rien reçu ; ils l'aiment : elle ne le connaît pas ; ils se doivent à lui et n'aspirent qu'à se consacrer à lui : elle ne lui doit rien et ne peut presque rien pour lui. D'un autre côté, il a droit à leur tendresse, à leurs soins : qu'il en soit privé par la force des choses, il n'est que malheureux ; mais que, par le fait de la société, il en soit systématiquement frustré, il est victime de la pire injustice, il trouve en elle, dès son entrée dans la vie, non une bienfaitrice, mais une ennemie. La société donc, en brisant le lien de la famille, manque à son premier devoir : de protectrice des droits et des légitimes intérêts de ses membres, elle se fait oppressive et spoliatrice; elle les fait souffrir à plaisir et les dépouille, au mépris de la morale et contre toute raison, de leur bien le plus cher.

2° **L'intérêt des mœurs.** — Une société sans foyers ni vertus domestiques serait fatalement une société sans mœurs. Des plaisirs sans devoirs, des relations nouées et rompues avec une égale liberté, des attachements sans dignité comme sans sécurité; au fond, l'égoïsme et la corruption, les passions déchaînées, le désordre légitimé, le mépris des liens les plus sacrés et des affections les plus pures, une atteinte mortelle aux sentiments élevés et délicats et aux vertus qui s'y appuient : voilà les principes appelés à prévaloir, le sort réservé aux âmes et aux mœurs le jour où la famille ne pourrait plus rien pour elles.

III. **Bienfaits de la famille.** — 1° **Elle est une condition du bonheur.** — Pour assurer le bonheur fondé sur la moralité, elle offre à tous les âges les satisfactions les mieux appropriées aux besoins naturels du cœur et de la vie. Nulle part l'autorité n'est plus bienfaisante, l'obéissance plus salutaire; nulle part le devoir n'a plus de douceur, le sacrifice plus d'attrait, l'affection plus de charme; nulle part enfin chacun n'est en communauté plus étroite de sentiments et d'intérêts avec tous, ni n'a le droit d'attendre d'eux davantage. Ailleurs tout favorise l'illusion du bonheur; mais elle est prompte à se dissiper : les plaisirs ont leur amertume, les passions leur satiété, l'affection sa lassitude, le cœur et la vie leur angoisse secrète, leur vide douloureux. Ici seulement rien ne manque au bonheur : affections, plaisirs, devoirs, rien ne s'use ni ne lasse, parce que tout est naturel et régulier.

2° **Elle est une condition de moralité.** — La famille est une école de moralité. Nulle institution ne repose sur des sentiments et des vertus d'une plus haute valeur morale : c'est l'amour le plus tendre et le plus désintéressé, le dévouement absolu, le respect mutuel dont nulle part le besoin n'est plus impérieux; nulle n'a pour loi à un tel degré l'union des âmes, le don de soi à autrui; nulle n'impose des obligations plus étroites, ne subordonne plus rigoureusement les convenances propres au bien commun, le droit au devoir. Ailleurs l'intérêt rapproche ou sépare ; le droit est le fondement de l'association et le principe de l'obligation. Ici la force des choses prime la volonté des contractants, et le devoir règne sans partage. Il s'impose du premier au dernier jour, il est la sauvegarde et la règle de l'union. Il prend l'enfant au berceau : devoir d'obéissance, de respect et d'amour ; il le suit d'âge en âge, exigeant plus de lui à mesure qu'il peut davantage, mais toujours, sous ses formes les plus diverses : fidélité, dévouement, travail, ayant pour effet ou pour but d'élever les âmes, de discipliner les caractères, de régler les mœurs, de former enfin pour la société des hommes capables de la servir et qui, au besoin, sauront souffrir et mourir pour elle.

Objections. — On reproche à la famille : 1° d'enchaîner la liberté de ses membres ; 2° de disposer à l'égoïsme; 3° de diviser d'affections et d'intérêts les membres de la société.

1° On réclame pour l'individu une liberté incompatible avec tout ordre moral, social même. Ce que l'on veut pour lui, c'est la liberté sans règle, le droit de vivre au gré de sa passion, la vie commune sans charges et sans liens, la licence au lieu de la liberté et l'irresponsabilité pour sanction. Ces chaînes d'ailleurs, que l'on prétend si lourdes, sont douces à porter lorsque l'affection les allège et que le devoir les ennoblit.

2° En se renfermant dans le cercle étroit de la famille, l'affection dégénérerait fatalement en égoïsme : on aime les siens pour le bonheur qu'ils donnent, et le cœur satisfait se ferme à tout autre amour. — Tant s'en faut que dans la famille l'affection soit subordonnée au bonheur, qu'elle lui préexiste et lui survit, et que c'est elle qui le rend possible : mères, cessez d'aimer, que vous restera-t-il de ce bonheur fait des caresses et des joies de votre enfant? — Mais je me donne à quelques-uns lorsque je me dois à tous ? — Indifférent pour les miens, en aimerai-je les autres davantage? Vous aurez eu raison de ce que vous appelez l'égoïsme à plusieurs : en serez-vous plus forts contre celui qui consiste à n'aimer que soi?

Vous voulez multiplier les liens affectueux entre les hommes ; vous voulez des cœurs qui se prêtent et s'offrent d'eux-mêmes à toute émotion bienveillante, à tout généreux attachement? Commencez par détacher l'homme de lui-même! Mais alors ayez foi dans la famille. Qui mieux qu'elle aura la vertu d'éveiller l'amour au cœur de l'enfant, de le fixer dans celui de l'homme, de le raviver dans celui du vieillard? Avec elle, vous êtes à la source des affections nobles et désintéressées ; avec elle vous pouvez tout, et ne pouvez rien sans elle, parce qu'avec elle, la nature travaille pour vous, et que sans elle, elle tend la main à l'égoïsme et conspire contre vous.

3° En se constituant sur la base de la famille, la société, qui doit avoir à cœur l'union la plus étroite de tous ses membres, irait directement contre son but : elle ferait prévaloir dans son sein l'antagonisme des affections et des intérêts. — Cet antagonisme est un mal inévitable, inhérent à toute organisation sociale, et la famille, loin d'en être le principe, est le remède le plus efficace que la société ait à lui opposer. Du moment qu'elle reconnaît à chacun de ses membres le droit de disposer de son activité, de sa personne, de son cœur, elle se retrouve fatalement en présence d'intérêts opposés, d'affections exclusives. Tout ce qu'elle peut contre l'égoïsme des individus, c'est de le neutraliser en l'absorbant dans un égoïsme collectif ; c'est, en les groupant, en les attachant à des centres d'affections et d'intérêts où les mêmes biens, les mêmes avantages se trouvent proposés à leur amour et à leur activité, de faire converger vers une fin commune des efforts qui d'eux-mêmes se dirigent fatalement vers des fins personnelles. L'État, la commune, la famille sont de tels centres. Mais elle ne peut faire que la solidarité n'y soit d'autant moins étroite, les liens d'autant plus lâches et les biens communs plus rares, qu'ils sont eux-mêmes plus étendus. Si la famille est le foyer, le principe d'activité et d'amour le plus énergique, c'est que précisément la vie commune y est plus concentrée et par suite plus intense. Ni l'État, ni la commune, ni aucun autre mode d'association ne sauraient donc la remplacer ; et, au lieu de prévenir, selon les espérances de quelques-uns, le débordement de l'égoïsme individuel, avec ses conséquences inévitables : l'antagonisme des intérêts, la dispersion et la déperdition des forces sociales, la société, en sacrifiant la famille, ne ferait qu'aggraver le mal dont elle souffre.

§ 2. — Constitution de la famille ; devoirs de ses membres.

I. Constitution de la famille. — Nous n'avons pas à rechercher ici sous quelles formes la famille s'est successivement constituée aux diverses phases de son histoire ; c'est de sa constitution normale, non de son évolution, que nous avons à nous rendre compte. Nous pouvons donc faire abstraction de celles de ces formes qui n'ont qu'un intérêt historique, pour nous attacher à celles qui, à raison de leur permanence et de leur généralité, ou de leur valeur propre, peuvent être considérées comme autant de solutions principales, offertes par l'histoire et de fait les seules possibles, de ce problème de la constitution de la famille, l'un des plus graves que la morale ait à résoudre. Celles-ci se réduisent à deux : la polygamie et la monogamie.

Polygamie et monogamie. — On ne saurait contester que la polygamie ne soit aujourd'hui encore l'une des formes possibles de la famille : faut-il rappeler qu'elle est vraisemblablement la plus ancienne, à coup sûr la plus répandue ; que des races, des sociétés entières, parvenues quelques-unes à un degré élevé de civilisation et qui professent pour la famille un respect religieux, n'en ont jamais connu et semblent de longtemps n'en pas comporter d'autre ? Mais il faut se hâter d'ajouter que des institutions, des mœurs, des usages qui nous révoltent : l'esclavage, l'annihilation ou le mépris de la femme, l'autocratie monarchique, aristocratique ou domestique, et à certains égards une immoralité profonde, l'y ont partout devancée ou suivie. Mais que les préjugés, les mœurs, les conditions politiques et économiques expliquent, justifient jusqu'à un certain point l'établissement et le maintien de la polygamie, là n'est pas la question. Elle doit être jugée non par rapport à tel ou tel milieu social et sur ses effets accidentels, mais en elle-même et d'après ses conséquences immédiates. Sauvegarde-t-elle ou compromet-elle l'intérêt des mœurs, celui de l'enfant, la dignité de la femme, la sainteté de l'union domestique? Là est toute la question.

La polygamie fait de la femme, non plus la compagne et l'égale de l'homme, mais son esclave, une créature misérable et avilie, que le caprice d'un maître distingue et délaisse tour à tour, qui n'a rien en propre, rien à attendre de lui ni d'elle-même ; elle donne à l'enfant des frères dans lesquels son instinct filial lui montre des rivaux, un père indifférent, une mère incapable de l'élever ; elle refuse à l'homme les bienfaits d'une union assortie, ennoblie des délicatesses et des fiertés de l'épouse, sanctifiée par leur double fidélité, par de communs devoirs et de réciproques sacrifices. Au lieu de rapprocher pour leur bien mutuel deux êtres destinés à se compléter l'un par l'autre, elle les abandonne, l'un à la brutalité de ses passions qu'elle exaspère, l'autre à sa faiblesse qu'elle aggrave ; en les dispensant, lui de tout empire sur lui-même, elle de tout effort généreux, en n'éveillant dans leur âme aucun sentiment profond, en ne leur proposant dans la vie ni but, ni espérance, ni idéal, elle tarit en eux les sources de la moralité, elle les dégrade et les corrompt. Elle forme des âmes que le fanatisme peut galvaniser, mais auxquelles manque la trempe du devoir, et qui, également impuissantes à se posséder et à se donner elles-mêmes, ne connaîtront jamais la vraie liberté ni le véritable amour.

Bases de la famille : mariage. — Sous quelque forme que se constitue la famille, elle a ses bases nécessaires, les mêmes en toute société et à tous les degrés de civilisation, parce qu'elles sont déterminées par l'intérêt social d'accord avec la morale et la nature. Ces premières bases de la famille sont le mariage, l'éducation des enfants, et, à un degré et sous une forme quelconque, la propriété.

La famille existe, elle se constitue, du moment qu'il y a vie commune, union permanente, que des enfants sont élevés ou attendus. Le mariage a pour but et pour effet de régulariser ces relations, de légitimer cette union, de donner une existence civile, une sanction sociale, et une dignité morale à cette association qui, sans lui, n'aurait qu'une existence précaire, sa durée et ses bases dépendant des seules convenances de ses membres; de garantir vis-à-vis d'elle l'intérêt de la société, celui des mœurs, celui même de ses membres. Au point de vue de la société, en dehors de laquelle il n'a pas d'existence possible, il est une institution analogue aux autres institutions sociales, mais de toutes la plus nécessaire, la plus sainte, la plus bienfaisante; au point de vue des individus, religieux ou civil, il est essentiellement un contrat dont les clauses, fixées par la religion et par la loi, et consenties par les époux, les engagent (selon les législations) conditionnellement ou irrévocablement. En les unissant, la religion et la loi ne font que consacrer, que ratifier l'union désirée et voulue par eux, et lorsqu'ils s'engagent vis-à-vis de Dieu et des hommes, ils ne font que les prendre à témoin de la sincérité de leur engagement, mais c'est vis-à-vis l'un de l'autre qu'ils se lient et qu'ils s'obligent. Ce qui fait la sainteté du mariage, ce sont donc moins les formalités religieuses et légales, tout indispensables qu'elles sont pour en établir la validité, que les obligations qui en dérivent, le but élevé qu'il propose à la vie et les nobles sentiments auxquels il fait appel, mais surtout l'inviolable fidélité qu'il exige des époux, et de l'un à l'autre ce culte de tendresse et de respect, gage du bonheur et de la dignité de leur union.

Devoirs dans la famille. — Devoirs des époux : fidélité, amour, dévouement.

Devoirs des parents : amour, protection, soins matériels, éducation.

Devoirs des enfants : amour, respect, obéissance, reconnaissance, piété filiale.

Devoirs des frères : amour, dévouement, indulgence et confiance mutuelles.

CHAPITRE XIV

LA PROPRIÉTÉ.

Légitimité de la propriété. — Trois points : la propriété en général, et spécialement la propriété mobilière; la propriété territoriale; le fondement de la propriété. Les deux premières questions sont capitales; la troisième n'a qu'une importance spéculative.

I. Droit de propriété en général. — Il comprend le droit de possession personnelle et celui de transmission.

Droit de possession personnelle. 1° **La propriété à l'état de nature.** — L'animal même semble avoir comme un instinct de la propriété : sa retraite, sa proie, le produit de son industrie sont, on le dirait, choses siennes à ses yeux; il les détient comme siens et ne souffre pas qu'un autre lui en dispute la possession. L'homme à l'état de nature ferait-il moins ? Il a des besoins à la satisfaction desquels sa vie est attachée; donc il revendiquerait sur les autres êtres, sur ses semblables, le droit et les moyens de les satisfaire. Il revendiquerait un droit exclusif sur les produits de son industrie, sur cette portion du sol qu'il occupe ou qu'il utilise, le droit encore de détenir ce que nul ne détenait avant lui : ces choses, de quel droit un autre les lui ravirait-il? Il a donc, lui, un droit sur elles.

2° **Sa nécessité sociale.** — Ce qui ne serait que légitime à l'état de nature, devient une nécessité avec l'état social. De deux choses l'une : ou, supposition impossible, la société se charge de subvenir à tous les besoins, de satisfaire à toutes les exigences de ses membres; elle met à leur disposition tout ce qui peut leur être agréable et utile; — ou elle les abandonne à eux-mêmes; jetés dans la mêlée de la vie sociale, réduits à lutter pour l'existence, ils n'ont rien à attendre que de l'énergie et du succès de leurs efforts; mais alors il est inévitable qu'ils puissent acquérir, qu'ils possèdent et disposent de ce qui est à eux. La propriété, sous une forme ou sous une autre, est donc une conséquence de l'état social.

3° Sa légitimité : elle est conforme à la justice. — La justice veut que chacun ait le bénéfice de son travail, qu'il puisse en recueillir le fruit : de quel droit le premier venu, et la société elle-même, me dépouilleraient-ils de ce que j'ai acquis au jour le jour au prix de mes peines, de mon salaire quotidien, du produit de mon industrie; me refuseraient-ils la faculté d'épargner, d'administrer à ma guise le revenu que j'ai su me faire, de prendre sur les besoins et les satisfactions du jour pour garantir ceux du lendemain; de demander davantage à mes forces, tandis qu'elles s'y prêtent, afin, dans l'âge du repos, d'être à l'abri du besoin ?

4° Ses bienfaits : elle est une garantie d'indépendance et de dignité morale. — Sans la propriété, plus d'indépendance ni de dignité pour la personne humaine : n'avoir rien à soi, lorsque tant de choses sont indispensables pour vivre; être obligé de tout demander et de tout recevoir, de quoi que l'on ait besoin, quoi que l'on désire, ce serait ne plus s'appartenir, cesser d'être une personne morale pour devenir l'instrument, la chose de la communauté ou d'autrui. Qu'un tel état d'indigence et de dépendance convienne à l'animal, à l'enfant, qui ne sachant rien, ne pouvant rien par soi-même, a tout à attendre des autres; ou même exceptionnellement à des hommes qui ayant renoncé aux biens de la vie, et fait le sacrifice de leur liberté, ne demandent à la société qu'une retraite ou un asile pour s'y consacrer à Dieu, à la science, à l'humanité; il impliquerait, dans les conditions normales de la vie, amoindrissement de la dignité morale, et constituerait la plus intolérable et la plus humiliante des servitudes.

Droit de transmission. — Le droit de possession personnelle appelle, comme conséquence nécessaire, celui de transmission. Ce qui est à moi, j'en ai la libre disposition; j'ai le droit de le conserver comme de le dissiper ou de le détruire, de l'aliéner, de l'échanger ou de le céder comme prix d'un service rendu ou à rendre, d'en abandonner la jouissance ou d'en faire don à autrui. La stricte justice le veut ainsi. Autrement, mon bien n'est plus à moi : il est la propriété de la société qui m'en laisse la jouissance, mais qui par le fait en dispose sans mon aveu et contre mon gré. Ou donc il faut réduire la possession à l'usage, c'est-à-dire supprimer virtuellement la propriété, ou il faut l'étendre jusqu'à l'entière disposition. Pourquoi dès lors me serait-il interdit de laisser à mes héritiers naturels ou d'adoption ces biens dont je puis me dépouiller de mon vivant? La société aura-t-elle à souffrir dans ce cas plus que dans l'autre? Seront-ils plus mal placés entre les mains de ceux qui méritent à mes yeux cette marque d'affection et auxquels il m'est doux de la donner, de ceux pour lesquels peut-être je me suis fait un devoir et un bonheur de les acquérir? Ainsi les intérêts et les droits de la personne dans ce qu'elle a de plus intime : sa liberté et ses affections, l'intérêt du travail, celui par conséquent de la société qui est inséparable de ce dernier, sont directement engagés dans la question, et militent avec la justice en faveur du droit de transmission. Mais il appartient à la société d'en subordonner l'usage à certaines conditions, d'exiger par exemple de ceux en faveur desquels il s'exerce, un sacrifice pour prix du service qu'elle leur rend en leur garantissant la possession et la jouissance de ces biens.

II. **La propriété territoriale.** — Le droit de propriété établi d'une manière générale, il reste à montrer qu'il ne s'applique pas seulement à la richesse mobilière, aux productions du sol, aux constructions qui y sont établies, mais au sol lui-même. Or la propriété de la terre a toujours été contestée; aussi n'est-elle pas de droit naturel, mais d'institution humaine. Seulement la société a tout intérêt à la maintenir : la nature n'y répugne pas, non plus que la raison, ou plutôt elles la réclament.

1° *La terre appartient à l'humanité.* — Les adversaires de la propriété territoriale se placent, les uns au point de vue religieux, les autres au point de vue humain.

La terre, disent les premiers, est à Dieu, l'homme n'a sur elle qu'un droit d'usage. Il n'importe, le résultat est équivalent. L'homme, placé sur la terre, ne peut vivre que de ses produits naturels ou par l'exploitation du sol. Il ne peut réaliser sa destination sociale, déployer ses facultés, grandir intellectuellement et moralement, qu'à la condition de prendre possession du sol et de le mettre en valeur. A tous ces titres la terre appartient à l'humanité.

2° *Chaque société a droit à la portion du sol qu'elle occupe.* — Mais, disent les seconds, la terre appartient à l'humanité tout entière ; nul, individu ou communauté, n'a le droit d'en détenir une portion quelconque, à plus forte raison de la détenir à perpétuité. Chacune des générations humaines a sur elle un droit égal et absolu ; et elle ne peut être liée dans l'exercice de ce droit par des stipulations qu'elle n'eût pas consenties peut-être et auxquelles en tout cas elle est étrangère.

Ce raisonnement, valable en théorie, n'irait à rien moins qu'à rendre toute société impossible. La solidarité des générations successives au sein de chaque société est un fait inévitable ; regrettable à certains égards, elle a aussi sa justice : héritières les unes des autres, il est juste qu'appelées à recueillir le fruit du travail de celles qui les ont devancées, elles supportent aussi les charges d'une succession qui, somme toute, est pour elles un bienfait. La même nécessité qui, en fixant l'humanité sur la terre et en l'astreignant à vivre de ses produits, lui donne un droit sur elle, en fixant à leur tour les sociétés, les races, les familles humaines sur divers points de la terre, leur donne à chacune un droit semblable sur les portions du sol qu'elles occupent et qui leur sont également indispensables. Cette première distribution du sol, quelque irrégulière qu'elle puisse être, est elle aussi un fait inévitable qu'il faut bien prendre pour base. Une distribution analogue a lieu de même dans chaque société entre les familles ou les individus.

3° *Raisons qui militent en faveur de la propriété individuelle.* — Pourquoi celle-ci serait-elle moins légitime ? Eux aussi se trouvent placés sur tel ou tel point du territoire occupé en commun, sans ressources, sans moyens d'existence autres que ceux qu'ils y trouvent. Si entre eux les parts ne sont pas égales, le sont-elles davantage entre les diverses communautés ? Si, au sein de chaque société, les générations ultérieures ont à souffrir du partage primitif, ne l'ont-elles pas également d'une société à une autre au sein de l'humanité? Ce qui, dans ce cas, est légitime, étant inévitable, pourquoi ne le serait-il plus dans l'autre?

Chaque société a sans doute le droit d'asseoir la propriété sur les bases qu'elle juge les plus favorables, à la rigueur même de la supprimer. Mais quelles raisons en aurait-elle?

L'intérêt social? Il est dans la meilleure exploitation du sol, et celle-ci est garantie par l'intérêt individuel : celui qui travaille pour lui-même ou pour les siens, intéressé comme il l'est à faire rendre à la terre tout ce qu'elle peut donner, produira toujours une somme de travail supérieure à celui qui, travaillant pour le compte d'un autre, n'a que peu ou n'a rien à attendre de ses efforts.

L'intérêt individuel? Il est dans la plus grande indépendance et dans la plus grande somme possible de bien-être accessible à chaque individu. Or la propriété est pour cette fin un moyen, non un obstacle.

La justice? Mais la propriété territoriale s'acquiert et se transmet au même titre et par les mêmes moyens que la propriété mobilière : elle est le fruit du travail et est accessible à tous.

L'égalité? Elle ne saurait être absolue : l'inégalité des aptitudes et des efforts entraîne nécessairement celle du travail effectué, des services rendus, de la richesse par conséquent.

4° *La propriété collective impossible ou dangereuse.* — Quelles seraient les conséquences de l'institution contraire? Un partage du sol entre tous les membres de la communauté (et quelle inégalité d'une communauté à une autre, eu égard à l'étendue du territoire, à la fertilité du sol, etc.?), constamment modifié pour correspondre au mouvement de la population, serait impraticable et plus préjudiciable qu'avantageux aux individus attachés tous dès lors à la terre et absorbés dans l'exploitation du sol : une telle constitution de la société la ramènerait à un état voisin de l'état de nature et étoufferait en elle le germe de tout progrès et de toute civilisation.

Si, au contraire, la propriété est indivise, exploitée par

la communauté, les bénéfices étant ensuite répartis entre tous ses membres, quelle part leur reviendra? A un autre point de vue, la société ne sera plus qu'une administration compliquée à l'infini, où tous seront fonctionnaires ou agents, instruments d'une volonté étrangère, nul ne disposant pleinement de lui-même. Or, le bien par excellence pour l'homme, c'est la liberté : liberté de penser et d'agir, et cette liberté, stimulée par l'émulation et la concurrence, est le principe de tous ses efforts, celui de la civilisation, du progrès matériel et moral, intérêt suprême de la société.

III. **Fondement de la propriété.** — La propriété est inévitable; elle est utile et juste; donc elle a le droit pour elle : telle est la conclusion à laquelle nous sommes parvenus. Mais la légitimité de la propriété établie, le fait de l'*appropriation* reste à expliquer : ai-je réellement le droit d'avoir quelque chose en propre, et d'où me vient ce droit? C'est la question, toute spéculative, de l'origine première ou du fondement de la propriété, bien distincte de celle de sa légitimité. Celle-ci concerne exclusivement les personnes, et n'a d'intérêt qu'à raison des relations qui existent entre elles ; celle-là concerne les personnes et les choses, les personnes *vis-à-vis* desquelles le droit de propriété est exercé, les choses *sur* lesquelles il s'exerce. L'une est d'ordre social, l'autre d'ordre naturel et social à la fois. Les adversaires de la propriété ont tout intérêt à les confondre : en les suivant sur ce terrain, ses défenseurs s'exposent à compromettre par des arguments douteux une cause excellente. La propriété, en tant qu'institution sociale, a mieux à faire, pour sa défense, que d'emprunter à une dialectique captieuse des titres équivoques ; les nécessités d'ordre social et les convenances morales auxquelles elle répond la garantissent mieux qu'aucun système ne saurait faire. Cependant, toute dénuée de sanction pratique qu'est cette question de l'appropriation, elle présente un intérêt considérable. D'où vient que j'ai un droit sur les choses, et sur elles, vis-à-vis de mes semblables, un droit exclusif? un droit qui, fussé-je seul au monde, n'en subsisterait pas moins tout entier? Cédé-je, en me le demandant, à une curiosité indiscrète? Ma raison ne me fait-elle pas plutôt un devoir de le rechercher? Les systèmes que nous allons exposer ont leurs difficultés spéciales ; mais tous soulèvent une objection des plus graves : ils prouvent trop ou trop peu. En fondant la propriété sur un principe exclusif, tantôt ils se mettent dans l'impossibilité de la justifier là où elle ne fait pas doute ; tantôt, au contraire, ils l'étendent outre mesure, ils la voient là où elle n'est pas, où elle ne saurait être.

Les systèmes. 1° *Le droit de première occupation.* — Ce principe a une valeur réelle. En fait, il a dû présider à la première répartition du sol entre les races, et jusqu'à un certain point entre les familles et les individus ; et la législation et les mœurs le tiennent encore pour l'une des sources de l'appropriation (découverte d'un trésor caché, d'un objet abandonné ou perdu ; prise de possession de territoires inoccupés). En droit, il a sa justice : ce que nul ne détenait avant moi, à quel titre un autre m'en interdirait-il, en revendiquerait-il pour lui-même la possession? Le droit qu'il me refuse, l'a-t-il davantage lui-même? En m'appropriant ces biens inoccupés ou délaissés, moi je n'ai du moins fait tort à personne ; il ne peut, lui, m'en déposséder sans me causer un préjudice, sans commettre une injustice à mon égard. — Cependant, fondée d'une manière absolue sur le droit du premier occupant, la propriété n'a ni valeur morale, le fait brutal, le hasard en décidant ; ni rapport avec la nature et les fins de l'homme, ce qui lui est permis vis-à-vis de ses semblables et des autres êtres, ceux-ci, plus forts ou plus habiles, le pouvant au même titre vis-à-vis de lui ; enfin elle constitue, au détriment des individus, des peuples, de l'humanité tout entière, un privilège odieux, une flagrante injustice. Ces biens, ce territoire, ne sont détenus par personne, il est vrai ; mais ils pourraient être utiles à d'autres comme à vous, en même temps qu'à vous ; vous leur faites tort, d'abord en leur en interdisant l'accès ; ensuite peut-être, et à d'autres comme à eux, en laissant fatalement improductif, faute de ressources pour l'exploiter, un fonds qu'il serait de l'intérêt de tous de faire fructifier.

2° *La liberté.* — Etre libre, c'est posséder en propre; si je n'ai rien à moi, rien dont je puisse disposer à mon gré, je n'ai qu'une liberté illusoire. Moralement, je suis libre absolument, parce que je suis entièrement à moi, que mon intelligence, mon cœur, ma volonté sont mon bien propre, un bien qui est à moi seul et tout à moi ; physiquement, je le suis encore, quoique à un moindre degré, parce que de même mon corps est mon bien, un bien dont je dispose directement et dont nul n'a le droit de disposer sans mon aveu. Libre, par une disposition de la nature, vis-à-vis de moi-même ; libre vis-à-vis de mon corps, je le suis encore, ou du moins j'ai besoin de l'être vis-à-vis des choses, car elles me sont indispensables pour vivre, pour déployer mes facultés, pour accomplir ma double destinée, morale et sociale. Il faut pour cela qu'elles m'appartiennent, que je puisse disposer d'elles comme je dispose de mon corps et de moi-même. Je dis les choses, non mes semblables, des êtres libres comme moi, dont je puis entraver la liberté, mais que je ne saurais m'approprier, non plus qu'ils ne sauraient s'aliéner eux-mêmes, parce que je ne puis me substituer et qu'ils ne peuvent substituer personne à eux dans la possession et la disposition d'eux-mêmes. Rien, au contraire, ne s'oppose à l'appropriation et à l'aliénation des choses, auxquelles il n'est donné ni d'être pour soi ni d'être à soi.

3° *La personnalité humaine.* — L'homme, en s'attachant aux choses, leur transmet quelque chose de lui-même ; de là entre elles et lui un lien mystérieux : elles participent à sa vie, il vit en elles, elles font partie de son être, elles sont à lui au même titre que lui-même. L'œuvre de l'artiste ne lui appartient pas seulement parce qu'elle vient de lui, mais encore parce qu'il s'y est complu, qu'il l'a aimée, voulue, qu'il a concentré en elle le meilleur de sa pensée ou de son cœur; parce que son âme y est empreinte, et que vraiment c'est lui-même qu'il possède en elle. Il en est de même de toutes les choses susceptibles d'appropriation : ce qui fait qu'elles sont nôtres et qu'elles nous sont propres, c'est qu'elles sont nous-mêmes à quelque degré : modelées sur nos idées, adaptées à nos fins, associées à nos joies et à nos douleurs, causes ou objets de nos affections et de nos efforts, elles tiennent de nous comme nous tenons à elles, elles se sont comme incorporées à nous. La propriété dès lors est inséparable de la personne humaine dont elle est une expansion et qui ne pourrait se sentir atteinte en elle sans éprouver comme une diminution d'elle-même. Elle participe de la dignité de celle-ci, et tire son prix, non de son utilité, mais de la personne elle-même et de la valeur morale qu'elle lui emprunte.

4° *Le travail.* — Les choses n'ont par elles-mêmes qu'une valeur infime ; elles peuvent être utilisées, autrement leur valeur serait nulle, plutôt qu'elles ne sont immédiatement utiles. L'homme, en les élaborant, en les transformant pour les approprier à ses besoins et à ses convenances, leur donne leur valeur véritable, toute celle qu'elles peuvent avoir pour lui. De là son droit sur elles : cette valeur qu'il a créée par son travail est bien à lui ; les choses dans lesquelles elle réside, et dont elle ne saurait être séparée, lui appartiennent au même titre. En se les appropriant, il n'amoindrit pas le fonds commun et ne fait tort à personne, puisqu'elles n'ont d'autre valeur que celle qu'il leur a donnée.

Conclusion. — De ces trois derniers systèmes, lequel est le vrai ? Deux, celui de la liberté et celui de la personnalité, sont manifestement insuffisants : ils ne démontrent pas plus le droit de propriété qu'ils n'expliquent le fait de l'appropriation. En maintenant que les personnes sont seules capables d'appropriation et que les choses seules en sont susceptibles ; en posant en principe qu'un être libre, assujetti comme l'homme à la matière, qui ne disposerait que de lui-même et de ses organes, ne posséderait de fait qu'une liberté imparfaite, le premier est dans la vérité sans doute, mais il ne fait en cela que prouver à sa manière la possibilité d'abord, la nécessité ensuite de la propriété. Le second, en lui attribuant une valeur morale indépendante de son utilité, lui restitue, pourrait-on dire, ses titres de noblesse ; mais en la fondant sur l'usage, car, qu'il le veuille ou non, c'est à cela qu'il aboutit, il la détruit virtuellement : le droit de propriété s'évanouit devant le fait de l'usage, car, si pour posséder une chose, il suffit d'en user, rien n'est plus à personne, tout est à tous. Qui ne voit, au contraire, que le droit d'usage suppose celui de propriété, et en dérive?

Le dernier système est plus solide : le travail est sans contredit l'une des sources de l'appropriation, la plus légitime vraisemblablement, la plus conforme à coup sûr à l'intérêt social et au progrès humain. Cependant, la fonder exclusivement sur lui, n'est-ce pas, d'une part, supposer contre l'évidence que les choses n'ont par elles-mêmes ni utilité ni valeur; de l'autre, émettre cette prétention insoutenable qu'il suffit pour les avoir à soi de leur donner une valeur quelconque?

Reprenons la question. Elle porte sur deux points : 1° homme ou membre de la société, il est indispensable que j'aie *quelque chose* à moi : pourquoi? 2° pourquoi *ceci* est-il à moi plutôt qu'à vous?

1° A la première question l'on répond : l'homme seul a besoin de posséder; s'il n'a rien à lui, il n'y a pour lui ni liberté effective, ni dignité, ni sécurité : esclave de ses besoins, incertain du lendemain, il est réduit à vivre sur le fonds commun, à s'y faire sa part par suprise ou par force. L'animal qui a moins de besoins et plus de moyens de les satisfaire, l'animal sans passé et sans avenir, étranger, pour ainsi dire, à lui-même, subit cette sujétion sans en souffrir. A l'état de société comme à l'état de nature, elle serait intolérable pour l'homme.

Cette réponse est à côté de la question : elle vaut pour l'usage, non pour la possession; que les choses m'appartiennent ou non, ce qui m'est indispensable, c'est, non d'en disposer d'une manière absolue, de pouvoir par exemple les aliéner ou les détruire, mais seulement d'en user librement, c'est que je puisse grâce à elles subvenir à mes besoins.

Que conclure, sinon que la propriété est la conséquence de l'état social? La société doit procurer et garantir à ses membres les conditions les plus favorables à l'exercice de leur activité, au développement de leurs facultés, à la dignité de leurs personnes, à leur bien-être comme à leur moralité : la propriété est de toutes la plus nécessaire, car l'usage sans la disposition constituerait une servitude, une entrave à la liberté, un obstacle aux relations, et la disposition emporte la possession.

2° Pourquoi *ceci* est-il à moi plutôt qu'à vous? — S'agit-il de l'état de nature? Je n'ai d'autres raisons à en donner que le fait d'une occupation primitive ou le droit afférent au travail. De l'état social? Je réponds alors que, dans une société qui repose sur la mutualité ou échange des services, tout objet possédé représentant une valeur, et toute valeur étant l'équivalent ou le prix d'un service, l'objet que je possède est la rémunération d'un service rendu à la société ou à l'un de ses membres, par moi ou par celui dont je le tiens. Ce service peut être le résultat d'un travail effectif, mais il peut avoir été rendu de toute autre manière. Il y a dans toute société comme un fonds disponible de valeurs, de richesses, ou, à défaut de richesses actuelles, de services à recevoir; chacun y puise dans la mesure des services qu'il rend lui-même, de sorte qu'il reçoit exactement l'équivalent de ce qu'il donne, et que dans l'objet qu'il acquiert il retrouve sous une autre forme une valeur qu'il avait aliénée. De là cette conséquence que la propriété, à l'état social, représentant une valeur, s'acquiert par une production de valeur, qu'elle a par conséquent son principe dans l'activité et dans l'industrie de l'homme, et sa raison sociale dans la nécessité où est la société qui ne subsiste que par l'échange des services et la production des valeurs, d'intéresser directement ses membres à sa prospérité en leur garantissant le fruit de leurs efforts.

CHAPITRE XV

LES DROITS

I. Les droits de l'individu. — Rousseau veut que l'individu perde en entrant dans la société ses droits naturels, qu'il tienne désormais de la volonté générale tous ses droits et devoirs. Il se trompe : les droits naturels étant inhérents à la personne humaine, inaliénables et imprescriptibles, elle n'a pas le droit d'en faire le sacrifice à la société, non plus que celle-ci n'a le droit de le lui demander. La société a le droit seulement de régler les conditions de leur exercice, et dans certains cas d'en suspendre les effets. Mais, corrélativement à ce droit, elle a le devoir de laisser à ses membres toute la liberté compatible avec l'intérêt général, de leur reconnaître dans leurs relations mutuelles tous les droits dont ils peuvent jouir sans péril pour eux-mêmes et pour elle. Ce sont les droits civils, qui dérivent tous des droits naturels.

De la liberté individuelle, droit fondamental, résultent la liberté de pensée et de conscience, la liberté du travail, celle du commerce et de l'industrie, la liberté d'association, l'égalité devant la loi.

Au droit de légitime défense, explicitement reconnu par la loi positive, se rattache celui de poursuivre devant les tribunaux la réparation de tout préjudice causé. Du droit de propriété résulte celui d'échanger, d'acquérir, d'aliéner.

Droit de légitime défense. — En principe, de même que j'ai le devoir de respecter la personne et le bien d'autrui, j'ai le droit d'exiger de lui pour moi le même respect, de repousser même par la force toute attaque dirigée contre ma personne ou mon bien. Plus précisément, j'ai le droit dans certains cas, pour protéger ma personne, ma vie, mon bien, mon honneur peut-être, de recourir à la force, au péril de la personne et de la vie de l'agresseur.

Cas de légitime défense. — L'abus d'un tel droit est facile et dangereux. Aussi la loi positive, d'accord avec la raison, en restreint-elle l'usage. Elle ne reconnaît le cas de légitime défense : 1° qu'en présence d'une agression injuste ; 2° au moment même où elle se produit ; 3° qu'à la condition qu'elle soit dirigée contre la personne ou la propriété.

Usage de ce droit. — Mettre l'agresseur dans l'impossibilité de nuire, mais ménager le plus possible sa personne et sa vie.

II. Les droits de la société. — Parmi les droits que s'attribue la société, les deux plus essentiels sont le droit de faire des lois qui obligent ses membres, et le droit de punir qui en est la conséquence.

1° La loi civile. — La loi civile détermine les droits et obligations des individus, soit vis-à-vis de la société en général, soit vis-à-vis les uns des autres.

Sa double fin. — 1. La société, en tant que personne morale, se doit à elle-même, a le droit, par conséquent, de se conserver, de sauvegarder ses légitimes intérêts ; le droit par suite de prescrire ou de défendre certaines actions en tant que moyens ou obstacles pour cette fin. 2. Elle doit de même à ses membres de les protéger dans leurs droits et leurs légitimes intérêts ; elle a le droit, par suite, de défendre toute action qui y porterait atteinte.

2° La loi pénale. — La loi pénale détermine les actes délictueux ou criminels et la peine attachée à chacun d'eux.

Les actes qui relèvent de la loi pénale. — Il est des actions moralement condamnables, justiciables seulement de l'opinion et de la conscience, et dont la loi n'a point à connaître. Telles sont les infractions à la morale religieuse et individuelle, les manquements à la charité, l'ingratitude, les mauvais sentiments. Autrement, en s'érigeant en juge des consciences et de la moralité, en intervenant au nom de la morale pour rechercher et punir tout ce que la morale condamne, la loi porterait directement atteinte aux droits et aux intérêts qu'elle a mission de sauvegarder, et deviendrait un instrument d'inquisition, d'arbitraire et d'oppression.

Les seuls actes que la société ait le droit d'interdire et de punir sont donc ceux qui impliquent un dommage causé, un droit lésé, qui, en un mot, ne pourraient être tolérés sans un préjudice grave pour la société ou ses membres.

Le droit de punir. — **Sa nécessité.** — Ou il faut refuser à la société toute autorité sur elle-même, tout droit à établir dans son sein un ordre quelconque, à obliger ses membres à quoi que ce soit, et alors frayer la voie à tous les désordres et à tous les maux que son institution a pour but de prévenir, ou il faut lui reconnaître le droit d'appuyer ses prescriptions d'une sanction quelconque, de punir quiconque les enfreint. Ce qu'elle ne saurait tolérer, elle est dans la nécessité, en effet, ou de le prévenir ou de le réprimer. Le prévenir, elle le peut dans une certaine mesure, et cela, en partie, par l'effet de la répression même (intimidation), et elle a le devoir d'y travailler par le progrès des lumières, l'adoucissement des mœurs, etc. Mais son action préventive, quelque efficacité qu'elle puisse acquérir, est fatalement limitée, et là où elle s'arrête, la répression doit nécessairement intervenir.

Son fondement. — On a mis en avant, tour à tour, la *vengeance*, la *réparation*, l'*expiation*. La société, a-t-on dit, se substitue à ses membres, lésés dans leurs droits et leurs intérêts légitimes, pour exercer de justes représailles à l'égard de ceux qui les ont offensés : c'est la vindicte sociale. Et encore : Quiconque fait tort à autrui lui doit une réparation ; la société ici encore se substitue à l'individu pour obtenir la réparation qui lui est due ; ou plutôt la peine légale est l'équivalent de cette réparation, la plupart du temps impossible. Et enfin : Toute faute doit être expiée, et la société, se substituant en quelque sorte à la justice divine, commence sur la terre l'œuvre de celle-ci.

Ces divers fondements du droit de punir paraissent peu solides. La vengeance est-elle plus légitime entre les mains de la société qu'entre celles de l'individu ? La réparation et la punition sont choses distinctes, et dans bien des cas la justice humaine impose l'une et l'autre. Enfin, si l'expiation était le but des peines, la société aurait donc le droit de rechercher et de punir toutes les fautes, toutes les infractions à la morale personnelle et religieuse, aussi bien qu'à la morale sociale, le défaut de charité comme celui de justice, les mauvais sentiments comme les mauvaises actions, le vice et l'égoïsme comme les crimes. Or, nulle société ne s'arroge un tel droit, ni ne le peut. Donc le vrai fondement du droit de punir n'est pas l'expiation. C'est, il semble, l'intérêt social d'accord avec la justice.

1º L'intérêt social. — Les seuls actes que la société ait le droit de punir sont ceux qui sont préjudiciables à elle-même ou à ses membres. En les punissant, elle sert donc son propre intérêt, inséparable du leur. Elle se protège elle-même; elle se trouve en quelque sorte en état de légitime défense vis-à-vis de ses membres rebelles à sa loi.

2° **La justice.** — 1. La société doit à ses membres de les protéger dans leurs personnes, leurs droits et leurs légitimes intérêts. Ce service est le premier qu'ils sont en droit d'attendre d'elle, et la raison première de son existence. Elle est liée vis-à-vis d'eux par les charges et les sacrifices qu'elle leur impose comme prix de ce service et de tous ceux qu'elle est appelée à leur rendre. Plus donc il a de prix à leurs yeux, et plus étroite est pour elle l'obligation de le leur rendre. Il y a plus : en leur retirant le droit de se protéger eux-mêmes, elle s'oblige à les protéger.

2. Justes du point de vue de ceux en faveur desquels la société les inflige, les peines ne le sont pas moins du point de vue de ceux qui les encourent.

Il est juste que quiconque désobéit à la loi à laquelle il doit obéissance, à la volonté qui a autorité sur lui, soit puni de sa désobéissance.

Il est juste que quiconque cause un préjudice à autrui, lui doive une réparation et souffre en conséquence.

Il est juste que dans une société dont la solidarité est le fondement, dont la justice et la charité sont les premières lois, quiconque sciemment et volontairement fait du mal à autrui, il est juste qu'il souffre autant qu'il l'a fait souffrir, qu'il perde tout ce qu'il lui a fait perdre : sa fortune, sa liberté, sa vie; qu'ayant obéi à des sentiments haineux et méchants, les cœurs soient pour lui fermés à la pitié.

Il est juste, enfin, qu'au nom de la solidarité humaine, la société, ou à défaut d'elle chacun de ses membres, prenne fait et cause pour sa victime, venge sur lui l'humanité outragée, le droit violé, et lui inflige le châtiment qu'elle-même eût été en droit de lui infliger, une peine qu'il encourt à tant de titres.

But des peines. — 1° Répression de l'infraction à la loi; 2° L'intimidation.

Gradation des peines. — Elles doivent être proportionnées :

1° A l'importance de la prescription, au prix que la société attache au bien que celle-ci a pour but de sauvegarder.

2° A la fréquence actuelle ou possible des infractions, à l'intérêt qu'a la société à les prévenir.

Nature des peines. — Elles sont personnelles ou pécuniaires. La société ne peut frapper le coupable que dans sa fortune, sa personne ou sa vie.

Des peines pécuniaires seraient absolument insuffisantes dans la plupart des cas. Les peines corporelles, brutales et cruelles, sont indignes de la civilisation. La peine de mort est juste en principe, et indispensable dans l'état actuel des mœurs; mais l'application doit en devenir de plus en plus rare.

Reste la perte de la liberté avec l'obligation possible du travail, comme la seule peine à la fois légitime et efficace.

Devoirs de la société corrélatifs au droit de punir. — 1° Tendre à l'amendement du coupable, et préparer sa réhabilitation.

2° Ecarter des peines tout caractère cruel ou infamant qui ne serait pas indispensable (condamnation de la torture, des mutilations, de l'exposition, etc.).

3° Les adoucir graduellement.

CHAPITRE XVI

LA SOCIÉTÉ POLITIQUE ET LE DROIT INTERNATIONAL.

1°. La société politique.

Peuple, nation, patrie. — *Contrée :* expression géographique, portion du sol.

Pays : la même avec ses habitants.

Peuple : les habitants d'un même pays, unis par un lien social plus encore que politique : communauté d'idées et de croyances, de mœurs, de langue, de traditions, et ordinairement de race.

Nation : le peuple, comme corps politique et en relation avec d'autres.

Patrie : idée très élevée, très puissante, mais très complexe. C'est d'abord l'idée du sol natal avec les souvenirs et les sentiments qui s'y attachent, celle ensuite des générations qui s'y sont succédé, qui l'ont fécondé de leurs sueurs et arrosé de leur sang, auxquelles nous devons d'y vivre à notre tour avec indépendance et avec honneur. La patrie est la personnification touchante, le vivant symbole de ce passé cher et sacré; elle est une mère à nos yeux, et a droit à la reconnaissance, au respect et à l'amour de tous ses enfants. Ils lui doivent tout : ils se doivent à elle tout entiers. Pour eux elle a lutté et souffert, pour eux elle s'est faite grande et libre; pour eux elle a conquis par un labeur opiniâtre tous ces biens dont ils jouissent, cet honneur et cette indépendance dont ils sont jaloux, et les a défendus au prix d'héroïques sacrifices. Aussi confond-elle dans sa tendresse ceux de ses fils qu'elle a depuis longtemps perdus et ceux qu'elle ne possède point encore ; avec une égale sollicitude elle veille sur le tombeau des uns, sur le berceau des autres ; tous, elle les veut voir, au cours de sa longue existence, unis dans une même pensée, fidèles aux mêmes devoirs, solidaires d'une même fortune. Quelle mère a plus qu'elle droit à être aimée, servie, honorée? quelle mère parle à ses enfants un langage plus touchant, les convie à une tâche plus sainte, les y prépare par de plus nobles sentiments ?

L'idée de patrie méconnue :

1° Par un individualisme égoïste qui ne connaît que soi et rapporte tout à soi (*ubi bene, ibi patria*).

2° Par une sorte de mysticisme cosmopolite qui, au nom d'une humanité abstraite et sous prétexte de supprimer toute division, toute cause de conflit entre les peuples, fait abstraction de leur développement historique, des conditions de leur vie réelle, de la nécessité d'une existence propre et indépendante, résultant de la diversité des aptitudes et des situations.

L'État. — L'unité de l'État est exclusivement politique et actuelle; elle résulte de l'unité de gouvernement, plusieurs peuples pouvant appartenir à un même État et un même peuple à plusieurs.

La société politique. — La société civile ne peut subsister qu'à la condition d'être organisée politiquement, de constituer un État. Elle suppose, en effet, étant le règne de la loi, un pouvoir chargé de faire des lois et d'assurer leur exécution. En outre, au-dessus des intérêts particuliers ou locaux, il y a des intérêts généraux dont la gestion appartient à tous ou doit se faire au nom de tous. De là, la nécessité de l'État.

Gouvernement. — L'État implique nécessairement un gouvernement investi de ces diverses fonctions.

En principe, un peuple a le droit de disposer de lui-même, de se donner le gouvernement qui lui convient. Cependant, celui-ci devrait concilier les traditions, en ce qu'elles ont de respectable, avec les aspirations légitimes du moment: Il y a là deux intérêts antagonistes, qui ne peuvent sans dommage être sacrifiés l'un à l'autre. En fait, un gouvernement nouveau ne s'établissant guère que par force ou surprise, ou par révolution, il peut devenir légitime par l'assentiment du peuple et avec le temps.

Devoirs de l'État. — Avant tout, assurer l'ordre intérieur et la sécurité vis-à-vis de l'étranger; mais il doit aussi protection à tous les intérêts légitimes, travailler à la prospérité du pays, favoriser le progrès intérieur, l'extension croissante des libertés publiques, l'amélioration graduelle du sort des moins favorisés.

Devoirs envers l'État. — Respect et obéissance à la loi, aux pouvoirs dont elle émane ou qui ont mission de la faire exécuter, au gouvernement qui en est l'expression la plus haute, à quiconque enfin, au degré le plus humble comme au plus élevé, exerce, au nom de la loi ou du gouvernement, un droit ou une fonction; c'est-à-dire à la loi toujours, en elle-même et dans la personne de ses représentants. Ce respect et cette obéissance, nécessaires en tout État régulier, le sont plus particulièrement chez les peuples libres, dont ils font la sécurité. En outre, chaque citoyen doit supporter une part des charges communes : impôts, service militaire, fonctions publiques non rémunérées : celles-ci sont l'honneur des peuples libres.

Droits politiques. — Ils mesurent la part attribuée aux citoyens dans la gestion et la discussion des affaires publiques, qu'ils y interviennent personnellement ou par délégation : électorat, éligibilité ; liberté de la presse, droit de réunion.

2° La société des États, ou le droit international.

Droit des gens. — Le droit des gens ou international règle les relations des États dans la paix et dans la guerre. En principe, ces relations devraient être rigoureusement conformes à la justice et à la charité ou humanité. En fait, elles s'écartent singulièrement des prescriptions du droit théorique ou naturel; cependant le droit des gens positif ou écrit tend de plus en plus à s'y conformer.

La guerre. — En principe, elle est une violation de toute morale, un fait monstrueux, le pire des fléaux, puisqu'elle commande ou autorise l'homicide, tous les crimes et tous les excès que réprouve la morale et que punissent les lois humaines, qu'elle donne l'essor aux plus mauvais instincts, déchaîne sur la société tous les maux que celle-ci s'efforce de prévenir. Cependant elle est inévitable, et sa nécessité lui donne une sorte de légitimité : au défaut d'un arbitrage international, elle est le seul moyen qu'aient les États de trancher leurs différends, mais surtout qu'ait un peuple injustement attaqué ou menacé dans ses intérêts ou son honneur, de se faire justice. Les États ont, comme les individus, le droit de se protéger eux-mêmes, de faire respecter, même par la force, leurs droits et leurs justes intérêts : injustement attaqués ou menacés, ils se trouvent en état de légitime défense. A ce point de vue, la guerre est donc légitime, mais à la condition qu'elle ait pour mobile la justice ou le droit, non l'intérêt; pour cause, une agression injuste, un préjudice matériel ou moral causé au peuple qui la fait, ou à un autre plus faible dont il prend la défense. Les seules guerres légitimes sont donc les guerres défensives ou réparatrices.

III. — MORALE RELIGIEUSE ; LES FINS DE L'HOMME

CHAPITRE XVII

DEVOIRS ENVERS DIEU ; DESTINÉE HUMAINE ; IMMORTALITÉ DE L'AME.

I. Devoirs envers Dieu. — Le premier devoir envers Dieu, c'est l'accomplissement de tous les autres ; plus spécialement, le devoir religieux consiste dans l'adoration ou la prière, c'est-à-dire dans un élan vers Dieu de l'âme pénétrée d'amour, de reconnaissance, de soumission et de respect pour lui.

Prière. — La prière intéressée n'est ni vaine, Dieu pouvant la réclamer, ni importune, si Dieu précisément en fait la condition de ses grâces. Cependant, difficultés graves : elle ne peut être exaucée sans une dérogation à l'ordre de la nature.

La prière désintéressée ne soulève aucune objection. De plus, elle est un juste hommage à Dieu, elle exerce une influence bienfaisante sur l'âme qui y puise la résignation dans la souffrance et la force pour le bien.

Culte intérieur. — C'est la prière mentale.

Culte extérieur. — C'est la prière encore, lorsque le corps y intervient par la parole, le chant, l'attitude. Il est légitime, comme l'hommage le plus complet que l'homme puisse rendre à Dieu ; utile, la prière intérieure ne pouvant qu'en devenir plus fervente.

Culte privé et public. — Le culte est privé, qu'il soit individuel ou qu'il ait lieu en commun, lorsqu'il se renferme dans l'enceinte du foyer domestique ; public, lorsqu'il a lieu au dehors, dans un édifice accessible à tous.

II. Destinée humaine. — Il y a, pour une âme religieuse, un problème qui domine tous les autres : c'est celui de la destinée humaine et de la destinée collective des êtres ; car son premier besoin est d'entrer dans les vues de la Sagesse créatrice à son égard et à l'égard des autres créatures, d'y conformer sa vie, ses vœux, ses efforts. Mais, croyant ou athée, sceptique ou indifférent, il est deux questions que je ne puis me refuser à examiner, car elles intéressent au plus haut point ma dignité et mon bonheur : à quoi dois-je employer ma vie, et qu'ai-je à attendre, à toujours peut-être, de l'usage que j'en aurai fait? Des desseins de Dieu à mon égard, de la tâche à laquelle il m'a préposé et du sort qu'il me ménage, de Dieu lui-même, peut-être ne puis-je rien savoir, et le plus sage est-il de n'y point penser; mais puis-je me désintéresser à ce point de moi-même et de la vérité, que je me résigne à errer dans la vie sans direction et sans but, ne sachant d'elle qu'une chose, c'est qu'elle doit finir, et ne sachant même pas si, elle finie, moi je ne serai plus?

Cependant, de ces deux problèmes, de ma destinée actuelle et de ma destinée future, si tant est qu'il y en ait une, je puis, quoi qu'il en coûte à ma raison et à mon cœur, écarter, ajourner du moins, le dernier : je puis vivre, à la rigueur, sans regarder par delà la vie. Mais quelle sera ma vie, tant que le premier ne sera pas résolu? C'est celui-ci donc qui doit d'abord nous occuper. Nous ferons abstraction, pour le moment, de toute doctrine ou hypothèse religieuse : nous placerons simplement l'homme en présence de sa raison, et nous nous demanderons, non quelle est la fin pour laquelle Dieu l'a créé, mais quel est le but suprême qu'il peut, qu'il doit proposer à sa vie, le bien par excellence qui donne à la vie humaine son vrai prix.

La question en un sens ne concerne que moi; car il pourrait se faire que je fusse seul au monde, seul de mon espèce, veux-je dire, ou séparé de tous mes semblables. Je puis donc faire abstraction, pour la résoudre, et de l'humanité, et de la société à laquelle j'appartiens, ne voir en moi que la personne humaine, un être d'une certaine nature, doué des facultés que je connais, et me demander, telle étant ma nature, ce que par dessus toutes choses je puis ou dois désirer, vouloir dans la vie, je n'ose dire encore espérer de la vie. Cependant je ne veux pas oublier ce qui est, ce qui est inévitable sans doute, et je me demanderai aussi ce que je dois désirer et vouloir, comme membre de l'humanité d'abord, de cette société ensuite au sein de laquelle je me trouve appelé à vivre.

En d'autres termes, le problème de la destinée humaine, comprend trois questions distinctes et qui peuvent être résolues indépendamment l'une de l'autre : celle de la destinée collective de l'humanité, celle de la destinée de l'individu en tant qu'être social, celle enfin de la destinée de la personne humaine. Les deux premières sont toutes pratiques et n'offrent aucune difficulté ; un mot suffira.

1° *L'humanité*. — Le plus noble but auquel l'humanité puisse tendre, à mesure qu'elle prend conscience et possession d'elle-même, c'est de développer tous les éléments de progrès que la nature a déposés en elle, d'améliorer graduellement les conditions de la vie pour tous ses membres, d'accroître, physiquement, intellectuellement et moralement, la valeur et la dignité de chacun d'eux, de faire régner dans son sein la paix, la liberté, la justice et l'amour.

2° *La société*. — Comme membre de l'humanité, chaque homme doit concourir, dans la mesure de ses forces, à cette œuvre d'amélioration et de progrès. Qu'il travaille pour l'humanité tout entière, ou pour la société particulière à laquelle il appartient, ou même pour quelques-uns de ses membres, il a rempli sa tâche, s'il a aimé et servi ses semblables, s'il leur a fait tout le bien qu'il a pu. Mais homme, ma place est au milieu d'eux, là où mes facultés et ma vie peuvent trouver leur plus noble emploi ; là où souffrent des âmes, comme la mienne altérées de vérité, éprises du bien et du beau ; où d'autres âmes, plus malheureuses encore, sont étrangères à tout besoin élevé et insensibles à leur propre misère. Elle est là où toute vérité mise en lumière est un bienfait, où toute œuvre digne de l'art élève, rassérène et console ; où tout généreux sentiment éveille un écho, où toute bonne action est un enseignement ; elle est là où il y a du bien à faire, un germe de moralité à faire éclore, une joie à donner. Ma place enfin est là où je puis être vraiment homme : ne séparant, dans ma pensée et dans mon amour, ni la vérité et la beauté des choses dans lesquelles elles résident, ni Dieu de son œuvre, ni l'humanité de la nature, ni moi-même de l'humanité ; entendant la plainte de la vie en chaque créature et comprenant ces larmes des choses dont parle le poète, mais reportant ma pitié la plus profonde et mon plus tendre amour sur ceux qui souffrent davantage, sur ceux qui selon la nature et devant ma raison sont mes semblables et mes frères, sur ceux enfin pour lesquels il m'est donné d'alléger le poids de la vie; et, à leurs côtés, prenant ma part de cette œuvre de relèvement et de rédemption mutuelle réservée à l'humanité, la plus méritoire à laquelle puissent se vouer des créatures, et la plus digne d'être bénie de Dieu.

3° *La personne humaine.* — Quel est le souverain bien d'un être tel que l'homme ; un bien qui non seulement agrée à sa nature et à sa raison, mais qui mérite au plus haut degré de leur agréer, non tel bien partiel qui pourrait lui faire défaut, sans que, devant sa raison, il en fût plus pauvre ou vraiment malheureux ; mais ce bien par excellence dont la privation constituerait pour lui l'extrême misère ? A cette question trois réponses sont possibles.

1° Le souverain bien c'est le plaisir. Il est le cri de la nature, il fait le charme de la vie, et les autres biens n'ont d'attrait et de prix que par lui. Il est donc la vraie fin de l'homme, dont la condition ne l'emporte sur celle des autres êtres, que parce qu'en lui les sources du plaisir sont plus abondantes et plus multipliées, les plaisirs plus vifs et plus variés. — Que devient, à ce compte, sa dignité et que vaut son bonheur ? Il a le droit de ne vivre que d'une vie animale ou végétative, de laisser sans emploi ses plus hautes facultés : le peut-il sans déchoir et sans en souffrir ?

2° Le souverain bien c'est le plaisir en tant qu'il agrée à la raison. Tout plaisir agrée à la nature ; mais il en est que la raison réprouve ou qui lui sont indifférents ; ceux-là seuls sont désirables pour l'homme, auxquels elle se complaît, et d'autant plus qu'elle les estime davantage. Ce sont eux qui font le prix de la vie : on s'honore à les goûter, et le bonheur réside en eux. — Cette distinction de plaisirs nobles et de plaisirs bas en suppose une autre plus profonde, au défaut de laquelle elle n'aurait pas de raison d'être. Des plaisirs ne sont par eux-mêmes ni nobles ni bas ; ils ne sont tels que par les actes ou les objets auxquels ils sont attachés. Que ceux-ci soient indifférents, ils le seront de même. Il y a donc des actes et des objets nobles par eux-mêmes, c'est-à-dire désirables d'eux-mêmes alors même que nul plaisir n'y serait joint, et ils ne laisseraient pas de constituer le souverain bien d'un être raisonnable et libre, du moment qu'ils seraient à sa portée, n'eût-il rien à en attendre pour son bonheur, dût-il même le leur sacrifier.

3° Quels sont ces actes et ces objets excellents d'eux-mêmes, à ce point que le meilleur usage qu'un être raisonnable et libre puisse faire de sa liberté et de sa raison soit de se donner à eux sans partage, de leur consacrer sa vie, de leur sacrifier jusqu'à son bonheur ? De ces actes, il en est trois qui résument la vie morale de l'humanité : non seulement la nature humaine les comporte, mais elle s'y porte d'elle-même d'un élan spontané ; non seulement ils sont désirables au plus haut degré, mais elle leur doit ses plus pures, ses plus vives jouissances. Ce sont la connaissance, l'amour, l'effort moral, disons la vertu. Chacun d'eux a par lui-même un prix infini, et absorbât-il toutes les forces d'un être et remplît-il sa vie, que cet être possèderait une grandeur et cette vie une beauté devant lesquelles pâlirait la splendeur des choses visibles. De même, de ces objets excellents dont la possession doit être la suprême ambition d'un être raisonnable et libre, il en est deux du moins auxquels l'homme peut aspirer : la vérité et le bien. On demande quelle est sa destinée : que peut-elle être, sinon d'avancer, d'avancer toujours dans la vérité et dans le bien ; d'aimer toujours davantage : d'aimer tout ce qui de soi est aimable, la vérité, le bien, d'aimer tout ce qui vit et qui souffre, mesurant son amour à l'excellence des êtres et à la profondeur de leur misère, les aimant avec plus de respect à mesure qu'ils sont plus parfaits, avec plus de tendresse à mesure qu'ils souffrent davantage et que leur sort est plus à plaindre. Sa vraie destinée est là, dans ces actes et dans son rapport avec ces objets, non dans le plaisir qui en est inséparable ; dans l'effort méritoire et de lui-même bien doux, non dans le bonheur qui en est le prix, et qui sans lui serait immérité et impossible.

Que si maintenant l'on demande quelle peut être la destinée ultérieure d'un être dont telle doit être la vie actuelle, nous croyons pouvoir répondre que cette vie nouvelle, nécessairement toute contemplative, ne se conçoit que sous la double forme de la connaissance et de l'amour, la puissance de connaître et d'aimer s'accroissant toujours en même temps que des objets de plus en plus dignes d'elle se proposeraient à elle.

III. **Immortalité de l'âme.** — L'âme est immortelle, en ce sens d'abord qu'elle survit au corps, en ce sens ensuite qu'elle ne doit pas cesser de vivre.

Les preuves s'appliquent, les unes à la seule survivance de l'âme au corps, les autres à son existence indéfinie.

Les preuves. — 1° *Spiritualité de l'âme :* l'âme étant simple ne peut périr par dissolution, décomposition de parties, comme le corps ; elle peut donc lui survivre ; mais lui survit-elle en effet? D'autres preuves sont donc nécessaires ; cependant, de la seule possibilité de la survivance résulte déjà une présomption favorable : pourquoi l'âme périrait-elle, alors que la substance du corps ne périt pas elle-même? lorsque c'est une loi universelle que les choses se transforment sans que rien soit anéanti?

2° *Sanction de la loi morale :* la vie future réclamée par la loi morale à titre de sanction, implique directement la survivance de l'âme ; mais seulement une survivance temporaire, il semble, des peines et des récompenses limitées en durée paraissant suffisantes.

3° *Aspiration à l'immortalité :* on fait valoir encore cet instinct profond, et de tous le plus vivace, qui nous attache à la vie, nous inspire l'horreur du néant, le désir invincible de continuer de vivre. Il nous vient de la nature, dit-on, et ne saurait nous tromper.

4° *Justice et bonté de Dieu :* elles sont les plus sûres garanties de l'immortalité. Dieu juste se doit à lui-même de nous récompenser ou punir dans une autre vie, et il le peut; infiniment bon, il doit vouloir, il semble, que, si elle est heureuse, elle se prolonge le plus possible ; et il ne dépend que de lui qu'elle dure indéfiniment.

La croyance à l'immortalité de l'âme n'est pas seulement réclamée par la raison comme condition suprême de l'ordre moral ; elle est éminemment bienfaisante dès cette vie; elle est une source de résignation dans la souffrance, de bonne volonté et d'énergie pour le bien : qui attend tout de l'avenir n'a rien à craindre ici-bas, fait aisément bon marché des biens et des maux de cette vie.

FIN

TABLE DES CHAPITRES
ET PLAN DE L'OUVRAGE

INTRODUCTION.

Chapitre Ier. — Idée de la philosophie : ses formes, son développement et sa constitution 1
Chapitre II. — Objet et définition de la philosophie ; ses divisions.. 16
Chapitre III. — Rapports de la philosophie avec les autres sciences ; son importance et sa légitimité.......... 23

PREMIÈRE PARTIE : PSYCHOLOGIE.

Chapitre Ier. — Objet et méthode de la psychologie 29

LES FACULTÉS DE L'AME.

Chapitre II. — Théorie des facultés de l'âme.......... 41
Chapitre III. — Examen de quelques théories des facultés de l'âme... 46

I. — SENSIBILITÉ.

Chapitre IV. — Sensibilité en général 49
Chapitre V. — Sensibilité physique................. 53
Chapitre VI. — Sensibilité morale. — Classification des sentiments.. 57
Chapitre VII. — Passions........................... 60
Chapitre VIII. — Faits primitifs de la sensibilité : le plaisir et la douleur ; inclinations natives............... 63

II. — INTELLIGENCE.

Chapitre IX.—Classification des fonctions intellectuelles. 69

1. — *Opérations intellectuelles.*

Chapitre X. — Attention........................... 73
Chapitre XI. — Abstraction 77
Chapitre XII. — Généralisation 81
Chapitre XIII. — Question des universaux........... 84
Chapitre XIV. — Comparaison et jugement 87
Chapitre XV. — Raisonnement..................... 95

2. — *Facultés intellectuelles.*

Chapitre XVI. — Mémoire 98
Chapitre XVII. — De l'association des idées et de l'association en général 102
Chapitre XVIII. — Imagination 111
Chapitre XIX. — Perception externe 119
Chapitre XX. — Perception interne et conscience 132

3. — *La connaissance première et la raison.*

Chapitre XXI. — Classification des idées 139
Chapitre XXII. — Origine des idées 141
Chapitre XXIII. — Notions et vérités premières 144
Chapitre XXIV. — La raison 148

4. — *Langage.*

Chapitre XXV. — Des signes en général et du langage naturel 188
Chapitre XXVI. — Langage artificiel 193
Chapitre XXVII. — Le langage et la pensée 198
Chapitre XXVIII. — Origine du langage 208
Chapitre XXIX. — Grammaire générale 210

III. — ACTIVITÉ, VOLONTÉ, LIBERTÉ.

Chapitre XXX. — Activité et instinct 216
Chapitre XXXI. — Habitude 220
Chapitre XXXII. — Volonté 227
Chapitre XXXIII. — Liberté 235
Chapitre XXXIV. — Liberté d'indifférence et fatalisme 248

LA PERSONNE HUMAINE : L'AME ET LE CORPS.

Chapitre XXXV. — Individualité et personnalité 256
Chapitre XXXVI. — Spiritualité de l'âme 260
Chapitre XXXVII. — Matérialisme 266
Chapitre XXXVIII. — Rapports de l'âme et du corps 270

DEUXIÈME PARTIE : LOGIQUE.

Chapitre Ier. — Objet de la logique; sa méthode; son importance 275

LOGIQUE SPÉCULATIVE.

Chapitre II. — Vérité, hasard et probabilité 282

Chapitre III. — Évidence	289
Chapitre IV. — Certitude	296
Chapitre V. — Erreurs au sujet de la certitude : scepticisme	302

LOGIQUE FORMELLE ET PRATIQUE.

Chapitre VI. — Méthode	310
Chapitre VII. — Analyse et synthèse	314

I. — MÉTHODE DÉDUCTIVE.

Chapitre VIII. — Axiomes et définitions	324
Chapitre IX. — Déduction et démonstration	336
Chapitre X. — Syllogisme	346

II. — MÉTHODE EXPÉRIMENTALE.

Chapitre XI. — Observation et expérimentation	355
Chapitre XII. — Division et classification	358
Chapitre XIII. — Induction	363
Chapitre XIV. — Analogie	380
Chapitre XV. — Hypothèse	391

III. — MÉTHODE DANS LES DIVERS ORDRES DE SCIENCES.

Chapitre XVI. — La science ; sciences cosmologiques	394
Chapitre XVII. — Sciences morales	399
Chapitre XVIII. — Critique du témoignage	403
Chapitre XIX. — Critique historique	406

Chapitre XX. — Causes et remèdes de nos erreurs ; sophismes	411

TROISIÈME PARTIE : MÉTAPHYSIQUE ET THÉODICÉE.

Chapitre Ier. — Principes et notions métaphysiques	417
Chapitre II. — Existence de Dieu	433
Chapitre III. — Nature et attributs de Dieu	445
Chapitre IV. — Providence	452

QUATRIÈME PARTIE : MORALE.

Chapitre Ier. — Objet de la morale ; son importance ; sa méthode	459

MORALE SPÉCULATIVE.

1. — Les faits, ou les manifestations de la vie morale.

Chapitre II. — Motifs et fins de nos actions	464

TABLE DES CHAPITRES.

Chapitre III. — Conscience et sentiment moral 470

2. — *La raison des faits.*

Chapitre IV. — La loi, ou l'obligation morale 474
Chapitre V. — Le but, ou le bien 479

3. — *Systèmes erronés.*

Chapitre VI. — Morale de l'intérêt.................. 484
Chapitre VII. — Morale du sentiment................ 494

4. — *Des principes de la moralité.*

Chapitre VIII. — Bien et devoir; mérite; droit et devoir.. 497

5. — *Application de la loi morale.*

Chapitre IX. — Conflit des devoirs; vertu; sanction... 506

MORALE PRATIQUE.

I. — MORALE INDIVIDUELLE.

Chapitre X. — Devoirs envers soi-même............. 512
Chapitre XI. — Suicide et duel..................... 518

II. — MORALE SOCIALE.

1. — *La société en général, ou le droit naturel.*

Chapitre XII. — Justice et charité.................. 525

2. — *La société régulièrement constituée, ou le droit civil et politique.*

I. — LA SOCIÉTÉ CIVILE.
1. — *Les institutions.*

Chapitre XIII. — La famille....................... 535
Chapitre XIV. — La propriété..................... 543

2. — *Les droits.*

Chapitre XV. — Les droits de l'individu et les droits de la société.. 553

II. — LA SOCIÉTÉ POLITIQUE.

Chapitre XVI. — La société politique et le droit international.. 559

III. — MORALE RELIGIEUSE; LES FINS DE L'HOMME.

Chapitre XVII. — Devoirs envers Dieu; destinée humaine; immortalité de l'âme..................... 564

SAINT-CLOUD. — IMPRIMERIE DE Mme Vve BELIN.

www.ingramcontent.com/pod-product-compliance
Lightning Source LLC
Chambersburg PA
CBHW060502230426
43665CB00013B/1351